JOAQUIM NABUCO DIÁRIOS
1873-1910

JOAQUIM NABUCO

Edição de texto, prefácios e notas   Evaldo Cabral de Mello

DIÁRIOS | 1873-1910

© Bem-Te-Vi Produções Literárias
Av. Presidente Wilson, 231, 10º andar
Centro, Rio de Janeiro, RJ
Cep 20030-021
Fone: (21) 3804 8678
Fax: (21) 3804 8670
E-mail: bem-te-vi@bem-te-vi.net
www.editorabemtevi.com.br

© Todos os direitos reservados. Esta publicação não pode ser reproduzida no todo ou em parte, nem registrada em ou transmitida por um sistema de recuperação de informação, em nenhuma forma nem por nenhum meio, seja mecânico, fotoquímico, eletrônico, magnético, eletroótico, por fotocópia ou qualquer outro, sem a permissão por escrito da editora e dos detentores do copirraite.

PÁGINAS 2 E 3:
Alfândega c. 1858
FOTOGRAFIA DE AUGUSTO STAHL
20,2 X 26 CM

CEDENTES
Netos de Joaquim Nabuco:
Afrânio de Mello Franco Nabuco
João Maurício Nabuco
Joaquim Aurélio Nabuco
José Thomaz Nabuco, filho
Maria do Carmo (Nininha) Nabuco de Magalhães Lins
Vivi Nabuco

EDITORAS RESPONSÁVEIS
Vivi Nabuco e Lucia Almeida Braga

EDITORIA EXECUTIVA E COORDENAÇÃO GERAL
Lélia Coelho Frota

EDIÇÃO E ORGANIZAÇÃO DOS MANUSCRITOS, NOTAS, PREFÁCIOS E CRONOLOGIA
Evaldo Cabral de Mello

ASSESSOR ESPECIAL
Fernando Pedreira

TRANSCRIÇÃO E ESTABELECIMENTO DOS TEXTOS
Miguel Barbosa do Rosário
Eduardo Coelho

PESQUISA ICONOGRÁFICA E LEGENDAS DAS IMAGENS
Ronald Raminelli

APOIO À ICONOGRAFIA
Victor Burton

ÍNDICE TEMÁTICO
Ana Claudia Viegas

ÍNDICE ONOMÁSTICO
Ana Claudia Viegas
Miguel Barbosa do Rosário
Eduardo Coelho

DESIGN GRÁFICO
Victor Burton

ASSISTENTE DE DESIGN
Ana Paula Brandão

REVISÃO
Miguel Barbosa do Rosário
Eduardo Coelho

FOTOGRAFIA DIGITAL DOS ORIGINAIS
E REPRODUÇÕES DE OBRAS
Bernardo Nabuco

FOTOGRAFIA EM MUSEUS E NO IHGB
Pedro Oswaldo Cruz

APOIO À REVISÃO DO TEXTO E
DIGITALIZAÇÃO DE IMAGENS
Marcello Braga Machado

ASSESSORIA JURÍDICA
Manoel Nabuco

CONSELHO CONSULTIVO
DA BEM-TE-VI
Anna Letycia
Armando Freitas Filho
Gilberto Velho
Luiz Paulo Horta
Mário Carneiro
Moacir Werneck de Castro
Ricardo Cravo Albin
Sérgio Augusto
Sérgio Rodrigues
Silviano Santiago

AGRADECIMENTOS
Alden Brewster
Andréia Arruda
Carlos Leal
Cecília Gouvêa Vieira
Joaquim Aurélio Nabuco, filho
Luiz Antônio Ewbank
Pedro Nabuco

Fundação Biblioteca Nacional
Fundação Joaquim Nabuco (Fundaj)
Instituto Histórico e Geográfico
Brasileiro
Museu Histórico e Diplomático/
Ministério das Relações Exteriores
Museu Histórico Nacional
Museu Imperial/Casa Geyer
Museu Nacional de Belas Artes

CRITÉRIOS ADOTADOS PARA A
TRANSCRIÇÃO DOS DIÁRIOS

Atualizou-se a ortografia, conforme as normas oficiais vigentes.

Respeitou-se rigorosamente a estrutura frasal. As poucas intervenções feitas na pontuação visaram a uma maior clareza das passagens em questão.

Adotaram-se, para o uso de letras maiúsculas e minúsculas, as recomendações do Vocabulário Ortográfico da Língua Portuguesa, da Academia Brasileira de Letras.

Substituíram-se as aspas por travessão nas situações de diálogo.

Adotou-se, segundo os padrões atuais, o acento grave indicador da crase, que, nos Diários, aparece sob a forma de acento agudo, usual na época.

Relacionaram-se as palavras com dupla entrada no Vocabulário Ortográfico da Língua Portuguesa utilizadas por Nabuco, a saber, afectação, agoiro, artilheria, calaboiço, carácter, coacta, conjectura, contacto, contracto, contractos, cousa, cousas, diferençar, doirado, dous, eléctrico, espectáculo, excepto, facto, factos, imorredoiro, indescriptível, inspector, lavoira, moutas, noute, objectivo, oiro, optimamente, óptimo, precalços, presepe, redomoinho, reflectido, regímen, susceptível, tacto, usufructuários.

ABREVIATURAS

dom: D.
dona: Dª
doutor: dr.
madame: Mme.
mademoiselle: Mlle.
Mister: Mr.
mistress: Mrs.
monsieur: M.
padre: pe.
sem data: s.d.
senhor: Sr.
senhora: Sra.
ver, vide: v.

ACERVOS E ABREVIATURAS
DAS LEGENDAS

FBN/SI Fundação Biblioteca Nacional / Seção de Iconografia
FJN Fundação Joaquim Nabuco (Fundaj)
IHGB Instituto Histórico Geográfico Brasileiro
LC Library of Congress / Washington Photoduplication Service
MHD/MRE Museu Histórico e Diplomático / Ministério das Relações Exteriores
MHN Museu Histórico Nacional / IPHAN
MI/CG Museu Imperial / Casa Geyer / IPHAN
MNBA Museu Nacional de Belas Artes / IPHAN

"Eu já começo a ver a sombra do novo Nove. Já lhe disse que os noves marcam sempre novas fases de minha vida desde 1849, o nascimento. É curioso lembrar: 49, o nascimento; 59, o internato (a separação de casa); 69, o Recife; 79, o Parlamento e a Abolição; 89, o casamento e a queda da monarquia; 99, a diplomacia. Que será o nove sem mais nada, o o 9?"

(JOAQUIM NABUCO A GRAÇA ARANHA, 1 DE DEZEMBRO DE 1908)

Nota da Editora

Por volta de 1960, quando meus tios e meu pai resolveram doar ao Instituto Joaquim Nabuco de Pesquisas Sociais — atual Fundação Joaquim Nabuco — os arquivos do meu avô, meus irmãos e eu pouco participamos do assunto. Àquela altura, pelo menos para mim, nosso avô Joaquim era uma figura distante e um pouco mítica, como assim também o eram outros contemporâneos seus, entre os quais José do Patrocínio, Machado de Assis, Castro Alves, o barão do Rio Branco (a quem J.N. se refere nesses diários como Paranhos), a princesa Isabel, e outras figuras históricas, sobre as quais líamos em nossas escolas. Entre a morte do meu avô e o nascimento do seu primeiro neto, filho do caçula e temporão José Thomaz, único de sua geração a casar-se, passaram-se quase 25 anos. Teria sido mesmo pouco natural que nós, os netos, sentíssemos alguma intimidade com esse avô tão distante no tempo. Em compensação, sempre observei nos seus filhos uma grande admiração e um enorme, tranquilo, e inequívoco afeto pelo pai. A vida na velha casa da rua Barão do Flamengo, para onde a família se mudara depois da morte de J.N., e mais tarde, na da rua Marquês de Olinda, para onde voltara, era requintada e simples. O ambiente permitia que pudéssemos adivinhar a presença do meu avô, com muita naturalidade e frequência, por trás dos seus usos e costumes. Lembro-me de um dia ter perguntado ao meu tio Maurício o porque do seu modo de servir um determinado tipo de vinho — e dele ter-me respondido, "não sei, não, minha filha, no tempo do meu pai era assim". Lembro-me também do meu tio Joaquim, o nosso "tio Padre", pároco do bairro de Sta. Teresa, rasgando uma das últimas fotografias do meu avô, que o mostrava já com os visíveis sinais da *policitemia vera*, — doença que viria a tirar-lhe a vida pouco tempo depois — dizendo a meu irmão José, "sempre que você se deparar com uma cópia desta foto, rasgue-a". E principalmente, lembro-me da minha avó, pouco antes de morrer, me confidenciando "ultimamente tenho tido tantas saudades do seu avô, queria muito estar com ele", e eu me dava conta de quanto, através dela, a presença de J.N. nos envolvia.

AO LADO
52, Cornwall Gardens, residência de Joaquim Nabuco em Londres entre 1900 e 1905

E, finalmente, lembro-me das tias Mariana e Carolina, sempre lendo, relendo, escrevendo, ou arquivando, escrupulosamente, alguma coisa. E das referências aos "papéis do seu avô" — um baú (ou terão sido mais?) onde estavam arquivadas cartas, rascunhos, ofícios, manuscritos que mais tarde se tornariam livros, e esses diários — aos quais, pelo que sei, a única pessoa, até agora, a ter acesso foi Luiz Vianna filho, o grande biógrafo de J.N. Por ocasião da doação de quase tudo à Fundaj, os herdeiros acharam prematura a divulgação dos diários. Talvez por não se sentirem à vontade com a exposição (mais do que discreta!) do seu conteúdo — talvez em respeito a algumas, muito poucas, pessoas citadas, ainda vivas, ou à primeira geração de descendentes de outras — ou ainda em função de dúvidas sobre se J.N. teria mantido os diários para uma eventual publicação, ou apenas como um "banco de dados", ao qual pudesse recorrer para dissipar dúvidas sobre fatos ocorridos no passado. Depois disso, quase cinqüenta anos se passaram. Após a morte, há poucos anos, de nosso pai, meus irmãos e eu concordamos que enfim seria oportuna a sua publicação. E que seria mesmo nossa obrigação trazer a público essas meticulosas anotações do nosso avô, que certamente facilitarão o acesso de pesquisadores interessados em uma época tão rica da formação da nação brasileira. Quanto a mim, pessoalmente, a leitura desses diários resgatou a figura humana de J.N. e pude, pela primeira vez, pensar nele, e senti-lo como avô.

Acrescento que é um privilégio para a Bem-Te-Vi publicar este livro, primorosamente editado e anotado por outro pernambucano, o historiador Evaldo Cabral de Mello.

Tivemos a satisfação de contar com a Editora Massangana, da Fundaj, para apoiar-nos na primeira edição dos Diários, feita em dois volumes, em 2005. A procura pelo livro fez com que ele rapidamente se esgotasse, o que nos leva agora a reeditá-lo em volume único.

A nossa editora executiva, Lélia Coelho Frota, por seu incansável e imprescindível apoio à organização de mais este projeto da Bem-Te-Vi, é credora de nossos muito especiais agradecimentos.

Vivi Nabuco

Sumário

Prefácio 13
Primeira viagem à Europa 1873-1874 19
Adido de Legação 1876-1878 67
Abolicionismo 1881-1888 211
Ostracismo 1889-1898 267
Diplomacia 1899-1910 387

Cronologia 723
Anexo A 732
Anexo B 736
Anexo C 739
Índice Temático 741
Índice Onomástico 756

Sunday, May 13.

[S. after Ascension.

No Senado - Paulino sauda-me com um Ave Cesar, pares com Affonso Celso, o povo em delirio no recinto, meu nome muito acclamado, pelo campo até ao Paiz com Celso Jr. cercado de povo — Ao Paço — A' sancção e assignatura. Fallo de uma das janellas do Paço Pelas ruas com Dantas, Patrocinio, Stapp, Jaceguay etc. No Paiz. Jantamos todos no Globo. Depois os espectaculos de gala em nossa honra. Viva a patria livre!

Prefácio

Os Diários de Joaquim Nabuco (1873-1910) permaneceram inéditos durante quase um século, carinhosamente preservados pelos seus filhos e atualmente pelos seus netos e bisnetos. O manuscrito consiste em cerca de trinta agendas, mas contém também folhas soltas, somando em torno de 3.800 folhas. Antes da equipe que organizou a publicação desta primeira edição, bem poucos tiveram acesso a estas páginas. Algumas delas foram reproduzidas por Carolina Nabuco e por Luís Viana Filho nas excelentes biografias que dedicaram ao ilustre brasileiro e que até hoje constituem obras indispensáveis para o conhecimento do conjunto da sua vida. Ademais a bibliografia nabuquiana dispõe atualmente de um número substancial de contribuições, várias delas importantes, a aspectos particulares da sua atividade política, intelectual e diplomática, contribuições que, aliás, continuam a aparecer regularmente, testemunhando o interesse vivo que desperta.

    Sob este aspecto, pode-se afirmar que a fortuna crítica de Nabuco superou a de seus contemporâneos, como Rui Barbosa e o barão do Rio Branco, o que pode ser atribuído, inclusive, à sua atuação à frente da mais importante reforma sócioeconômica realizada no Brasil, a Abolição, e também ao encanto de uma personalidade que fascinou os

AO LADO
Entrada nos Diários do dia 13 de maio de 1888

contemporâneos e que fascina até hoje. A inteligência como exercício de equilíbrio, pode-se dizer que foi o traço decisivo da sua personalidade, presente na sua vida pública e detectável, ao longo destes diários, nas suas reações mais íntimas a acontecimentos e a pessoas do seu tempo. Indaguei certa vez a Luís Viana Filho com qual dos seus biografados ele mais fortemente identificara-se, e a resposta veio sem hesitação: Nabuco. É possível que nesta empatia entrasse inconscientemente uma boa parcela da comum origem baiana do biografado (Nabuco era filho de outro político baiano, mas nascera no Recife) e do biógrafo (Luís Viana era filho de político baiano, mas nascera em Paris), sabido que os estadistas da Bahia avultaram na história do Império pelo espírito de conciliação, necessário, mais que nenhuma outra virtude, à classe dirigente de uma província que contava certamente com a mais numerosa população negra e mestiça do país.

O diário não é seguramente gênero literário unívoco. A designação recobre uma variedade de textos que podem ir desde a agenda retrospectiva, que funciona como uma mera notação de acontecimentos, o que George Gusdorf chamou de "diário factual", até o diário íntimo como o de um Amiel ou um Pepys, em que o autor, ao longo dos dias e com assiduidade implacável, registra seus estados de alma, como no suíço, ou as peripécias da vida quotidiana, como no inglês, terminando por confundir sua existência com a própria redação da obra para fazer desta o essencial daquela. Os diários de Nabuco são muito mais do que um diário factual, exceto, como veremos, nos anos de ativismo abolicionista, e menos do que um diário íntimo, salvo certas expansões privadas que não são freqüentes. Eles perteceriam antes ao tipo que o citado Gusdorf nomeia journal fourre-tout, *ou digamos, inclusivo, notas sem periodicidade garantida, onde se registra de tudo o que interessa à existência prática, afetiva e intelectual do autor.*

No caso de Nabuco, é preciso ter em mente que a atividade do autor de diário sofreu a concorrência do autor de autobiografia, com a redação de Minha Formação *(1901)*, que ele encerrou com a vitória do Abolicionismo, e de Foi Voulue, em que narrou sua reconversão religiosa. Ademais, Nabuco, que costumava anotar seus pensamentos de maneira assistemática, organizou-os posteriormente no seu último livro, publicado em francês e intitulado Pensées Detachées et Souvenirs *(1906)*. Destarte, muitos dos temas que teriam acolhida natural nos diários, foram desviados para trabalhos de um gênero, o autobiográfico, de que ele, aliás, fará o elogio à sua maneira intuitiva, paralelamente ao que, pela mesma época, Dilthey fazia de maneira filosoficamente rigorosa, pretendendo que a autobiografia constituísse a forma superior de conhecimento do homem.

Os diários de Nabuco caracterizam-se pela heterogeneidade. O primeiro diário, o de 1873-1874, é exclusivamente um diário de viagem, no caso da sua primeira viagem à Europa; e o diário de 1876-1877 é, por excelência, um diário de observações de um adido de legação estrangeira sobre a vida americana, a que se somam indicações sobre suas atividades literárias. Ambos vão aqui transcritos praticamente na totalidade. As páginas relativas a 1881-1889 foram as que apresentaram maiores problemas. Nabuco não escreveu diários em 1879 e 1880, vale dizer, nos seus primeiros anos de experiência política como deputado liberal por Pernambuco. Mas, ao que parece, as anotações de 1878, 1881 e 1883 foram, como indica sua precisão cronológica, por ele compiladas com base em textos mais extensos que preferiu suprimir, provavelmente por volta de 1889 quando do seu casamento. As notas correspondentes a janeiro-abril de 1884 pertencem, porém, ao que supomos ter sido o diário original. A partir de setembro deste ano, com seu regresso ao Brasil para recomeçar a *campanha abolicionista, o original torna-se agenda retrospectiva, em função mesmo da falta de tempo decorrente das atividades políticas, até os fins de 1888. O diário de 1889-1898 tem um caráter sobretudo privado, em vista do casamento e nascimento dos filhos e, em especial, da proclamação da República, que o levou a optar pelo ostracismo, embora suas melhores páginas sejam as que dizem respeito à revolta da Armada em 1893.*

Por fim, os textos alusivos a 1899-1910 são, por excelência, de diário inclusivo, tendo sido por isso mesmo eliminadas as meras referências à rotina da sua vida privada e da sua vida pública. Entre as primeiras, menções às doenças de pessoas da família, pagamento de contas, contratação e dispensa de criados, visitas, enterros, missas, confissões, comunhões, duchas, massagens, depósitos e saques bancários, registro de remessa e recebimento de correspondência pessoal, consultas a médicos, a menos que incluam referências relevantes à sua história médica. No tocante à vida pública, suprimiram-se as alusões a compromissos sociais de rotina, como recepções diplomáticas (salvo quando contivessem alguma informação importante ou alguma observação de interesse), acolhimento a brasileiros de passagem ou a navios de guerra do Brasil em escala, listas de pessoas que o foram buscar ou levar a portos e a estações de caminho de ferro, e por fim à presença incessante de amigos ou de funcionários diplomáticos para almoçar e jantar. Indivíduo eminentemente gregário, Nabuco adotou em Londres o costume de convidar todos os domingos a jantar o pessoal da Legação, acompanhado de suas mulheres; e em Washington, tinha diariamente ao jantar e até ao almoço seus colaboradores da Embaixada ou membros do corpo diplomático estrangeiro. Tampouco transcreveram-se recortes de jornais sobre fatos mencionados nos diários e que ele tinha o hábito de anexar.

Nada nesta eliminação do que constitui o supérfluo, inerente a qualquer diário inclusivo, estorva o convívio do leitor com Nabuco, seja na sua atuação de advogado do Brasil na questão da Guiana inglesa, ministro em Londres e embaixador em Washington, seja nas suas viagens pela Europa a serviço, em lazer ou em busca da saúde, seja nas suas impressões de leitura, como a de Os Sertões *(não conseguiu lê-lo, o que não deixará de chocar os euclidianos), nas suas reações ao falecimento de amigos íntimos (Sousa Correia, Eduardo Prado, Rodolfo Dantas) e nas agudas intuições, inclusive sociológicas, como a do caráter oligárquico da vida política nas democracias modernas, assunto que pela mesma época Robert Michels desenvolvia em livro clássico sobre os partidos políticos.*

Alguns esclarecimentos finais se impõem. Em anexo, publicam-se alguns textos de Nabuco, encontrados entre seus papéis, como as notas tomadas por ele das reuniões de 1881 e 1882 da Sociedade Central Emancipadora, e o manuscrito intitulado "Quadros que são recordações de minha vida", escrito nos seus últimos anos. Em esforço nem sempre bem sucedido, tentou-se manter ao mínimo as notas infrapaginais, procurando torná-las funcionais, de modo a só buscarem esclarecer ou aprofundar referências dos diários que poderiam ou ser ignoradas do leitor ou enriquecidas pelo próprio Nabuco mediante outros textos seus, como Minha Formação, Cartas a Amigos, *sua correspondência inédita para D. Evelina, de posse dos seus descendentes, e para a* Anti-Slavery Society, *de Londres, descoberta e publicada por seu filho José Thomaz Nabuco. Trechos correspondentes a fatos mencionados nos Diários e constantes da sua correspondência inédita para Evelina Nabuco são transcritos em anexo aos capítulos finais. Dado o número considerável de individualidades citadas nos* Diários, *sua identificação encontra-se, quando possível, sumariamente feita no índice onomástico.*

1 *Primeira viagem à Europa*
1873-1874

O texto, que aqui se publica, dos Diários de Nabuco relativos à sua primeira viagem à Europa, não se encontra infelizmente completo. Ela prolongou-se por um ano, de agosto de 1873 a setembro de 1874, ao longo do qual, como ele mesmo contabilizou em Minha Formação, passou "cinco [meses] em Paris, três na Itália, um mês no lago de Genebra, um mês em Londres, um mês em Fontainebleau". O leitor não encontrará aqui as notas correspondentes a 1873, pois o texto disponível só se inicia em 3 de janeiro de 1874, quando ele parte para Nohant em visita a George Sand. Para preencher a lacuna, utilizaram-se os elementos relativos aos três primeiros meses da sua estada na França constantes do manuscrito, com base nos Diários, redigidos posteriormente por Nabuco nos anos 80 e intitulado Anos da Minha Vida. Mas nos capítulos V e VI de Minha Formação, o leitor encontrará suas impressões da França, que acabava de atravessar a experiência traumática da derrota frente à Alemanha bismarckiana e da repressão feroz da Comuna de Paris. Quando Nabuco desembar-

AO LADO
Sem título
FOTOGRAFIA DE AMODIO,
25 X 20,3 CM.
IN: *POMPEI*, 1873.
FBN/SI
☞ 25 DE JANEIRO DE 1874

PÁGINA 17
Florença
FOTOGRAFIA,
57,7 X 42 CM.
FBN/SI
☞ 1 DE ABRIL DE 1874

cou em Bordéus do navio que o trouxera do Brasil, as seqüelas do conflito ainda pesavam duramente sobre a vida francesa. Sua chegada, como lembrou Luís Viana Filho, também "coincidiu com a retirada das últimas tropas alemãs do solo da França".

Nabuco mesmo se encarregará em Minha Formação de fazer o balanço da sua primeira viagem à Europa. Ele insiste particularmente em que ela afetara as tendências republicanas adquiridas nos seus anos de estudante de direito em São Paulo e depois no Recife, aproximando-o do regime monárquico. Data da sua tournée européia a alergia ao jacobinismo, "esse estreito republicanismo, que confina nos dias de crise com a demagogia, e, exasperado pelo perigo ou excitado pela posse repentina, imprevista, do poder, chega à epidemia sanguinária do Terror". A viagem também reforçou em Nabuco o repúdio ao espírito de sistema em política, espírito que "não é necessariamente eclético nem, ainda menos, cético, mas que é incompatível com o fanatismo, isto é, com a intolerância, qualquer que ela seja". Sua admiração por Thiers, que se exprime no diário de 1876-1877, quando era adido da Legação brasileira em Washington, deriva também desta convicção de que a atividade política não comporta posições ideológicas inflexíveis. Malgrado haver sido monarquista toda sua vida, Thiers, guindado ao posto de chefe do poder executivo em conseqüência da débâcle do Terceiro Império, tratou de consolidar a república na sua versão conservadora, por um lado destruindo o que Nabuco chamará "o antigo monopólio jacobino sobre a idéia republicana", de outro, pondo em cheque as rivalidades dinásticas entre legitimistas e orleanistas que aprofundavam a crise na França. Como Nabuco afirmará em Minha Formação, "o grande efeito sobre mim daquela atitude de Thiers e dos parlamentares da monarquia de Julho era dar-me uma grande prova experimental de que a forma de governo não é uma questão teórica, porém prática, relativa, de tempo e de situação, o que em relação ao Brasil era um poderoso alento para a minha predileção monárquica".

Mas a viagem à Europa impulsionou igualmente o lado estético e literário do temperamento de Nabuco. Neste sentido, foram fundamentais os meses passados na Itália, que, como constatará o leitor, correspondem a boa parte deste diário, embora, como admite, "de passagem, pode-se ver muita coisa, mas não se tem a revelação de nada". Do seu grand tour, ele trouxe sobretudo "impressões de arte, impressões literárias, impressões de vida", de modo que "o grande efeito em mim dessa viagem é assim apagar a política, suspender durante um ano inteiramente a faculdade política, que uma vez suspensa, parada, está quebrada e não volta mais a ser a mola principal do espírito". A despeito do interesse pela vida política francesa, ele trocara "a ambição política pela literária"; e mais, estetizara suas inclinações políticas. A sua "crise poética" fora resultado deste processo, culminando na publicação de um livro de poesia, Amour et Dieu, que reunira os poemas redigidos na Itália e na Suíça, embora em Minha Formação, ele venha a confessar que "me faltava o dom do verso". Na realidade, de regresso ao Brasil em setembro de 1874, Nabuco era um homem dividido entre atrações opostas: a ambição literária e a tentação política, como continuará a ser toda a vida. Mas até 1879, quando ganhará seu primeiro mandato de deputado geral, a literatura levou enorme vantagem sobre a concorrente.

Neste primeiro diário, Nabuco emprega com desusada freqüência, como um homem da elite do século 19, vocábulos e expressões francesas. Eles vão aqui traduzidos à margem do texto.

31 agosto	Partida para Bordéus no *Chimborazo*. Comandante Massey (George).
18 setembro	Em Lisboa.
22 setembro [Bordéus]	No Hotel de France.
23 setembro	Partimos para Paris. José Caetano e Carlotinha[1] em Angoulême. Barão de Penalva, hotel de la Place du Palais Royal.
4 outubro	Jantar em casa de Mrs. Pendleton: Moreira, Galitzin, Monbel. Ao Vaudeville. Tortoni.
6 outubro	Em Saint Germain ver a E.[2] Passeio de carro na floresta. À noite Comédie Française. *L'Avare*.
12 outubro	A Versalhes ver a E. Vida de todos os dias: ir à rua Presbourg à noite[3].

1. Carlotinha, filha do barão Penedo, casada com José Caetano de Andrade Pinto.
2. Trata-se de Eufrásia Teixeira Leite. O romance de ambos foi desvendado por Luís Viana Filho. A bordo do Chimborazo, Nabuco conhecera Eufrásia Teixeira Leite, neta do barão de Itambé, sobrinha do barão de Vassouras e herdeira de grande fortuna em fazendas de café e escravaria no vale do Paraíba. Ao desembarcarem em Bordéus, o casal estava decidido a casar-se na Europa e Nabuco escreveu ao pai para que lhe enviasse a indispensável papelada. O velho Nabuco aprovou o matrimônio, mas quando os documentos chegaram a Paris, a relação desfizera-se. As cartas de Nabuco ao pai, como as outras que enviou da Europa aos amigos do Brasil, já não existem, salvo a que dirigiu a José Caetano de Andrade Pinto às vésperas do regresso à pátria, a qual não se refere ao assunto. Mas das cartas que lhe endereçou o senador Nabuco, deduz-se que o filho relutava em aceitar o freio conjugal em perspectiva, embora o principal obstáculo tenha consistido na recusa de Eufrásia em viver no Brasil, atitude de que ela nunca se afastou, só vindo ao Rio esporadicamente a trato de negócios particulares. As cartas de Eufrásia para Nabuco terão sido provavelmente destruídas por ele. Quanto às dele para ela, foram queimadas, após o falecimento de Eufrásia em 1930, pelo seu testamenteiro, Raul Fernandes, por ordem expressa dela.
3. Na rua de Presbourg, no VIII ème arrondissement, localizava-se a residência de Eufrásia Teixeira Leite.

Chez l'abbé Allain.*	3 novembro *Visitando o abade Allain.
A Versalhes, à Assembléia Nacional.	17 novembro
À sessão do setenato.⁴	19 novembro
Começo a ir ao processo Bazaine.⁵	21 novembro
Visita a Ernest Renan.	22 novembro
Condenação de Bazaine.	10 dezembro
Léonide Leblanc no papel de Caroline. Marquis de Villemer.⁶	19 dezembro
À Comédie Française. Depois a Saint Roch, missa do Galo. Três vezes Je t'aime* como São Pedro.	24 dezembro *Eu te amo.
Todas as noites ao Odéon.	28 dezembro
Com a baronesa de Penedo. Ao ano-novo!	31 dezembro

4. Na sessão do setenato, a Assembléia Nacional francesa votou a prorrogação dos poderes do marechal Mac-Mahon, eleito em maio para a chefia do Estado em caráter provisório. O conflito entre os republicanos e os monarquistas, estes divididos entre legitimistas e orleanistas, havia sido assim adiado pelo prazo de sete anos, dentro do qual os monarquistas contavam resolver sua querela interna em favor de um dos cabeças dos dois ramos dos Bourbons.

5. O julgamento de Bazaine foi um dos acontecimentos mais rumorosos da época. O general, que comandara o exército francês no sítio de Metz, na guerra contra a Alemanha, fora acusado de alta traição, e seria condenado à morte, pena comutada em prisão perpétua.

6. Marquis de Villemer, de George Sand, publicado em 1861.

1º janeiro	Encontro casualmente a E., à porta do Teatro Francês. De carro ao Bois. A folha seca. Janto rua de Presbourg.
2 janeiro	Com o Artur. Dormimos em Châteauroux, hotel de Sainte Catherine.
3 janeiro[7] *estrada *no caminho *álamos *choupana	Às 8h da manhã parti de Châteauroux para Nohant.[8] *Route** de la Châtre. Nohant a oito léguas de Châteauroux. Bela manhã, sem sol mas sem bruma. O campo francês; os arados nos campos semeados. Os camponeses com capotes (*cavours*) de lã branca rajada nos carros puxados a cavalo. Château d'Ozan, *sur la route**. Bosques de *peupliers** batidos pelo vento. Aldeias de Clavières e Ardentes. Uma *chaumière**, ao lado um túmulo com uma cruz. Ali estava toda a família, os vivos e os mortos. Os pinheiros novamente plantados e rasteiros. Cheguei a Nohant às 11h. Esperavam-me desde a véspera e tinham um quarto preparado Maurice Sand, a mulher, filha de Calamatta, as filhas Aurore e Gabrielle. Fizeram-me almoçar. Ao meio-dia veio George Sand. Conversamos até às 3h; pediu-me para ficar algum tempo em Nohant ou para voltar. Falamos de Renan, da *Joconde*, do teatro e Bressant, do bem e do mal; prometi-lhe algumas borboletas. Estava em Nohant Edmond Planchet. Guardo a melhor impressão desse acolhimento; ao sair deu-me os seus três últimos romances com oferecimento. Voltei às 3h; às 6h cheguei a Châteauroux. Às 8h30 partimos para Orléans. A catedral de Châteauroux ao luar. Foi a única impressão boa dessa triste cidade. À 1h da noite chegamos a Orléans.

---

7. A partir daqui, inicia-se o texto dos Diários de Nabuco, como explicado na nota introdutória desta seção.
8. Nabuco obtivera, através de Charles Edmond, a quem fora recomendado por Ernest Renan, um convite para visitar a famosa escritora George Sand na sua propriedade de Nohant, próxima a Châteauroux (Indre). Maurice Sand, filho de George, era um conhecido entomologista. Seu sogro, Calamatta, gravador. Nabuco fez sua visita a Nohant e em seguida sua excursão aos castelos do Loire, na companhia de seu amigo Artur de Carvalho Moreira, filho do barão de Penedo, ministro do Brasil em Londres.

Viemos para o hotel do Loiret et des Trois Empereurs. Às 9h30 fui ver a fonte do Loiret em um parque do Château de la Source. Pertence esse castelo a um inglês, M. Natt (?) *Avenue de peupliers et de marroniers de l'Inde. Massifs de sapin**. Uma bacia fechada, em um parque delicioso: água pura e cristalina, com correntes amarelas ao fundo. Vinte quatro a vinte cinco mil litros d'água por minuto. Quando a água é forte faz uma espécie de repuxo. Castelo visto do fundo. Le Miroir, bacia oval, a cuja borda há um arvoredo com seis belos cedros do Líbano, de ramas horizontais de um verde de musgo seco. Pinheiros do norte, de folhagem verde-clara. *Sapins malaises, feuilles rouges, qu'ils perdent à l'hiver**.

De volta vi a estátua de Joana d'Arc por Gois; a ponte de Orléans, que lembra Recife; a estátua de Foyatier, que é um bronze medíocre.

Almocei no hotel e saímos depois juntos a visitar a catedral, belo templo de cinco naves e torres altas (pseudo-gótico); o Museu Histórico, o Hôtel de Ville onde há a sala de Joana d'Arc, a estátua da princesa Maria; o elegante *hôtel** de Diane de Poitiers, as casas de Agnès Sorel, de Joana d'Arc e de Francisco I, a igreja de Notre-Dame de la Récouvrance. Jantamos no hotel *en table d'hôte**. Recebemos a notícia da queda de Castelar[9]. Fui ao teatro de Orléans, espécie de Batuíra.

4 janeiro

*Avenida de choupos e de castanheiros da Índia. Bosques de pinheiros.

*Pinheiros malásios, de folhas vermelhas, que caem no inverno.

*mansão

*em mesa comum

Almoçamos no hotel do Loiret. Às 11h30 partimos para Tours. No caminho em Onzain, o castelo de Chaumont. Chegamos às 2h30 a Tours. Bela estação. Aspecto excelente da cidade do meio *du pont de pierre** no fim da rua Royale. Teatro de Tours. A catedral muito mais imponente que a de Bordéus; gótico até a plataforma das torres. Subimos às torres; trezentos degraus, ficamos a 69 metros. Vista excelente: da fachada sul (lateral esquerda), o arcebispado com um terraço do século IV, muros galo-romanos, o *petit séminaire, a préfecture** no longe e em uma grande zona o campo, *château** de Cangé; da fachada do ocidente frente da catedral, a antiga cidade de ruas estreitas e casas de tetos

5 janeiro

*da ponte de pedra

*pequeno seminário, a polícia

*castelo

---

9. *Emilio Castelar y Ripoll, chefe republicano espanhol, que estabeleceu a primeira república após a abdicação do rei Amadeu, foi deposto em janeiro de 1874 por um golpe militar, que abrirá o caminho à restauração da monarquia na Espanha, com Alfonso XII.*

os dominicanos   pontudos e pretos, *les jacobins**; torre de Saint Martin redonda e a de Carlos Magno, esta quadrada e construída como monumento fúnebre de uma de suas mulheres pelo Imperador em 838; à direita, o Loire atravessado por três pontes e perdendo-se ao longe no horizonte; da fachada norte, a vista das torres e do antigo claustro do *chapitre** de Saint Gatien; ruínas do antigo *château* de Tours, de Henrique Plantageneta. Passeamos depois nos bulevares e nos cais. Jantamos no hotel. Depois do jantar fui com um holandês de Roterdã, Grimbling, a um café e ao Alcazar, onde três feias mulheres estavam a cantar com uma orquestra impossível. Às 9h de volta no hotel.

capítulo

6 janeiro

Saí às 10h em carro descoberto com M. Grimbling. Fomos à colônia agrícola de Mettray. Atravessamos a bela planície de Tours. Mettray pode ser visitada nos domingos e quintas-feiras do meio-dia às 5h. Os pais podem visitar os *jeunes détenus**, de quatro a cinco vezes por ano. Ao entrarmos, a derrubada da árvore. No centro da colônia, uma torre com uma flecha, que forma a fachada do principal edifício, chamado *Maison paternelle**. De cada lado do pátio cinco edifícios de três janelas de cada lado. No princípio do pátio, a casa dos professores e a do diretor. Ao lado direito da torre a *école primaire**. *Fondation de la colonie agricole de Mettray, le 22 janvier 1840. Tableaux d'anciens colons devenus zouaves. 800 colons de 6 à 20 ans**. Classes, de manhã das 5h15 às 5h30 [sic]. A capela: Cristo no fundo, altar no alto. *Maison paternelle** para os meninos que os pais mandam; os pais pagam duzentos francos por mês. Nunca se vêem os meninos uns aos outros. Há 35. *La vacherie**. Oficinas de pintura, *sabotiers, charrons, forgerons**. Um navio, *le Colon de Mettray**, para os que querem ser marinheiros. De quarenta a setenta meninos formam uma família, sob um *chef de famille**, substituído por um *frère aîné**, colono também de boa conduta, com galões vermelhos. Têm o refeitório e o dormitório na mesma sala: dormem em redes que fecham de manhã, comem em tábuas que se fecham, e a sala parece vazia. Ao meio-dia comem, voltam do trabalho: blusa azul e calça branca, tamancos. Um colono faz o serviço de sua família oito dias. Castigos: *le Piquet*, ficar de pé, voltado contra um muro, durante o

*detentos jovens
*Casa Paternal
*escola primária
*Fundação da colônia agrícola de Mettray, 22 de janeiro de 1840. Quadros de antigos colonos que se tornaram zuavos. Oitocentos colonos de seis a vinte anos.
*v. supra
*O estábulo.
*de fabricação de tamancos, carroças e ferrarias
*o Colono de Mettray
*chefe de família
*irmão mais velho

recreio; privação da sopa da manhã; detenção. *Lingerie, infirmerie, cuisine, sous la surveillance des soeurs**. Na *ferme** de la Briche eles têm cento e cinqüenta colonos. Saímos às 12h30 de Mettray; pouco adiante da comuna de Mettray: fomos almoçar em Membrolle, comuna do cantão norte de Tours. Defronte da única rua o *château* de l'Aubrière, de M. Martel: novo e em uma bela altura. A pequena igreja da freguesia onde o cura tomava a lição às meninas do lugar. Almoçamos no albergue de l'Étoile. Almoço do albergue. A sala de dança dos domingos onde os camponeses pagam dez centavos a quadrilha. Viemos depois a Marmoutier ver os restos da célebre abadia. Recebidos por uma irmã do Sacré Coeur; elas fazem voto perpétuo, mas podem falar aos visitantes e passear no recinto. A gruta de Saint Martin: história de Saint Brice contada pela irmã, gruta cavada pelas mãos do santo, onde há um altar. É um belo passeio ir a Marmoutier, ver aquele vasto terreno tão bem cultivado, no meio do qual elevam-se os edifícios novos do Sacré Coeur, fechado pelo antigo muro do convento, com o portal em ogiva e as torres do século X, com uma torre encostada à colina do fundo e à gruta de Saint Martin.

* Rouparia, enfermaria, cozinha, sob a supervisão das freiras.
* granja

Na cidade a casa de Tristan, que parece não ter sido realmente a casa do amigo de Luís XI. Subimos à torre, escada de 92 degraus dando em um pavilhão coberto de traves e taipa, sustentado por arcos de pau. Ao longe o cair do sol e a vista do Loire. Na frente, quatro ordens de janelas; na última [ordem] uma só [janela] ao lado; animais nos cantos. Fomos depois ao castelo de Plessis les Tours. Ruínas da torre das masmorras. Embaixo em um subterrâneo o calabouço na pedra; abóbada; um buraco por onde se tiravam os corpos caídos no poço. Magníficos porões: muralhas de cinco metros de espessura; subterrâneo *vouté qui va à Loire**. A casa de São Francisco de Paula *à côté** de Plessis. Pretendida casa de Olivier Daim. A prisão do cardeal de la Balue. Às 7h partimos para Amboise. Uma hora de viagem; viemos para o hotel do Lion d'Or.

* abobadado que dá no Loire
* ao lado

Às 11h fui ao *château* de Amboise. Vista do alto do terraço: a pequena cidade de Amboise, e no horizonte os campos do Loire cobertos de orvalho gelado. Entre a capela, pequeno monumento gótico, e a

7 janeiro

*caçada

*tijolos

larga torre, no meio da qual subiam e desciam carros; havia uma ala de edifício paralela à fachada que dá sobre o Loire. A *chasse** de Saint Hubert, de escultores italianos, sobre o portão da capela. O interior da capela abobadado, em forma de cruz, de *briques**, estucado. Ao longe, perto da floresta de Amboise, o pagode de Chanteloup. O Loire chegava antigamente até os alicerces do castelo; muralha de noventa pés. A torre chata na parte superior. Desci na torre. No fim do terraço a porta onde Carlos VIII feriu a cabeça. Apartamentos d'Abd-el-Kader. Sala dos Estados. Grade de ferro sobre o Loire onde se enforcavam os huguenotes. Busto de Leonardo da Vinci no jardim. Amboise pertence aos Orléans. Almocei no hotel e fomos a Chénonceaux. No caminho subimos a escadaria de Chanteloup, pagode feito pelo duque de Choiseul em honra dos amigos que o foram ver em seu exílio. Cento e cinqüenta degraus. Bela vista dos campos do Loire. Ao longe o castelo de Amboise. Às 2h chegamos a Chénonceaux, sobre o Cher, comunicando por pontes com a terra.

*guarda

Parque de Chénonceaux; a torre da *concierge**. Feito por Francisco I. Sala de Diane de Poitiers, retrato de Diana; teto da pequena biblioteca. Sala de dormir de Henrique II e de Diana; sala no segundo andar de Catarina de Médicis; quarto de Rousseau. Galeria sobre a ponte do Cher construída por Catarina. Um Correggio, um Ribera. Pertence a M. Pelouse. Viemos de Chénonceaux às 3h; às 4h15 chegamos a Amboise, de onde partimos às 5h30 para Blois.

8 janeiro

* Sala da guarda
* O Burguês Fidalgo, *de Moliére.*

* contrafortes
* Grande flor de lis

Fomos às 9h da manhã ao castelo de Chambord. Uma hora e meia de viagem. No interior, magnífica escadaria de pedra com rampa dupla; subimos eu e o Artur sem nos encontrarmos. *Salle de gardes**: no estuque do teto os FF[10] e a salamandra de Francisco I. Sala do teatro onde se representou *Le Bourgeois Gentilhomme**. Na plataforma o Belvedere ou Lanterna. Oito arcadas sustentando uma balaustrada. Mais alto oito *contreforts** ornados de grandes salamandras sustentando uma torre terminada pela lanterna. *Grande fleur de lys**, de dois metros. Vista do terraço. A ala de Orléans. Escadas nas torres que ocupam os ângu-

---

10. FF, iniciais de Francisco I.

los do quadrado; 13 grandes escadas, sessenta ao todo. Cento e vinte degraus da lanterna: vasto panorama. Na sala de jantar de Luís XIV o parque de artilharia dado ao conde de Chambord menino. Gabinete de Francisco I onde ele escreveu o célebre verso. Fachada principal: duas torres nas extremidades, em uma delas o gabinete de Francisco I forma uma deformidade, e duas no meio ligadas pelo edifício. O Belvedere no meio; dentro, pequena colunata da plataforma. Fossos outrora cheios. Capela fora, freguesia. Almoçamos no Grand Saint Michel. De volta fomos ao castelo de Blois. No pátio: à direita, a ala de Francisco I (*renaisssance*) com a bela escadaria exterior em espiral; no fundo a ala do duque de Orléans, da esquerda à parte de Luís XII. Teto da escadaria de pedra com salamandra, e armas todas diversas. Belas chaminés douradas *da salle das gardes d'Henri II. Galérie de la reine**: bela pintura do teto, soalho de *faïence**. Sala em que morreu Catarina [de Médicis]. Capela da rainha: teto *en carreaux**, pintado, belos *panneaux**. Janela por onde desceu Maria de Médicis; paredes com os antigos ornatos dourados. *Cachot** do cardeal de Lorraine. *Salle du Conseil**: chaminé onde estava Guise. Quarto de dormir de Henrique III onde morreu Guise. Vista do alto do castelo. Ala de Gaston, grande abóbada dupla. Capela do castelo; sonoridade do eco. *Salle des chevaliers** de Luís XII. Chaminé sem pintura: relevo *porc-épic** de Luís XII e *hermine d'Anne de Bretagne**. Escadaria de Luís XII mais simples, mas de uma espiral mais ousada que a de Francisco I. Salão dos estados: sete colunas monolíticas dividindo ao meio a sala e sustentando as duas abóbadas. Escada de madeira dourada e pequena porta por onde descia o rei. Nobreza no fundo da sala à direita, o clero recebia o rei, o *Tiers État** no meio. Do castelo de Blois fomos à catedral e daí ao hotel. Partimos para Paris às 6h10; jantamos em Les Aubrays; chegamos às 9h50.

* *da sala da guarda de Henrique II.*
Galeria da rainha
* *faiança*
* *almofadado*
* *painéis*
* *Calabouço*
* *Salão do Conselho*
* *Sala dos cavaleiros*
* *porco-espinho*
* *arminho de Ana da Bretanha*
* *Terceiro Estado*

Meu velho amigo, Julião[11], faz anos hoje: faço votos por sua felicidade. Ontem o ministério foi batido pelo adiamento da lei dos pre-

9 *janeiro*

---

11. *Julião Jorge Gonçalves era o secretário particular do senador Nabuco de Araújo, a quem Joaquim Nabuco era especialmente ligado.*

feitos[12]. Fui às duchas. Almocei na rua de Presbourg. Recebi uma carta do Itajubá[13] convidando-me para ir com ele amanhã à casa do Thiers. Jantei em casa do barão de Penedo[14], chegado de Roma.

10 janeiro   Almocei no hotel. Escrevi os versos do pássaro perdido.[15] Jantei na rua de Presbourg. À noite fui com o Itajubá e Mme. Itajubá à casa de M. Thiers, hotel Bagantion, *faubourg* Saint Honoré[16]. Apresentado a M. Thiers, à Mme. Thiers, à Mlle. Dosne. Apresentado a M. Jules Simon; itinerário que este me deu: ver Nîmes, Arles, Tarascon, Pierrefonds, Coucy *grande chartreuse**, Rheims, Toulon. Conversei com M. Thiers sobre o Brasil. Opinião dele sobre a desigualdade da raça negra: da qual provém o direito não de escravizá-la, mas de fazê-la trabalhar; sobre o Brasil.

* grande cartuxa

15 janeiro   Marselha: a cidade. As cariátides sustentando as varandas. Palácio de Longchamps: duas alas reunidas por uma colunata jônia; um arco no meio e na frente sustentando uma lanterna. O grupo de mármore de cujos pés jorra a água que cai em cascata no grande tanque do centro. Vista do alto; alguma coisa da luz e das cores do Brasil.

12. *A lei dos prefeitos: trata-se da rejeição pela Assembléia Nacional do projeto de lei que proibia a cumulatividade do cargo de prefeito municipal com outros cargos eletivos.*
13. *Marcos Antônio de Araújo, barão de Itajubá, ministro do Brasil em Paris.*
14. *Francisco Inácio Carvalho Moreira, barão de Penedo, ministro do Brasil em Londres, regressara então de Roma, aonde fora como enviado brasileiro tentar resolver a questão religiosa.*
15. *Publicado em* Amour et Dieu, *Paris, 1874.*
16. *Em* Minha Formação, *Nabuco rememorará "a noite que passei no salão de M. Thiers". Nestas páginas, ele explica as razões da sua admiração por Louis Adolphe Thiers, um dos homens políticos mais importantes na França do século XIX, além de historiador, o qual, no decurso de longa carreira, foi ministro e presidente do conselho do rei Luís Filipe; amargou ostracismo durante o reinado de Napoleão III, regressou à atividade política após a queda do Terceiro Império na derrota da guerra com a Alemanha, tornando-se chefe do poder executivo, negociando a paz com Bismarck e reprimindo brutalmente a comuna de Paris. Quando Nabuco o visitou, em janeiro de 1874, Thiers havia sido derrotado no ano anterior por uma coalizão de monarquistas, que não perdoava sua conversão de orleanista em republicano-conservador. Jules Simon fora ministro de Thiers e representava a ala moderada dos republicanos franceses, oposta a Gambetta.*

Visita ao Mei-Kong.

Excursão ao *château* d'If. *La grande jetée**, sobre o qual há artilharia. Vista de Marselha; a catedral sem grandeza. Notre Dame de la Garde na colina, adoração dos navegantes. Forte de Saint Jean. Anteporto de la Joliette. Palácio imperial sobre um morro, hoje serve de ambulância. Não tivemos o mistral. Vista do *château* d'If. Fundo do mar perto do rochedo, branco, esverdeado, azul. Cárceres: de Dantès e do abade Faria. Trabalho dos comunistas nas paredes: Aos Mártires da Liberdade, 4 de abril de 1871. Cárcere de Lavalete, 1814, de Phillipe Égalité; do Máscara de Ferro, de volta das ilhas Santa Margarida. Cárcere de Mirabeau. O pôr-do-sol visto da plataforma da torre mais alta. Porto do Frioul para a quarentena, formado pela união, por um quebra-mar, de duas ilhas.

* *O grande molhe*

A volta: poesia.

Jantei no hotel; fui às Folies Bergères, e depois à Ménagerie, onde vi um elefante inteligente e uma *kangaroo* com o filho na membrana do peito, vendo-se só as patas e a cabeça.

Fui de manhã a Notre Dame de la Garde. Igreja célebre pelas romarias: magnífico panorama do alto do campanário. Vê-se a linha do porto de Marselha. Grupo pardo do *château* d'If e Frioul. O mar azul; um belo arco-íris; as gaivotas e as velas brancas. As paredes da igreja cobertas de quadros e promessas.

16 janeiro

Passeio no Prado. À meia hora depois de meio-dia parti para Nice, onde cheguei às 8h e fui para o Grand Hotel.

Uma manhã em Nice: passeio de carro até Villefranche, vista do Mediterrâneo, estrada da Corniche. Laranjais e *villas* de todo o feitio. O Passeio dos Ingleses sobre o mar. Por um belo tempo Nice deve ser muito agradável. As árvores das ruas parecem uma vegetação artificial e o canal que cavaram não está em proporção com o fio d'água que aí passa. Às 2h30 parti para Gênova. No caminho, Mônaco sobre uma península, Monte Carlo, que é o Cassino, e que é um edifício sobre um belo jardim. Em Ventimiglia mudamos de trem, jantei mal e entrei na Itália. Diferença notável dos trens franceses. Às

17 janeiro

11h30 cheguei a Gênova. Hotel Feder, alojaram-me no fim do mundo, mas em um belo quarto. O hotel é um antigo palácio.

18 janeiro Passeio a Gênova, a pé. Subi no cais do Mediterrâneo e voltei por Porto Franco, através de ruas imundas onde de vez em quando há um palácio. Passeio de carro na bela cidade nova, que, não obstante, é muito antiga. O mágico da rua. Catedral de São Lorenzo, toda de mármore preto e branco, mas desde a arquitrave das colunas de um dourado carregado que não se esperava achar ali. Assim são as outras igrejas, grandiosas pelo uso de um belo mármore até à arquitrave, daí para cima douradas. Em São Lorenzo, o túmulo de São João Batista e as correntes! Estátuas de Cristóvão Colombo e André Doria. Palácio dos Doges, mármore branco; belas figuras dos prisioneiros de André Doria.

Praça Fontane Morose. Passeio a Acqua Sola: Via Assarotti. Almocei no hotel.

Passeio com um guia. Sermão em Santo Ambrósio. Pregador cômico, escola de declamação italiana: *consolatrice, remuneratrice, dispensatrice**. Véu branco das genovesas. Subi a vila Negri em Acqua Sola. Perfume da flor branca da *cordenza*, que floresce todo o ano. Magnífico panorama da altura da vileta de Negri. Gênova fechada pelo mar e pelas colinas com seus 14 fortes: vista geral, tetos de ardósia branca, cores vivas das casas; em barco o passeio da Acqua Sola, as montanhas azuis de Porto Fino, o anfiteatro da cidade, o semicírculo do porto. Visitei o palácio Durazzo. Um palácio italiano, escadarias de mármore branco, quadros de mestre, entre os quais um *Demócrito* e um *Heráclito*, de Ribera. À noite fui ao teatro de Carlo Felice, belo teatro de seis ordens de camarotes, de uma platéia larga, poltronas em que se pode dormir unidos em bancos, luz somente no lustre do centro, teto pintado. Representavam *Fausto*, que foi pateado pela execução.

* *consoladora, remuneradora, dispensadora*

19 janeiro Almocei no hotel a polenta italiana. Com o senhor Georges de Meulenaere (belga) fui à vila Pallavicini, em Pelhi; uma hora de viagem. Vista do terraço. Templo do Café, etrusco, e no meio da floresta bela vista sobre o Mediterrâneo. Arco de triunfo de um lado, casa rústica na outra fachada. Imensa agave salmiana [sic], espécie de aloés. *A chêne liège**. Em uma imitação de um pequeno castelo antigo no ponto mais elevado da vila (feita em 1846), vista incomparável; o mar unido, de cores desmaiadas, com uma facha de uma alvura luminosa. Portofino, e mais ao longe a ponte de Spezzia; para Oeste, o Capo Noli e a ponta de Arezzano. *As colle di Tenda** cobertas de neve. Nostra Signora del Gazo sobre a montanha em uma grande altura. Bela gruta artificial com estalactites trazidas de diversos lugares e unidas com arte extraordinária. Passeio de barco entre as estalactites e no lago. Templo grego no centro de mármore branco; o Mediterrâneo parece por uma ilusão da vista prolongar o lago. Templo de Flora, com o teto pintado a fresco, imitando a pintura de Pompéia e os vidros amarelos com flores e rosas brancas. Templo turco. Jogos d'água. Na vila que não está em relação com o jardim, uma grande escada de mármore e estufas para flores intertropicais.

* Sobreiro

* As colinas de Tenda

Visita à vila Rosasa, em Gênova: bela vista da cidade e do mar. Plantação admirável com belos terraços e um belvedere muito bem situado. A bordo do *Galileu* para Livorno, não segui viagem; a Campo Santo (*chiuso!**). à noite ao teatro Paganini *Il positivo*, cópia do Duc Job [sic]; teatro menor, mas no gênero do Carlo Felice.

* fechado

Às 10h45 parti de Gênova para Florença. Novi, Alessandria, Piacenza, Parma. Belo caminho, pelo bom dia que fez. Jantei em Bolonha. Chegando em Florença às 11h comprei bilhete para Roma.

20 janeiro

Às 9h30 da manhã cheguei a Roma! Decepção ao ver o Corso, pequena, ainda que comprida rua de casas irregulares. Vim para o Hotel de Roma. Almocei mal *chez* Spillman. Passeio de carro: via Condotti, Corso, palácio Doria, coluna Antonina (Marco Aurélio), foro de Nerva, foro Trajano, o Fórum, passeio a carro pelo meio (à direita templo de Saturno, Arco de Septímio Severo); à esquerda Basílica Júlia, templo de Castor e Pólux, palácio dos Césares na montanha, Coliseu, visita ao Coliseu.

21 janeiro

De volta ao Palatino, rocha Tarpéia. Coleção do Capitólio: a Vênus. A São Pedro. Impressão que me fez São Pedro: minha oração. Passeio ao monte Pincio; pôr-do-sol sobre São Pedro. Encontrei o meu colega Itiberê, padre Campos no hotel. Jantar em um belo salão. À noite passeio ao Corso, à casa de Itiberê[17].

22 janeiro

Às 9h50 parti para Nápoles. Via Appia. Grande aqueduto da Acqua Murcia. Túmulos da vila Appia; Albano; monte Cassino; campanha da Terra de Labor, Cápua, Caserta, Nápoles. Vim para o hotel de Russie, n. 112. A São Carlos, primeira récita da assinatura. Aída de Verdi. Grande teatro; seis ordens de camarotes, teto pintado sem lustre; lampiões sobre os camarotes forrados de vermelho; tribuna real no fundo. A Krauss no papel de Aída; bom mezzo soprano, excelente barítono. Música de aparato, mas cheia de reminiscências das outras obras do autor.

23 janeiro

* malandro

Nápoles. Passeio de carro às 11h. Vila Reale, Chiaia, Posilippo. Almocei em um restaurante em Posilippo, no terraço sobre o golfo, em frente a Capri e Sorrento. Sopa de mariscos, peixe, frutas e vinho de Posilippo, 3,50 francos. Tudo aqui é lazzaroni*. Pascual, o meu guia. Passeio em Nápoles, rua de Toledo. Visita a São Martino e ao forte de Elme. Magnífica vista. De um lado todo o panorama de Nápoles, de outro o do golfo. O claustro. Notável capela dos mais finos mármores e pintura. O cemitério do convento; museu. Ali estava reunido tudo o que pode fazer bela a vida, menos o amor. O panorama do golfo: Massa, Sorrento, Castellamare, o Vesúvio. Posilippo. Nisida, as montanhas de Ischia. Fui antes ao museu, mas hei de voltar muitas vezes. Passeio na vila Reale a carro. Jantar no hotel: um marquês italiano de dentes sujos. Passeio a pé: um velho birbante. Via Toledo, São Carlo; perdi-me no mercado dos lazzaroni. Ao tomar um carro, luta entre os cocheiros. Ao hotel.

24 janeiro

Às 9h30 por Andignano, de novo a São Martino. A cartuxa de São Martino. Mosaico de mármores preciosos no grande coro, seis cape-

---

17. Brasílio Itiberê da Cunha, compositor e diplomata, fora colega de Nabuco no curso jurídico de São Paulo, e servia na Legação junto ao governo italiano.

las laterais; não há uma superfície, por mínima, que não seja mármore ou pintura. *Descida da Cruz* de Stanzioni; *Moisés e Elias*, de Ribera, o primeiro sem expressão, o segundo má cara. *Ascensão*, fresco de Lanfranco. Fresco de Arpin, o *Calvário*: é uma festa italiana. *Natividade*, quadro que o Guido não pôde acabar. *A Comunhão dos Apóstolos*, de Ribera; figura inculta e preocupada de Jesus, anjos que nadam como peixes, grande horizonte. No Tesouro, o quadro de Ribera (o Espanholeto); sua obra-prima, *Descida da Cruz*. O corpo branco e de tintas azuladas. O rosto sem imortalidade. A Madalena, de que se vêem os cabelos, a cabeça e as dobras do vestido à direita do quadro, sustentando com a mão o pé de Jesus, contra o queixo; por que não contra os lábios? Rosto belo, mas enlevado ou distraído de Maria. Jesus nos braços de um moço sem expressão, vestido de um verde feio. Anjos fazendo equilíbrios. Com tudo isso uma obra-prima. Fresco pintado por Luca Giordano, aos 72 anos, em 48h: esboço vasto e variado. Vista do belvedere: ruído incomparável de Nápoles, sinos, carros e gritos; com as mãos no ouvido, ouve-se um esboroamento. Almoço rústico, sob a vinha em uma mesa de pau, macarrão e ovos com leite. Passeio aos Camaldulos. Em um mau cavalo. Uma hora de viagem: panorama extensíssimo do mosteiro. Nápoles, Santo Elmo, Pozzuole, Nisida, Capo Misene, duas línguas de terra com um mar morto. Proscida, a sombra grande de Ischia, a Solfatara, Agnano. Volta por Pozzuole. Incomparável esta orla: a montanha de Posilippo, separada por um braço de mar. Nisida com sua prisão forte; ao longe Capri; do outro lado Baia, Misene, Proscida azulada sobre o horizonte vermelho; mar vasto, velas e vapores. Passeio em Pozzuole: ao templo de Serapis. Três colunas do vestíbulo muito tempo submergidas e picadas por um molusco; diferenças do nível do mar; colunas do átrio do sacrifício. Visita ao anfiteatro, passeio nos *loges** dos gladiadores. Vi o subterrâneo de um anfiteatro; como não será o do Coliseu? Guido; Pietro Rocca. Volta pelo sol posto por esse belo caminho; gruta de Posilippo. Jantei no hotel. À noite a São Carlino; vergonhoso teatro, ruim polichinelo, atores agregados, portas abertas às 10h. A admiração de Pascual diante de uma *poupée tournante**. Os meninos que aprendem a chorar; pirâmides de *Lazzaroni*.

*celas

*boneca giratória

25 janeiro

*galeria
*lugar onde se guarda roupa de banho
*casa de banhos quentes
*quarto frio
*sala de banhos mornos
*cuidado com o cão
*átrio
*falo
*columbário
*triclínio

Magnífica manhã vista de meu quarto. O sol em nuvens brancas, esteira vermelha de luz ao pé das colinas adiante de Castellamare. De carro a Pompéia. Interminável Nápoles, junto a Portici, a Resina, a Annunziata e a Pompéia. Em Resina, visita a Herculano, que está sob essa [ilegível] e Portici. Teatro de Herculano. Visita às escavações de Herculano; bela cor turquesa das paredes internas; casa de Argus e de Aristides. O Vesúvio fumegando. Continuação para Pompéia; almoço no hotel Diomedes; o meu guia, conde de Clermont, que acabava de receber uma herança de trezentos contos e que não ia à Inglaterra buscá-la por ser muito cara a viagem. Entrada pela porta Marina; museu, sono tranqüilo de um desenterrado; contorções dos outros; vasos, objetos. Ao templo de Vênus, em uma elevação ao lado do *Forum civile*. Muralhas exteriores; pobres construções de tijolo e estuque pintadas de vermelho. A pretendida Basílica. O Fórum calçado de pedras de mármore, cercado de colunas de que restam algumas. Templo de Mercúrio. *Chalcidicum** da sacerdotisa Eumachia. Templo de Augusto. De Júpiter. Estrada da fortuna, e templo. Termas: *apodytherium**, *calidarium**, *frigidarium** e *tepidarium**. Ruas estreitas, calçadas de grandes pedras, com outras mais elevadas para se atravessar de um lado a outro. Casa do poeta trágico; habitação do Glaucus, de Bulwer; *cave canem** que está no museu. Pinturas em um quarto, maiores no triclínio, entre elas um Teseu abandonando Ariadne. Grande casa de Pansa. Casa de Salústio, *atrium** pintado. O albergue com um *phallus**. Porta de Herculano, muralha de cintura [sic]; caminho dos túmulos. Túmulo de Mamia, com um *columbarium**, nichos para as cinzas. Bancos ao lado dos túmulos; vivia-se com os mortos. *Bisellium* (sede de honra) no túmulo de Calventius. *Triclinium** para os jantares fúnebres. Casa de Diomedes, sepultura de Arrius. Diomedes em face. Entra-se por uma escada para o peristilo (14 colunas). Banho. Terraço do qual se domina o jardim. No jardim, pórtico de colunas, um viveiro no centro. Grandes porões, subterrâneo abobadado formando um quadrado, menos um lado, que não se percorre. Ânforas. Ali se acharam 17 cadáveres. Porta murada onde foi achado o proprietário e um escravo. Casa do Fauno. Dois átrios; 28 colunas jônicas no peristilo; exedra que abre no peristilo onde estava o mosaico da batalha de Alexandre. Grande jardim [ilegível] com 56 colunas dóricas. Casa de Lucretius. Casa de Siricus. O Lupanar, inscrições nas paredes; pinturas indecentes. *Forum* triangular: o bidental, para rodear um lugar onde o raio caiu. Quartel dos gladiadores. Grande teatro; três ordens, *ima**, *media* e *summa cavea**; 1ª, quatro bancos, 2ª, vinte, a 3ª, quatro. A orquestra. Cena longa e estreita. Pequeno teatro. Templo de Ísis. O anfiteatro fora das atuais escavações. Três ordens; bons assentos de pedra lavrada; em cima de tudo, camarotes para as mulheres. Volta a Nápoles.

* *lugar em que se assentavam os da ordem eqüestre*
* *parte do teatro destinada aos que não eram nem da ordem senatória, nem da ordem eqüestre*

Doente: minha cadeira defronte do golfo e do Vesúvio, cuja fumaça branca atravessava um raio do poente. À noite o concerto da rua, Santa Lucia à vista.

26 janeiro

Acordei ainda doente; belo dia, e eu obrigado a passá-lo entre quatro paredes estreitas, quando tenho diante de mim o círculo encantado do golfo, em que o sol se banha. O meu médico, o professor Martone, aconselhou-me como prevenção um gargarejo de clorato de potassa todas as manhãs. Escrevi a poesia "No golfo de Nápoles" e acabei a *Couchant dans la forêt vierge**.

27 janeiro

* *Ocaso na floresta virgem.*

Acordei melhor; almocei no hotel. Passeio a pé ao museu pela praça do Plebiscito e via Toledo. Museu de Nápoles (segunda visita e completa). Frescos de Pompéia. O grupo do Touro de Farnese é uma cena correta demais e por demais variada. O *Hércules Farnese* de frente é grosseiro, brutal, como diz Taine, *un assomeur** pelas costas, um belo estudo anatômico. Museu de pinturas. Antes, no museu dos Papiros em uma sala anterior, sob vidro acha-se em cinza a forma do seio de uma menina encontrada em Pompéia. Museu de pinturas: uma bela Caridade, muito copiada pelos artistas, a Madalena, de Guercino, uma Sacra Família, de Rafael, como a do Louvre pouco mais ou menos, a bela Dânae, de Ticiano, um Salvator Rosa, Jesus no templo; a Santa Família, de Giulio Romano (com uma gata); o retrato de Filipe II por Ticiano, rapaz elegante e sim-

28 janeiro

* *um agressor*

pático, e outros quadros anotados no meu guia. Museu secreto: o sátiro e a cabra. Belos vasos antigos, o de Dario, o das amazonas, o do último dia de Tróia. Sala da coleção de Pompéia. Idéia perfeita da vida antiga. Que adiantamento! Os leitos do triclínio, os cofres do *atrium*, uma linda trípode, o *bisellium**, objetos de toalete, instrumentos de cirurgia, trem de cozinha, vidros. A *Coupe** de Farnese, ônix com baixos-relevos, atrás e fora uma cabeça de Medusa. O candelabro da casa de Diomedes. Embaixo o *cave canem* e o magnífico mosaico da batalha de Issus. A Vênus de Cápua, como a de Médicis (braços restaurados); a Calipígia, Vênus de outra raça, o torso e a cabeça de Psiquê; uma Flora muito restaurada também. Volta pela Chiaia. Jantei no hotel.

* sede de honra
* cálice

29 janeiro

* O pescador

Quis ir a Sorrento, mas um vento terrível fez-me parar no caminho. Escrevi uma poesia. *Le pêcheur**. Almocei no hotel Jardim de Turim, barato e muito ruim. Costumes populares: o homem carregado em um andor. Pela via Toledo, onde há um palácio de Angelus em Cavalcantibus Marchio. Visita às catacumbas. Na igreja de San Gennaro dei Poveri, asilo de quatrocentos homens e quatrocentas mulheres pobres. Os pobres acompanham os enterros, em seu manto de pobres. As catacumbas. Capela de San Gennaro (moderna), só no fundo há a antiga Sé do bispo. Catacumbas, primeiro plano pagão: abóbadas cortadas na pedra terrosa; o sistema das sepulturas, com forma arqueada, de famílias, quadradas para o povo. *Loculi**, superpostos uns nos outros, capelas de famílias nobres com muitos compartimentos (*loculi*) para as urnas e as cinzas. Um templo de colunas da mesma pedra, pagão, com um altar no centro ao deus Priapo. Que reunião do obsceno ao sagrado. Frescos apagados nos túmulos; as flores do lóculo das virgens. Pinturas cristãs: o pastor e as ovelhas. No segundo andar, recinto cristão, pequeno buraco onde se dizia missa; figuras de mártires. Extensas e altas, as galerias; dizem ser muito mais importantes que as de Roma. Idéia perfeita de um cemitério antigo. O guarda disse-me que tinham esperado o imperador, que não veio. Volta sempre a pé: o anúncio de uma [ilegível]. *A posta**; escritores no teatro San

* Nichos

* Ao correio

Carlo. Jantar no hotel. M. Oppenheimer, Mlle. Claussen, lembrança de Meta Holdenis. A namoradeira alemã e o cortejador inglês: *kiss me! Comme vous êtes beau**.

* *Beije-me! Como você é bonito!*

Comecei a escrever os versos a Victor Hugo.

Às 11h M. Oppenheimer veio convidar-me para irmos a Pompéia. Partimos no trem de 12h20. Belo caminho ao lado do mar. Praias pretas e sujas. Torre del Greco e Annunziata. Em Pompéia: entrada ainda pela porta della Marina. Como devia ser belo o fórum de uma cidade antiga; colunas dóricas existentes, colunas jônicas superpostas e desaparecidas. Do alto delas, que vista sobre o mar e o Vesúvio! O Vesúvio fumega de um vapor branco; céu puro. Quando saímos, o céu estava tempestuoso, espécie de luz elétrica. Tomamos a estrada da Abbondanza. Pés da mesa de Cornélio Rufo. Estrada Stabiana; de novo ao teatro grande, ao templo de Netuno. As belas termas de Stabia. Casa de Holconius; em uma parede escrito: *Otiosis hic locus non est; discede, morator**. O lupanar: inscrições dos soldados. Casa de Ariadne. A casa do Balcão ou Varanda, construção pesada e desagradável; quartos na varanda, que era uma espécie de segundo andar. De novo na *Voie des Tombeaux**. O *columbarium* do túmulo de Scaurus. Banco do túmulo de Mamia com um bela vista sobre o mar e o Vesúvio. Uma bonita americana que encontramos e da qual fui o cicerone na casa de Diomedes. A casa do Labirinto. Mosaico de Teseu matando o Minotauro. Voltei pelo caminho de ferro: o sol poente, o mar azul e o horizonte vermelho com tons de laranja. Jantar no hotel. Conversa com Miss Claussen: a *coquette* alemã. O dia de uma poesia: a confiança e a desconfiança.

30 janeiro

* *Este não é lugar para ociosos; afasta-te, indolente!*
* *Via dos Sepulcros*

Parti às 9h para ver a gruta azul. Belo céu, panorama de Nápoles. Castellamare. Vigo, Meta, Sorrento em uma ribanceira com laranjais e olivais. Massa, a ponta de Sorrento. A Capri: gruta azul, reflexos azuis e madrepérola; o velho banhando-se com o corpo como galvanizado. Almocei em Capri (Hotel da Grã-Bretanha); ilha feia, sem verdura, inabordável, onde plana o espírito de Tibério. Volta. À noite visita a Miss Claussen.

31 janeiro

1º fevereiro

*na última moda
*sarau

Escrevi uma poesia a Victor Hugo.

Passeio na vila Reale. A elegância napolitana; homens mais ou menos bonitos, com ares de tenor, com o vestuário *à quatre épingles** e luvas lilases de *soirée**, mulheres de vestidos cor de malva desmaiada e ainda mais claros. Passeio de carro ao Corso de Vittorio Emmanuele. Um enterro em Nápoles, todos vestidos de dominós brancos com dois buracos para os olhos. Conhecimento da condessa Wanda Mosczenska e de uma sobrinha encantadora, Mlle. Mozczenska. Mrs. Lennox e Miss Edson, bela e pequena americana. À noite com Mme. de Gabrielli.

2 fevereiro

*admirável

Passeio à Baia. A gruta de Posilippo. Pozzuole. O golfo de Pozzuole. O golfo de Baia. Lago Lucrino. Banhos de Nero. Almocei na Osteria della Regina, taberna de Baia. O templo de Mercúrio, com uma extraordinária repercussão acústica. As velhas que dançaram a tarantela. Templo de Vênus e banhos de Vênus, água quente mineral, e banheiras para os sacerdotes. Ao cabo Misene. A piscina *mirabilis**, construção antiga de grandes pilastras e arcos para a frota de Augusto. De volta, os meninos que me cercam. Vento agudo e frio do norte. Em casa de Sommier comprei muitas fotografias. Salão no hotel. Meus versos a Miss Claussen que me chamaram um [sic] Goethe. Há na lisonja, a mais banal e grosseira como essa, um perfume, quando vem dos lábios de uma moça bela e inteligente.

3 fevereiro

*O sono a bordo.
*na casa da condessa
*A confiança

No hotel. Versos: *Le sommeil à bord**. À noite *chez la comtesse** Wanda Moszczenska. Li meus versos. *La confiance**, antes de todos. Sucesso.

4 fevereiro

Magnífico. Em um céu escuro há uma zona branca de onde desce quase a pino um raio de sol que forma um friso cintilante aos pés dos rochedos que fecham o golfo, do lado de Sorrento e no mar até Capri; mas extinguiu-se já o meu quadro. No hotel. *Versos a uma polaca.*

No hotel. Versos: *Un vol dans l'infini**.

5 *fevereiro*

*Um vôo no infinito.

Fui a Salerno e almocei em Salerno, hotel Vittoria, e tomei um carro para Amalfi. Estrada incomparável, feita por mina nas rochas da costa, sempre a pique sobre o mar; a cada volta uma nova vista: as aldeias escalando as montanhas, os bosques de oliveiras, laranjeiras e castanheiras; o belo golfo de Salerno, mais largo que o de Nápoles, parecendo mais o mar porque a costa baixa perde-se no horizonte; Salerno no fundo do recôncavo, uma ordem de montanhas cobertas de uma verdura rasteira fechando uma praia branca, e mais ao longe os Apeninos cobertos de neve (*rara avis!**) por um céu azul. Maiori, Minori (ver o guia); situação do Albergo della Luna, antigo claustro. Aí desejo eu passar uns dias; em uma ponta do rochedo sobre o mar, panorama vasto, sem fim, serenidade ideal. Amalfi; catedral de Santo André com colunas de alabastro e pórfiro de Paestum; batistério, grande vaso de pórfiro; restos de Santo André muito adorado, o corpo deita (!) um óleo que eles chamam *manna*. A barba feita ao ar livre. Bom macarrão e peixe, laranjas amargas como do resto da Itália. A volta. O pôr-do-sol, o disco branco quando se o fita e uma mancha. Marcha a pé; tomei o trem em Vietri. M. Gold! Nápoles às 9h. Em caminho fiz duas poesias: o esqueleto. Vou escrevê-las amanhã. Noite no hotel de Russie.

6 *fevereiro*

*ave rara

Fui às 9h a Sorrento, por mar. Praia sonora, mas preta das duas marinas de Sorrento. Passeio a Capodimonte de Sorrento; bela *veduta**. A casa do Tasso; um bom hotel; poucas lembranças do poeta, cuja estátua orna uma praça do *villagio*. Almoço no hotel Sirena. Compra de mosaicos [emoldurados] em madeira, de fotografias. Passeio a Castellamare; bela estrada, muitas vezes por meio de laranjais e olivais, com forma de mato; laranjas plantadas como uvas — outras, sobre o mar. Prefiro todavia a estrada

7 *fevereiro*

*vista

	de Amalfi. Castellamare, nenhuma impressão. Volta a Nápoles às
*Um desejo	5h; escrevi as duas poesias, uma *Un souhait**, outra a Mme. Moszczenska. Uma valsa de Chopin.

8 *fevereiro*	Almocei no café do Palazzo Reale. Ao museu: ver a estátua do orador. É um homem que pensa e não que fala. Pose grega. Belo Narciso de bronze. O Mercúrio, figura doentia. Passeio ao Campo Santo; belo cemitério, e toda espécie de túmulo. A catedral; capela de San Gennaro, estátua de Miguel Ângelo de alabastro; ornatos de mármore do antigo templo de Apolo: de um gosto delicado e belas cópias. Igreja de São Severino. Capela de São Severo, rica capela particular; belos túmulos de mármore. Um cadáver amortalhado do Cristo. Quadros, um baixo-relevo no altar em uma só peça de mármore da *Descida da Cruz*. Sempre a Madalena representa o primeiro papel na *Descida da Cruz*. Capela dos jesuítas; igreja, para melhor dizer, três naves, mármores e pinturas, panos e decorações encarnadas, que em mim fizeram mau efeito; sermão de um jesuíta, que se deve ouvir a palavra de um pregador como se ela fosse de Deus mesmo. Não me pareceu que Deus estivesse falando ali. Santa Chiara, pinturas, uma só nave; frescos de muito colorido no teto; sem colunas, uma nuvem de ouro que faz a torre da igreja na altura das capelas. Passeio à gruta de Posilippo. Túmulo de Virgílio; bela vista sobre Nápoles, que se vê melhor do que do outro lado — (Campo Santo) ou do que do alto (de Santo Elmo) em uma porta sobre a gruta um pequeno zimbório onde em uma lápide diz: *Mantua*
*Mântua me gerou.	*me genuit** etc. Um pequeno campo santo ao lado. Hotel. À noite com as duas condessas polacas.

9 *fevereiro*	A Caserta. Belo palácio: quatro grandes pátios interiores, reunidos por uma colunata de mármore esplêndida. Teatro, belas colunas de pórfiro do templo de Serapis. Escadaria; degraus de uma só peça de mármore, riqueza extraordinária de mármores, aposentos. Salas. Capela, de mármore. No parque, cascatas. Versos no hotel Vittoria.

À 1h30 da tarde parti para Roma. No mesmo *wagon**, condessa Moszczenska e sobrinha. O meu jantar. Hotel de Russie, Roma.

10 fevereiro

* vagão

Almocei com Itiberê. O carnaval no Corso. Jantar *à table d'hôte*.

11 fevereiro

Carnaval no Corso. Jantar com Carvalho e Itiberê.

12 fevereiro

Passeio ao Pincio. Jantar com Carvalho, no hotel d'Italie. À noite no Politeama, baile e *lotto*; e mais tarde ao Apolo, grande baile.

13 fevereiro

Passeio ao Corso. Os *coriandoli**. Na varanda de Miss Brown. A americana e o buquê. Fiasco dos velocípedes.[18]

14 fevereiro

* confetes

A missa em São Pedro. São Pedro deve ser vista muitas vezes. Harmonia de proporções que faz que a vista só não possa avaliar a grandeza do edifício. Capelas que são templos, com cúpulas altas. Riqueza extraordinária de mármores, mausoléus e estátuas. Belo teto de quadrados de estuque dourado. Os quadros de mosaico dos altares. Procissão no seio do templo. O túmulo de São Pedro e o grande zimbório: *Tu es Petrus et super hanc petram aedificabo ecclesiam meam et tibi dabo claves regni caelorum**, em torno da abóbada. Pensamento católico. A praça de São Pedro; a colunata, o obelisco e as fontes. Passeio ao Pincio; Corso di gala. Jantar com o barão de Alhandra[19]. Praça Navona; iluminação do obelisco e da fonte com fogos de bengala, festões com lanternas.

15 fevereiro

* Tu és Pedro e sobre esta pedra edificarei a minha igreja e te darei as chaves do reino dos céus. (Mt.16)

18. "A carteira que me cai no Corso com 120 libras, tudo que eu tinha, e uma letra.", Anos da minha vida. Na biografia do pai, Carolina Nabuco aduz a informação de que "um menino apanhou-a entre a multidão e subiu para procurar o dono", o que explica que, no restante do diário, Nabuco não se queixe de falta de dinheiro.

19. José Bernardo Figueiredo, barão de Alhandra, era o ministro do Brasil junto à Santa Sé.

16 fevereiro		Ao Corso. Chuva, passeio dos asnos. À noite, jantar no restaurante Lepre, à *piazza* Navona, e à Chiave d'Oro. De Livorno, n. 18.
17 fevereiro * *tocos de vela* * *toquinhos de vela*		Almoço no Spillmann. Jantar (muito ruim) com o barão Gedaglia e M. Syrk. O Corso; em casa do Itiberê, as vizinhas. *Coriandoli* e flores. A Miss do terceiro andar, comunicação por linhas. Belos carros dos funerais de Pasanino II. À noite os *mocoli** e *mocoletti**, velas que se acendem e que os outros tratam de apagar. Jantar no hotel, passeio à noite no Corso. Baile do príncipe Doria. A princesa Margarida e o príncipe Humberto[20]. Mrs. Stanley. Mme. Legnay. As filhas do príncipe Doria. Os salões, tapeçarias e quadros. Um potro sob dossel. Ao baile do Apolo. Miss Brown. Às 2h, ceia com Morel. Às 3h30 fatigadíssimo para a cama.
18 fevereiro		Visitas. Tomei um apartamento no Vico dei Greci n.º 43. Jantar em casa do Sr. Carvalho. Hotel de Itália. Visita à noite à condessa de Moszczenska. Hotel Del Quirinale, 144. À noite, um deputado italiano. Anedota do hino do vice-rei do Egito composto por um antigo músico de Francisco II e que era o hino deste; espanto do povo de Nápoles, quando a música do vice-rei tocou depois do hino nacional italiano.
19 fevereiro		Mudei-me do Hotel de Russie para uma casa no Vico dei Greci, n. 43. À tarde, ao Parlamento. Más disposições acústicas. Um semicírculo. Tribunas extensíssimas. O gás como uma frisa em redor do teto. Minghetti. Jantei no restaurante Lepre. À noite, à casa da condessa Wanda.
20 fevereiro		Almoço (assinatura) Ristorante delle Colonne. Às 11h45, gravata branca, ao Vaticano. Apartamentos pontifícios; guarda dos Suíços, guarda nobre. Lacaios de roupas vermelhas de seda. Audiência do

20. À morte do pai (*1878*), Vítor Emanuel II, o príncipe se tornará o rei Humberto I, sendo assassinado por um anarquista em *1900*.

Papa[21]. Todos de joelhos. Sua Santidade. Homem bom e feliz. Voz um pouco enfraquecida; roupas brancas. Bênção dos rosários. Os cardeais. Volta a casa. A São Pedro de Roma. Uma hora em São Pedro: túmulo de São Pedro, estátua de Pio VII por Canova, última obra. A sala do Concílio. Túmulo de Clemente XIII por Canova. Ao museu do Vaticano. Primeiras impressões: magnífico torso. O Apolo elegante, divino, ágil, belo, mas um pouco efeminado. Laocoonte verdadeiro e forte. Meleagro harmônico, severo e casto. Incomparável *Amor* de Praxíteles. Belas estátuas do museu Chiaramonte. A *Pudicícia*, o atleta tão longe dos gladiadores. Como hei-de voltar muitas vezes, deixo para escrever depois minhas impressões. Jantar no Morteo.

A São Pedro. Com a condessa Mosczenska e Mlle. Marie M. ao Vaticano. Capela Sistina. Juízo Final, que não compreendi; as pinturas do teto. Impotência do gênio para pintar Deus. Bela Eva e Adão. Fortes e rudes Sibilas. Quantas vezes voltarei para entender a pintura de Miguel Ângelo? *Stanzas* de Rafael. A escola de Atenas, a disputa e o incêndio de Bourg. Sala de Constantino. *Loges* de Rafael. Magníficas miniaturas. Confusão na minha cabeça. A pinacoteca, pequena. O *Casamento de Santa Catarina* de Murilo. A *Transfiguração*: decepção. *Comunhão de São Jerônimo*. *A Madona de Foligno*. Impressões diversas. A escrever as últimas, não as primeiras. Ao Pincio: jantar no Nazzari. O coronel italiano do Café das Colunas e os padres.

21 fevereiro

---

21. O Papa era então Pio IX, cujo longo pontificado durou de 1846 a 1878, encompassando, portanto, a unificação política da Itália pela casa de Sabóia. Os democratas de Mazzini havendo proclamado o fim do poder temporal da Igreja, Pio IX teve de se refugiar em Gaeta, só regressando ao Vaticano após a expedição francesa que esmagou a república romana. Doravante, seus esforços se concentraram em readquirir o antigo domínio temporal do Papado contra a Casa de Sabóia, conflito que só será definitivamente resolvido pelo tratado do Latrão (1929). Seu pontificado compreendeu também o ultramontanismo mais radical, com a proclamação dos dogmas da Imaculada Conceição e da infalibilidade papal, a condenação do liberalismo e da maçonaria, o que provocava no Brasil ao tempo da viagem de Nabuco a questão religiosa.

22 fevereiro	Almoço no restaurante delle Colonne. À casa do barão de Javari[22]. Ao Pincio. A russa do café Nazzari. Jantar do Itiberê no Nazzari. À noite, às ruínas. O eco do Coliseu. Grandeza do Coliseu em uma noite de luar.
23 fevereiro	Ao Coliseu. Novas escavações. Não compreendo a arena. Arco de Constantino. Finos relevos do arco de Trajano; baixos-relevos do tempo de Maxêncio e Constantino, da decadência da arte. Às termas de Caracalla. Esplêndida idéia da vida romana. O que são ao lado desse mundo as pequenas termas de Pompéia? A palestra. O mundo da arte reunido nessas imensas salas, onde hoje há plantas silvestres e pássaros com o canto agudo e estridente. Aí foi achado o Touro Farnese, o [ilegível], a Vênus Calipígia. Mosaico do pavimento. Ao túmulo dos Cipiões. Na via Appia; linda vista da campanha romana; os aquedutos e as ruínas. O grande túmulo de Cecília Metella. Vista sobre Roma; São Pedro dominando tudo. Volta. Ao gueto. Judias. Ruas estreitíssimas. Jantar dado ao Carvalho e Itiberê, no Nazzari. À condessa Mosczenska. A pé a casa.
24 fevereiro	Almoço, versos. Ao foro Trajano. Chiave d'Oro. Visita do Sr. Javari; jantar no Morteo.
25 fevereiro	Almoço no restaurante. Versos. Jantar em casa de Morteo. Teatro Valle: filha de Mme. Angot.
26 fevereiro	Almoço. Versos. À vila Borghese. Ao Pincio. Jantar com o Sr. Carvalho. Passeio ao Panteão, volta.
28 fevereiro	Ao Capitólio, dois museus. Jantar com o Sr. Carvalho e Martins. Ao Coliseu com o luar. Ao Coliseu de dia. Museu de pintura: uma bela *Madalena*, de Albani, outra de Tintoretto dramática, mas feia. *Sibila* do Domenicchino. Santa Cecí-

---

22. João Alves Loureiro, barão de Javari, era o ministro do Brasil junto ao governo italiano.

lia. Bela tela de Guercino; *Santa Petronilla*, a alma oriental desprendida do corpo; amor talhado. Belo *Rapto de Europa*, do Veronese. Uma *Madalena* desse. A Vênus. Uma hora diante dela; formas incomparáveis de mulher; muito mais mulher que a de Milo. O *Sátiro* de Praxíteles; gladiador moribundo. Uma ideal *Pudicícia*, à esquerda da escada.

À Farnesina. Magníficos frescos, desenhos de Rafael, pintura de Giulio Romano. História de Psiquê; bela Vênus.

    Quadros: a Galatéia, colorido apagado. Del Piombo. Ao palácio dos Césares. Magnífico palácio dos Flavianos. Ao Pincio. Casa da condessa de Mosczenska. Jantar com Carvalho e Martins.

    A Galatéia tem as cores muito apagadas. Os frescos admiráveis são muito desiguais; os três primeiros são de Rafael: idéia, desenho e talvez cor. Belos jardins Farnese: casa de Cícero, de César. Muros de Rômulo. O palácio dos Flávios; esplêndido *triclinium* dando em uma fonte, e no *peristylum**, onde devia haver as mais deliciosas flores. O *tablinum** imperial. Belas pinturas da casa de Lívia. O palácio de Cômodo Septímio Severo: belo panorama de Roma.

1º março

*peristilo
*galeria

Panteão. Ao Capitólio. Fórum. Coliseu. Jantar com os mesmos senhores. Ao Coliseu, esplêndido luar. À via Appia até o túmulo de Cecília Metella.

2 março

Ao palácio Barberini. A *Fornarina*, de Rafael; *Cenci*, de Guido. Uma bela *Sacra Família* de Andrea del Sarto. Uma *Escrava* de Ticiano. A *Diana*, de Bernini. A casa de Castellani — jóias antigas. São João de Latrão. A igreja. Belíssimo teto dourado, com esculturas. Um belo *São Mateus*. Nave. A cadeira do Papa. Capela Corsini: fina *Nossa Senhora da Piedade* de Bernini. A *Santa Escada*, 28 degraus, ao palácio de Pôncio Pilatos: subi de joelhos. Pela porta de São João à via Appia Nova; belo passeio no campo. Escavações modernas. Jantar no Hotel de Itália.

3 março

4 março	À galeria do palácio Borghese. *Descida da Cruz* de Rafael; belo desenho, má expressão; bela cópia da *Santa Família*. *Retrato de César Bórgia* (Rafael): tipo elegante, de louro a ruivo, cintura estreita, mão afilada e punhal. Tinta vaporosa da *Madalena* de Andrea del Sarto; belas Madonas desse. Delicado pintor; colorido fresco, terno e expressão suavíssima. Cores refinadas de Carlo Dolci: Madona. *Sibila de Cumas* e *caça de Diana* (como a ilha dos Amores) de Domenicchino. *Sibila* de Cagnacci. Belo *São José* do Guido. *Estações* de Albano. A *Dânae* de Correggio. O anjo do leito vivo e belo; a *Dânae grêle**, dois anjinhos incomparáveis; as cores estão todas acabadas. Um Paulo Potter. Van Dyck; *Crucificação* (Sombra e Cruz) e *Descida da Cruz*. Veronese: uma Vênus e Amor. Ticiano: *Amor Sagrado e Profano*; *Três Graças*. A São Pedro. Ao museu do Vaticano; a São Paulo fora dos muros. Cinco naves; retratos em mosaico de todos os Papas. Riqueza de mármores — verdes e vermelhos. Pirâmide de Cestius. Jantar Spillmann. Ao teatro Valle: acidente a Carvalho.
*franzina	
5 março	Almoço no café Cavour. Ao palácio Corsini. Bela *Madona* de Carlo Dolci. *Ecce Homo* de Guercino. Guido e Dolci. A *Virgem e o Menino* de Murillo. Retratos excelentes. Ao Capitólio. À *Ara Coeli*. Ao Fórum; passeio no Fórum. O mármore branco e róseo da tribuna dos rostros. A *Via Sacra*, de Salvator Rosa. A Via Sacra do professor Gori. O templo de Castor e Pólux. À vila Borghese: a princesa Margarida. Ao Pincio. Jantar com o Sr. Carvalho. À casa da condessa Moszczenska.
8 março	Almoço com Carvalho. Ao Fórum e ao palácio dos Césares. Pelo Capitólio à igreja de Jesus. Ao Pincio. Jantar com Carvalho, Spillmann. Casa da condessa, monsenhor Capel, M. Preller (de Bordéus).
9 março	Almocei no café de Roma. Com a condessa Moszczenska à vila Doria Pamphili. Jantar com Itiberê e Carvalho no Spillmann.
10 março	Almoço café de Roma. Jantar Lepre.

Almoço Colunas. Jantar Morteo. Noite em casa de Itiberê.	*11 março*
Pela primeira vez vi cair neve. Almoço café de Roma. Passeio à vila Borghese, arco de Tito. Jantar Mortone.	*12 março*
Almoço Mortone. À Legação do Brasil. Passeio no Corso. Jantar a Carvalho, Mortone.	*13 março*
Parada na praça del Popolo; revista passada pelo príncipe Humberto. Princesa Margarida, carro de gala. Bela vista do Pincio atopetado de povo. Passeio no Corso, jantar com Carvalho e dois brasileiros, dr. Câmara e mulher, dr. Carlos Martins e mulher.	*14 março*
Almoço no café Morteo. Ao Palatino. Estudo sobre o Palatino. A Porta Mugonia; templo de Júpiter Stator, casa de Tarquínio Prisco. A Roma *quadrata**, com a situação do *mundus** na área do templo de Apolo. Ao estádio que separava a casa Augustana das construções de Septímio Severo. A êxedra com três salas, pinturas murais nas ruínas da única sala do andar superior. Bela vista de uma projeção do palácio Septímio: ilusão de uma cidade figurada pelo Coliseu. A linha de Óstia até o mar. Na casa de Domiciano; esplêndido *triclinium*; a aula régia, no pódio. Subterrâneo de Calígula onde ele foi assassinado; explicação da casa de Germanico, na qual dá esse subterrâneo. Bela vista sobre o Fórum. Roma do <u>Germalus</u>, parte separada propriamente do *palatium** pelo *intermontium*. Na ponte de Calígula, fragmento da balaustrada de mármore: passava sobre a basílica Júlia. Como? Está na linha? [sic] Escavações no Fórum. Situação provável do templo de Vesta e da Régia que Augusto cedeu às Vestais. Ao Quirinal. Corso. Jantar Mortone. Teatro Apolo. Hamlet; detestável e ridículo. O Hamlet chama-se Capelli, provavelmente pelos seus grandes cabelos pretos.	*15 março* **quadrada* **poço* **palácio*

16 março	Almoço Morteo. Passeio no Corso. Uma tártara. Academia de São Lucas. São Lucas de Rafael. Lucrecia. *Tarquínio* de Cagnacci. Belos quadros de Ticiano, Veronese (*Susana*), Guido. *A Fortuna*. A pé ao Coliseu.
17 março	Almoço Morteo. Ao Pincio: belo pôr-do-sol. À noite à casa da condessa Moszczenska.
18 março	Almoço e jantar Morteo. Passeio ao Pincio. Corso. À noite na esplanada da Trinità.
19 março * *local onde se vendem frituras*	Dia de São José. Festa italiana. Garibaldi em todas as *friggitoria**. Passeio ao Fórum. Escavações: uma inscrição de Arcadio. Muros sobre capitéis de colunas. Ao Palatino — passeio de 2h no palácio dos Césares e jardins Farnese. Ao Pincio. Jantar Morteo.
20 março	Passeio no Corso. Pincio. Jantar em casa do Sr. Carvalho com os brasileiros chegados.
21 março	Jantar Morteo. Chegou [sic] a Eufrásia e irmã para o hotel de Roma.
22 março	Passeio. À Legação. Almoço Spillmann. No hotel de Roma. Jantar Morteo. À casa da condessa Moszczenska.
23 março	Vigésimo-quinto aniversário do rei. Cartas de casa. Morteo. Ao hotel de Roma. Passeio à noite no Corso iluminado; manifestação popular ao rei no Quirinal.
24 março	Ao Vaticano. Biblioteca do Vaticano; esplêndidas salas. De novo o *Discóbolo*. *Mercúrio*, *Apolo* e *Meleagro*. Cabeça efeminada do *Apolo*, e voluptuosa do *Meleagro*. Belo corpo o deste, sem pose... e sem ostentação: músculos fortes, sem polido, rins que caem naturalmente. O Apolo que eu admiro muito é de outro tempo: parece um favorito, e não um deus; belo *Mercúrio*. Entre essas estátuas as

obras-primas de Canova não podem ser vistas. Verdade desagradável do *Laocoonte*; dor repulsiva e material. Bela amazona. Passeio: de novo a São Pedro; quadros cobertos. Pearam a cabeça de um santo gesso. Morteo. Iluminação *manquée**.

*falha

Passeio no Corso. Ao hotel de Roma. Morteo. À casa da condessa. *Monsignore* Cataldi, a história do padre que foi feito bispo e que teve de cortar a cabeleira que ele chamava *parruque**. Notícias do grande sucesso em Gênova de Carlos Gomes.

25 março

* *O personagem em questão usava a palavra peruca — em francês perruque — de maneira errada, isto é, parruque.*

Acompanhei à estação a condessa Mosczenska. A São Pedro. Subi à cúpula e ao globo: bela vista sobre o mar e as velas brancas. A cidade de Roma como um mapa. O globo e a escada de ferro. À Santa Maria Maior; a capela Sistina, onde deve ser enterrado Pio IX entre Pio V (Lepanto) e Sisto V. Riqueza do altar dos Borghese. Ágata, lápis-lazúli, verde antigo. Quadro do Domenicchino. Colunas jônicas: teto como os demais, quadrados; dourados de madeira ou estuque. A capela do presépio. A São Pedro *in Vinculis*. *Moisés* de Miguel Ângelo: proporções harmoniosas na grandeza, fisionomia dura e fechada, lábios grossos, uma imensa barba. Não me pareceu ser a obra-prima de Miguel Ângelo o tipo verdadeiro do legislador hebreu. O gênio está no escultor, não no homem: ora, devia se sentir o contrário. Força extraordinária do olhar. Ao Coliseu, que preparam para a iluminação da noite. Às termas de Tito: *triclinium* da casa de ouro; pinturas finas do criptopórtico de Nero. Riqueza inimaginável dos mármores; espelhos de verdete antigo. Morteo. Ao hotel de Roma. À iluminação. Coliseu com fogos vermelhos e verdes: iluminação do Fórum, as colunas brancas, as sombras. Belo efeito da iluminação geral do Fórum ao Coliseu, arco de Tito, basílica de Constantino e palácio dos Césares. A estrela da Itália no Capitólio.

26 março

27 março   Ao palácio Dória: galeria numerosa, mas pobre de obras-primas. *Santa Família* de Sassoferrato, pintura verdadeira, mas vulgar. *Madalena* de Lagnacci. Muitos Guercino. Um belo *Sacrifício de Isaac*. A *Joana de Aragão*, que diz o catálogo ser de Leonardo da Vinci. Frescos do palácio Farnese de Annibal Carracci. Magnífica pintura: por mais objeções que se façam, é uma glória para o pintor tê-las feito. Uns frescos visivelmente inferiores aos outros, mas belos corpos, sem pose exagerada, chegando ao natural. Uma bela *Galatéia*, assunto mal tratado, parecendo uma fonte. A São Pedro. Meia-hora em São Pedro. A capela Sistina. Extraordinário gênio de Miguel Ângelo. Bela criação de Adão. Eva criada, infantil na adoração, Deus sem divindade, belo sono de Adão. Que corpos, que vida, que concepção! O que se admira em Miguel Ângelo é o que ele tinha na cabeça. As *Stanzas* de Rafael; *A Transfiguração* não me produz efeito, nem o Domenicchino: ponho-me a olhar para a *Virgem de Foligno*. Força do Caravaggio, *Piedade*, mas pose exagerada. Alice Alessi.

28 março   Casino Rospigliosi. *A Aurora* de Guido — fresco do teto. Cores vivas e belo desenho. Não é a pintura branca do Guido. O condutor do carro do sol tem um olhar melancólico, o que se vê nas cópias feitas do fresco. Formas belas e belas roupas. Uma tela: o *Pecado Original* de Domenicchino. A *Eva* é um mau corpo; paisagem sem vida, animais amontoados. A *Vaidade* de Ticiano, quadro fino. A oficina de mosaicos no Vaticano. Vinte e seis mil cores ou degradações. Belas cópias para os presentes do papa: uma da *Virgem da Cadeira*, do *Isaías* de Rafael, da *Sibila Cumana*, de Domenicchino. Finíssimo rosto da *Poesia* de Rafael. A São Pedro. Ao museu do Vaticano; fui ver pela última vez o Mercúrio, o Meleagro, mais *elancé** do que ele, o *Apolo*, o *Eros*, a *Amazona*, o *Atleta*. Que corpos: mas um pouco da vista que se tem de uma galeria vale mais do que toda a arte. À igreja de Santo Agostinho; ver o *Isaías* de Rafael. Má luz; tem muito mais vida o *Isaías* de Miguel Ângelo, isto é, mais idéia profética. À Santa Maria della Pace, ver as *Sibilas*: moças e belas aparições de Rafael. Ao

* *delgado*

Panteão, ao túmulo de Rafael. Efeito extraordinário que esse edifício devia produzir. A Santa Maria sopra Minerva. Um *Jesus* de Miguel Ângelo, mau corpo e pequena idéia ainda desfigurado com roupas de bronze. E não verei a *Juno Ludovisi*!

Às 8h da manhã embarquei na Ripa Grande para Fiumicino. Margens do Tibre, descobertas e escavadas pelas inundações freqüentes vistas sobre a campanha. Desembarquei em Porto, onde foi a antiga cidade Portus Trajani. Discurso do professor Gori. Porto de Cláudio, mais próximo ao mar; de Trajano comunicando com o Tibre; canal de comunicação; magazines que cercaram o porto. Obra extraordinária do Império: sistema único de portos, para permitir aos navios que forneciam a Roma os víveres da África, da Sardenha e da Sicília entrarem em qualquer tempo. Pelo campo coberto de flores andamos 2h, e viemos a pé a Fiumicino. Vista do mar; a pequena pororoca do Tibre que cobre de uma esteira esbranquiçada o mar. Ao longe, mar verde e do outro lado, azul; Civita Vecchia à direita. A tratoria com a Virgem. A Isola Sacra, onde estava o templo de Castor e Pólux, divindades do mar. Vista da torre. O mar, linha do Tibre; salinas ao longe, belas cores do campo com moitas: ruínas e flores amarelas e brancas. Só se vê de Roma a cúpula de São Pedro. Volta. A companhia de bordo; os arqueólogos do professor Gori não são muito escolhidos. O espetáculo muda inteiramente da manhã para a tarde com o ocaso. Belo céu; nuvens cor de rosa ligadas por outra cor de cinza clara. São Paulo. As velas no Tibre. Lembranças do que foi Roma. Às 7h, a Ripa. Jantar café de Roma. Quis ir ao Apolo; *domani*.

29 março

À igreja dos Capuchinhos. *São Miguel* de Guido, bela pintura, de um colorido alegre e de uma concepção livre. Guido ainda não pinta o corpo humano. Um *São Jerônimo*, fresco de Domenicchino. À igreja de Nossa Senhora da Vitória: *Santa Teresa* de Bernini. Êxtase do corpo e da alma; grupo ou antes estátua, porque o anjo não tem valor algum, de uma verdade ascética. Santa Maria dos Anjos: túmulo de Salvator Rosa e Carlo Maratta; um magnífico

30 março

fresco de Domenicchino, que eu prefiro à *Comunhão de São Jerônimo*: a *Morte de São Sebastião*. *O Batismo de Jesus* de Maratta, que está em São Pedro. A Santo Onofre, onde morreu Tasso. A câmara de Tasso; o carvalho sob o qual ele se assentava. Belos frescos na igreja, de Peruzzi ou Pinturicchio; uma *Madona*, fresco disforme de Leonardo da Vinci. A São Pedro: meus adeuses a São Pedro; oração. A São Calixto; sepulturas ou catacumbas cristãs; capelas. À Cloaca Máxima. No gueto. Jantar Morteo, com Carvalho e Itiberê. À noite no hotel de Roma.

31 março Ao meio-dia com a Eufrásia e irmã à vila Albani: no jardim da vila Albani. *Coffee house*, pórtico de Winckelmann. Interesse da coleção de mármores antigos: um magnífico relevo de Antinoo. *O Parnaso* de Rafael Mengs. Passeio no jardim. Idílio antigo. De volta a várias igrejas, acabando pela de Gesù. Riqueza extraordinária do altar de Santo Inácio. O globo de lápis-lazúli. Grupos do Cristianismo vencendo os bárbaros, e da Igreja derribando os falsos doutores. Despedi-me delas no hotel de Roma. Visita ao barão de Javari. Jantar que dei a Carvalho e Itiberê no Spillmann. À noite, casa do barão de Alhandra. O duque de Ripalda. À casa do conde de Mniszcek.

1º abril Viagem de Roma a Florença. Entre Peruggia e Cortona, o lago de Trasimene. Beleza do céu; barcas de pescadores sobre o lago; ilha maior e menor. O Borghetto; montanhas Gualandra. Planícies da grande batalha de Aníbal e Flamínio. O exército romano — entre os montes, o lago, o exército cartaginês e a cavalaria cartaginesa escondida nas ondulações dos montes Cortonenses — foi quase destruído. Belo lago — margens cultivadas, plantações de oliveiras e vinhas — enquadrado pelas montanhas. A Florença. Hotel de la Paix.

2 abril Às 9h15 partimos em comitiva, condessa e sobrinha. Preller, Szlambeck, [Cer]nowski e eu para Pisa. Duas horas de ida; o Arno em um campo extremamente cultivado. A Pisa: restaurante e de carro ao Domo. O Arno entre dois belos cais. Impressão extraordinária desses três edifícios isolados em uma praça. O Domo. Cinco naves, divididas por colunas sustentando arcadas, sobre as quais há outra ordem de pequenas colunas; teto dourado; mosaico imenso da ábside; fachada, cinco ordens de colunas superpostas e de todas as formas (capitéis) e mármores. À torre inclinada (*campanile**) 294 degraus: colunas sobre colunas. Vista da planície e do mar. Batistério — púlpito de Nicolau de Pisa de uma beleza extraordinária; finos baixos-relevos das paredes: rendas de mármores, como no centro, na pia. Grande eco. Ao Campo Santo: o *Juízo Final* de Orcagna, o *Triunfo da Morte*, composições em que o sublime está ao lado do ridículo. Estudar o Campo Santo. Lápide de Cavour. Cenas da Bíblia, 24 quadros de uma bela composição. Volta: passeio a pé em Pisa. O pôr-do-sol e o luar. Em Florença, jantamos todos no Daunay. Passeio à margem do Arno: reflexos distintos de todos os edifícios e luzes no rio.

* *campanário*

Às 9h, aos Uffizi. Duas alas imensas e escultura antiga. Belos bustos de imperadores. Os olhos grandes e rasgados de Popéia. Um Vitellius. Dois atletas romanos. O *Discóbolo*, pretendida cópia do *Miron*. Golpe de vista geral. Sala das Níobes. O grupo de Níobe e filha mais moça. Reconstrução provável, na fachada de um templo. Retratos de pintores. *A Flora* de Ticiano, inimitável pintura. *Madalena* de Carlo Dolci, virgem. O *Filipe IV* de Velásquez, grande gênio. A tribuna: *Fornarina*, *São João*, *Virgem com o Pintassilgo* de Rafael. *Sibila* e *Endimião* de Guercino. As duas Vênus de Ticiano. A *Vênus* de Médicis. *Fauno*; *Isaías* de frei Bartolomeu. Um esboço de frei Bartolomeu, grande pintura. Um mundo enfim. Depois do almoço, ao palácio Pitti. Duas horas. *Virgem da Cadeira*, *Madona*, de Murilo, muitos Andrea del Sarto, uma religiosa de Leonardo da Vinci, retratos de Ticiano, a Bela de Ticiano. *Madona* de Rafael com o menino, puro Perugino. *Cleópatra*, de Guido, grandes composições de frei Bartolomeu. Ao Palazzo Vecchio. Sala do conselho, capela dos Médicis, sala dos Lísias. À noite assisti a uma sessão do conselho. À Santa Croce: túmulos. Dante, Miguel Ângelo, Maquiavel, Alfieri etc. Claustro: frescos de Giotto; capela dos Pazzi.

3 abril

A São Lourenço; passeio nos cassinos. Vieusseux[23]. Jantar Doney. Passeio na cidade, vista do Domo e edifícios. O Arno.

4 abril

A Santa Maria Novella. Frescos de Masaccio. A *Madona* de Cimabue. Frescos de Ghirlandaio. O claustro velho. Capela dei Spagnuoli: frescos da escola de Giotto. À capela dos Médicis. A *Noite* de Miguel Ângelo, bacante adormecida, seios gastos — a *Aurora* como ela. O dia e o crepúsculo. Bela *Madona* de Miguel Ângelo não terminada, mas de um perfil divino e de uma grande alma. A São Marcos. Frescos de Fra Angélico e de frei Bartolomeu. Figuras cândidas de Fra Angélico: um incomparável *bambino**. Quartos onde morou Savonarola, belo retrato de frei Bartolomeu.

* menino

Almoçar Doney. Aos Uffizi. Pela galeria ao Pitti. Volta pelo mesmo caminho. Gravuras de tantos quadros de Rafael que ainda não vi, e que não sei onde estão. *A Religiosa* de Leonardo. *Flora* e *Bela* do Ticiano. A *Madona della Leggia*, a tribuna, a sala de Níobe; é o que mais fixa a atenção nesse mundo da arte. A cor, a vida, a beleza das duas telas de Ticiano são únicas. A *Madona della Leggia* é inteiramente diversa de todas as outras de Rafael; esta é a mulher, as outras são anjos. Que olhar fino, bom, quase malicioso desta! E todas essas roupas orientais. Deliciosa pintura de Leonardo. Este para mim é o mestre. Que mescla de sentimentos nessa fisionomia; que vida voluptuosa desse colo onde se vê nascer os dois seios sob a renda. Vieusseux. Hotel. *Table d'hôte*.

5 abril

Escrevi a meu Pai, à minha Mãe, ao Gouveia[24]. Telegrama a Eufrásia. Almoço Doney. Passeio ao [ilegível]. Jantar no Doney com a sociedade polaca: condessa e sobrinha, Oppozenski, Cernovski, Lambeck e M. Preller (de Bordéus, alameda de Chartres, 13). Paris,

---

23. *Nabuco compulsava provavelmente o primeiro volume, contendo a* Istoria fiorentina, *de Jacopo Pitti, da obra do antiquário Giovanni Pietro Vieusseux, intitulada* Archivio Storico Italiano, ossia racolta di opera e documenti finora inediti o divenuti rarissime risguardanti la storia d'Italia, *16 vols., Florença, 1842-1853.*
24. *Hilário de Gouveia, médico formado na Europa e casado com a irmã mais velha de Nabuco, Rita de Cássia (Iaiá).*

para ver Mme. Moszczenska, rua de Roquepine, 8, M. Le Casseur.
À noite no hotel.

Almoço no hotel. À Academia de Belas Artes. Quadros antigos. Que   6 *abril*
distância no *Batismo de Jesus* de Verrocchio, a seu discípulo Leonardo! Não é a mesma a de Perugino a Rafael. Uma *Madona* de Cimabue. Quadros do Giotto. Um *São Mateus*, no pátio, apenas esboçado de Miguel Ângelo, no mármore. Ao Domo. Aos Uffizi. Na sala da Níobe. Impressão imensa dessas obras-primas acumuladas, e dessas formas amplas, livres e divinas. Cada vez desejo mais ver as obras de Velásquez. O seu *Filipe IV*, pintura oficial, mas cheia de força e de iniciativa. Comprei gravuras. Jantar no hotel; à noite fui despedir-me dos meus amigos polacos. Discussão sobre servidão na Rússia; a confiscação dos bens em Kiev. O papel do *pope*[25]; casta sacerdotal.

Almoço no restaurante. Ao museu Nacional. Canhão com as armas   7 *abril*
dos Médicis, colossal. O *Davi* de Donatello, bronze, um menino simpático, chapéu de pastor, com uma espécie de sandálias ligadas até os joelhos, parecendo botas. O *Mercúrio*, de João de Bolonha; dançarino, acrobata, voador, em uma posição demasiado acadêmica, mas de um belo trabalho de execução e de um corpo verdadeiro. Esboços de Miguel Ângelo. Não pude ver o *Davi*, de Miguel Ângelo, que está na Academia de Belas Artes. À Santa Annunziata, frescos de Andrea del Sarto. Batistério: magnífica porta de Ghiberti. Ao Palácio Pitti; entrada nos Uffizi. A Níobe e filhos. Bustos de César e de Pompeu. Este Pompeu tem um ar nobre, um imenso orgulho e um belo perfil. César é um velho, de braços fortes, magros, e com uma idéia fixa. Júlia, mulher vulgar e dissoluta, Lívia, uma espécie de Juno, verdadeiramente divina. Rosto de Calígula: fantasia sanguinária. Nero: um espírito perturbado. Este busto de Nero não se parece com os outros de Roma: este tem muito mais caráter. A bela Popéia, que o encara. Aproximações dos museus! Vieusseux. Via Giacomini, n. 2. São Miniato. Fachada de mármore branco incrustado de verde-escuro e

---

25. *O* pope *era o pároco da igreja ortodoxa na Rússia tzarista.*

preto. Uma só nave sem transepto. Túmulos. Via Galileu e via Miguel Ângelo. Cassino. Jantar Doney. *Alla* Pergola, baile de máscaras. Belo pajem. Teatro como os outros da Itália. Até o segundo ato.

8 abril	Dia dos anos de minha Mãe. Almoço Doney. Vieusseux. Jantar Doney.
9 abril * "O Brasil pertence a Portugal? Vosso Imperador é negro? Mas a população é de negros. O senhor veio do Brasil pelo Mar Vermelho?"	Almoço Doney. Vieusseux. Aos Uffizi. O ar triste da *Vênus de Médicis*. Nenhuma impressão é maior sobre mim que a da sala das Nióbides. Jantar no hotel. Um irlandês vermelho que me faz as mais singulares questões. A primeira: *"le Brésil... cela appartient au Portugal?"* — Depois de muitas perguntas: *"votre empereur est noir?"* E, como eu lhe risse na cara, sem responder-lhe, um pouco confuso: *"mais la population ce sont des nègres"*. E, depois de uma hora... *"est-ce que vous êtes venu par la Mer Rouge?"**
10 abril	Almoço Doney. Palácio Pitti. Jantar Doney.
11 abril	Vieusseux. Almoço e jantar Doney. Palmiro Gregori, via del Prato, n. 61.
12 abril	Parti às 7h55 de Florença. Bilhete tomado para Veneza. Até Bolonha. Madame la Comtesse Lydia Pandolphini: o meu Musset. Troca de vagão. Até Turim. Às 8h30, Turim. Grande Hotel.
14 abril [Veneza]	Praça de São Marcos. A impressão de São Marcos, da basílica, foi muito menor do que eu imaginava. Fantástica, mas sem verdadeira grandeza religiosa. Esses mosaicos, essas colunatas, arcadas, cúpulas, minaretes, capitéis de todos os estilos, pinturas de toda a forma, fazem um conjunto novo, surpreendente, mas sem idéia e sem sublimidade. Bela quadriga de cavalos de bronze dourado; por que na igreja? Os pombos e a tradição. O palácio Ducal. Belas escadarias; a escada dos gigantes. De lá ao conselho. A tela imensa de Tintoretto, o *Paraíso*. Que reunião de seres! Que multidão! Parece a verdadeira poeira humana! *Veneza Triunfante*, de Paolo Veronese: cores e vida.

Uma quantidade imensa de coisas a tornar a ver. Sala do senado. Do Conselho dos Dez. Uma incomparável tela de Paolo Veronese, *O Rapto de Europa*; a mais bela pintura que eu jamais vi. À Ponte dos Suspiros. À prisão. A São Marcos. Em gôndola: o grande canal. Impressão dessa cidade de mármore e águas. Belo palácio Vendramin; outro, Balbi; outro, Foscari. Palácio Mocenigo, habitado por Byron. A ponte do Rialto. Uma aparição em uma gôndola. Ah, belos tempos de Veneza. Jantar: Hotel Danielli com Eufrásia.

Passeio de gôndola. Em San Giorgio Maggiore, uma *brouille**. Recitava-lhe eu meus versos no fundo da gôndola. À noite, pazes; meus versos *Le Poignard**. Passeio de gôndola à noite. O concerto do Rialto; fogos de bengala[26].

16 abril

* *desavença*
* *O Punhal*

De Veneza a Milão. Sozinho no vagão até Brescia. Em Brescia, [frase rasurada]. Jantamos juntos no Hotel de Ville em Milão. À noite, passeio na praça do Domo e na galeria Vittorio Emmanuele.

17 abril

Depois do almoço fomos à catedral. Impressão extraordinária deste templo novo e nunca visto. Floresta de mármore, de torres, flechas, estátuas, rendas, tudo de mármore; no centro de todos esses pontos levanta-se a lanterna. Grande impressão no interior: muito maior sob o ponto de vista íntimo e religioso que a de São Pedro. Da Catedral fomos a Santa Maria delle Grazie. Cenáculo arruinado de Leonardo da Vinci. Mas ainda a mão do mestre está ali, sobretudo na figura de São João e na de Cristo. De lá à galeria. Belos quadros. Um Rafael. *Esponsais de Nossa Senhora*, puro Perugino. Um Guercino — Abraão que expulsa Agar. Paolos Veroneses; uma *Natividade*. Um Correggio. Um Velásquez: retrato de um monge, e muitos outros. De lá a Santo Ambrósio, basílica cuja porta o Santo negou a Teodósio, depois da carnificina da Tessalônica. De lá ao

18 abril
[Milão]

---

26. *A desavença devera-se, como anotou Nabuco em* Anos da minha vida, *à sugestão feita por Eufrásia de que, após o casamento, ficassem morando na Europa. "Tudo desfeito" mas logo "recomposto".*

Arco da Paz; belo arco de mármore branco; a Arena: *pollice verso*[27]. Ao passeio. Depois do jantar [rasurado].

19 abril

Às 10h30 partimos, Eufrásia, irmã e eu para o lago de Como. Estrada de ferro até Camerleta. Fomos sós no vagão. Os campos verdes. Bela manhã. Idílio. Os túneis. Como ela estava boa, adorável nesse dia! Chegamos ao meio-dia a Como. Fomos almoçar e ver a catedral. Belo templo, começado gótico, acabado renascença. À 1h20 no lago de Como. Águas verdes. As montanhas cobertas de neve. A linha das montanhas. Reflexo na água. Desembarcamos em Cadenabia; volta. Belo horizonte de uma cor alaranjada, que lembra Leonardo. As montanhas de um azul róseo. A Milão, às 8h da noite; jantamos juntos. Dia feliz. [rasurado]

23 maio

De Ouchy a Genebra. Tempestade sobre o lago Léman. Genebra. Hotel Beau Rivage. Anos de minha irmã, saúde à mesa[28].

24 maio

* Ao velho estilo católico.

À igreja de Saint Germain. *Vieux catholique**. Missa dita pelo padre Hyacinthe Loyson; anel de casamento no dedo. Casulo branco. Assistentes de toda a espécie. Orações em francês. Sermão depois de terminada a missa pelo padre Hyacinthe. Grande e poderoso orador, que se mantém em uma situação impossível. Como devia ser ele eloqüente no púlpito de Notre Dame, quando, no púlpito dessa pequena igreja, devorado pelo olhar de cada assistente, acreditando que a metade do auditório compõe-se não de fiéis, mas de admiradores do seu talento ou curiosos, ele é o orador que eu ouvi hoje. Grandes movimentos de eloqüência perdidos pelo lugar e pelas condições em que se move a nova igreja. Não se reforma o Catolicismo com palavras, e o movimento reformador, desde que não progrida desde o princípio, perde a segurança e a consciência de si mesmo. Não obs-

---

27. Com o polegar virado para o peito, sinal com o que os espectadores dos jogos de circo pediam a morte dos vencidos.
28. Nabuco instala-se em Ouchy no hotel Beau Rivage, de 24 de abril a 29 de maio. Para "o mês de Ouchy", v. Minha Formação, cap. V. Nabuco permaneceu cerca de um mês nesta cidadezinha da margem suíça do lago Léman, próxima a Vevey.

tante tudo, para ser o orador que o padre Hyacinthe é, nas condições em que ele se acha, é necessário um talento superior.

A Ferney. Pequena igreja que *Deo Erexit Voltaire*[29]. O castelo de Ferney. Às 2h, para Ouchy. Mme. de Olferieff, Mme. Kanschine, Mme. Yakountchikoff.	*25 maio*
Passeio a Clarens. A pé, de Clarens a Vevey. No Grand Hotel de Vevey.	*27 maio*
Parti para Paris por Pontarlier.	*29 maio*
Cheguei às 5h da manhã. Paris. Ao Louvre. Visita a Eufrásia, almoço Véron. À casa da condessa Pandolphini. Jantei com a Eufrásia. Fomos juntos ao Bois, onde remei uma meia-hora. Às 10h30, Versalhes: Hotel Vatel.	*30 maio*
O dia em Versalhes. Castelo de Versalhes. Como riqueza de mármores, Caserta muito superior. Ao parque. Volta às 10h da noite Paris.[30]	*31 maio*
Ao British Museum. A estatuária grega. Os restos do mausoléu de Artemisa, maravilha do mundo; cabeça e parte posterior de cavalos colossais. A sala do Parthenon. Restos do frontão leste. (*O Cavalo do Sol*, *Teseu*, duas deusas. *Isis*. *As Três Parcas*, *O Cavalo da Noite*. Do frontão de oeste, que era o da disputa, figuras indistinguíveis, exceto a do Ilissus. A frisa do Parthenon: as Panatenéias, incomparável fecundidade de atitudes para a cavalaria ateniense. As métopes que restam. Capitel dórico. A sala de Nimroud; coleções assírias; salas egípcias; a pedra de Roseta. Museu em geral. De vasos, zoológico (os fósseis), etc. etc. Passeio em Regent Park. Jantar com Artur e Galitzin Alglave.	*15 junho* *[Londres]*

29. *Para Deus Voltaire construiu*. *Voltaire (1694-1778) mandou construir em Ferney uma pequena igreja para os camponeses com essa inscrição no pórtico.*
30. *Nas datas de 6 e 7 de junho de* Anos da Minha Vida, *Nabuco registra: "6. Ao Cid com Eufrásia. 7. Em Versalhes. No Hotel do Louvre. Desfeito o casamento".*

16 junho	Com o príncipe Galitzin a Westminster. Chatham, Canning, Robert Peel[31]; serviço divino. Ao Parlamento. Câmara dos Comuns. Comitê. À oficina do *Times*. Jantei em casa do barão de Penedo[32].
19 junho	A Regent Street. Passeio em Hyde Park. Miss Grace Green. Jantar em casa do barão de Penedo.
29 junho	Jantar em casa do barão do Penedo. Stanley, viscount Parrington e Miss Louisa Duff. Warwick Square, Belgrave Road, 4.
30 junho	À casa de Miss Duff. A Regent Street. Jantar em casa do barão do Penedo. A Covent Garden Madame Patti. Louisa Miller. À torre de Londres.[33]
7 agosto [Paris]	À exposição da Alsácia-Lorena. Magníficos quadros de Decamps. A *Source*, de Ingres. A *Morte de Henrique de Guise*, de Delaroche. Alguns Meissoniers. A *Mártir*, de Delaroche. Alguns Delacroix. Notável sobretudo pelos Decamps do duque d'Aumale.

31. Nabuco refere-se à memória destes estadistas ingleses de fins do século XVIII e da primeira metade do século XIX, há muito falecidos quando da sua chegada à Grã-Bretanha.
32. Francisco Inácio de Carvalho Moreira, barão de Penedo, era o ministro do Brasil em Londres, cargo que ocupou por longos anos. Ele fora antigo colega do senador Nabuco de Araújo nos bancos do Curso Jurídico de Olinda. Nabuco e o filho de Penedo, Artur, haviam também estudado juntos em São Paulo. Em 1877, Nabuco, como adido de legação, servirá por pouco tempo sob as ordens do barão.
33. Joaquim Nabuco, no capítulo V de Minha Formação, escreve: "O mês de Fontainebleau tem outra explicação: não é o castelo e a floresta só por si o que me prende; é que volto da Inglaterra, tendo pela primeira vez falado inglês com todo o mundo, fascinado por Londres, tocado de um começo de anglomania, que foi a doença da sociedade em França, e, portanto, até isso, acusa a construção francesa do meu espírito [...]". Nabuco declara de modo recorrente a importância das culturas inglesa e francesa em sua formação intelectual. Na década de 70, quando realiza sua primeira viagem à Europa, essa recepção torna-se ainda mais evidente com os Diários. Nabuco em Fontainebleau ficou no Hôtel de Londres, enquanto esperava a impressão de Amour et Dieu, regressando a Paris a 2 de agosto.

Anos de Sinhazinha.[34] A Versalhes, à casa de M. Edmond Schérer[35].	*9* agosto
Provas definitivas. Conclusão do meu livro. Deve estar inteiramente pronto segunda feira próxima.[36]	*11* agosto
Ao museu do Louvre com Mrs. e Miss Hamilton. Jantei no Laurent.	*18* agosto
Vinte e cinco anos. O meu livro pronto. Jantei com Mrs. Hamilton. Mrs. Halleck, viúva do general. Rua d'Anjou, 39, MM. Mallet Frères.	*19* agosto
Carta de Mme. [George] Sand. Aquarela[37]. À missa na Madeleine. Idéia de um templo grego; a vida antiga. A Versalhes, jantar com M. Edmond Schérer, M. Ernest Bersot, Mme. e Mlle. Schérer. Belo luar para a volta.	*23* agosto
Passeio a Longchamps com Mme. Hamilton. Barão de Vila Bela, rua Marbeuf, 73[38].	*31* agosto
Cheguei às 8h da noite ao Rio de Janeiro.	*25* setembro

34. Sinhazinha: Maria, irmã caçula de Nabuco.
35. Edmond Schérer, crítico literário francês que Nabuco conheceu por intermédio de Renan. Dele escreverá em Minha Formação: *"Das minhas conversas com Schérer, o que me contagiou foi a sua admiração pelo romance inglês, que parecia ser a literatura da casa, Adam Bede, Jane Eyre, etc.". Mas ao contrário de Renan e de George Sand, que louvaram os versos de Nabuco, Schérer "manteve esse silêncio desanimador dos médicos que não sabem enganar".*
36. Trata-se do Amour et Dieu, *obra em que Nabuco recolhera suas poesias em francês, escritas ao longo da viagem, e que editou por conta própria em Paris, na tipografia J. Claye. Em* Minha Formação, *Nabuco fará a autocrítica da sua "crise poética" de 1874.*
37. A aquarela, presenteada a Nabuco por George Sand, é atualmente propriedade de Vivi Nabuco, e vem reproduzida neste livro.
38. Domingos de Sousa Leão, barão de Vila Bela, chefe liberal de Pernambuco, então na oposição ao governo conservador do visconde do Rio Branco. É sintomático que, malgrado o que Nabuco chamará sua "crise poética", não tivesse negligenciado visitar um amigo paterno, cujo apoio será vital para sua carreira política cinco anos depois, por ocasião da volta dos liberais ao poder. Contra a resistência dos correligionários da província, Vila Bela assegurará a eleição como deputado por Pernambuco do filho do senador Nabuco, a quem havia prometido a ambicionada vaga. Em Minha Formação, *Nabuco descreveu o episódio de forma altamente honrosa para Vila Bela, já então falecido.*

2 *Adido de Legação*
1876-1878

Embora contenha uma nota datada de 22 de outubro de 1876, o diário de Nabuco ao tempo da sua primeira permanência nos Estados Unidos corresponde apenas a 1877, inclusive, ao que parece, no tocante às notas sem data que publicamos no final. No conjunto dos Diários, onde elas ocupam cerca de um 1/3, essas páginas são inegavelmente as que melhor correspondem à vocação do gênero. Como escreveu sua filha e biógrafa, "é nesse primeiro tempo de diplomacia que Nabuco escreve mais amiudadamente seu diário, talvez pela maior necessidade de expansão, vivendo entre estrangeiros". Mas também graças à maior disponibilidade de tempo, que lhe permitiu também escrever em francês um drama em versos, de sabor corneliano, L'Option, que iniciara no Rio de Janeiro em 1875 e que tinha como tema a disputa entre a França e a Alemanha em torno da Alsácia.

Nabuco fora nomeado adido à Legação em Washington em abril de 1876, na regência da Princesa Isabel resultante da viagem do Imperador à América do Norte e à Europa. (Também durante a regên-

AO LADO
O Hotel Buckingham, New York

PÁGINA 81
Carte de visite de Joaquim Nabuco
FOTOGRAFIA,
9,5 X 5,8 CM. FJN

A Casa
Branca,
Washington
D.C.
L.E. Walker
XILOGRAVURA. 1877.
LC/WASHINGTON
☞ 15 DE MARÇO
DE 1877

cia, o ministério conservador Caxias-Cotegipe designara cônsul em Liverpool José Maria da Silva Paranhos Júnior). Não há dúvida de que Nabuco teria preferido Londres, que satisfazia mais que nenhuma outra capital suas inclinações cosmopolitas. Da sua estada na Europa em 1874-1875, ele confessará que

> a grande impressão que recebi não foi Paris, foi Londres. Londres foi para mim o que teria sido Roma, se eu vivesse entre o século II e o século IV, e um dia, transportado da minha aldeia transalpina ou do fundo da África Romana para o alto do Palatino, visse desenrolar-se aos meus pés o mar de ouro e bronze dos telhados das basílicas, circos, teatros, termas e palácios; isto é, para mim, provinciano do século XIX, foi, como Roma para os provincianos do tempo de Adriano ou de Severo: a Cidade.

Não conseguindo obter a nomeação para a Legação em Londres, que só virá a alcançar decorrido um ano de Estados Unidos, Nabuco teve de contentar-se com Washington, que era então um posto de importância secundária, a ponto de, como seu chefe, Carvalho Borges, habitar ordinariamente em New York, à maneira de quase todo o corpo diplomático estrangeiro, que viajava esporadicamente à capital nas ocasiões de representação oficial ou de acentuado interesse político, como a disputa a que deu lugar à eleição presidencial de 1876.

Nos capítulos que dedicou em Minha Formação a seu ano de América, Nabuco reproduziu algumas passagens de um texto que reputava "antes um registro de pensamentos do que de impressões americanas", tanto mais que, fora de Washington e de New York, ele conheceu somente, e de passagem, Filadélfia. Suas reflexões giram nesta época em torno de um certo número de temas gerais de interesse humano, muitos dos quais voltarão à tona com mais força e desenvolvimento na obra em que reuniu no fim da vida seus Pensamentos Soltos: a idéia de Deus, a morte, o amor, o destino, a realização pessoal. É possível que ele os preferisse ao que chama de "impressões americanas", preferência que, contudo, não será talvez a do leitor de hoje. As passagens do diário relativas à vida política, econômica e social nos Estados Unidos são particularmente interessantes e denotam menos a formação sociológica do que a intuição sociológica que foi o forte de Nabuco. Para quem lê o diário de 1876-1877, é inegável que ele ainda não tivera contato com a obra fundamental de Tocqueville, A Democracia na América.

João Maurício Wanderley [Barão de Cotegipe]
E. Braga
DESENHO A LÁPIS,
51 X 64 CM. 1889.
IHGB

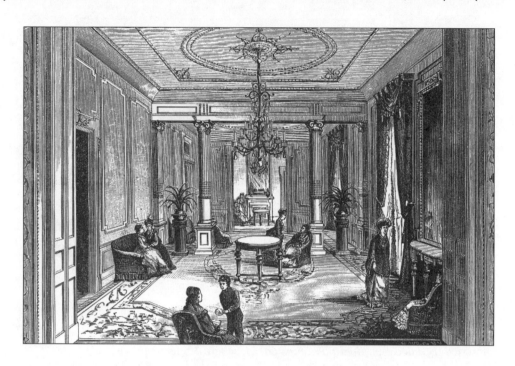

Sala de visita das senhoras do Hotel Buckingham

O Buckingham Hotel era o preferido de Nabuco em Nova Iorque, que o denominou de "pequena pérola americana". Anos depois, quando vinha de Washington, ele se hospedava sempre nesse estabelecimento.

Na vida americana, Nabuco mostra-se especialmente intrigado pela mulher e pelo casamento, entenda-se, a mulher e o casamento da alta burguesia de New York que ele pôde freqüentar na sua condição de diplomata. Tratava-se de um espetáculo bem diverso do que vira na Europa, a começar pela ausência de ligações amorosas extramatrimoniais. "Fora do casamento [constata] não há nada aqui". Nestas circunstâncias, o flirt torna-se o substituto funcional das relações sexuais socialmente condenadas, como o necking o será numa fase posterior da sociedade norte-americana. A misoginia de Nabuco surge em afirmações do teor "o que uma mulher pode dar de melhor a um homem é uma lembrança"; ou quando teme as conseqüências do sufrágio feminino. Esta misoginia paradoxalmente apóia-se na convicção de que "a mulher é física, moral e intelectualmente [...] igual, senão superior ao homem". Conexamente, exprime-se sua avaliação negativa do casamento, como uma relação que,

na sua desigualdade, é intrinsecamente desfavorável ao homem. Por outro lado, como na sua descrição do namoro com Fanny Work, Nabuco revela um pendor aguçado pelas sutilezas do relacionamento amoroso quando ele se dá entre indivíduos de diferentes origens. Ao esboçar os princípios de uma "teoria do casamento com estrangeiras", ele descobria um filão romanesco ("ainda não está escrito o romance do casamento do nobre estrangeiro com a americana rica") que por aqueles anos começava a ser explorado por Henry James, autor que Nabuco não parece ter conhecido.

O olhar de Nabuco sobre os Estados Unidos está, aliás, menos deformado pela sua origem brasileira do que pela sua experiência européia, como reconhecerá em Minha Formação. Assim sua atitude diante do mau gosto das galerias de arte de New York e da vulgaridade que transpirava das manifestações políticas do país, mau gosto e vulgaridade que, acrescente-se, não seriam inexistentes no Brasil do

Sala do café da manhã do Hotel Buckingham
REPRODUÇÃO DE FOLHETOS ENCONTRADOS ENTRE OS PAPÉIS DE JOAQUIM NABUCO. COLEÇÃO DA FAMÍLIA NABUCO
13 DE JULHO DE 1877

Segundo Reinado. Ou distorcido pela sua formação católica e patriarcal, quando nota a rapidez com que os filhos superavam o trauma da perda dos pais. Outras das reações de Nabuco podem ser atribuídas aos estereótipos que vigiam na Europa sobre a vida americana: materialismo (inclusive das mulheres, em que até mesmo a castidade tornara-se um valor "puramente material"), pragmatismo, massificação. Para o europeu do século XIX, os Estados Unidos eram o que a Holanda havia sido no XVII: nações que, ao extremarem certas qualidades européias, as haviam convertido em defeitos.

"As democracias mercantis não me inspiram admiração alguma", anotará; e os homens públicos do país não lhe fizeram a menor impressão: o general McClellan pareceu-lhe um caixeiro de livraria; e o presidente Grant, um taverneiro. A sociedade industrial também o desagradou, com o espetáculo das especulações desenfreadas na Bolsa, da agitação sindical e da violência das greves. Daí que, em New York, Nabuco tenha ficado atento menos ao que se passava em Washington do que na Inglaterra e especialmente na França, com o conflito entre republicanos, legitimistas e orleanistas. A 27 de setembro, às vésperas da partida para a Inglaterra, ele olha para trás, para o período que acabara de viver, e lamenta que, em vez de estudar e de conhecer os Estados Unidos, se tivesse ocupado com o que chamara antes "minha campanha social em New York". "O resultado é uma impressão de tempo perdido". E como se tivesse a certeza de que voltaria um dia, conclui: "Posso, porém, ainda reparar o meu erro quando voltar e só então poderei dizer que estive nos Estados Unidos".

Por outro lado, a observação dos Estados Unidos não o motiva a traçar paralelos com o Brasil. Dom Pedro ainda não se havia transformado num dos seus ícones: descontentam-no seu comportamento de turista na Europa e as anedotas que produz, embora nenhum presiden-

te de província brasileira tivesse cometido a gafe do governador de Estado americano que telegrafou ao ex-presidente Grant, então em viagem pela Inglaterra, "aos cuidados da rainha Vitória, Buckingham Palace". Só em *Minha Formação*, com a visão retrospectiva enriquecida pelos dois últimos decênios de história latino-americana, ele afirmará que a visita do Imperador levara a inteligência americana a compreender que a monarquia constitucional à brasileira era superior ao sistema republicano dos países ao sul do Rio Grande. Ao redigir o diário de 1876-1877, o parlamentarismo do Império afigurava-se-lhe uma "pantomima de governo constitucional" que, não menos que os governos confessadamente absolutos, tem o defeito de impedir a ascensão dos homens de mérito ao poder. Há amplos direitos políticos, mas ninguém os exerce, a imprensa é livre mas os leitores preferem os anún-

O presidente Hayes e seu gabinete
NEW YORK: PUBLISHED BY CURRIER & IVES, XILOGRAVURA, C. 1877. LC/ WASHINGTON.
☞ 5 DE MARÇO DE 1877

cios, o direito de associação é utilizado apenas pelos marginais, a lavoura não se mete em política, que é o reino dos bacharéis. Enquanto isto, o interior do Brasil permanece tão ignoto quanto o Tibete, a África Equatorial ou a Sibéria. E há sobretudo a escravidão, a grande hipoteca que pesa sobre o país, "a ruína do Brasil, que está edificado sobre ela". Em 1877, Nabuco já divisa a prioridade das prioridades da sua agenda nacional: retomar a campanha da Abolição, no patamar em que a deixara a lei do Ventre Livre. Tudo iria depender do retorno dos liberais ao poder, que se avizinhava.

Nabuco dedicará quatro capítulos de Minha Formação a esta fase. A Inglaterra fizera-o monarquista; o sistema republicano confirmara-o nesta preferência. Conquanto ambas fluíssem do mesmo manancial anglo-saxônico, a vida política inglesa sempre lhe parecerá superior à americana, no tocante à moralidade, ao recrutamento dos grupos dirigentes, ao conteúdo do debate, à própria garantia da liberdade individual. O lobby seria inimaginável na Câmara dos Comuns, como o spoils system no serviço público inglês. Malgrado todo o igualitarismo que permeava a existência norte-americana, a igualdade perante a lei estava melhor garantida na Inglaterra. "A consciência pública americana é muito inferior à privada, a moral do Estado à moral de família". A elite intelectual não exercia a menor influência e a cultura e a arte universais não precisavam do país para nada. Ele só abria exceção para a vida material e para o progresso tecnológico. Mesmo assim, não entrevia "o menor sinal de que a elaboração do destino humano ou a revelação superior feita ao homem tenha um dia que passar para os Estados Unidos", afirmação reminiscente do que Hegel escrevera na sua Filosofia da História a respeito do continente americano.

Mas se suas tendências políticas não haviam mudado ao contato da jovem república, ele confessará em Minha Formação que *ninguém aspira o ar americano sem achá-lo mais vivo, mais leve, mais elástico do que os outros saturados de tradição e autoridade, de convencionalismo e cerimonial. Essa impressão não se apaga na vida. Aquele ar, quem o aspirou uma vez, prolongadamente, não confundirá com o de nenhuma outra parte; sua composição é diferente da de todos.*

Embora a missão dos Estados Unidos na história lhe parecesse "ainda a mais absoluta incógnita", Nabuco compreendeu que "o esplêndido isolamento" em que eles viviam desde sua independência tinha os dias contados, pois "um país que caminha para ser, se já não é, o mais rico, o mais forte, o mais bem aparelhado do mundo, tem, pela força das coisas, que ligar a sua história com a das outras nações, que se associar e lutar com elas". Daí não excluir um conflito eventual "entre o militarismo europeu e a democracia desarmada dos Estados Unidos", como o que ocorrerá em 1914-1918, mas que ele não chegou a ver.

22 outubro[1] O discurso de Carlos Schurz pronunciado ontem no Union League Club expõe o sentimento republicano na sua melhor luz. O principal elemento da presente campanha começa a ser a questão do Sul[2]. Com a aproximação do dia 7 de novembro, esse ponto de vista tornar-se-á mais importante do que todos os outros. A *bloody shirt*[3] está perfeitamente desacreditada, mas o fato de que um Sul unido, composto dos antigos estados rebeldes, em que os candidatos são todos antigos soldados da Confederação, pode dominar o Norte tão cedo depois da guerra, e que o governo americano pode passar sob a preponderância dos antigos separatistas, é de natureza a assustar os que querem a União, mesmo devendo se reduzir os estados do Sul mais impenitentes a territórios sujeitos ao despotismo militar e à corrupção dos *carpet-baggers*[4] e dos negros associados. A situação do Sul desonra a política americana dos últimos anos. Esse elemento decidirá provavelmente em favor de Hayes uma luta que, de outra forma, seria fácil de ganhar para Tilden.

---

1. A anotação foi reproduzida em Minha Formação, p.138-139, com pequenas mudanças de redação. Nos primeiros anos do século XX, Nabuco acrescentou a advertência: "as páginas como estas são de 1876. Alguns dos pensamentos em Pensées são daqui".
2. Trata-se da campanha presidencial de 1876, entre o republicano Rutheford B. Hayes, governador do Ohio, e o democrata Samuel J. Tilden, governador de New York.
3. Bloody shirt: alusão à tática dos republicanos de identificar o Partido Democrata com o separatismo sulista e a Guerra Civil (1861-1865).
4. Carpet-baggers eram aventureiros políticos dos EUA que, aproveitando-se da vitória do Norte na guerra civil, deslocavam-se para os Estados do Sul para fazer carreira política ou bons negócios.

Idéia de um livro: O Padre Nosso, *La Prière de Jésus**. O gênio de Ernest Renan está se tornando monótono, à força de vibrar sempre a mesma corda religiosa da formação atual de Deus. De nenhuma idéia eu tirei tanta consolação, tanta felicidade, tanta inspiração, tanta confiança, como da idéia de Deus. Sem a alma, eu compreendo a vida e mesmo a poesia dela. Sem Deus, tudo me pareceria uma fantasmagoria e a criação se cobriria de um ridículo, a que nenhuma idéia poderia resistir. A mão que encobriu aos nossos sentidos a menor impressão do movimento da terra podia bem encobrir à nossa inteligência o movimento moral em torno de si. Como Copérnico só pelo gênio chegou a esse resultado, o sentimento popular não pode provar a existência de Deus, mas nunca há de poder provar que ela foi uma ilusão. Saber qualquer coisa bem é muito difícil, mas o que facilita singularmente a aquisição da ciência é a confiança que os primeiros vultos dela inspiram uns aos outros, o que nos faz, sem muito trabalho, aproveitar do seu crédito. As idéias são sementes que estão no nosso espírito, e muitas das quais não germinam. A cultura nunca produz mais admiráveis resultados do que aplicada à inteligência. Há certos homens que têm a educação dos equilibristas japoneses que sustentam uma escada, em cujo tope um menino se mantém; um movimento, um sobressalto, uma emoção, um pestanejar d'olhos, sacrificaria a vida muitas vezes do filho ou do irmão, e, no entanto, eles têm um ar despreocupado e abanam-se com o leque. Há homens que têm esse sentimento de sua responsabilidade levado ao mesmo ponto de cuidado minucioso e de perfeita atenção, mas cuja profissão é também equilibrar a grandes alturas, de onde a queda seria fatal; outros entes mais fracos, por cuja vida eles voluntariamente respondem. No caso particular de que se trata, a mulher tinha a educação complementar do menino japonês, e toda a atenção seus sentidos, a precisão *pendular* de seus movimentos, o fazer-se leve como uma pena, e a confiança no meio da maior ansiedade dos espectadores, tudo convergia nela para fazer-lhe um verdadeiro prazer em arriscar assim a vida, na posição que lhe davam os movi-

Folhas Soltas

* *A Prece de Jesus*

mentos da escada, que o equilibrista inclinava fora do centro de gravidade. Esses dois indivíduos confiavam absolutamente em si, e cada um no outro. Não é possível, porém, dizer de que lado havia mais que admirar, se do lado em que a responsabilidade envolvia a vida de uma outra pessoa, se do lado em que esta se entregava sem receio a sua própria segurança. Há espíritos cuja natureza é de subir sempre, e, ao contrário dos gases desses, o que sobe mais alto nunca é o mais leve. A esperança é uma flutuação, mas, nas alturas a que ela nos leva, nós andamos com o pé mais seguro do que no chão da realidade, qualquer que esta seja. Ninguém pode avaliar a quantidade de mal que há na terra, mas, mesmo reunindo tudo o que podemos descobrir por nossos olhos, na inveja, na morte, na guerra, na destruição, na baixeza, na escravidão, na luxúria e no ódio, e pondo-se do outro lado o que supomos reconhecer de bem, na maternidade, no sacrifício, na família, na ordem social, no amor, talvez a balança se incline deste lado e o homem tenha orgulho de sua natureza. Deve ser um estudo interessante o da história, quando se pode seguir nele a linha do destino do homem. Quem pode comparar, com perfeita consciência histórica, um Napoleão a um César, um Chatham a um Péricles? Quem mesmo compara uma mulher de hoje a uma romana? O coração é talvez o mesmo, mas alguma coisa nos diz que os sentimentos, o homem, enfim, fazem do mundo antigo um mistério, que nós podemos modernizar, mas não compreender. Neste momento, escrevendo, ou, antes, pensando em meu drama, na altura da plataforma das torres apenas começadas da nova catedral, por um céu de um azul que se apaga gradualmente, eu sinto alguma coisa do que devem ter experimentado os criadores, uma plenitude de inteligência que sente incorporada em si a colaboração da Natureza. Se alguma vez eu proferir ou escrever alguma palavra que me faça aparecer como um ente pouco religioso deve-se atribuir essa manifestação a um estado transitório, a uma sorte de embriaguez ou de exterioridade em que a vida social me coloca. Reconcentrado em mim mesmo, com o espírito livre, eu sinto que a minha natureza íntima é profundamente religiosa. Que coisa é mais rara do que uma perfeita educação dos sentidos? Quem pode lisonjear-se de possuí-la? Os que têm o ouvido preparado para gozar da música compreenderiam a pintura? Os que vêem as cores entenderiam a música? E que variedade nas aptidões mesmo limitadas a um sentido! O que dizem, porém, do olfato, do paladar e do tato? Quem já estudou a estética desses três sentidos e, no entanto, é claro que o perfume é uma arte como a cozinha, e que todos sabemos que sensações diversas que o contato de certos corpos pode produzir. A plenitude da emoção artística é alguma coisa de desconhecido; parece, porém, que os romanos pelo menos a entreviram. Quem diz que a ilusão não pode ser a verdade desconhece a primeira e a mais comum das ilusões, que toda a terra partilha e que só a ciência reconhece como tal: que a terra é que se move e não o sol. Ilusão da Igreja, que supõe poder estar fixa, quando a civilização se move. Da cúpula de São Pedro se crê ainda que o sol move-se à roda da terra, e que Josué poderia ainda pará-lo.

Os efeitos políticos da guerra civil nos Estados Unidos seriam um belo assunto de crítica. O presidente dos Estados Unidos pode ser eleito por uma minoria de votos, pela divisão do país em estados. É uma humilhação para a terra de Washington que a balança presidencial entre os dois candidatos dependa, para subir, do voto negro. Não deixa de ser uma questão delicada a do direito que podem ter os Estados Unidos como nação de fiscalizar a eleição para os cargos federais nos limites de cada Estado.

[...] O poder judicial neste país merece um estudo muito particular no seu mais elevado tribunal. Para os americanos nada é mais lisonjeiro do que o crédito mantido por um tribunal que a Constituição colocou acima, e entre, dos outros poderes, e que os partidos respeitam, ainda quando ele é obrigado a proteger contra seus ataques e suas leis os direitos individuais e de estados, que ele foi criado para defender. Apenas uma ou outra acusação partidária faz-se ouvir contra algum membro da Corte Suprema no ardor das campanhas políticas, mas como autoridade, ela não tem que recear nenhum desprestígio nem conflito, porque o povo americano respeita-a mais do que ao presidente e o Congresso reunidos. Essa organização é muito digna de um sério estudo e pode ser admitida para muitos efeitos, mesmo salvar todas as diferenças das formações políticas, em certas monarquias temperadas.

P.S. Tudo isso era exato antes da Comissão Eleitoral, que veio provar que na Corte Suprema mesmo não há juízes, mas partidários.

[...] Os Estados Unidos atravessam hoje uma grande crise, da qual pelo menos a sua reputação não sairá ilesa. A União é uma aglomeração de corpos heterogêneos. Como se pode comparar uma comunhão tão adiantada como Massachussets com os infelizes estados entregues ao infame governo dos *carpet-baggers* apoiados sobre os mais desonestos dos negros?

Heart and mind*, um trabalho destinado a comparar os dois destinos, do homem de gênio e do homem de virtude; e que sem conceder uma superioridade a nenhum, põe em relevo a grandeza do coração que conserva a serenidade da consciência no meio do infortúnio e na luta cotidiana da vida.

* *Coração e mente*

É mais natural que um homem não objete a casar como uma viúva que foi infeliz no casamento, do que com uma que deseje continuar em segundas núpcias a primeira lua-de-mel.

Quem acumula todos os dias as suas idéias mais fugitivas faz uma economia grande de pensamento.

Há certos caracteres nos quais os mais extraordinários acontecimentos não podem produzir modificação alguma essencial, porque como as ondas eles são eternamente instáveis e o fluxo e o refluxo das reações é sua própria natureza.

Rico, sem medo, sem remorso, ele achava-se superior ao destino. No dia em que amou, a incerteza do dia seguinte feriu-o pela primeira vez, e ele viu que o lado vulnerável do coração é onde está a afeição real, o amor. Quanto mais ama um homem e quantos mais estima mais está sujeito ao destino. É por isso que a fatalidade para ter império sobre uma natureza forte fá-la amar primeiro.

Ainda que os Estados Unidos tenham leis eleitorais suas, é certo que o presidente pode ser eleito por uma fraude, e nesse caso os estados em que se fizeram eleições reais podem objetar a que os votos falsos cubram os seus. Parece, porém, que em vez de impedir ou prevenir as violências e simulações, com a perfeita fiscalização partidária que há no país, conviria mais deixar ao Congresso apurar a realidade das eleições locais. Esse sistema poderia com um Congresso pouco escrupuloso, em uma eleição muito disputada e entre votações quase iguais, passar da pluralidade do país para a do Congresso a eleição presidencial. Como quer que seja, há um inconveniente de primeira ordem em permitir de antemão sob qualquer pretexto a interferência federal, isto é, do partido no poder, nas eleições de cada estado.

Não há país em que a candidatura oficial tenha atingido as proporções que tomou neste. Zacharias Chandler, Secretário do Interior, é ao mesmo tempo presidente do Comitê Nacional e lança impostos sobre todos os funcionários públicos. A bolsa ou o emprego.

1º janeiro[5]	Cheguei a Washington, à Riggs House. Pela primeira vez pus um uniforme[6]. À White House: apresentação ao presidente Grant[7]. Depois à casa do secretário de Estado, Mr. Fish. A chamada dinastia Grant, a filhinha de Mrs. Sartoris recebendo os cumprimentos. Fui com o capitão-tenente Saldanha[8] visitar os membros da Corte Suprema, através da *terrapine* e das *baked oysters** todo o dia, até que em casa do secretário da Marinha um *the reception is over** pôs termo à nossa peregrinação do *New year's day*.* [...]
*tartaruga e ostras cozidas **A recepção acabou* **Primeiro dia do ano*	
2 janeiro	Não me parece necessário para a <u>idéia de Deus</u> pensar que Ele sabe o que vai acontecer. O poder de tudo reparar faz com que a ignorância do que eu posso decidir na minha liberdade em nada diminua a sua onipotência. A idéia de que Deus serve-se do homem para certos fins não me parece conciliável com os meios de que nós dispomos para alcançá-los; repugna-me ver uma ação qualquer da divindade no combate da vida. O que me parece é que a liberdade humana é um grande ensaio e uma experiência cujos resultados <u>ninguém</u> pode adivinhar. A onisciência não quer dizer a presciência. O futuro é atualmente o nada. Por outro lado parece estranho que um Deus não possa prever o futuro melhor do que Napoleão III ou lord Derby.
3 janeiro	Como o cérebro tem afinidade para certos venenos, o coração tem-na para certas tristezas. As afinidades eletivas são tão químicas como morais.

---

5. Em *Minha Formação*, p. 139.
6. Isto é, o fardão diplomático.
7. Ulysses Grant, um dos grandes generais da Guerra Civil, concluía melancolicamente seu mandato presidencial em meio a uma sucessão de escândalos financeiros e de denúncias de corrupção sem paralelo na história dos Estados Unidos.
8. Luís Filipe Saldanha da Gama, de quem Nabuco se tornaria amigo, era então jovem oficial da Marinha encarregado de missão naval do governo imperial nos Estados Unidos. Ele será um dos chefes da revolta da Armada em 1893, que tentou depor o governo de Floriano Peixoto.

Às vezes parece-me que ser médico é uma inclinação natural e que o homem tem o instinto curativo. No Brasil a saúde é o tópico geral e nenhuma descrição é mais completa do que fazem os hóspedes e os donos da casa uns aos outros de sua última enfermidade. Se ela foi ou é crônica, a narração não tem outro caráter. O desejo, porém, de dar a alguém o remédio que nos curou, e a insistência que se faz por que os outros o tomem, vem tanto desse "leite da bondade humana", como da metade de charlatão, e se a palavra vai adiante do sentido, da metade desse espírito de universalidade ou de ciência que há na maior parte dos homens.

A viagem está se limitando hoje a vistas. Viajar é ver. É menos fatigante comprar logo um "panorama". Seria impossível convencer a essas pessoas que nada há de semelhante entre ver uma cidade à pressa mesmo fazendo um esforço para guardar na retina a imagem passageira que apenas afere, e não pensar em ver coisa alguma, deixar-se ver, deixar-se penetrar pelos *environments**, até que o sentimento interno ou a idéia da vista se forme em nós — e dessa vez para sempre. O mesmo que se requer para gozar da arte, senão mais, é preciso para gozar-se da natureza, inteligentemente, isto é, compreendendo-a.

* *ambiente*

Que a morte não é o fim da vida pode-se ver pelo pouco que o homem são e aparentemente o animal pensam na morte. A natureza é realmente muito cuidadosa em tratar os seus produtos. As razões que nos prendem à vida, a vida é tão necessária ao ente vivo que ele perde de vista a morte. A morte em geral não é triste, é sem sentido, tão comum como o nascimento e tão indiferente por conseqüência. O que é triste é a morte de um homem de gênio, por exemplo. Nas infinitas combinações da matéria e da vida não é provável, não é mesmo possível, que se repita por exemplo a que se chamou Schiller. A narração da morte de Schiller é patética em si e mais ainda porque perto dele havia um amigo ansioso e inconsolável que era Goethe. Goethe, sabendo da morte de Schiller e chorando, dá a medida do que faz a morte em si natural, quase trágica. As forças que se reproduzem, pouco faz que se destruam por um

4 janeiro

tempo. As plantas, indiferençáveis, podem entre si sentir a perda uma da outra; para nós é indiferente que vivam essas ou outras da mesma família. Assim o homem que é o braço, o homem útil em geral. Mas quando uma dessas organizações fecundas e admiráveis que se chamam gênios desaparecem de repente, a morte é trágica porque é irreparável. Por mais que os homens se multipliquem, o vácuo fica. A inteligência que teve aquelas idéias não se refará nunca e ninguém continuará a pensar como ela. É uma ordem de pensamentos que podia ser infinita que é suprimida; é literalmente um mundo que se destrói. E não poder a humanidade entrar nunca em arranjo para dar por um gênio milhares de vidas dessas que se substituem. Não poder um homem chegado como Goethe ao seu maior possível desenvolvimento, impedir que essa força criada por ele seja destruída para sempre[!] É um erro dizer que na natureza nada se perde, tudo se transforma.

7 janeiro — Se me perguntarem por que no amor é meu impulso fazer sofrer, direi que eu não o faço senão porque não posso fazer de outro modo, que sofro também, e que é a condição natural do amor o sofrimento.

8 janeiro — "O que faz o valor do homem não é a verdade que ele possui, ou julga possuir; é o esforço sincero que ele fez por conquistá-la: porque não é pela posse, mas pela pesquisa da verdade, que o homem aumenta suas forças e se aperfeiçoa. Se Deus tivesse fechada em sua mão direita toda a verdade, e na esquerda a aspiração eterna para a verdade, mesmo com a condição de enganar-se sempre, e me dissesse: 'escolhe!', eu tomaria humildemente a mão esquerda, e lhe diria: 'Dá-me, meu Pai, porque a verdade pura só foi feita para Ti'". Lessing

Se em vez da "verdade" como a ciência a considera, escrever-se a "verdade" no "belo" ou "o belo" em si, eu penso como Lessing que a dignidade da vida e a grandeza do homem estaria no esforço para possuí-lo. Mas se me dessem a escolher entre a aspiração por "o belo", e a posse dele, eu não hesitaria um momento em tomar este último partido. A vida é curta; a luta sem recompensa por um ideal que nunca se realiza é o ascetismo da arte; a felicidade está na posse porque a alma é insaciável, e o belo tem esta diferença da verdade, que a verdade é preciso toda, e que o belo em cada manifestação é infinito. Todavia eu não quero diminuir a força desse grande pensamento de Lessing, que é a reza do que luta pela verdade em um mundo em que nunca haverá dela senão a sombra, o corpo estando no infinito.

Na sociedade americana não há uma das causas mais comuns de divisão das outras: o ciúme. As mulheres casadas literalmente não encontrariam com quem comprometer-se aqui, e se naturalmente podem ter com quem dividir o fruto proibido não acham um *cavaliere** servente que leve suas cores, mesmo diante do marido, como em outras partes. É essa uma das causas que faz com que elas pensem tão mal dos homens, mas esses teriam tudo a perder e nada a ganhar com semelhante papel. Aqui não há *liaisons** de ordem alguma, nem na sociedade nem fora, a cocote sendo banida severamente. O americano tem que nadar até afogar-se no casamento. Fora do casamento não há nada aqui. A *flirtation** das moças não é senão muito natural à vista disso. Os homens formam uma maçonaria entre si e a mulher do outro é inviolável para cada um. Um grande *club*, como o Union, poderia escrever em seu regulamento a proibição dessa pirataria costeira que não teria quem expulsar. Não há o menor sinal de que a sociedade esteja minada por inclinações secretas invisíveis. Tudo vive em casa de vidro. A *flirtation* é admissível nas moças que nada perdem com distribuir folhas do seu coração de alcachofra antes de dar a alguém o fundo, em molho matrimonial. Se falta porém essa causa de desunião entre as diversas famílias, e sobretudo entre os homens que por aí têm muito boas relações entre si, sobra outra de fracionamento e divisão dentro da família mesma que vem a ser — a herança. O testamento põe filhos, irmãos, mãe, viúva, tudo na maior perturbação e desavença. Com o espírito prático americano isso se resolve sem processo, mas não sem inimizade. A família vive unida até a sucessão: aí tudo debanda.

9 janeiro

* *cavaleiro*

* *ligações amorosas*

* *flerte*

11 janeiro[9]   Longo passeio ao *park*. À casa das Misses Hamilton. Conversa com o velho Mr. John Hamilton, filho de Alexandre Hamilton. Um homem do passado, voltado para ele. Disse-me que o Brasil deve conservar o mais tempo possível a sua forma monárquica. Este *whig*[10] não acredita que os países como os nossos possam durar unidos sob outra forma de governo. Emoção ao mostrar-me o retrato de Luís XVI, presente feito ao pai. Diversas moças. As caras bonitas muito comuns, mas a verdadeira beleza, cada vez me convenço mais, é muito rara e há de sê-lo sempre. Discuti muito hoje sobre a consciência no autor. É sem dúvida um sinal muito imperfeito de superioridade, estar-se certo de possuí-la. Há muito, porém, que dizer dos dois lados. É comum que um idiota suponha-se um gênio, mas a recíproca não é. Mas pode-se dizer que não há desânimo, desfalecimento íntimo mais profundo do que o do homem superior. A mediocridade sabe o que sabe: o homem de merecimento o que não sabe. Nenhum autor deixou de sentir os limites do seu poder. Conceber e criar são dois fatos muito diversos. O cérebro está muito sujeito a abortos.

No baile de Miss Tell. Lá estava Miss Stevens, envergonhada de achar-se em um meio <u>inteiramente diverso</u> do dela. A facilidade da ilusão pessoal, como uma pessoa habituada a viver entre a aristocracia, supõe-se logo nobre e superior aos outros. O que pode ser a aristocracia neste país? Impossível para mim ser eu mesmo na sociedade. Necessidade absoluta da solidão para me restaurar e para produzir. A sociedade é para mim nada mais nada menos do que o vinho.

---

9. *Em* Minha Formação, *p. 140, apenas o trecho relativo à conversa com Mr. Hamilton. Nabuco conhecera Mrs. Hamilton e a filha no curso de sua viagem pela Europa.V.* Cartas a Amigos, *i, p. 14.*

10. *Expressão cunhada na Inglaterra, no século XVIII, para designar os liberais que se opunham aos* tories, *isto é, os conservadores.*

Longo passeio ao *park*. Conversa sobre as moças de New York. *13 janeiro*
Como diferem de chapéu do que são nos bailes. Ontem à noite com
Miss Livingstone, uma das gêmeas que tem por desculpa de tudo a
irmã. "Foi à minha irmã que o senhor disse". À Miss Augusta Astor
lembrei que lhe tinha visto o nome escrito com letras de flores.

Nenhuma idéia nova senão de um drama cujo assunto será o ódio
de duas mulheres, o amor de um homem troca-lhes os filhos, a per-
seguida é cegada mas sem saber que lhe trocaram o filho, cria o de sua
rival com o mesmo amor. Cenas com a cega do filho [sic]. Procurar
algum ponto na história que se preste ao assunto dramático.

À Mrs. Hewitt. Conhecimento do velho candidato à presidência
pelo partido do papel-moeda, Peter Cooper. Miss Cooper muito
bonita em sua palidez de mármore finamente lavrado. Amabilidade
da mãe que depois da minha impontualidade do outro dia ainda me
convidou para almoçar. Ainda uma moça que não reconheci de chapéu, Miss Wilson. A vida passa aqui insensivelmente assim.
Suprimindo a inteligência e todas as suas aspirações e necessidades, eu daria um homem de sociedade.

De todas as ambições a mais rara hoje me parece ser a de mãe. *14 janeiro*
Ainda não vi uma mulher cujo sonho fosse parir um grande homem. [...] Jantei em casa de Mr. Royal Phelps, com o governador de
Maryland, Mr. Carroll e Charles F. Adms J^{or}. Conversamos sobre
política americana. Adams inteiramente inglês de fundo. Escritor
na *North American Review*. As duas netas de Mr. Phelps muito bem
educadas e suaves.

Hoje escrevi uma cena inteira de meu drama no quarto ato.[11] Estou *15 janeiro*
chegando ao fim e não sem prazer verei terminada essa primeira
conclusão. A segunda será mais agradável, porque será o trabalho

---

*11. Alusão a L'Option, drama em versos sobre a questão da Alsácia-Lorena que Nabuco
começara a escrever no Rio em 1875 e que completará em New York. A obra ficou, porém,
na gaveta, durante trinta anos, e só no fim da vida, quando embaixador em
Washington, ele a reverá para a publicação que, contudo, não se efetivou.*

de polir apenas. O estatuário que termina a estátua deve sentir um alívio ao igualar o mármore. O pequeno trabalho descansa do grande, é como lavar a criança depois de pari-la.

[...]

O inferno, o *pandemonium*, a região dos fantasmas e dos pesadelos, o círculo eterno do desejo e do sofrimento, o demônio e a tentação, o veneno que torna louco, tudo isso chama-se o eu, quando ele quer sair fora de si mesmo. O eu, o sentimento continuado de si mesmo, o eu formando o centro de tudo, o fim de tudo, é de todas as doenças a pior e infelizmente a mais incurável. O suicídio, a loucura, ou a devassidão é o termo a que ela leva o homem. Os possessos desse demônio são os mais infelizes de todos. O único meio de aliviar o sofrimento dessa melancolia, agitada em suas aspirações, impotente em sua saciedade, sombria como as trevas visíveis do espírito, é esquecer-se, e nenhum narcótico pode ser condenado como imoral porque nesse caso o sono ou a morte é melhor do que a consciência.

17 janeiro

À casa de Miss Wolfe, uma solteirona trinta vezes milionária. Riqueza dos quadros. A decoração da casa pode-se dizer que é pobre, mas a mobília é suntuosa e os objetos de arte acumulados, valiosos. Tanto quanto se pode ver ao gás. As pinturas precisam de um fundo menos branco do que a das salas de baile. Desfilou toda New York e no entanto todos sentiam que esse palácio não devia ser habitado só por uma rapariga, que durante dez anos supôs que todos queriam-na pelo seu dinheiro e não por ela mesma. Não se parece uma dessas mulheres assim ao personagem da fábula que em nada podia tocar que se não convertesse em ouro?

Nenhum autor deve dar a ver uma obra sua (um drama, por exemplo) antes de se ter posto diante dela como um crítico desprevenido, antes de vê-la fora de seu espírito, na luz da vida, no ar exterior. É preciso chegar ao grau de objetividade de não só vê-la como um espectador no teatro, mas de vê-la em si mesma. Os espectadores vêem os personagens pelo ator: é preciso que ele veja o caráter independente de qualquer realização exterior ou imitação. Poucos são os homens de letras que têm o poder de esquecer o autor no exame de suas obras, mas esse é necessário não para dar-lhes essa realidade que elas podem ter espontaneamente sem que eles o saibam, mas para se poder ter uma convicção fundada em uma base racional e crítica de que a obra não nos agrada (só) por ser nossa. É também um meio de ajudar-se o escritor dramático a si mesmo imaginar, quando escreve uma cena, o efeito que ela produziria na pintura, e um monólogo ou uma evolução ou um transe, o que faria o escultor de suas idéias. Provar uma arte pela outra, tirar todas as provas negativas e reais do valor de uma criação qualquer, mesmo que, ao lapidar o diamante, se sacrifique alguma coisa dele, é um dever de consciência para quem não dá o mesmo valor a tudo que sai de si, ao contrário desses produtores infatigáveis e espontâneos que desde que escrevem alguma coisa não querem outra prova de que deve ser bom porque é obra sua. O espírito, mesmo o gênio, considerado como uma árvore cujos frutos são todos os mesmos, ou como uma mina onde tudo é ouro, é uma satisfação ridícula da vaidade, que só prova que os grandes gênios não têm muitas vezes todo o senso comum necessário. A inteligência a mais elevada dá simultaneamente figos e espinhos. O bagaço está unido ao mel na cana. O grau de cultura é o que faz que certos espíritos nos pareçam invariavelmente certos, medidos, e fecundos. Não é que eles não têm dado maus frutos, é que eles os rejeitaram na escolha. A inteligência é como o campo, as boas sementes dão bem, as más ou abortam ou dão mal, mas o cultivador despreza o que não tem as condições necessárias de um bom grão. Assim deve fazer o gênio, e o faz nos seus melhores tempos. Victor Hugo fê-lo na mocidade, quando a terra estava nova e a colheita era rica; hoje não o faz mal, e dá o bom e o mau com a marca da fábrica, não só porque a terra está cansada e o *first quality** é raro, como porque o produtor privilegiado e premiado nas exposições tem geralmente uma ilusão e uma fraude: a fraude é convencer o público de que tudo que ele lhe dá é da mesma qualidade, e a ilusão é supor que tudo o que ele produz é igualmente admirável. Chegado a esse ponto, o poeta

* *produto de qualidade*

tem alguma coisa do idiota, e que vem a ser a absoluta incapacidade de distinguir duas coisas em si mesmas por as referir a uma qualidade que elas têm de comum e extrínseca, como a origem de que saíram. Essa fraqueza porém é comum aos autores e artistas muitas vezes na sua época de maior força criadora.

18 janeiro

* jantar e receber com grande categoria

Eu sempre ouço aqui, sempre que um homem pobre casa com uma moça rica: "ele vai ser sustentado por ela, não toma outro incômodo senão o de deixar-se alimentar, andar de carro", *dine people, etc. at very high rate**. Nunca ouço dizer porém quando uma moça pobre casa que ela vai ter o mesmo privilégio. Será que o marido sendo dono da casa tem obrigação de possuí-la materialmente também? Nesse caso a mulher devia ter a delicadeza de não governar o que é seu tão absolutamente como falo aqui. De fato desde que a força moral vier na família da soma do dote, ela não será grande senão dado certo caráter da parte de quem a sofrer.

20 janeiro

* compromisso

* telegrafar
* cabografar
* expedir e postar

* não é sem cachet: não deixa de ter estilo

Frank Pendleton jantou comigo. Conversamos sobre o novo *Compromise** constitucional. Cada dia realizo mais que sairei da América do Norte sem conhecer um homem. Os verbos telegráficos deste povo são curiosos: *telegraph** parece necessário, mas *to cable** é de luxo. *To mail* e *to post.** *Telescope* é um verbo da imaginação — quando dois trens encontram-se e no choque entram um pelo outro, eles "*telescope*" isto é "oculam", isto é, fecham-se como um óculo de alcance. "*Let us*", (vamo-nos), é o *nec plus ultra* do gênero, por *let us go* [sic]. *Rendezvoused* não é sem *cachet.**

Não há nada mais desesperador do que ver a mãe de uma moça gorda quando ela mesma tem algumas arrobas: é o futuro desvendado à filha... E ao noivo. Mrs. Barlow deve ser um pesadelo para os rivais felizes de Miss Barlow. O que mais fixa o receio é vê-las alimentarem-se.

21 janeiro

Passei a manhã toda em casa de Miss Work (Fanny)[12], moça de 19 anos, a mais bela que tenho visto. O desenho é admirável exceto na ponta do nariz; a orelha é uma concha e o cabelo louro *cendré** é não só muito bem plantado em toda a cabeça como ricamente ondulado. Os olhos são realmente divinos, de uma vida amortecida mas profunda, de uma luz de pérola. A boca é muito bem cortada e o sorriso é um luxo. A cabeça pequena e grega é perfeita. Depois fixarei mais alguns traços do retrato. Está entre lady Dudley e madame Récamier, cujos retratos tem em cima da mesa. A inteligência é ingênua, mas aproveitável na sua má cultura. De vez em quando uma palavra pesada faz pensar que se fala não com Vênus de Milo mas com um estudante de retórica. Toda é um produto de influências estranhas. Brilhante mal lapidado e mal cravado. A beleza porém é tão grande e mesmo o fundo é tão rico que esses pedantismos e afetações nenhum mal produzem na admiração que ela inspira. É realmente uma mocidade privilegiada entre todas. Eu estive lhe dizendo que na vida de uma mulher assim não há lugar para dois amores, e que o primeiro e o último devem poder enchê-la. A impressão que Miss Work me produz é somente igual à que tive vendo os frescos de Luini no Louvre. Devo citar aqui uma frase de Ernest Renan:

"*Je voyais bien ma supériorité intellectuelle mais dès lors je sentais que la femme très belle ou très bonne résout complètement pour son compte le problème qu'avec toute notre force de tête nous ne faisons que gâcher. Nous sommes des enfants ou de pédants auprès d'elle. Je ne comprenais que vaguement, déjà cependant j'entrevoyais que la beauté est un don tel*"* [texto inconcluso]

* *acinzentado*

* *"Eu reconhecia muito bem minha superioridade intelectual mas sentia desde então que a mulher muito bonita ou muito bondosa resolve inteiramente por si mesma o problema que o homem, com toda sua força mental, só faz estragar. Somos crianças ou pedantes ao lado dela. Eu só compreendia vagamente, contudo entrevia que a beleza é um dom tal que (...)"*

23 janeiro

Quando se lê uma tragédia antiga como por exemplo a *Antígona* de Sófocles sente-se que o que nós chamamos hoje a "fatalidade" não era mais do que a paixão. O compromisso faz com que hoje esses trágicos desenlaces de uma situação comum não sejam mais possí-

---

12. *Fanny Work, com quem Nabuco viria a romper.*

veis. Mas imagine-se a paixão sem compromisso possível, imperiosa e irresistível, e ter-se-á o encadeamento de desgraças, uma produzindo a outra, que constituía a tragédia grega. Famílias inteiras desaparecem porque ninguém pode ceder. Antígona, com o seu culto pelo irmão não pode deixá-lo insepulto; Creon, com o seu espírito absoluto, não pode deixá-la impune; o noivo não pode viver sem ela, a mãe não pode sobreviver-lhe, tudo se encadeia fatalmente, unicamente porque as paixões são fortes e o amor, como a ambição e o dever, valem mais do que a vida. Não há família moderna em que dados os mesmos elementos não se produzisse a mesma catástrofe. Hoje porém a paixão tem olhos e sabe o seu interesse. O homem é <u>mais livre</u> porque sente menos, e é mais <u>escravo</u> da vida. A paixão é ridícula e sabe que o é. O crime faz medo antes de causar horror. Dado um certo sentimento irresistível como o da *vendeta corsa**, famílias inteiras podem destruir-se entre si. A tragédia antiga não é senão a ausência na paixão desse compromisso de interesse pessoal que acabou por destruí-la. Antigamente ia-se até ao fim do sentimento sem conciliação possível. A Antígona é admirável pela lógica. A morte torna-se aí matemática. É a solução necessária. A fatalidade é o domínio do instinto invencível, e nada mais. Ao lado desses personagens, os nossos tornam-se cômicos e mesquinhos, porque só sentem na medida do seu interesse. Os outros são os grandes autômatos da paixão.

* *vingança corsa*

24 janeiro

Hoje fui ao teatro com Miss Work. O perfil não é perfeito porque a face é demais cavada, e o nariz não chega ao fim da linha. Mas é no perfil que se vê bem o admirável corte da orelha. O corpo fino demais e não modelado. Mas os cabelos são do mais belo anelado e muito finos. A fronte ligeiramente convexa é pura e nobre. O olhar vago tem uma grande beleza quando se fixa. Os dentes não são iguais no que se poderia chamar a <u>linha de mastigação</u>, mas a boca é muito bem desenhada, sóbria e firme. É uma menina muito interessante, muito bonita, mas não é a beleza que eu pensava porque falta-lhe a força. O que a faz incomparável hoje é a mocidade. Não é um corpo, é uma flor.

Hoje deixei cair na palha do *horse-car** uma prata de dez centavos. Naturalmente não me abaixei para apanhá-la. Imagino que uma pessoa podia ter-se abaixado, apanhando-a, e feito com ela uma fortuna, e depois me dito: a fortuna dos ricos faz-se com as prodigalidades do pobre, ou outra coisa assim. Não seria essa idéia um assunto?

* *bonde puxado por cavalos*

O meu drama está ficando pronto. Tenho a idéia de fazer uma série em versos de *Portraits New-Yorkais.**

O meio verdadeiro de triunfar é convencer. A ignorância é uma revolta que não se pode vencer. Deus mesmo não poderia supor-se vencedor de um homem que não acreditasse nele. A força não pode mais do que o direito nesses casos. A aquiescência do vencido no seu próprio revés é um elemento essencial da vitória definitiva.

25 janeiro

* *Retratos nova-iorquinos*

Posso dizer que concluí o meu drama *L'Option**, graças a Deus!

Há naturezas que são de uma sensibilidade doentia e de uma excitabilidade constante para os pequenos aborrecimentos da vida, que se fatigam e desanimam nessas contrariedades insignificantes, e que no entanto resistem muito bem, e não sem prazer, no fundo, aos grandes golpes, que são considerados geralmente as grandes dores da vida. Esses têm pouco coração e muito egoísmo.

26 janeiro

* *A Opção*

Schérer diz de Goethe: "Ele tinha o costume de converter em literatura tudo o que, na vida, lhe causava alegria ou dor; era o seu modo de escapar às emoções, à do pesar sobretudo". Muita gente disse o mesmo antes. Há pessoas que, sem o gênio de Goethe, (e o gênio não faz senão menos desculpar as fraquezas do homem), são como ele, espectadores de si mesmos, *dilettanti* de sua própria ação, e que assistem à sua própria vida com a emoção impessoal com que lêem uma página tocante ou vêem um efeito dramático fora de si mesmas. As naturezas como as de Goethe nesse ponto são comuns, o que falta às outras é o mesmo poder crítico e o mesmo sentimento do belo para gozarem inteiramente de si, quer no prazer quer na tristeza.

27 janeiro

"Esse fato de um povo (o grego) criar um tipo de beleza eterna, sem nenhuma mancha local ou nacional", Ernest Renan. Não é que o tipo não fosse em si mesmo local, nacional, ou grego, é que na Grécia ele chegou à perfeição na arte porque chegou a ser perfeito na Natureza. Ao contrário, a perfeição é em um certo sentido inteiramente local.

28 janeiro

Como os selvagens supõem que cada dia há um novo sol.

A unidade do homem é, como a concepção da alma e do corpo, uma grande hipótese. Mas entre o teólogo, que pretende substituir esta vida pela vida futura, que quer achar o lugar do homem na idéa de Deus, e o Spencer, que quer analisar o manequim, destruir o autômato para recompô-lo, estudar quimicamente os miolos, Horácio acharia lugar para uma filosofia mais humana. Esses grandes sistemas poético-teológicos, de que a mitologia é o mais fecundo e o do inferno o mais triste, fazem-nos perder de vista a natureza e a vida, mas essa <u>anatomia</u> moral nunca terá a popularidade necessária para substituí-los. O infinito, o universo hão de ser sempre para nós terra ignota, e por isso não admira que nós os povoemos de entes ainda mais imaginários do que os que os antigos punham além da sua geografia.

29 janeiro

De todos os instintos naturais o mais forte é o de conservação. O suicídio é passageiramente uma paixão e uma doença, um peso invencível da vida, em um certo grau uma loucura. Mas sendo a vida o primeiro interesse do homem, não há disciplina maior do instinto do que a morte voluntária por um dever quando o corpo está são, nem maior coragem do que a de morrer sem se prender à vida. O duelo não é prova de coragem senão até um certo ponto. A honra é um instinto social tão forte como os naturais. Mas subir ao cadafalso com sangue frio e conservar o decoro e a medida, e a liberdade de espírito nesse momento, é o verdadeiro, o mais completo domínio que a razão e a educação podem ter sobre a natureza.

A beleza — o gênio — a virtude. *30 janeiro*

Miss Lanier. Disse-me que era a <u>filha única</u> de um banqueiro. Só no fim elucidou-me esse ponto muito interessante que era filha única do segundo casamento, e que havia cinco filhos do primeiro. Essa circunstância diminui um pouco a posição da filha única de um banqueiro. Com isso tomou-me no *coupé** e levou-me a Hyde Park. Estou um pouco talvez vendo a diferença entre *flirt* e *fast**.

* carro
* as moças namoradeiras e as fáceis

Por que razão o cabelo postiço nas mulheres nos parece aceitável como um ornato da beleza, quando a ilusão é nenhuma? E quando é um princípio de arte que tudo o que é falso acrescentado a um corpo de que não faz parte como parte integrante dele é mesmo repulsivo? [...] Conversa com Miss Rutherfurd. É a idéia fixa, o sonho da moça americana do que se pode chamar *la crême de la crême** casar na aristocracia inglesa.[13] Cada uma se vê duquesa de Manchester, como lady Mandeville. O Earl of Roseberry, não sei como, passou incólume. Qualquer outro casamento é para elas um *pis aller** e em todo o caso é melhor ou pior conforme as aproxima ou as afasta de Rotten Row e de Marlborough House. Ou eu me engano muito, ou se os ingleses vierem buscar mulheres na América, as inglesas terão que defender-se encarniçadamente contra essa forte concorrência, com todos os preconceitos que uma pessoa bem nascida tem pelo esnobe.

31 janeiro

* o supra-sumo

* menor dos males

Ao baile da caridade na Academia de Música. *1º fevereiro*

Eu tinha pelo braço Mrs. Place, e ia levá-la ao marido; nisso ela pediu-me que eu a deixasse com o barão Blanc, a quem eu disse: — *Vous êtes mon rival heureux.* — *Puisque je ne prends que la place du mari**, respondeu-me ele.

Uma Maria Stuart.

* "O senhor é meu rival feliz"; "Já que eu só tomo o lugar do marido".

---

13. Nabuco voltaria ao tema em Minha Formação, p. 168.

2 fevereiro   Cada uma dessas americanas em um <u>fundo</u> estrangeiro se destacaria como muito interessante. Aqui umas escurecem as outras.

Hoje fiz o conhecimento de Miss Ruth Dana, que é tão superior às outras moças em força de pensamento como Miss Work lhes é pela poesia do rosto. Miss Dana não só sabe dizer coisas muito penetrantes, como compreende tudo e sabe ouvir. Nada é mais interessante do que ver a inteligência de uma mulher trabalhar em silêncio.

3 fevereiro   Em casa de Mrs. R. Wilson.

O *attaché* (adido) pode admirar, o secretário amar, o encarregado de negócios casar, o ministro ter filhos. Essa foi minha profissão de fé às moças em casa de Mrs. Wilson.

Pedi em casa de Mrs. Hitchcock a uma senhora que me apresentasse à irmã bonita.

* está noiva   — Eu o apresento à outra; aquela *is engaged!**

4 fevereiro   Longa conversa em casa de Mrs. Rutherfurd com a filha. Miss Fish presente. A discussão versou sobre o seguinte tópico: se é melhor gozar iludido, do que sofrer sabendo. Eu tomei a parte do engano, ela da verdade. Há uma condição, porém, para que eu aceite a ilusão, que ela seja completa para mim e para todos, atualmente e sempre, tão completa como a de estarmos parados quando andamos vertiginosamente em torno do sol; e que não sentimos porque nós (e tudo conosco) fazemos também parte do movimento.

Teoria do fundo hereditário. Uma excelente filha podia ter vergonha da mãe se tivesse nascido em outras condições.

À noite fui à casa de Miss Work que me aparece como a virgem ideal que Carlo Dolci tinha na cabeça. Ela é exatamente uma Madalena ou uma Madona de Carlo Dolci.

Mrs. Barlow. Conversei com Charles A. Dana, do *Sun*, que me descobriu o que eu não sabia, que neste país os escritores ditam os artigos — e só os corrigem depois de prontos.

Miss Stevens acusou-me de deixar a nossa amizade tornar-se "uma lembrança do passado".

8 fevereiro

Estes dois dias não tenho feito senão passear pela avenida e pelo Central Park. Os dias têm estado magníficos e eu reconheço que para mim o primeiro elemento de felicidade é o céu azul. Quando há além dele uma luz dourada e suave e uma atmosfera limpa com uma brisa fresca, o espírito expande-se e toma asas. Realmente os povos que com um clima brumoso, úmido, escuro e sombrio, conseguem ser alegres são de um inteiramente outro temperamento moral. Uma cela com uma aberta [sic] para o céu azul vale mais para mim do que um palácio no nevoeiro de Londres.

Conheci uma moça muito interessante, Miss Leavitt, casada há seis meses. Dizendo-me ela que uma outra tinha amado o mesmo homem que ela, eu respondi-lhe: "— Então o seu marido é um <u>favorito</u>", mas ela não demorou-se em dizer-me que antes do marido tinha amado a outros e que não está certa de amar o marido.

As francesas têm o defeito para as americanas de amarem fora de tempo. Sendo assim entre elas umas amam antes e outras depois do casamento. É difícil dizer qual é a melhor ocasião das duas.

9 fevereiro

If you love, you are wretched, and if you do not love, you want to love, and you are wretched*, disse-me hoje Miss Work.

O que se chama distração é simplesmente a falta de simultaneidade do pensamento e da ação. Um homem distraído de ordinário pensa em pequenas coisas, mas nunca quando as está fazendo.

Miss Stevens distingue-se pela atenção com que faz cada coisa. Isso não quer dizer que as faça bem todas, mas não há melhor qualidade do que fazer tudo da melhor maneira que se pode.

* "Se você ama é um infeliz, e se você não ama, você quer amar e é também um infeliz".

10 fevereiro

Há certos temperamentos que saem puros dos mais infames arredores. Também o gelo forma-se das águas dos pântanos e só adquire a sua absoluta pureza por sua frialdade. O temperamento frio é na vida uma condição de harmonia; os sentidos fazem o homem de gênio reconhecer a cada passo a sua animalidade, não pelo prazer físico, que todos têm, mas pela imaginação que a sensualidade desenvolve quando quer ser satisfeita. O uso constante de um órgão diminui a materialidade da função, porque a saciedade ou o costume não deixa querer mais e imaginar mais do que é necessário para o desejo real. A medida do desejo é a grande coisa. Um inventará pratos impossíveis como os romanos para matar a fome, supondo que a necessidade não é comer mas comer <u>idealmente</u>. Outro quererá uma mulher como os sentidos reprimidos e ávidos fazem imaginar para satisfazer um pequeno desejo que assim se transforma. O desejo é exigente; mas é necessário só conceder-lhe o necessário para satisfazê-lo. Uma vez satisfeito, ele se humilha do excesso ou do supérfluo que nós lhe concedemos. Não ser cúmplice dos sentidos no que eles têm de imaginário é a melhor disciplina do corpo e incomparavelmente do espírito. Para ser puro, o poeta não deve lutar com o seu temperamento, mas deve não permitir-lhe chamar em auxílio de suas necessidades físicas nenhuma parte do seu gênio e de sua imaginação.

11 fevereiro

Hoje eu disse a Miss French o que poderia talvez ser sustentado, que o amor do homem pela mulher é inferior aos outros amores desinteressados da natureza e ainda mais ao amor elevado da idéia (como o amor do próximo, estilo evangélico e taquigráfico). A questão é saber se extinguindo esse amor se secaria a fonte mesma do amor, mas sem ele tudo se arranjaria melhor e mais <u>intelectualmente</u>. Por outro lado parece que esse mesmo amor tem uma origem no coração, que a impressão estética da mulher é sempre sensual, e que ele mesmo é eterno, ainda que aja menos aqui pela educação do que em qualquer outro país.

Um preconceito acabado seca uma grande fonte de amor e de bem, muitas vezes. Os ateus são áridos.

O "Padre Nosso". Eu desejara escrever um pequeno livro sobre a oração de Jesus Cristo. É uma pequena obra-prima, quer no todo, quer em cada uma das partes. É a suma da oração impessoal: nada se pede aí para si mesmo só — o que obriga a buscar necessidades comuns a todos. Quem fala é sempre o homem: nós. 1ª beleza: Nosso Pai! 2ª: Que estás nos céus. 3ª: Venha a nós o teu reino. 4ª: Seja feita a tua vontade! 5ª: Assim na terra como (já é feita) nos céus. 6ª: O pão nosso de cada dia. 7ª: Nos dai hoje (e não para amanhã: a vida *au jour le jour** é, segundo o Evangelho, a maior ingenuidade da fé). Perdoa-nos as nossas dívidas. 8ª: Como nós perdoamos aos nossos devedores. 9ª: E não nos deixes cair em tentação. 10a: Mas livra-nos de todo o mal. "Santificado seja o Teu nome" é talvez o único membro desnecessário como todo o louvor da criatura ao Criador. O Padre Nosso é em sua simplicidade a mais sublime das orações, e enquanto a perfeição humana pode valer, digna de Deus. Quanto mais penso nesse admirável modelo que Jesus nos deixou, melhor o compreendo e mais novidade encontro. É extraordinário como frases tão singelas e palavras tão claras encobrem sentidos tão profundos, que pode se dizer que bem poucos dos que repetem o Padre Nosso abrangem as intenções diversas e, o que é mais inexplicável ainda, as interpretações mais naturais que Jesus reuniu nessas poucas palavras. Cada letra é de ouro nesse poema improvisado uma manhã diante da multidão, e diante da qual todas as outras orações parecem interessadas ou enfáticas. O Padre Nosso é o alfa e ômega da linguagem do homem para com Deus.

12 fevereiro

*no dia-a-dia

Um dos fatos de que menos caso se faz na distribuição da responsabilidade é a transformação do indivíduo. Todos estão de acordo que o homem feito não responde nem pelos atos, nem pelas idéias, nem pela ortografia do menino, e isso porque no espaço necessário para mudar este naquele não só as idéias mas o corpo todo se renovam. A mesma coisa devia acontecer nas outras circunstâncias da vida. Um homem que comete um crime ou uma falta aos 25

14 fevereiro

anos pode aos cinqüenta declinar toda a responsabilidade atual do ato, por ser outra pessoa. Uma mulher que aos vinte anos cometa um erro pode por esse mesmo erro, pela experiência e por seu próprio desenvolvimento, julgar-se aos trinta outra física e moralmente, sem mancha alguma em seu corpo nem em seu coração. Na política os partidos querem como ideal a imobilidade, e o homem é até ao fim da vida perseguido por um erro da mocidade, porque os partidos não têm a generosidade de supor que ele fez progressos desde então. O que contribui para esse fato de ver-se sempre o mesmo homem em homens tão positivamente diversos como se eles vivessem um fora do outro, ou do lugar que teve o outro, é a felicidade que se atribui como uma qualidade permanente ou como uma falta irremediável a quem a teve ou não uma vez. McClellan não comandará mais exércitos americanos, e Olivier aos oitenta anos será sempre *"l'homme au coeur léger"**. Esse preconceito da unidade humana é quase invencível, mas é muito injusto. Em rigor o homem que se desenvolve tem o direito de deixar seus atos atrás de si, sem volver-se para o passado. Essa teoria poderia interferir com a lei penal se o fim dessa fosse levar o criminoso a um ponto de cultura em que o crime é impossível, porque chegado aí seria preciso não acusá-lo mais nem puni-lo, mas por ora a lei penal é uma lei de ameaça e defesa.

* *"homem de coração limpo"*

15 fevereiro

Seria uma ilusão supor-se que, falando-se de um modo muito claro à razão de um homem, ter-se-ia certamente vantagem sobre um outro que lhe falasse aos preconceitos geralmente admitidos por ele. Não são todos que, mesmo pensando que alguém tem razão, se deixam levar por ele. *Video meliora, proboque; deteriora sequor**, é um fato constante não só em relação a atos da vida como ao próprio pensamento. É por aí que se deve explicar a obstinação de tanta gente nos princípios em que foram educados, mesmo quando tudo caminha em torno deles e eles sabem que esses princípios não valem grande coisa. Assim na política o senso comum pouco pode com os preconceitos, e um homem educado nas crenças de um partido não demove delas. Se pensarmos que o mesmo acontece

* *Vejo o que é melhor, e o aprovo; sigo o que é pior.*

com a religião e com a educação, vemos que grande parte da inteligência escapa no geral dos homens à ação da razão, para permanecer estacionária no hábito de preconceitos para os quais, mesmo os que têm, não descobrem fundamento senão o tê-los recebido de sua geração.

A quem pertence a dívida? Ao devedor, que pode pagá-la ou não.   *16 fevereiro*

De todas as profissões a mais cética é a do agente de penhores, que não confia nos sentimentos humanos, e que não dá um vintém pelo valor moral dos objetos. Para ele o crucifixo deixado pela mãe ao filho tem o valor da prata; nenhum ainda viu nele as lágrimas etc. Isso não quer dizer que eu tenha empenhado coisa alguma. Quando a legislação acabará com as penhoras e execuções por dívidas? Só a hipoteca devia acarretar esse extremo de rigor. O capital do devedor é o crédito; quando ele não paga, perde tudo que tem. O legislador não leva em conta as seduções do fornecedor, até que a dívida está feita.

Lamartine. *Prenant le crucifix: Voilà le souvenir et voilà l'espérance./ Emportez-les, mon fils.** Esse crucifixo não obteria talvez um franco mais por esses versos.

* *"Segurando o crucifixo: Eis a lembrança e eis a esperança;/ Levai-os, meu filho".*

Em nenhuma parte se pode ver melhor do que aqui como o amor confina com os sentidos: aqui não há paixão porque não há temperamento. O clima, a educação, a raça, seja o que for, tornam o homem americano mais diverso do que qualquer outro do resto dos homens. Há seguramente uma grande tensão nervosa da vontade capaz de tudo, mas por paixão eu entendo o sentimento puramente impessoal. O homem não é neste país, como nos outros, o fim da mulher, mas o meio, e vice-versa, o que é preferível.   *17 fevereiro*

Há dois dias que não tenho uma idéia fora do meu drama.   *18 fevereiro*

Esta campanha [presidencial] deve ser fatal aos Estados Unidos. Antes a ilegalidade que a fraude vitoriosa. O Brasil é para mim o exemplo de que a fraude quando entra na organização política do país nunca mais o deixa, é o vírus contagioso que muitos anos ainda se há de fazer sentir na Constituição americana. O espírito de fraude resiste a todos os recursos e a todas as leis. Reformando-se as leis, ele toma outra forma, nada mais.

Nunca se viu em um país uma grande questão política tornar-se em uma chicana de advogados. Um pleito político como o da presidência é o triunfo da rabulagem. Um país não pode ser governado com o espírito do foro — e se a opinião pública tem que ser formada por tecnicalidades, a nação ameaça tornar-se uma casa de Orates ou um instituto de advogados.

19 fevereiro Os jornais publicam hoje o seguinte tópico de Washington: "A atenção do secretário de Estado tendo sido chamada para o fato de residirem permanentemente alguns ministros estrangeiros em New York. Supõe-se que o senhor Fish pedirá aos respectivos governos que mantenham seus representantes efetivamente na capital dos Estados Unidos".

20 fevereiro Muitas vezes o verdadeiro patriotismo consiste em colocar-se uma pessoa na posição de um estrangeiro, e julgar o seu país como se não tivera nada com ele.

Os partidos destroem a pátria. Jantei em casa de Mr. Charles A. Dana (editor do *Sun*). Conheci Miss Lazarus[14], jovem poetisa de muito talento, autora de um livro, *Adventure and other poems**,

*Aventura e outros poemas

muito lisonjeiramente tratado pela imprensa inglesa. Mr. King, do corpo de engenheiros, que tem feito explorações no Oeste muito úteis à evolução.

21 fevereiro Para ver como as qualidades que nós atribuímos a alguma coisa são apenas impressões sobre nossos sentidos, pode-se imaginar uma bela flor que diversos animais, privados cada um de um certo sen-

---

14. Nascida de uma família judia abastada, em New York, Emma Lazarus (1849-1887) tradutora de importantes obras judaicas, devotou-se a causas sionistas e marxistas, depois de haver tomado conhecimento das pilhagens e agressões brutais cometidas contra as minorias na Rússia, em 1880. A célebre legenda da estátua da Liberdade em New York é de sua autoria.

tido, observassem e admirassem. Um sem olfato nunca pensaria em dar-lhe perfume; outro sem vista nunca lhe daria cor, e assim por diante. Um ente dotado de mais sentidos que nós e capaz de receber outras ordens de sensações descobriria novos atributos — e talvez não encontrasse os mesmos. Até que ponto os sentidos são garantia da objetividade da impressão é muito difícil estudar.
A teoria evolucionista chega já a recuar o problema da aparição da vida ou da célula, até transferi-lo para um outro mundo ou estrela. Isso poder-se-á levar até ao infinito?

22 fevereiro[15]

Almocei com Mrs. Marshall no Knickerbocker Club, hoje aniversário de Washington. Almoçavam Mr. Manton Marble, ex-redator do *World*, Mr. Appleton, grande editor, Mr. Frank Stout, Mr. Robinson, Mr. Pell e outros. Ao *toast** feito ao Imperador, eu respondi, e como todas as saúdes eram humorísticas, com um ensaio de *humour* — dizendo que nós tínhamos tido receio que os americanos o guardassem, lembrando-se que um homem, cujo nome acorre com o de Washington e Lafayette, havia dito da monarquia constitucional mostrando Luís Filipe: "Aqui está a melhor das repúblicas". Mas que desde que eles tinham deixado o Imperador partir[16], eu faria <u>votos</u> para que os dois países guardassem suas instituições, quando mais não fosse para mostrar a igualdade como um páreo da liberdade, perpétuo entre a monarquia e a república, na diversidade e para provar que sob a república ou a monarquia a liberdade pode ser a mesma. O meu *toast* foi às instituições americanas. Quanto à memória de Washington só fiz uma reserva, que ele não tivesse fundado a capital dos Estados Unidos em New York, e que houvesse dado o nome a uma cidade sem dúvida muito agradável mas para a qual sempre se vai a custo quando se tem que deixar esta. O almoço esteve muito animado e eu comecei a ver um pouco dos homens americanos.

* *brinde*

---

15. Parcialmente em *Minha Formação*, p. *140-141*.
16. No decurso de *1876*, D. Pedro II visitara os Estados Unidos, mas Nabuco ainda não havia chegado ao seu posto.

De volta a casa fui surpreendido com a notícia da morte de Mrs. Work, que conhecia apenas, mas cuja suavidade era tão grande, cuja vida fora tão pura, cuja beleza tinha sido tão facilmente preservada, e cuja bondade era tanta, que eu nunca poderia conhecê-la melhor. O que é a vida?

23 fevereiro

O homem no planeta. Como nós somos feitos para sermos iludidos.

As estrelas servem para marcar a translação da terra no espaço.

Ontem ouvi contar uma boa anedota de um americano por outro que foi apresentado ao mesmo tempo que ele à Imperatriz nas Tulherias. A Imperatriz[17] lembrou-se de ter conhecido o pai deste e perguntou-lhe:

— Est-ce que votre père vit encore?*

O americano com a satisfação de quem compreende uma pergunta em língua estrangeira e tem os meios de responder-lhe:

— Pas encore, madame!*

Essa é como outra contada pelo ministro, de um português que como bom português trocava o *v* pelo *b*, e que foi apresentado ao rei da Bélgica:

— Êtes-vous marié?*

— Non, sire, je suis beuf.*

O adido disse-lhe depois que era melhor não falar em *veuf* para não trocar o *v*. Nisso, a apresentação à rainha:

— Êtes-vous marié?

— Non, madame, mais j'ai deux enfants.*

Depois à princesa, que lhe perguntava se tinha visto a rainha da Inglaterra: *Oui, c'est une dame galante!*

Pobre Brantôme, até onde chega a tua reputação![18]

*Seu pai ainda é vivo?

*Ainda não, senhora.

*O senhor é casado?
*Não, senhor, sou biúvo.
* "O senhor é casado?" "Não, Madame, mas tenho dois filhos.
*Sim, é uma dama galante.

24 fevereiro

A convalescença do coração e do espírito, depois de um abalo profundo, ainda deve ser mais agradável do que a do corpo. Eu penso em Miss Work ao escrever esta frase. Neste momento ela atravessa

---

17. Referência a Eugenia de Montijo, mulher de Napoleão III, da França.
18. Brantôme é o autor francês do século XVI que escreveu Les Dames Galantes.

uma grande crise com a perda da mãe; durante muito tempo tudo lhe parecerá triste e ela não sentirá prazer em nada, mas feliz de quem pode despertar depois um novo incentivo em sua alma e fazê-la sentir pela primeira vez, depois de muitas lágrimas, alguma alegria em viver.

Mr. Grant disse ao ministro cuja mulher perdera a mãe, que neste país trata-se com toda a dedicação a pessoa doente, mas que, uma vez morta, "está acabado". Nos funerais, como no casamento, o caráter mercantil desta sociedade deve ter impresso o seu cunho. Isto por forma alguma se refere às naturezas sensíveis e delicadas, que existem no meio de tanto comércio e que não têm no lugar do coração um dólar.

25 fevereiro

Hoje fui ao enterro de Mrs. Work. A solenidade na igreja protestante, menos triste do que na católica. Os meninos cantando cânticos de morte à frente do féretro, a família seguindo-o. Ao cemitério de Greenwood. O túmulo coberto de flores. Como guardam o corpo às vezes três dias e mais em casa, essa grande dor em frente aos restos em casa esgota as lágrimas para as cerimônias públicas. Belo cemitério de Greenwood.

À noite à casa de Miss Stevens, onde vieram os grão-duques Alexis e Constantino, da Rússia.

26 fevereiro

"Os atenienses julgarão como pensarem melhor: somente aqueles <u>oradores que estão em harmonia com eles</u> têm uma chance de dirigir-se às assembléias públicas com proveito e de adquirir influência política. Eu, Sócrates, divirjo deles, e não tenho chance de influência política, porém eu peço o direito de seguir, de proclamar e de defender as conclusões da minha razão individual, até que o debate me convença de que vou errado". *Górgias*, Platão, tomo ii, p. 151 de Grote, *Plato and the other companions of Socrates.**

* Platão e os outros companheiros de Sócrates.

27 fevereiro　Não deixaria de ser interessante um livro sobre a felicidade, ou um método de ser feliz. A felicidade provém em grande parte da cultura do espírito e da educação. A educação dos sentimentos, desde a infância, pode cooperar muito para a formação de um espírito sadio como o corpo. O coração sadio não tem tristeza como o corpo sadio não tem dores, e move-se livremente. Pode-se comparar a melancolia a um mal interno e as grandes dores a acidentes. Uma está em nós mesmos, as outras nos assaltam. Uma educação completa é um trabalho que nunca pessoa alguma tentou sobre o filho — mas eu não duvido de que a natureza trabalhada desde a infância viesse a tornar-se perfeita. Um livro sobre a felicidade — considerando-a como resultado da educação do espírito e do coração — seria mais interessante do que os que se têm feito até hoje sem ligar o efeito às causas. A vida vale a pena — e isso é o que se deve fazer sentir aos que se chama à vida pelo menos.

Hoje escrevi uma longa carta a meu Pai.

28 fevereiro　Às 9h30 pelo *Limited Express* parti com o ministro[19] para Washington. Ao chegar fui imediatamente à Casa dos Representantes, onde se discutia o voto da Carolina do Sul.[20] À noite passeamos a pé por Washington. Os grandes edifícios de pedra construídos em forma de templos gregos, as calçadas largas e espaçosas, a arborização, o Capitólio, cuja cúpula domina o horizonte, fazem de Washington em certas partes uma das cidades mais belas do mundo. Se a edificação particular correspondesse à arquitetura dos monumentos do Estado, quando as obras em construção e o aformoseamento da cidade estivessem concluídos, esta seria certamente a mais admirável de todas as capitais.

---

19. Conselheiro Antônio Pedro de Carvalho Borges, futuro barão de Carvalho Borges.
20. Alusão à disputa em torno dos resultados da eleição presidencial de novembro de 1876. V. nota seguinte.

Fui ao Congresso. Grande excitação dos *filibusters** no voto de Vermont. À noite fui a um *kettledrum**. Às 4h30 da manhã Hayes foi proclamado presidente dos Estados Unidos por um voto²¹.

"Quem é o pai da criança?" Eis um problema que só no futuro se poderá resolver sendo que, por ora, "os pais" são muito numerosos. O primeiro parece ter sido Zacharias Chandler, o São Tomé republicano, que quer ver para crer Tilden eleito. Depois o redator do *Times* que "*held the fort*"* da imprensa em New York. Depois Grant com a sua célebre frase: "*No man worthy*"*, que cobria a ordem de mandar tropas e estadistas visitantes²² para a Flórida, Louisiana e Carolina do Sul. Depois os *returning boards**, entre os quais se disputará muito para saber quem foi o membro mais ativo e mais determinante da fraude. Depois a comissão e entre os oito o mais notável deles — o juiz Bradley. Os partidistas contarão ainda nesse número o *speaker** Randall por ter parado os *filibusters*, os que votaram pela comissão e o <u>último porém não menor</u>, Mr. Tilden, por não ter defendido energicamente o seu direito, e ter preferido ser derrotado com a opinião pública a provocar, ainda que provavelmente sem resultado, a guerra civil. O próprio <u>pretendente</u> terá sido assim um dos criadores do presidente, que não sabendo verdadeiramente a quem agradecer o estar na Casa Branca, não agradece a ninguém e está livre para com todos.

1º março

* *obstrutores*
* *caçarolada ou panelaço*

* *manteve a defesa*
* *A citação completa, traduzida, é: "Nenhum homem digno do cargo de presidente deveria querer exercê-lo se colocado ali através de fraude".*
* *juntas apuradoras*
* *presidente da Câmara*

Hoje fui ao Congresso ver os destroços da véspera. Não há alegria do lado republicano; do democrático, a decepção do momento é talvez grande, mas em pouco tempo, quando o passado estiver es-

*2 março*²³

---

21. Tilden obtivera uma maioria de duzentos e cinqüenta mil votos no sufrágio popular, mas a 2 de março de 1877, a comissão eleitoral de 15 membros, oito republicanos e sete democratas, nomeada pelo Congresso para resolver a questão, deu a vitória a Hayes pela diferença de um voto.

22. Menção aos emissários republicanos enviados ao Sul para obter a adesão de políticos democratas locais, que passaram a apoiar a eleição de Hayes contra a promessa de retirada da tropa nortista, que ainda se encontrava aquartelada em Estados sulistas e de não-implementação da emenda constitucional n.o 15, que garantia os direitos civis aos ex-escravos.

23. V. *Minha Formação*, p. 141.

*plenário

quecido e pensar-se no futuro, esse partido estará constante [sic] de que as coisas se passassem como vimos ontem. Fiz o conhecimento do general Banks, antigo *speaker* da Casa, homem muito agradável, que por uma coincidência curiosa estava estudando o português em meu livro sobre Camões. À noite fui ao *floor** da Câmara, onde ele me cedeu cadeira, que depois foi ocupada pelo Sr. Borges, apresentando-nos a vários deputados, e entre eles a Lamar e a Garfield[24].

3 março

Um estudo sobre as galerias de New York, e se possível dos Estados Unidos, não deixaria de ser curioso. O que distingue essas galerias é o mau gosto e a confusão. Os bons quadros parecem esconder-se com vergonha do maior número.

As exposições de pintura aqui são mais freqüentadas à noite. Os americanos apreciam melhor os quadros à luz do gás.

4 março

Visitas diplomáticas e outras com Videla Dorna e barão Blanc.

Os persas faziam devorar os cadáveres pelos cães, os egípcios os perpetuavam. Entre essas duas compreensões da morte, aparece a dos gregos e dos romanos, que queimavam os corpos e recolhiam as cinzas. Os cristãos nos enterramos. Em nenhum caso, porém, há o horror físico do animal pelo cadáver, a que eu aludo em uma nota do dia 10 deste mês.

* "Ele pensa como um homem, tem a intuição de uma mulher, age como uma criança".

"*Il pense comme un homme, il sent comme une femme, il agit comme un enfant*"*, disse Challemel Lacour, de Renan. Não é um retrato, porque muita gente poderia reconhecer-se nele.

5 março

Hoje às 11h partimos para assistir à inauguração do presidente. A cerimônia em si nada tem de imponente, sendo a massa do povo quatro quintos composta de negros. Ouvi todo o discurso inaugural e Hayes pronunciou-o com a segurança de quem pensa fazer o que diz, com a maior convicção e firmeza. A fisionomia do

---

24. *James A. Garfield sucederá Hayes na presidência nas eleições de 1880, morrendo assassinado no ano seguinte.*

presidente não revela grandes faculdades, mas é certamente a de um homem de bem e de princípios. À noite vi a procissão inaugural que foi de grande efeito na avenida. O imenso edifício de colunas do Tesouro, iluminado por fogos de Bengala, dava idéia de uma festa chinesa das lanternas nas ruas de Atenas, altamente fantástico. A procissão em si ridícula como todas as manifestações políticas do país. Os uniformes civis, as sobrecasacas a cavalo, espécie de maçonaria montada, os transparentes grosseiros, tudo revela a absoluta falta de gosto, que no todo e em cada uma das partes é a característica de tudo o que é arte ou indústria no país, uma exceção feita para o plano de Washington e para o Central Park de New York, tanto quanto tenho visto. Essas procissões porém são de si mesmas grosseiras, sendo destinadas a ser um simples *show* para o povo das ruas e compondo-se de quanto vadio, menino e negro se encontram prontos a tomar uma candeia na ponta de uma vara e a dar vivas a Hayes e a Tilden.

6 *março*

Fui ao Senado onde ouvi a Morton, Blaine, Thurman e outros. Blaine fez um discurso vigoroso para tomar de antemão posse de Hayes e impedir a política de reconciliação com o Sul.

Que tempo se perde com a leitura hoje!

7 *março*

Fui ao Departamento de Estado ver uma admirável coleção de pinturas japonesas e o original dos tratados americanos com a China e o Japão. Às 2h fomos incorporados ao presidente, cuja figura é realmente simpática. Mrs. Hayes, uma senhora que parece radiante da posição a que chegou o marido e que tem uma cara italiana. Os dois ainda não representam bem de soberanos, mas isso depressa se aprende.

8 *março*[25]

Chegamos a New York.

O presidente propõe uma emenda constitucional tornando o prazo de presidente de seis anos sem reeleição mais. Essa emenda

---

25. *Em Minha Formação, p. 141-142.*

provém do medo que se tem de que as eleições presidenciais sejam tão disputadas por dois partidos que dividem em duas metades o país, como no último outono, e que os negócios de três em três anos tenham um ano de interrupção e de paralisia, como se tudo pudesse perigar e a anarquia ou a guerra civil ou a separação pudesse seguir à eleição do presidente. Os interesses do comércio e da propriedade conseguirão um dia alongar o prazo até seis anos, e como, com a maior escassez de eleições, elas tendem a tornar-se renhidas, não há mais razão para o país correr de seis em seis anos um risco que não quer correr todos os quatro. Assim a eleição crítica do chefe do Estado tenderá a ser o mais possível espaçada e não é impossível que a república americana se aproxime tão de perto ainda das monarquias eletivas que, vendo o perigo desta forma de governo, ela prefira a tranqüilidade das longas dinastias.

9 *março*   Escrevi a meu pai insistindo em que mudasse o tempo e o meio das ordens, e ao Vila Bela descrevendo o Aprígio[26].

10 *março*   Não há país em que a consolação seja tão rápida como neste. As filhas oito dias depois de enterrarem a mãe falam dela com o maior desembaraço de qualquer emoção. Isso prova a superioridade americana. Entre o desprezo e o horror do cadáver que constitui o animalismo, e o culto da morte que constitui o ascetismo, há lugar para duas concepções mais razoáveis do que o instinto do animal e a disciplina do asceta. Uma é a grega, que realiza perfeitamente as contingências da vida e a considera exatamente como ela, descobrindo tudo o que ela realmente encerra de prazer e de felicidade: para esses, a morte era o fim de tudo e, quando o ponto final aparecia na obra, eles julgavam de sua perfeição, e se a vida era admirável e bela, eles não consideravam uma desgraça ter

---

26. *Aprígio Guimarães, liberal histórico e lente da Faculdade de Direito do Recife. Quando das eleições de 1879 para o Parlamento do Império, será eliminado por Vila Bela da lista de candidatos a deputados gerais do Partido Liberal em favor de Nabuco, o que criou ressentimento entre os liberais pernambucanos. V. Minha Formação, pp. 204-206.*

ela sido harmoniosamente fechada a tempo e fazer um só todo com a morte. A outra concepção é a americana. O homem aqui é uma máquina de ganhar dinheiro, o fim evidente da humanidade é enriquecer, o dólar é o Deus desta plutocracia de quarenta milhões de homens. Nessas circunstâncias, a morte é um *non-valeur**, uma máquina quebrada que eles levam ao cemitério para não corromper o ar. Evidentemente este não é o país dos mortos, e não há nação para a qual o passado tenha menos prestígio. Se os estudos históricos dependessem deste país, eles não fariam muito progresso. Quando aqui falam nos *founders** ou em Washington é para encobrir alguma novidade. O ideal americano precisa de tempo para desenvolver-se, mas a decadência da arte ianque será uma imensa bancarrota.

*não-valor

*fundadores

Não há país em que se adule tanto aos governantes como este. Mrs. Hayes recebe mais incenso do que a rainha Vitória da imprensa e os filhinhos já formam uma dinastia. Isso por quatro anos, depois a primeira mulher (ou senhora) dos Estados Unidos será qualquer Mrs. Jones ou Mrs. Smith de Kentucky ou de Minnesota, cujo marido for inopinadamente mandado para a Casa Branca. As democracias mercantis não me inspiram admiração alguma, e é um problema como Veneza fez coincidir a sua maior arte com o seu maior comércio.

15 março

Ainda mais uma vez a catedral de Estrasburgo me flutua no cérebro, entre o terceiro e o quarto atos. A Agulha de Cleópatra é mais difícil de transportar do Egito a Londres do que a catedral de Estrasburgo de um ato a outro. A imaginação é a alavanca de Arquimedes que move o mundo e o mais extraordinário: sem ponto de apoio fixo.

Ontem dizia G.W. Blunt a um repórter, falando do cônsul-geral da Rússia: "Eu sou um americano, e portanto um cidadão; ele, um russo, e portanto um servo". É o pensamento nacional (popular?) que fora daqui os homens são escravos dos seus monarcas.

16 março

O segredo do prazer está na privação, me disse ontem alguém. O segredo do prazer está na reação, ou em buscá-lo naquelas emoções agradáveis cuja reação é menos dura.

A narração da última revolta dos samurais no Japão transporta-nos de repente a um mundo inteiramente diverso do nosso. Nada de vulgar nem no modo por que os insurgentes procedem ao hara-quiri nem no modo por que se fazem matar agradecendo ao *bold man**. Há um sentimento de cavalheirismo, um desprezo tão natural e que parece tão simples da morte; uma lealdade tal, e um culto tão grande dos antepassados e da honra, que esse povo japonês parece ter em si os melhores sentimentos que haja atualmente e em todo o caso uma educação de espírito e de coração que não se acha em outra parte, nem nos homens, nem, o que parece fabuloso, nas mulheres. Eu desejara bem ver de perto esses samurais que parecem mitológicos vistos dos Estados Unidos, que se supõem mais adiantados, ou antes, civilizados.

*homem destemido

19 março

No outro dia eu dizia a Miss Stevens que ela era uma mulher a evitar; ela parece-me uma dessas sereias que atraíam na Antiguidade o navegante ou o nadador para os lugares perigosos do mar. Ela tem a fascinação do precipício, e toda a vida que aproximar-se da dela será arrebatada pela sua onda serena e silenciosa. Essas mulheres assim parecem os mais "fatais" dos instrumentos do destino, porque destroem sem o saber tudo o que ele lhes coloca entre a roda dentada do coração. Nenhum homem pode encher o vácuo que elas têm na alma e todos os que aí caem desaparecem como no mar, no seu profundo esquecimento e mesmo na sua inconsciência. Eu dizia-lhe que lamentava o homem que a amasse. "Mesmo se eu o amasse também?", perguntou-me ela. "Sobretudo então", respondi-lhe. A voluptuosidade daquele amor não pode senão ser um veneno ativo, ainda que a morte que ele dê seja uma de embriaguez, de ilusão e de prazer.

As flores na janela.

Tenho andado todos esses dias como 10, 11 e 12 milhas.

Deus mesmo será feliz? Se tornassem os meus meios infinitos, é provável que eu me aborrecesse cedo de tudo. O que faz a felicidade não é o poder.

20 março

Recebi duas cartas de meu Pai.

21 março

Nada é mais admirável do que o leque ou a roda do pavão com o brilho das cores, e o estremecimento do corpo. Um pavão como obra de arte me parece superior ao homem e pena que ele não tenha a mesma inteligência.

Os animais que vivem sós, o cisne, por exemplo, que se põe sozinho em um lago, o pássaro na gaiola, são os melhores modelos que se pode achar de ocupação de espírito, de atividade, de alegria e de felicidade não só no isolamento como na prisão. A mulher devia observar as aves para melhorar a sua natureza e suportar melhor o casamento.

Hoje o *Herald* publica a confissão de Lee, um chefe mórmon, da parte que tomou ele e a Igreja dos Santos da Última Hora na carnificina de Meadow Mountains em uma caravana de emigrantes. Brigham Young[27] aparece como um sanguinário louco, e a seita toda como uma infame "banda" de salteadores religiosos, a pior classe de todos porque cometem o crime com o ascetismo com que se pratica uma virtude difícil, para honra da associação e do Cristo.

22 março

Não quero esquecer que hoje copiei um primeiro ofício para o Sr. Diogo Velho, ministro de Estrangeiros[28]. O padrão dos nossos estadistas está cada vez se aperfeiçoando. Quem será o futuro ministro de Estrangeiros?[29]

---

27. *Brigham Young, missionário mórmon, que comandou a marcha da seita para o Oeste, fixando-a em Salt Lake City, no Utah.*
28. *Diogo Velho Cavalcanti de Albuquerque, deputado pela Paraíba e ministro dos negócios estrangeiros do gabinete Caxias-Cotegipe.*
29. *A pergunta não era ociosa. Nabuco desejava ser removido para a Legação em Londres, chefiada pelo barão de Penedo, mas a pretensão estava encontrando a má-vontade do ministério conservador Caxias-Cotegipe.*

Penso em escrever um folheto de umas dez páginas intitulado "Uma prova da existência de Deus", a qual seria o belo, ou antes, o sentimento do belo.

23 março | Escrever um pequeno folheto sobre a natureza da dívida, pugnando pela extinção da penhora e substituindo algum protesto público ou alguma sentença de insolvabilidade à execução, sempre que se tratar de dívidas não garantidas, como as hipotecárias e de penhora da casa, utensílios domésticos, instrumentos de profissão, etc.

24 março | [...] Na Antiguidade, quando os deuses tinham maus precedentes, certos homens justificavam-se deles: não é a mesma história sempre da imitação servil dos atos alheios para desculpa dos nossos, mesmo quando eles são praticados por pessoas muito acima de nós?

25 março | Almocei com a bela Miss Cooper. À noite, à casa de Miss Stevens. Vive-se entre moças bonitas aqui e em nenhuma parte é tão fácil encontrá-las sempre.

Jantei com barão Blanc e Aristarchi Bey. Discutimos o papel da imaginação na política. Os homens que aqui mais ferem a imaginação popular são de ordinário os que representam uma maior soma de interesses.

26 março | Hoje li o meu drama ao barão Blanc, Frank Pendleton, Videla Dorna, que jantaram comigo. Barão Blanc me propôs fazer von Hartefelt tomar no fim pelo braço o confessor. Seria uma espécie de Mefistófeles, arrebatando um Fausto da Igreja.

É necessário procurar entre os reis sem história um que se preste *28 março*
às necessidades todas da concepção do meu plano.

A França não pode tolerar a idéia que há dois anos ou sobretudo depois da questão do Oriente[30] não sejam os negócios franceses ou a sua posição em relação a negócios alheios o assunto principal. Há um ano as notícias de Paris têm mera curiosidade.

Hoje tive uma questão com Miss Work, que eu acho a mais bela, *29 março*
idealmente bela, quero dizer, rapariga que jamais vi, a propósito disso mesmo. Perguntando-lhe eu se ela se esqueceria algum dia de que aos 19 anos tinha produzido uma tão grande impressão artística sobre mim, ela respondeu-me primeiro que era pena que eu não a tivesse conhecido [há] três anos, o que era aceitar o cumprimento, mas depois me disse uma série de palavras desagradáveis que eu não compreendi, querendo dizer que eu a aborrecia com os meus cumprimentos. A resposta foi de tal ordem que ela mesma pediu-me desculpa de não ter sido *ladylike** em sua pró- ** elegante*
pria casa. O diálogo que se seguiu a esse rompimento de amizade e de diletantismo, porque para mim ela era o museu do Louvre onde eu tinha entrada franca é, quanto eu posso lembrar-me de tudo o que tenho dito até hoje, o que me tem dado maior prazer por ver que as minhas pobres faculdades crescem com as circunstâncias e não me abandonam quando preciso. Eu não esperava semelhante tirada de indignação, como eu chamei, só por tê-la achado bela; e imagino o que seria se eu a tivesse achado feia. Não pude porém deixar de dizer-lhe que ela para mim realizava na perfeição o mito de Narciso embriagado de sua própria beleza, e que só por isso eu tinha-lhe feito tal cumprimento, e que a minha consolação é que, de ninguém, tinha eu nunca provocado semelhante resposta, porque ninguém tinha, quanto à beleza, produzido em mim uma impressão tão grande, sendo ela a única mulher em que eu vi realiza-

---

30. *Chamava-se questão do Oriente à disputa das grandes potências européias em torno do Império Otomano, cuja decadência o tornava a presa dos interesses da Áustria, da Rússia e da Inglaterra.*

do o sonho de um pintor de gênio. O que é curioso é que tudo isso veio em circunstâncias inesperadas. Ela me tinha convidado a ir vê-la e tinha proibido ao criado que recebesse outras pessoas. Durante a noite tínhamos tido diversas questões, espécies de escaramuças, mas o que azedou-a a esse ponto de parecer ter perdido a cabeça, foi, parece-me, uma indiscrição minha antes. Eu dizia-lhe falando da sua beleza, único assunto de que nos temos ocupado desde que a conheço, que sentia que essa forte emoção estética não a tornasse em uma paixão, porque o ideal do amor é amar a mais bela das mulheres. Ao que ela respondeu-me *"If I were anyone else!"**, querendo dizer que eu não lhe reconhecia as outras qualidades necessárias para inspirar uma paixão. Evidentemente ela não tem nada que fazer da minha admiração: sempre que essa parece tornar-se em amor ela se mostra satisfeita e feliz. Mas vendo quando pensava que eu a amava, já que eu ainda não era senão um diletante, essa figura de pura, essa Virgem de Carlo Dolci, essa pintura, que eu quero ver na mulher, não a lisonjeia, antes a desespera. É só assim que eu posso explicar uma cena tão desagradável para ela e que me lembra a veneziana de Byron com o seu *Cane della Madonna!* Tendo-lhe eu proposto a paz, ela disse que era muito generoso de minha parte propor a paz depois de ter sido ela tão áspera, e então eu disse-lhe que fazer a ferida não era nada, ao lado de envenená-la. A verdade sobre minha simpatia por Miss Work é que a princípio eu tive, vendo-a, uma impressão muito forte em que o coração não tinha parte. Antes da morte da mãe podia-se ver uma invasão do sentimento e os primeiros toques de uma atração pessoal. Com a morte da mãe eu senti-me inteiramente inclinado a fazer todo o meu possível para converter em amor essa fascinação, mas o modo por que a vi consolar-se em oito dias de uma tal perda me fez inteiramente recuar. Oito dias para consolar-se da morte da mãe; quantos para a minha? Ontem era-lhe impossível não descobrir através de toda a exterioridade que não havia nada em mim por ela, e daí a cena final que interrompeu talvez para sempre uma inclinação que dos dois lados poderia ainda tornar-se irresistível. Devo notar que an-

* *Se eu fosse uma pessoa qualquer!*

tes de ter-lhe eu feito esse cumprimento que a zangou, ela me tinha dito, explicando o prazer que nós tínhamos em estar um com o outro: *"It is only this: I am good looking and you like to look at me, and you are good looking and I like to look at you"* ou *"I enjoy"**. Depois disso quem não se julgaria autorizado a pagar em moeda corrente esse cumprimento?

* *"É apenas isto: eu sou bonita e você gosta de me olhar, e você é bonito e eu gosto de te olhar". Ou "Fazer isto me apraz".*

Cada ilusão que eu perco é uma nova obra que eu produzo. A ambição e o amor (para exprimir tudo que se parece com eles) enchem apenas os intervalos um do outro. Ontem, Sexta-feira Santa, comecei o meu novo drama *L'Amant de la Reine*[31].

31 março

Hoje encontrei Miss Work, que passeava em Madison Square. Foi muito amável comigo, menos em lamentar somente o que fez por ter sido *very unladylike in her own**. Ao que respondi que ela era sempre *ladylike** dentro e fora de casa. Disse-lhe que sentia muito o que acontecera, mas que só a ferira com flores e que se eu lhe inspirava sentimentos contrários, não queria que fosse por minha falta, mas só por minha sorte (*fate*). Ela disse-me que o que a ofendera em mim é que eu supunha que ela não podia compreender-me. Disse-lhe que se ela me proibisse falar de sua beleza, só me restaria ir vê-la sem falar. No todo foi amável, porque dizendo-lhe eu que havia perdido uma ilusão, ela perguntou-me: "Qual?", e eu respondi-lhe: a de supô-la minha amiga. Ela me disse "que essa voltaria", e insinuando eu que sim mas que só *"slowly and gradually"**; ela disse-me que isso não lhe servia. Propôs-me uma trégua, mas aceitou a paz. O que eu quis foi não ter culpa alguma, justificar-me de minha admiração arrebatada, e enterrar em um lençol de flores uma ilusão que talvez pudesse ter uma influência decidida na minha vida. Nunca a vi tão bela como hoje, porque nunca a vi de dia ao ar livre.

* *muito deselegante em sua própria casa.*
* *gentil*

* *lenta e gradualmente*

---

31. *O Amante da Rainha.* Nabuco não realizou seu projeto de novo drama, pois as referências a ele limitam-se ao ano de 1877.

1º abril

É sempre necessário procurar para o casamento uma mulher que nos ame mais do que nós a ela. A igualdade no amor torna a vida difícil, e quando dos dois quem ama menos é quem menos pensa, os dois não podem ir juntos muito tempo.

2 abril

Ontem pensei, indo à igreja, escrever uma cena ou um capítulo mostrando a diferença de religião e os diversos graus de fé e de crença dos que se reúnem à mesma hora da missa na igreja.

A idéia de governo hoje é inteiramente diversa da idéia de governo antigamente; tomemos a liberdade de imprensa, por exemplo, nos Estados Unidos, que representam a nova educação política, e a censura na Rússia. Há muito que dizer em favor de deixar-se o pensamento inteiramente livre e nos inconvenientes da repressão; mas o certo é que se formam duas sociedades muito diversas pelo respeito da autoridade e pelo seu desprestígio. A dificuldade que há no caminho da tradição é que a dignidade ou a altivez pessoal não quer sacrificar-se aos grandes resultados morais, e que os homens consideram-se todos iguais por um sentimento já irrepressível. Eu sou seguramente igual a um rei, mas como do princípio da monarquia vêm muitos bens, naturalmente me julgo seu inferior. Isso não é quebra da dignidade humana, ainda que a altivez pessoal tenha que curvar-se.

"*Si Dieu n'existait pas, il faudrait l'inventer*"* é o maior verso de Voltaire. Eu ouvi do púlpito de Genebra pelo padre Jacinto esses dois outros de Musset: "*Si le ciel est désert, nous n'offensons personne / Si quelqu'un nous entend, qu'il nous prenne en pitié*"*.

O ateísmo pode ser uma convicção pessoal; mas é um crime querer propagá-lo. O mundo não vive pela verdade só. As ilusões são necessárias ao homem porque o bem é difícil.

* "Se Deus não existisse, seria preciso inventá-lo".
* "Se o céu estiver deserto, não ofendemos ninguém. / Mas se alguém nos escuta, que ele tenha piedade de nós".

3 abril

* noiva

Miss V. está *engaged**. Muitas moças quando estão para casar parecem-se com as pessoas a ponto de afogar-se. Qualquer homem que passa, qualquer olhar que encontram, é como um ponto de apoio para voltar à superfície da água. No casamento afoga-se realmente uma parte de nós mesmos, e a melhor — que é a esperança — não falando da liberdade de ser um só. Nessas circunstâncias uma noiva pode ter uma forte paixão por alguém desenvolvida pelo fato somente de ter-se comprometido com outrem. É que esse outrem representa a imensidade da ambição da mulher, a sede de amor, o sonho a desfazer-se, e que o noivo representa já o irreparável, a realidade estreita, o cativeiro do coração. Pode-se fazer um livro ou uns versos sobre essa idéia.

Dizia uma senhora que não sabia o que tomar, se um confessor, se um amante para entrar na sociedade e na dúvida tomou os dois. De certo, de que serve um confessor quando não se tem um amante. O amor é o grande pecado da mulher.

---

4 abril

Ontem fui a uma exposição de flores em Delmonico, onde fui apresentado a uma senhora americana, Mrs. Blood. Perguntando-lhe eu quando podia vê-la, respondeu-me o marido: "sempre que eu esteja em casa". A propósito de cuja resposta tivemos o seguinte diálogo:

Eu — Mas se eu for por sua mulher?

Ele — Eu lhe peço que não vá em horas de negócio porque estou na cidade.

Eu — O senhor me aparece o mais ciumento dos maridos americanos.

Ele — Ao contrário, nada há que me faça tanto prazer como ver alguém fazer a corte à minha mulher; como isso me induz a fazê-la, eu mesmo gosto sempre de estar presente.

Eu — Isso é ser guloso demais, e eu não quero dar-lhe esse estímulo (por que não esse estimulante?).

Nesse gênero é o primeiro que encontro. No *directory** de New York a profissão desse homem insaciável está inscrita: *needles*, agulhas.

* catálogo profissional

5 *abril*

A vida é tão diversa e variada que ainda não vi a descrição de um caráter que me parecesse ser vivo. Eu não me casaria por nenhum retrato, ou moral ou físico. As contradições são as sombras do caráter, e a sombra é inseparável da vida.

Um romance.

Uma rapariga que promete casar com um homem que a ama, e que foi seu companheiro. Depois de comprometida é que ela vem a amar um outro. A luta do coração com a palavra e ao mesmo tempo a impossibilidade material de dar-se a uma pessoa amando outra. Pensamento de suicídio, quando o noivo a salva e se sacrifica.

*Nulla dies sine linea.**

* "Nenhum dia sem uma linha".
* Onde?

Na evolução de Empédocles a terra produz sucessivamente até Deuses. *Ubi** Darwin?

6 *abril*

Hoje jantei com Mrs. Cooper. Uma senhora encetou a conversação sobre um homem casado três vezes. O ministro da Turquia, referindo-se à Igreja grega, disse-lhe então que em seu país era esse o número das vezes que alguém podia casar. Sim, respondeu-lhe ela vivamente, mas logo da primeira os senhores casam com cem.

7 *abril*

— Qual é a arte de que o senhor mais gosta?
— A natureza.

8 *abril*

Dia dos anos de minha Mãe[32], jantei com o ministro [Carvalho Borges], que fez-me essa amabilidade de associar-se à minha alegria neste grande dia.

A amizade de Goethe e Schiller é uma das mais belas atrações que já houve no mundo.

A idéia de *Don Juan* não existe na mulher, ou antes não se fez ainda uma *Don Juan*; e no entanto elas têm mais os característicos da criação do que o homem. Em todo o caso, sem fazer o poema não seria difícil ensaiar o estudo das diferenças entre o homem e

---

32. *Ana Benigna Barreto Nabuco de Araújo.*

a mulher aventureiros. A infelicidade da mulher quando ela tem sede de conhecer tudo e de tentar a fortuna por todos os meios, é que ela se gasta e não se desenvolve, mancha-se para sempre. Isso é das que se entregam. Das moças, como tantas há aqui, que se aventuram e se retraem, flertam e deixam, para no fim casarem, com algum homem que não lhes serviria senão para marido, dessas só se pode dizer que elas destroem o que a mulher tem de mais belo, essa nuvem em que, como as deusas do Olimpo, elas deviam sempre envolver-se. As outras prostituem-se materialmente; estas desfolham-se ou idealmente se corrompem. O romance de uma [d]essas *flirts**, que são os piratas do casamento, está por escrever psicologicamente falando.

namoradeiras

9 abril

Quem quiser ir à Sicília deve levar ordens sobre Palermo para ocorrer a qualquer resgate. [...]

Acham-se dentes postiços nas múmias. Que dentistas devia ter o Egito!

11 abril

[...] Ainda não está escrito o romance do casamento do nobre estrangeiro com a americana rica. Tomando porém somente esses dois elementos, a educação européia e a americana, que campo vasto da observação. A americana é a grega do presente, mas sem o ideal. O mercador de Atenas.

Uma cena: a quebra do compromisso com o noivo para casar com outro.

Outra cena: a inserção no contrato de divórcio da cláusula de casamento obrigatório com o amante.

Outra: a mulher que se salva do incêndio de um grande hotel onde o marido morre queimado no quinto andar por estar no quarto da amante no terceiro.

Hoje ardeu o Southern Hotel em Saint Louis, um desses incêndios americanos. Homens precipitavam-se do quinto andar para fugir ao fogo.

12 abril	Uma idéia de novela.

No dia do casamento de uma grande *flirt*, correm sobre ela todos os boatos: uns dizem que ela não vem, outros que a viram partir com um ator, outros, o que querem, quando ela aparece com a grinalda de flores de laranja. Quem não aparece é o noivo, que soube um momento antes de casar que ela tinha quebrado uma promessa para ter um título. |
| 13 abril | [...] Um livro sobre o casamento de um estrangeiro e de uma americana. A tristeza do dia seguinte e a resistência até o nascimento do filho. Há vidas cujo destino é dedicar-se a um sentimento, que só muito mais tarde se tem.

Quando a mulher entra pela porta, a esperança salta pela janela.

Diálogo.
— As mulheres casadas o adoram.
— E as <u>divorciadas</u> o detestam. |
| 14 abril | [...] Quando se anda um pouco pelas ruas mais afastadas de New York e que se vê uma população de homens fortes e robustos empregados em todos os misteres, não se deixa de pensar que a sociedade é um admirável mecanismo, e que os preconceitos, que até hoje a têm mantido em ordem, são agentes providenciais da civilização. Entre um desses homens e um de nossa classe, a diferença é nenhuma fisicamente e mesmo intelectualmente, salvo a educação, mas todos se submetem ao trabalho de ganhar o pão com o suor de seu rosto, como se não tivessem direito a mais. |
| 15 abril | A idéia da felicidade não está na duração. Quando alguém consegue um fim realmente belo, ninguém pergunta se a posse foi longa ou curta. Dois entes que se amam e que chegam depois de muitos obstáculos a ser um do outro, o que importa que o sejam só por uma hora ou por anos? O tempo não faz senão diminuir a consciência da felicidade e a beleza do sonho. |

Há dois modos de compreender a mulher no casamento. Um é fazer dela o complemento, a perfeição do homem; outro é fazer dela a companheira da vida. Os ambiciosos querem a primeira, os apaixonados, a segunda. Os primeiros buscam nela o que lhes falta, se pobres a riqueza, se desconhecidos a posição, se plebeus a nobreza, se solitários a companhia, se homens de sociedade o prestígio e a situação que a mulher de espírito tem em toda a parte. Os segundos pedem-lhe a felicidade. Uns querem a mulher por si mesmos, outros por ela mesma. São essas as duas grandes divisões do casamento.

16 abril

Deus me dará ainda os meios, eu espero firmemente, de formar uma biblioteca como entendo, e de encerrar-me nela com uma vista apenas sobre uma bela paisagem.

Entre os conhecimentos que eu mais desejara ter está o da astrologia e astronomia, sobretudo da história de ambas. Eu quisera saber quais eram, em qualquer tempo dado e em qualquer país, os conhecimentos dos astros.

Ainda não há um museu teológico ou teogônico contendo todos os símbolos religiosos e representações da Divindade, com a forma dos templos (e cronologia) conhecidos até hoje. Seria um museu interessantíssimo e digno de ser criado.

O Imperador está fazendo uma triste figura procurando por astrônomos e geógrafos quando a Europa está a arder.[33] Isso é mostrar demais que nós estamos certos da paz, é mostrar que somos indiferentes à guerra no estrangeiro.

17 abril

Neste país não há um grão de ideal, nem no homem, nem na mulher. A princípio eu pensei que a mulher era em tudo diferente do homem, hoje vejo que em tudo é digna dele. A honra está aqui tão materializada que consiste toda no ato. Fora daí tudo é *meaningless*, nada tem sentido. A castidade aqui é puramente material.

---

33. *Encerrada sua visita aos Estados Unidos, D. Pedro II seguira para a Europa. Referência à guerra russo-turca de 1877-1878 pelo controle dos Bálcãs.*

        Estão muito contentes com a perspectiva de uma guerra geral na Europa por esperarem vender mais farinha de trigo. Isso explica tudo; é um povo de *shopkeepers**. Os elegantes são uma mistura de *sportsman** e caixeiro.

* *lojistas*
* *desportista*

        Um estudo que abrangesse a sociedade americana seria muito curioso e novo: correr-se-ia o risco de ser injusto com alguns, mas seria difícil de não se fazer alguma pintura do maior número em sua vida de todos os dias. A sociedade americana é única, e isso pelo menos poder-se-ia provar.

18 abril

        A genealogia de Cristo como no-la dá São Mateus não basta para tornar Adão contemporâneo dos primeiros faraós, nem mesmo contados os anos de Matusalém.

        Não há melhor princípio para a oração do que a de nunca se pedir nada para si só, mas sempre para um certo número. Esse princípio basta para dar seriedade à reza. [...]

19 abril

        [...] Os atributos de Deus como se os ensinam nas escolas. <u>A onipotência</u>. Eu tenho observado que quanto mais inteligência tem o homem, menos liberdade tem ele. Um ser infinito deve ser limitado por sua própria perfeição. Quanto maior é o poder, menos livre se é. Os homens de Estado dizem sempre: não posso, e esse não posso equivale a um não devo.

        Criador. A <u>criação</u> tem muitos defeitos e lacunas que a criatura mesma pode reconhecer. O mal não é um sucesso. A parte que ele ocupa no mundo não é proporcional. A responsabilidade do Criador não está coberta pela da natura, porque esta muitas vezes não se pode sentir mesmo responsável. O luxo de sofrimento é muito grande. Os surdos-mudos, os cegos, os loucos. A admitir-se uma criação determinada de antemão por um plano: ou nesse plano havia todas essas lacunas e injustiças, ou elas destruíram a unidade da criação. O Criador só pode ser admitido como na Bíblia: criando o homem perfeito, bom e feliz e livre, nesse caso o atributo da presciência desaparece.

No meu poema, fazer o Criador lamentar o erro do primeiro homem por ter desfeito a sua obra, e introduzido na criação a Morte e o Mal. Refazer *Paraíso Perdido*.[34]

Estou lendo um romance de Victor Cherbuliez, *Samuel Brohl & Companhia*. Ou esse Samuel Brohl não existe e é preciso não inventá-lo, ou existe e o seu lugar não é na *Revista dos Dois Mundos* mas na penitenciária.

20 abril

O marquês italiano que está *engaged** de Miss Hammond, chegando aqui sem recursos, fez-se *waiter** em Delmonico. Não há, nessa profissão honesta como é, alguma incompatibilidade com a de um *gentleman**? Ler a esse respeito uma anedota sobre os emigrados franceses. Um, tendo servido de criado, perdeu o título de marquês e nunca foi chamado senão garçom. A mesma objeção não se deu contra os que serviram de *chefs* de cozinha.

* *noivo*
* *garçom*
* *cavalheiro*

As quatro loucuras de Platão: a profética, a religiosa, a poética, o amor, são sempre loucuras. Eu tenho passado por todas menos pela primeira, que me parece a única odiosa.

Meu humor. Se houvesse uma linha barométrica do espírito, a minha tocaria hoje muito baixo. Termômetro moral para marcar as temperaturas morais. Os estados da alma divididos em graus, desde a maior satisfação possível até ao suicídio. Um desenho para cada dia do ano. A consciência faz de mercúrio, e cada manhã se toma a temperatura para ver se no fim do ano os dias bons e os maus equilibram-se ou distanciam-se. A animalidade pode ser marcada num outro termômetro.

21 abril

Em Central Park. A natureza considerada como uma arte. O pavão e o luxo de cores. A música dos ventos nas árvores. A religião do belo a única verdadeira. A superioridade do belo sobre o verdadeiro. Sua confusão com o bem. Porque quem faz o bem porque é belo, é superior a quem o faz porque é um dever. Deus e o belo. A mitologia.

22 abril

---

34. Alusão ao poema de John Milton.

Escrever o meu próximo drama sem uma comparação nem uma imagem.

Beleza do pensamento mosaico da criação do homem livre e perfeito e de sua queda. Por que Deus assiste às dores humanas, à morte e ao mal desde então? Porque tem esperança de que o homem se emancipe do poder de Satã e volte um dia a ele.

Como o sentimento do belo é o mais elevado de todos.

23 abril

A Harlem com o Sr. [Carvalho] Borges. Na ponte que se abre. À noite jantar com Mrs. Rives. Estudo sobre a conversa de sociedade. O que faz um bom conversador. Eu ia escrevendo "conservador", o que não é a mesma coisa.

24 abril

Contam muitas histórias do Imperador. A viagem dá um grande livro de anedotas. Desta vez a história é esta: o Imperador ouvindo uma leitura adormeceu, mas sempre despertado pelos aplausos do auditório começou a aplaudir mais que todos. Acontecia ser um tópico relativo a ele mesmo em que era muito elogiado.

Em Berlim o Imperador da Alemanha indo visitá-lo à hora marcada antes não o encontrou, mas ele chegando um pouco depois desculpou-se com o interesse que tinha tido em conversar com Helmholtz sobre a óptica fisiológica.

Na véspera da declaração de guerra entre a Rússia e a Turquia, ele dizia a um repórter que não haveria guerra, que o sabia por ouvir tudo como viajante. *"My wife, my wife!"* era o grito dele na abertura da exposição quando se perdia da Imperatriz.

A gravata preta também tem feito sensação.

O Imperador exagera a simplicidade democrática de seu papel. Ele tem dito que em princípio é republicano, e quer parecê-lo de fato. Mas os países não se governam com literatos e pintores e sábios, e ele devia atender um pouco mais às classes que dirigem a sociedade, e de cuja simpatia nós carecemos mais do que da boa opinião dos laboratórios e hospitais sobre o nosso monarca.

Um conto. Nunca poderei esquecer alguns dos dias mais felizes de minha vida. Eis aqui como eles vieram. Chegada a New York. Impressão de uma mulher como Miss Work. Descrição dela. Narração das cenas que tivemos, do que eu lhe dizia, do que ela me respondia. Da morte da mãe. Impossibilidade de saber o que ela sentia por mim e eu por ela. Crise, desenlace. Então os dias felizes: uma melancolia doce, inexprimível, de alguma coisa que era uma promessa, um cair de flores em chuva. Impressões da natureza nesse estado. A religião e a poesia. Os encontros longínquos, os olhares medrosos. O prazer do riso da irmã supondo que o meu coração estava ferido. A melancolia dela. A carta. E depois como um crepúsculo o desfazer-se de tudo isso na cor real e forte da vida. O olhar que ambos lançamos sobre o passado depois de alguns anos. Os meus versos.

Outro conto. Um noivo vê o seu casamento desfeito pela noiva. Sofrimento porque a ama sempre. Ela casa com outro. Tempos depois ela quer ser a amante do primeiro noivo, que escreve-lhe duas linhas dizendo somente que é feliz por não ter-se casado com ela, e que está curado de tudo. | *25 abril* |

À mesa com Aristarchi Bey. Conversa sobre a guerra[35] nova.   *26 abril*

O telégrafo, pondo o mundo todo [em] contato, desenvolve muito a solidariedade humana de um modo sensível, não só de cidade a cidade, mas de povo a povo. Vê-se isso na imprensa diária. O incêndio do teatro de Brooklyn, horrível como foi, ou do hotel de Saint Louis, apenas podem ocupar a atenção de um ou dois dias porque, no dia seguinte, em alguma parte do mundo, um terremoto como o de Iquique, uma explosão, um naufrágio reclamam sua parte de interesse. Vive-se hoje quanto à soma de impressões de cada hora cem vezes mais do que antigamente, porque elas nos vêm de todos os cantos da terra. A princípio isso determina uma certa excitabilidade nervosa, mas talvez acabe por produzir uma inteira

---

35. guerra russo-turca

insensibilidade. Estive neste país durante grandes acontecimentos: depois de ver a efervescência que eles produzem, é agradável ver a calma em que se deixam esquecer. Aqui vive-se depressa. *Time is money* é muito literalmente entendido, e por conseqüência toda a vida retroativa é desconhecida, daí a necessidade de não dar aos mortos outra prova de amizade que a de enterrá-los com flores, esquecendo-os logo em seguida como *useless**.

* *inúteis*

27 abril

Hoje recebi cartas de meu Pai, graças a Deus.

A Longfellow

Le génie est un prêt des dieux
Mais n'en craignez rien, ô poète
Vous avez payé votre dette
Dans l'or qu'ils aiment le mieux.
Des vers dont toute âme est ravie,
E non content d'avoir chanté
Vous avez encore ajouté
À ces vers une belle vie.*

* "O gênio é um empréstimo dos deuses/ mas não temais, ó poeta,/ pois haveis pago vossa dívida/ com o ouro que eles mais amam./ Versos que encantam qualquer alma/ e insatisfeito de tê-los feito/ acrescentastes ainda/ uma bela vida a estes versos".

28 abril

Tudo está em constante movimento no Universo. Nada está parado e tranqüilo. Por que havemos de ser levados nesse movimento universal de mau humor, querendo ficar parados? É um princípio de boa educação acomodar-se com o que é irremediável. Se o corpo trabalha sempre e o espírito não está parado, por que não havemos de tomar resolutamente a direção dos nossos movimentos e inclinar-nos no sentido da translação geral?

Assim como há *gentlemen-riders** e *gentlemen-snobs** (ao menos para mim) nos Estados Unidos há uma classe muito elegante de *gentlemen-clerks**. Os mesmos *swells** de Fifth Avenue são encontrados pela manhã em Wall Street servindo aos *customers*.*

* *cavalheiros cavaleiros*
* *cavalheiros esnobes*
* *cavalheiros caixeiros*
* *almofadinhas*
* *clientes*

Não tenho escrito toda essa semana, porque não tenho pensado fo- *29 abril*
ra do meu drama nada que valha a pena.

Os gregos diriam que a doença ou a morte é uma falta de simpatia ou de amor entre as moléculas do organismo.

Como antigamente não se supunha que houvesse outras partes habitadas na Terra, nós supomos desertos os espaços. A evolução tem a sua teologia, senão de presente de futuro, e Darwin pode ter sido o Messias de um Deus a nascer em algum planeta distante... Se o éter oporia uma barreira eterna à influência dessa inteligência suprema, e se a Matéria em sua constante marcha chegaria a produzir um Senhor absoluto para si-mesma, é o que não sabem os que acreditam na perspicácia da matéria e na inteligência da força.

A sociedade é uma série de pequenas servidões. Um homem, ou an- *30 abril*
tes uma mulher, ao lado de quem eu passo hoje sem olhar, amanhã por conhecê-la, tenho que me ocupar de sua opinião a meu respeito, com as mulheres sobretudo, as obrigações que, em troca de aborrecimentos agradáveis se contraem são inúmeras e constantes.

Há naturezas que seriam admiráveis e que poderiam inteiramen- *1º maio*
te voltar-se (*tourner*) sobre si mesmas, se tivessem um ponto de apoio exterior.

No número novo da *North American Review* há um artigo de um japonês sobre a política americana em que diz que se a última campanha eleitoral tivesse sido feita no Japão, os redatores de jornais e mesmo Mr. Tilden, com a sua maioria de trezentos mil votos, seriam obrigados a recorrer ao *seppukku*, que eu chamei *hari-kari**,   **haraquiri*
uns por terem injuriado e este por ter sido injuriado e infeliz na eleição. Se todos os candidatos derrotados no Brasil tivessem que seguir o mesmo sistema de abrir o ventre ou cortar a garganta, o governo não teria nunca oposição, porque ninguém se condenaria de antemão ao suicídio. O ponto de honra japonês me parece o cúmulo da imbecilidade humana, apesar de ser de uma elevada poesia.

2 maio

*marido do cadáver
*encanto do funeral

Miss Dana contou ontem uma história irlandesa muito engraçada, de uma criada que pediu licença à ama para ir a um enterro, e depois de algum tempo para casar. Contando o seu namoro ela perguntava à ama se não se lembrava do dia do enterro, que o noivo era o *husband of the corpse** e que quando ele fez-lhe a declaração, dissera-lhe que ela tinha sido o *charm of the funeral.**

— Eu ontem te amava; hoje te compreendo.

O fundo dos costumes vai-se tornando o desdém, o qual tem um reverso, que é a baixeza. O homem que desdenha os outros porque lhe são inferiores, curva-se mentalmente e rebaixa-se diante dos superiores. Seguramente ele percebe o primeiro sentimento, mas o segundo por ser inconsciente não é menos um elemento de sua ação na vida.

3 maio

Nenhum erro é mais comum do que supormos que cada pessoa tem um caráter decidido, que há de proceder de um modo certo, sentir como nós prevemos, e que enfim é uma unidade. Essas pessoas não existem. O erro contrário é preferível como regra de indução, supor que cada um tem em si elementos divergentes, opostos e irreconciliáveis, e que a vida sai dos contrários. O axioma dos pitagóricos ότι τάναντια αρχαι των όντων, que os contrários são o princípio de todas as coisas, é o melhor guia para o estudo dos homens, para o conhecimento de si mesmo e para a direção da vida.

O que deve tornar para os seus admiradores ainda mais admirável o tipo americano, é que nos dramas, comédias e romances estrangeiros, em geral em qualquer representação da vida — como na vida mesma — os homens de experiência são todos práticos e não compreendem a linguagem de que usavam. A paixão não lhes lembra senão palidamente a sua mocidade e eles supõem que teriam feito melhor sem ela, mas os argumentos da paixão os deixam frios e essas palavras ardentes que nos queimam os lábios e que parecem claras como o sol a elas prendem-lhes algum sentido de ceticismo e de ironia; não as compreendem com o coração. O americano nasce nesse estado, é velho sem idade, é prático sem experiência, e por isso mesmo que ele não sofreu por essas <u>ilusões</u>, e simplesmente as afasta como pouco *business like**; ele não tem essa ironia da experiência de que eu falava acima e pela qual o pai parece dizer ao filho: tu chegarás ao meu estado e te julgarás ainda absurdo. *Of course* há nuanças entre os dois casos, mas a semelhança é sensível e <u>evidente</u>.

* *comerciais*

O favor das mulheres ainda é mais caprichoso que o dos reis e mais inconstante que o do povo.

4 maio

A morte representa um comparativamente pequeno papel nas coisas humanas em geral. Poucas mortes têm modificado grandes acontecimentos, ou produzido grandes perturbações.

5 maio

Não há amor mais precário do que aquele em que é preciso o <u>sucesso</u> para conseguir-se. Quero dizer que um homem que deseja fazer uma grande obra, ter um grande nome para ser amado, está enquanto ao amor em uma posição pior do que o homem que é amado sem fazer nada disso. A ilusão é maior nos que teriam mais direito de ser exigentes de que a mulher precisa de uma superioridade qualquer no homem para amá-lo [sic].

6 maio

O hábito de vestir-se reduziu de muito a concorrência da beleza, limitando-a quase ao rosto. Um homem de belas formas, de um belo corpo, perde muito se não tem uma bonita cara, com o costume de encobrir-se todos os membros do corpo, só deixando visível a cabeça e as mãos, em que parece resumir-se a superioridade do homem sobre a criação.

Como um mármore antigo <u>prova</u> Fídias ou Praxíteles, uma bela mulher deve <u>provar</u> um criador. O princípio do desenvolvimento de uma bela forma humana desde o óvulo parece opor-se a essa concepção, porque em um caso a forma sai perfeita do mármore e no outro é o resultado de combinações infinitas, de hereditariedade, clima, sangue, raça, costumes, vida, que parecem apagar qualquer ideal ou desenho preconcebido da parte de um criador. Mas talvez a arte superior seja a que exige para produzir uma obra-prima a cooperação livre, consciente ou não, da obra e do artista.

7 maio

Um espírito não é original só porque faça o que ninguém antes fez, mas também por fazer por si mesmo o que outros fizeram antes. Um astrônomo que descobrisse num canto da China a lei da gravitação e da atração seria tão original como Galileu e Newton. Quantas idéias não temos, cada um de nós, que depois encontramos em outros: isso não impede que a idéia seja tão nossa como deles.

A arte e a natureza.

Seria curioso um livro sobre a marcha da consciência na natureza, mostrando o fim com que através de todas as contradições ela prossegue. Considerando o belo como fim, por que tantos desmentidos mesmo na forma humana? Ou não será o belo senão uma das relações de nós mesmos com o mundo exterior, um sentimento, uma impressão que a nada corresponde, tudo o que vive ou que existe sendo igualmente belo em si.

8 maio

*Lamartine envelhecido que me trata como criança.
*O Lago

Li hoje a biografia de Musset por seu irmão Paulo. É um livro que diminui muito o prestígio de que o poeta gozava, mas que parece retratar fielmente o homem ou antes a criança.

Lamartine vieilli qui me traite en enfant*, é um verso que honra a perspicácia do autor de *Le Lac**.

9 maio

De ordinário, o que nós consideramos nossa natureza é o resultado da influência e da pressão da inteligência sobre o instinto. Nós temos orgulho dos atos que praticamos, dos sentimentos que nos confessamos, e não achamos em nossa vida nada que possa fazer o maior investigador da natureza humana achar de que envergonhar-nos. Eu já não falo aqui dos que têm em sua vida um lado externo e um interno, dos quais o primeiro é o sacrifício constante do segundo a um interesse de razão superior, e muito menos dos que têm alguma coisa a esconder: eu me ocupo somente dos que de boa-fé nunca descobrem em si mesmos contradição alguma do sentimento com o instinto. Seguramente nesses, se eles examinam bem o fundo de sua organização moral e não se iludem de boa mente, a parte de inconsciência é grande, mas é possível que a natureza realmente seja de primeira água. Esses porém são raros. Nos mais o que se vê é a vontade dominando mas não sem um protesto às vezes inconsciente, às vezes consciente, do instinto. Um juiz que punirá um criminoso de morte não deixará de ter uma simpatia com o crime que ele mesmo não se confessa. Um homem excessivamente caridoso e sensível não deixará de ter uma certa surpresa agradável que imediatamente se converte em uma verdadeira compaixão ao saber de uma desgraça. O herdeiro não deixará de compreender logo suas vantagens no momento de chorar o morto. O egoísmo é um Proteu e toma mil formas. Ninguém porém desce a estudar em si mesmo um mundo tão confuso como o do instinto. Um homem pode ser admiravelmente bom apesar de ter por debaixo dessa camada de bondade um fundo sólido de egoísmo e mesmo de perversidade que ele consegue esconder aos olhos mesmos da consciência durante a vida. Não há estudo mais interessante em si mesmo, porém, que esse das impressões espontâneas do instinto que se apagam em um segundo sem que muitos o sintam na formação do sentimento.

10 maio

Esse governo parlamentar que nós temos sem nenhuma base representativa, por outra esse parlamento eleito oficialmente pelos delegados do ministério, é talvez uma forma admirável de governo, porque dando ao povo a aparência do poder e lisonjeando-o, não lhe dá meio algum de provar a sua ignorância e incapacidade de se governar a si mesmo. O que há de defeituoso nessa pantomima do governo constitucional no Brasil é que, como em todos os governos absolutos, disfarçados ou não, temperados ou puros, otomanos ou russos, nunca o soberano tem o dom de escolher os melhores homens nem de compreender os seus próprios interesses.

11 maio

Perdoar sem esquecer é mais difícil do que os romancistas parecem pensar: perdoar esquecendo é muito menos do que no primeiro caso, uma generosidade da alma.

Ontem casou com uma moça americana, Miss Hammond, um marquês italiano, Lanza del Marcato Bianco ou Nuovo. O cardeal Riario Sforza mandou dizer missas em Nápoles pela conversão da moça, mas eles casaram aqui civilmente e episcopalmente. As objeções oferecidas pela Igreja ao casamento de católicos com protestantes parecem muito mais estritas aqui. Muitas pessoas que não são das mais conformistas podem sentir repugnância em casar fora do seu culto, não quero dizer com pessoa de outra seita, mas sim sem o sacramento de sua confissão. Por outro lado mesmo sem ver-se diferença alguma entre as seitas, pode-se não querer deixar a sua. O fato porém [de] que as moças protestantes não querem assentir à promessa de criar os filhos na religião católica prova, sendo elas tão pouco fanáticas, como são, que os casamentos têm sido quase sempre concessões feitas por elas, combinações de que elas eram as senhoras. Por que hão de elas querer que o marido se submeta em vez delas à exigência da Igreja? Essa questão religiosa é um excelente pretexto para desfazer tudo, mas dado o antagonismo da Igreja católica deixa de ser uma bagatela para tornar-se de muito momento. Mas mesmo sem intervenção da Igreja, quando ela queira apenas registrar os contratos das partes, em que religião devem ser educados os filhos dos pais católicos e mães protestantes?

12 maio O sistema dos egípcios de julgar a memória dos reis seria ainda mais conveniente no regime constitucional em que, sendo inviolável e sagrado, o rei não tem responsabilidade alguma em vida.

A razão pela qual na luta entre o amor e a ambição (pessoal, não pública ou de dever ou de nome) esta não se deixa vencer é que o amor é uma paixão passiva na maior parte das vezes e que, se ele seguiria naturalmente o seu curso não sendo obstado, obstado reduz-se a uma inteira passividade de sofrimento e de resistência. Uma represa o outro.

13 maio[36] Diz-se que Tilden não reconhece a Hayes como presidente. É o caso de algum amigo ler-lhe o *Kriton*[37]. Quando este quer con-

---

36. Em Minha Formação, p. *143*.
37. *Diálogo de Platão. Nos últimos dias de vida, Nabuco retomaria a leitura dos diálogos de Platão.*

vencer a Sócrates de que ele deve fugir para evitar uma morte injusta, Sócrates recusa sob o fundamento de que a sentença injusta como é, é inteiramente legal, e que se os juízes fizeram mal em pronunciá-la, ele faria mal em não sujeitar-se às leis de Atenas, partindo do princípio de que um cidadão que goza da proteção e dos direitos e garantias que uma cidade oferece-lhe, tem com ela um pacto tácito de respeitar as suas leis. Sócrates não queria a vida por ser ilegal, ainda que ele soubesse que viria de sua fuga mais bem que mal à democracia ateniense. Não devia Tilden ler esse diálogo, e injusta como foi a decisão, desde que ela foi estritamente legal, não por ser de acordo com a lei mas por ser dada pelos intérpretes legais da lei, não ganharia ele para si e para seu partido em respeito público em não contestar o título do presidente — salvo todo o direito de brandir as fraudes pelas quais ele chegou ao poder?

14 maio

[...] Um turco admira-se no casamento cristão que uma mulher só baste para um homem; deve-se mais admirar que um homem só baste a uma mulher. Eu encontrei ontem uma rapariga, que me respondeu, perguntando-lhe eu por que em vez de seguir a sua vida livre, não se tinha casado: "porque um homem só não me satisfaria". Isso era fisicamente compreendido nessa expressão certas curiosidades elevadas dos sentidos [sic]; mas moralmente deve ser mais verdadeiro ainda. O que torna porém o casamento inatacável praticamente é que em certas sociedades em que os maridos e as mulheres trocam-se respectivamente as mulheres e os maridos, e em que *outsiders** os ajudam a procurar "o que lhes baste", chega-se ao resultado de que quanto maior a "concorrência" maior a necessidade. Realmente um homem parece ser a "medida" aproximada de uma mulher e vice-versa. Na balança, se eles não se equilibram, qualquer excesso que se acrescente destrói imediatamente mesmo a aparência do equilíbrio.

*pessoas de fora

O noivo nas vésperas do casamento me faz o efeito de um cataléptico que vê acenderem-se as velas do funeral sem que ele possa falar. No casamento há uma parte de nós mesmos que é enterrada viva em um estado de insensibilidade para agitar-se depois no fundo da terra: é essa parte o sentimento da individualidade, realmente o "eu" livre como o vento.

15 maio   A Miss Work. Este dia, disse-me ela, deve ser marcado com uma pedra branca.

Hoje foi o dia do Carnaval. Como não há, há muito tempo, semelhante divertimento em New York, resolveram importá-lo arbitrariamente no meado de maio sem ninguém estar preparado para ele. Nunca vi nascer um costume popular de repente senão aqui; em compensação esse "costume popular" foi apenas uma procissão de anúncios, um fiasco de vendedores de cerveja, dentre os quais o rei, *Rex*, tinha sido eleito. No todo um grande disparate.

16 maio   A única coisa de que verdadeiramente eu nunca duvido é do belo. Tudo o mais por vezes me faz perguntar: para que serve isso? A vulgaridade útil não me fala. Ver montões de homens e massas de casas não me desperta nenhuma idéia: ver uma bela mulher, uma catedral gótica não me deixa dúvida sobre o que isso vale. A natureza me parece grande, a sociedade pequena, mas a arte faz esta me aparecer por vezes como a principal obra daquela. O belo é a única coisa que não admite ceticismo.

Aqui falta a cada mulher uma coisa essencial. Nos outros países é também assim provavelmente, mas o que lhes falta é exatamente o que elas melhor aparentam.

É extraordinário o que este povo come nos grandes hotéis, primeiros do mundo — e sempre com a pretensão de serem gastrônomos, quando não passam de envenenados reconhecidos.

17 maio   O Congresso passado não votou fundos para o exército. Não estando convocado o próximo senão para outubro, um banco importante, Drexel, Morgan e Co., ofereceu-se ao ministro da Guerra para formar um sindicato para adiantar aos oficiais o soldo entre julho e a reunião do Congresso. O ministro, sem declinar a oferta, avisou os banqueiros dos riscos que eles corriam pe-

la probabilidade de fazerem os oficiais mais de um desconto do seu soldo. Essa declaração oficial da moralidade do exército é sem precedente em qualquer outro país e dá uma idéia da franqueza da administração da guerra.

O calor está excessivo e é daqueles que fazem pensar nos "109 graus centígrados" do Lopes Neto.

18 maio

Ontem à noite fui ver Miss Work e depois de uma parte da noite bem passada, acabou a *soirée* por uma perfeita comédia de sociedade, a mais bem representada que tenho visto. Eis como tudo se passou. Havia dois meses, desde os fins de março, que eu, ressentido com Miss Work, não a procurava. Na Exposição dos Cães em Gilmore, vi-a mas não lhe falei. Anteontem ou melhor, terça-feira, encontrei-a na porta de casa e ela convidou-me para entrar — às 5 h. Conversamos uma hora, muito bem. Havia de parte a outra como que um certo prazer de reconciliar-se. Ela disse-me que eu não era seu amigo, porque tínhamos feito um pacto de amizade e quando todo o mundo dizia que eu estava apaixonado e *amoureux** eu não lhe tinha ainda dito nada. Eu respondi-lhe que se eu estava realmente apaixonado era dela — mas que não sabia se estava ou não, o amor sendo um fenômeno muito complexo, e comecei a descrever o meu estado moral, a cada sintoma do qual ela dizia — é isso mesmo, é o amor. Brincando, eu disse-lhe que não pensava muito nela, mas que sonhava muito, e que ia consultar um médico sobre o sonho que eu supunha uma doença do cérebro, ao que ela me dizia: para que me pôr fora assim? Essa entrevista foi toda nesse gosto. No dia seguinte, anteontem, mesmo encontro inteiramente casual à porta de casa. A conversa desta vez foi sobre ela, uma nova descrição da impressão estética que ela produzia em mim, ao ouvir a qual ela foi para o espelho admirar-se e analisar-se, consultando-me sobre o cabelo. Dizendo-lhe eu que não compreendia como uma pessoa que tinha um cabelo tão admirável pela cor, pela qualidade, pela vida e pela ondeação, trazia um complemento de cabelo falso e morto, que impedia de ver a forma da cabeça, ela defronte do espelho desfez essa trança postiça e tirou-a, ficando somente com o seu

* *enamorado*

próprio cabelo. Esse arranjo da cabeça à minha vista provava pelo menos uma certa familiaridade. Eu todavia não teria ido vê-la no dia seguinte, ontem, se ela não me tivesse dito *"I wish you to come some evening"**, e então tomamos um compromisso para ontem. Ontem à noite acabou mal. O fraco de minha situação é que eu tinha que ser cauteloso. No fim de contas tudo o que eu lhe disse ontem, além de planos de vida e discussões indiferentes, resumia-se no seguinte: a senhora ainda é muito moça, será uma pena que se suponha já inteiramente desenvolvida e que não trate de aperfeiçoar-se; a sua beleza privilegiada impõe-lhe um dever, que é de acrescentar-lhe o encanto das maneiras, uma certa simpatia, tato e interesse, para ser aos trinta anos uma das primeiras mulheres do seu tempo; o gosto vem aos 23 ou 24 anos, não antes (a maneira de Miss Work é excessivamente *pedantic*: ontem ela contava-me como a cachorrinha Louise ia acordá-la às 4 h da manhã, por não poder distinguir o comprimento das noites de verão do das noites de inverno, e como ela se punha a passear de cima para baixo sobre *her prostrated form**). E tudo nesse gosto ou nesse mau gosto, eu desejara assistir ao seu desenvolvimento; no futuro saberá melhor que apreço se deve ligar à opinião desinteressada de um homem que tem mais consciência de si mesma [sic] do que a senhora (essas são as palavras). E falando-me ela de amigos que já tinha tido e que tinham lhe tirado a vontade de ter novos, e no todo querendo insinuar que já tinha vivido, e que aos 19 anos estava reduzida a essa existência retroativa, eu disse-lhe que ela se enganava, que as grandes afeições ainda não tinham começado, que ela não tinha ainda em si a matéria de que se fazem os grandes sentimentos (referindo-me ao amor) de que um homem pudesse sentir-se orgulhoso... Toda a minha conversa tinha-a levantado pouco a pouco, e eu o sabia, ao cúmulo da indignação. A insistência de considerá-la em desenvolvimento e não completa, a repetição dos seus 19 anos, a idéia de que ela ainda não tem sentimentos verdadeiros, tudo isso, e se eu posso acrescentar de acordo com a hipótese que eu vou sugerir para a explicação de tudo, a pintura do meu estado de espírito não amando e não querendo ser amado por po-

* *"Gostaria que você viesse numa dessas noites"*

* *sua forma prostrada*

der ser pela *wrong person**, tudo isso fizeram-na [sic] partir como um raio sobre mim. A princípio ela hesitou sobre o meio de ferir-me, mas não muito, e começou, que eu era o único homem com quem ela não podia estar assentada em uma sala, porque eu a preocupava; que ela se dizia sempre: "aqui está um homem, *good looking**", que parece "*clever*"*, que as outras mulheres acham "*attractive*"*, eu vou tratar de "*like him*"*, impossível. Ele vem sempre ver-me e eu digo sempre "*out, out*"* mas é preciso que eu o receba e que seja polida, impossível. Tudo o que ele me diz não me interessa; não temos nada de congenial (essa palavra é uma teoria completa nos Estados Unidos e eu voltarei a explicá-la), não temos nenhum gosto em comum, eu não tenho simpatia alguma por ele e sei que isso é recíproco, que ele não tem nenhuma por mim (antes ela tinha feito uma alusão aos homens que fazem tudo por amar uma mulher, porque ela lhes parece uma beleza perfeita). E por aí lembrando-me que várias vezes eu lhe tinha perguntado se a aborrecia e que ela me tinha respondido claramente — sim. Eu limitei-me a dizer-lhe que não ia vê-la para pedir-lhe que me amasse, que era verdade que eu não tinha o mais pequeno sentimento por ela, mas que a admirava infinitamente... "Mas isso me cansa", respondeu-me ela. Perguntei-lhe se eu a tinha ofendido; respondeu-me que "ninguém dentre os seus amigos tinha sobre ela uma opinião tão *kind** como eu". Disse-lhe então que isso *vindicated me**, que ela me fazia uma operação de catarata deixando-me ver que eu era o único homem que lhe era impossível apesar de todos os esforços suportar, que ela tinha um gênio violento e caía como o raio antes do relâmpago e — boa noite. Ela me estendeu a mão e eu tomei-a, ao que ela foi para a janela, por onde ao passar eu a vi pela última vez nessa noite. Agora as reflexões: "Sou eu um Dorna? Sou eu um homem que se engane essencialmente sobre a impressão que produz em alguém?" Não, decerto. A hipótese de que eu lhe sou instintivamente desagradável não explica o nosso conhecimento, não explica o interesse que ela me tem mostrado, não explica a noite em que conservei suas mãos nas minhas, beijando-as e falando-lhe. Essa hipótese não explica nada. Há outra que explica tudo. Ela sen-

* *pessoa errada*

* *bem apessoado*
* *inteligente*
* *atraente*
* *gostar dele*
* *sai, sai*

* *bondosa*
* *me justificava*

te por mim exatamente o que eu sinto por ela: um interesse constante, que faz que tenhamos no pensamento um do outro mais parte do que todas as mais coisas, uma preocupação, um certo sentimento indefinível. O que ela quer é que lhe diga que a amo — essa explicação ela a tem provocado e as suas mãos estavam nas minhas, o seu olhar no meu, quando uma vez a minha admiração por sua beleza, passando às raias da impressão estética, eu senti que ela não me compreendendo dava um sentido diverso às minhas palavras. Ela porém não tem que fazer com um amor puramente platônico: fui eu mesmo que lhe disse que na sua vida não há lugar para dois amores. A minha admiração a cansa, ela quer outra coisa que eu não lhe posso dar. Daí o grau de excitação em que qualquer alusão a uma apatia moral em mim a faz subir e que se manifesta desde que há um pretexto. Ela não sente que eu vejo subir a onda em seu coração, e não vê que só um sentimento forte lhe daria coragem para dizer-me tudo o que ela me disse ontem para arrepender-se hoje. Essa cena de duas pessoas que não podendo declarar-se o seu amor, declaram uma à outra o contrário do que sentem, não é nova no teatro; ainda no outro dia eu a vi em casa dos Gallatins, mas é inteiramente nova para mim na vida. Não, nós não nos somos indiferentes nem antipáticos: essa não é a explicação. O que há é que ela não me pode abrir o seu coração, e que eu não conheço o meu. Em todo o caso, a menos que uma circunstância imprevista ocorra, eu lhe terei falado pela última vez, e só aos 25 ou 26 anos essa cena terá para ela todo o valor de uma das melhores lembranças de sua vida, da ingenuidade do coração de uma menina de 19 anos, que confunde um sentimento que entra na classe dos de amor com outro que se aproxima dos de ódio. Dado tudo pelo contrário para admitir que a explicação que ela me deu ontem é a verdadeira, ela não seria senão uma *flirt**. Essa porém não é a verdade, como não é a verdade que eu seja um idiota que não conheça o alfabeto da mulher.

* *namoradeira*

Minha campanha social em New York pode se dizer que foi um fiasco, e que já tocou ao termo. Em vez de fazer muitos amigos, eu quis fazer um, e da mulher mais bonita que vi. Não havia porém nenhuma *congeniality** entre nós, e depois de uma quantidade grande de pensamentos e muito tempo perdido de lado e doutro para o mesmo fim inalcançável, cheguei ao resultado seguinte: que essa pessoa inutilizou toda a minha longa estada em New York em uma hora. Essa lição me servirá para o futuro. As moças aqui têm muito medo do *foul play** e supõem que um homem deve saber o que sente e proceder sempre nessa linha. Elas não admitem que se tenha por elas um sentimento vago, inclassificável, que não é agente nenhum da vida senão para esperdiçar tempo e gastar o coração, e põem logo o homem contra a parede. Em vez de agradar a todas, resumi-me em uma só, e a escolha foi por todas as razões o ato de um cego. Eu não pretendia nada dela senão admirá-la, e não tendo iniciativa mesmo se a amasse para ir além, ela pensou que eu procurava uma *flirtation* da qual ela perderia tudo e eu nada. Essa não era a verdade, mas é também certo que além de ser humilhante para uma moça confessadamente a mais bela de New York não poder inspirar mais amor do que uma pintura, a amizade entre os sexos não é possível nessa idade nem nessas condições; e que na sociedade não está admitido que se possa vir à casa de uma moça como ao museu Pitti para admirar-lhe longas horas o desenho do rosto. Por tudo isso a minha campanha foi um fiasco, e eu não tenho tempo nem gosto para recomeçá-la por outra forma e segundo outra tática.

21 maio

**congenialidade*

**jogo desonesto*

Preparar antes de partir os elementos para algumas notas sobre os Estados Unidos.

22 maio

I
A felicidade é em grande parte questão de educação. Para isso o principal trabalho é o de converter princípios em sentimentos.

II
O melhor meio de compreender uma coisa é senti-la. O mais é não fazer dela um elemento da vida, um princípio ativo. [...]

23 maio

Há pessoas que devem sentir como se estivessem destinadas a acabar a série infinita de causas que chegaram até produzi-las, isto é, a destruir uma longa série de entes de que elas são o resumo e a resultante. Eu sinto assim. Os meus antepassados não serão admitidos por ato meu a perpetuar-se. A ramificação porém é tão grande que eu não posso impedir que eles me dispensem inteiramente. Todavia se eu não posso interceptar e terminar a vida de uma família, posso não dar seguimento à ordem sucessiva de causas que chegaram a desgarrar-se até a minha pessoa em um *cul de sac**. Esses híbridos, solteirões, são os produtos de um sem número de causas. O principal móvel do casamento é o dever de reprodução. Os que não casam não são os zangões da Natureza, mas uma classe de eunucos a acrescentar às do Evangelho. Os homens não sabem a que leis naturais obedecem os seus caprichos e nunca se é mais escravo do que no luxo ostentoso da liberdade. Eu evidentemente não sou um dos reprodutores da espécie, sinal pelo qual posso ver que a minha forma moral é uma das que devem sucumbir na luta da vida para dar lugar a outras combinações mais adaptadas ao meio do nosso tempo. Amém.

* *beco sem saída*

24 maio

Seria muito interessante um livro de poesias sobre os provérbios. Li ontem uma bonita poesia que se refere a um provérbio português: "Águas passadas não movem moinhos".

Antes de perguntarem: quem és? donde vens? na Antiguidade davam de beber ao estrangeiro em taça de ouro e repartiam com ele as melhores porções. Isso não seria possível no Grand Union, onde a pergunta é se se é judeu. O duque de Broglie[38] pode queixar-se também de que não recebeu da Câmara esse crédito de hospitalidade.

38. O duque de Broglie era então o chefe do ministério francês na presidência Mac-Mahon.

Um dos erros de uma definição como a de Renan de felicidade é considerá-la objetivamente, de forma que o sentimento dela não é levado em conta. Nesse porém está quase sempre a felicidade. A soma de certos bens e de certas superioridades que invejamos em um homem e que fazem-nos considerá-lo feliz pode ser para ele a infelicidade se ele sentir-se infeliz. É o mesmo com a saúde. O doente imaginário é o pior dos doentes; mas ao passo que neste caso a saúde, independente do gozo efetivo dela, tem seu valor, a felicidade está ligada ao sentimento de ser feliz, que uma sem o outro não se compreende.

25 maio

Teoria do casamento com estrangeiras.

Eu tenho desenvolvido a teoria de que o amor, sendo em grande parte a sede do desconhecido, a mulher que mais longe está de nós, pela raça, pela língua, pelo nascimento (em certas classes envolvendo sempre a aspiração da ambição) é a que mais nos convém. É preciso porém que esse homem e essa mulher tenham de comum entre si esse amor absoluto um do outro, sem o qual todas essas diferenças tornam-se inconciliáveis e perdem todo o interesse, e são antes obstáculos do que estímulos.

A inocência é a poesia da força. Nada devia ser mais agradável aos heróis do que serem levados ao banho pelas virgens e perfumados e vestidos por elas.

27 maio

Teoria das despesas inevitáveis.

A maior dificuldade que há para quem não tem hábitos de economia e o que se poderia chamar avareza da alma é em suprimir as pequenas despesas que ajudam a viver sem esforço. As grandes privações não se comparam com as pequenas de toda a hora. Da mesma forma que é melhor para o homem satisfazer logo uma necessidade dos sentidos do que resistir-lhe, esgotando sua força de resistência e sentindo sempre a ação dessa resistência embaraçar a espontaneidade dos outros atos, assim é melhor gastar logo e ficar livre para pensar, trabalhar e mover-se sem

28 maio

*forçada

*novo-rico

essa economia *rentrée**. A mesquinhez do sentimento revela-se porém na facilidade, quando se a tem, de evitar essas pequenas despesas de condescendência própria e de fazer ao contrário grandes despesas de ostentação. O *gentleman* porém distingue-se logo do *parvenu*.*

29 maio

Tenho estado a pensar hoje que a organização da opinião em partidos é uma das causas da precariedade da sociedade moderna. Evidentemente a atual ordem de coisas é tão superior à antiga que não há compará-las, mas quem reconheça não só a justiça da democracia mas os seus bons resultados, pode comentar a falta de forças morais centrífugas que dêem à ordem social uma estabilidade qualquer. O estado dos países que saíram do Absolutismo e que praticaram entre mil perigos a liberdade é um grande exemplo de estudo. Mas os partidos concorrem nesse ponto para tornar as coisas mais instáveis, por várias razões das quais a primeira é que eles destroem a iniciativa individual, concentrando-a em alguns. Essas grandes massas agitam-se como um mar sob uma vontade e organizações poderosas deixam ao país pouca escolha de meio e de homens. A França é o exemplo disso. Se em vez dos partidos, houvesse apenas educação política do povo e cada homem conservasse em todos os atos públicos, votante ou deputado, toda a sua liberdade de ação, os resultados seriam outros e não se teria esse imenso desequilíbrio produzido por essas grandes massas ininteligentes movidas pela vontade dos que chegam a dominá-las.

30 maio

Dia em que se decoram em todos os Estados Unidos os túmulos dos que morreram pela pátria. Feriado nacional.

Estive a pensar no que seria a felicidade para mim: uma casa confortável, livros sempre novos, o trabalho bem recompensado, uma mulher com o sentimento do belo e podendo realizá-lo em si mesma e em torno de si, alguns amigos capazes de formar uma vez por semana um simpósio e o céu azul. Nada mais do que isto? me perguntou uma senhora, a quem falei assim.

Como eu já escrevi em outra parte, com um pouco de felicidade faz-se uma vida mais feliz do que com muita, e uma mulher que seja econômica de felicidade e saiba aborrecer-se sem melancolia deve ajudar muito ao marido e ensinar-lhe a economizar com ela.

Conversa com Miss Emma Lazarus, jovem poetisa de muito talento que parece acreditar que eu tenho algum, e que espera ouvir de mim. *31 maio*

A americana casada não começa uma *flirtation* sem estabelecer a honestidade de suas intenções e sem advertir o homem de que ela não atravessará a linha divisória. O que destrói a santidade do casamento, ou, para falar a linguagem prática do país, o que rompe o contrato, não é o amor que a mulher perde fora do marido, a *flirtation* de cada dia que lhe é necessária para entreter nela a idéia de que é sempre bonita, o crime é a entrega de si mesma a outro homem, é o que eles não sabem dizer o que seja. Esses homens que só podem amar um pouco as mulheres e sob a condição de pedir-lhes tudo sem que elas lhes peçam nada, não têm extração aqui. A mulher casada faz o seu contrato de namoro de boa-fé, e promete tudo — olhares a cada instante e por todos os modos, beijos à vontade, atritos até a eletricidade, tudo menos o que se quer. Daí a pouca procura que há desse gênero de ligação espiritual, que muito deve divertir os maridos. Ninguém quer prestar-lhes esse favor de fazer as mulheres sentirem uma necessidade irresistível de amor — para eles substituírem-se no melhor momento a quem a provocou. Esses amantes-eunucos são raros aqui, e por isso as mulheres têm que fazer com o marido os dois amores, o platônico e o outro, salvo alguma pirataria passageira em um carro ou num baile inocente sobre algum [texto inconcluso].

No nosso tempo a maior parte dos problemas quase insolúveis que fazem desesperar do governo futuro da sociedade estão tendo análogos no da família. A democracia é parecida ao voto da mulher. Neste país ela chegou a ser superior ao homem e a submetê-lo. No futuro o divórcio seria a única válvula deixada ao (executivo) mari- *1º junho* do, que abusaria provavelmente dela como um presidente da república da dissolução. Nenhum organismo é possível sem a divisão das funções. Os fetos de duas cabeças são monstros comparáveis ao casamento em que o homem e a mulher estão ambos à frente um do outro. Onde parará o progresso?

2 *junho*

* *dérbi*
* *pessoas elegantes*

A Jerome Park ver as corridas com Choiseul, Aristarchi Bey, Videla Dorna e Koch[39]. Antes uma reunião do que propriamente um *derby** popular: somente o *fashionable people**.

Nada é mais incerta, para não dizer outra coisa, do que a posição do ministro de uma nação invadida que pensa na possibilidade de conservar vantagens oficiais, em outra posição, na nova organização que o expulsor de seu governo der aos diferentes fracionamentos do seu país.

Disseram-me que Littré[40] disse do Imperador Dom Pedro II que ele se acha entre Marco Aurélio[41] e o *roi d'Yvetot*[42].

3 *junho*

Conversa com Mme. Cruger.

Para mim o que se chama charme em uma mulher é uma coisa muito complexa, mas quaisquer que sejam as outras condições de beleza, de magnetismo, de comunicabilidade, de interesse por tudo o que a cerca, de gosto e de entusiasmo, de compaixão, de curiosidade, o charme é sobretudo a exterioridade da paixão. Qualquer que seja a beleza, o desenho e a riqueza do bordado, é essa a matéria-prima.

Parece que eu disse, por acentuar uma sílaba errada e apagar outra, uma grande barbaridade de uma moça, dizendo: "*she has all the good (in) stinks of a dog*", querendo dizer "*she has all the good instincts of a dog*". Num caso é "ela tem todos os bons maus cheiros de um cão" em vez de "todos os bons instintos".

---

39. *Colegas de Joaquim Nabuco no corpo diplomático acreditado junto ao governo dos Estados Unidos.*
40. *Émile Littré, dicionarista francês.*
41. *Imperador romano e filósofo estóico. D. Pedro II será chamado "o filho de Marco Aurélio".*
42. *Monarca inventado pelo poeta Pierre Jean de Béranger.*

Há uma qualidade que destrói todas as outras, assim como há uma que as dispensa: a inveja é a primeira, a inteira falta dela é a outra.

4 junho

Este é um país no todo e em parte inteiramente arranjado e disposto para o casamento. Fora do casamento, ou (o que entra na epígrafe) fora do *engagement** e dos *advances** para isso, não há vida na América.

* *compromisso*
* *investidas*

Ontem eu dizia a uma senhora que é raro que as mulheres tenham amantes em New York. Ela respondeu-me, como referindo-se a um progresso necessário: "Já se vai começando". [...]

À Astor Library. Conversa com Mr. Brevoort, que apresentou-me ao general McClellan. Não há nada mais incompatível com a idéia de um general que perdeu grandes batalhas e teve tanta responsabilidade como a gravata e o chapéu de palha que tinha McClellan, hoje retirado do exército. A princípio eu pensei que era um empregado da livraria, como pensei que Grant era um taverneiro. A idealização é a superstição da forma humana: o gênio, a vontade não têm que ver com a figura.

5 junho

O Brasil está em relação aos conhecimentos geográficos que há sobre ele na posição do Tibete, que aliás é povoado e conhecido pelos naturais, que tem uma civilização adiantada, e da África Equatorial ou da Sibéria. O nosso interior é perfeitamente ignorado.

De todas as fortunas que podem transformar um homem da noite para o dia, nenhuma fá-lo tão radicalmente como a glória literária. Dormir desconhecido, como Byron disse de si, e acordar célebre é tornar-se de crisálida, borboleta. Que naturalista reconhece, como indivíduo, a borboleta como a larva que ele criou? A riqueza instantânea, o que é raro, muda muito certos homens, mas a transformação não tem interesse e não é inteira quando se vale alguma coisa. A glória, porém, ou melhor do que isso, o reconhecimento por pessoas competentes de que se tem em si o gênio com que antes se tinha uma fé medrosa de revelar-se, transforma o homem por inteiro e dá-lhe o direito de criar nova vida, de se sentir outro. Isso não aconteceria com um Dante ou com um Miguel

Ângelo, mas nem todos os gênios resistiram à opinião geral para crerem em si, e quando fizessem sempre as mesmas obras-primas, desconhecidos ou não, toda essa parte da vida que hoje tem relação com a sociedade, com os outros, não pode deixar de ser profundamente modificada pela aquiescência de todos na convicção própria. É sobretudo a vida, e não a obra, do homem de gênio que é afetada pela "glória" — mas para muitos a vida é a obra. Estou a pensar em Goethe ao escrever esta nota.

6 junho

*A primeira a morrer foi o número três/, seguida pela quatro e pela cinco/ e somente sua irrelevância manteve as outras duas em vida./ Quantos restam, perguntei, / se apenas duas sobrevivem? O estadista balançou a cabeça/ e respondeu: Restam cinco.

Não é o caso de dizer: se ela tivesse querido, mas — se tivesse sabido.

Quando se compara a vida de um homem que desaparece para sempre sem vestígios com a de um Homero e de um Dante pode-se crer na imortalidade.

Gladstone[43] apresentou cinco proposições à Câmara dos Comuns, retirou três, sustentou duas, dizendo que estava sempre pelas cinco. A propósito esses versos que o chanceler do Exchequer repetiu em sessão e que provam o bom humor da casa: *The first that died was number three,/ Then followed four and five,/ And naught but their vacuity/ Has kept the two alive./ 'How many are there then', I said,/ If only two survive?/ The statesman merely shook his head,/ and answered 'There are five'*.

7 junho

Estou reaprendendo o alemão para ter uma idéia de Goethe. Eu espero que a poesia alemã no metro e no número não me seja tão impenetrável e inassimilável como a inglesa. [...]

10 junho

Hoje, depois de um dia de chuva e nevoeiro, vi um admirável pôr-do-sol do sexto andar do hotel sobre New York. A perspectiva era

---

43. *William Ewart Gladstone, chefe do Partido Liberal inglês, na época líder da oposição ao ministério conservador de Disraeli.*

tal que o horizonte parecia prolongar o rio e formar um mar inteiramente verde em que ilhotas de púrpura apareciam cercadas de ondas e espumas de ouro. Um grande poema de cores, como um arco-íris, que durou meia hora, e que dá uma plenitude de gozo e de emoção que vê-lo é rezar. É realmente a hora de Deus, sem precisar das pancadas do sino que chegam-me de todas as torres, cuja altura estou para lembrar-me.

Um dia glorioso. Dias assim condenam ao *lazzaronismo*.*   *11 junho*
   O impossível é sua própria lei.   ** vadiagem*
   Para os que nunca sofreram é, às vezes, difícil separar o sentimento da felicidade do de prazer atual, e por isso eles confundem a infelicidade (*mild**, e suave, está entendido) com o aborrecimento.   ** branda*
Aborrecer-se, não só com polidez mas até de bom humor, é o que se deve sobretudo ensinar como boas maneiras e como fonte real de gozo na vida. Cada menino devia ter por dia duas horas de aborrecimento, e os que estão em um movimento contínuo de corpo ou de espírito, de quietismo no sentido vulgar.

O Imperador do Brasil fez uma visita no outro dia a Victor Hugo, e   *12 junho*
exprimiu-lhe sua admiração por suas obras, que por ordem dele estão sendo traduzidas por um dos melhores poetas do Império do Brasil. A entrevista durou mais de uma hora, e o Imperador não pareceu muito satisfeito quando, deixando o grande poeta, este veementemente pediu-lhe (conjurou-o) a abolir a escravidão em seus domínios (*London World*, 3o de maio de 1877). O Imperador podia responder que já fizemos alguma coisa voluntariamente para esse fim, que ele mesmo libertou centenas de escravos, e em prol de tanto interesse pessoal ou humanitário da parte do grande poeta, podia pedir-lhe com toda a veemência que se separasse dos assassinos e dos incendiários da Comuna. Mas é verdade que o Imperador era o hóspede e que, se ele é o protetor dos literatos brasileiros, dos ruins, é o protegido dos literatos estrangeiros, mesmo dos portugueses.

13 junho[44]

* de fraque
* derrotados

* "Os males do governo crescem devido ao êxito ou à impunidade. Eles não podem ser contidos voluntariamente. Eles só podem ser limitados por forças externas... Uma grande e nobre nação nunca separará a sua vida política da sua vida moral".
* de direito e de fato
* um presidente fraudulento
* concidadãos
* fatos vindouros
* "deixai fazer, deixai passar"
* político

Ontem realizou-se em Manhattan Club a recepção *swallow-tails** aos candidatos democráticos eleitos e *counted out**. Tilden falou pela primeira vez depois da inauguração de Hayes, a que ele chamou "o mais portentoso acontecimento na história da América". América, está entendido os Estados Unidos, porque no México e no Peru há acontecimentos muito mais portentosos. "*Evils in government grow by success or by impunity. They do not restrain themselves voluntarily. They can never be limited excepted by external forces... A great and noble nation will not sever its political from its moral life*"*. Tudo isso é muito exato. O Brasil é a prova. Deve o povo ou não fazer política? O adiantamento de um país prova-se pela extensão dessa idéia de que "política" é inseparável dos mais vitais interesses da sociedade e (por aí) de cada um. No Brasil essa idéia não existe pelas condições especiais em que nos achamos, de território, de população, de trabalho escravo e de distribuição de propriedade, senão pelo caráter nacional. Aqui ela está em cada cabeça. O que mais me surpreende nessa reunião de Manhattan é que o governador, este *de jure e de facto** de New York, Mr. Robinson, chame diante do público o presidente dos Estados Unidos "*a fraudulent president*"*, e diga que espera que não terão de aguardar 1880 para pô-lo fora da Casa Branca, terminando assim referindo-se a Tilden e a Hendricks: "*Fellow citizens*,* vós tivestes a primeira oportunidade de saudar o presidente e o vice-presidente dos Estados Unidos depois de sua eleição. Eu vos congratulo, e creio que esse é apenas um presságio de *coming facts**". Essa alocução do governador do principal estado da União, proclamando a rebelião *legal* ou ilegal, é significativa do regime da política americana do "*laissez faire, laissez passer*"*. A boca do *politician** é a válvula de segurança das instituições.

---

44. Em Minha Formação, p. 143-144.

A mala inglesa traz-nos o discurso de Mr. Gladstone em Birmingham. Falando dos dois partidos ingleses disse ele[45]: "Tentarei ilustrar minha intenção mediante referência a duas escolas de arte antiga sobejamente conhecidas. Havia a escola egípcia e a escola grega. Quando se examinam os vestígios da antiguidade egípcia, encontra-se que o grande princípio que orientava o artista egípcio era a representação do repouso. Mas se você examinar a escola grega de arte, que é para todos o ápice de todas as escolas, você concluirá que o princípio predominante da representação grega é a vida e o movimento. Ora, eu penso que o Partido Conservador tem uma grande parecença [com a escola egípcia], salvo em circunstâncias excepcionais em que um homem de um grande espírito, generoso e patriótico como sir Robert Peel, põe-se à frente dos seus destinos [*cheers**] e então ele logo paga uma penalidade [*cheers*]. Penso que vocês concluirão que a idéia predominante de conservação é o princípio egípcio do repouso, mas que em nosso Partido Liberal nós possuímos a idéia grega de vida e de movimento. Não acrescentarei que, quando se possui uma quantidade de estátuas, não é muito difícil mantê-las em ordem, mas se todas aquelas estátuas conservadoras ficassem subitamente animadas pela capacidade ou pelo desejo de andarem pelos salões em que foram colocadas, não há dúvida de que o problema do *drill** se tornaria muito mais sério e muito mais difícil". Esta imagem é digna de um grande orador, e a aplicarmo-la ao Brasil, só faltaria acrescentar que essas estátuas conservadoras estão enfileiradas na pirâmide de São Cristóvão, na casa dos Mortos[46]. Lendo a forte e violenta acusação de Gladstone, que desmoraliza o seu país aos olhos do mundo inteiro, que o lê, não posso deixar de estimar que o nosso parlamento, pela distância, pela língua, pela insignificância, por tudo, seja uma instituição puramente doméstica e que a família brasileira lave sua roupa em

14 junho

* *aclamações*

* *adestramento*

---

45. *Tradução do inglês.*
46. *Referência ao Palácio Imperial, no Rio de Janeiro.*

casa. Todavia há nesse discurso de Gladstone uma pedra que nos tocaria há vinte anos, mas que hoje não chega até nós:[47] "O tráfico de escravos continua a ser feito desavergonhadamente na Turquia e não só isto, mas é feito ali com propósitos mais abjetos e mais imorais do que era feito por vários dos países cujos nomes são os mais familiares". Naturalmente, Brasil, Espanha, Portugal, Inglaterra e América do Norte.

Ainda que me reste ver dicionários e corrigir pequenas páginas e rubricas e dar nomes aos personagens, essa data marca definitivamente o fim de todas as minhas preocupações sobre esse drama, que me tomou todo o tempo desde janeiro de 1875 até ontem, mais de dois anos, em que longos intervalos se deram na produção mas no qual espaço de tempo a idéia fixa foi esta.

Hoje um passeio delicioso a New Rochelle com Mme. Cruger na Companhia Kane Coach.

"As mulheres têm a escolha de duas coisas más, dizia Mme. Cruger, casar ou ficar solteironas e preferem sempre a melhor". "Pois os homens, eu respondi-lhe, têm a escolha de uma coisa má, casar, e de outra boa, ficar solteiro, e preferem sempre a pior". "Mas os homens nascem logo maridos ou solteirões". "Sim, mas por infelicidade são os primeiros que ninguém quer e os segundos que os substituem. Daí tanta coisa".

16 junho   As grandes emoções, a felicidade mesmo, na vida vem do jogo. Jogar sempre é a condição do sucesso em tudo: uns jogam a dinheiro, o que os embrutece quase sempre; outros jogam à mocidade, à paixão, à fortuna, à glória, à felicidade com o destino que não poucas vezes toma a forma de uma mulher.

---

47. Tradução do inglês.

No Brasil é necessário renovar-se a campanha abolicionista. A lei *17 junho* de 28 de setembro deve ser tomada como o primeiro passo. Não há contrato com os fazendeiros de parar aí. É preciso destruir essa nódoa que nos envergonha aos olhos do mundo. A proposta de lei Teixeira Júnior, renovada de uma outra Wanderley[48], relativa ao tráfico costeiro de escravos, é muito patriótica. É preciso impedir o comércio de escravos de província a província e em cada província quase desanimá-lo. É necessário limpar o Rio de Janeiro, e organizar associações de negros. Essa é uma idéia que separa logo os dois campos, o liberal do conservador. Os escravocratas ultramontanos estão desgarrados entre nós.

Os jornais hoje têm dois fatos interessantes e característicos. *19 junho*

O primeiro é a recusa de receberem no Grand Union de Saratoga um banqueiro importante de New York, Seligman por ser judeu. Quando eu estive em Saratoga os judeus formavam a maioria ou pelo menos a parte mais ruidosa e barulhenta do hotel. O interesse dos proprietários seria evidentemente desanimá-los para obter a freguesia da boa gente; mas isso não se pode fazer sem agitar de novo e por uma forma muito original a questão israelita, não pelo lado religioso sobre o processo de Jesus, mas pelo lado social da inteira falta de maneiras. O *Standard* dizia de Disraeli em um arrufo: "decididamente um judeu não pode ser um *gentleman*". As exceções confirmam a regra — e são poucas.

O outro fato é a visita feita por Frederic Douglass ao seu antigo e velho senhor, que ele deixou há 41 anos para tentar essa vida de aventuras que levou-o até ser marshall* em Washington[49]. ** chefe de polícia*
Eu vim antes de tudo, disse ele, para ver meu antigo senhor, de quem estive separado 41 anos, para apertar-lhe a mão, para ver-

---

48. O projeto de Teixeira Júnior proibindo o tráfico interprovincial de escravos não seria aprovado. A medida só será adotada em 1885 pela lei Saraiva-Cotegipe, também chamada Lei dos Sexagenários, por haver alforriado os escravos de mais de sessenta anos.
49. Minha Formação, pp.145-146. Douglass, nascido escravo numa fazenda do Maryland, escreveu a autobiografia intitulada The life and times of Frederick Douglass.

lhe o benévolo e velho rosto, brilhando com a luz do outro mundo. Essa cena dá uma idéia melhor da escravidão no Sul do que a *A Cabana do Pai Tomás*[50]. O lugar da cena é Saint Michaels, Talbot County, Maryland. O nome do senhor é capitão Thomas Auld. "Marshall Douglass" soube a sua verdadeira idade de seu senhor, em cujos livros ele apareceu assim, "Frederic Balley, fevereiro 1818". Provavelmente o senhor não registrou mais, desde a idade de 18 anos (1836), a carreira agitada do seu escravo. Essa cena é, do que tenho lido, uma das coisas mais tocantes e mais características desse fato complexo da escravidão e das relações de escravo para senhor.

20 junho

No outro dia eu discutia com Mme. Cruger sobre o perdão no amor. O único verdadeiro é o esquecimento. Quando a ofensa volta à memória, não se está perdoado porque se é punido pela tristeza que ela produz no ofendido que se ama.

Eu dizia a Miss Work que na minha opinião o casamento mais feliz era entre pessoas de país, raça, língua, temperamento e paixões diversos porque o amor, sendo o mistério, há tanto mais probabilidade de não se conhecer um ao outro quanto a distância é maior. A língua sobretudo é uma grande fonte de diversidade. Ela me respondeu: "*I think decidedly so*"*. Ver antes maio 27.

* *"Eu penso exatamente assim".*

Hoje foram enforcados 11 criminosos de uma associação da Pensilvânia dos Molly Maguires. Onze pessoas enforcadas em um dia no Brasil, que discursos para a Câmara dos Deputados! Aqui só fazem vender maior número de jornais, de extras.

21 junho

Quem casa toma raízes, e quem tem raízes, como toda a árvore, vegeta.

* orçamento

"Ou a dissolução ou o *budget*"* não é só a divisa de Mac-Mahon, é a de todos os <u>pretendentes</u>. De ordinário, porém, as câmaras como os sogros preferem apertar os cordões da bolsa.

---

50. A Cabana do Pai Tomás, de Harriet Beecher Stowe.

"O verdadeiro sinal duma vocação é a impossibilidade de realizar-se em qualquer outra coisa, exceto naquela para que se foi criado... Eu me teria realizado em qualquer disciplina intelectual. Mas eu teria vergonhosamente fracassado em toda carreira que tivesse por fim a busca de um interesse qualquer". (Ernest Renan, *Souvenirs d'enfance*). O êxito nesse caso deve ser considerado mais subjetiva do que objetivamente — é mais a consciência da perfeição ou do sucesso do que a opinião dos outros.

22 junho

— Ela sabe esconder muito bem os seus sentimentos, e não é uma pessoa de quem se possa saber o que sente, me dizia Miss O. falando de Miss Work. "Realmente, ela os esconde tão bem que ela mesma não os acha", respondi-lhe. [...]

23 junho

Um indivíduo que não tem o instinto, o sentimento de propriedade, isto é, que pode gozar inteiramente de uma coisa que não é sua, mas de todos, é muito mais feliz do que os que precisam do domínio exclusivo para apreciá-la. Assim eu gozo mais do Central Park do que, se fosse proprietário, gozaria do meu jardim, o que não acontece a todos. Há quem prefira o ser possuidor de uma má galeria de quadros a ver a do Louvre. A imaginação ajuda mesmo os que nada possuem, fazendo-lhes crer que eles são donos de tudo: museus, jardins, palácios, o céu e a terra. É contestável que Luís XIV pudesse gozar mais do que eu de Versalhes, a menos que ele tivesse esse instinto burguês do avarento, que diz: "Isto tudo é meu". [...]

Querer <u>possuir</u> a mulher para gozar dela é o que só se pode sentir no amor, e mesmo no amor com as mulheres que provocam uma certa sensualidade, que só se satisfaz, como se alimenta, de uma posse inteira e exclusiva. No mais, porém, a mulher perfeitamente angélica, que não fala aos sentidos, que é uma admirável pintura, entra na categoria dos quadros de Rafael e das Vênus de Milo, que tanto prazer me dão no Louvre como se eu os tivesse dentro de casa, sem que ninguém mais os visse. Saber gozar de uma coisa — ou de uma mulher — mais do que o próprio dono, e o marido é geralmente considerado e considera-se dono da mulher, faz dispensar a riqueza e não desejá-la, exceto para certos fins como por exemplo mesmo para possuir uma dessas mulheres, que únicas despertam em nós o sentimento e a ambição da propriedade a mais exclusiva e de posse a mais inteira, levada à identificação dos dois.

---

24 *junho*

* salada de galinha
* limonada
* tartaruga de água doce
* sorvete

* biscoito de nata
* omelete de rins
* chá preto

Congenialidade. Por que Mr. Newbold é congenial com Miss Work, e eu não sou? O papel da congenialidade na família americana é muito importante. Quase sempre o que produz a congenialidade é o aborrecimento ou outra qualquer forma de dispepsia. Mrs. Place é congenial com Mr. Place porque ele vai à cidade trabalhar o dia inteiro e quando a vê, é para dormir. Quando duas pessoas gostam de *chicken salad** com *lemonade**, comem *terrapine** com *ice-cream**, à uma hora da manhã, são congeniais mesmo na indigestão. A congenialidade é naturalmente a vulgaridade porque é a supressão da individualidade. Uma moça de 19 anos considera congenial o homem que, ainda que de mais idade que ela, está no mesmo período de ignorância, de inexperiência, e cujo maior prazer é dançar o *boston* e jogar o pólo. A congenialidade não deve ser a semelhança dos gostos; eu posso ir muito bem com uma pessoa que despreze o meu costume de almoçar *milk rolls**, *omelette aux rognons** e *black tea** todas as manhãs, por mais de nove meses. Eu posso quadrar perfeitamente com uma pessoa a quem Camões faça sono desde a primeira linha e que julgue o meu drama um gasto inútil de tempo e de trabalho. O que reúne intimamente duas pessoas não é o gosto a qualquer coisa que se explique: é alguma coisa de mais profundo e de indefinível, que deixa de existir desde que se sabe o que é. A força do encanto de uma mulher reside num ponto que nunca se descobre, e que muitas vezes é o seu ponto fraco. Quem sabe por que uma pessoa, homem ou mulher, lhe agrada entre todas, não se engana e verificando pela experiência o seu engano sobre a causa dessa atração, traz de ordinário para o sentimento um espírito de análise ao qual bem poucos resistem. A força do desconhecido está em que ele não se presta a comparações.

Somente ontem acabei <u>definitivamente</u> o meu drama, *L'Alsace*. Agora só falta copiar e imprimir, dois trabalhos que já não me dizem respeito.

25 junho

Há certos homens, eu não estou longe deles, que seriam tão felizes como Dom Quixote, se não levassem sempre atrás de si o seu Sancho Pança. É o papel da experiência mostrar sempre à imaginação que, onde ela supõe estar o sublime, está o ridículo.

À noite, a Central Park: admirável por um luar. As árvores, as pontes, as cascatas, tudo parece um jardim de Armida. Realmente um delicioso lugar para a *flirtation*.

O americano na sociedade detesta cordialmente o estrangeiro: o inglês, porque o faz parecer *snob**, o francês porque o *gêne** e os outros todos porque fora da sociedade inglesa e do gosto incontestável da França, eles encontram tudo inferior aos seus próprios produtos.

26 junho

* esnobe
* embaraça

A França parece-me com a casa de Ulisses, cheia de pretendentes a devorarem entre si a fortuna de Telêmaco, à espera que Penélope se decida por um deles. Cada um está certo de que é o preferido e, enquanto ela pede a Minerva que acabe com esses insuportáveis perseguidores, μνηστηρας δ'απάλαλκε κακωζ υπερενορέονταζ,* eles continuam a devorar os bois e os carneiros dizendo: "sem dúvida ela está se preparando para o casamento". Infelizmente não parece provável que Ulisses volte para matá-los e tomar conta da casa.

* afasta os pretendentes maldosamente arrogantes (Homero)

O gosto pelos cavalos puramente convencional e exterior faz-me recear que os futuros nomes da nascente aristocracia americana sejam como nas *Nuvens*[51] os Xantippoi, Xaripponi e Kallippídes. Aristófanes devia escrever uma página senão sobre esse particular ao menos sobre as relações dos dois sexos neste país. A princípio pare-

27 junho

---

51. Peça de Aristófanes.

ce uma injustiça julgar um povo por um certo grupo, chamado a "sociedade". Mas será sempre assim, como se julga a arquitetura de uma cidade por dois ou três monumentos. A multidão provoca uma outra ordem de estudos, mas, como todas as casas se parecem mais ou menos, assim as famílias que elas contêm. A vulgaridade é o que se vê em massa em tudo e em toda a parte: a seleção, a escolha é o que é raro e é por aí que se faz a um país a honra de apreciá-lo. A razão é que essa "sociedade" forma-se de elementos puramente nacionais que culminam nela. Assim todas as queixas contra a restrição dos juízos por serem sobre uma classe exclusivista e limitada reduzem-se ao mesmo que acusar um crítico de julgar a literatura inglesa por Shakespeare e Byron e Shelley etc., que são muito poucos. Isso não prova nada. É uma vantagem que se oferece tomar de boa-fé os melhores representantes e na "sociedade americana" o estudo das relações de homem e mulher é apesar de tudo muito interessante e por fazer. Aristófanes, porém, tirar-se-ia melhor do que ninguém, porque é necessário olhar para pontos que ele apanhava logo, e que hoje ofendem a vista e a linguagem. O verso grego viria aqui melhor do que a minha reticência. Eu quero porém falar da influência que ele estudou tanto do *large derrière*, do traseiro grande, mas a vergonha, mesmo a sós, me impede de explicar-me.

28 junho

Realmente é possível que um homem como o duque de Broglie esteja de boa-fé, tanto como no seu parlamentarismo durante o Império, na sua paráfrase imperial de hoje. Mas como acreditar nos homens cujas idéias coincidem sempre na mudança com a de seus interesses? Isso não deve impedi-los de mudar, mas eles também não devem queixar-se se lhes falta a autoridade.

Há dois movimentos muito diversos: um do qual se faz parte, e outro exterior e estranho a nós mesmos. Na política são poucos os que conhecem o segundo, mas esse é o único em que a liberdade de ação não é uma ilusão da inconsciência.

O governador Hartranft dirigiu um telegrama "pela rainha Vitória" (*care of*)* ao general Grant, Buckingham Palace. É uma pequena pérola americana.

* aos cuidados da

Se se fosse "murar a vida privada" onde ficaria o *Jornal do Commercio*? É a única empresa desse gênero no mundo. Percebe um tanto por cada calúnia de que é o canal e que só a sua grande publicidade estimula. É a lavanderia do país, e pelas roupas sujas que recebe, cobra o dinheiro de que se sustenta. Não é nada mais do que um muro branco no qual não é proibido *deposer des ordures**. Não é escrito, nem arranjado, nem combinado, nem feito: é impresso, e o tipógrafo é apenas o divulgador do contribuinte. Não tem redação, como a lama não tem estilo. É uma vergonha nacional, a exceção da imprensa universal. Muito rico pelo gênero de especulação desonesta que prossegue, imagem fiel de uma certa sociedade luso-fluminense.

* *depositar lixo*

30 junho

A "escolha de Hércules" entre o Prazer e o Dever é uma alegoria em que se pode ver a situação de muitos moços entre o casamento e a vida de solteiro, ou o celibato, já que é preciso empregar essa palavra quase inseparável do seu complemento — clerical. Não há dever mais árduo, que exija uma abnegação mais constante, do que o casamento. Ninguém porém o aceitaria se ele não nos desse a taça com mel à beira. O casamento destrói o eu, e não se pode exigir maior sacrifício de um homem do que obrigá-lo a ser a segunda pessoa para si mesmo, e com os filhos a terceira, a quarta, a quinta, e menos ainda! A mulher porém, no casamento, não faz senão desenvolver o seu egoísmo e alargar o seu eu. É por isso que o casamento parece inventado para favorecê-la e para fazê-la tirar o maior partido possível de sua posição natural em relação ao homem. Ela, porém, não lhe é mais agradecida por isso e continua a pensar que é sempre a vítima.

O fundo da vida é para uns azul e límpido, para outros escuro e opaco. As alegrias passageiras, os dias de embriaguez e de prazer, passam como um raio de sol nestes, e as dores e tristezas como uma nuvem de tempestade naqueles.

4 julho	Aniversário da independência americana. O dia mais calmo e mais tranqüilo que tenho visto em New York. O povo celebra essa festa retirando-se da cidade ou ficando em casa. É ainda o melhor meio. [...]
5 julho	Tem causado certa impressão aqui ter o príncipe de Gales[52] posto a Grant na cauda da fila no jantar que deu ao Imperador. Se nos lembrarmos que em sua qualidade de presidente, Grant não pagou a visita que lhe fez na Casa Branca Dom Pedro de Alcântara, teremos uma idéia da etiqueta dos americanos em seu país e de suas pretensões fora.
* "A poesia é a tentativa do homem para tornar sua existência harmoniosa".	"*Poetry is the attempt which man makes to render his existence harmonious*" (Carlyle)*. As piores faltas são as da vida, porque nada pode apagá-las da memória, que tem seus períodos de acusador e outros de advogado. Todavia quando há um desejo sincero de repará-las ou de não repeti-las, pode-se mesmo fazer delas um mérito, tornar a nódoa em cor, e fazê-la desaparecer na unidade da vida. Um sentimento forte que provém de uma falta tem uma profundidade de brilho que o sentimento espontâneo é superficial demais para apresentar.
6 julho	Vejo que o Juca Monteiro, feito barão de Estrela por ter forrado alguns escravos, casou com Mlle. Drummond. Ambos são moços! Deve ser assim. O casamento deve ser o último ato da educação, e vir com a maioridade.
* políticos	A posição do presidente Hayes é a mais curiosa que jamais se viu. Ele chegou ao poder por fraudes sem iguais na história do país, empurrado até a Casa Branca por *politicians** desesperados, depois de uma campanha de que os empregados públicos fizeram os gastos, e pela ação dos *returning-boards* do Sul, de forma que ele deve a sua eleição ou antes a sua posição, a um sem número de *carpet-baggers* e de *politicians* desde Mad. Wells e Cazenave até Justice

---

52. Eduardo, príncipe de Gales, futuro Eduardo VII.

Bradley, da Corte Suprema. Chegando ao poder porém ele teve vergonha de tudo isso e cortou a calda por onde aliás ele mesmo tinha nascido. Os *carpet-baggers* sofreram a amputação da membrana que os ligava ao presidente eleito com eles, e por eles, e morreram da operação. Os *politicians* foram desprezados; o partido republicano *snubbed**; os empregados públicos, que o elegeram pela *machine* e que pagaram as despesas, intimados a mudar de vida e a não dar mais um vintém para eleições; de sorte que de tudo isso se conclui que Hayes, assim como não quer ser mais eleito, entende que ninguém deve mais ser eleito como ele foi. Poucos homens teriam a coragem de fazer um tão admirável uso de um poder tão mal adquirido — e isso resgata quase a falta de coragem cívica que o levou a aceitá-lo.

*desprezado

No Brasil os que se chegam ao governo têm toda a razão porque se queixam da imbecilidade. Mas o caso resume-se nisso: tira-te daí para que eu me ponha, sem que se ganhe nada na troca. A razão é a absoluta falta de pessoal habilitado, a impossibilidade de criá-lo. As causas principais de mau governo do país vêm do próprio país. Em parte alguma há tantos meios de reivindicar os direitos políticos, eleitorais ou outros; ninguém faz uso deles. A liberdade de imprensa é absoluta, mas só se lê o anúncio. O jornal é o cartaz. O direito de associação é completo; só se reúnem moleques e capoeiras. A lavoura não quer saber de política, que é a profissão dos advogados e doutores. É verdade que todo o mundo é. O brasileiro é <u>servo da dívida</u>. A escravidão tem entrado no sangue, tanto se misturam as duas raças. A estatística provaria que o país será, no futuro, de mestiços. Nessas condições não há nada que fazer, senão proteger o estrangeiro e endividar-se pela colonização. É o que não se quer. O fazendeiro só quer o negro; não sabe tratar o branco. Os *coolies*[53] já parecem imorais a quem vê as senzalas. A nossa natureza é admirável, o solo fertilíssimo, o país muito rico, o trabalho porém precisa tornar-se livre, para que possamos aproveitar o que temos. A escravidão é o inimigo do Brasil!

7 *julho*

8 julho

[...] Eu conheço um americano, Mr. Jackson, proprietário de cinqüenta casas, que vive de uma para outra porque preferem sempre alugar-lhe aquela em que ele está. Tendo alugado a última para não pagar a renda a si mesmo ou a outrem, ele partiu para a Europa com toda a família. Provavelmente voltarão quando houver uma casa desocupada.

Miss Stevens deve ser comparada a um corpo que sendo em si mesmo glacial tivesse uma atmosfera de fogo. Ela queima, mas gela.

A temperatura moral do futuro a julgar pelo americano deve ser muito baixa. O sentimentalismo desaparece aqui diariamente. A Inglaterra é em comparação um forno. A infelicidade porém é que se pode ver sobretudo na mulher que, sem esse <u>sentimentalismo</u>, ela não tem sedução, e é um mármore que não sente, mas que também não inspira. O dinheiro é aqui o fim da vida, e a mulher cujo ideal seja esse, não tardará em especular consigo mesma. O casamento estrangeiro é muito atacado aqui como sendo um negócio; o americano não é mercenário, ganha dinheiro mas não se vende; mas o casamento americano não é menos um negócio porque se não há compra nem venda há uma troca ou uma permuta. A posição troca-se por dinheiro, o dinheiro por posição, os títulos têm um valor relativo segundo a época, a afluência e o país; só o amor, o talento e a beleza não têm cotação nem encontram *bears* ou *bulls*.[54]

10 julho

[...] O poeta, como o historiador, vive da vida dos outros — este da de seus heróis, aquele da de suas criações. O homem do mundo vive de sua vida própria, mas pode se acrescentar que nem sempre o poeta e o historiador deixam de sentir e de viver o que escrevem ou produzem. Pensar não nos parece hoje de uma natureza inferior a obrar, há mais animalidade na coragem física do que

---

53. *Referência ao plano da lavoura cafeeira no sentido de substituir o trabalho escravo pela imigração de chineses, plano que será encampado pelo ministério Sinimbu em 1879 e que Nabuco combaterá no Parlamento.*
54. *Expressão da bolsa de New York para designar as oscilações das cotações das ações.*

no gênio. Alexandre podia preferir ser Aquiles a ser Homero, sobretudo por ter a certeza que seria cantado por este, mas o que dá brilho à vida não é senão a aliança dessas qualidades de ação e de pensamento, que estando separadas em alguém deixam ver que a superior não é ainda a primeira.

11 julho

Quem tem obrigação de contar um minuto em alguma dor vê que tempo há dentro dele. Pode-se fazer muita coisa em um minuto: as maiores por assim dizer fizeram-se nele, porque a idéia de uma grande obra fere o espírito como um raio de luz, e só a execução é questão de tempo.

O cérebro tem afinidade para certos venenos de que a mulher tem o segredo e que viciam a inteligência. Há literalmente mulheres que subvertem a vontade de um homem, que não as ama aliás, mas que em presença delas é vítima do encantamento. A teoria dos filtros antigos que produziam o amor não é fisiologicamente impossível. Há alguma coisa de venenoso no olhar e no modo de certas mulheres que corrompe o homem.

Mr. [em branco] disse-me que ia convidar-nos, Choiseul e a mim, para o seu "castelo" de Poughkeepsie em agosto. A questão, acrescentou ele, é achar mulheres!

12 julho

O tempo dentro do qual se desenvolveu a civilização grega, no seu período de perfeição, podia hoje parecer insuficiente para um cometimento, senão individual, de família.

No meu novo drama o <u>namorado</u> da princesa, escultor que faz a estátua dela nua como Galatéia [...]. Ele quer destruir a estátua, que no seu ateliê é a prova do crime, mas ela opõe-se e ameaça-o de tudo confessar. A princesa, para preservar a obra de arte que a deve imortalizar e salvar o seu nome, entrega-se ao juiz e o amante mata-a, mas a obra está salva. Ela tinha amado nele somente o gênio e amara-lhe a glória mais do que ele mesmo.

No primeiro ato, um meio artístico, uma rapariga à la Frédérique de Goethe. O meio da Alemanha nas guerras de Napoleão I.

13 julho

Há uma evidente confusão na assimilação da poesia à arte. A idéia e a forma perfeitas, uma pela outra, não são necessárias à pintura e à escultura tanto como à poesia. A pintura por exemplo tornar-se-á cada dia mais independente do ideal e mesmo da idéia, a mais objetiva. A reprodução <u>viva</u> da vida dispensa a poesia da concepção. A poesia porém é que será sempre a cristalização da idéia — e a forma não terá valor sem a idéia. A palavra não serve senão para exprimir o pensamento, ao contrário da cor, que tem um valor próprio.

A Níobe na posição em que a deixa a morte do último filho é um assunto mais para a escultura do que para a poesia. As grandes dores silenciosas pertencem a outra arte que não ao drama.

O livro do barão Hübner[55], na parte que se refere à América, está já antiquado. Um detalhe: que nos cars* cede-se o lugar às mulheres. Não hoje, nos cars de New York. Outro, que Brevoort, que ele chama Prevost House, é o melhor hotel dos dois hemisférios; o Buckingham lhe é muito superior. Outro, que este país é excessivamente rico e desenvolve-se a olhos vistos. O país está pobre e marcha para trás atualmente.

* ônibus

14 julho

Quem compara a formação intelectual de um Chopin, de um Heine, de um Thackeray, de um Macaulay, de um Teodoro Rousseau, de um Bismarck, de um Midhat Pacha, de um general Grant, de uma Patti, de um Vanderbilt, de um Tweed, de um Dom Pedro II, de um Príncipe de Gales, vê que a classificação dos homens seria muito mais difícil de fazer se, em vez dos caracteres físicos, se tomassem as qualidades intelectuais. Cada homem tem o seu modo de sentir, de ver — todo seu e só seu — e é o desespero de nossa ciência que nunca um homem há de poder conhecer o interior de um outro. A sensibilidade pessoal é impenetrável, a individualidade ilimitável — cada homem é o seu próprio mundo. Os exemplos que eu tomei acima são <u>de ocasião</u> e não escolhidos. São os nomes das pessoas sobre quem li hoje alguma coisa.

---

55. Refere-se à obra do barão de Hübner intitulada Promenades autour du Monde, 2 volumes, Paris, 1861.

15 julho

Tenho estado a ler hoje *L'Art d'Être Grand-père** de Victor Hugo. Mistura de sublime e ridículo, de grande e grotesco. [...] Leio no (Londres) *Spectator* que "O Japão é o Paraíso dos Meninos e porque eles lá são sempre felizes, nunca choram e vivem num céu aberto". Toda a poesia de Victor Hugo sobre os meninos, como fica longe dessa realidade japonesa! O que nós temos é a superficialidade do sentimento poético. O verdadeiro poeta não é quem escreve a poesia, mas quem a faz. Entre o sentimento e a expressão, não há que escolher.

* *A Arte de Ser Avô*

A república em França é um partido de futuro, sobretudo porque é ela a herdeira do legitimismo. O conde de Chambord não tem a quem deixar a França senão a si mesma[56]. A França deve fazer-lhe pomposas exéquias, enterrá-lo em Saint Denis como o último dos representantes da Casa Real. Os Orléans não representam, como Napoleão III, senão a democracia, que pode deixar de coroar-se a si própria sabendo o que isso lhe custou uma vez.

Mac-Mahon, que se julga dono da casa, não está senão na antecâmara, para cada pretendente que considera a França como uma casa arrendada por sete anos por um mau procurador, que não pode antes do prazo intimar despejo.

16 julho

No meu drama, há uns versos que mostram a França como a casa de Ulisses.

Uma comédia: *Os Pretendentes*. O conde de Chambord, cujos títulos históricos seriam considerados, "*enfant du miracle, fils de Saint Louis*"[57], representaria a teoria de que a política é uma arte religiosa, de que um reinado é uma catedral, de que não se deve aceitar o trono senão para preencher o ideal católico. Para que ser rei — se o rei está em Roma, e só os jesuítas são os seus minis-

---

56. Alusão a que o conde de Chambord, pretendente da facção legitimista dos monárquicos, não tinha descendência.
57. "Menino miraculoso, filho de São Luís". O conde de Chambord era assim denominado pelos legitimistas devido ao fato de que ele fora o filho póstumo do duque de Berry, filho de Carlos X e herdeiro do trono, assassinado em 1820 por um fanático.

tros? Para que só servir à pátria — se todos quiserem rezar — e tomar o *Syllabus*⁵⁸ por Carta? A bandeira branca é o passado, a monarquia é progressiva como a França, como o organismo no corpo. Isso é uma falta política, mas a concepção de que governar é um ato religioso como a confissão, e tem um fim religioso, é subversiva da liberdade de pensamento. Um homem pode fazer de sua vida uma forma de arte, mas não da vida de todo o mundo, que quer viver a seu modo. O conde de Chambord quer ser a consciência de França. Os reis de França não eram sacristãos do Papa. Por que sê-lo? A política, se é uma arte, não é uma arte ascética e religiosa, ainda no seu período hierático. *"Le droit divin des rois sert à chasser les prêtres"**.

* *"O direito divino dos reis serve para expulsar os padres".*

A arte religiosa (a política ultramontana) traz consigo como crime de sacrilégio o menor ato de liberdade individual.

17 julho

O princípio — muito te será perdoado porque amaste muito — é de uma aplicação diária aos homens; a mulher deve conservar-se pura. A aventura não lhe vai bem, e todavia para dar-lhe o nome é necessário um pouco de romance.

Andar uma milha só nos parece muito porque queremos fazer a milha em um passo.

Não se pode dizer deste país que ele tem ideal. É o país prático por excelência, que tem a admirável qualidade de bem ou mal governar-se a si mesmo. Não lhe falta *manhood**, mas tudo nele serve a fins materiais. A instrução pública, que está tão desenvolvida, só tem tido esse desenvolvimento por ser um elemento do *business**. Ganhar dinheiro é o fim real da sociedade americana. Outrora, e, como o tempo voa aqui, não há muito ganhava-se dinheiro alegremente, com esse espírito cavalheiroso de aventura e de negócio que se encontrava em todos os lugares em que a fortuna faz-se depressa, como há anos na Califórnia, e, diz-se, na Dia-

* *virilidade*

* *negócio*

---

58. *Lista de oitenta proposições doutrinárias condenadas por Pio IX em 1864 como parte da ofensiva anti-liberal da Igreja Católica.*

mantina[59]. Hoje porém a fraude, a esperteza, a fineza substituíram essa ousadia brilhante e essa coragem despretensiosa dos exploradores. Hoje há especuladores. Cada um quer viver à custa do outro e como os serviços são recíprocos furtam-se à grande. As fortunas arruinadas ou estremecidas dão um ar triste ao negócio que se agita mas que não anda mais. Quanto ao ideal, discute-se hoje a ocupação do México como se fora território americano. Cuba, que tem acreditado nas simpatias americanas, esvai-se em sangue, enquanto eles discutem se devem tomar ações, ser *shareholders** da independência da ilha, que é uma companhia apenas que não tem acionistas, por não prometer dividendos. Um jornal que governa um partido, *si et in quantum**, admira-se de que o governo do México ponha obstáculos à invasão armada do seu território, acha que as suas perguntas são impertinentes e aconselha ao governo que não se explique. Invadir um país sem explicar-se, e quando se é vizinho, e se está em paz! O tratado com a Inglaterra, que resultou no Congresso de Genebra[60], levaria a crer que os Estados Unidos são o país do direito internacional. A política estrangeira americana, porém, resume-se em um princípio: o interesse americano. Esse procedimento com o México descobre a verdade sobre o auxílio prestado pelo governo de Washington a Juárez e o fuzilamento de Maximiliano I. O México pertence aos Estados Unidos. O que é extraordinário, porém, é que uma fração do país tão adiantada como o Norte deseje ainda acrescentar aos *returning boards* os <u>*pronunciamientos*</u>,* e fazer um mosaico ainda maior de fraude, de anarquia, de militarismo e de revolução, do que a história do Sul já nos parece.

* *acionistas*

* *sob condições*

* *golpes militares*

---

59. Entenda-se, no Arraial do Tejuco (Minas), no século XVIII.
60. Pelo tratado de Washington (1871), os Estados Unidos e a Inglaterra concordaram em submeter à arbitragem internacional as questões relativas à fixação de fronteiras com o Canadá e aos litígios decorrentes da Guerra Civil, o que permitiu uma solução satisfatória do contencioso anglo-norte-americano.

19 julho   O microscópio, para a ciência alemã, ainda não pôde descobrir Deus. Sujeito à lente magnificadora, o Infinito não aparece nem mesmo em princípio de formação. Os teólogos e os crédulos, como eu, respondem ao sábio que ele se ocupe de ciência e não de teologia, que se a religião é uma espécie de loucura, sê-lo-á por largos séculos ainda, e nenhum hospital poderia conter os doidos que ela faz. O sábio responde que, se ele não é teólogo, o teólogo é um asno por seu lado.

Deus queira que pelo primeiro vapor me venham boas notícias, isto é, licença para deixar este país. A minha natureza repugna inteira e intimamente ao emprego público. Para mim a questão não é permanecer nele, mas deixá-lo.[61]

A minha inteligência é sobretudo transformista ou, antes, eu penso por associação de idéias. Não tenho memória atualmente.

Estou inteiramente com Goethe. 28 de agosto de 1749.[62]

Os bonapartistas ameaçam de abandonar Mac-Mahon. Seria suspendê-lo no vácuo em um prego orleanista.

O conde de Paris, pondo-se atrás do conde de Chambord, é a penitência do reinado de Luís Filipe e contrição da história. Mas se ninguém pode arrepender-se por seus antepassados, ninguém pode impedir o acontecido. A família dos Orléans nunca terá a força do princípio hereditário monárquico, porque ela o destruiu irreparavelmente para si em julho de 1830.[63]

20 julho   A questão da posição da mulher na família será provavelmente resolvida no futuro pela igualdade com o homem. Em relação à propriedade, o direito é o mesmo, e hoje já devia ser garantida, como em certos países o é, a posição da mulher. Em relação aos filhos será sempre uma questão de eqüidade, e o juiz não terá em litígio outro meio de confiá-los, senão como Alexandre, ao morrer, o

---

61. Nabuco acrescentou posteriormente: "Parece que este voto foi satisfeito".
62. Alusão à data natalícia de Goethe.
63. Ao aceitar Luís Filipe a Coroa da França, após a sublevação de Paris contra Carlos X, a despeito de ser descendente de uma linha mais nova dos Bourbons.

seu Império — ao mais digno. O interesse em relação ao filho não é nem o do pai, nem o da mãe, mas o dele mesmo. Desde que a mulher não é educada no princípio de que ela é o complemento do homem, de que a sua missão é de passividade, de que essa disciplina é necessária ao desenvolvimento do belo e do bem no mundo, tanto como da ciência, de que ela não deve sair do amor para o negócio — não há outra lei senão a da igualdade de direitos, porque a mulher é a revolução que nada pode dominar senão a força, contra a qual ela está protegida pelo preconceito de que ela é o ente fraco. Mais forte do que o homem pela astúcia ela o é sem dúvida, e a imunidade da raposa não é geralmente defendida. Mais do que pela astúcia, pela violência. A mulher não é um caráter de compromisso e de concessão: ela só cede ao amor, e o amor com a igualdade dos sexos tende a desaparecer, como se pode ver neste país. Desde que a lógica e a fisiologia tomaram conta da questão, não há dúvida que a mulher é física, moral e intelectualmente (salvo durante a gravidez e mais ou menos a menstruação) igual, senão superior, ao homem. O sufrágio universal do futuro terá esse elemento de anarquia.

21 julho

Ontem escrevi o primeiro ato de um novo drama em verso francês: *L'Amant de la Princesse**, mas em prosa portuguesa, já se entende. Quando os cinco atos estiverem prontos em português, estudarei o tempo e o lugar da ação — e começarei a escrevê-lo em francês. Um ano ou dez meses me parece o mínimo de tempo que ele tomará, e dois anos o máximo. Como a estrada é longa quando se principia, e, quando se acaba, como consola pensar que foi longo o caminho!

* *O Amante da Princesa*

Às vezes eu sou levado a pensar que se não existe senão o que nós cremos ou podemos ver, a vida é uma comédia ridícula na qual não se deve aceitar um papel. Talvez. Mas esses milhões de seres que vivem pela vida sem se ocuparem de outros fins fora dela, não teriam o direito de julgar-se superiores ao homem que, para viver esta vida, precisasse uma outra? Que irresponsável se matasse por não ter um juiz e por não ser uma criatura?

Deus: é como sempre a idéia do meu poema dramático. Ver todos os *"Prometeus"*.
I. Monólogo de Deus antes da luz. A eternidade nas trevas.
II. Deus e a luz. Deus Universo.
III. Deus e a vida.
IV. Deus e o homem.
V. O homem-Deus.

---

22 *julho*

Punir o furto é justo e fácil. Condenar o mendigo é necessário. Mas muitos homens que sendo jurados perguntassem a si mesmos: se tu te achasses entre a fome e o furto, morrerias? Talvez tivessem de sua consciência uma resposta que os levasse a absolver contra a justiça o criminoso. A necessidade é a pedra-de-toque do caráter; os que não provaram o seu fazem bem em esperar pela prova para terem orgulho de si, a menos que se tenha essa consciência clara, segura e objetiva que faz-nos ver realmente como somos depois em todas as circunstâncias da vida. São poucos porém os que possuem essa faculdade de conhecer de antemão e que não se enganam no que pensam poder como no que sabem ser-lhes impossível.

Faz hoje um ano que parti da Inglaterra para aqui.

Ler desde amanhã a vida de Alexandre. A morte de Clito, Apeles, a evolução da mais bela vida de homem. Que assunto para um poema dramático! Que quadro para representar o crepúsculo de Atenas e a apoteose humana!

No leito de morte "ao mais digno" quando o amor o voltasse para uma adoção, a amizade para outra, e o sentimento de sua obra o elevasse acima de sua inclinação pessoal. A amante de Apeles. Aristóteles. A Ásia e o Oriente. O homem-Deus. Nenhuma sombra no astro, cujo ocaso depois de um dia curto foi mais brilhante do que o curso — tudo faz dum assunto o mais belo que se possa tratar. Eu quisera mostrar Alexandre, ainda que perfeito, um "bárbaro". Mostrar como o fundo da natureza macedônica resistia ao sedimento grego da cultura homérica e aristotélica. Fazê-lo desenvolver a harmonia de suas faculdades até sentir-se, pelo poder sem limites de que ele dispunha, inteiramente divino. Chegando aí, ele deve perder o equilíbrio e cair. Não é o Deus grego que reúne à sua divindade a humanidade; é o Deus egípcio. O "bárbaro" reaparece. Por outro lado, fazê-lo até depois de suas grandes conquistas, virgem de todo o amor. Não se tendo corrompido por sensualidade alguma, puro como a fonte e a neve, luminoso de espírito — sem essa massa de névoa que a sensualidade produz na imaginação. Então mostrar o amor. O Deus-Pan de repente assimila-se ao mundo em que se manifesta sua divindade, e torna-se licencioso, suntuoso e efeminado na Assíria e na Pérsia, como fora "homérico" em Tróia e supersticioso no Egito. Na morte porém a natureza volta à sua harmonia, faz um esforço para reunir-se na perfeição de seus motivos, e o grego calca aos pés os mantos, as máscaras e as insígnias dos personagens orientais que ele representou para voltar à idealidade da vida — ao belo jônico, à severidade dórica, ao sal ático — quando a morte sela com a sua eternidade a unidade do herói, saindo das contradições do homem.

Há três dias a *strike** das estradas-de-ferro está já durando. Barbaridade da *mob** americana, como de todas as *mobs*. A crise do capital e do trabalho é uma das conseqüências inevitáveis da democracia ou antes do progresso, do bem-estar geral, da facilidade de obter armamento. Quando cada homem tiver uma espingarda, não se deixarão de se produzir as cenas selvagens dos tempos em que homens de interesses diversos e irreconciliáveis encontraram-se com as mesmas armas. A questão mesma não promete ter outra solução senão a da força e do número, se o capital, a inteligência, a educação, que serão sempre a exceção, não se submeterem ao direito que têm as massas de governar. A democracia é, talvez, segundo o direito, o governo natural, mas quando ela atacar certos princípios que estão acima do governo político e que formam a tradição social, princípios que produziram o desenvolvimento da civilização e a formação da sociedade, a democracia cairá sob a ação de um direito superior ao dela: o direito de necessidade, e a idéia mesma de

23 *julho*

* *greve*
* *turba*

direito. O círculo liberdade e despotismo abrange todas as possibilidades do desenvolvimento humano, enquanto o homem for o animal que é hoje. A próxima evolução darwiniana talvez liberte o seu produto desse círculo em que foi encerrada fatalmente a liberdade do seu antecessor. A democracia, porém, como também o absolutismo, só se tornaria o governo necessário, irremediável e definitivo dos estados em um outro período geológico, ou segundo o atual catastrofismo depois de uma catástrofe universal do planeta. A verdade, porém, é que o "comunismo" nada tem com a democracia, que ele destruirá pela anarquia.

24 julho

Ontem tive uma distração na Mercantile Library, no salão de leitura. Eu sempre ponho o chapéu em uma ponta que há na estante enquanto leio; ao acabar, porém, tomei o chapéu alto que vi defronte como de costume, pensando que era o meu. Até aí a distração é comum. Mas é que já tinha na mão o meu chapéu redondo, baixo, e mais uma bengala e um jornal. Felizmente ninguém me viu com dois chapéus na mão, e o dono, que é um homem que tem a mais original cabeleira postiça de segunda mão, tão distraído também estava que não reparou. Se me vissem, a evidência era de que ia furtando um chapéu. O dono não acreditaria que um moço que, voltado a seus sentidos parece incapaz de abstrações tão grandes, fosse mais do que um *pickpocket**, e mo diria; eu por meu lado arrancava-lhe os cabelos ou amassava-lhe o chapéu, e amanhã estaria envolvido em um processo célebre. Felizmente, porém, o decoro com que eu voltei a pôr o chapéu no seu lugar fez com que ninguém reparasse que eu parecia antes uma chapeleira dupla do que um leitor ordinário.

*batedor de carteiras

25 julho

*grevistas

As cenas destes últimos dias são das mais tristes e dão muito o que pensar. Os *strikers** são o centro à roda do qual a comuna tende a formar-se. Esses comunistas em toda a parte são os mesmos: antes de distribuírem a propriedade, tratam de destruí-la. Trabalhadores, tudo o que é resultado do trabalho lhes faz horror. A tábua de divisão que eles possuem é o barril de petróleo. Se fosse possível organizar o mundo inteiro sobre a base que eles propõem, seria esse o meio de começar? Para salvar as instituições que fazem a glória da espécie humana, é necessário afastar o sentimentalismo, desprezar todas as sutilezas e carregar a mão contra os *rioters**. A *mob* só pode ser levada pela força; é este o único argumento que ela compreende e também o único de que se serve. Os Estados Unidos vêem-se hoje a braços com uma grande perturbação, por terem se jactado de haver resolvido o problema de não ter exércitos de guerra em tempo de paz. Como a autoridade está espalhada, e como a agitação é toda econômica e ofende os proprietários de todos os partidos, a organização política está a salvo mesmo na anarquia. O que será o futuro com a organização assim do trabalho, com as *Trade's Unions**, com esses exércitos de operários que têm como reserva ativa os desocupados de todos os ofícios, quando o trabalhador está nas mãos de sua associação, que pretende impor ao empregador os salários que ele tem que dar ao empregado? Os operários têm o direito de formar tais associações, que, socialmente, são a organização da anarquia, mas os proprietários ou os capitalistas deviam por seu lado não empregar membro algum dessas associações. A relação do empregado para com o patrão, de desconfiança, de inveja, de maldade, desleal, indigna e infame como é, é um dos mais tristes espetáculos do nosso tempo e não contrasta como um exemplo da dignidade do trabalho livre com a dedicação, o interesse e a amizade do escravo pelo senhor. Pode-se dizer que, neste caso, a virilidade está destruída até ter perdido consciência de si, mas nessas qualidades há uma elevação maior do que nas do trabalhador livre que, para não sentir em si nada de servil, converte o reconhecimento em ressentimento gratuito para vingar-se no seu benfeitor. Inimigo como sou da escravidão, eu encontro mais dignidade no escravo do que nessa espécie de homem livre, que principia por se libertar dos melhores sentimentos humanos. Se tivermos a Comuna nestes dias, que comentário da liberdade americana! O fato é que o comunista pouco se importa com a liberdade que lhe dão; o que ele quer é destruir, saquear, incendiar, sem fim algum senão a satisfação desse ódio invetera-

* *amotinados*

* *Sindicatos*

do, depois da instrução das classes inferiores contra tudo o que é "propriedade". Victor Hugo disse que o culpado de terem os comunistas posto fogo ao Louvre é quem não lhes ensinou a ler. Cada um desses incendiários era assinante provavelmente do *Rappel*. Que povo calmo, o americano! A grande excitação não passa de uma conversa reservada e particular nos lugares públicos; uma grande agitação, são cinco pessoas que falam em um hotel ou em um bar. New York está a dois passos de ser teatro de uma *riot** amanhã e as autoridades concedem um *park* aos comunistas. Tudo fraterniza, a tropa com os *strikers*, os *citizens** com o *mob*, e ninguém perde a calma. Os pessimistas franceses não existem no meio deste país de otimistas que dizem sempre: "não haverá nada", e se há: "isto passa logo", e se dura: "podia ser pior". A casa do vizinho aqui é cidade para cidade, e dentro da cidade, bairro por bairro, casa a casa. Os próprios que perdem tudo não acham meio de queixar-se, senão de si mesmos.

* *motim*

* *cidadãos*

28 julho

Há espíritos que dão flores antes que lhes venham as folhas, como certas árvores; mas parece ser da natureza do gênio produzir na miséria ou no infortúnio, como certas árvores nas quais a falta de seiva determina o aparecimento de flores.

O sistema econômico brasileiro fundado sobre o trabalho escravo é positivamente uma grande falência, que só não tem sido manifesta pela afluência de capitais estrangeiros no tempo da crise. Não há no Brasil um fazendeiro que se importe com as condições do trabalho e que pense em transformá-lo de acordo com as exigências do tempo. O capital para ele não é a terra nem a produção: é o escravo. É preciso localizar a escravidão, e acabar com tudo o que é comércio de escravo. Os escravos fiquem nas províncias e cidades onde estão matriculados, e acabe-se toda a intervenção judiciária em atos de si indignos de um povo civilizado. A escravidão é a ruína do Brasil, que está edificado sobre ela.

A grande superioridade das naturezas castas sobre as sexuais é que aquelas são completas por si e estas precisam de um complemento. O temperamento é um grande agente na produção intelectual; um homem que leve a refrear-se e dar os combates homéricos que São Jerônimo travava com a carne, esgota a imaginação que, para voar, precisa de que as outras faculdades estejam quietas.

29 julho

[...] Não há nada mais comum do que confundir-se a inteligência com as idéias. Há homens de inteligência que não produzem nada que preste, mas a inferioridade não é do terreno, é das sementes. As idéias que se recebem germinam, multiplicam-se, transformam-se, por isso é preciso muito cuidado em escolhê-las para os meninos e em geral para a inteligência no seu período de receptividade.

É um grande pensamento o da unidade da Natureza.

Mac-Mahon pediu ontem à França que lhe mandasse deputados que não prolongassem o conflito com ele por só "poder isso ser nocivo à grandeza dela". A ingenuidade desse pedido e as contradições que se contêm nele são mais próprias de uma comédia do que da grande crise que a França atravessa. É no fim de contas a mesma história que a do inquilino que não paga o proprietário nem lhe deixa a casa, e que se ele vem intimar-lhe que saia, responde-lhe: aqui não há justiça e eu tenho a força, por isso deixe-me em paz, que é muito melhor para a sua casa. Esse pedido, seguido de uma ameaça, esse ao mesmo tempo adular e provocar o sufrágio universal são característicos da arte de governar do duque de Broglie. A França, porém, vendo o bastão de marechal levantado sobre ela, diz-lhe friamente, levando uma cédula republicana à urna, como Temístocles: "dá, porém escuta".

30 julho

As mulheres não compreendem que se prefira trabalhar como eu um drama a ir divertir-me com elas a Newport e Saratoga pela razão que elas não têm fé no meu drama. Nem eu. No que eu tenho fé é em que faço meu possível para me aproximar da arte. Não é o sucesso o que eu admiro, é o esforço. O sucesso depende das faculdades do homem que não deve nada a si mesmo por elas, o esforço depende dele. A *failure** é bela mesmo quando é, artisticamente falando, *upright**.

* *fracasso*
* *correto*

*apelo ao povo

Estive a pensar hoje nos "pretendentes". O *appel au peuple** é feito pelo candidato respectivo às rãs — e a prova é tirada por outro que apela também para elas — a tudo elas respondem: *quac*. A bandeira branca está no bolso do candidato que limpa os olhos com ela, e que dorme nela, como há-de ser enterrado nela — a mortalha é branca. O sistema de arquitetura política. O comunista que se propõe a dividir, mas que, quando casar, o caso será outro; nisso faz uma herança.

O autor dramático não pode dispor de uma das mais fortes expressões da emoção: o silêncio, a lágrima quando se a vê brotar dos olhos. Ou pelo menos depende tão inteiramente do ator para executar a sua idéia, que a eloqüência ou a impressão que ela tenha é toda deste.

31 julho

O meu próximo livro se chamará *Ninhos de Pássaros*.

A moça que ama não compreende o que se poderia chamar — o amor crítico. O primeiro amor é como a combustão espontânea da sensibilidade, uma animalidade virgem e poética, a revelação dos sentidos. Todos esses amores ocupam o homem todo. Pode-se dizer deles que estão no coração, porque são eles que fazem a circulação moral toda inteira — e a vida mesma. Esses amores porém são as flores da primavera, e passam logo. O amor artístico tem uma origem mais elevada, e só não é em si mais nobre do que os outros, porque muitas vezes, quase sempre, é um dos outros que leva ao casamento (à moralidade organizada) e aos laços morais que saem dele.

Penso em escrever um drama sobre a guerra de separação. O assunto seria o conflito entre a família e o Estado vencido pelo Estado, entre o Estado e a União vencido pela União. A idéia nova de pátria e a antiga.

Os autores se preocupam muito de fazer os seus personagens lógicos, verídicos, só tendo uma palavra. O leitor também não quer ser enganado pelo personagem. Todos têm uma idéia que desenvolvem, um caráter inteiro. No meu drama não há nada disso. A unidade do homem está na identidade e em nada mais. Eu posso ser muito contraditório e ter muitos homens inconciliáveis em mim sem perder a minha identidade. Assim na vida, assim na arte. Os entes uniformes parecem não representar senão uma direção do espírito do autor, que em si mesmo não tem a unidade do personagem. A mesma coisa com as unidades clássicas.

O público para o meu drama deve ser um público que não tenha pressa e que se deixe pensar, em vez de me fazer pensar a mim.

"*I guess I will suit you*"*, me dizia ontem uma rapariga de Baltimore falando-me de si mesma.

1º agosto

* *"Creio que eu lhe convenho".*

Ontem Jay Gould[64] foi assaltado por um coronel da Califórnia ou *major** especulador como ele, da Wall Street. Esse escândalo veio me deixar conhecer melhor os negócios da praça de New York. A vingança que atribuem a Gould é característica. A causa do assalto foi a compra escondida, apesar, ao que parece, de um ajuste, por Gould, de fundos da *Western Union* que fazia subi-los. Depois dos *blows** ele fê-los subir ainda mais, para afogar o *broker** que o atacou e que precisava deles baixos. O jogo de praça de *bulls* e *bears* é pouco menos do que uma ocupação de salteadores. Eu sinto que o nome do pai de Miss Work esteja envolvido nessa *menagerie** digna da casa de correção, se é exato o que se conta dos processos que eles empregam para arruinar os homens de boa-fé. O comércio pode dizer que esses nada têm que ver na *Exchange** de New York, mas então seria muito honesto avisá-los por um letreiro. Jay Gould é chamado o *King of Wall Street**, e é um operador colossal que move milhões por centenas de mãos anônimas. Aqui ser assaltado nas

2 agosto

* *principal*

* *golpes*
* *corretor*

* *zoológico doméstico*

* *Bolsa*

* *Rei de Wall Street*

---

64. *Jay Gould era um dos mais notórios especuladores na bolsa de New York e em 1869 havia comprometido a presidência de Grant numa operação escandalosa com ouro.*

ruas é apenas o pretexto para ser-se no dia seguinte exposto nos jornais. O sistema do repórter americano não tem em si delicadeza nenhuma, é um meio de delação e espionagem e seria insuportável para qualquer outro país. A vida privada aqui é uma expressão conservada do inglês mas sem alcance prático. Todo o homem é um <u>homem público</u> nesta terra, e o dono de hotel, o vendilhão como o presidente, habituam-se à mesma publicidade que tem um olho na cama do marido. Admira-me como não há ainda repórteres padres. É preciso explorar o confessionário.

3 agosto

<u>A diplomacia e a literatura</u>.

Há uma confusão de idéias no Brasil entre a literatura e a diplomacia. É preciso que alguém lhes explique que uma coisa não tem nada com a outra. Em geral é certo que um homem de um grande talento literário é capaz de fazer bem tudo a que se aplique. Shakespeare e Goethe com duas lições saberiam o direito internacional melhor do que um internacionalista. Mas a inteligência não basta na diplomacia, porque ela não tem sempre a direção do caráter. Um gênio como Bacon pode ser venal e corrupto, e, nesse caso, a inteligência serve para esconder, sofismar, defender, disfarçar o crime, o que é agravá-lo. Mas em geral a inteligência pode quanto é bastante para no século XIX dar um bom diplomata; pelo que se pode dizer que, de ordinário, um literato pode ser aproveitado, o que não é o mesmo *by any means** que o diplomata <u>deva</u> ser <u>literário</u>.

A *petite patrie** mata no meu drama a grande.

Far-se-ia um livro interessante reunindo certas sessões dos diversos parlamentos. A Câmara dos Comuns concorreria com a sua quota de ridículo parlamentar, de incivilidade e grotesco, e a Assembléia de Versalhes, a Casa dos Representantes, o Parlamento Otomano figurariam ao lado da nossa Câmara dos Deputados sem muita desvantagem. "Vossa Excelência é um bandalho", que disseram ali ao Afonso Celso, é a síntese da nossa má-criação quando obrigada a revestir-se de formas parlamentares.

* *de maneira alguma*
* *pequena pátria*

Eu não me atreveria a escrever a prosa francesa como escrevo o verso. A poesia parece ser uma cristalização, e ter de si mesma a força de repelir o que lhe é estranho, e por conseqüência falso, ao cristalizar-se. A falta no verso fere o ouvido e a vista como o não faz na prosa.

4 agosto

O conforto do Buckingham Hotel é tal que um se acostuma a ele de modo a ser difícil deixá-lo[65]. Como hoje me acho, sou antes uma mulher velha do que outra coisa. New York faz vergonha a Paris e a Londres. Neste hotel cada quarto tem os seus anexos: banho, e *closet**. Em França o que chamam banho é uma banheira com alguns litros d'água. A luz, o serviço, a mobília dos quartos, a franqueza do trato, o hóspede considerado como *part of us**, como W.H. Vanderbilt disse dos seus trabalhadores, e não como um carneiro a tosquiar até ao sangue, a qualidade do pessoal, sisudo, sério, fazendo todo o seu serviço, ainda que só o seu serviço, sem murmurar e sem pose, a cama, as roupas, as cinco toalhas que mudam cada manhã, a água corrente, os grandes espelhos, os tapetes, tudo novo e renovando-se cada dois anos, tudo isso faz um hotel de Paris e de Londres parecer uma caverna, e quem esteve tanto tempo como eu aqui hesita em ir para um hotel em que lhe dão uma metade de vela, um jarro d'água, uma toalha e onde a cada cômodo que se quer tem-se que pagar. Todavia um hotel tão admirável como este tem um grande defeito, desabitua da viagem e enerva. A vida ativa exige que se aprenda a passar mal, para não sofrer-se quando se for obrigado a isso. Mas nesse caso é preferível tomar logo o pior.

*privada

*parte de nós

Os jornais publicam hoje uma entrevista com o ministro da Turquia. Se ela está alterada, no todo vê-se o homem. O repórter porém não é dessa classe com quem um diplomata pode conversar <u>intencionalmente</u>, porque não é um homem que <u>compreenda</u> o que se lhe diz.

5 agosto

---

65. *Durante sua permanência nos Estados Unidos, Nabuco habitou o Hotel Buckingham, situado na Fifth Avenue com a rua 50, diante da catedral de Saint Patrick, que estava àquela altura em construção. Nabuco permanecerá fiel ao Buckingham e quando vier a New York como embaixador em Washington (1905-1910) continuará a hospedar-se nele.*

Na vida social há esse perigo realmente muito grande de conversar-se livremente com uma pessoa que não nos entende. Com as mulheres é constante. Por pouco que uma frase tenha um sentido oculto, elas desfiguram-no. Além de certos homens que nunca entram em conversa senão como quem entra em combate, para vencer o adversário, (e esses Dom Quixotes não nos atribuem poucos "moinhos de vento"), há uma classe mais honesta; mas com a qual é preciso talvez mais precaução, pela razão simples de que os outros, estando sempre ingenuamente de má-fé, tiram o mesmo partido do branco e do preto que nós possamos escolher, enquanto que esses querem compreender, supõem ter compreendido, esforçam-se por não nos falsificar e prejudicar, mas no fundo são os piores inimigos, como sempre certos amigos. O ministro da Turquia encontrou um desses repórteres obsequiosos para quem os emprega e para quem conversa com eles, mas no fundo terrivelmente *mischievous**, que fê-lo aparecer pelo menos indiscreto. Todavia a comparação entre o coronel Baker e o reverendo H. Ward Beecher como sarcasmo, não está pouco vingativa e parece ter sido preparada. Eu suponho que essa alusão terá uma resposta, e, como sempre, na igreja de Plymouth, do púlpito. Um diplomata deve escrever notas, um padre fazer sermões — o estado de anarquia do protestantismo e o serviço dos repórteres produz um conflito entre neutros.

* *maldosos*

---

6 *agosto*

Hoje tomei bilhete para o Niágara, para partir amanhã por Saratoga.
Não há vontade mais firme do que a do rio de passar pelo seu leito quando o embaraçam. Há aí um pensamento fixo e determinado evidente. Isso que se chama a fatalidade e a liberdade não é realmente senão uma questão de declive e de impulso. A vida é como um rio: leva do berço uma inclinação natural para os seus fins, que são o leito em que ela corre, e poucos têm a força de desviar o curso de suas próprias águas de modo a melhorá-lo. Realmente a liberdade é um fato no detalhe, mas no todo, a liberdade de todos forma margens de pedra dentro das quais cada um tem que correr. O verso de Wordsworth: *"The river wanders at its own sweet will"**, aplica-se bem à vida no mesmo sentido de doce ironia que o poeta aplica ao rio.

* "O rio vagueia segundo sua própria, mansa vontade".

O número de mulheres que têm má opinião do caráter de Goethe é uma verdadeira praga do Egito. As mulheres não gostam da *variedade* no amor, isto é (restritamente) de que se ame diferentemente. A idéia de amor é para elas concreta e limitada; o amor é um fato que não pode ter duas interpretações, e toda a estética do mundo não dá, para elas, para criar um pouco desse amor, que é fisicamente um aperto do coração, um estremecimento nervoso, e moralmente a entrega toda e absoluta de si mesmo a uma mulher. Fora daí elas não compreendem nada, e lutam para reduzir o amor a um fato simples, ao alcance de todos, a uma enfermidade comum aos gênios e aos sapateiros, e sempre o mesmo desde que é <u>verdadeiro</u>. Goethe, ao contrário, queria transportar o amor da esfera a mais elevada e pura dos sentidos, onde mesmo eles chegam, ainda que exercendo a sua atração, a desprezar-se e a causar horror a si mesmos, à esfera mais elevada da inteligência — a arte. É por isso que Goethe terá sempre contra si as mulheres, que são todas (positivistas), práticas, realistas, e que não querem trocar o prazer físico e moral do amor por um sistema de arte ou por uma idéia vaga. A inteligência da mulher adotará sempre as mais impossíveis metafísicas, mas repugnará, mais do que à anatomia *meaningless** do seu corpo a uma análise dos seus sentimentos que os reduzisse a idéias. Goethe amava, pensando; elas amam, sentindo, e entre esses dois modos eternos de amar não é provável que elas tenham nunca uma dúvida sobre qual seja o verdadeiro.

* *sem sentido*

O que uma mulher pode dar de melhor a um homem é uma lembrança.

7 *agosto*

A palavra saudade é uma palavra <u>rica</u>, e as palavras <u>ricas</u> são aquelas que exprimem por si sós o que seria preciso muitas para detalhar. Essa palavra é uma mina; quanto mais se cava, mais ouro se encontra. Quem a recebe descobre nela um mundo de idéias diversas das que teve quem a empregou. São palavras que têm uma margem larga para a imaginação, e que fazem pensar em vez de emprestar-nos pensamentos. Quantos sentidos há dentro dela! Lembrança, desejo de tornar a ver, esperança, amor, solidão, falta de ausência — todo esse estado em que ficam separando-se duas pessoas que se amam. E no entanto essa palavra é de uso corrente, e todos os pequenos empregos que se fazem dela não puderam destruir ainda a poesia que ela tem, como tantas outras cuja eterna mocidade vem da renovação, constante na alma humana dos sentimentos que elas revelam, sem nunca descrever.

8 agosto

A vida ativa não pode ser substituída em certas naturezas pelo isolamento, sem que se veja logo a relação entre o organismo moral e o mundo externo. A ciência, a poesia, a arte são a dieta do espírito, que só deve curar o abuso da alimentação real que é o mundo. Isolar-se para desenvolver-se só, ainda que com o auxílio dos livros e da natureza, é privar-se da troca com a sociedade e debilitar o espírito. Um grande poeta pode ser solitário e fechar-se em seu pensamento, como em uma torre, para escrever, mas a obra, profunda, e grande como será, perderá muito de sua parte humana. Pode-se estar ligado à sociedade pela curiosidade, pelo interesse, sem freqüentá-la, mas o espírito seguirá sempre o mesmo curso, e será *one sided**. É preciso a troca com o meio em que se vive para renovar as idéias. É um erro pensar-se que um homem deve desaprender tudo o que sabe, como queria Macaulay, para ser um grande poeta. Os poetas estiveram sempre à frente do seu século: Homero, Dante, Shakespeare, Goethe são a prova. O pedantismo mata a poesia, a ciência a alarga. O coração está em relação direta com a cabeça; sente-se como se pensa. A inteligência aperfeiçoa e suaviza a sensibilidade. Não é possível ser um grande poeta sendo-se ignorante: a poesia assim desceria com o progresso. Ela sempre estará em relação com o seu tempo, e o que um homem culto pede a um poeta para tocá-lo é diverso do que pediam os pastores aos seus. A ignorância tem em sua ingenuidade uma certa poesia, e nós a apreciamos como artistas; não pode porém essa poesia satisfazer os fins da poesia em outra sociedade diversa daquela que a produziu.

* unilateral

Há muito homem político em França atualmente que deve dizer aos emissários dos pretendentes: *"Si votre prince venait à régner, il pourrait compter sur moi!"**

O homem tende a uniformizar-se. Seria no fundo muito difícil traçar a linha entre um inglês e um francês, se se uniformizar a educação dos dois, por exemplo. Pode-se realmente fazer um retrato nacional, e as nuances serão reconhecíveis como pertencentes a este ou àquele povo. Individualmente a precisão é quase impossível. Mas se isso é assim hoje, no futuro os característicos estarão ainda mais apagados, o comércio, o casamento, as comunicações internacionais — e o caráter de unidade da civilização ocidental — terão confundido na aparência pelo menos os diversos tipos europeus. Será o americano o tipo geral do futuro ou um dos que ele há de desdiferençar? O americano, em geral, é antes de tudo um homem prático, em cuja vida a metafísica tem pouca parte, que realiza perfeitamente que a vida é um *business* e que é preciso o dólar para não falir nela, que põe a arte e a ciência, e o cultivo, atrás do que é essencial — que é tudo o que se refere à fortuna pessoal e depois à *polity**, que submete os seus sentimentos ao seu interesse bem compreendido, que vai sempre *ahead** como a locomotiva, sem olhar para o fumo que deixa atrás, que considera "praticamente" a mulher como uma *obstruction** e tira dela o melhor partido, que é deixá-la entregue a si mesma, e que deseja como ideal para si a riqueza primeiro, a influência *secundo*, não tendo desdém por nada, não olhando para os lados quando anda, desprezando a *gossip** e a *commérage**, querendo tirar o maior proveito possível de suas circunstâncias, indiferente às pequenas coisas que gastam a vida dos outros homens, nunca procurando o prazer, mas achando-o, algumas vezes, sóbrio, calmo, indiferente às contrariedades e antes de tudo americano.

9 *agosto*

* "Se vosso príncipe viesse a reinar, ele poderia contar comigo".

* *comunidade*
* *à frente*

* *obstrução*

* *mexerico*
* *bisbilhotice*

Aqui janta-se em mangas de camisa e o serviço é feito por criadas. No meio do jantar levantam-se para fazer alguma coisa que lhes esqueceu e voltam.

10 *agosto*
[Niágara]

Uma senhora me dizia que há tanta eletricidade em New York que saem faíscas do cabelo quando se passa um pente de tartaruga depois de ter trabalhado em noites de inverno, e que se acende o gás com o dedo. É possível, mas por mais que se esfregue uma mulher americana não sai uma faísca. Esta frase não seria verdadeira tomada comparativamente. A americana é altamente elétrica: o choque, a chispa, o raio, tudo isso ela tem, e mesmo há um efeito galvânico em seus músculos que se Galvani tivesse podido estudar ser-lhe-ia mais útil do que os da rã. A mulher americana tem uma espécie de histerismo seco; mas o calor da carne, a precipitação agradável do sangue, o sentimento exuberante da vida física, a voluptuosidade esquecida em si mesma, tanto como a paixão — que não seja pessoal ou de que ela mesma não seja o fim —, como o amor, ela não os possui, e parece por aí que não só os primeiros fatos são efeitos da paixão, como que esses e esta não pertencem propriamente ao que por comparação se pode chamar a eletricidade na mulher.

11 agosto

quedas

Cheguei ontem ao Niágara, Clifton House.[66] Estou defronte das quedas e noite e dia tenho esse grande espetáculo. A catarata é perfeita; todos os arredores convergem para o mesmo efeito que ela produz. A princípio eu tinha medo que as margens e a paisagem em roda fossem pobres, e que os anúncios do Hudson River tivessem chegado até o Niágara; mas a cachoeira protege-se a si mesma e o quadro tem a moldura que mais podia convir-lhe. O Niágara tem aqui margens de mais de duzentos pés de altura e que parecem muralhas construídas para ele, quando são abertas por ele. A vegetação é abundante e geral em torno. A princípio eu pensei ver uma dualidade na idéia da queda. Mas quando se sobe ao Lorette Convent por exemplo e se tem uma vista geral do Niágara compreende-se a unidade das *Falls**. O que é tão soberbo como a queda é a calma com que logo depois essas águas deslizam. O verde é admirável. A que-

---

66. Em carta escrita de Niagara Falls a seu chefe em Washington, Carvalho Borges, Nabuco refere-se às suas "belas excursões pelos arredores e a vida do campo que me transporta à fazenda [sic] de Pernambuco, onde fui criado".

da grande, a *horseshoe** em si mesma só pode ser avaliada de baixo e de perto. É um mundo d'água, um rio inteiro que cai a todo momento no abismo. A luz transforma a cada instante a vista, e ver formar-se a nuvem e a água subir em poeira até o ponto do qual se despenha é um dos maiores prazeres da cena. O Niágara produziria muito maior efeito se fosse visto de baixo, e não de cima, todavia vê-lo por detrás quando, sem se ver a altura da queda, vê-se que falta a terra sob o rio todo que desaparece, é ainda um dos melhores aspectos deste grande panorama. A altura é de cento e cinqüenta pés e a largura de dois mil e quatrocentos; se esses algarismos fossem postos em lugar um do outro, ou se a cachoeira tivesse de alto o que tem de largo, o espetáculo seria mais surpreendente para a imaginação, que procura o precipício e a desordem. Como está ela é perfeita, é a ordem pura, não há nenhuma desordem nem revolta. O rio parece não perder o seu equilíbrio e conservar a sua vontade na queda, disposto a fazer seu caminho por esse leito de granito que ele abriu durante séculos. Por um dia claro, essas águas metade verdes, metade de ouro e prata fundidos — com o fundo de vegetação que limita o cenário, despenhando-se em uma imensa curva e envolvendo a sua queda em nuvens que sobem para o céu já formadas e em um nevoeiro em que o sol desenha o seu arco-íris — apresentam a cada instante o mesmo sublime efeito, que em nenhuma parte é repetido, sempre renovado e sempre o mesmo, com o mesmo eterno rumor e estremecimento em torno. Não há nada de selvagem, há tudo de indômito. É uma força da natureza que se afirma em excesso. As águas parecem às vezes cair como em Versalhes e em certos momentos tem-se a idéia de que se poderia, se houvesse ainda faraós, copiar e reproduzir esse todo, mas quando se vê a queda de debaixo, quando se calculam os milhões de pés cúbicos de água que passam a cada minuto, vê-se toda a grandeza, a força, a harmonia e a simplicidade dessa incomparável obra da natureza. Os arredores são muito agradáveis. Do lado do Canadá, onde eu estou, os passeios a pé são muitos e extensos, e a cada passo que se faz se tem uma nova vista.

* *ferradura*

13 *agosto* [...] Ao lado americano. Atravessei o rio em bote. O golfo que forma o *horseshoe* no fundo, e a massa d'água que se despenha em escuma, com as ribanceiras altas. Em Prospect Park, do terraço é que se vê a curva, o salto que dá a água arremessando-se e o estampido e a poeira em que arrebenta no abismo. Atravessei a ponte de Goat Island. De Luna Island vê-se que a queda americana que parece do Canadá uma parede unida e plana, forma uma grande curva. Em cima do *horseshoe*. À roda de Goat Island, às Fisher Islands. As pontes. A vegetação das ilhas, e os rápidos. O Niágara branco de escuma parece a praia pedregosa de um mar agitado. Na volta de Goat Island o rio estende-se calmo, liso e parecendo raso, sem que se pudesse prever as cachoeiras. A Suspension Bridge, graciosa, parece suspensa por uma rede de acrobata. Do alto da torre a vista é das melhores: o rio verde repousa no fundo do leito, as margens têm um belo corte, o terreno é todo verde e as cascatas caem como um lençol de neve fundida. O Niágara é um todo admirável, e em nenhuma parte quem possa gozar sempre de um mesmo grande espetáculo da Natureza, não teria um melhor lugar para fazer o seu ninho.

14 *agosto* Dia dos anos de meu Pai. Sessenta e quatro anos hoje. É este um dia grande para muitos, e Deus lhe dê uma vida longa para glória de seu país e felicidade de seus filhos.

O ruído externo da cachoeira faz-me sentir que há uma vida mais vasta e maior em torno de mim: a da Natureza. Aqui nunca se está só. Esse constante cair de um rio no abismo sugere pensamentos grandes demais para a simples melancolia pessoal. Se René[67] veio aqui, voltou curado. O destino de um homem desaparece no do Todo como uma rocha nas espumas da queda. O trabalho ativo e vivificante do mundo está diante de mim em uma de suas magníficas manifestações. Todavia não é de Deus que se pensa diante do Niágara. Quando se vai a Goat Island vê-se a história do rio escrita nas pedras do leito. A geologia aqui vence a fé. O que se vê é a obra que esse rio realizou,

---

67. Personagem de Chateaubriand.

e as mudanças na conformação da *horseshoe* são contemporâneas. A catarata recua, a rocha cede sob a massa de água e em milhares de anos será perto do lago Erie que o homem terá a grande vista das cachoeiras do Niágara. Nobre rio, cuja história é a de muito grande homem, ou pelo menos que é a imagem viva de uma grande vida.

15 agosto

Passei a manhã em Clifton Place, um castelo em frente das quedas. As duas Misses Bush[68] muito interessantes e a mais velha muito inteligente. Conversamos muito, querendo ela sobretudo fazer-me sentir a diferença entre a *fashionable girl** e a *country girl**. Como a vi, esta última é deliciosa. Muito passeio, muito andar a cavalo, conduzir um *buggy** com um pônei por montes e vales nas *villages**, fazer *picnics* no Whirlpool, nada de *toilette* nem de luxo, um coração sadio, franca, hospitaleira, resoluta, tudo isso a torna pelo menos um agradável repouso da mulher da cidade, que, segundo esta, "não vê um pouco do céu azul". A casa está muito bem situada, tendo em torno um véu de árvores que protegem-na contra a umidade (*spray*) da cachoeira, e estando no centro de um *park*. As trovoadas têm sido constantes desde que eu cheguei, e o ar é muito carregado de eletricidade. O estampido do raio parece o despenhar de um rochedo.

* *moça da moda*
* *garota caipira*
* *charrete*
* *povoados*

16 agosto

A natureza é o limite de tudo. O animal bravio não a transpõe. Cada um obedece à lei de sua própria formação.

No meu poema *Deus* fazer Deus ordenar a vida sem pensar, nem poder vê-la, no desenvolvimento infinito dela pelo Universo. A matéria co-eterna dele. A Criação é apenas o movimento que ele lhe imprime, e do qual luz, calor, vida, tudo sai.

À manhã com Miss Florence Bush no seu castelo. O prazer de estar com uma rapariga assim é inteiramente novo à margem do Niágara. Hoje conversamos muito sobre o amor e o coração. É uma moça muito inteligente, que pensa e sente muito bem; sem ser bo-

---

68. *A família das senhoritas Bush era uma das proprietárias de Niágara e habitava um "castelo" nas proximidades de Clifton House, onde Nabuco se alojara. Ao tempo da sua embaixada em Washington, Nabuco revisitará Niágara e as senhoritas Bush.*

nita, extremamente simpática; uma dessas pessoas que apenas nós vemos tornam-se familiares e que têm no coração uma mina em que sempre se acha ouro.

* *"excelente como namorado e sofrível como marido"; "um excelente primo mas um irmão sofrível"*

A paixão, o princípio, o direito que não fazem "compromissos", nem se entregam hão de ser sempre chamados loucura.

Miss Bush disse-me que a irmã me julgava: *"a very good lover but a very poor husband"*, e mais *"a very good cousin, but a very poor brother"*.*

17 agosto

Com as Misses Bush às Street's Islands. Passeio muito agradável.

Voltou uma moça a dizer-me que recusou um homem por não ser *congenial* com ela. Eu quis provar-lhe que, desde que esse homem a tinha amado, devia ser *congenial* com ela; ao que ela respondeu-me que nesse caso ela não o era com ele. Dizendo eu então a Miss Bush que o amor dispensa a *congeniality* e que sem ele esta nada significa, ela usou de uma expressão gráfica: *"Of course it bridges everything"**. Essa é uma imagem da ponte que nós havíamos atravessado.

* *"Claro que faz ligação com tudo"*

18 agosto

A inteligência será eternamente diversa da matéria. A Natureza sem o homem é uma lanterna mágica; é a nossa consciência que lhe dá a sua verdadeira realidade, que é saber que existe.

O tempo não depende da mudança das coisas nem da sucessão. Ele passaria eternamente sem que nada existisse.

O luar no Niágara promete para amanhã novas impressões das quedas. *Os rapids** de Cataract House parecem selvagens e irresistíveis e a confusão das águas aí é grande.

* *corredeiras*

Gladstone é mais impopular por ter pago as reclamações americanas no Sul [dos Estados Unidos] do que na Inglaterra. O tempo porém em que o tratado de Washington foi assinado é o de mais perfeita unificação que os Estados Unidos já tiveram. Hoje ele não seria possível. Há entre o Norte e o Sul um *misunderstanding**, e senão uma reserva tácita de um sentimento bem definido. Um quer governar o outro. O que torna os partidos nacionais grandes "compromissos" e que impossibilita a unidade de vistas em cada um deles, é a divergência de interesses dos estados. O partido de-

* *mal-entendido*

mocrático, por exemplo, tem que abranger em uma fórmula a política do Leste do pagamento em ouro e da conversão, e a do Oeste da circulação de *greenbacks** e do *dollar of our fathers**; e o republicano tem que conciliar a política de intervenção de Grant com a de *self-government** de Hayes para os estados do Sul. Tudo isso faz desses dois partidos associações de elementos heterogêneos unidos para repartir o poder.

* *papel-moeda*
* *dólar de nossos pais*
* *autogoverno*

Vinte e oito anos.

19 agosto

Antigamente a cada 19 de agosto eu fazia um novo plano de vida e pretendia uma reforma radical. Hoje limito-me a desejar que eu possa fazer algum progresso neste novo ano, e ter um sentimento mais claro do que realmente me seria concedido executar com perfeição. Conhecer o curso natural do meu espírito é segui-lo, em vez de desviá-lo; fixar-me sobre a língua em que devo pensar, sobre a profissão que devo seguir, sobre a ação provável de minhas forças em vez de gastá-las querendo alargá-la, enfim fazer alguma coisa, em vez de planejar muitas: é hoje o meu único desejo, e Deus queira que eu o veja realizado.

A situação de Mac-Mahon e a de Hayes são inteiramente diversas. Hayes, levado à presidência pelos piores elementos de seu partido, descarta-se deles e considera-se eleito pela lei. Mac-Mahon até hoje considera-se a criatura do duque de Broglie e prefere ser o autômato do seu criador a sê-lo de seus inimigos. Hayes governa bem porque está livre de espírito, Mac-Mahon é o escravo de seu reconhecimento, que não é uma qualidade de estadista. [...]

Idéia de escrever um poemeto, o *Niágara*, dedicado a Miss Florence Bush.

20 agosto

O presidente em um discurso em certa vila declarou que nenhum lugar lhe era mais caro do que esse, por ter sido aí que o primeiro Hayes, seu avô, se estabelecera como ferreiro (*blacksmith*). Uma tal circunstância não faz honra a ninguém e, se é uma honra, é dessas que como dizia outro presidente não se podem recusar, nem também buscar.

As luas de Marte descobertas pelo professor Hall fazem esse planeta parecer uma reprodução da terra. A idéia de que nós somos toda a inteligência do Universo basta para qualificar-nos de tolos; nós devemos representar para o resto uma infinitésima parte do espírito dos mundos, mas uma infinitamente maior da estupidez.

O fato de trocar uma forma em outra e de não haver salto na natureza não prova que haja transformação. Como, depois de milhares de anos, as formas primordiais atuais não deram sequer um passo, quando seus pretendidos descendentes já passaram toda a escala vegetal ou animal? Por que não há conversão contemporânea ou completa ou em preparo? Não é provável que a Natureza opere por criações sucessivas, mas não é provável tampouco que ela suspenda a sua ação, e esconda todas as formas transitórias, para combinar com certa teoria. [...]

21 agosto

Quando pelo fato da conquista há duas línguas no mesmo país, uma que tenta manter-se, outra que quer expandir-se, o modo por que elas se confundem deve ser muito curioso de estudar. Parece-me que esse estudo não está feito, pelo menos quanto à razão por que duas palavras exprimindo a mesma idéia, uma é a que prevalece. No todo a língua deve obedecer a uma ondulação geral, e a uma lei uniforme, às resistências conhecidas ou calculadas de desenvolvimento. Mas parece-me que deve ser um guia seguro para o conhecimento dos povos invadido e invasor seguir, em cada um, a adoção das palavras necessárias, ou novas, do outro. Assim uma palavra normanda que prevalecesse pelo uso sobre outra saxônia semelhante teria, para ser aceita, razões gerais de desenvolvimento da língua, da mesma forma que a palavra saxônia que a normanda não pôde substituir, razões gerais de resistência da língua. Mas uma palavra nova saxônia mantida e uma palavra nova normanda aceita devem esclarecer pontos mais interessantes do relativo estado de cada uma das raças.

O coração é o limite e a escravidão do homem. Ninguém que o te-   *22 agosto*
nha se pode considerar livre.

Provavelmente os mundos nunca entrarão em contato um com o outro. Eu posso imaginar um deus em Júpiter ou em Saturno, mas esse deus nunca poderá sair do seu meio, e não seria nada fora dele. Transportar o meio de um mundo para outro seria anarquizar a Natureza, e provavelmente a Natureza provaria ser mais forte do que as suas mais divinas criações.

A Natureza não basta ao homem que tem sede de amor nem ao que está saciado dele.

O americano nunca se ocupa do que come, e um homem que masca e cospe e anda de chinelas dirá logo a alguém, que objete em um hotel a um prato, que isso é uma *piece of bad manners**. Nesse ponto o   ** demonstração*
americano não falta a elas. Admiravelmente paciente, ele tem pouco   *de falta de*
mérito em não se queixar da comida porque ela lhe é perfeitamente   *educação*
indiferente. Come o que lhe dão, ou o que há. Muitas vezes ele encomenda um jantar em Saratoga de 11 pratos e [o] criado lhe traz outros inteiramente diversos: ele os devora com o mesmo apetite. Não se pode esperar que um *darkie** retenha 12 pratos de memória, mas o   ** negrinho*
que concorre para a confusão geral que fazem os *waiters** é o direito   ** garçons*
que eles têm aos sobejos. Assim eles encomendam para si.

O presidente em toda a sua excursão na Nova Inglaterra tem apre-   *23 agosto*
sentado o seu *post-master*[69] Key como um rebelde arrependido, e este de cada plataforma de trem em que o põem e diante de cada banda de música que *serenades** o presidente, faz o seu ato de con-   ** faz serenatas*
trição. Esse papel o que tem de mais ridículo é que o personagem   *para*
supõe realmente representar o Sul, que o acha baixo e servil. O Sul não tem que justificar-se diante do Norte. A vitória completa e por assim dizer a conquista deste dispensa aquele de humilhar-se hoje. Não seria para o amor-próprio do Sul o melhor momento para

---

69. Post Master General é ainda hoje a designação do ministro dos Correios nos Estados Unidos.

isso; se ele porém quisesse fazê-lo, o momento em que está na consciência de todos que ele vai voltar pacificamente a reaver o poder perdido sobre toda a União [sic].

A reforma do "serviço civil"[70] não abrange um ponto: que o secretário de Estado não possa advogar. Nunca por outro lado houve em país algum um homem da mesma posição política que adulasse tanto o patriotismo nacional, porque parecem não ter outro fim essas quixotescas proclamações que ele anda ultimamente fazendo, onde quer que o trem pare.

Em cada parede uma vista de um ponto que mais nos tenha impressionado, que prazer para quem possa realizar essa decoração. As casas hoje são construídas para os outros.

24 agosto

* *pequenos proprietários rurais*

* *"O fazendeiro é o chefe da nação".*

* *soda gasosa*
* *conhaque*

[...] Um livro a escrever de viagens — *O Niágara*.

Hoje no *park* de Mr. Bush teve lugar o *picnic* dos *farmers**. Mr. Bush é um homem patriarcal que prefere fazer bem aos que se dirigem a ele a ter em ordem a sua bela propriedade. Esses *farmers* vieram dos arredores em grande número; cada grupo tinha a sua mesa na relva, cheia de pastéis e conservas, mas aparentemente só tendo por *liquor* a melancia. Um coreto com a inscrição *"The farmer is the chief of the Nation"**, e uma banda de música que se imagina, além dos carros os mais originais em que todo esse mundo veio, era tudo que havia mais no *park*. Esses *Canadians* não se divertem à moda americana porque não houve dança, nem à moda inglesa porque não houve *soda water** nem *brandy**. O divertimento destes é mais quieto e exteriormente invisível. Todavia todos tinham ar contente e não pareciam arrependidos nem aborrecidos.

Do meio da ponte, que parece uma construção aérea, vi um belo arco-íris da lua nas margens do Canadá. É um círculo pálido de névoa em que se adivinham as cores. O do sol à tarde tinha sido brilhante. Por uma noite de lua vêem-se os rápidos iluminados, mas das quedas só se vê a névoa que torna-se delgada e fina. O azul transparente, a ponte suspensa, toda a natureza em torno, admirá-

---

70. *Isto é, do funcionalismo público.*

vel. A tarde magnífica. O azul transparente e atapetado de branco, que depois tornou-se metade opala, metade carmim. As quedas ao pôr-do-sol ganham muito. Mesmo o lado americano. À noite, o luar e o gozo perfeito do que me cerca.

25 agosto

A mulher é o prisma da Natureza.

A primeira observação que eu ouço de ordinário é que os estrangeiros vêm aqui só para casar por dinheiro. "Qual é o seu preço?" é a pergunta que me disseram que as moças fazem a cada um de nós diretamente quando voltamos as costas, e em conversa indiretamente. Há sempre uma história que contar de um barão russo ou de um marquês italiano, sem falar dos franceses, e excetuando sempre os *lords* (ingleses), que levou o dinheiro da mulher americana, gastou-o, fez dívidas, e que para consolar-se espanca-a duas vezes por dia, material ou moralmente, com a bengala ou com alusões à sua origem democrática. Eu tenho ouvido dessas um sem número. Outro meio é trazer sempre a conversa para o casamento e expor que nenhuma mãe deixaria a filha partir para o estrangeiro, o que, sendo assim, importaria em condenar o pobre marido a ser devorado pela sogra. *Me voilà averti.**

* *"Fiquei assim avisado".*

26 agosto

Hoje Miss Bush levou-me à igreja episcopal de Niagara Falls para assistir ao serviço. O ministro que oficiou é um pastor de Buffalo, reverendo van Buckland, amigo da família Bush e residindo com ela, quando vem aqui. O sermão parecia preparado para converter-me, talvez por sugestão de Miss van Buckland. É um homem hábil, com grande prática do púlpito, onde balança-se à maneira americana de uma perna a outra, o que torna-se fastidioso, e que compreende o seu mister de pregador. (Como é natural, ele engana-se num ponto essencial, qual o de supor que bonitas palavras, que aliás preenchem o seu fim com o seu povo, podem impressionar religiosamente a curiosos. A religião vem de dentro, desde que a educação está acabada.) Uma história teve sua aplicação: perto do Amazonas um navio arvorou sinal de falta de água a bordo, quando o mar em torno, por efeito do rio, é doce. Assim são os que morrem de sede nas águas do Evangelho.

O serviço protestante não tem nada de impressivo. O segundo mandamento da lei mosaica, que a Igreja substituiu por outro (o sexto) está gravado na parede dizendo que "não farás imagem de teu Deus". Assim o templo é uma sala de concertos sacros, sendo a música abominável. Por que rezar tão especialmente pelas viúvas? Quando o ministro repete os mandamentos, o povo responde: "Dai-nos, Senhor, por piedade, a força de guardar essa lei". Ouvir as mulheres todas repetir essa súplica quando chega a vez do "não cometerás adultério", faz pensar na inconsciência do hábito ou na irreflexão ordinária da reza. [...]

27 *agosto*   O perigo maior que se corre é o de ser mal entendido, e o hábito da análise faz incorrer quem o tem no desagrado de todo o mundo, por pouco que ele manifeste sua opinião.

Um pequeno poemeto: uma jovem búlgara que vê assassinarem (os Bashi Baroucks) sua família toda. Por sua beleza ela é reservada para satisfazer a sensualidade do chefe, que a desonra e a deixa. Essa rapariga tem a coragem de viver para ver sua vingança, e é encontrada pelo noivo, que ouve tudo. Mas ela sente-se grávida. O que fazer? A idéia de matar a criança e de morrer com ela não lhe passa pela cabeça. Ela não pode, nem quer, separar-se do trabalho de suas entranhas, e assim espera que a criança nasça. O noivo quer levá-la ao pai e matá-lo. Só esta segunda parte é concedida pela mãe. O jovem búlgaro apunhala o turco. A jovem rapariga faz do filho um búlgaro de coração, tanto mais que ele representa o crime da Turquia, e o noivo é o pai que ele conhece.

A *Brock's monument*,[71] com as duas Misses Bush. O Niágara é todo verde desde as quedas e as margens muito pitorescas. A estátua do general está em cima de uma coluna e tem na cabeça um pára-raio. Por que não um chapéu de chuva na mão? O homem assim parece menos corajoso do que foi. É como o secretário de

---

71. *Isaac Brock foi o comandante do exército inglês no setor da fronteira canadense durante a guerra de Independência dos Estados Unidos, tendo falecido durante a batalha pelo controle da região de Niágara.*

Estado, Seward, de perna trançada em Madison Square. Por que não de uma vez na verdadeira posição americana, com os pés acima da cabeça, como certos Secretários de Estado recebem os Ministros estrangeiros?

28 agosto

O *captain* Thomason, que está no hotel, contou-me como ele ganhou no jogo, por mil e duzentos *dollars*, a Pinchback, senador-eleito mas não recebido da Louisiania. Eu já tinha lido a história. O senhor, depois de perdê-lo, disse ao *captain* que ele tinha um excelente escravo. — "É meu filho". O *captain* ganhou-lhe mais dois mil dólares e deixou-lhe o mulato cuja carreira se conhece. Mas a frase é tão explicativa como o jogo dos antigos costumes do Sul.

Entre as melhores anedotas do palco, está a do português que entra arrogantemente em cena e exclama a rubrica: Dom Nuno entra mas não fala!

Niágara, "trovão das águas". Os índios não moravam perto das quedas para não ficarem surdos. A "surdez" para eles devia ser alguma coisa parecida com o nosso mau ouvido.

A idéia de que o homem, antes de chegar ao que se pode chamar o seu completo desenvolvimento, ainda que a vida seja sempre uma transformação, não pode ser tido nem moral nem legalmente responsável por certas fraquezas, seria perniciosa para a mocidade, mas para os que se arrependem de certos atos e palavras da mocidade, ela é perfeitamente justa. O homem moral e fisicamente renova-se num certo prazo de tempo.

30 agosto

Tivemos um concerto no hotel.

Brigham Young morreu hoje. O poder, a força, e a autoridade desse homem são extraordinárias na história das formações religiosas, e sem exemplo no século. O mormonismo pode ser considerado de dois modos: como um imenso *humbug**, como uma associação de milhares de impostores, como uma vasta especulação, tendo a poligamia por nexo; ou como um movimento religioso. O mais certo é considerá-lo como tendo os característicos dessas duas concepções. Que os mórmons têm uma certa boa-fé, na poli-

* tapeação

gamia por exemplo, prova-se pelo fato de praticarem eles seus princípios até as últimas conseqüências. As filhas contraem o mesmo casamento poligâmico que os pais. A unidade de comando, a organização de Utah em um estado religioso, a propagação da fé que Joe Smith[72] recebeu do céu em seus célebres pratos, fazem da longa vida de Brigham Young o verdadeiro triunfo do mormonismo. Cercada cada vez mais pelos gentios, a Associação dos Santos dos Últimos Dias perderá gradualmente o seu exclusivismo, será permeada pela influência profana, terá que abandonar a poligamia, e não será no fim de um certo número de anos mais do que a lembrança de um dos fenômenos religiosos de um século em que eles são antes ridículos do que perigosos. O nosso tempo quer ter as religiões do passado, mas a "religião do futuro" é um tema que só seria discutido com calor entre esses quase maníacos que nunca hão de faltar, e de que Brigham Young foi <u>atualmente</u> o disciplinador.

31 agosto

Querendo definir o meu estado passageiro de opressão, eu não achei outra coisa para dizer a Miss Florence senão que eu sentia-me como se fosse casado.

No momento presente, e assim tem sido por algum tempo, nenhum sentimento atua em mim forte bastante para determinar a ação correspondente. O desejo mesmo de ver meus pais, hoje que posso fazê-lo, não produz o desenvolvimento geral de energia necessário para realizá-lo. O sentimento não deixa de ser vivo, terno, verdadeiro, mas não consegue mais, por enquanto, determinar o movimento. É uma paralisia moral semelhante a essa espécie de paralisia em que a cabeça se acha livre e vigorosa mas sem poder mover, nem usar o corpo inerte e insensível. O sentimento porém que por fraqueza própria, ou pela resistência geral que encontra, não é a força impulsiva da vida, não é de todo inútil, porque derra-

---

72. *Joseph Smith, o fundador da seita mórmon. Segundo alegava, um Anjo lhe teria indicado o esconderijo onde se achavam os pratos de ouro com as inscrições que serviram de base ao Livro de Mórmon (1830). Seus adeptos tinham por missão reconverter os índios pagãos, que teriam constituído as tribos perdidas de Israel.*

ma-se na natureza e, quando é generoso, o organismo que não se move por ele não deixa de ser penetrado e embebido de uma boa tendência. Assim por exemplo o desejo de ver meus pais, se não me põe em movimento, satura-me de uma certa melancolia da casa e do país, desprende-me de certas frivolidades e atrações passageiras, e no todo permeia mais a minha natureza toda do que se toda a sua ação se limitasse a fazer-me ir vê-los e voltar. Praticamente a falta de móvel é a inércia, mas pode-se dizer que mesmo no que nos parece absoluto repouso, o movimento é incessante, e que lentamente quando se trabalha sobre si mesmo a transformação, por ser invisível no seu processo, não deixa de operar-se.

1º setembro

As boas intenções de que se diz que o inferno está calçado, não são as boas intenções não realizadas, mas as "boas intenções" dominadas pelas más. Deixar de fazer só corresponde a deixar de fazer mal, quando o agente avaliou a omissão como equivalente.

Há poucos homens em política que se submetem a cair por seus princípios sem sofismá-los para ficar de pé. O republicano francês, que sustenta o princípio da maioria parlamentar, se a Câmara for contra ele, procurará provar que ela não representa o país. Durante o Império, Gambetta não quereria referir-se ao princípio das maiorias. Nenhum bonapartista se submeteria à república resultante de um "apelo ao povo". Os "parlamentares" deram de mãos a toda a sua cartilha constitucional desde que o poder lhes voltou, e os republicanos não quereriam por muito tempo ensaiar os seus princípios senão à custa dos adversários. No todo há só duas políticas: a política de governo e a política de oposição. Os partidários de uma são, alternativamente, os partidários de outra.

2 setembro

Casar é como edificar para si mesmo, em seu próprio terreno, cultivar o seu próprio solo, aperfeiçoar sua própria casa, economizar e acumular dia por dia. Quantas pessoas, depois de terem tido belas residências, não têm um *home** por terem gasto o seu dinheiro, o seu gosto, o seu tempo em casas alheias? Dar tudo que se tem à sua própria mulher, não esperdiçar um momento de afeto, mas concentrá-lo

*lar

todo em quem no-lo restitua sempre, criar em torno de si sua própria família, sem perder com estranhos afeição, interesse e simpatia, não se parece tanto com construir e aformosear a sua casa em vez de favorecer a outros? As mulheres casadas a quem se faz a corte são casas alugadas em que se fazem benfeitorias: o proprietário serve-se delas e não as paga. Amar sem que o amor sirva para formar a sua própria família é semear em terreno alheio para a colheita ser de outrem. É no casamento que o amor se deposita, forma um sedimento estável, um solo nosso, em que podemos levantar o nosso patrimônio. Aí nada se perde. Cada atenção, cada condescendência recíproca, é um empréstimo seguro; a afeição cresce para nós mesmos, e não para outros; o progresso é comum, o auxílio contínuo, e, no fim da vida, sente-se que não se perdeu amor, mas que se o empregou do único modo por que ele não se dissipa.

3 setembro As mulheres supõem que são elas que arriscam tudo casando. Seria impossível convencê-las de que um homem arrisca muito mais, e que a "responsabilidade" é dele além de tudo.

4 setembro Thiers morreu ontem. Em toda parte esta notícia produzirá uma profunda impressão de dor e de ansiedade. Pobre França! É o que se exclamará primeiro ao ouvir que Thiers morreu. Essa perda é irreparável. O leme está sem homem. A confiança que o mundo inteiro tinha nesse conselheiro da França não acha a quem reverter. Vivo ele, podia-se esperar tudo; sem ele, o futuro é assustador, e o medo é tão geral que é um verdadeiro "pânico". Quanto a ele, ele nada mais podia desejar para satisfazer a sua ambição do que a imensidade do vácuo que deixou em seu país, se o seu patriotismo nunca desmentido não lhe fizesse sentir a sua posição de homem necessário. A dor popular é imensa. Paris é Roma depois de Cannes[73]: vê-se o povo a chorar nas ruas. Diante do luto nacional a guerra que o grande estadista sofreu depois de ter salvo a França parece odiosa e antipatriótica. Os que a excitaram e pagaram devem

---

73. Alusão à derrota romana frente a Aníbal, na segunda guerra púnica.

cobrir as faces de pudor. Thiers foi o homem da França. Hoje ela fica entregue aos "pretendentes", e dessa morte pode sair a anarquia ou o despotismo. A posteridade já tinha começado para ele, mas a impressão unânime que o seu passamento produz em todo o mundo, e que chega ao pranto em todos que amam desinteressadamente a França, é o mais eloqüente testemunho de sua glória, liberal e francesa. O último dos grandes homens do passado não tem a quem deixar o seu manto, mas se o seu exemplo inspirar os seus discípulos, se a sua memória for recolhida pelo país, a exclamação que todos proferem hoje, como depois de Sedan[74], "pobre França", terá sido apenas um grito de dolorosa simpatia.

5 setembro

O *New York Herald* de ontem publicou sobre Mr. Thiers uma necrologia que é o mais miserável e infame libelo que eu jamais vi em um grande jornal. Nesse acervo de ignóbeis calúnias, não há o que destacar, e a publicação, provavelmente copiada de alguma brochura francesa que circulou durante a Comuna nos piores "lugares", só é citada aqui para dar uma idéia dos desvios da imprensa americana. Isso no dia seguinte à morte. O corte do artigo que eu ajunto[75] é representativo do todo. O que é mais curioso é que o povo americano é o mais suscetível do mundo, e o que menos compreende a crítica. Quando porém se trata de um estrangeiro, seja um grande homem como Thiers, seja um soberano, a grosseria com que as folhas de maior circulação o mimoseiam não tem igual em outra imprensa. Mr. Thiers recebe a paga de ter impedido a representação do *Uncle Sam*, uma comédia em que o *staff* *do *Herald* não teve representante. O *Herald* é um jornal <u>americano</u>, mas é uma das vergonhas do país. Se é um espelho, seria tempo de melhorar a imagem. As afrontas feitas aos restos de Mr. Thiers e à sua viúva, no dia mesmo em que o mundo inteiro mostrava pela sua consternação o caráter da perda que a França e a Europa acabavam de sofrer, é sem exemplo no jornalismo, mesmo nos Estados Unidos. A consciência nacional não

* redação

---

74. Derrota do exército francês em 1870, que provocou a guerra do III Império.
75. Não consta o artigo.

*com mentalidade comercial

se revolta porém contra essa infâmia porque este país *mind business** e não está em simpatia com a humanidade, exceto em certos homens que não poderiam dar-se por seus representantes sem grave ofensa a si mesmos e sem uma profunda ironia contra ele.

7 setembro

O homem sociável pode ser muito diverso do homem solitário? Posso eu no fundo ser inteiramente outro do que pareço quando na sociedade? A minha natureza pode ser melancólica sem que os que vivem comigo o saibam pelo simples fato que a presença deles afugenta o homem solitário. Meses e meses eu não penso em religião nem em poesia, mas quando volto a elas, o prazer que sinto revela-me que a tristeza do pensamento solitário é a pedra-de-toque de minha natureza.

8 setembro

Bradley, o juiz da Corte Suprema, que de fato fez Hayes presidente[76], tendo sido atacado pelos jornais democráticos, e acusado de ter mudado de opinião depois de ouvir os diretores do Caminho de Ferro do Pacífico, entendeu dever justificar-se pela imprensa. Nessa curiosa justificação, admitindo a possibilidade de ter expresso uma opinião diversa durante o processo a seus colegas, ele conta ter escrito razões ora em um sentido, ora em outro, sobre o voto da Flórida, questão de ir além das apurações, tendo chegado ao voto que deu depois de muita dúvida. Desde então diz ele ter cada vez mais reconhecido quão justo foi esse ponto de vista final. Essa carta a um jornal de Newark (Nova Jersey) é curiosa sob muitos pontos de vista. Um juiz que vacila, que chega a resultados diversos durante vários dias do processo, deve considerar definitivo o juízo que ocasionalmente predomina em seu espírito no momento de ser tomado o voto? Não é provável, ou pelo menos possível, que ele mude de juízo quando o seu voto emitido já for irreparável? Por outro lado, essas dúvidas não provam a sinceridade do processo lógico de inquisição, e pode-se exigir do

---

76. A comissão da Câmara dos Estados Unidos que julgou a disputa eleitoral entre Hayes e Tilden era composta paritariamente de republicanos e de democratas, ademais de Bradley, que, na sua condição de membro da Suprema Corte, desempatou em favor de Hayes.

juiz que ele desde o princípio tenha opinião formada? A vacilação todavia quadra menos com a distribuição da justiça, que deve proceder de uma convicção inabalável e inabalada, do que a obstinação, que muitas vezes é falta de percepção intelectual e exclusivismo de juízo. Quanto à força, que a reflexão posterior tem dado no seu espírito ao seu voto, é esse um fenômeno de complexidade intelectual muito comum na magistratura. O erro cometido, a inteligência o toma pela verdade porque é o interesse da honra do juiz.

Muito se tem dito sobre as mudanças de Thiers. Quando se quer saber por que esse pequeno marselhês, nascido pobre, sem família, sujeito ao ridículo e ao desdém dos seus adversários, atravessou tantos governos diversos sem nunca perder a sua influência política e social, até ser o libertador da França, essas mudanças têm a sua explicação. Quando tantos homens de hábito, de caráter, de fortuna e de prestígio gastaram-se em uma época, Thiers nunca perdeu, ou antes reparou vantajosamente suas perdas, de modo a ser sempre contado como um poder político. Foi seu destino fundar e destruir governos, mas não se o pode acusar de ter-se divorciado da França em nenhum desses momentos. Ele mudou sempre com o país. A sua grande mudança — de monarquista para republicano — coincidiu com o seu próprio interesse de primeiro presidente da República, mas também com a conversão das classes conservadoras, não ao princípio republicano, mas à idéia de que só a república é possível. Sempre a França em seus movimentos liberais encontrou-o ao seu lado. Durante o Império, ele fez uma oposição patriótica que teria evitado Sedan e mantido a dinastia, se não a considerassem facciosa e orleanista. Quando ele concorreu para elevar Luís Filipe ao trono, a república não tinha ainda raízes, e essa "monarquia republicana" devia ser o regime parlamentar no pensamento dos que a fundaram. A fraqueza da Monarquia de Julho é que o princípio de hereditariedade monárquica a minou desde o começo. Luís Filipe destruiu o direito divino, e depois quis servir-se dele transformado em bom-senso, ou autoridade, para resistir ao direito popular. O que faz a unidade da carreira política de Thiers é que ele foi sempre

11 setembro

pelo governo parlamentar, pela soberania do povo francês representado em suas Assembléias Legislativas. Por esse princípio ele deixou o poder a 24 de maio entre mãos suspeitas.[77] Essa fortuna de achar-se sempre do lado da França fê-lo guardar toda a sua vida o prestígio de uma situação excepcional, quando os seus rivais e companheiros só dirigiam a França quando no poder para caírem no dia seguinte. Muitas vezes um país percorre um longo caminho para chegar ao ponto de onde partiu cansado e ferido. É possível que a França volte por muito tempo à monarquia legítima, e seria possível que se a vida de Thiers pudesse ser indefinidamente prolongada além de seus limites naturais, e se a República provasse ser a Comuna ou trouxesse novas humilhações para a França depois do tratado de paz, que Thiers mesmo entregasse a França nas mãos do herdeiro de seus reis. Mas mesmo assim quando voltando, para descansar, à monarquia tradicional, a França comparasse esses dois homens: Berryer[78], que não mudando nunca, ou por uma convicção monárquica sempre renovada ou por um cavalheirismo digno do seu caráter, ficou sempre no mesmo ponto esperando que a França voltasse a ele; ou Thiers que a acompanhou na sua peregrinação, teve a mesma experiência, sentiu e mudou com ela; é natural que a França entre os dois preferisse como seu representante o homem que ela encontrou sempre como seu conselheiro. E em todo este exemplo quando eu falo da França implico a sociedade moderna tal como ela se desenvolveu desde a Revolução.[79]

13 setembro Há pessoas que nunca podem ver as coisas como elas realmente são, nem os outros, nem a si mesmo. Isso acontece aos que se acham constantemente sob a ação de uma paixão qualquer, ou antes, de uma

---

77. *A 24 de maio de 1873, Thiers tivera de retirar-se do poder, derrotado por uma coalizão de monarquistas na Assembléia Nacional.*
78. *Pierre-Antoine Berryer fora um dos líderes do legitimismo católico.*
79. *Ao transcrever em* Minha Formação *os trechos do diário relativos à morte de Thiers, Nabuco aduz que a sua interpretação do percurso político do estadista francês "se parece muito com a que, há alguns anos, foi publicada de Talleyrand, justificando-se em suas* Memórias *de só ter mudado com a França e por causa da França".*

excitação. Esses, em um momento de entusiasmo, acharão admirável uma pessoa que, na reação posterior de uma impressão menos favorável, lhes parecerá vulgar sem ser uma nem outra coisa. O amor, a inveja, a cólera, o ódio, a simpatia, a obstinação, a vaidade, um sem-número de absorções passageiras determinam nesses um estado permanente de excitamento em que eles vêem tudo como convém à influência sob que se acham. Esses homens podem viver toda a vida nunca vendo as coisas nas suas verdadeiras proporções, como se moralmente tivessem um prisma na alma, através do qual tudo se transformasse. Eu tenho conhecido pessoas assim, mas elas perguntarão se o sangue-frio, a isenção de espírito, a calma dos outros valem mais do que a sua paixão quanto à realidade das impressões.

---

16 *setembro*

Tomei à noite o trem para Boston. Acordaram-me em Rochester para mudar do carro que tinha quebrado uma mola.

---

17 *setembro*

Cheguei a Boston. A paisagem em Berkshire County é um panorama constante. Atravessei Springfield e Worcester. Cheguei no dia da grande procissão militar para inaugurar o monumento aos soldados da última guerra, e para os arranjos da festa as ruas centrais foram impedidas aos carros. Tive que atravessar parte da cidade com a mala à procura do hotel Brunswick, que é o melhor e muito bom. Boston me agrada muito. A parte em que estou, de ruas largas, de uma edificação variada, tem em si uma distinção e uma alegria que ainda não vi na América. O jardim público é muito alegre também, e lembra os Campos Elísios e Hyde Park reunidos. A população, como a vi em um dia de festa nacional, é mais viva do que em New York. A impressão é toda uma de prazer inesperado. As grandes bibliotecas e instituições literárias, os monumentos, tudo revela uma cidade desperta para os interesses morais e possuindo verdadeiro espírito público. Em um dia pouco se pode ver, e de passagem não se pode julgar o caráter de uma cidade, mas por ora Boston me tem parecido a mais agradável cidade americana, no que respeita à vida da rua e ao aspecto da construção e do desenho. É verdade que os dias têm sido admiráveis, e que muitas vezes um ar puro e leve, um céu azul e branco de grande transparência e uma brisa fresca me têm feito pensar no clima da Itália.

18 setembro   A Bunker Hill.[80] A vista do alto do monumento é vastíssima e muito bela. O oceano, as ilhas, o plano de Boston e dos seus arredores, muita vegetação em torno, e um sem-número de massas de edifícios, com as montanhas azuis no fundo. Para quem é familiar com os lugares, essa vista deve ainda ser mais admirável. Subi quase trezentos degraus para vê-la. O monumento que Boston dedicou ontem aos seus soldados mortos na última guerra por terem salvo a União e acabado a escravidão no norte da América, prova um alto patriotismo. Em si o monumento é belo no que respeita à coluna. As figuras pouco têm em seu favor. Aos arredores de Boston. Pode-se andar horas em direções diferentes nos *horse-cars* sem-número que atravessam Fremont Street. Fui primeiro a Cambridge ver os edifícios de Harvard University, e depois a Dorchester. A universidade tem vastos terrenos e construções espaçosas, tudo pitorescamente situado. Não os visitei interiormente por falta de tempo. No todo vi apenas de Boston bastante para desejar muito voltar.

27 setembro   Eu cometi um grande erro vindo a este país, em vez de estudá-lo, de visitar suas instituições de caridade e de letras, de conhecer os seus homens. Quis divertir-me com as mulheres; o resultado é uma impressão de tempo perdido. Posso, porém, ainda reparar o meu erro quando voltar e só então poderei dizer que estive nos Estados Unidos.

5 outubro   A inveja passiva produz um sentimento melancólico da vida. Na inveja maléfica, há talvez, ainda que seja um sentimento muito mais baixo, menos tristeza. O que faz mal por inveja tem na sua ativida-

---

80. *Lugar da batalha do mesmo nome (16-17.8.1775) entre o exército inglês e o exército dos Estados Unidos, composto de milicianos. O acontecimento foi reputado uma vitória tática dos ingleses, que retomaram a colina, mas um triunfo moral para os americanos, que infligiram pesadas perdas a seus adversários.*

de uma válvula por onde se escapam todos esses vapores melancólicos que nas naturezas passivamente invejosas terminam [sic] o desespero. Todavia, é muito mais raro fazer mal por inveja do que sofrer em silêncio por ela.

Parti hoje para a Inglaterra a bordo do vapor francês *L'Amérique*, duas vezes perdido e salvo. O abandono do *Amérique* no oceano é uma das mais tristes desgraças das companhias francesas transatlânticas nestes últimos anos.	*10 outubro*
Cheguei hoje às 2 [h] da manhã a Plymouth e às 8 [h] da noite a Londres.[81]	*21 outubro*
O que muitas vezes nos parece a decepção do prazer não é senão o seu limite. Queremos que o gozo seja infinito, quando lhe encontramos o termo. Só no amor verdadeiro, o prazer não nos desaponta porque temos o infinito em nosso sentimento. E *aún**.	*1º novembro* ** mesmo assim*
Pode-se fazer um tipo novo de comédia de um indivíduo que tenha o gênio da pequenez, que veja em tudo o que é microscópico, que tenha o olho moral feito de forma a só apanhar o que é infinitésimo, que veja em uma batalha de Napoleão que ele não tinha as calças abotoadas. As notícias da França são as mais graves. Tudo anuncia, ou faz temer, uma nova revolução ou de cima ou de baixo.	*21 novembro* *[Londres]*
É um erro dizer-se como tantas vezes se ouve: "Eu não caso com o pai, não caso com a mãe; caso com ela". Casa-se até com os avós.	*23 novembro*

---

81. *Nabuco viajara pelo* Amérique, *que "tinha naufragado pela segunda vez na viagem anterior, por isso foi quase vazio na volta" (*Anos da Minha Vida*). Graças à atuação dos pais junto a Cotegipe, ele obtivera finalmente a sonhada remoção para Londres, onde, contudo, só permanecerá até abril de 1878, quando retornará ao Rio devido ao falecimento do senador Nabuco de Araújo.*

5 março	Jantar do Penedo ao Príncipe Imperial.[82]
23 março	Soube pelo Correia[83] a notícia.[84]
9 abril	Parti para o Brasil no *Neva*.
30 abril	Chego ao Rio; encontro com minha família na Gávea.
23 maio	Minha irmã[85] dá a luz a uma filha.
1º agosto	Parto para o Recife no vapor *Pernambuco*.[86]
3 agosto	Em Vitória, na casa do coronel Monjardim, com Daniel Acióli.
5 agosto	Na Bahia, hospedado em palácio. Homem de Melo.[87]
8 agosto	Maceió. Soares Brandão, presidente.
10 agosto	Pernambuco. Em casa de João de Sá. Adolfo de Barros, presidente.
11 agosto	Sessão no Teatro Santa Isabel. Pateado.[88]

82. O príncipe Luís Napoleão era filho de Napoleão III, deposto em 1870. Ele vivia em Londres na companhia da mãe, a Imperatriz Eugênia.
83. Sousa Correia, então secretário de Legação em Londres, será posteriormente ministro do Brasil, junto ao governo inglês.
84. Do falecimento do pai, senador Nabuco de Araújo, ocorrida no Rio a 19 de fevereiro.
85. Rita de Cássia, casada com o médico Hilário de Gouveia.
86. Com a queda da situação conservadora e a ascensão dos liberais em 1878, Nabuco seguia para o Recife para candidatar-se a deputado geral, com o apoio de Domingos de Sousa Leão, barão de Vila Bela, que era então o chefe político da província e Ministro dos Negócios Estrangeiros no gabinete Sinimbu. Vila Bela cumpria assim o compromisso que assumira em vida do senador Nabuco de Araújo no sentido de eleger Joaquim Nabuco deputado por Pernambuco.
87. Francisco Inácio Marcondes Homem de Melo, Barão de Homem de Melo, era então o presidente da Bahia.
88. A candidatura de Nabuco à deputação enfrentou a oposição da ala histórica dos liberais, que lhe preferiam Aprígio Guimarães, professor da Faculdade de Direito do Recife. Nabuco narrou em *Minha Formação* (cap. XIX) a história da sua primeira eleição.

Eleição de deputado. Tive 58 votos no Recife.	*5 setembro*
Partida no vapor *Pernambuco* para a Bahia.	*15 outubro*
Em palácio. Mme. Ariani.	*17 outubro*
Em Nazaré. Mme. Sodré.	*22 outubro*
Partida a bordo do *Hoogly*.	*9 novembro*
No Rio.	*12 novembro*
Gravemente doente.[89]	*18 novembro*

---

89. Em seu regresso ao Rio, Nabuco contraiu febre tifóide.

3 *Abolicionismo*
1881-1888

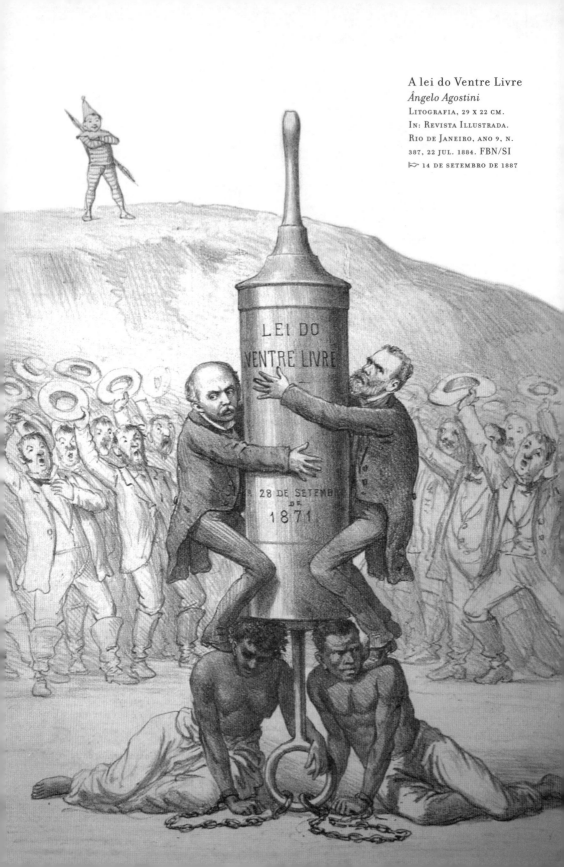

A lei do Ventre Livre
Ângelo Agostini
Litografia, 29 × 22 cm.
In: Revista Illustrada.
Rio de Janeiro, ano 9, n. 387, 22 jul. 1884. FBN/SI
☞ 14 de setembro de 1887

Os anos de atividade parlamentar de Joaquim Nabuco à frente do movimento abolicionista (1879-1888) são infelizmente aqueles que ocupam o quinhão mais modesto nestes diários. Uma coisa tem a ver com a outra. Para o intelectual, a ação política é freqüentemente esterilizante. Daí que nada como um bom ostracismo seja tão produtivo para ele, como indica o caso de Nabuco, que, marginalizado pela proclamação da República, pôde dispor do lazer suficiente para elaborar a obra cimeira da historiografia do Segundo Reinado, Um Estadista do Império. O intelectual que mergulha na vida política costuma ficar sem tempo suficiente e até sem o gosto para registrar suas impressões e reações aos acontecimentos que se desenrolam ao seu redor. É certo que posteriormente ele terá sempre a opção de escrever suas recordações, como o próprio Nabuco fez nos capítulos de Minha Formação que dedicou ao Abolicionismo, mas o período transcorrido entre os eventos e a sua narração induz o autor a vê-los sobretudo em termos de tendências de longo prazo, expur-

PÁGINA 240
Etiqueta
para tecidos
REGISTRADA POR
SAMUEL, IRMÃOS
& CIA, 27 X 20 CM.
RIO DE JANEIRO,
1888. ARQUIVO
NACIONAL

PÁGINA 241
Joaquim
Nabuco
FOTOGRAFIA DE
A. DUCASBLE,
22 X 16 CM.
PHOTOGRAPHIE
ARTISTIQUE, S.D.
FJN

Congresso
Internacional
Angelo Agostini
LITOGRAFIA,
21 X 29 CM.
IN: *REVISTA
ILLUSTRADA.*
RIO DE JANEIRO,
ANO 8, N. 347,
30 JUN. 1883.
FBN/SI
☞ 4 DE MARÇO
DE 1887

O movimento abolicionista intensificou-se na década de 1880 e o Imperador tornou-se alvo de críticas, como as realizadas por Angelo Agostini e Henrique Fleiuss. A crise do regime agravou-se entre 1887 e 1889, com a doença e afastamento do Imperador dos negócios do Estado.

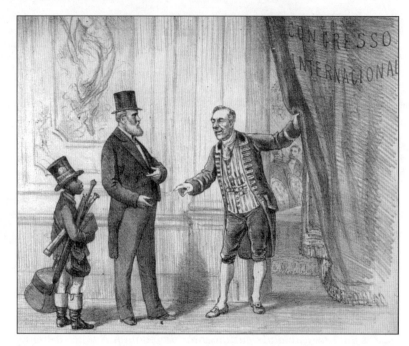

gando a peripécia que para o político constitui o decisivo para explicar a trama em que participa.

Nabuco despendeu os anos 1879-1888 entre as eleições em Pernambuco, a atuação parlamentar, a campanha abolicionista, as viagens à Europa e o exílio em Londres ao não ser reeleito em 1881. Com a vitória da emancipação em 1888, há uma visível retração. Em 1879, ao entrar para a Câmara, ele já tinha um grande projeto nacional, a Abolição, mas não estava convencido de ter vocação política, estando antes atraído pela opção de permanecer na carreira diplomática, onde poderia realizar uma obra literária. Foi sob a pressão do desejo materno de que ele continuasse a carreira do pai e do avô que se dispôs finalmente a disputar uma vaga de deputado por Pernambuco, onde dispunha do apoio do chefe liberal da província, Domingos de Sousa Leão, barão de Vila Bela, que cumpriu a promessa que fizera ao velho Nabuco de fazer eleger-lhe o filho.

Apenas se encerrava sua primeira sessão parlamentar, Nabuco já confidenciava a seu grande amigo, o barão de Penedo, não ser preciso "ficar muito tempo na política para conceber por ela um profundo desgosto e um invencível aborrecimento". Donde sua necessidade de "ter [na diplomacia] um pé fora da política, em terreno menos pantanoso", de vez que "a profissão de advogado", a alternativa óbvia, "hoje é um comércio".

A oposição que Nabuco fez ao gabinete liberal de Sinimbu ao longo do seu primeiro mandato isolou-o politicamente em Pernambuco, devido à hostilidade dos liberais escravocratas, destruindo as possibilidades de reeleição pela província, onde já não lhe podia valer o falecido Vila Bela, que, aliás, também rompera com o gabinete, abandonando o ministério dos negócios estrangeiros. Os motivos da hostilidade de Nabuco a Sinimbu não eram de natureza político-partidária, como no caso de Vila Bela, mas tinham a ver com a resistência oposta pela nova situação liberal a qualquer medida no rumo da Abolição, que pretendia adiar resolvendo a longo prazo o problema da mão-de-obra para o café mediante o projeto de contratação de coolies*, o que para Nabuco criaria uma forma de escravidão ainda mais prejudicial ao país.

* trabalhador chinês

Em 1881, Nabuco, concorrendo a deputado pelo primeiro distrito da Corte, não tinha alternativa e sabia que seria derrotado. A Charles H. Allen, dizia a respeito da sua candidatura: "Foi uma tentativa muito ousada essa, de lutar contra a escravidão na cidade que dizem ser a capital do café. Se for derrotado, como conto ser, irei provavelmente para Londres por alguns anos, já que quase nada poderei fazer fora do Parlamento, exceto educar o povo através de panfletos e escritos e isso posso fazer melhor de Londres do que daqui". Abstendo-se de solicitar votos, preferiu dirigir uma circular aos eleitores, na ilusão, dirá, de que

Dom Pedro II recebe o comendador Matias Roxo
Henrique Fleiuss
LITOGRAFIA, 10 X 17,5 CM.
IN: *SEMANA ILLUSTRADA*. RIO DE JANEIRO, SÉTIMO ANO, N. 315, 23 DEZEMBRO 1866. FBN/SI
↳ 4 DE MARÇO DE 1887

se dirigia "a um eleitorado composto de homens de convicção, de ideal e de grandes motivos". Escusado aduzir que foi facilmente derrotado. A outro amigo, escreverá na mesma ocasião: "Decididamente não fui feito para o que chamam entre nós política. A palavra, a pena, as idéias são armas que de nada servem e ai de quem não tem outras".

Realiza então seu projeto de ir viver em Londres, "a minha única aspiração pessoal", valendo-se do seu ordenado de correspondente do Jornal do Commercio e dos honorários de consultoria jurídica a firmas inglesas proprietárias de engenhos centrais em Pernambuco. Na Inglaterra, Nabuco escreverá O Abolicionismo, ali publicado em 1883. Ao amigo Sancho de Barros Pimentel, ele informava em março daquele ano: "Estou trabalhando num livro sobre a escravidão. Ainda como me vias na rua Nova.¹ Foi morando

---

1. Ruá do centro do Recife onde durante seus anos de aluno da Faculdade de Direito Nabuco viveu com dois colegas, um deles Sancho de Barros Pimentel. Foi então que ele redigiu seu primeiro texto abolicionista, A Escravidão, somente publicado em 1988.

com o Santos Melo, lembras-te?, e contigo que comecei essa tarefa que não acaba nunca, de tornar a escravidão odiosa perante os próprios senhores". A despeito de ser intencionalmente obra de propaganda política, O Abolicionismo, juntamente com as conferências que Nabuco pronunciará no Recife na campanha de 1884, contém a mais brilhante análise feita até então do papel desempenhado pela escravidão na formação social e política do Brasil. O Abolicionismo devia ser o primeiro de uma série de trabalhos, nunca realizados, em que Sancho de Barros Pimentel escreveria sobre a descentralização do Império e a reforma do sistema representativo, Rui Barbosa sobre a liberdade religiosa, Rodolfo Dantas sobre a instrução pública e o próprio Nabuco sobre a reconstrução econômica e a política externa do Império.

Nabuco permanecerá na Inglaterra até meados de 1884, só retornando ao Brasil com a ascensão do gabinete Dantas, o primeiro ministério da situação liberal, desde 1878, a propor-se enfrentar o

Comemoração do 13 de Maio
Hilarião Teixeira
LITOGRAFIA, 28,5 X 48 CM.
IN: REVISTA ILLUSTRADA, RIO DE JANEIRO: ANO 15, N. 590, MAIO DE 1890.
FBN/SI
☞ 14 DE MAIO DE 1888

Sem título
Angelo Agostini
LITOGRAFIA,
10 X 13 CM.
IN: *REVISTA
ILLUSTRADA*.
RIO DE JANEIRO,
ANO 10, N. 416, 20
AGOSTO 1885.
FBN/SI
☞ 26 DE AGOSTO
DE 1888

Já que os nossos humanitarios estadistas não estabelecem differença entre a carne humana e a de vacca, completem a obra e mandem abrir açougues para a venda do genero a retalho. Nem todos tem meios de comprar uma peça inteira

problema da escravidão. A despeito do apoio de Dantas, sua eleição pelo primeiro distrito do Recife foi tumultuada pelos conservadores e seu mandato anulado na Câmara pela adesão de liberais escravocratas de Minas Gerais aos conservadores. O impacto a que a cassação deu lugar em Pernambuco levou os candidatos liberais por um distrito rural da província a retirarem seus nomes para que Nabuco pudesse reeleger-se. Vitória de Pirro: aprovada ainda em 1885, a lei Saraiva, conhecida pela lei dos sexagenários, a que Nabuco se opusera por considerá-la insuficiente, o Imperador dissolveu a Câmara e chamou de volta ao poder o Partido Conservador, que formou o ministério Cotegipe. No Rio, após tentar inutilmente criar seu próprio jornal, Nabuco passou a colaborar em O Paiz, primeiro, como comentarista parlamentar, depois, como correspondente na Europa. Mas nova dissolução da Câmara em 1887 fê-lo regressar, elegendo-se novamente pelo Recife, onde derrotou Manuel Portela, ministro do Império, o que redundará num golpe fatal para o gabinete Cotegipe, que já enfrentava no seu partido a oposição crescente dos conservadores que, como João Alfredo Correia de Oliveira e Antônio Prado, propunham-se a realizar a Abolição.

O diário de 1888 é infelizmente esquemático. Nele reponta, após o 13 de maio, não um Nabuco euforizado pela vitória mas, temeroso pela sorte da monarquia, donde sua oposição seletiva ao gabinete conservador de João Alfredo, uma vez consumada a Abolição. Cerca de duas semanas após o grande dia, ele não esconde suas preocupações ao barão de Penedo: "Eu vejo a monarquia em sério perigo e quase doomed*. A Princesa tornou-se muito popular, mas as classes [privilegiadas] fogem dela e a lavoura está republicana". Nestas circunstâncias, ele estava "decidido a seguir uma política que não prejudique o trono, do qual precisamos tanto para levantar o povo e torná-lo independente da oligarquia despeitada". E a José Mariano, Nabuco escreverá em julho:

*condenada

> Combato o João Alfredo no terreno dos bancos hipotecários como o sustentei no da Abolição pelos mesmos motivos. Estou longe, porém, de o querer derribar de qualquer forma, juntando-me com os reacionários escravistas. [...] A minha posição é especial, exatamente porque o João Alfredo está sendo atacado pela lei de 13 de maio, causa principal do ódio contra ele, e porque estou mais identificado com o abolicionismo do que com qualquer partido, que me parecem todos igualmente plutocratas. Eu hoje luto por idéias e não por partidos. Nas idéias sou intransigente; quanto aos partidos não me presto mais a galvanizá-los. Estão mortos e bem mortos. Para fazer coisas novas, é preciso novos

instrumentos. Os que nos vieram da escravidão são cabos de chicote e pedaços de tronco que não servem para a reorganização do país. [...] Deixe os partidários desgostarem-se de mim: estou fazendo a única política verdadeiramente democrática que possa existir no país. Os partidos esmagam o povo. Ambos eles são exploradores e, mal começa, o republicano já está adorando o Bezerro de Ouro. Eu oponho-me aos bancos[2] porque quero a pequena propriedade, a dignidade do lavrador, do morador, do liberto — a formação do povo que está ainda abaixo do nível dos partidos. Não considero o interesse de nenhum partido, mas somente do povo, que nada pode fazer por si porque ainda nem sequer balbucia a linguagem de seus direitos.

Esta carta a José Mariano tem ademais um interesse estritamente biográfico, pois demonstra que, feita a Abolição, Nabuco perdeu todo o interesse pela participação na vida política. Comentando a decisão de um correligionário pernambucano, Antônio Carlos Ferreira da Silva, de retirar-se dela, Nabuco aduz:

Um homem geralmente não leva a efeito mais de uma idéia. Eu dediquei-me todo à Abolição. Feita ela, creio que estou autorizado a querer pelo menos refazer o meu cérebro, que foi todo vazado naquele molde durante dez anos. A Federação[3] deve ser você. Você pode levantar um novo partido — tão forte como foi o abolicionista. Eu o sustentarei, mas eu mesmo não me sinto com forças para esse novo esforço, quero dizer, para pôr-me à frente

---

2. *Hipotecários propostos por João Alfredo, em que Nabuco via uma forma disfarçada de indenização aos antigos escravocratas.*
3. *Isto é, a reforma política que Nabuco via como a continuação da Abolição.*

Teatro Santa Isabel
FOTOGRAFIA DE MANOEL TONDELA, C. 1900.
11 X 17 CM. FJN
☞ 18 DE JANEIRO DE 1885

O Teatro Santa Isabel era local de encontro dos abolicionistas no Recife, onde Joaquim Nabuco e José Mariano Carneiro da Cunha proferiram conferências e mobilizaram o eleitorado liberal entre outubro e novembro de 1884.

dele, e ele requer um homem. Falo do Norte. Levante-se, meu caro amigo, e comande [...] Não serei mais candidato. Estou em uma verdadeira evolução na qual os partidos me causam o efeito de sombras impalpáveis, e o povo, de uma imensa chaga aberta em nosso território infeliz. A Abolição desatou muitos laços, submergiu muitas posições, transformou tudo e abalou todos.

Como todo reformista (Nabuco nunca se definiu como um revolucionário), ele entediou-se, meses antes da proclamação da República, com o mundo que tanto ajudara a reformar. É plausível supor que, na hipótese de que ela não tivesse ocorrido, ele teria encerrado do mesmo modo sua carreira política. As relações difíceis que manterá com os aliados monarquistas no decurso dos anos noventa também apontam no mesmo sentido.

1º janeiro	Em Lisboa.[1]
5 janeiro	Jantar de Bordalo Pinheiro, Ramalho Ortigão, Eduardo Coelho, Júlio César Machado, Eduardo Garrido, Brito Aranha, Augusto Rosa.
8 janeiro	Antônio Cândido propõe que eu seja admitido no recinto da Câmara.
9 janeiro	Visita a Teófilo Braga com Carvalho Monteiro.
10 janeiro	Jantar em casa de Ramalho Ortigão com Oliveira Martins.
14 janeiro	Em Madri.
23 janeiro	Sessão da Sociedade Abolicionista Espanhola. Banquete de senadores e deputados liberais de Cuba e dos abolicionistas.
25 janeiro	Parti de Madri.
26 janeiro	Em Bordéus.
29 janeiro	Chego a Paris. Grand Hôtel. Artur [de Carvalho Moreira] veio encontrar-me.
4 fevereiro	Londres.
2 março	Free Mason's Tavern. Ellen Rose.
12 março	Eastbourne Queen's Hotel.
19 março	Henley.

1. *Aproveitando o recesso parlamentar, Nabuco partira para a Europa em dezembro de 1880, para estabelecer contatos com as sociedades antiescravagistas do Velho Continente.*

Almoço em Charing Cross da *British and Foreign Anti-Slavery Society*.*	*23* março *Sociedade Inglesa e Estrangeira contra a Escravidão.
Tunbridge Wells.	*26* março
Hastings.	*2* abril
Southampton.	*9-10* abril
Grosvenor Hotel.	*14* abril
Para Paris com Artur. Hôtel d'Orient.	*16* abril
Parti de Bordéus no vapor *Gironde*. Dr. Ford, Mme. Ford, Villeneuve.	*20* abril
Chegada ao Rio.	*9* maio
Os abolicionistas oferecem-me um jantar no Hotel dos Estrangeiros.	*14* maio
Festival abolicionista no Teatro São Pedro em minha honra.	*21* maio
Tenho no teatro a notícia da morte do pobre Menezes.[2]	*6* junho
Enterro do Menezes.	*7* junho
Carta ao Penedo.	*8* junho
Oferecimento da *Gazeta* rejeitado pelo Mota.[3]	*13* junho

2. Ferreira de Menezes, diretor da Gazeta da Tarde e propagandista da Abolição.
3. O abolicionista Artur Silveira da Mota, futuro barão de Jaceguai, recusando a chefia da Gazeta da Tarde, o cargo foi ocupado por José do Patrocínio.

30 junho	Dissolução da Câmara dos Deputados.[4]
1º julho	Enterro do Henrique Limpo de Abreu.
8 julho	O Gouveia, lente interino de oftalmologia. Grande satisfação.
9 julho *O que virá depois?	"Vi provas de minha circular. Ao passo que escrevo pedindo votos, estou pensando em redigir a minha despedida. Duas carreiras sacrificadas. A diplomática e a parlamentar. *What's next?*"[5] Carta ao Artur expondo tudo.

---

4. Devida ao desgaste sofrido pelo ministério Sinimbu, especialmente após a revolta do Vintém, ocorrida no Rio em janeiro de 1881. D. Pedro II nomeara o conselheiro José Antônio Saraiva para presidir o Conselho de Ministros, encarregando-o de realizar a reforma da eleição direta.

5. Trata-se visivelmente de um trecho do diário de 1881 que Nabuco transcreveu na cronologia.

Chegou-me ontem um pobre escravo fugido de Macaé, filho do seu senhor e por este perseguido. Lembrou-se de vir a mim o desgraçado, e fugiu! O que fazer? Em casa, todos muito compadecidos, as crianças a chorar. O que fazer por ele? O Rebouças e o Mota me ajudam. O Rebouças acolheu-o em casa. Ou lá ou aqui, até termos o dinheiro. E ainda é preciso resgatar.

Chegou o Sizenando.[6] Quer se estabelecer no Juiz de Fora.

Os escravos que me escrevem põem sempre uma estampilha. "O Brasil é o café, e o café é o negro", disse o Gaspar.[7] E o Rio Grande do Sul, o que é? É como se, combatendo o caminho de ferro, alguém dissesse: "O Brasil é o café, e o café é o tropeiro". O negro talvez, mas o escravo, por quê?

Notas sem menção de dia

---

6. *Sizenando, irmão mais velho de Nabuco.*
7. *Gaspar da Silveira Martins, liberal gaúcho e ministro da Fazenda do ministério Sinimbu, ao se opor na Câmara às reivindicações abolicionistas.*

1º janeiro[8]	Notícia da morte de Gambetta.[9] Mudança de 19, Brook Street, para 20 A, Maddox Street, Hanover Square. Cartas de Barros Pimentel e Joaquim Serra. Jantar com os Penedos.
3 janeiro	À Legação. Com o Rebouças e o Rodrigues.
16 janeiro	Trabalhei todo dia na consulta Waring.[10]
9 fevereiro	A Southampton, acompanhar Rebouças.
7 maio	Hel. em Davies Street, 69.
8 setembro	Parti com o Alcoforado para Milão a assistir ao Congresso Jurídico Internacional.[11]
9 setembro	Lucerna. Hôtel Saint Gothard.
10 setembro	Milão. Hôtel de la Ville.
11 setembro	Abertura do Congresso.

8. *Confirmada a derrota, Nabuco aceitou o convite do* Jornal do Commercio *para ser correspondente em Londres, e partiu para a Europa em fevereiro de 1882, abstendo-se de relações políticas com os ministérios liberais do período, contrários à Abolição. Abstenção que se prolongou até à indicação de Manuel Pinto de Sousa Dantas para a presidência do Conselho (1884-1885), com a missão declarada de retomar a obra de reforma do elemento servil.*

9. *Nabuco a Sancho de Barros Pimentel, 2.i.1883: "Infelizmente estou sob a terrível impressão da morte de Gambetta. Lembras-te dos nossos tempos da Academia? Do entusiasmo que nos causava a leitura dos últimos atos e cenas políticas do Império — a estréia de Gambetta, o discurso do plebiscito, a guerra ainda depois de Metz!",* Cartas a Amigos, *i, p.98.*

10. *Nabuco complementava seus honorários de correspondente do* Jornal do Commercio *com a redação de pareceres sobre questões jurídicas atinentes a investimentos ingleses no Brasil, sobretudo em engenhos centrais. O tempo livre era dedicado a redigir* O Abolicionismo, *publicado em Londres em 1883.*

11. *Em agosto, em Londres, Nabuco publicara* O Abolicionismo. *A Conferência de Milão destinava-se à reforma e codificação do direito internacional e sua participação nela fora iniciativa da Anti-Slavery Society.*

Minhas resoluções sobre a escravidão.[12]	12 *setembro*
À Cartuxa de Pavia.	13 *setembro*
Banquete no Hotel Continental.	14 *setembro*
Como.[13]	15 *setembro*
Bâle.	16 *setembro*
Estrasburgo.	17 *setembro*
Metz. Hôtel de l'Europe.	18 *setembro*
Bruxelas, Grand Hôtel.	19 *setembro*
Londres.	20 *setembro*

12. *Alusão aos projetos de resolução propostos por Nabuco sobre a escravidão e que foram aprovadas pela Conferência.*
13. *Isto é, excursão ao lago de Como.*

6 janeiro

*pão-de-ló

Jantei em Grosvenor Gardens. Conde e condessa Bylandt, marquês de Casa-la-Iglesia, Mr. e Mrs. Douglas Morris, Mr. e Mrs. Schlesinger, Alcoforado, Artur e Alfredo Moreira. Jantar muito divertido. Passei muito melhor, comendo de tudo e bebendo de todos os vinhos. À sobremesa, saiu a fava no *sponge cake**à baronesa que foi feita rainha, elegendo o ministro de Espanha para seu rei. As nomeações causaram muito riso, propondo eu Miss Schlesinger para herdeira presuntiva e o Alcoforado para arcebispo confessor. Depois do jantar, longa conversa com Mr. Douglas Morris sobre tudo e o resto.

8 janeiro

*álbum de recortes

[...] Um artigo no *Daily News* por Stepniak, autor de *Underground Russia*, "Por que foi morto o coronel Soudeikin", em que o caráter desse inimigo dos niilistas que em três anos chegou a ser o homem mais poderoso do Império, depois do Imperador, é pintado admiravelmente. Se só a Rússia produz homens como os niilistas, só ela produz homens como Soudeikin. Ver *scrapbook*.*

Comprei *dr. Guaiz's Dictionary of Medicine* por 25 shillings.

Jantar em casa do barão. Despedida do Alcoforado, que parte amanhã para o Brasil, tendo comprado um salva-vidas. Zangou-se um pouco comigo porque eu lhe disse que era insensibilidade levar um menino inglês para o Brasil nesta época como criado. "— Se morrer, morre na luta pela vida". "— Sim, mas você não deve oferecer-lhe essa oportunidade de morrer na luta pela vida". — "Mas se se contratam homens para o exército, isto é, para morrer". "— Sim, mas não meninos. A questão é saber se você tem dele uma necessidade que justifique o risco que você corre de vê-lo morrer ao chegar".

Este era o dia de anos do meu amigo ou antes do amigo de meu Pai, Julião Jorge Gonçalves. Foi ele o laço de união para mim entre a minha primeira Mãe, minha madrinha, D. Ana Rosa Falcão de Carvalho[14], de Massangano[15], a quem até à idade de 8 anos dei aquele nome, não conhecendo minha Mãe [...]. Meu Pai mandou o Julião buscar-me a Massangano e foi ele que me levou para o Rio. Era o amigo da casa por excelência. É curioso que, tendo ele que ser enterrado no cemitério de São João Batista em 1880, eu, na ocasião do enterro, visse que estava vaga a cova ao lado da sepultura de meu Pai e obtivesse da administração que ele fosse enterrado junto do seu velho amigo e protetor. Ainda na minha doença de 1879 (sessenta dias), ele foi incansável nas vigílias ao meu lado e acompanhou-me a Palmeiras. O que ele fez por nós nunca lhe foi pago em dedicação igual e pela minha parte eu sinto para com ele uma imensa dívida eterna. Mas as naturezas como a dele, que se dedicam assim a estranhos e que se esquecem de si nessa dedicação a uma família que não é a sua própria, nunca recebem a paga do seu amor.

9 janeiro

14. Aos três meses, Nabuco foi batizado na capela do engenho Massangana (Cabo), de propriedade dos padrinhos, Joaquim Aurélio de Carvalho e Ana Rosa Falcão de Carvalho. No mesmo dia, seu pai, José Thomaz Nabuco de Araújo, eleito deputado por Pernambuco, seguiu para o Rio, na companhia da mulher, Ana Benigna de Sá Barreto, e dos três filhos maiores, deixando o pequeno Joaquim no engenho. Exceto durante um breve intervalo com os pais e irmãos no Recife em 1852, Nabuco vive em Massangana com a madrinha, que enviuvara, enquanto sua família regressa à Corte, onde Nabuco de Araújo volta a tomar assento na Câmara. D. Ana Rosa faleceu em 1857. No seu testamento, descoberto num cartório do Cabo por Luís Cedro Carneiro Leão por volta de 1945, ela deixava ao afilhado um sobrado na rua Estreita do Rosário, no Recife, objetos que ficavam "declarados em uma escritura de doação" e o engenho Serraria, lindeiro de Massangana e já de fogo morto. Com a venda destes bens, Nabuco custeará sua primeira viagem à Europa em 1874-1875. Em Minha Formação, pp. 218-9, Nabuco descreveu D. Ana Rosa.

15. Esta é a única referência conhecida ao engenho de sua infância em que o designa pelo nome correto de Massangano, e não de Massangana, como fará posteriormente a partir do capítulo que lhe dedicou em Minha Formação. Com efeito, o inventário de D. Ana Rosa Falcão de Carvalho (1857) menciona sempre o engenho no masculino, consoante o nome da cidade do sul de Angola de que ele se derivou. Destarte, foi conscientemente que Nabuco passou a usá-lo na forma feminina, talvez por uma identificação, como sugeriu Lélia Coelho Frota, com a memória da madrinha.

O que pode parecer medo ou timidez é, muitas vezes, uma incapacidade de infligir dor ou vexame, mesmo a quem nos ofende.

17 janeiro — Remei uma hora no Serpentine[16]. Escrevi parte da correspondência de Londres. Henry George. Jantei em Grosvenor Gardens.

Há no desapontamento pessoal muita coisa que provém da educação que tivemos, dos pequenos reis que fomos em criança, da falta de atritos desagradáveis e choques no período em que a consciência se forma e em que cada um cria mentalmente o seu próprio destino. O mal que no Brasil esse modo de educar e essa atmosfera fictícia e irreal, em que os meninos crescem, se tornam homens e continuam a viver até tarde, causa a todos, é terrível. Isso realmente tira ao caráter toda virilidade. A influência da idéia nacional em tudo isso. Julgamo-nos com direito a tudo porque nos localizamos num país e sofremos porque nos comparamos com os nossos patrícios que triunfam onde nós sucumbimos. Estenda-se, porém, o horizonte, consideremo-nos membros da humanidade, e veremos quão pouco direito temos nós ao destino superior que ambicionamos (como é por certo o destino que está sempre ao nível da aspiração de cada um) quando em toda a parte tanto heroísmo, virtude, coragem, abnegação e gênio mesmo não conseguem ver senão da poeira as constelações radiantes da mediocridade, da corrupção e da baixeza no céu azul da Fortuna!

20 janeiro — Carta a Rebouças sobre escravidão, que imigração é incompatível com escravidão. Lei de Gresham.[17]

24 janeiro — Carta ao Rebouças sobre as reformas nacionais, sua ordem, tudo subordinado à Abolição.

---

16. *No Hyde Park, de Londres.*
17. *Alusão à lei formulada por Gresham segundo a qual a moeda ruim, de cobre ou o papel-moeda, expulsa a moeda boa (ouro e prata) da circulação.*

A Southampton, acompanhar Artur. O barão e a baronesa [de Penedo] foram também. A bordo do *Tamar*. Volta a Londres, onde chegamos às 8 horas. Jantei em casa.

9 fevereiro

Passeio de uma hora. Escrevi uma consulta a *Central Sugar Factories of Brazil*[18]. Pontos do parecer: 1º Não é fora de dúvida que a lei de 6 de novembro de 1875 tenha dado o mesmo caráter de penhor mercantil aos empréstimos a 8%, impostos aos engenhos centrais, que deu aos empréstimos a 7% facultados ao banco territorial. 2º O penhor mesmo mercantil sobre colheitas não foi compreendido entre os ônus reais privilegiados da lei hipotecária. 3º Essa espécie de penhor é antes uma promessa praticamente do que um *pignus** e carece ser regulada, sendo este um dos grandes interesses da lavoura para a mobilização do seu imenso capital inútil nos campos quando não é descontado pela usura.

10 fevereiro

*penhor

Chamei a atenção de Mr. Lambert para[19] "a necessidade de uma companhia organizada com o fim de adquirir terras em torno dos engenhos centrais, de modo a dividi-las entre pequenos rendeiros, fornecendo a estes dinheiro e implementos agrícolas. Acredito ser tal companhia realmente uma iniciativa muito boa e merecer ajuda brasileira. Se a companhia for organizada anunciando publicamente seu propósito, o preço da terra subiria demasiadamente, e um movimento em sentido contrário poderia começar. A companhia devia ter um fim de caráter geral, sem ficar restrita às terras em torno dos engenhos centrais, embora no seu gerenciamento o principal objetivo em vista devesse ser a aquisição dos engenhos próximos às usinas. Um mapa de cada localidade devia ser levantado com o valor das melhores terras e uma estimativa da safra que, pelo parcelamento destas terras, poderia ser produzida. A prosperidade da companhia depende do desenvolvimento dos interesses do pequeno lavrador de cana. Segundo os atuais contratos, a com-

---

18. Referência à companhia inglesa que instalava engenhos centrais em Pernambuco.
19. Traduzido do inglês. Trata-se aparentemente de texto da consulta a que se refere Nabuco no parágrafo anterior.

panhia não pode tratar com eles mas somente com os senhores de engenho. Considero esta cláusula do contrato nociva às intenções da lei que garantiu os juros da *Central Sugar Factory*. Creio que uma empresa devidamente concebida e organizada para adquirir as terras em torno dos engenhos centrais de modo a parcelá-las e arrendá-las (não vendê-las) seria de grande vantagem para o país, para as companhias de engenhos centrais e para os investidores".

A segunda parte do memorando refere-se às dificuldades que podem resultar de não ter a companhia comprado os terrenos onde edificou. [...]

Idéia do Congresso Abolicionista. 1º Não-político. 2º Não anti-lavoura. Não exclusivo. Jubileu Abolição nas Antilhas. Emerson no *Spectator*. A voz da humanidade e de todos quanto influem no espírito humano. Wendell Philips. Representação de todas as províncias. Assembléias provinciais. Câmaras municipais. Instituições literárias, científicas. Jornais. Ofícios. Maçonaria. Clero. Estatutos na primeira sessão. Organização da mesa. Constituinte Nacional como em 1824 [sic]. Todo o dinheiro abolicionista ser reservado desde já para as despesas do Congresso. Cada província expor o seu estado atual. Deputações à Câmara, ao Senado, ao Imperador. Os ministros convidados. Comitês provinciais; comissões diversas. O que for preciso fazer desde já que se faça, eu irei a tempo de trabalhar pela idéia do Congresso no Norte.

---

15 fevereiro   Mandei a Rebouças dois exemplares das resoluções de Milão.

---

23 fevereiro   Recebi uma carta do Picot perguntando-me se eu escrevia uma correspondência para o rio da Prata. Respondi-lhe logo. Despachei cartas menores. Jantei em casa. Guardei cópia. Uma hora e meia de passeio. Volta por Parliament Street, Saint James Park.

---

24 fevereiro   A Rebouças, cópia carta aos cearenses. Convocação Congresso. Anuncio partida em maio. Amaral. Carta à [Sociedade] Libertadora.
Escrevi aos Leuzinger mandando fazer as entregas de dinheiro ao Artur, sem limitar a soma. Escrevi antes ao Artur comunicando-

lhe essa resolução e praticamente penhorando-lhe os lucros do meu livro. Assim seja amortizada a dívida dessa forma.

Uma hora de passeio. Encontrei Mr. Busk. A cortar e rasgar papéis. Soube pelos jornais do suicídio em Málaga domingo passado, em casa do marquês de Loring, do meu pobre amigo Partridge, que disparou uma pistola. *He had been suffering from ill health, and mental depression, chiefly in consequence of family losses,** diz o correspondente do *Standard*	*2 março* * *Ele estava com má saúde e tinha depressão mental, principalmente em conseqüência de perdas na família.*
Passeio a pé. À National Gallery. A perfeição dos milaneses. Beltraffio, Andrea da Solario, Bernardino Luini, sobretudo da geração de Vinci. A escola da Umbria. Rossetti e os Estéticos na *Natividade*, de Piero della Francesca. Admirável! O quadro do Luini (1470, pintou até 1530) na National Gallery é *Cristo Discutindo com os Doutores*. Solário. Retrato de um senador veneziano e retrato de Longono.	*3 março*
Passeio de uma hora a pé. Na Legação. Jantei em casa. Passeio depois do jantar com Mrs. Farlar. A beleza de uma noite de luar em Londres nos parques. No centro de Green Park.	*12 março*
Passeio de uma hora a pé. P[enedo] pergunta-me se queria ganhar 4.000 libras (100.000 francos) questão Waring. Fora da minha linha de conduta de nada ter que ver com o governo. Se eu não sou aqui um homem político, não tenho razão para estar aqui. Abstenção *all around*.* Os *Lusíadas* como exercício de memória. Em cada página serão marcadas as estâncias do dia. Escrevo sobre o Sudão para *La Razón*. Livros em branco: biográfico, meu Pai. Autobiográfico[20]. Catálogo	*13 março* * *em tudo*

---

20. Primeiras referências aos livros que Nabuco virá a escrever nos anos 90: Um Estadista do Império e Minha Formação.

livraria. Livros a comprar. Idéias e sugestões. Inventário geral (objetos, etc). Escravidão. Endereços e relações. Correspondência. Biográfico geral (Brasil). Informações sobre serviços públicos. Índice geral de referências e repertórios. *Scrapbooks*, ver memorando.

20 março   Longo passeio a pé. Jantei em casa de Mr. Stephen Busk. Miss Plowes.

21 março   Recebi notícia de que fui nomeado comissário do governo na seção de educação da Exposição Internacional de Saúde em Londres. Não posso aceitar por causa da partida. Escrevi correspondência. Rebouças mandou pôr 100 libras à minha disposição.

27 março[21]   "Prezado senhor. Envio em anexo curto memorando sobre os dois pontos que foram o assunto principal de nossa conversa de ontem. Acerca do primeiro, a sugestão de uma companhia fundiária para garantir o êxito da *Central Sugar Factories Company* (uma iniciativa bem melhor do que a de uma companhia hipotecária sobre a proprietária imobiliária), gostaria de desenvolver no Brasil com os detalhes necessários um plano que seria vantajoso não somente para os investidores dos engenhos centrais como para o país em geral, mas bem aceitável aos senhores de engenho, de modo que a companhia desde o começo pudesse atuar sem qualquer oposição forte da parte deles. Tenho uma idéia sobre o assunto que parece-me a certa e que estou preparado a apresentar ao senhor e a um número influente de seus amigos, se o senhor resolver em favor do que lhe assinalei ontem como a melhor maneira de salvar os engenhos centrais de suas dificuldades mais sérias, as que nascem da má vontade dos senhores de engenho. Mas devo preparar meu plano em todos os detalhes e no Brasil posso fazê-lo melhor do que aqui".

---

21. *Nabuco transcreve carta relativa a seu memorando sobre engenhos centrais. Traduzida do inglês.*

Telegrama do Ceará.²² Palavra *liberty*, significando libertação total.	*1º* abril
Senti-me muito mal depois do almoço: palpitações fortíssimas. Fui ao dr. Weber que me examinou novamente o coração e achou-o em bom estado. *All connected with the stomach**. Carta de Mr. Youle, pedindo-me para ir com ele no *Tamar*. [...]	*2* abril **Tudo relacionado com o estômago.*
Arrumando livros. Escrevi a Penedo sobre a conversa com Mr. Lambert. A Picot, agradecendo a amabilíssima carta que me escreveu, reconsiderando a incompatibilidade que formulara entre o *Jornal [do Commercio]* e a *Razón*; e o conselho do amigo para que fosse por Southampton e não por Bordéus.	*[?]* abril
Preparando-me para partir para Paris. Jantei em casa.	*13* abril
Parti para Paris. Trem de Boulogne. Recebido pelo Paranhos.	*14* abril
Visita ao Picot. Encontrei-me lá com o Luís de Castro. Jantei com o Paranhos na Taverne Anglaise. Ao Eden Théâtre.	*15* abril
Almocei com o Paranhos. Telegrama do Havre. Jantei com os Estrelas²³. Ao Maître des Forges. No Café de la Paix com o Correia depois do teatro.	*16* abril
Partida de Southampton no *Tamar*, comandante Bell. Recuso proposta Neate. A bordo, Youle, Miss Holt, Mr. Palgrave.	*24* abril
Conferência no [teatro] São José em São Paulo.	*15* setembro
Jantar dos abolicionistas [de São Paulo]. [...]	*16* setembro

22. *Comunicando que a Assembléia Provincial declarara a Abolição no Ceará.*
23. *Isto é, o barão e baronesa de Estrela.*

24 setembro	Partida no *Tagus*.[24] A bordo, vêm Clapp, Patrocínio, André, Artur, Hilário. Passageiros: Rodolfo, L[uís] Filipe, Amaro, Ulisses Viana, Belarmino Carneiro e D. Cristina, desembargador Lindolfo Correia, Diana.
29 setembro	No Recife. Mondego. Mrs. Cowie.
30 setembro	Primeiro banho de mar.
4 outubro	Candidatura pelo primeiro distrito em via de arranjo [...]
12 outubro	Primeira conferência no [teatro] Santa Isabel.[25]
22 outubro	Artigo no *Jornal do Recife*, respondendo à calúnia que possuí e vendi escravos.[26]
28 outubro	Conferência [de] José Mariano, em que também falei.[27]
1º novembro	2ª conferência [no teatro] Santa Isabel.[28]

24. Para Pernambuco, onde Nabuco se candidatava a deputado pela província.
25. Reproduzida em Campanha Abolicionista no Recife. Rio, 1885, pp. 1-23.
26. Quando do falecimento da madrinha, D. Ana Rosa Falcão de Carvalho, Nabuco herdara um engenho contíguo a Massangana, o Serraria, que há muito, porém, achava-se de fogo morto e sem escravaria, além de um sobrado na rua Estreita do Rosário, no Recife, e objetos pessoais. O engenho e o sobrado haviam sido vendidos por ele para custear a primeira viagem à Europa, o que deu margem à acusação infundada na campanha eleitoral de 1884.
27. José Mariano Carneiro da Cunha, abolicionista e chefe da facção urbana do Partido Liberal em Pernambuco, era candidato a deputado geral pelo 2º distrito do Recife.
28. V. Campanha Abolicionista no Recife, pp. 25-43. Nabuco a Rodolfo Dantas, 2.xi.1884: "ontem e anteontem fiz reuniões populares com o maior sucesso possível. Anteontem, uma de 4.000 pessoas no teatro Santa Isabel, e nessa fiz uma conferência de uma hora. Ontem falei duas vezes: outra conferência no teatro [...] também literalmente cheio, e à tarde uma reunião ao ar livre de eleitores de uma paróquia de Afogados", Cartas a Amigos, i, p. 122.

Reunião em Santo Antônio, forçado pelo povo a ir falar no teatro. Meeting* no Peres.²⁹ Volta em carruagens.	2 novembro *comício
Meeting em São José de Ribamar.³⁰	5 novembro
Montepio popular.³¹ Meeting em Afogados.³²	9 novembro
Meeting José Mariano. Pátio de Santa Cruz.	13 novembro
3ª conferência no Santa Isabel; autobiografia.³³ Comício na Passagem.³⁴	16 novembro
Reunião J[osé] M[ariano], largo da Boa Vista.	20 novembro
Meeting do eleitorado liberal no Santa Isabel.	23 novembro
Largo do Corpo Santo.³⁵	28 novembro
Meeting dos artistas.³⁶ Pátio da Princesa.	29 novembro

29. Nas redondezas do Recife.
30. Bairro popular no centro do Recife. V. o texto do discurso em Campanha Abolicionista no Recife, pp. 45-52.
31. V. o texto do discurso ali pronunciado por Nabuco em Campanha Abolicionista no Recife, pp.53-6.
32. Bairro popular na periferia meridional do Recife.
33. V. Campanha Abolicionista no Recife, pp. 59-116. Nabuco fez ali o que chamou de "exposição completa de minha vida pública desde que em 1879 tomei assento no Parlamento como deputado desta província".
34. Da Madalena, subúrbio da alta burguesia recifense. O discurso ali pronunciado por Nabuco em Campanha Abolicionista no Recife, pp. 117-29.
35. O discurso ali pronunciado por Nabuco em Campanha Abolicionista no Recife, pp. 131-8.
36. Isto é, dos artesãos. O correspondente discurso de Nabuco em Campanha Abolicionista no Recife, pp. 139-147.

30 *novembro*	4ª conferência.[37] Procissão.[38]
1º *dezembro*	Eleição. Fatos de São José.[39]
12 *dezembro*	Passaram os Estrelas.[40]
20 *dezembro*	Apuração segundo escrutínio. O meu telegrama ao [Gusmão] Lobo. Recusei diploma para entrar em segundo escrutínio.[41]
29 *dezembro*	Mandei Paranhos 50 libras.

37. V. Campanha Abolicionista no Recife, pp. 149-63.
38. Isto é, desfile.
39. Encerrada a votação na igreja matriz de São José, uma multidão dirigira-se para lá, mobilizada pela notícia de que a mesa fraudara a eleição, dando a vitória ao candidato conservador, o dr. Manuel do Nascimento Machado Portela, num bairro tradicionalmente liberal. Temerosos, os mesários fecharam as portas da igreja, que foi investida pela população. Do conflito que se seguiu, resultaram mortos e feridos.
40. Isto é, o barão e baronesa de Estrela de passagem pelo Recife.
41. Em vista da destruição dos resultados do pleito quando do choque de 1º de dezembro, a junta apuradora determinou a realização de novo escrutínio, que teve lugar a 8 de janeiro de 1885, resultando em ampla vitória de Nabuco.

Passeio de hora e meia a pé. Encontrei [José Carlos] Rodrigues e fui com ele até Queen Anne's Mansions, onde ele mora. Prometi-lhe não deixar o *Jornal* [*do Commercio*] sem preveni-lo. Mais uma vez admirei esse portento de iniciativa e de coragem de um brasileiro chamado *O Novo Mundo*.[42] Que lutas! Como cada número desses devia ter-lhe custado! Só, desconhecido, estrangeiro, em New York, sem um vintém nem crédito! Jantei em casa.

Notas sem menção de dia

O limite da arte. Como realmente a melhor parte de nós mesmos é a que não podemos exprimir.

Eu penso que só se devera consultar os médicos <u>em conferência</u>. Juntos eles não só prestam mais atenção aos fatos como sentem-se mais responsáveis perante o doente. O defeito do médico "geral" é que raro ele pensa na especialidade, e o do especialista, que tudo lhe parece entrar (pelo menos está sempre disposto a tentar a inserção) no seu domínio. Nas horas de consulta, o médico está ouvindo um doente, pensando nos que esperam no salão e no relógio. Lembra-me os nossos confessores. O médico toma facilmente o que o doente sugere e os fenômenos em que ele insiste como seu guia no diagnóstico. Eu, por exemplo, tive uma pequena tonteira. Queixei-me ao dr. Allingham e ele explicou-a logo pelas hemorróidas. O dr. Weber, pela dispepsia, o dr. Braine por anemia. E todos me trataram da causa. Ora, eu posso sofrer de cada um desses males e não ser nenhum deles a causa determinante do incômodo específico que me levou a consultar os médicos. Quem sabe se a vertigem não foi aural ou ocular? O que me dirão os especialistas de olhos e ouvidos? Pode, porém, não restar-me dinheiro nem paciência, nem confiança, para consultar estes depois da experiência com os outros. Como não teria sido melhor tê-los eu reunido desde o princípio numa conferência ou deixando-os disputar entre si?

Jantei no restaurante Blanchard.

O *Daily News* diz que lord Hartington só tem que dizer uma palavra para ter todo o apoio do Partido Liberal, que quer marchar e progredir.

---

42. Título do jornal que José Carlos Rodrigues publicava em New York.

Uma carta de Trajano de Carvalho oferecendo um livro de um amigo sobre a população da terra.

[...] Uma carta de minha Mãe. A eleição de Goiás parece ter sido para mim uma derrota prévia. Recebi um cartão do Homem de Melo. Remei uma hora no Serpentine. Corri no parque 500 passos. Um belo cisne preto com penas brancas parece ter uma corte, como ontem "o elefante branco" de Barnum. Que animal gracioso como um barco é um cisne! Realmente a elegância, o porte, a altivez desse cisne, encantam-me sempre que remo no Serpentine.

Coûte qui coûte,* escreve a *Pall Mall Gazette* de hoje. A ignorância do francês entre os *scholars** da Inglaterra é só comparável à do inglês entre os *savants e gens de lettres** franceses. Pagam-se na mesma moeda.

Dizem que em Montevidéu o estado político é muito precário e que espera-se um *pronunciamiento**. O que será da *Razón* e das minhas correspondências? Começo a sentir praticamente as incertezas da república em países somente preparados para a ditadura, preparados, digo, porque logo que a não têm, criam-na.

* Custe o que custar
* eruditos
* sábios e letrados

* golpe militar

Segundo escrutínio, 890 votos.	*9 janeiro*
Última conferência no Santa Isabel.[43]	*18 janeiro*
Partida a bordo do *Patagônia*, comandante Barr.	*20 janeiro*
Na Bahia, em quarentena. Embarca [o barão de] Cotegipe.	*22 janeiro*
Chegada ao Rio. Esplêndida recepção popular.	*24 janeiro*
[Rua] Senador Vergueiro, 47 A.	*4 fevereiro*
Recepção José Mariano.[44]	*7 fevereiro*
Recepção Silveira Martins. Banquete a José Mariano em minha casa [...]	*9 fevereiro*
Reunião dos deputados liberais, à rua da Princesa, n.1.[45]	*10 fevereiro*
Voyons![46]	*16 fevereiro*
Depuração Tomás Pompeu. Impressão causada. Perdida toda a campanha.	*24 março*
Morte de José Caetano [de Andrade Pinto].	*27 março*

43. V. *Campanha Abolicionista no Recife*, pp. *187-98*. *Nabuco pronunciou ainda uma quinta conferência no teatro Santa Isabel a 6 de janeiro de 1885, ibid., pp. 167-86.*
44. *Manifestação abolicionista por ocasião do desembarque no Rio do deputado José Mariano.*
45. *Atual Rua Correia Dutra onde se encontrava a residência do senador Nabuco de Araújo e onde ainda vivia a sua viúva.*
46. *Vejamos! A exclamação tem a ver com as expectativas pouco encorajadoras dos abolicionistas, vários dos quais, como Rui Barbosa, haviam sido derrotados, ou, como Nabuco, esperavam a decisão final da Câmara sobre a validade dos seus mandatos.*

28 março	Enterro de José Caetano. Defendo os meus poderes perante a Comissão.
2 abril	"Ninguém acreditaria que não quisesse casar comigo!"[47]
5 abril	Concerto White, Petrópolis. O Imperador conta-me a história em que eu nunca tinha querido acreditar, de ter ele querido convencer o Papa de fazer as pazes com V[itor] E[manuel] e renunciar ao poder temporal.[48]
30 abril	Na Câmara. Vaias ao Siqueira.[49] Em casa do Dantas escrevendo entrelinhados.[50]
1º maio	Discurso Soares Brandão.[51]
4 maio	Queda do gabinete Dantas. Moção Siqueira, 52 votos contra 50.[52]
12 maio	Depurado.[53] Na tribuna, Mme. [Francisco] Belisário e Mlle. T[eixeira] Leite. Ver votação nominal. Antônio Pinto e Frederico

47. *Exclamação de Eufrásia Teixeira Leite ao expor-lhe Nabuco a impossibilidade política de, como principal líder abolicionista do país, casar-se com a herdeira de uma importante fortuna territorial do vale do Paraíba.*
48. *Refere-se à questão entre o Papado e a Coroa italiana, surgida à raiz da unificação da Itália em 1859, mas que só será resolvida em 1929 pelo Tratado do Latrão.*
49. *Antônio de Siqueira Cavalcanti, deputado liberal por Pernambuco, que apresentara com Afonso Pena e outros moção de desconfiança ao gabinete Dantas.*
50. *Isto é, sueltos em defesa do gabinete.*
51. *Alusão ao discurso de Francisco de Carvalho Soares Brandão, senador liberal por Pernambuco, que solicitou ao governo providências para a manutenção da ordem pública em vista das manifestações populares em favor do gabinete Dantas.*
52. *O ministério Dantas foi substituído por outro gabinete liberal, chefiado por José Antônio Saraiva, que fará a reforma dos sexagenários.*
53. *Nabuco ao barão de Penedo, 17 v.1885: "Consummatum est! Foi-se o Dantas e logo depois fui eu degolado. Três meses toda a verificação de poderes esteve sujeita à tramóia principal de degolar-se o deputado do Recife. Sete intitulados liberais (três sebastianistas e quatro mineiros) junto aos conservadores, reconheceram deputado um homem [o candidato conservador, Manuel Portela] contra o qual a maioria do eleitorado pronunciou-se solenemente numa eleição legal. No Recife, a notícia fez explosão":* Cartas a Amigos, *i, p. 136.*

Borges por mim. [Contra] Sinimbu Júnior, Lourenço [de Albuquerque], José Pompeu, Valadares, Penido, Felício, Vaz de Melo, que acabava de tomar assento. Abstiveram-se Antônio Carlos e Mascarenhas. Afonso Pena no ministério e Moreira de Barros na presidência [da Câmara] não puderam votar contra mim. Apedrejamento do *Tempo* no Recife à notícia.

Telegrama Antônio Carlos anunciando desistência Ermírio Coutinho.[54]	*13 maio*
Vem ver-me J[osé] M[ariano]. Vou ao Luís Filipe[55] e Joaquim Tavares.	*14 maio*
Jantam comigo no *Globo* J[osé] M[ariano] e Gomes de Matos. Vem Pedro Afonso.	*16 maio*
Tijuca.	*20 maio*
Volta da Tijuca pela Vista Chinesa.	*29 maio*
Conversa com o [Gusmão] Lobo. O Dantas saiu do ministério sem distinguir certos amigos como ele, que apreciam tais distinções.	*2 junho*
Conferência Rui Barbosa. Primeiro telegrama anunciando resultado favorável Nazaré. Com o Rebouças e o [Silveira da] Mota no telégrafo. Durmo quase eleito.	*7 junho*

54. *Em protesto contra a cassação de Nabuco, Ermírio Coutinho e Joaquim Francisco de Melo Cavalcanti, candidatos em eleição pendente no 5º distrito da província, renunciaram em favor do conterrâneo. O prélio terá lugar a 7 de junho, com a vitória de Nabuco.*
55. *Após o falecimento do barão de Vila Bela, Luís Filipe de Sousa Leão tornara-se o chefe do partido liberal em Pernambuco, embora enfrentasse a oposição da facção chamada dos "cachorros", chefiada por José Mariano, que correspondia ao eleitorado urbano e pró-abolicionista.*

8 junho	Eleito. Bravo! Antônio Carlos. Maioria 110 votos. Imenso regozijo no Recife. Numerosos telegramas. Ovação na Câmara. J[osé] M[ariano] desafia Portela a sujeitar-se a nova eleição. À noite, ao Hotel dos Estrangeiros, onde tomam parte em meu triunfo. O povo vem saudar-me à casa.[56]
9 junho	Chovem telegramas de toda a parte.
12 junho	Parto para o Recife no *Tamar*, capitão Hicks.[57] [...]
16 junho	Na Bahia. Abolição, Federação, Paz.[58]
17 junho	Maceió.
18 junho	No Recife. A recepção excede tudo que podia imaginar.
19 junho	Limoeiro.
20 junho	Bom Jardim.
21 junho	Nazaré.[59]
23 junho	Conferência teatro Santa Isabel.

56. Comentário do jornal O Paiz, do Rio (9.vi.1885): "Jamais outro deputado penetrou no Parlamento com mais força moral e cercado de maior prestígio".
57. Nabuco, que não fora a Pernambuco fazer campanha eleitoral, voltava agora para agradecer o voto que lhe dera o 5º distrito, percorrendo suas cidades principais.
58. Referência ao discurso que pronunciou então no Teatro São João em Salvador, relativo ao plano de reforma que anunciara tempos antes no Teatro Santa Isabel, no Recife: "A maior de todas as reformas políticas, aquela a que pretendo dedicar-me como hoje à emancipação quando esta se achar concluída, é uma descentralização quase federal das províncias". Antes de encerrada a sessão legislativa de 1885, Nabuco apresentará na Câmara o correspondente projeto de reforma da Constituição.
59. Limoeiro, Bom Jardim e Nazaré eram as principais cidades do distrito eleitoral que acabara de eleger Nabuco. Estas cidades fazem parte do 5º distrito eleitoral.

No *Neva*, capitão Gilles.⁶⁰ *La ruche aux abeilles d'or.**	24 junho
	*A colméia de abelhas de ouro.
Chegada ao Rio. Rebouças. Hotel Ravot. *Gazeta da Tarde*. *Gazeta da Manhã*. Sócio honorário Centro Abolicionista da Escola Politécnica.	28 junho
Conferência no Politeama. Dito de um homem do povo a respeito das duas cadeiras dos 1º e 5º distritos: "Sente-se numa e ponha os pés na outra".	29 junho
Artur conta-me o pagode da praia do Botafogo.	30 junho
Reconhecido deputado. Flores no recinto. Discurso contra o projeto.⁶¹	3 julho
Discurso em resposta a Zama.	6 julho
Fundo o Grupo Parlamentar Abolicionista, 14 assinaturas.	8 julho
Carlotinha⁶² partiu para a Europa.	9 julho
Câmara. Votação do projeto.⁶³ Um leilão de carne humana no Parlamento.	13 julho
3º discurso contra o Saraiva.	24 julho

60. *Nabuco a Penedo, 24.vi.1885*: "Parto hoje para o Rio no meio das manifestações delirantes da população. Nunca homem algum recebeu deste povo o que ele me acaba de dar", Cartas a Amigos, i, p. 138.
61. Do gabinete Saraiva, sobre medidas abolicionistas graduais, como a liberdade dos sexagenários, mas que previa indenização aos proprietários de escravos, o que o tornava tabu para os abolicionistas.
62. Carlotinha, filha do barão de Penedo, viúva de José Caetano de Andrade Pinto.
63. O projeto Saraiva era aprovado em segunda votação.

25 julho	Discurso sobre o general Grant.
30 julho	Interpelação ao Saraiva.
31 julho	Sessão do Centro Abolicionista da Escola Politécnica. Discurso no Politeama.
4 agosto	*Soirée* Mme. Haritoff.
13 agosto	Votação da lei.[64]
19 agosto	Queda da situação [liberal]. Cotegipe.[65] Presente da Eufrásia: um alfinete de gravata. 19 de agosto e 16 de julho: coincidências; queda dos liberais.[66]
24 agosto	Discurso de recepção do ministério.
30 agosto	Cartas Paranhos e H. anunciando morte de Emily.
4 novembro	Passeio de mar com a [baronesa de] Estrela, Eufrásia e irmã, e Artur.
6 novembro	Doente de febre palustre.
12 novembro	Para as Paineiras.

64. *Dos sexagenários, por 73 votos a 17. Nabuco a Allen, 6.viii.1885:* "Os dois antigos partidos, formados principalmente por donos de escravos e representantes do poder político da escravidão, dão apoio ao gabinete Saraiva, com receio de legislação mais avançada e votaram a favor do seu projeto para evitar a apresentação de alguma medida realmente franca e honesta". José Nabuco, *O Arresto do Windhuk*, 2ª ed., Rio de Janeiro, 2003, p. 77.
65. *O barão de Cotegipe, chefe conservador, fora chamado por D. Pedro II para constituir novo gabinete.*
66. *Nabuco aludia ao 16 de julho de 1868, em que a situação liberal também fora substituída pelo Imperador, que entregara o poder aos conservadores, que nele permanecerão por dez anos.*

Para o Hotel White.⁶⁷	*17* novembro
Casamento Tovar. Cesta de flores.	*28* novembro
Descemos da Tijuca.	*8* dezembro
No hotel; despedida.	*9* dezembro
À estação de Pedro II, despedir-me,⁶⁸ de carro. Parto para Pernambuco pelo *Tamar*.	*10* dezembro
Recepção em Pernambuco. Medalha de ouro.⁶⁹	*15* dezembro

67. Na Tijuca.
68. De Eufrásia, de vez que Nabuco partirá no mesmo dia para Pernambuco, pois o barão de Cotegipe, havendo dissolvido a Câmara, ele devia novamente apresentar-se às eleições.
69. Joaquim Nabuco não conseguirá reeleger-se pelo Recife e o outro líder abolicionista da província, José Mariano, será depurado pela Câmara conservadora. Nabuco a Allen, 15.i.1886: "A maioria que obteve o candidato conservador é devida inteiramente à pressão do governo sobre os empregados públicos, que formam uma grande parte do pequeno eleitorado desta cidade, e às promessas de emprego distribuídas profusamente entre as classes pobres do nosso povo, enquanto os grandes senhores de escravos obrigavam a todos que deles dependessem a votar contra mim; e os pretos, que são numerosos, não eram todos fiéis à nossa causa e votaram em grande número pela bandeira da escravidão [...] Mas ao mesmo tempo esse desinteresse dos pretos [livres] do Brasil pela questão da escravidão penetrou profundamente no espírito e no coração dos escravos e da dificuldade com que o movimento abolicionista luta contra isso no Brasil. Aqui, de fato, em vez de um sólido voto negro, como nos Estados Unidos [...] podíamos ver os pretos, com algumas exceções de valor, seguindo a bandeira do partido dos seus donos, como restos de uma alma escrava ainda viva neles". José Nabuco, O Arresto do Windhuk, pp.79-80.

1º outubro[70]	À Tijuca com os Dönhoffs, Yonine "Monsieur Cacete", as Limas. Volta pelo Jardim [Botânico]. No Jardim. Jantar em casa dos Yonine. Defronte das palmeiras.
3 outubro	Nas pitangueiras em Paquetá.
4 outubro	No Corcovado. A pé pelas Paineiras, de Nova Cintra.[71]
13 outubro	Ao Corcovado. Volta a pé pelo Silvestre. O Yonine apagando o gás.
14 outubro	A bordo do *Rubi*. Depois *picnic* Sizenando na ilha d'Água.
16 outubro	Baile da Princesa.
17 outubro	De manhã, no Carson's. Às corridas. Jantar Silva. Mlle. Rita.
26 outubro	Desço à Corte. Partida à noite para São Paulo. Enterro José Bonifácio.[72]
27 outubro	Enterro José Bonifácio.
28 outubro	Ao Ipiranga.
29 outubro	Em Mogi das Cruzes, coronel Costa.
30 outubro	Volta para a Corte.
1º novembro	Aparece Cassiano, 19 anos, sinais de ferro ao pescoço e todo o corpo. Acoito-o, furta a roupa dos acoitadores, escravos como ele, em cuja casa o pus.

70. Não existe diário para os primeiros nove meses do ano. Ao longo de 1886, Nabuco, privado da tribuna parlamentar, dedicou-se a escrever para os jornais e a publicar opúsculos, como O Erro do Imperador e O Eclipse do Abolicionismo.
71. Atual Parque Guinle. O cunhado de Nabuco, Hilário de Gouveia, possuía ali uma chácara.
72. José Bonifácio, o Moço, fora um dos grandes propagandistas da Abolição.

Passo o dia em Nova Cintra.	*1º a 2 janeiro*
Estudando a antiga Roma.	*2 janeiro*
A Petrópolis. Mudança que encontro.	*10 janeiro*
Casamento Haggard.	*15 janeiro*
No *Senegal*, capitão Moreau. [...][73]	*16 fevereiro*
Chegada ao Recife. A bordo, Numa e Barros Sobrinho. Amigos no cais. Almoço em casa de Antônio Carlos, onde me hospedo. Presentes J[osé] Mariano, Barros Sobrinho, Costa Ribeiro, Numa, Gomes de Matos. Depois Barros Rego. Jantar J[osé] Mariano.	*22 fevereiro*
Carnaval. Saímos à noite, Numa Pompílio. [Teatro de] Variedades. Cobertos de goma.	*23 fevereiro*
Depois do jantar vêm "Santinho" Amorim e Antônio Baltar. Beleza do Recife à noite, de sobre as pontes.	*26 fevereiro*
Conferência no Variedades. Depois em casa de Numa Pompílio. Jantar com Barros Sobrinho. Presentes pai, mano e cunhada, Antônio Carlos, P[edro] Afonso, Numa. A minha afilhadinha Palmira.	*28 fevereiro*
Mrs. Griffith, Recife. Jantam João Ramos e dr. Gomes de Matos. "O que é um jereba". "Deixe-se de charéu e não se faça de trouxa".	*1º março*

---

73. Nabuco seguia para Pernambuco para reavivar o movimento abolicionista e fundar a Sociedade Pernambucana contra a Escravidão.

2 março	Ao Caminho Novo. João Teixeira. Visita à noite do dr. Afonso de Albuquerque, nacionalizador do comércio de açúcar! Como os erros se transformam! Não é mais o comércio a retalho, é o de exportação, que precisa ser nacionalizado![74] Conversa com Antônio Carlos sobre o *Jornal do Recife*.
3 março	Visita de Sinhô. Jantar oferecido por Domingos Alves Ribeiro, desembargador. Presentes José Mariano, C[osta] Ribeiro, general Clarindo, desembargador Freitas, dr. Montenegro, Jacobina, Sousa Pinto, Maciel Pinheiro, Miguel Castro e filho.
4 março	Telegrafei, sabendo doença Imperador, a Nogueira da Gama, que me respondeu logo. Sempre o Imperador informou-se do meu estado quando doente. Jantar Gomes de Matos. Vêm depois Numa Pompílio e Belarmino. Antônio Carlos anuncia ter obtido dinheiro para comprar o *Jornal do Recife*.
5 março	Artigo Aristides Lobo (no *Jornal do Recife*) censurando minha partida para a Europa. Jantar com João Ramos. Anos de D. Elvira. Presentes A[ntônio] Carlos, Numa e filho, Barros Sobrinho.
6 março	À conferência dos republicanos. Conferência minha nas Variedades sobre a federação. Jantar com Numa Pompílio. À noite, à casa de Amintas. D. Francisca Isidora. Ao teatro Santa Isabel. Uma mascote espanhola. Apresentado a Mlles. Dubeux. Duas cartas de liberdade prometidas. Opinião sobre o meu discurso do dr. José Higino [Duarte Pereira].
7 março	Manifestação do filho do [barão do] Livramento, que punha os seus 700 contos à minha disposição! Janta Numa Pompílio. À noite, visita de Antônio Marques de Amorim.

74. *Alusão à reivindicação histórica dos liberais pernambucanos ao longo do século XIX: reforma agrária e nacionalização do comércio a retalho.*

Para Palmares em visita a Japaranduba,[75] com José Mariano, Barros   10 *março*
Sobrinho, Faelante. Recepção Gameleira e Palmares. O condutor
do trem, Leonel da Costa. D. Amélia Ferreira, filhos Pedro, Teresa,
Manoelita, sobrinha D. Tiná (Maria).

Em Japaranduba. Discurso ao povo de Palmares. Conheci o capitão   11 *março*
Isaelo Mateus de Almeida, abolicionista heróico, o simpático e firme
dr. Manuel Falcão, o matuto João Pereira, que jantou conosco de
pés no chão, perguntando-me por isso qual a diferença entre condição
e circunstância. O tenente coronel Laurentino de Barros
Lins, do engenho Capricho, veio visitar-me e passou o dia. O tenente
Joaquim Francisco de Santana, capitão João Barbosa de
Carvalho, dr. Fernando Afonso Ferreira, Diógenes Afonso Ferreira
e Peregrino Afonso Ferreira, irmãos de Pedro Afonso. O velho
Francisco das Chagas Cavalcanti de Albuquerque, abolicionista.
Falamos como capuchinhos.

Volta. Vítor Pereira de Carvalho recebe-nos em Gameleira.   12 *março*
Recepção na Escada. Almoçamos com o capitão Deodato Monteiro,
que brinda às três maiores capacidades do Universo, Tobias
[Barreto], José Mariano e Nabuco, e que é obrigado a forrar os escravos
por nos ter hospedado. [...] Alforriamos por subscrição uma
escrava, Delfina, de uma cega, que ela sustentava e da qual não queria
fugir. Mais filha dela do que o filho, que a não queria libertar.
Vamos à casa de um homem pedir-lhe que forre uma escrava; nega
sem uma palavra. O escravo do vigário, episódio do discurso de José
M[ariano], que produziu o velho na tribuna [sic].

Para Maciape. Dr. Carneiro da Cunha, Afonso Baltar, o Sr. Cursino,   13 *março*
Olímpio Sá, José Mariano e irmão Francisco, etc.

---

75. *O engenho Japaranduba pertencia a Pedro Afonso Ferreira, abolicionista e genro do visconde do Rio Branco.*

14 março	Volta de Maciape[76]. Mulher ferida de bala que encontramos em Santa Rita e levamos para o Recife. Anos do dr. Barros Sobrinho. Janto com ele. Escrevi segundo artigo sobre o livro do bispo do Pará. À noite, à casa do desembargador Freitas, que faz anos.
15 março	Levamos J[osé] M[ariano] e eu, um escravo seviciado do coronel Pedro Osório de Cerqueira ao presidente,[77] para que o veja. Recebi uma carta de D. Francisca Isidora Gonçalves da Rocha graciosamente incluindo duas cartas de liberdade. Fui à noite agradecer-lhe. [...]
18 março	Hospedados em Nazaré na casa do negociante Fabrício Cardoso. Nazaré: "Vivas ao futuro deputado do 5º distrito".
19 março	A ser compadre dos donos da casa quando nascer-lhes o filhinho. Volto para o Recife. Escravos seguem-nos à estação, diversos fogem depois. Capitães de campo. [...]
20 março	Almoço com o meu amigo Rocha no Peres. 3ª Conferência. Barros Sobrinho dá-me um banquete de despedida, no qual falam Pedro Afonso e Antônio Carlos (também eu). Fundamos a Sociedade Pernambucana contra a Escravidão. [...]
21 março	Almoçam Maciel Pinheiro, Barros Sobrinho e Artur Andrade Pinto. Vêm quase todos os amigos à Lingüeta. Embarco no *Gironde*[78], comandante Minier. A bordo, Cruls. Sinto o vazio em torno de mim. É muito difícil passar de uma vida como tive este último mês para a quietação absoluta de a bordo.
6 abril	Em Paris.

---

76. *Engenho do município de São Lourenço da Mata.*
77. *Presidente da província, Pedro Vicente de Azevedo.*
78. *Com destino à Europa, como correspondente de* O Paiz.

Páscoa. Feijoada. Ao Luxemburgo. Janto na rua Bassano.[79]	*10* abril
Jantar Café Foyot,[80] Martinho e Eduardo Prado, Lopes Trovão e Costa.	*12* abril
Com a E[ufrásia] ao Louvre. Mando-lhe uma mandolina de flores.	*15* abril
Em Londres, hospedado em Grosvenor Gardens.	*16* abril
Carta de Artur [de Carvalho Moreira]. À noite, à Câmara dos Comuns, segunda leitura do Crimes Bill. Discurso Gladstone. Parnell.	*18* abril
*Primrose day**. Ao parque, com a baronesa e Carlotinha. Vem a Kate Sands ao chocolate.	*19* abril ** Dia da primavera.*
Jantar em casa dos Schlesinger. [...] Conversa com Mrs. Kendall sobre arte, Gladstone, Sarah Bernhardt. *Under each land runs water, under each life runs grief.**	*24* abril ** Debaixo de cada terra corre água, debaixo de cada vida corre mágoa.*
*Meeting** da *Anti Slavery [Society]*.	*6* maio ** Reunião*
Paris. Grand Hôtel.	*15* maio
Volta a Londres. Mrs. Workman.	*23* maio

---

79. *Domicílio de Eufrásia Teixeira Leite.*
80. *Célebre restaurante parisiense.*

18 junho * Festa no jardim	A Dollis Hill com Mr. Allen. *Garden party** de Mrs. Gladstone. Apresentado a Mr. Gladstone. Mr. Gladstone apresenta-me a John Morley.
21 junho	A Westminster com os Penedos. Jubileu da rainha.
9 agosto	Partida no *Tagus*. Mrs. Raikes.
12 agosto	Lisboa. [...] Jantar: Guerra Junqueiro, Antônio Cândido. Ceia: Oliveira Martins, Marçal Pacheco.
23 agosto	Chegada a Pernambuco. O arco-íris. Mrs. Dowsley.
14 setembro	Eleito 1407 votos contra 1270. [...] Golpe de morte no ministério Cotegipe.[81]
15 setembro	Passeata acadêmica.
16 setembro	Anos D. Olegarinha. As jóias empenhadas.[82]

---

81. Nabuco a Allen, 16.ix.1887: "Fui eleito ontem aqui por 1.407 votos contra 1.270 dados ao ministro do Império, ou seja, por uma maioria de 137 votos. É uma imensa vitória para a nossa causa essa derrota do governo na pessoa de um dos seus líderes. [...] É impossível dar-lhe uma idéia do entusiasmo que este ato de independência e de abnegação do eleitorado de Pernambuco está criando no país", José Nabuco, O Arresto do Windhuk, p. 91. Nabuco a Penedo: "É um delírio a cidade a esta hora. Fizemos história!", Cartas a Amigos, i, p. 161. Nabuco derrotara seu antigo adversário conservador, Manuel Portela, que ocupava então a pasta do Império no ministério Cotegipe e que teve de se demitir do cargo.
82. D. Olegarinha, mulher de José Mariano. Nabuco recordará em Minha Formação (cap. XXIII): "a suave fisionomia, um puro Carlo Dolce, da sua meiga e amorosa D. Olegarinha, tão cedo esvaecida, a qual, nas vésperas da minha eleição, que José Mariano fizera dele, contra o ministro do Império, fez empenhar jóias suas para o custeio da luta, o que só vim a saber no dia seguinte, quando o partido as resgatou e lhas foi levar".

Partida no *Neva* para o Rio. Vou ao Rio somente para conseguir dos militares não capturarem escravos.[83]	24 setembro
Recepção na Bahia. [...]	26 setembro
Grande recepção na Corte.	29 setembro
Tomo assento na Câmara.	5 outubro
Discurso sobre o exército e o governo.[84]	6 outubro
Defesa do abolicionismo contra Andrade Figueira.	8 outubro
Quatro discursos na Câmara.	10 outubro
Doente.	19-20 outubro
Partida para Pernambuco pelo *Neva*.[85]	24 outubro
Chegada a Pernambuco. Em casa.	29 outubro
Conferência no Variedades. Com o João Ramos na Várzea.	30 outubro
No Jardim.	31 outubro

83. Nabuco a Penedo, 24.ix.1887: "Hoje sigo para o Rio a tomar assento na Câmara. Não sei se me deixarão, apesar da maioria que tive, da pureza do processo eleitoral. [...] Para me porem fora da Câmara, é preciso uma batalha que a situação não me parece forte bastante para afrontar": Cartas a Amigos, i, p. 161.

84. Neste discurso, Nabuco fez, nas suas mesmas palavras, "um solene apelo ao Exército brasileiro, a todos aqueles que tiverem dignidade e honra, para que cruzem os braços, para que se neguem absolutamente a essas lúgubres e trágicas caçadas de entes humanos". O Clube Militar encaminhou representação à Princesa Isabel, então Regente na ausência de D. Pedro II na Europa, solicitando que o Exército não fosse utilizado em favor da escravidão.

85. Encerrada a sessão do Parlamento, Nabuco escrevia a Penedo, 8.x.1887: "Eu volto a 24 para Pernambuco, onde vou enraizar-me. De lá não sei se irei à Europa ou aos Estados Unidos ou ao Pacífico": Cartas a Amigos, i, p. 162. Ele seguiria para a Europa.

7 *novembro*	Sob os cajueiros.
23 *novembro*.	No bonde da Madalena.
27 *novembro*	Conferência em benefício da família Freitas: *A pátria pernambucana*.
29 *novembro*	A bordo do *La Plata* para Southampton. [...]
1º *dezembro*	Li primeiro volume *Psychologie Contemporaine*, de Bourget; menos Stendhal e Flaubert.
2 *dezembro*	Segundo volume Bourget, saltando.
3 *dezembro*	Escrevi algumas notas. Vou começando a trabalhar a bordo. [...]
4 *dezembro* * Acalma-te, meu ser!	Calmaria. "*Calme-toi, mon être!*"*
5 *dezembro*	Li *André Cornélis*, de Bourget. Que horror e como é desagradável ter que voltar a algumas páginas desse caso de patologia criminal para apanhar alguns pensamentos admiravelmente lapidados. Um Hamlet burguês.
6 *dezembro*	Tenho lido desta vez: de Bourget, os dois volumes de *Essais psychologiques*, *André Cornélis*; Teófilo Braga, *História das idéias republicanas em Portugal*; Carnegie, *Triumphant Democracy* e a extraordinária correspondência de Flaubert.
8 *dezembro*	Passamos as Canárias. Um dia mais de viagem.
9 *dezembro*	Mrs. Stewart disse-me que em seu país (Uruguai) se diz que, quando se sonha duas vezes com a mesma pessoa, essa deve ter um feliz

futuro. Sonhou duas vezes comigo. Valha o agouro! Ainda a correspondência de Flaubert. Admirável!

Southampton. Durmo no Radley's Hotel.	14 dezembro

Londres. Grosvenor Gardens. Que vim eu cá fazer? É a primeira impressão desse horrível clima de Londres. Estou em 122, Ebury Street. À noite, jantam Mrs. Lowther, uma *dark** que se tornou, com a idade, quase ruiva, e o novo Embaixador de Espanha.	15 dezembro *parda

A Wallace Road e a New Broad Street. Carta de Gladstone felicitando-me. Escreve-se ao Cardeal Manning para o Jubileu.[86] O dia a ver livros. Nenhum raio de luz ainda.	16 dezembro

O dia passado a escrever *statement** sobre a escravidão. Jantar Allen. *Rendez-vous** para amanhã com cardeal Manning.	22 dezembro *declaração *Encontro marcado

Carta Lilly marcando entrevista com cardeal Manning. Das 9 às 3h30 escrevendo declaração para o cardeal. Às 4 na Anti-Slavery. Carta do Allen ao redator do *Times*. 23, Baker Street, Dora. Jantar Blanchards.	23 dezembro

Entrevista às 11 h com cardeal. Allen presente. Comprando presentes Penedos: relógios e vida Napoleão. Cartas Brasil. Jantar Schlesinger.	24 dezembro

Jantar Penedo. Os ananazes do [Alfredo] Gomes Ferreira.	25 dezembro

Escrevendo. No quarto das fotografias. A pé de Kensington Gardens.	26 dezembro

Escrevendo declaração final. Carta Salvador de Mendonça, longa carta Garrison. [...]	27 dezembro

---

86. Do Papa Leão XIII.

7 janeiro

*O senhor não
é um doador.
Dá muito
pouco de si.

[Em Paris]. Almoço Estrela com Sant'Ana Nery. Jantar, idem; depois ao *affaire Clemenceau*,[87] que me lembrou o Bush Varella. Conde Gudin: *Vous n'êtes pas donneur. Vous donnez peu de vous-même.**

9 janeiro

*almofadinhas

A porta de neve dos Alpes. À noite em Turim, jantar no Café de Paris. A guarnição italiana. Pobres demais os oficiais italianos para terem a elegância e o tom dos alemães e serem os *swells** ingleses. Com um deputado de Gênova a Pisa. A Itália Federal.

11 janeiro

*Voltarei a
falar sobre ele.

Em Roma. Entrevista com o cardeal Rampolla e monsenhor Mocenni. "Caro Nabuco", este último. A impressão agradabilíssima do primeiro. *Je reviendrai sur lui**. O Vaticano — não há nada igual no mundo. Com o Correia ao Panteão. Impressões de há quatorze anos. Encontro Rodolfo e voltamos a pé para o hotel. Depois, com Artur ao Pincio, ao Corso, ao *Circolo degli Scagli*, ao qual sou admitido por proposta de Pacci. Os nobres romanos. Jantar com Rodolfo no hotel Quirinal. A mulher aprendendo esculturas e rabecas.

10 fevereiro

Audiência de Sua Santidade.[88] Miss Fisk. Hôtel de Russie. Jantamos [no hotel] Quirinal. À estação com o Artur, que parte. Ao

---

87. Georges Clemenceau, político francês, fora acusado de envolvimento político com Cornelius Herz, suspeito de ser espião da Inglaterra. O episódio serviu de prelúdio à questão do Panamá, um dos grandes escândalos financeiros da Terceira República.
88. Leão XIII. Nabuco fora solicitar ao Papa uma manifestação em favor da causa abolicionista. Nabuco a Penedo, 10.ii.1888: "Hoje, o Papa recebeu-me em audiência particular e conversou cerca de uma hora comigo, prometendo-me publicar brevemente a sua Encíclica aos bispos brasileiros contra a escravidão. [...] Não vi a mínima vacilação no seu espírito a respeito do modo de pronunciar-se na questão. Interrogou-me sobre as disposições do governo, dos partidos, da família imperial, dizendo mais de uma vez: "Quando o Papa falar, [os católicos] hão de obedecer'", Cartas a Amigos, i, pp.168-9.
Leão XIII respondera-lhe: "O que o senhor tem em vista, a Igreja também tem. A escravidão está condenada pela Igreja e já devia há muito tempo ter acabado". Leão XIII prometeu que publicaria uma encíclica a respeito, que Nabuco esperava fosse ainda divulgada antes da abertura do Parlamento do Império em maio, o que não se concretizou devido às pressões do ministério Cotegipe junto ao Vaticano. Nabuco recordará seu encontro com Leão XIII no capítulo XXIX, de Minha Formação.

*veglione** do Constanzi e ao do Argentina com Correia. Horrível noite, doente talvez do *chevreuil** ou das ostras. Cólicas terríveis e vômitos. Não me lembro dores iguais.

*sarau
*cabrito

Em Paris. Cedo em casa da viscondessa de Rio Branco. Almoço com a viscondessa; ao Estrela, ao Rodolfo. Jantar do Paranhos aos Dantas no Café Anglais. Esperando pelo [Eduardo] Prado em casa dele. O Judas na cama do Prado. A jovialidade do Paranhos no meio da sua tristeza.

17 fevereiro

Rodolfo vem almoçar com Paranhos. Na Galignani's Library, depois na Librairie Nouvelle. Anos do Raul [Rio Branco]. Jantamos no Brébaut. A *Tosca*. Vista depois de tanto tempo, a Sarah [Bernhardt] agrada-me muito menos em todo o jogo amoroso, porém muito mais na emoção real.

20 fevereiro

Visitas de carro com a baronesa [de Penedo]. Janta Tovar com os Penedos. A história do Pereira da Silva desenrolada: como ele forjou as provas de um processo para mostrar que um navio negreiro tinha ido à África contra a vontade do seu dono!

29 fevereiro
[Londres]

Saudade de meu Pai, morto nesse dia 19 de março! Lisboa. Vieira da Silva vem buscar-me. Ao Pinheiro Chagas. Almoço com Carvalho Borges. Luís Guimarães. Copo d'água no [hotel] Bragança. V[ieira] da Silva, Ramalho Ortigão, Bordalo, O[liveira] Martins, Antônio Cândido, Jaime Vítor, Oliveira Lima, Lino d'Assunção, Guimarães Júnior, Paulo Porto Alegre. Vieram quase todos dizer-me adeus a bordo. Furtado Coelho, passageiro.

19 março
[Em viagem para o Brasil]

Histórias de Mme. Vaz, que encheu do resto dos copos, depois do jantar, um copo de champanhe para levar a Mlle. Guillinau, dizendo aos convidados espantados: "Não faz mal, é só para a Guillinau". Outra que ela disse do marido: *"El pobre es muy generoso, es verdad que la plata no es suya!"* *

23 março

*"O pobre coitado é muito generoso; é bem verdade que o dinheiro não é dele!"

25 março	Taine, *Essais*.
26 março	Os gêmeos do Furtado, dos dois sexos. Taine, *Essais*.
30 março	Chegada a Pernambuco. A bordo, Barros Sobrinho, Artur, Maciel Pinheiro, Sousa, Antônio Carlos.
7 abril	Almoço com Pedro Afonso. Jantar [barão de] Nazaré. Brinde de honra à minha Mãe, que me sensibilizou muito, apesar da falta de sentimento e quase profanação que há em tais discursos de sobremesa, sobretudo pelo Nazaré, que é um verdadeiro realejo. — O que vai tocar, minha senhora? — Um pouco de música clássica. Tocou uma valsa de Strauss.
8 abril	Anos de minha Mãe. Jantar Gomes de Matos. Escrevi agradecendo carta e livro ao dr. Luís Anselmo da Fonseca (Bahia).
9 abril	Partida para Nazaré com Barros Sobrinho, Lourenço de Sá e Olímpio. Hospedado pelo meu compadre Fabrício Cardoso. Festa que escapou de acabar em sangue.
10 abril	O batizado de Joaquim (nascido a 22 de julho de 1887), filho de Fabrício Cardoso e D. Maria Anunciada. Madrinha irmã de Cardoso, D. Amélia Luzia. Vigário padre Anísio Torres Bandeira na matriz. Com música, povo, foguetes. Brinde do vigário. A Maciape.
11 abril	Batizado na matriz de Santo Antônio, de Francisca, filha de Antônio Getúlio Vilas Boas. Jantar com o João Ramos.
12 abril	Jantar Sousa Pinto. Conferência no Teatro Santa Isabel.

Partida para o Rio. *La Plata*: Aníbal Falcão, 1º tenente Nóbrega de Vasconcelos.	*13 abril*
Chego ao Rio. A bordo, Sizenando, Vinhais, Belarmino, Clapp. Ao cais, Homem de Melo. Em Nova Cintra.	*18 abril*
Arrumando. Ao Dantas com Homem de Melo.	*19 abril*
Arrumando. Janto em casa. Ao J.J. Rodrigues, Mme. de Martino, às Andradas.	*20 abril*
Com o Rebouças à barca. Janto com Clapp no *Globo*. Escrevo artigo protestando contra o tratamento dado ao Quintino pela *Revista*.	*21 abril*
Em Nova Cintra.	*22 abril*
Ângelo [Agostini] explica-se pelo *Paiz*. Furor da Confederação [Abolicionista] contra mim. Escrevo para amanhã novo artigo. Patrocínio na cidade do Rio. Ataca-me, chama-me ausente, diplomata e muitos outros nomes. À noite às Andradas, ao Saraiva, Mme. de Martino.	*23 abril*
Com Rebouças, a quem chamei no *Paiz* o Arquimedes das grandes *eurecas* nacionais e o espelho de todas as consciências puras. Escrevo para amanhã. Venho a pé com Luís de Andrade ao Catete. Janto no Beethoven com Artur Napoleão. Ao *Paiz*.	*24 abril*
Abertura do Parlamento.[89] Entusiasmo. Chuva de flores. Falo de uma das janelas do Senado.	*3 maio*

89. A 9 de março, a Princesa Isabel, como Regente na ausência do Imperador na Europa, substituiu o gabinete de Cotegipe, incompatibilizado com a opinião pela sua atitude negativa relativamente à Abolição, por outro ministério conservador, chefiado por João Alfredo Correia de Oliveira, que se comprometera a realizar a reforma do elemento servil.

8 maio	Apresentação projeto. Minha proposta: urgência; comissão especial; damos parecer.⁹⁰
9 maio	2ª discussão. Votação nominal.⁹¹
10 maio	Dia santo. Sessão extraordinária. 3ª discussão. Votação da lei. Proponho suspenda-se a sessão. "Não há vencedores nem vencidos". Subo a Nova Cintra, onde durmo.
11 maio	No Senado, apresenta-se parecer.
12 maio	No *Paiz*, escrevendo para tudo acabar amanhã. Artigo *Hoje*. Lei votada em 2ª discussão.⁹² Tudo deve ficar pronto a 13 de maio. Objeção de João Alfredo contra o dia 13, que me comunica Patrocínio. Pressão que fazemos. Telegrafa-se Princesa. É sempre amanhã.
13 maio	No Senado. Paulino saúda-me com um "Ave, César"; pazes com Afonso Celso; o povo em delírio no recinto, meu nome muito aclamado. Pelo Campo [de Santana] até ao *Paiz* com Celso Júnior, cercado de povo. Ao Paço [da cidade]. À sanção e assinatura. Falo de uma das janelas do Paço. Pelas ruas, com Dantas, Patrocínio, Clapp, Jaceguai, etc. No *Paiz*. Jantamos todos no Globo. Depois aos espetáculos de gala em nossa honra. "Viva a pátria livre!"⁹³
14 maio	Ao *Paiz*. À Câmara: parecer José Luís sobre eleição Mesquita. Visita a João Alfredo, cumprimentos pela lei. Janto no Beethoven. Na rua

90. *A proposta de Nabuco foi aprovada, malgrado a oposição conservadora chefiada por Andrade Figueira.*
91. *Projeto aprovado por 83 votos a 10.*
92. *Onde o projeto foi capitaneado pelo senador Dantas contra as resistências do barão Cotegipe e de Paulino Soares de Sousa, que exigiam como condição a indenização dos proprietários de escravos.*
93. *Machado de Assis na* Gazeta de Notícias: *14.v.1893: "Verdadeiramente, foi o único dia de delírio público que me lembra ter visto".*

do Ouvidor, saudações inúmeras. Escola Militar, Escola Naval, etc,etc,etc. Escrevo a Ferreira de Araújo, agradecendo-lhe as "coisas políticas" de hoje.

No *Paiz*. Festas intermináveis.	*15 maio*

Primeiro dia das festas da imprensa. Não posso ir à missa no Campo de São Cristóvão. Vou saudar a Princesa no Paço, o povo abre-me alas até a carruagem, ela abre a vidraça e, depois de eu a saudar, o povo, em delírio, traz-me em triunfo ao *Paiz*. Festas e festas. Jantamos Jaceguai, Rebouças e eu no *Globo*. Manifestações inúmeras na rua.	*17 maio*

Matinê literária Valentim Magalhães. Meu discurso: saúdo Castro Alves. Janto [com] Sizenando no Globo. Rebouças, Mota, Clapp, Faro e nós. Com música, saudar [o] velho Mota[94] e Centro Positivista. Na volta, cercado pelos cadetes inferiores da guarnição, que me levam em triunfo. Ovação de barretinas, como chamei.	*18 maio*

No *Paiz*. Felicitação e ovação dos estudantes pernambucanos à noite. Janto com Jaceguai no Carson's. Ovação dos empregados do Arsenal de Guerra.	*19 maio*

Grande préstito cívico da imprensa. Na *Perseverança*, com Dantas, Silveira da Mota, Clapp, Artur Mota. Jantamos Clapp, Jaceguai e eu com o velho Mota, em quem saúdo o primeiro amigo dos escravos, que lhes deu a integridade da família. Muito vitoriado sempre nas ruas.	*20 maio*

Banho frio. Lendo sobre [a] América. Payne. Vida de Benjamin Franklin, por Mignet, que nunca fez nada, nem mesmo o filho.	*15 junho*

---

94. *José Inácio Silveira da Mota, senador por Goiás, e pai de Artur Silveira da Mota, barão de Jaceguai.*

19 junho	Desço [da] Tijuca. Surpreendido não ver [meu] artigo publicado no *Paiz*. Conferência com Quintino a respeito questão de gabinete. À Câmara. Volto à Tijuca. Encíclica do Papa sobre Abolição.
20 junho	Desço da Tijuca. Ao *Paiz*. Quintino não vem. Conferência com o visconde [de São Salvador de Matosinhos]. Demito-me, não quer deixar-me sair.[95] Janto no Beethoven com o Rebouças. Dois atos ao benefício de Jane Hading.
26 agosto	Mal dormido. Banquete a Antônio Bento, da Confederação Abolicionista. Meu brinde ao Ângelo [Agostini], que se faz brasileiro. Dantas saúda-me num brinde que me faz sentir a injustiça dos homens, achando-me maior do que o meu Pai!!! Faz um grande programa do qual diz que o meu nome lhe acode sempre como o do seu realizador![96]
11 setembro *A Estrangeira	Câmara. Vota-se juramento facultativo. Meu primeiro voto conservador.[97] Ainda que liberal politicamente, como preservativo da liberdade constitucional. Escrevo para o *Paiz*. A república na Câmara. Ao Beethoven a jantar, depois ver *L'Etrangère** por Mme. Hading. Muito cansado de tudo.

---

95. O *Paiz*, órgão republicano dirigido por Quintino Bocaiúva, que, aliado passageiramente aos abolicionistas, havia diminuído o tom das críticas ao ministério João Alfredo, mas uma vez realizado o 13 de maio, tinha reiniciado os ataques ao gabinete. Daí a divergência de Nabuco com a direção do jornal.

96. Alusão à reforma visando transformar o Império unitário em Império federativo. Enquanto Nabuco era favorável a uma emenda constitucional para este fim, Dantas preferia começar por uma lei de franquias provinciais.

97. Referência a seu voto contrário ao projeto de tornar facultativo o juramento pronunciado pelos deputados de fidelidade à monarquia.

Na comissão da Câmara. A Rosa de Ouro na Capela Imperial. Incidente Muritiba-Mata Machado. Almoço no Globo às 3 h com Mata Machado, que me diz que meu nome é muito popular no interior de Minas. Deus o conserve assim entre gente pura. Discurso do bispo do Pará. Meu artigo no *Paiz*. Está lá justificada minha ida a Roma tão atacada.

28 setembro

Em casa. Leite e ovos. Jantar [do] ministro português, que me fala no rosto com o bigode e diz que não me considera seu amigo se eu não for ao seu quarto. Pareceu-me um tanto curiosa essa prova de amizade — de urinar no quarto dele.

6 outubro

Petrópolis. Mlle. Evelina Soares Ribeiro.[98] Em casa de Mrs. Wyndham Gough e o bispo de Goiás: catequese.

3 novembro

Princesa [Isabel]. [...] — "Tenho muito prazer em ver os papos do tucano. O ano passado esperávamos o pior". A emoção que teve, ao ler a Fala,[99] no princípio do ano.
— "Emoção de prazer. Vou guardar esta Fala como tudo mais que diz respeito à lei de 13 de maio. A baronesa diz que, para ela, o senhor é sempre uma criança". — "Assim deve ser, eu envelheço, ela remoça". Mlle. Soares, Mlle. Assis.

20 novembro

---

98. *Trata-se da primeira referência nos diários de Nabuco à sua futura mulher, Evelina Soares Ribeiro, filha de José Antônio Soares Ribeiro, barão de Inoã, proprietário do engenho Pilar, em Maricá, província do Rio de Janeiro, e de sua mulher, Carolina Rodrigues Torres.*
99. *Isto é, a Fala do Trono, com que o Imperador abria anualmente os trabalhos do Parlamento. Devido à sua ausência, fora a Princesa Isabel que a pronunciara a 3 de maio de 1888, anunciando a Abolição.*

4 *Ostracismo*
1889-1898

Londres, 1892
Félix Buhot
LITOGRAFIA, 16,5 x 23,5 CM.
IN: F. DUCHATEL. *TRAITÉ DE
LITHOGRAPHIE ARTISTIQUE*.
PARIS: LEMERCIER, 1893. FBN/SI
☞ 5 DE JANEIRO DE 1891

Nos diários, Nabuco descreveu suas impressões de viagens ao Brasil e à Europa.

"De 1889 a 1890 estou todo sob a impressão do 15 de novembro, seguindo-se ao 13 de maio [...]. Em 1891 minha maior impressão é a morte do Imperador. De 1892 a 1893 há um intervalo: a religião afasta tudo mais, é o período da volta misteriosa, indefinível da fé, para mim verdadeira pomba do dilúvio universal, trazendo o ramo da vida renascente... De 1893 a 1895 sofro o abalo da revolta [da Armada], da morte de Saldanha, de que saem meus dois livros Balmaceda *e a* Intervenção *[estrangeira durante a revolta da Armada]... Desde 1893, porém, o assunto que devia ser a grande devoção literária da minha vida, a* Vida de meu pai, *tinha-se já apossado de mim e devia seguidamente durante seis anos ocupar-me até absorver-me..."*

Minha Formação

P eriodizando seus anos 90, a memória de Nabuco eliminou a pungência desta etapa, o desânimo profundo que se apossou dele e que só nos restituem os Diários e a correspondência com os amigos. Havia, em primeiro lugar, o ostracismo político a que a proclamação da República relegara a quem, nos dez anos anteriores, vivera na trepidação quotidiana das atividades parlamentares, primeiro à frente da campanha abolicionista, depois pregando a reforma do Império unitário em Império federal. Por outro lado, Nabuco viu-se a braços com os prejuízos decorrentes das aplicações financeiras que, com o dote de Evelina, ele fizera na Argentina, cuja prosperidade e dinamismo econômico o haviam impressionado no decurso de sua viagem de lua-de-mel ao Prata (1889), mas que provocou a intensa especulação da bol-

PÁGINA 8
52, Cornwall Gardens, residência de Joaquim Nabuco em Londres entre 1900 e 1905

PÁGINA 9
Joaquim Nabuco
FOTOGRAFIA DE A. DUCASBLE, 14,7 X 10 CM.
PERNAMBUCO: PHOTOGRAPHIE ARTISTIQUE, 1889. FJN.

Rua da
Aurora e
Ponte da
Boa Vista
FOTOGRAFIA DE
MAURICIO
LAMBERG,
21 X 15,5 CM.
IN: ANSICHTEN
PERNAMBUCO'S,
PERNAMBUCO
[ENTRE 1880 E
1885] SEINER
MAJESTAET DER
KAISER DOM
PEDRO II IN
EHFURCHT
GEWIDNER.
INHABER DIE
PHOTOGRAPHIE
ALLEMÃ IN
PERNAMBUCO.
FBN/SI
☞ 3 DE JANEIRO
DE 1892

sa que desembocaria, em julho de 1890, na declaração de bancarrota pelo governo de Buenos Aires. Não havendo redigido os Diários para o ano de 1890, o leitor não se pode dar conta da tragédia doméstica que viveu o casal, ao ver dissiparem-se, da noite para o dia, as perspectivas de solidez financeira, no momento mesmo em que se fechavam as portas do emprego público, devido à recusa categórica de Nabuco em servir o novo regime republicano. Seu pessimismo pessoal e político irão alimentar-se reciprocamente nos anos seguintes; e pode-se dizer que a experiência dos 90 deixou cicatrizes morais pelo resto da sua vida, como atesta o tom freqüentemente melancólico e até depressivo do restante do Diários.

Era preciso ganhar a vida e, em setembro de 1890, Nabuco partiu com Evelina e Carolina para Londres, na expectativa de abrir um escritório destinado a assessorar juridicamente interesses britânicos no Brasil. Malgrado os apoios de que gozava ali, Nabuco não tinha gosto pela advocacia, e a notícia da liquidação das operações financeiras a que se arriscara em Buenos Aires, a qual lhe permitirá reaver apenas uma décima parte do investimento original, o fez regressar ao Rio em julho de 1891. Aí, ele continuará sua colaboração, iniciada em Londres, para o Jornal do Brasil, que seu amigo Rodolfo Dantas acaba de fundar, recrutando os serviços de outros colegas de geração, como Gusmão Lobo, Ulisses Viana ou Sancho de Barros Pimentel, que

haviam visto suas carreiras políticas interrompidas em pleno vôo pelo golpe militar de 1889. Mas se a linha monarquista moderada do jornal podia ser tolerada pelo governo de Deodoro, a ascensão do republicanismo radical, que o derrubou em novembro de 1891 passando o poder a Floriano Peixoto, tornaria insustentável a existência da folha. Nos últimos dias de dezembro, Nabuco partia novamente para Londres. Natural, portanto, que nestas circunstâncias, o antigo leitor de Renan se tornasse vulnerável ao sentimento religioso, que incutido na capelinha do engenho Massangana voltou à tona na pequena igreja de Farm Street ou no Oratório de Brompton, aonde Nabuco acompanhava Evelina à missa dos domingos.

Esta estada na Inglaterra é igualmente breve. Em meados de 1892, ele está de regresso ao Rio, pois "nada obtive nem posso obter em Londres. Falta-me o braço poderoso e resoluto de outras épocas¹, e sou naturalmente suspeito a todos e para tudo nesta quadra. Além de que não tenho habilitações". A Rebouças explicará que retornava ao Brasil em caráter definitivo, "para assistir da própria cena ao descalabro progressivo de nosso país", porém com a intenção de manter-se "afastado de tudo como um estrangeiro". Na capital federal, ele vai residir na casa da rua Marquês de Olinda em Botafogo, onde tem por vizinhos dois conterrâneos, Francisco de Carvalho Soares Brandão, ex-senador do Império, e João Alfredo Correia de Oliveira, outrora líder do Partido Conservador, que fora ministro do Império do gabinete mais duradou-

Rodolpho
Epiphaneo
de Sousa
Dantas
*Autor
desconhecido*
LITOGRAFIA,
11,9 X 8 CM.
IHGB
☞ 11 DE MAIO
DE 1892

---

1. Isto é, o apoio do Barão de Penedo.

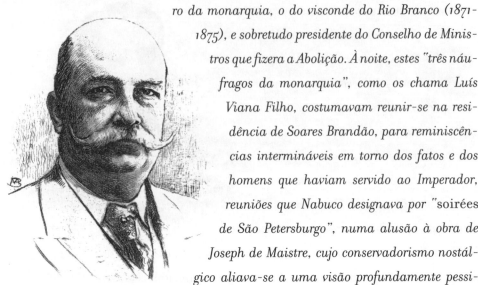

Retrato
do Barão do
Rio Branco
Modesto Brocos
GRAVURA,
9 X 13 CM. S.D.
FBN/SI
☞ 29 DE MAIO
DE 1899

ro da monarquia, o do visconde do Rio Branco (1871-1875), e sobretudo presidente do Conselho de Ministros que fizera a Abolição. À noite, estes "três náufragos da monarquia", como os chama Luís Viana Filho, costumavam reunir-se na residência de Soares Brandão, para reminiscências intermináveis em torno dos fatos e dos homens que haviam servido ao Imperador, reuniões que Nabuco designava por "soirées de São Petersburgo", numa alusão à obra de Joseph de Maistre, cujo conservadorismo nostálgico aliava-se a uma visão profundamente pessimista do homem, da sociedade e da política.

O escritório de advocacia que abriu com João Alfredo não foi bem sucedido. Quem iria confiar uma causa importante a dois causídicos em torno dos quais se fizera o vácuo do ostracismo? Na falta de clientes, o escritório tornou-se outro ponto de encontro dos saudosistas da monarquia. Havia também a partir de certa altura os colóquios da Revista Brasileira, *fundada por José Veríssimo, e as sessões do Instituto Histórico e Geográfico Brasileiro e da Academia Brasileira de Letras, de que Nabuco proferiu o discurso inaugural. Uma viagem a São Paulo dera-lhe a oportunidade de visitar as fazendas de café da família Prado e de seu amigo Jaceguai em Mogi das Cruzes, levando-o a cogitar por algum tempo em converter-se à lavoura, veleidade que também assaltará seu amigo Rio Branco. A relativa normalização institucional da presidência Prudente de Morais o induzirá, com seus amigos monarquistas, a retomar a boa luta. Mas sua incompatibilidade de idéias com os velhos gurus do regime era completa e o convencerá a retirar-se definitivamente da vida política.*

O caso de Nabuco é bem sintomático do fato de que não há nada mais favorável que um bom ostracismo à produção intelectual do indivíduo permanentemente dilacerado entre a atração da atividade política e a da reflexão. Os anos 80, já o vimos, haviam sido demasiado participantes (salvo pelo breve interlúdio londrino em que escreveu O Abolicionismo) para que ele pudesse dar-se ao luxo da meditação ou de sequer escrever os Diários. Daí que datem dos anos 90 as grandes obras que iriam consagrá-lo como escritor e historiador. Em Paris, em 1874, Renan, que elogiara o Amour et Dieu da boca para fora, não se deixando convencer pela vocação poética do jovem admirador brasileiro, dera-lhe o conselho de dedicar-se aos estudos historiográficos. Nabuco, contudo, não prestou maior atenção ao aviso e persistiu por algum tempo em cultivar sua ilusão poética. Mas sua obra será, no essencial, obra de historiador, e mesmo em Minha Formação como em Foi Voulue, ele se fará o historiador de si mesmo.

A proclamação da República e em particular o espetáculo deprimente da revolta da Armada convencera-o de que, após a existência remansosa da monarquia, o Brasil estava fadado a sucumbir à instabilidade, quando não à anarquia pura e simples, dos regimes republicanos da América Latina. É tal constatação, reiterada nos Diários, que explica basicamente a redação de Balmaceda e de A Intervenção

Ponte de Santa Izabel
FOTOGRAFIA DE MAURICIO LAMBERG, 21 X 15,5 CM. IN: ANSICHTEN PERNAMBUCO'S, PERNAMBUCO [ENTRE 1880 E 1885] SEINER MAJESTAET DER KAISER DOM PEDRO II IN EHFURCHT GEWIDNER. INHABER DIE PHOTOGRAPHIE ALLEMÃ IN PERNAMBUCO. FBN/SI
☞ 3 DE JANEIRO DE 1892

Effeito do Torpedo no Encouraçado 24 de maio, ex-Aquidaban
Fotografia de Juan Gutierrez, 27 x 18,5 cm.
In:[Revolta da Armada - vistas da cidade do Rio de Janeiro e Niterói, Rio de Janeiro, entre 1893-1995].
FNB – SI
🖙 18 de abril de 1894

Estrangeira durante a Revolta da Armada. *O exemplo do Chile era particularmente favorável a seu pessimismo sobre o Brasil. Se o Chile, que possuíra as instituições republicanas mais sólidas entre seus vizinhos continentais, passara pela crise da presidência de Balmaceda, culminando no suicídio do chefe do Estado, o que se poderia esperar do recém-implantado regime republicano no Brasil? Quanto à Intervenção Estrangeira, trata-se de uma análise pertinente do papel que as principais potências navais, exceção da Alemanha do Kaiser, desempenharam no conflito, desequilibrando em favor de Floriano sua contenda com a Marinha. Nem por se inspirar nas prefe-*

rências políticas do autor, A Intervenção Estrangeira deixa de ser uma análise objetiva dos acontecimentos, que permanece fundamental para a historiografia dos primeiros tempos da República.

Mas é Um Estadista do Império que constitui ainda hoje uma das cinco ou seis obras cimeiras da historiografia nacional. O trabalho lhe consumirá perto de seis anos de vida. A idéia de escrevê-lo acudiu-lhe pela primeira vez em *1881*, durante sua permanência em Londres. Sua atuação política nos anos 80 obrigaram-no a adiar o projeto, o que foi uma boa coisa, pois como admitirá em Minha Formação, "na mocidade ser-me-ia impossível ter dele [isto é, do seu pai] a compreensão que depois formei; eu não teria as faculdades para isso, a calma necessária para admirar o que só fala à razão, o espírito de sistema, o gênio construtor". Só a experiência política do último decênio do Império e a observação engajada dos primeiros da República poderia dar-lhe a perspectiva necessária pa-

Ruínas de Villegaignon
FOTOGRAFIA DE JUAN GUTIERREZ, 27 X 18,5 CM.
IN: [REVOLTA DA ARMADA - VISTAS DA CIDADE DO RIO DE JANEIRO E NITERÓI, RIO DE JANEIRO, ENTRE 1893 -1995].
FBN/SI
☞ 17 DE OUTUBRO DE 1893

Place de
S. Francisco
de Paula
FOTOGRAFIA DE
MARC FERREZ,
22 X 14,5 CM.
IN: *BRÉSIL*
[BRASIL ENTRE
1870-1899].
FBN/SI
☞ 13 DE
SETEMBRO DE
1892

ra algo do escopo de Um Estadista do Império. *Foi assim que, durante os meses em que o Rio esteve submetido ao estado de sítio devido à revolta da Armada, ele começou a classificar o vasto arquivo deixado pelo senador Nabuco de Araújo, atualmente no Instituto Histórico e Geográfico Brasileiro.*

Após seis meses de trabalho, em março de 1894 a faina preliminar estava concluída e Nabuco referia ao cunhado um "trabalho seguido de cinco horas por dia", no decurso do qual manuseara "uns trinta mil documentos talvez, fora livros, discursos, Anais". Da seleção resultara um material que ocuparia três caixões de papéis. O título que tinha então em vista não será o finalmente adotado: Vida e Opiniões do Conselheiro Nabuco. *O plano original consistia, aliás, em editar, junto à biografia, os trabalhos jurídicos do pai. Entre março e setembro de 1894, ele concluiu o rascunho do livro, como informava ao conselheiro José Antônio Saraiva, "um manuscrito*

Botafogo
FOTOGRAFIA DE
MARC FERREZ,
22 X 14,5 CM.
IN: *BRÉSIL*
[BRASIL ENTRE
1870-1899].
FBN/SI
☞ 2 DE OUTUBRO
DE 1892

No primeiro ano do casamento, os Nabuco residiram no Rio.

informe de não sei quantas resmas", que ainda não estava em condições de ser dado ao prelo, pois "os documentos, as citações, os fatos estão apenas apanhados, alinhavados e postos em ordem sistemática" até o falecimento do biografado em 1878.

Tratava-se agora de buscar um editor. O primeiro a oferecer-se foi Eduardo Prado, mas dado que "as idéias dele são, porém, tantas, que se exterminam no nascedouro umas às outras [...] eu só o deixaria imprimir longe de mim se tivesse uma cópia e se a última demão já estivesse dada". José Carlos Rodrigues também se interessava pelo assunto. E a livraria Garnier dava sinais de querer publicá-lo. Nabuco, entretanto, prosseguia na redação final do manuscrito, terminando em dezembro de 1896 a versão final do primeiro tomo. Em começos de 1898, os dois outros estavam prontos e ao amigo Correia, ele queixava-se de que "tenho um sentimento que minha vida útil acabou com a 'Vida'de meu pai".

A biografia era a do senador Nabuco "porque era dele que tinha os documentos, a correspondência, a carreira", mas "a traço largo hei-de procurar descrever a época toda com os seus homens cada um no seu lugar, de modo que se veja que só cumpri um dever filial para com meu Pai e não o quis fazer o centro dela". Sendo o Imperador "a figura central desse período", só a sua biografia poderia proporcionar a verdadeira visão de conjunto do Segundo Reinado, fazendo "cada personagem aparecer nas suas proporções relativas". Daí que, pela mesma época, Nabuco exprimisse o desejo de, concluída a biografia paterna, dedicar-se a uma Vida de D. Pedro II *"escrita à luz dos documentos que ele deixou", do seu arquivo particular que "deve ser para um estudante da nossa história constitucional uma mina incomparável". "Realmente, só do arquivo do Imperador é que o Reinado poderia ser estudado do ponto de vista central, do ponto de convergência e irradiação de todas as correntes e forças que o constituíram". É plausível que tal projeto se tivesse realizado caso Campos Sales não o tivesse convocado para o serviço do Brasil na questão da Guiana inglesa. Sua volta à diplomacia também impediu provavelmente outro desígnio historiográfico, a história do movimento abolicionista.*

Na redação de Um Estadista do Império, *Nabuco não se baseou apenas no arquivo paterno, nas atas do parlamento do Império e em publicações da época, mas recorreu também ao depoimento de velhos políticos do Segundo Reinado que sobreviviam, na amargura e na obscuridade, ao advento do regime republicano. Nabuco valeu-se em especial das recordações que vinham à tona durante as "soirées de São Petersburgo". Os* Diários *registram inclusive acontecimentos a que ele não fez menção na biografia do pai, por extrapolarem o período, como a tentativa do visconde de Ouro Preto de obter a abdicação consecutiva de D. Pedro II e da princesa Isabel e de fazer proclamar*

Imperador o príncipe do Grão-Pará, em cuja minoridade ele se tornaria o Regente do Império. A Penedo, Nabuco solicitou reminiscências da vida acadêmica em Olinda, onde o barão também fizera seus estudos jurídicos; como também subsídios sobre o funcionamento da comissão preparatória do Código Comercial, organizada por Nabuco quando Ministro da Justiça e de que Penedo participara. Do barão de Estrela, obteve cópia das últimas cartas que Nunes Machado escrevera à mulher antes de tombar no Recife à frente de uma revolução, a Praieira, que tentara inutilmente evitar.

Em *1898*, às vésperas do convite de Campos Sales, Nabuco dirá em entrevista ao Estado de São Paulo:

Sabe que sou um apaixonado de Chateaubriand... Veja esta frase: "Eu me encontrei entre dois séculos como na confluência de dois rios: mergulhei nas águas agitadas de ambos, afastando-me com pesar da velha margem em que nasci, e nadando com esperança para a margem desconhecida, onde vão aportar as novas gerações". Também estamos na confluência de dois séculos: ao contrário de Chateaubriand, eu, que não sei nadar, fico imóvel na margem onde nasci, fazendo votos para que as novas gerações, a que hão-de pertencer meus filhos, não encontrem o deserto ou a barbárie na margem oposta.

Em *1899*, as margens da sua vida aproximaram-se tanto que ele fez a travessia mesmo sem saber nadar.

1º janeiro   Vou à cidade. Saí do *Paiz*.² Carta amável do Visconde [de São Salvador de Matosinhos]. [Antônio de] Siqueira diz-me que a monarquia nunca podia imaginar, nem ele, se a pudesse defender com argumentos como os que tenho achado. É um sacrifício mais que faço voluntariamente, voluptuosamente, eu diria, se não pensasse no meu [Joaquim] Serra.

Chega [Sousa] Correia. Jantamos no Carson's. Artigo republicano do *Paiz*, 1889, o ano da República. Ver o Mota, depois ao *Paiz*. Vou jantar no Morro. Vem Sizenando. À noite, às Laranjeiras. Escrevo carta despedindo-me do *Paiz*, mas quero dormir sobre o caso.

2 janeiro   Novo artigo republicano do Quintino. Vêm almoçar Gouveia e Mota. Mando cartas ao Quintino e [visconde de] São Salvador, despedindo-me.

18 março   Imperador. Na estação de Petrópolis, onde fui despedir-me de Moreno, que partiu para Caxambu. Primeiro, eu estava em companhia do ministro do Chile. Tirou do bolso um livrinho, um poema de Campoamor, que ele traduziu verso a verso no próprio livro, lendo-nos o final.

— O senhor também não fala espanhol?

— Às vezes, compondo as palavras por analogia, mudando as terminações.

— Há de enganar-se muito. (*Rindo-se*): É um bom meio de falar uma língua! (*Muito risonho e jovial*). Leia o espanhol, tem uma bela literatura.

---

2. Devido às divergências crescentes com Quintino Bocaiúva em torno da posição do jornal. Nabuco a Quintino, 22.vi.1888: "A inconciliável divergência em que me acho com o espírito, o alcance e o propósito do programa que você traçou para O Paiz no seu artigo de ontem ("A agitação social") veio tornar impossível a minha permanência no Paiz, já dificultada na véspera pelo seu veto à publicação do meu artigo contra o manifesto Paulino e a agitação republicana do escravismo intransigente [...] É-me impossível continuar a servir o Paiz com o programa que ele adotou e os intuitos que ele revela numa crise em que a meu ver corre perigo a sorte da monarquia libertadora e com ela a existência da pátria unida e una", Cartas a Amigos, i, pp.172-3.

— Antiga.

— Moderna! Eu agora estou me divertindo em traduzir Campoamor, etc.

Chega Mota Maia que lhe mostra uma inglesa que subiu o Amazonas. Eu a apresento, sem conhecê-la, a pedido do Mota Maia.

— *Do you speak English?**

E eu os deixo. Depois [o Imperador] com Moreno.

* *Você fala inglês?*

— Caxambu! Não acredito em águas... pretexto para encontrar boa companhia, mas não pela utilidade delas.

Moreno: — Pois a mim, senhor, fizeram muito bem. Já fui lá três vezes.

Eu: — Preciso sempre voltar.

Imperador: — Não me lembrou esse argumento. Eis aí. É preciso voltar.

Eu: — Desse modo também ele fica preso ao Brasil.

Mme. Moreno: — Não precisava isso, etc.

Eu: — Pequena cidade, Petrópolis. Como nas pequenas cidades da Alemanha, não há que fazer senão vir à estação.

Imperador: — Não é assim... há a leitura, os passeios, a sociedade, o que falta é música...

Eu: — Podíamos ter uma banda que nos tocasse outra coisa que não *A Palomita*.

Imperador: — Não diga mal das palomitas. Há muitas bonitas. Está dizendo mal da palomita para parecer velho.

— É o contrário, Majestade, os nossos velhos diplomatas gostavam bem da palomita no Paraguai. Moreno diz que a Palomita lhe recorda Curupaiti.

Imperador: — O senhor não se devia lembrar de Curupaiti... Os argentinos chegaram tarde!

Moreno: Mas morreram bem. Expiaram a sua falta.

— Chegaram tarde.

— A linha era mais afastada.

— O senhor sabe tanto, melhor do que eu... A nossa esquadra tinha dado o sinal. Não obstante, eu direi sempre de Mitre que era *un hombre valiente e inteligente.**

* *um homem valente e inteligente*

	Passeio ao Prata, aos Andes. — Então já está embraquecendo? — Já tenho idade senatorial. — Mas o senhor estava protestando. Olhe, é uma boa coisa acreditar-se sempre moço. Eu tenho o corpo velho, mas o coração moço. Fui assim desde menino. Goethe disse que a ilusão era o melhor da vida. (?) Etc.
23 *março*	Encontro com Evelina defronte do jardim da rua da Imperatriz.[3] — Estamos tratados? — Quase... (Às 10h da manhã). Às 3h, sem mais uma palavra, noivos declarados. Passeio à Cascatinha com os Wyndhams. Noivos!
24 *março*	Jantar: Rodrigo, Anísio, etc. Chega Antônio Carlos [Ferreira]. Sabe Mme. Guimarães. Sabe Guimarães, quando volta da cidade à noite. Digo ao Anísio. Recepção do conde d'Eu. Jantar de noivado. Desço de Petrópolis. A Paquetá — dou a notícia à minha Mãe.
23 *abril*	Dia do nosso casamento.[4]
30 *junho*	Chegada a Montevidéu.
2 *julho*	Jantar Caimari.
5 *julho*	Partida para Buenos Aires pelo *Minerva*.
6 *julho*	No Grand Hôtel.
7 *julho*	A Palermo.

3. *Nabuco escrevera-lhe no dia anterior, propondo-lhe casamento e aduzindo: "Amanhã, pelas 11 horas, estarei à porta da matriz, e peço-lhe que leve pronta a sua resposta em uma palavra, como será em uma palavra a minha pergunta". "Sim?" Responda-me "Sim" ou "Não", sem explicação alguma, nem condicionais nem reservas".*
4. *Nabuco passou seu primeiro mês de casado em Paquetá, seguindo depois com Evelina para uma visita aos países do Prata.*

Festa argentina.	9 julho
Partida de Buenos Aires. No *Rosário*.	12 julho
Chegada a Santa Fé.	13 julho
Banquete francês.	14 julho
Jantar Mrs. Schnoor.	15 julho
Partimos de Santa Fé pelo *Leda*.	16 julho
No Paraná.	17 julho
Corrientes. Bela Vista.	18 julho
Saímos de Corrientes. Humaitá.	19 julho
Chegamos à tarde em Assunção.	21 julho
Visitando Assunção.	22 julho
No Senado paraguaio. La Trinidad.	23 julho
Partida de Assunção.	24 julho
Corrientes.	25 julho
Esquina.	26 julho
Chegada a Santa Fé.	27 julho
Partida de Santa Fé.	28 julho

29 *julho*	Chegada a Buenos Aires.
2 *agosto*	Banquete da imprensa que Mitre descreveu a Puelma Tupper como o banquete de transcendência internacional que tem havido em Buenos Aires há muitos anos.
3 *agosto*	Em La Plata com Juan José Lanusse. Jantar Llambi Campbell. [...]
4 *agosto*	A Palermo com o Sr. Manuel Gorostiaga. *Otelo* no camarote do Sr. Estanislau Zeballos.
8 *agosto*	Jantar Luís Varela.
13 *agosto*	La Plata. Jantar Café Paris. Gorostiaga, Zeballos, coronel Jorge Rohde, Puelma Tupper, Pedro de Barros, Alfredo Torres + 2 = 8. Faltaram Alencar e Rafael Obligado.
15 *agosto*	Palermo. Sessão do Instituto Geográfico. Alejandro Sorondo, presidente.
18 *agosto*	Montevidéu.
24 *agosto*	Embarcamos para o Rio no *Atrato*. Terrível mar. Dormimos no porto para pescar âncora e corrente perdida no temporal.
28 *agosto*	Chegamos ao Rio às 10h 30. [...]
29 *agosto*	Em Paquetá.

No *Maranhão* para Pernambuco.[5] Comandante Hipólito Duarte.	*10* setembro
Em Pernambuco.	*16* setembro
Conferência.	*11* outubro
Embarcamos para o Rio no *Finance*. Luís Filipe [de Sousa Leão], Mme. Lafayette.	*28* outubro
Chegamos ao Rio.	*2* novembro
Compro a casa de Paquetá.	*9* novembro
Vem Cerqueira, visitamos o terreno da casa e o que ele me cede por arrendamento.[6]	*14* novembro
Sedição militar no Rio. Ladário ferido. Antônio Carlos vem em lancha [a Paquetá] anunciar-nos a revolta. À tarde, Gouveia traz a notícia da [proclamação da] República.	*15* novembro

5. *O gabinete João Alfredo caíra em 6 de junho, vítima, no Parlamento e na imprensa, da colusão dos antigos escravocratas e dos republicanos. O Imperador chamou de volta os liberais ao poder, entregando a presidência do Conselho de Ministros ao visconde de Ouro Preto. De regresso da lua-de-mel no Prata, Nabuco partia para o Recife, para agradecer sua reeleição à Câmara, que tivera lugar na sua ausência.*

6. *Nabuco descreveu no capítulo XXV de* Minha Formação *sua casa de Paquetá: "Era uma antiga casa térrea, a que um dos proprietários, um inglês, juntara uma varanda em roda e a meio um pequeno sobrado com venezianas verdes e balcão por onde subia uma trepadeira, dando-lhe um aspecto ao mesmo tempo singelo e pitoresco de residência estrangeira. A frente deitava para o mar, e a parte baixa da costa do outro lado formava um suave fundo de quadro. A casa estava sobre uma pequena elevação e o declive para a praia era tomado por um grande tabuleiro de grama, cuidadosamente tratado, como em um parque. A ilha de Paquetá é uma jóia tropical, sem valor para os naturais do país, mas de uma variedade quase infinita para o pintor, o fotógrafo, o naturalista estrangeiro. Para mim, ela tinha a sedução especial de ser uma paisagem do norte do Brasil desenhada na baía do Rio. Enquanto por toda a parte à entrada do Rio de Janeiro o que se vê são granitos escuros cobertos de florestas contínuas guardando a costa, em Paquetá o quadro é outro: são praias de coqueiros, campos de cajueiros, e à beira-mar as hastes flexíveis das canas selvagens alternando com as velhas mangueiras e os tamarindos solitários".*

16 novembro	Vou à cidade. Visita a Dantas, Ladário. Ao Paço, com Jerônimo Sodré. Encontro Corumbá, Haritoff, Zama. Imperador incomunicável.
17 novembro	Notícias da partida do Imperador. Iaiá viu Rebouças com os príncipes. Emoção geral dos que encontro. Um ano depois de 13 de maio! Não podia ser mais pronta a desforra. Os fazendeiros exultando. E o povo? O escravo? Deus queira que a revolução purifique a monarquia tanto quanto a Abolição engrandeceu-a.
18 novembro	Carta de Luís de Andrade convidando-me a aderir. Não respondo. Contaram-me que preveniram o Afonso Celso de preparar-se para morrer, porque seus amigos o queriam salvar.
22 novembro	Parti no *Oruba* para o Rio da Prata. Evelina fica na rua [marquês de] Olinda.[7]
26 novembro	Chegamos a Montevidéu. Parto à tarde para Buenos Aires.
27 novembro	Buenos Aires. Grand Hotel.
28 novembro	Parto para Mendoza com o dr. Paulino Llambi Campbell.
30 novembro	Chegamos a Mendoza.
1º dezembro	Almoço nos Banhos, chácara do Sr. González.
2 dezembro	Passeio ao túnel dos Andes. Meu brinde ao Chile e à Argentina, que dancem uma perpétua *cueca*.[8]

---

7. No casarão de propriedade do seu avô, o comendador Antônio Joaquim Soares Ribeiro. A viagem que Nabuco fará sozinho ao Uruguai e à Argentina, pouco depois da proclamação da República, prendia-se à aplicação das poupanças de Nabuco e do dote da sua mulher em títulos da dívida pública argentina.
8. Música popular chilena.

Partida para Buenos Aires.	*3 dezembro*
Buenos Aires.	*5 dezembro*
Partida para o Rio no *Portugal*.	*7 dezembro*
Montevidéu, em quarentena.	*8 dezembro*
Parados defronte da Ilha das Flores por desarranjo de máquina.	*9 dezembro*
Seguimos viagem.	*10 dezembro*
Chego ao Rio. Partimos à tarde para Paquetá.	*13 dezembro*

1º janeiro
[Londres]

A Farm Church⁹. Evelina começa o ano comungando e saindo para isso muito cedo por este inverno polar. Correia almoça conosco a feijoada nacional. Entusiasma-nos por Biarritz. Será esse o lugar para o qual estou doidejando há tanto tempo? Compro Bäedeker's¹⁰ *Greece*. Aconteceu-me hoje dar esmola a dois indivíduos que me pareciam pobres e que recusaram. Qual é o valor simbólico desse começo de ano? Carta do Rebouças. Telegrafei ao Imperador: "Meus ardentes votos por um ano feliz para Vossa Majestade, sua família e o Brasil". Pobre Brasil!

2 janeiro

Uma idéia por dia. Estive pensando hoje que a nossa conta com Deus é inscrita em livros pesados e enormes para cada um porque são contas minuto por minuto. Quantos minutos de "altruísmo" nesse mar imenso de preocupação própria? Quando a consciência se substituirá pela tarefa humana sem tempo para ninguém cuidar de si?

4 janeiro

Tocante sermão do Pe Galway¹¹. Deus tem muitos meios de recompensar as esmolas — recompensa-as nos filhos, fazendo-os homens de bem, mulheres de virtude. Deus não aceita prata de quem pode dar ouro. É preciso dar do necessário e não do supérfluo. Deus quer esmolas de ouro (do necessário) e não de pedra (do supérfluo), etc. Pensei em Maria Carolina.

Almoçou conosco Correia. Visitas aos secretários todos e Mrs. Schlesinger.

A parte dos pobres no orçamento de cada rendimento pequeno ou grande. Possa minha filha ter essa noção, de partilha obrigada com os pobres, enraizada desde menina em sua moral.

---

9. Igreja dos jesuítas, localizada em Farm Street, onde Nabuco iniciara sua reconversão ao catolicismo.
10. Alusão aos famosos guias turísticos dos fins do século XIX e começos do XX.
11. Religioso da igreja de Farm Street.

Dia de sol. Saímos com Bebê[12] de *hansom*[13]. Esperamos por esse sol um mês ou dois, nem sei. Só em Londres é que se sabe o valor de um raio de sol. Deus o conserve. Vamos criando mofo e perdendo a vista.

Ao Banco. Bebê tira retrato com Lúcia. Compro um livro para ela porque já finge que lê. Mando ao Gouveia uma tradução francesa do tratamento Koch.

5 janeiro

Recebo carta do Rodolfo convidando-me novo jornal[14].

7 janeiro

A Rodolfo Dantas. "Recomende-me muito a Dª Alice.[16] Eu não sei se ela vê com prazer você adotar um gênero de vida noturno e uma carreira que o novo Imperador alemão excluiu severamente da Corte sem exceção alguma. Eu desconfio que seus artigos serão escritos de manhã sobre os fatos da véspera, porque você não terá a liberdade de ir passar a noite na rua do Ouvidor. Daí quem sabe? Recomende-me também a seu pai[17]. Como ele deve estar olhando para tudo isto! Não sei se ele ainda conserva a mesma esperança no futuro. Breve lhe mandarei uma coisa que acabo de escrever... No entanto, a não curvar a cabeça a esses déspotas presentes e futuros, o que resta ao brasileiro? Morrer de nostalgia? Aqui nos falta a pátria, lá nos falta a liberdade. *Comment faire?*"* Seu do coração. J. Nabuco.

8 janeiro[15]

* Como fazer?

---

12. *Maria Carolina Nabuco, filha primogênita de Nabuco.*
13. *Coche de duas rodas, conduzido por cocheiros instalados no alto e por trás dos passageiros.*
14. *Referência à iniciativa de Rodolfo Dantas de fundar um jornal monarquista de tendência moderada, o qual será o* Jornal do Brasil, *cuja redação compunha-se de jovens monarquistas, como Dantas e Nabuco, Sancho de Barros Pimentel, Gusmão Lobo e Ulisses Viana.*
15. *Letra de Evelina Nabuco.*
16. *Alice Clemente Pinto Dantas, mulher de Rodolfo Dantas.*
17. *Manuel Pinto de Sousa Dantas, o conselheiro Dantas, líder liberal da Bahia no final do Segundo Reinado. Em 1884-1885, como presidente do Conselho de Ministros, Dantas propusera o projeto que ficará conhecido como lei dos sexagenários, o qual, porém, só será aprovado em 1885 já no segundo ministério Saraiva.*

12 janeiro	A Paranhos. Mandando provas do *Agradecimento aos Pernambucanos*.[18]
14 janeiro	[...] Muito más notícias do Artur pelo Correia. Escrevi ao Gouveia incluindo cópia da carta ao Rodolfo. O *Clyde* parte amanhã. Bonito presente de uma caixa de ameixas de Mr. Frederick Youle[19].
17 janeiro * *a apoiá-lo resolutamente*	A Paranhos. Pedindo informações sobre o plano do Rodolfo e contando a minha carta a este. "Se este propôs-lhe alguma coisa nesse sentido, eu me retiro e começo *to back you strongly*".* A Eduardo Prado. Sobre negócios do Brasil. "O Rui já nos custou mais caro do que Solano López"[20]. A esquadra chilena. Olhemos para o mar.
18 janeiro * *melhor me conquistar*	Idéia da manhã: não corresponderão as religiões às fases da vida mental do homem, o fetichismo à infância, o politeísmo à adolescência e mocidade, o Cristianismo à madureza, à razão humana — verdadeira religião da humanidade? Almoçamos com o Correia no Amphytrion. Cartas ao Gouveia e Sizenando via Lisboa pelo francês. Apanharão o vapor? Bebê para obter qualquer coisa de mim deita agora a cabeça como para dormir. Hoje deitou-se no chão. Talvez porque eu lhe digo sempre: "Deita a cabecinha". O raciocínio de que seria esse o meio de *mieux me prendre** é todo dela.

---

18. *Panfleto publicado em 1890 por Nabuco, no qual explicava a seus correligionários de Pernambuco os motivos que tinha para não aceitar-lhes o convite para candidatar-se à Constituinte republicana que teve lugar naquele ano.*
19. *Homem de negócios britânico, que vivera no Brasil.*
20. *Referência à política econômica seguida por Rui Barbosa como Ministro da Fazenda de Deodoro.*

Carta do Prozor[21]. O *Times* em artigo de fundo anuncia a descoberta de um livro de Aristóteles.[22]

Pânico: fundos brasileiros caíram seis pontos a setenta.

À minha Mãe. Desejos de deixar Londres por cidade barata, não deixaremos as meninas.[23] Estou vendendo a preços de cisco e comprando libras a preço de brilhantes. Esperando resposta do Rodrigues.

4 fevereiro

A Paranhos. Sobre empréstimos brasileiros em Londres. Uma casa entre as duas fábricas de dinamite na rive Gauche.

[...] Anos Maria Carolina 1°. Vamos à French Church.

9 fevereiro

Carta do Imperador sobre o meu *Agradecimento aos pernambucanos*, agradecendo-mo. Respondo.

Carta Paranhos. Telegrama Calcosa. "Tenho maior confiança Imperador. Volta dele seria fim da República".

A Rebouças. Felicitando-o pelo chamado do José Carlos Rodrigues para o *Jornal*. Já o tinha felicitado por lhe terem restituído parte do roubado com a jubilação. A imprensa é toda bursátil e *self-seeking** no Rio, podemos ganhar pão nela, mas sem solidariedade com os seus intuitos, como o autor com o negócio e a clientela do editor. A imagem devia ser explicada, assim como o autor sério com o negócio do editor que explora todos os gêneros. V. que só procura acabar bem, ter um crepúsculo doce antes de sua noite estrelada, não precisa ir para o Brasil agora. A situação lá lhe arrebentaria os nervos.

20 fevereiro

* *interesseira*

A Paranhos. Mandando endereço novo. Comentando os ataques do José Carlos Rodrigues sobre os amigos, desta vez Rebouças, que ele acusa de traição. Atitude patriótica Eduardo Prado e Rebouças. Jornal do Rodolfo. Espero resposta quanto à liberdade de assunto e

---

21. *Conde Prozor, diplomata russo que Nabuco conhecera em Londres e que depois fora secretário de legação no Rio.*
22. *Tratava-se da descoberta do texto de "A Constituição de Atenas" entre rolos de pergaminho que haviam sido recentemente adquiridos pelo British Museum no Egito.*
23. *Meninas: as filhas de Hilário de Gouveia.*

lugar. Quanto à correspondência financeira, já foi respondida via o Rosário. Mais uma razão para eu não me ligar a uma correspondência da qual tiraram todo o interesse e importância. Nada espero do jornal como mon[arquista]. Só servem ali Rodolfo e Lobo.

Ao Eduardo Prado. Mandando novo endereço. Eleição do cacique demorada.

22 fevereiro

A Barros Sobrinho. Pelo vapor de 22 de fevereiro. Explicando demorado silêncio pelo receio de pintar com cores demasiado carregadas a minha impressão das nossas coisas.

A Antônio Carlos. Pelo vapor de 22 de fevereiro. Os argentinos pelo menos têm o clima como elemento permanente de progresso. Talvez em maio eu passe por aí. Você hoje não deve ter mais ilusão a respeito do caciquismo republicano. Antes os botocudos.

25 fevereiro

Recebo telegrama do Gouveia. *Deny*: saquei a seu favor.

Good: Deodoro eleito[24], tudo calmo.

26 fevereiro

* Ministro-crupiê
* artigo de apresentação do jornal

A Rodolfo Dantas. O Paranhos diz-me que o Rosário vem encarregado da correspondência financeira, a mesma de que lhe falei. Está minha carta respondida nessa parte. Espero resposta quanto a lugar e assunto. "Desejo conformar-me à sua vontade e só o não farei se tiver o veto interior. Sê espontâneo ou morre é agora infelizmente o dilema da minha produção cerebral". Rui não passou de um ministro-*croupier** em escala nunca vista. Não esqueça a pena do Tasso para o *maiden-article*.*

28 fevereiro

Risco de parecer fútil aos impermeáveis. "Nós estamos atravessando uma crise", diz-se no Brasil. Engano! Estamos no redemoinho republicano da América. Somos um cadáver girando no sorvedouro da anarquia. Em tal estado devemos abandonar a sociedade ao seu destino ou fundar uma nova pátria no estrangeiro, os que

---

24. *Referência à eleição de Deodoro da Fonseca como presidente da República pelo Congresso Nacional no Rio por 129 votos contra 97 a Prudente de Morais.*

têm filhos? Se nada pode salvar a nação, é preciso lutar para elevar socialmente a minoria, a parte moral da sociedade. A pátria é uma escolha que Deus fez por nós. Neste século, o imigrante tem alterado um tanto o velho princípio. Nas raças sentimentais e idealistas não dispomos assim do patrimônio dos nossos filhos. Temos, pois, que ficar brasileiros, vendo o Brasil tornar-se uma Venezuela, um México, uma Argentina, um Chile; propriedade do déspota do dia. É como se o mundo voltasse a ser fetichista ou canibal! Mas por isso mesmo que foi o nosso destino nascer neste período, nos séculos futuros a América Latina há de ser *civilizada* ou não ser latina; o nosso dever consiste em manter na minoria o nível moral superior ao político, dissociar o desenvolvimento moral da incurável estagnação política (a estagnação na voragem). Podes escrever uma revista científica (H. Parville), uma carta portuguesa, uma expedição ao interior do Brasil desconhecido, abrindo picadas em todas as direções. Viste a subscrição Alto Mearim para um Liceu Português no Rio? 1.000 contos ou (1%) 100.000 contos só da roda Mayrinck.[25] Está assim indiretamente provado o uso feito das emissões. Falta ver as subscrições da roda Figueiredo e das rodinhas estaduais. Boa religião da Humanidade! Somos a nação mais altruísta do mundo.

Eu tenho a desgraça de ser um leitor do Boletim Meteorológico. Imagine-se a posição de um homem em Londres, vendo cair neve, vento frio, dia sombrio, lendo um telegrama de Nice: *Very fine, sunshine all day**. Um dia quer ele partir para Nice, outro para Roma, outro para Cannes. [...]

3 março

* *Está ótimo, sol o dia inteiro.*

A Paranhos. O Deodoro é um caga-ouro. No Tibete, mandam aos príncipes como presente em caixas de ouro os excrementos secos do Dalai Lama. Os do nosso são esses decretos de concessão distribuídos pelo ministro da agricultura aos parentes, amigos e sócios

9 março

---

25. *Do círculo financeiro ligado ao banqueiro Mayrinck.*

do governo. Ministério das Emissões (fazenda), das Concessões (agricultura), das Missões Estrangeiras, das Comissões (interior), das Omissões (justiça).

20 *março*	Ao Visconde de Taunay[26] (Bordéus). Agradecendo carta. Voltar para o Brasil agora para quê? Esperemos ser justificados primeiro na nossa divergência de boa-fé com os republicanos honestos e breve o estaremos pela ruína de toda a ladroeira republicana sobre a qual se formará uma unanimidade de opinião.
23 *março* * *para encontrar* * *gerente*	Jantamos Correia e eu com o Youle no Conservative Club *to meet** o conde de Figueiredo[27]. A impressão que este causa contando as grandezas da especulação no Brasil sobre um Mr. Howard (?), o *manager** do London County Bank, que lhe propõe um atestado (*certificate*) de que foi ele que impediu que o London C. Bank continuasse as relações com o Banco da República.
25 *março*	Figueiredo, Soveral[28], Correia e eu almoçamos juntos no Amphytrion. Estudo do documento, colossal em sua ingenuidade, da agiotagem republicana.
27 *março*	Recebi carta do Paranhos; enviando outra do Rodolfo sobre o plano que eu lhe havia proposto. "Deus manda dessas pequenas provações", diz Evelina, e o dia não podia ser melhor escolhido. A Paranhos. Resposta à carta em que este me pede para indicar quem possa mandar os telegramas comerciais ao Rodolfo e me envia cópia da carta deste a ele. Respondo que eu mesmo tinha proposto coisa semelhante, porém então, uma verdadeira correspondência financeira telegrafada ao Rodolfo e que ele não pôde aceitar.

26. *Alfredo Maria d'Escragnolle Taunay, visconde de Taunay, escritor e político conservador no Segundo Reinado, fazia parte do círculo de amigos monarquistas de Nabuco.*
27. *Banqueiro do Rio de Janeiro, proeminente nos últimos anos do regime monárquico e nos primeiros do republicano.*
28. *Ministro de Portugal em Londres, o qual, como Correia, gozava de grande prestígio social junto à corte britânica.*

Escrevendo ele ao Paranhos, é ele (e não eu que *suis censé** não ter lido a carta) que deve organizar o serviço. Ainda não sei se você tem interesse pecuniário no *Jornal do Brasil* ou se está prestando serviços de amigo. No primeiro caso, eu o poderia ajudar para você fazer esse serviço. Você mesmo, e assim, melhora sua posição na folha. Eu telegrafarei ao Rodolfo o que me constar de importante mesmo financeiramente. Para convidar alguém, é preciso saber o que se lhe oferece como retribuição.

* *se supõe*

A Rodolfo Dantas. Mandando *Times* sobre conflito possível entre o presidente e o Governador da Louisiana; e *Economist*, fundos brasileiros. Descrédito destes. Pressentimento da catástrofe do ruísmo. Rui deixará nome na história. Empréstimos não há donde, impostos não há por onde. Depois do papel dos bancos, virá forçosamente o do Tesouro.

5 abril

A Rebouças. Resposta à carta. Estou escrevendo para o *Jornal do Brasil*.

8 abril

A Rebouças. Resposta à carta. Não penso que devas ir para Cannes. Uma visita é diferente.

11 abril

A Hilário de Gouveia. Mandando o Unicode. Neném melhor. Se eu for, levo-a, se não você pode vir até Pernambuco e eu ir até Lisboa. Não erram o caminho. Se for a Buenos Aires, irei cedo. Impossível viver aí nessa carestia. É nosso desejo constante, diga a minha Mãe. Você receberá esta por volta de 10 de maio. Se eu tiver que ir ao Prata, avisarei logo. Das 300 libras ficará pouca coisa para a viagem a Paris e compras. Se eu telegrafar que parto e você quiser que elas levem as malas cheias, mande pelo telégrafo o importe.

16 abril

6 maio	A Rodolfo Dantas. [...] Ainda não gastei um vintém em telegramas por não ter ocorrido nada que me pareça de interesse particular para o Brasil além do que a agência Havas transmite.
10 maio *sobre a Ressurreição	À missa em Cadogan Street. Sermão do Pe Sullivan — on the Risen Life*. Às 4 h nasce o nosso filhinho[29], em 16 Cheyne Garden, assistente Mrs. Hollinshead. Pouco depois chegou o dr. Manley Sims. Telegrafei Zizinha e Mme. Tovar.
11 maio	A Rebouças. Porque não mandei carta ao Prado. Nascimento do nosso filho; pedindo um Tratado da Educação para ele.
14 maio	Vapor de 14 de maio (Liverpool). Nascimento do nosso filho Maurício, em honra do Recife, a cidade de Maurício. Mandando mensagem à Princesa.
24 junho	Batizado de Maurício na igreja dos Servites. Evelina parte para Paris.
2 julho	Partimos no *Clyde* para o Brasil. Evelina, eu, os meninos, Sinhazinha, Inacinha, Neném, Carlota e Lúcia.
3 novembro [Rio]	Golpe de Estado. Dissolução do Congresso[30].

29. *Referência a Maurício Nabuco. Nabuco escreverá a respeito do prenome dado ao filho: "é um tributo de gratidão ao Recife [...] Ninguém teve nunca um amor tão esclarecido, tão benéfico e tão espontâneo a esse meu torrão natal como o grande Maurício [de Nassau]. Onde se aprende verdadeiramente a ter orgulho deste pedaço do Norte é nos livros holandeses, que o ilustram mais do que tudo que nós mesmos produzimos".*
30. *Agravando-se seu conflito com o Congresso, Deodoro dissolveu-o por decreto e decretou o estado de sítio.*

Movimento do *Riachuelo*. Demissão Deodoro[31].	*23* novembro
Saí do *Jornal do Brasil* por ter saído Rodolfo Dantas e deve o Jornal tomar outra direção[32].	*16* dezembro
Partimos para a Europa a bordo do *Thames*, levando Bebê e deixando o Boy[33] com Beatriz. Seguem no mesmo vapor Rodolfo Dantas e Dª Alice, barão e baronesa de Ibirá.	*29* dezembro

31. *Deodoro viu-se forçado a renunciar à presidência devido à reação ao ato de dissolução do Congresso, verificada nos meios políticos do Rio com o estímulo do vice-presidente, Floriano Peixoto.*
32. *Com a ascensão de Floriano, o monarquismo moderado passou a ser abertamente ameaçado pelo jacobinismo republicano, o que redundou no fechamento do* Jornal do Brasil, *e, dias depois (v. 29 de dezembro de 1891) na partida de Nabuco e de Rodolfo Dantas para a Europa. Como Nabuco explicou ao barão de Penedo: "Um monarquista militante, ou antes predicante, não pode viver por enquanto em nossa terra, e pior sob Floriano do que sob Deodoro".*
33. *Referências aos filhos Carolina e Maurício.*

1º janeiro		Na Bahia. A festa da Nossa Senhora dos Navegantes. Vamos à missa no Bonfim. Encontro o meu velho mestre cônego Bernardino. No mar cruzamo-nos com G[aspar] da S[ilveira] Martins[34] que vem. "Idólatra... da forma. Idólatras de si mesmos, como Saraiva[35], e outros". Tudo bem.
3 janeiro		Desembarcamos no Recife. Barros Sobrinho, Antônio Carlos enchem-nos de frutas, também Amorim. Almoçamos com os Barros.
		Notícias do morticínio. Duzentos mortos[36]. A República esconde bem os seus cadáveres. Foi o Licínio Cardoso, o mesmo que me comprou a casa de Paquetá, o planejador de toda a campanha.
12 janeiro		Péssimo mar. Todos enjoados. Das 8h da manhã às 6h da tarde não perdi um instante de vista Bebê, que se tornava tanto mais ativa quanto maior o balanço do navio. Deram-me atestado de ama-seca de 1.a classe e Dª Alice a medalha de ouro.
13 janeiro		Chegamos a Lisboa ou antes desembarcamos. Hotel Bragança. À tarde ao Lazareto.
15 janeiro		Missa em Nossa Senhora do Loreto. Depois do almoço com Rodolfo e Ibirá a São Vicente de Fora[37]. Levamos uma coroa. Ajoelhados rezamos diante do caixão mortuário do Imperador. Os mosaicos da sacristia e os azulejos do claustro. Estudar São Vicente de Fora. Ao lado do Imperador a Imperatriz. Montões de coroas. Defronte o

---

34. *Líder liberal gaúcho no fim do Segundo Reinado, Silveira Martins será em breve um dos chefes da revolução federalista do Rio Grande do Sul.*
35. *Alusão ao conselheiro José Antônio Saraiva, líder liberal do Império e por duas vezes presidente do Conselho de Ministros.*
36. *Referência à repressão do levante antiflorianista da fortaleza de Santa Cruz em Niterói.*
37. *Igreja de Lisboa onde se encontra o panteão da dinastia dos Bragança. Ao falecer no Porto em 1890, a Imperatriz Teresa Cristina fora ali enterrada e em 1891 D. Pedro II, morto em Paris, em 1891. Os despojos de ambos foram posteriormente trazidos para Petrópolis.*

pai[38]. Os caixões da dinastia depositados sobre um paredão ao longo da sala, de lado e outro.

Visita a Carvallho Monteiro. Remeti por Guimarães correspondência de Mlle. Tamandaré.

Passeio ao Campo Grande, volta pela avenida. [...]

Missa no Loreto. Ao lado a missa do bispo de Betsaida. Aires de Gouveia, nomeado na véspera Ministro da Justiça. Não é sempre que se vê um padre dizer a missa no dia em que entra para o ministério. Visita ao compadre de Evelina. Visitas a Carvalho Monteiro e Prozor.

17 janeiro

À capela de São João Batista em São Roque.

Apresentação do ministério José Dias Ferreira. Assistimos à sessão na Câmara dos Pares. *Diem perdidi.**

Vem conosco e janta um novo poeta "decadente" Eugênio de Castro (Cata-Sol)[39]. Nós neste momento em Lisboa pertencemos à escola *Cata-sol*, porque é o que estamos exclusivamente a fazer.

18 janeiro

* Perdi o dia.

Visita do conde de Aljézur[40]. Conversamos largamente sobre o Imperador. Ele afirmou-me que o Imperador tinha formada a tenção de recusar a anuidade votada pelas Câmaras. Falando-lhe eu das benfeitorias em São Cristóvão que tanto dinheiro custaram ao Imperador, disse-me que nunca ele ouvira uma palavra a esse respeito ao Imperador. "Vivi 72 anos e tive ocasião de conhecer muita gente desinteressada, mas desinteresse como o do Imperador nunca vi. Nem mesmo (o que muda tantas vezes a disposição de homens desinteressados para tudo que lhes é pessoal) o futuro da família, nem esse afetava o ânimo do Imperador em questões de dinheiro".

19 janeiro

---

38. D. Pedro I permaneceu sepultado em São Vicente de Fora até à trasladação dos seus restos para o Brasil em 1972, por ocasião das comemorações do sesquicentenário da Independência.
39. Cata-Sol é o título de um livro de Eugênio de Castro.
40. Pertencendo à Casa Imperial, o conde de Aljézur fora dos fiéis que acompanhara D. Pedro II no exílio, fixando-se depois em Portugal.

26 *janeiro*	Fomos a Cascais pelo trem das 10 h da manhã. Vimos a Boca do Inferno. Almoçamos Grand Hotel. Passeamos a carro pela propriedade chamada Charneca, pertencente a Moser, onde estivemos na esplêndida praia denominada dos Guinchos. De volta fomos a Estoril (bonito lugar de banhos de mar) e às 4h30 voltamos para Lisboa.
28 *janeiro*	Braga. Bom Jesus. Encontramos José Avelino [Gurgel do Amaral] no trem. Contanos a história do primeiro golpe de Estado. Sé de Braga. Volta ao Porto. A deliciosa paisagem vista de Bom Jesus. É no inverno <u>mesmo</u> que se deve ir a esses lugares. No verão devem parecer com a massa dos estacionistas formidavelmente comuns.
11 *março* [Paris]	Morte do meu pobre Sizenando.
11 *maio* [Londres] **Aleluia!* *Aleluia! Hosana nas alturas!*	Carta a Rodolfo Dantas. [...] "*Alleluia! Alleluia! Hosanna in Excelsis!** Meu caro Rodolfo, que peso você tirou-me das costas dando-me notícias definitivas da convalescença de Dª Alice! Mas que terrível momento para você, meu querido amigo, se é que o médico lhe disse a você mesmo que a julgava perdida! Se foi assim, você pode dizer que já passou pela maior dor imaginável, apesar de ter sido imaginária. Esses médicos! Que sabem eles da <u>virtude curativa</u> da mocidade e da vida! É o caso de repetir-lhe a <u>aleluia</u> da ressurreição, esperando que você não passe mais pelos mesmos transes! Agora muito cuidado com a convalescença. Dª Alice é uma natureza muito espontânea e impulsiva e ao primeiro raio do sol pode abrir uma janela para gozar da primavera de Paris, que é muito traiçoeira. Agora outros assuntos. Quem sabe se não vamos juntos, ou nas águas um do outro, para o mesmo nosso <u>ponto de partida</u>[41], em tudo, na vida como na morte?

---

41. "O Brasil donde viemos juntos". [Nota de Nabuco].

Nada espero da carta que escrevi[42], não por não confiar na simpatia de seu pai por mim, mas por estar desconfiando que a minha estrela não se quer levantar no oriente, e sim deitar-se no ocidente mesmo. Não te estou parecendo místico e "Rosa-Cruz"[43]? Mas quem sabe se não é minha Mãe que está rezando para eu voltar — e as orações dela têm maior força do que as minhas. Como nesse caso de reunião da família, eu espero que as minhas, ou pelo menos as de minha mulher, tenham mais força que a de meus filhos vagamundos. Como quer que seja temos que tomar uma resolução, por todo este mês, por causa de um acontecimento ulterior[44] que, de outra forma, nos reteria na Europa até quase o futuro verão do Brasil, época em que seria mau chegar. Também temos lá o filhinho[45] que nos pede para tomarmos uma resolução num sentido ou noutro porque nos quer ver. Estes dias são assim de grande ansiedade ou antes de grande expectativa para nós. No Brasil, o que faria eu? Talvez me metesse no tal semanário[46] de que uma vez te falei, porque, somente tendo um jornal[47], eu poderia provar que não estava conspirando nem por obras, nem por palavras, nem por pensamentos. A menos que tu me arrendasses um sítio em alguma fazenda e que ensinasses como te ensinaram a plantar café — ou um coqueiral nas praias do Norte?[48] Adeus, meu caro Rodolfo. Muitas saudades a Dª Alice. Vamos mandar rezar um *Te Deum*? Do teu do coração, Joaquim Nabuco".

---

42. *"Ao conselheiro Dantas, pedindo o lugar de advogado do Banco do Brasil em Londres". [Nota de Nabuco].*
43. *"Rosa + Cruz, uma maluquice francesa, Société de la Rose + Croix". [Nota de Nabuco].*
44. *"O parto de Evelina esperado em agosto". [Nota de Nabuco].*
45. *"Maurício, que deixamos com meses no Rio".[Nota de Nabuco].*
46. *"Uma correspondência do Rio para as províncias e o exterior." [Nota de Nabuco].*
47. *"Porque se veria o que eu estava fazendo." [Nota de Nabuco].*
48. *"Um coqueiral, etc. Ele me disse por vezes que essa era a sua idéia de felicidade." [Nota de Nabuco].*

14 maio   Telegrama passado ontem, 13 de maio, à condessa d'Eu, Versalhes. "Beijo reverente a mão de Vossa Alteza neste dia a despeito de tudo o melhor de nossa história. Nabuco".
Recebi hoje telegrama do Recife. "Saudações dia hoje. Clube Cupim"[49]. Não me esquecem.

28 maio   No Oratório[50]. Com o Pe Gordon no confessionário. Exposição do meu estado de espírito desde a mocidade e da marcha de minhas idéias em retirada para a antiga fé — da ovelha que volta assustada ao aprisco. Nove décimos de mim mesmo querem crer, somente um décimo, todo intelectual e sem raízes no coração opõe dúvidas. A vontade submissa, somente rebelde uma parte da inteligência, aliás também desejosa. Levantei-me alegre, contente de mim mesmo, e a vida parecendo-me digna de se viver, e o verde da folhagem do parque radiante de simpatia comigo. A impressão divina pode apagar-se (mas está em mim renová-la sempre), mas, enquanto dura, a alma sente-se alada. Foi na capela de mármore preto de Nossa Senhora das Dores que a coragem me veio de aproximar-me do confessor. Essa capela é para mim a nova fonte das lágrimas porque eu tinha rezado para poder chorar.

29 maio   Em Taplow — Cliveden à vista. Magnífica cortina de folhagem nova ao longo da margem.

5 julho
[Paris]   Anedota Penedo: Imperador insistindo com Sérgio[51] para trazer-lhe papéis que ele lhe tinha recomendado por vezes:
— Vossa Majestade não deixa seus ministros respirar.
— Pois não deixo. Podem até respirar o ar de fora.

---

49. *O Clube do Cupim congregara os abolicionistas pernambucanos ao tempo da campanha pela emancipação.*
50. *Isto é, na igreja dos Oratorianos em Brompton (Londres).*
51. *Sérgio Teixeira de Macedo, ministro do Império no gabinete conservador de 12 de dezembro de 1858, chefiado pelo visconde de Abaeté.*

Paraná⁵², a quem Pereira da Silva ameaçava negar-lhe o voto:
— Faça e eu caso a Donalda com o Pedreira.⁵³
(Donalda — sogra do Pereira da Silva. Pedreira, ministro do Paraná)

Segundo Penedo, Araújo Ribeiro⁵⁵ foi encarregado de tratar dos limites, mas porque o governo queria um tratado de comércio. Não agradando a proposta inglesa, deu-se ordem a Araújo Ribeiro para não continuar nas negociações, que pararam de 1843 até que Cotegipe⁵⁶ mandou propor a nomeação de comissão mista o que Penedo fez em 1888. Um tal Schomberg marcou por sua conta (Marcos Schomberg) uma linha divisória em território brasileiro. Protestando nosso governo, Lord Aberdeen⁵⁷ mandou arrancar esses marcos.

8 julho⁵⁴

Araújo Ribeiro propôs uma linha que seria o curso do rio Rupunani e Amazonas, mas os ingleses que a aceitavam queriam que o lago dos Piraris, a pretexto de serem índios sob seu protetorado, lhes ficasse pertencendo, mas ainda assim foi o projeto ao governador da Guiana para consultas quando o governo mandou sustar negociações.

Penedo, caindo Cotegipe, escreveu ofício [ao] Ministro dos Estrangeiros condenando idéia de propor nomeação de comissão e

---

52. *Honório Hermeto Carneiro Leão, marquês do Paraná, chefe do gabinete da Conciliação, formado a 6 de setembro de 1853.*
53. *Luís Pedreira do Couto Ferraz, visconde do Bom Retiro, ministro do Império no gabinete da Conciliação.*
54. *Nabuco registra aqui o que lhe referira o barão de Penedo sobre as negociações com a Inglaterra em torno dos limites com a Guiana Inglesa. Não podia suspeitar então que oito anos depois seria designado pelo presidente Campos Sales para resolver definitivamente a disputa.*
55. *José de Araújo Ribeiro, ministro em Paris, fora enviado a Londres em 1843 para obter um acordo comercial que substituísse o tratado de 1826, mas o primeiro-ministro, Aberdeen, condicionou o assunto à abolição do tráfico de escravos, o que, àquela altura, era inaceitável para o governo brasileiro.*
56. *João Maurício Wanderley, barão de Cotegipe, chefe conservador e presidente do Conselho de Ministros de 28 de agosto de 1885, em que ocupou também a pasta dos Negócios Estrangeiros.*
57. *George Hamilton Gordon, conde de Aberdeen, era então Ministro do Exterior inglês no gabinete Peel. Será primeiro-ministro em 1852.*

pedindo que se aceitasse a base das negociações de 43, para continuar, dizendo que duas coisas resultavam da missão Araújo Ribeiro. Primeira: ter Lord Aberdeen mandado arrancar marcos; Segunda: ter o governo inglês aceito limites Rupunani. Em resposta mandaram-lhe executar instruções Cotegipe.

O fim dos ingleses querendo o lago era entrar no Amazonas (quando ainda estava fechado) como alto ribeirinho pelo Rio Branco, etc.

Anedota [de] Penedo. O Brasil no Prata sustentava os direitos do alto ribeirinho e no Amazonas o repelia, o que fazia um americano escritor dizer: "O Brasil tem duas teorias: uma no Câncer, outra no Capricórnio".

11 *julho*	[...] Fui com Rodolfo e Dª Alice a Versalhes ver a Princesa e agradecer visita do conde d'Eu.
17 *julho*	Evelina começou a sentir as dores, e às 2h da madrugada de segunda-feira ficou aliviada de uma criança de cerca de seis meses que os médicos já dois meses antes haviam dito estar morta. [...]
27 *julho* * *portais bem recuados*	Com o Rodolfo a Rheims pela gare do Nord, voltando pela de l'Est. A catedral — os *portails deeply recessed** até a torre, o trifório em roda da nave, a magnífica "rosa". A Saint Rémy. Aos subterrâneos da firma Pommery & Grenot. O monumento do Abbé Miroy fuzilado pelos prussianos.
29 *julho*	A Versalhes. Anos da Princesa. Despedi-me. Mandamos flores.
2 *agosto* [Londres]	Passamos o dia em Cowes. De Cowes a Newport de carro.
25 *agosto*	Partimos para o Rio no *Clyde*, comandante Spooner. Acompanhou-nos a bordo o Sebastião. Companheiros de mesa: Pedro Camargo Ferreira, Dª Placídia (sua senhora), Dª Nísia Pacheco da Silva (cunhada), dr. Aranha, sobrinho do Marquês de Três Rios. No mesmo

vapor, condessa de Pinhal, filhas Dª Cota, Dª Sofia, Mme. Firmiano Pinto, dr. Firmiano Pinto, dr. Passos e família.

Chegada ao Rio num 13.	*13* setembro
Convite do Eduardo Prado para ser sua testemunha de casamento.	*18* setembro
Parto para São Paulo. Hospedo-me rua de São Bento, 29, casa do dr. Elias Chaves, com o Eduardo.	*21* setembro
Casamento do Eduardo. *Lunch** em casa de Dª Veridiana[58]. Antônio Prado faz-me dois brindes em termos de excessivo louvor. Doutor Elias Fausto leva-me ao teatro.	*22* setembro ** almoço*
Ver monumento do Ipiranga (modelo) com Bezzi. Jantar com dona Veridiana. À noite, em casa dos Pinhais e Antônio Prado.	*24* setembro
Partida com Antônio Prado e Eduardo Prado, para a excursão ao interior. Dr. Gomes Neves, engenheiro chefe da Paulista. Dormindo em Araraquara, Bertoni dono do hotel, promotor, subdelegado, *ex clown* em Sorocaba, soldado de Garibaldi. Tipo interessante. Um italiano que tomei por um trabalhador, com um conto de réis por dia de rendimento da fazenda.	*25* setembro
Partimos para São Martinho[59]. Atravessamos o Moji-Guaçu em Porto São Martinho. Na fazenda. Visitamos os cafezais. Efeito da queimada: uma cidade de marfim gótico, o teto de Paris.	*26* setembro

---

58. *Dª Veridiana Prado, matriarca dos Prados.*
59. *Nabuco a Evelina, 26. ix. 1892: "São Martinho é uma imensa fazenda que terá dentro de poucos anos alguma coisa como dois milhões de pés de café. Nunca se viu crescimento mais espantoso do que o desta zona do Moji-guaçu".*

28 setembro	De trole a Santa Albertina, vendida pelo Martinico; e de lá em trem pela fazenda Dumont (linha da empresa) a Ribeirão Preto. Engenheiro Morelli. Prato de ravióli.
29 setembro	De trem a Lage. Fazenda Santa Veridiana. A fazenda do Martinico é Guatapará.
30 setembro	Vamos almoçar na fazenda do Brejão, de Dª Veridiana e Eduardo Prado.
1º outubro	De trole a Conceição das Palmeiras e de trem a Cordeiros por Pirassununga e Araras. Em São Paulo. Jantar em casa do Antônio Prado. À noite ao teatro.
2 outubro	Parto para o Rio com parada em Moji das Cruzes, casa do Jaceguai[60]. Vêm Eduardo Prado, senhora, Baby Prado (viúva de Caio Prado) e filha Sofia, interessante menina de 13 anos. Passamos o dia com os Motas. [...]
3 outubro	Com o Antônio Augusto Monteiro de Barros, de Moji a Pinheiro, e daí para o Rio. Chego à noite. Todos bons. Deus seja louvado! Nos jornais, a morte de Ernest Renan ontem.

5 outubro	Dia de chuva, invernada. Escrevo cartas. [...]
	  Carta ao Youle.[61]
	  "Caro senhor Youle. Recebi sua boa carta de 6 de setembro, que lhe agradeço. Seu conselho é sempre bem-vindo. A dificuldade não consiste em perseverar numa carreira vantajosa, mas em receber o necessário empurrão para criá-la. Com minha simpatia e afinidades com a vida inglesa, não poderia nunca curar-me do desejo de viver na Inglaterra; e disto veio provavelmente a esperança persistente de que eu poderia conseguir obter uma posição de confiança,

---

60. Artur Silveira da Mota, barão de Jaceguai e grande amigo de Nabuco.
61. Tradução do inglês.

privada, não oficial, na qual pudesse servir os interesses do meu próprio país e os do capital britânico que o procuram. Até agora, devido a flutuações e incompatibilidades políticas, não consegui ter esta oportunidade, mas eu nada mais tenho a fazer na política, embora a desvantagem persista em mim de lidar com o governo e, salvo no tocante a negociações diretas com ele, devo considerar-me capaz de aceitar e promover qualquer espécie de comissão que me seja dada da Inglaterra. Alguns dias depois da minha chegada aqui, um amigo, Eduardo Prado, me telegrafou pedindo-me para ser seu padrinho de casamento em São Paulo, o que me deu a oportunidade de ver a província, quando não esperava tê-la tão cedo. Seu irmão, o conselheiro Antônio Prado, ia visitar a estrada de ferro de Rio Claro e daí seguir para sua grande fazenda de São Martinho em Ribeirão Preto e sua outra propriedade, Santa Veridiana. Esta excursão deu-me a melhor ocasião possível de conhecer o interior de São Paulo, suas estradas de ferro e seus cafezais, e voltei cheio de admiração pelo crescimento e pela riqueza fenomenal desta parte do Brasil. São Paulo muito me atrai devido a seu clima e distância da atmosfera política do Rio; e como disponho de excelentes relações ali, poderei talvez ir para lá e permanecer um bom tempo na capital, suficiente ao menos para formar uma idéia completa dos recursos do Estado e sua capacidade como um campo para o capital estrangeiro. Parece-me que seria conveniente para mim de várias maneiras familiarizar-me com os assuntos de São Paulo e da gente de São Paulo, para o que já conto com as maiores facilidades e também com um acolhimento favorável. Eles estão agora concentrando suas esperanças nos chineses. A terra é prodigiosamente rica, mas a mão-de-obra é ainda escassa e inconstante, segundo eles, de parte dos nativos, enquanto obtê-la (idéias de proprietários) do lado dos italianos e da lenda chinesa de um mercado de trabalho contínuo, inexaurível, dócil e quase gratuito, está saindo da moda entre os donos do solo talvez mais fértil no mundo, as terras roxas de Moji-Guaçu".

23 *outubro* [...] Vim da igreja de São José à rua de Olinda[62] a pé sem cansaço.

Em casa do João Alfredo[63]. Muito queixoso sempre dos ataques contra ele no tempo da monarquia. Referiu-me esta história: uma vez em Conselho, o Imperador, lendo uma consulta em que o Afonso Celso[64] admitia uma hipótese de pagamento de indenização a Pedro I, disse: "Esse Afonso Celso sempre há de deixar uma porta aberta para esses negócios". "É verdade que o que eu leio aqui (passando a assinatura aos ministros) é visconde de Ouro e Prata. Não lhes parece?"

Reginaldo da Cunha contou-lhe que tendo uns mil contos em Nova York e querendo negociá-los, foi oferecê-los ao Belisário[65] por uma taxa melhor do que a da praça, e que esse lhe respondera que só fazia esses negócios pelo Figueiredo (por ser essa a compensação que lhe podia dar do auxílio que ele prestava ao governo) e mandou-o tratar com Figueiredo. Reginaldo recusando-se, ele lhe oferecera fechar o negócio com ele se ele dividisse a comissão com Figueiredo, ao que também se negou Reginaldo.

Também contou-me que Rui Barbosa, que mais o insultara por ocasião dos Lóios[66], mandara, por saber que ele nada tinha, oferecer-lhe pelo Dantas o lugar de fiscal do Banco da República!!! Admirou-me que Dantas se prestasse a mencionar semelhante recado de Rui Barbosa a um homem como João Alfredo. Ele podia bem ter-lhe poupado semelhante humilhação. "— Eu preferia quebrar paralelepípedo nas ruas", respondeu João Alfredo.

---

62. *Isto é, rua do marquês de Olinda, em Botafogo, onde Nabuco então residia.*
63. *João Alfredo Correia de Oliveira, chefe do Partido Conservador em Pernambuco no Segundo Reinado, ministro do Império do gabinete Rio Branco e presidente do Conselho de Ministros que fez a Abolição em 1888. Nabuco tinha como vizinhos de rua João Alfredo e outro político pernambucano do Império, Francisco de Carvalho Soares Brandão.*
64. *Afonso Celso de Assis Figueiredo, visconde de Ouro Preto, líder liberal e presidente do último Conselho de Ministros da monarquia.*
65. *Francisco Belisário Soares de Sousa, político conservador do Rio de Janeiro, ministro da Fazenda no gabinete Cotegipe (1885-1888).*
66. *Referência ao escândalo dos Lóios, em torno da concessão de garantia de juros a engenhos centrais em Pernambuco e que levou à queda do gabinete João Alfredo.*

Mostrou-me carta Rotschild em que se referindo agência do Banco Internacional em Londres, avisava ao governo que as letras do Banco sobre a agência não seriam *discountable nor negotiable** na praça de Londres; que só se tinham prestado a ser correspondentes do Banco para serem agradáveis ao governo, que lhes havia recomendado Figueiredo.

* *descontáveis nem negociáveis*

Com o João Alfredo e Campos a Palmeiras.

Ainda hoje o João Alfredo disse: "Está aqui quem recusou ser visconde, o senhor Nabuco". Expliquei novamente os motivos que tive para imitar meu Pai[67]. O Imperador, quando o Rio Branco lhe disse que meu Pai recusara o título, alegando que não podia advogar sendo titular e não ter fortuna, respondeu-lhe: "— Não é por isso". Que motivo teria ele atribuído a meu Pai, que de fato só recusou, como eu, por pensar que os títulos nada acrescentam à felicidade de ninguém.

20 novembro

Em Petrópolis. Taunay[68] nos conta a história do coronel gaúcho que disse ao conde d'Eu que a mulher dele era como a princesa, machorra.

— O que quer dizer machorra?
— É como se chama em minha terra a égua que não pare.

27 novembro

Com o João Alfredo a Teresópolis, Piedade, Bananal, Barreira do Soberbo, Garrafão, Boa Vista. Hotel dos Órgãos, proprietário Higino. No hotel, dr. Libório Seabra, médico, dr. Buarque de Gusmão, juiz municipal. O Dedo de Deus. O machado e o tição, disse-me o João Alfredo que destruíram nossas matas.

30 novembro

---

67. *Quando da Abolição, Nabuco recusara o título que lhe oferecera o gabinete João Alfredo, na mesma ocasião em que José Maria Paranhos da Silva Júnior foi feito barão do Rio Branco, em reconhecimento ao papel do seu pai, o visconde do Rio Branco, então presidente do Conselho de Ministros, que fizera aprovar a lei do Ventre Livre em 1871.*
68. *Alfredo Maria Adriano d'Escragnolle Taunay, visconde de Taunay, político e escritor.*

Impressão de Teresópolis. Como o alto da serra em Petrópolis, mais vegetação, porém mais água, as montanhas em torno formando cenário, o Dedo de Deus.

13 *dezembro* Apresentação ao Pe Bos. Mando-lhe o meu álbum de catedrais. Com o Pe Bos, continuei e renovei a conversa que tive a 28 de maio com o *Father* Gordon.

20 *dezembro* João Alfredo tem o bilhete 18345 loteria de Espanha. 7.a parte é minha. Custo 660 $.

22 *dezembro* Confessei-me hoje na matriz de São João Batista com o Pe McNamara, irlandês, coadjutor da Lagoa. Quem sabe se as orações dos escravos não concorreram com as de Evelina para darem-me a coragem de purificar-me assim! Mesmo quando tinha perdido a fé, eu admirava a grande concepção do confessionário. O *Father* Gordon atribuía à oração dos seus antepassados católicos a sua conversão. Eu quero crer que foram os escravos que ofereceram a Deus por mim algumas de suas amarguras — e Evelina. A impressão que sinto depois não é a de 28 de maio. Ainda não me passou o terror <u>acre</u> da solenidade. Estou exausto. Amanhã e depois é que sentirei o bem-estar da limpeza a que me submeti. Para a higiene da alma, dei um grande, um passo decisivo talvez. Não posso ainda,
* *vida nova* porém, dizer que sinto o influxo da *vita nuova** que vai vir. Estou ainda sob o terror do passo que atravessei.

23 *dezembro* Hoje comunguei com o Pe Bos na capela das Irmãs de Caridade. Pela primeira vez, porque as comunhões do colégio eram em idade em que eu não podia compreender o ato. Graças a Deus, das cinzas da minha fé pude tirar a pequena lâmpada que hoje se acendeu em honra ao Cristo em meu coração e que alumiará a minha morte. Estou grato pelo recolhimento com que recebi o sagrado corpo de Deus, e espero que ele se disseminará como alento por todo o meu ser desanimado e como luz pelo abismo que eu trazia dentro de mim. As minhas dúvidas hoje empalideceram todas, fu-

gindo como as corujas do campanário ao raiar do dia, e só podem voltar se eu não recorrer sempre ao auxílio misterioso que Deus oferece aos vacilantes, com o seu corpo e o seu sangue, no altar da Eucaristia. Em qualquer caso, a "lamparina" que hoje se acendeu há de ser religiosamente alimentada e hei de tudo esquecer antes dela (do que respeita a minha própria vida, porque não tenho ainda o fervor preciso para julgar que lhe preferiria a preocupação da mulher e dos filhos).

28 dezembro Aniversário da morte da Imperatriz. Vou à missa no Sacramento. Bem poucos e dos que nada tinham com ela! [...]

1º *janeiro*	À missa nas Irmãs. Depois a pé em Nova Cintra.[69] Bebê ainda com a inflamação no pescoço. Voltamos à noite. Evelina sente-se mal mas dorme bem.
3 *janeiro*	Hoje me dizia Artur[70] que a Abolição havia contribuído para a queda da monarquia de dois modos: pela desafeição do poder territorial e dos capitais todos, e pela agitação democrática, pelo entusiasmo democrático que forçou a Abolição. Por isso, respondi-lhe eu, a política da monarquia devia, depois da Abolição, ser outra, era preciso dar corda a esse entusiasmo, em vez de querer contê-lo subitamente, deixá-lo gastar-se. O erro de Luís XVI, depois de ter acompanhado o movimento[71], foi pensar em pará-lo muito depressa. Nada importava o expediente de contentar a lavoura, se se tivesse também pensado em encaminhar a onda democrática.
6 *janeiro*	Visita ao Lafayette[72] na Gávea.
7 *janeiro*	Carta de Zizinha[73] a Evelina pedindo para ocuparmos a casa de Petrópolis.
8 *janeiro*	Depois da missa ao Morro[74]. Voltamos à noite a pé. Bebê: Papai, vai buscar o chinelo para tocar na vaca. — Por quê? — Porque faz cocô no chão.
9 *janeiro*	[...] Gouveia anunciou-me que está avô. Considero o convite de Zizinha, que chegou no sábado, para irmos ocupar a casa de Petrópolis, como uma proteção especial divina. Considero assim todas as in-

---

69. *Onde residia Hilário de Gouveia, cunhado de Nabuco. A área corresponde à do atual parque Guinle.*
70. *Artur Silveira da Mota, barão de Jaceguai.*
71. *Referência à Revolução Francesa.*
72. *Lafayette Rodrigues Pereira, político liberal do Império e presidente do Conselho de Ministro em 1883-4.*
73. *Guilhermina Torres Guimarães, tia de Evelina Nabuco.*
74. *Situado em Botafogo onde residiam a mãe de Nabuco e sua irmã Sinhazinha.*

tervenções que no momento da maior incerteza têm-me imposto uma resolução imprevista e resolvido por mim o enigma da Esfinge.

O comendador[75] e Beatriz tristes por deixarem amanhã o Boy[76]. Ela manda dizer hoje a missa em ação de graças por ter-nos entregue o Boy com saúde.

Hoje o João Alfredo disse-me que estava esperando a feição que tomam as coisas para se retirar inteiramente ou para a Madalena[77] ou para uma lavoura. Considero este o sentido da idéia do escritório.

Partiram o comendador e Beatriz para Nova Friburgo, Hotel Engert.	*10 janeiro*
Aniversário do Rebouças, 55 anos, nascido em 1838 (informação do Taunay). Plotino não se queria lembrar do dia dos seus anos.	*13 janeiro*
No Morro. Penalizado com a morte ontem do padre Hehn.	*15 janeiro*
Subimos para Petrópolis para a casa de Zizinha.	*17 janeiro*
[...] Sob as magnólias, conversa com Taunay e Catete. Hoje comecei a escrever o livro.[78]	*18 janeiro*
Escrevi pela última vez ao Correia, pedindo-lhe recomendar-me ao Alf.[79] *A cable would oblige.**	*22 janeiro* ** Um telegrama bastaria.*

---

75. *José Joaquim Soares Ribeiro, avô paterno de Evelina Nabuco.*
76. *Apelido de Maurício Nabuco.*
77. *Bairro do Recife, onde a família do seu sogro possuía o belo casarão azulejado que ainda se encontra lá.*
78. *Trata-se do livro escrito em francês e intitulado* Foi voulue (Fé Desejada)*, em que Nabuco descreveu sua reconversão ao Catolicismo. A obra só será publicada em 1977 na França.*
79. *Trata-se provavelmente de Alfred de Rotschild.*

26 *janeiro*   Contou-me Luís Filipe[80] que na fundação do Banco Paris e Rio, Sebastião do Pinho, para prestigiá-lo, chamou para o conselho os três diretores de bancos conceituados, do Brasil (Dantas), do Comércio e outro, comprando para eles mil ações com 120 $ de ágio, isto é, dando-lhes de mão beijada cento e vinte contos pelo favor.

29 *janeiro*   Visita aos Taunays com Evelina.
Escrevi ao Rebouças: "Que poderoso anti-séptico foi ele! (O Imperador). É o fim de uma raça. A nossa foi pesada e foi achada leve. Agora o território que tem de ser a sede de uma grande nação que procure outra. Será o chim?"
Minha mulher e meus filhos formam o círculo dentro do qual sou intangível. Quanto mais esse círculo nos protege, mais nos aperta. Não se pode sair dele, mas pode-se subir — para Deus. "Viver oculto" é a melhor divisa — a de Proclus.

14 *abril*   Recebi ontem convite da São Paulo Railway para servir de árbitro na questão de Santos.

4 *maio*   Hoje posso dizer que acabei o livro. O que falta, rever, polir, embelezar literariamente, podia ser feito por outro. [...]

4 *agosto*   Soube de Maria Carolina que, perguntando a um menino como se chamava o pai e este respondendo "meu pai chama-se João de Deus", ela dissera: "Ah! Então você é o menino Jesus" — e não o trata de outro modo senão pelo menino Jesus. Para uma criança de três anos *c'est bien trouvé**. A bordo, quando vínhamos, também ela teve graça. O Anfilófio fala francês em casa com o filho e no navio gritava por toda parte: "*mon fils, mon fils, où es-tu?*"* e ela começou a chamar o menino de *mon fils*, e o nome pegou pelas costas do pai e toda a gente assim chamava o menino.

* está bem achado

* meu filho, meu filho, onde é que você está?

---

80. Luís Filipe de Sousa Leão, líder liberal de Pernambuco no fim do Segundo Reinado.

Revolta da esquadra com Custódio de Melo[81]. Vou à cidade com os filhos do Brandão[82]. Movimento dos navios ao longe. [...]

6 setembro

O *Jornal do Brasil* publica o manifesto do Custódio. Documento pessoal sem sopro e sem princípios. Não justifica a revolta nem pelas indignidades sofridas pela esquadra, nem pela necessidade de auxiliar o Rio Grande. Acaba com um "Viva à Constituição!".
Subimos ao morro do Castelo para ver os navios. Encontrei dr. Sousa Melo.

7 setembro

Primeiro bombardeio entre a esquadra e as fortalezas. Impressão de fiasco? Saída do *República*. As esquadras estrangeiras retiram-se para dentro da baía. Assisto do morro do Mundo Novo ao bombardeio da fortaleza pelo *Javari*, *Aquidabã*, *República*, *Marajó*.

13 setembro

Pouca gente na missa. Fui ao Morro. Grande temporal de madrugada, o qual dispersou alguns dos navios.
Há três governos hoje — o do Itamaraty, o do *Aquidabã* e o da ilha das Cobras[83]. Chamaram o Saldanha *rei das ilhas*. Sem dar um tiro, ele conseguiu a posição culminante dos três. É que ele representa a massa da opinião que é neutra e simpática antes à Marinha, por causa [da] vaga esperança de que ela faça alguma coisa. O jogo da Marinha teria que ser leve. Ela não pesa. O olhar brasileiro está

24 setembro

---

81. A revolta da Armada na baía da Guanabara foi uma tentativa do almirante Custódio de Melo de reeditar contra Floriano Peixoto a insurreição da esquadra que em novembro de 1891 levara à demissão de Deodoro. As circunstâncias políticas eram, aliás, mais promissoras, em vista da insatisfação da Marinha com Floriano, a suspeita de ela estar fazendo o jogo dos monarquistas, a guerra civil no Rio Grande do Sul entre os federalistas e os castilhistas. No seu manifesto de 6 de setembro de 1893, Custódio propõe-se a "restaurar o império da Constituição [de 1891]", que Floriano violara repetidamente.
82. Francisco de Carvalho Soares Brandão, político pernambucano do final do Segundo Reinado e senador do Império, vizinho de Nabuco na rua marquês de Olinda.
83. Isto é, o de Floriano Peixoto na presidência, cuja sede era então o palácio do Itamaraty; o de Custódio de Melo, no encouraçado Aquidabã; e o do almirante Saldanha da Gama, que se declarara neutro.

mudando com o receio da espionagem. A única conversa lícita é: "Que tempo!" Quem dissesse "que tempos!" seria preso.

25 *setembro*   Vou à cidade. Ouço logo que o governo embarcou tropa na doca da Alfândega para tomar a ilha das Cobras e que se espera combate. Subo para o morro da Nova Cintra para ver. Subimos até o alto de Santa Teresa, donde vemos o *Aquidabã* à boca do canal da ilha das Cobras. Quando descemos e já em casa ouvimos o terrível canhoneio e vemos cair na rua da Princesa do Catete (rua do dr. Correia Dutra; meu Pai e tantos outros moraram ali, meu Pai cerca de vinte anos), na casa do doutor Correia Dutra, uma bala que causou grande nuvem de pó. Desço à noite — vou ver a casa. Muito povo.

26 *setembro*   É proclamado o estado de sítio.

    Nós nunca fazemos nossas contas certas com Deus. O que ele faz por nós esquecemos, o que toma de nós, exageramos. Eu dou hoje 1$000 a um pobre, daí a dias faço um bom negócio ou chega-me uma herança, e assim que esqueci a esmola, não me ocorre como Deus mo pagou.

    Gouveia preso na terça-feira, 26 de setembro[84]. Vim da cidade, estava no escritório do Celso[85] quando começou o bombardeio, do qual saí devagar. As ruas como as vizinhanças de um formigueiro. Morreu um moço inglês. Vim para o Morro, por ter sabido do dr. Sousa Melo que o Gouveia havia sido chamado à polícia. Imaginei que era para uma inquirição qualquer e queria prevenir Iaiá se, por acaso, ele se demorasse. Chega o dr. Cândido Mendes num tílburi, tinha estado com Gouveia. Estava preso. Iaiá adivinhou a revelação. Desafogo. Felizmente, Deus deu-lhe forças para resistir, reagindo indignada, em vez de sucumbir. Depois do jantar, vou saber notícias do Gouveia. Na polícia, meia hora com o Pedro Nabuco de

---

84. *Hilário de Gouveia, cunhado de Nabuco, fora preso pela polícia do Rio sob a suspeita de ajudar os rebeldes, na sua condição de membro da diretoria da Cruz Vermelha. Ele conseguirá fugir a bordo de um navio francês, estabelecendo-se em Paris por vários anos.*
85. *Isto é, Afonso Celso e Assis Figueiredo Junior, filho do visconde de Ouro Preto.*

Abreu. Nada conseguimos saber. Dizem-nos que está na casa de Correção. Não quero crê-lo. Vou ao *Jornal do Commercio*. Não sabem onde está. Nem na *Gazeta de Notícias* onde o Pedro pergunta. Às 10 horas vou para casa. Evelina todo o dia aflitíssima.

Gouveia removido para a delegacia de polícia do Catete.   *27 setembro*
   Vou ao Morro de manhã a pé e à noite.
   Chamam-me cedo ao Morro porque Iaiá quer por força descer a ver o [barão do] Rio Apa. Subo a pé para ver se ela desiste do intento por saber que nada obteria. Desço com Pedro. Vamos ao escritório. Pergunto ao Ubaldino do Amaral se sabe onde está o Gouveia. Diz-me, depois de ter ido procurar notícias, que é à Casa de Correção que me devo dirigir. Lá vou com Pedro e Adams. Entramos primeiro na Detenção. Não estava. Vejo Nuno Macedo na sala das visitas. Entro na Correção. É onde estava. O diretor coronel Faria nada podia dizer-nos. Estava incomunicável. Perguntei-lhe se de ânimo sereno, disse-me que era um dos mais calmos. Pedi para tranqüilizá-lo sobre a família. Entra Serpa preso. Volto. Venho para casa sob a impressão da penitenciária! À noite volto ao Morro. Demoro-me a conversar com Jaceguai, que se sente abandonado, suspeito a todos, solitário desde a revolução. No Morro encontro Evelina, que desce. Vem o major João Figueiredo Rocha, que obteve remoção do Gouveia para a delegacia do Catete. Grande notícia. Vamos à estação de polícia. Vejo Gouveia, saúda-nos, estava lendo o *Paiz*, incomunicável ainda, mas já perto de nós, à vista, não mais o horror da véspera, quando era impossível saber onde achá-lo, e de manhã que o soubemos na Correção. Desceu conosco do Morro o dr. Raimundo Bandeira, que tinha sido preso de manhã e tinha visto Gouveia na Correção. O que conta.

Vou à Estação. Não se pode falar. Encontro a mulher de Eduardo   *28 setembro*
Ramos, preso com Gouveia na mesma sala. Aconselho o irmão dr. Carlos Martins (filho do Gaspar) que a leve. Volto muito cansado do calor para casa. Durmo uma hora. Subo depois ao Morro de carro com Beatriz, Neném, Plínio e o Boy de pés descalços e sem chapéu. Iaiá mais calma.

29 *setembro*   Vou almoçar no Morro, onde conto jantar também. Os jornais nem uma palavra dão sobre as prisões. As prisões efetuadas pelos tiradentes.[86]

Almoço e janto no Morro, animando Iaiá, já que não pode estar com o Gouveia.

Ouvi hoje que Floriano contratou por 500 contos com um capitão Boyton, aventureiro americano, fazer saltar por um torpedo o *Aquidabã*, e que o sujeito com efeito preparou o torpedo e tomou uma lancha com a bandeira inglesa. A lancha foi presa e ele entregue ao couraçado americano por Custódio. Não preciso comentar o uso da bandeira inglesa para tal fim. Se o Ministro da Marinha foi conivente nesse ato de pirataria, não há qualificação.

30 *setembro*   Número expressivo do *Tempo*. No primeiro editorial faz um apelo à intervenção do corpo diplomático. No segundo, o semanário jacobino desanda uma verrina ao Rui, *magno ladrão*, lembra a compra de consciências monarquistas pela República a alto preço, com insinuações a Correia, Dantas, Macedo Soares etc. — e até produz uma Alda, mulata e baiana, de quem faz a [em branco] do Custódio. Dizer que há o *estado de sítio* e que a imprensa está coata e silenciosa para só se ouvir tal voz. O *Tempo* apela para a nova geração exaltada, diz ele, mas pura do vírus monárquico, e vê um sinal de virilidade nacional na sua própria linguagem e uma esperança para todos no seu patriotismo! É um artigo muito característico, que oscila entre a ocupação estrangeira e a guilhotina! Eles não sabem mais o que dizem. O bombardeio (anunciado para o meio-dia) rompe às 2 h. Vou ao Morro depois de ter deixado o Boy no Chalé Olinda para ficar mais abrigado. Assistimos ao combate do alto de Nova Cintra.

1º *outubro*   Hoje o *Paiz* traz os avisos do Ministro inglês e Encarregado dos Negócios francês aos seus nacionais de que se reúnam em caso de anarquia e saque da cidade, no largo do Paço, que serão protegidos

---

86. *Eram assim chamados os radicais florianistas.*

pelas forças unidas das esquadras. Grande humilhação é essa com efeito para o Rio de Janeiro. E o governo? Isso ainda não é, porém, o pior — temos que amargar muito mais no curso da anarquia e da ladroagem em que vamos desde 15 de novembro [de 1889]. Não seria impossível que os estrangeiros tivessem que desembarcar, e então! Quando, porém, a esquadra é qualificada nos jornais oficiosos de corja de piratas e eles não chamam menos do que bandidos os tiradentes do Floriano, a perspectiva é essa mesma, da anarquia, e na anarquia é uma obra de misericórdia das potências salvarem os seus nacionais da pilhagem, e nunca nenhuma nação levou a mal o auxílio estrangeiro à ordem pública e à civilização ameaçada! Pobre América Latina! Que sorte a tua!

À missa na capela do [barão do] Catete. Depois do almoço quero subir ao Morro. Dizem-me porém que Iaiá desceu para falar ao Rio Apa. Espero três horas por ela no armazém da esquina. Afinal chega. Tinha ido com Inacinha. Foi muito bem recebida tanto no Quartel General como na Polícia. Negou a mão ao Apa. Foi apenas saber a causa da prisão do marido, e não pediu a soltura. Saber por quê. Lançou em rosto ao Apa ser ele o autor da prisão, negando-o a quem ia falar-lhe e dizendo que a prisão corria por conta do chefe de polícia, ao passo que este dizia que tudo era devido ao Apa. Deu este uma carta de apresentação a Iaiá para o dr. Bernardino Ferreira, o qual, como ela previa, lhe disse que a prisão era um negócio todo do Rio Apa. "Era isto mesmo o que eu queria ouvir", disse-lhe minha irmã, "porque ele acabou de garantir-me que tudo tinha partido de Vossa Excelência. É um jogo de empurra que dura há dias". Parece que o chefe prometeu que se o Apa repetisse diante de uma testemunha aceitável ao Floriano o que havia dito a Iaiá, ele soltaria logo o Gouveia. Esperamos.

Os jornais publicam o veto do Floriano à lei da organização do Tribunal de Contas. Como vetou a incompatibilidade eleitoral do vice-presidente, veta agora a fiscalização, a limitação das disputas feitas pelo Executivo!

Dizem-me que os tiradentes etc. receberam três meses de soldo adiantados.

Fui à cidade, ao banco. Muito admirados todos de me verem, supunham-me uns preso, outros em Petrópolis. Depois fui ao Morro ver minha irmã. Bombardeio de Niterói pela *Guanabara*, a *Trajano* e dois frigoríficos. Previnem-me lá todos que me acautele. Por quê? Essa briga é toda entre republicanos. Meu cunhado está preso por intriga de castilhistas[87] por causa da Cruz Vermelha. Eu nem federalista sou porque não sei o que o federalismo quer. Simpatizo com ele como com o triunfo da esquadra *por esperança*.

3 outubro

O *Paiz* vem contentíssimo hoje com a intervenção insinuada da esquadra estrangeira em favor da cidade. Assim seja. Mas por que ontem e hoje mesmo acusar os representantes estrangeiros de estarem ultrajando o país [?] Traz o manifesto do Rui em Buenos Aires denunciando o Floriano de ter tornado esta cidade *um circo de feras*. Os tiradentes parecem-se bem com a mazorca tanto pelo menos como o horror do brasileiro à vista do sangue o permite.

Vou à noite à delegacia. Dizem-me que o Gouveia só pode falar com as senhoras da família.

4 outubro

Anos de Laura. Vou ao Morro, onde janto. As meninas viram o Gouveia, que está muito calmo. Ele hoje foi à polícia, onde o interrogaram sobre a Cruz Vermelha. Ele mostrou-se admirado da tolice e da insensatez das perguntas. Não o soltaram.

Corre que o Aristides Lobo está doido. Que triste sorte a dos homens do 15 de novembro. Pior ainda é ver o que eles disseram uns dos outros.

Ainda o *Guanabara* atira bombas sobre Niterói.

O que melhor caracteriza este governo é o segredo: trancaram o telégrafo, manipulam o correio, amordaçam os jornais, de modo que somos levados ninguém sabe para onde. Se o Brasil se esfacelar, ter-se-á desmembrado sem ciência dos brasileiros. Os povos livres exigem que tudo se lhes diga porque são eles mesmos que se

---

87. Partidários de Júlio de Castilho, chefe republicano do Rio Grande do Sul.

podem salvar. No pior da guerra, nada era subtraído ao conhecimento da França. Por outro lado uma espionagem geral. O brasileiro tornado espião ou delator — que prodígio para a República!

5 outubro

Os jornais publicam uma declaração dos ministros do Peru, Chile, Uruguai, República Argentina de que não têm tido parte em nenhum dos atos do corpo diplomático com relação à situação da cidade. Naturalmente, se nenhum desses países tem navio no porto. O fim da declaração é ressalvar o princípio da não-intervenção diplomática na anarquia sul-americana. O dos Estados Unidos, que é a única grande potência americana, não assinou.

Li ontem a carta de Servius Suplicius Rufus a Cícero pela morte de Túlia. Como o efeito dessa linguagem, sem a religião por trás, é triste! É, no entanto, uma das grandes páginas da literatura (exatamente da mesma fábrica e época do discurso de César[88] sobre Catilina), da morte sem a imortalidade.

Vou ao Morro e nada sei do Gouveia, as meninas estavam com ele.

6 outubro

Vou a pé ao Morro. Nada sobre Gouveia. Mais um preso que chega, o dr. Justino Cardoso, genro do dr. Luís Barreto, de São Paulo. Consta que o governo está desartilhando os morros porque só assim o corpo diplomático fica fiador da esquadra. É um apelo à proteção estrangeira. Antes não tivessem artilhado os morros e deixado a cidade entregue a si só. Não seria talvez bombardeada. Tanto arreganho, tanta certeza de meter a pique os piratas, para depois resultar tudo na proteção dos estrangeiros, o que não valia a pena. Os gerentes da República não têm o sentimento da dignidade nacional, tudo que eles querem é ficar de posse da caixa, seja sob a proteção estrangeira ou da mazorca tiradentes.

---

88. Isto é, Cícero, e não César. Distração de Nabuco.

7 *outubro*   Ao Morro. Muito ansioso por minha irmã. É um transe novo para ela a prisão do marido e prisão sem motivo conhecido e sem prazo certo, arbitrária como o capricho de um déspota. É uma honra sofrer pela Cruz Vermelha, sobretudo quando [d]os que faziam parte da diretoria com ele [Gouveia], alguns estão gozando da confiança do ditador; e ter passado sob a República pela Casa de Correção em vez dos seus homens políticos, que lá deviam estar quase todos. Mas em governos que não se podem melhorar, há uma espécie de ridículo ligado à violência, que se sofre por ter tido idéias reformadoras, e a consciência de ter sofrido injustamente abate em vez de levantar o espírito, como se a gente se sentisse tolo.

8 *outubro*   Vamos Evelina e eu ao Morro de carro e voltamos à tarde a pé com chuva. Minha pobre mulher! A que abalos está exposta, maiores ainda do que os que está passando! No fim de contas o que se apura é que o Gouveia há de ficar preso até acabar a guerra civil do Rio Grande. Até quando será? Só Deus o sabe e durante todo esse tempo eu não poderei deixar Iaiá, a menos que o estado e a saúde de Evelina o exijam. Estamos todos presos, portanto, por uma só ordem de prisão e eu, além disso, sob a ameaça dos jacobinos tiradentes e outros proscritores ferozes dos *sebastianistas*![89] Deus, porém, não nos abandonará e depois destas tempestades nos mandará afinal os dias calmos e o porto tranqüilo pelo qual há tanto eu rezo!

9 *outubro*   Muita chuva. Não vou ao Morro. Villegaignon[90] aderiu à revolução. Simultaneamente com a nossa, há a revolução argentina e quantas outras! Dessas revoluções resultam proscrições, confiscos, desconfianças e rivalidades entre os vencedores: fermentos da guerra social sufocada e gérmens de futuras revoluções. Essa é a sorte da América do Sul. Não será o caso das vítimas desse sistema, que são

---

89. *Designação dada pelos republicanos aos monarquistas, em alusão ao antigo sebastianismo português.*
90. *Quando da eclosão da revolta a 6 de setembro, a fortaleza de Villegaignon declarara-se neutra.*

milhões, unirem-se para combatê-lo definitivamente de onde ele pode ser combatido — do estrangeiro, procurando formar no mundo uma opinião verdadeira sobre todas essas crueldades, isto é, criando a pressão moral, que falta nos próprios países (e que é o meio necessário, por ser o único, de modificar esse estado de coisas), e doutrinando esses governos nos *Dez mandamentos*? Essa foi a idéia da minha revista, que eu ainda não desisti de fundar em Paris e que talvez seja o trabalho final de minha vida, se Deus me ajudar.

10 outubro

Vou almoçar no Morro, onde também janto. Assisti ao combate das fortalezas com a esquadra e Villegaignon. Que prova real da excelência das novas instituições militares que nos deram! Felizmente a pontaria é má, se é uma consolação saber que a artilharia não é uma arma de defesa nacional; a coragem é grande e é tudo que se apura desse horrível espetáculo.

11 outubro

Vou ao Morro. Vem ver-me Rodrigues Horta e Alberto de Carvalho e falar sobre Gouveia, se convém requerer o *habeas corpus*. Eu penso que não, por ter certeza de que não será concedido *regnante** Floriano e que isso pioraria de dois modos a posição do Gouveia, porque irritava a tirania que o podia remover para outra prisão, longe, e porque ele perdia o recurso da justiça, identificada contra ele com os perseguidores. A situação é toda militar, a palavra é do canhão e a justiça bem compreende isso.

* *reinando*

12 outubro

Volta a ver-me o Alberto de Carvalho. O Gouveia quer que eu seja o seu advogado para o *habeas corpus*. Estou pronto, mas eu não convenho. Minha presença, apesar do nosso parentesco, daria ao processo uma cor política fatal nesta época.

Vou ao Morro com o Eugênio e os Brandões: nada do lado do mar senão para Niterói. Muita chuva.

13 outubro

Subo cedo ao Morro depois do almoço com o João Soares Brandão. Discute-se a questão do *habeas corpus* do Gouveia. Não acredito neste recurso nos tempos que correm.

Todo ocupado com o estudo da questão tratada pelo Rui — já há uma decisão do tribunal sobre os presos de 10 de abril [de 1893][91]. Minha Mãe desce de carro e vai à casa do Freitas Henriques, do Trigo de Loureiro, do Olegário (que não está), do Andrade Pinto (não acha a casa). Aqueles dois recebem-na com todas as deferências — e falam muito de meu Pai. Só a liberdade do genro a moveria, pobre velha, a esse passo! Infelizmente de nada ele poderá servir.

14 outubro

É restabelecido o estado de sítio, que foi apenas interrompido para uma formalidade eleitoral, o governo querendo à força um Congresso este mês. Ajuntaram mais o Paraná à lista dos estados conflagrados. Publica também o *Diário Oficial* um decreto regulando a liberdade de imprensa, isto é, suprimindo-a, e outro sobre expulsão de estrangeiros. Os legistas deste governo são verdadeiros sul-americanos. Saquearam o arquivo argentino para encontrar as fórmulas de que precisam.

Subo ao Morro. Iaiá ansiosa pela sorte do Gouveia, que agora deve ser recolhido à fortaleza da Conceição. Hoje mesmo ele requereu *habeas corpus*.

Toda a madrugada grande tiroteio no mar. De manhã começa o combate das fortalezas com os navios e Villegaignon. Assisto do Morro ao fim. A *Cidade do Rio* publica um manifesto do Custódio de Melo denunciando o Floriano de o ter querido assassinar por uma máquina infernal e de ter mandado um torpedo sob bandeira inglesa em lancha tripulada por aventureiros estrangeiros contra o *Aquidabã*, etc., etc.

15 outubro

Faz hoje 18 anos (a maioridade constitucional) o príncipe do Grão-Pará[92]. Ninguém se lembrou disso.

Vou ao Morro. Desce Bebê.

Nas guerras civis são os homens que melhor aceitam os fatos consumados, os que sustentam com maior energia, enquanto ao

---

91. Dia em que foi decretado o estado de sítio por Floriano.
92. D. Pedro de Orléans e Bragança, primogênito da princesa Isabel e do conde d'Eu e como tal herdeiro presuntivo do trono.

serviço do poder, as teorias intransigentes. A 6 de setembro [de 1893], era visível que, com batalhões, mesmo de tiradentes, não se podiam tomar encouraçados e navios de guerra. Certa imprensa, porém, cujos números merecem ser conservados como os do [ilegível] de López, procurou, por toda a espécime [de] impropério, de desafio e de intrigas, tornar cada vez mais profunda a cisão entre a Marinha e o Exército. O resultado é a situação a que chegamos — da qual não há ninguém que possa calcular o desfecho nacional. Esses mesmos que sustentam hoje o princípio da autoridade à *outrance** são no fundo inimigos de toda autoridade de que não façam parte. São revolucionários, uns satisfeitos, outros assalariados.

* *a todo custo*

Nas casas à noite todos com receio da visita dos tiradentes procurando suspeitos. "Os começos da monarquia também foram ruins" é a resposta dos republicanos, esquecendo que era a nação que começava — e que as nações não precisam começar duas vezes — e que há para tudo que é intolerância e violência muito menos em desculpa em 1893 do que havia em 1822.

O Ferreira de Araújo hoje advoga ceticamente a eleição a 30 deste mês, [em] que todos vão votar entre o estado de sítio e o bombardeio. De acordo, antes assim, mas a que resultado que chegamos que as eleições são feitas com tal encenação! Como o Brasil se sulamericanizou depressa, e com que fúria! Foram logo, no princípio, as enxurradas financeiras da Argentina, que enriqueceram esses pobres diabos de republicanos, que fizeram a propaganda sem 5 $ no bolso. Agora as guerras civis de todo gênero! E quem se salvará deste mergulho? Os que tiverem o fôlego de escafandro! Neste mês de sítio quanto embrutecimento já! Reduzidos a ler todo o dia a prosa do *Tempo* e do *Paiz*, rabiosa, alucinada, ébria, estúpida. Faz lembrar o cerco de Jerusalém[93], os endemoninhados de então, se tivessem jornais, teriam escritos nesse estilo: já não há razão, nem

16 outubro

---

93. *Referência ao sítio de Jerusalém pelo imperador Tito no ano 70 da era cristã, de modo a esmagar a revolta dos extremistas judeus contra seus sacerdotes, acusados por eles de colaboracionismo com Roma.*

pensamento, nem sensibilidade, tudo se apagou, há a fera, mas a fera a soldo, que ainda é pior do que o pobre bruto faminto. E dizer que essa gente se está sacrificando por fanatismo, os que não são pagos nem forçados por um Floriano, que não se sacrificaram por um Pedro II! Como isto é sul-americano, como se vê a degradação típica deste infeliz hemisfério — ao lado do despotismo bestial, o republicanismo imbecil do paraguaio!

17 outubro

Vou ao Morro de manhã para poder ir ao enterro do velho Silveira da Mota à tarde[94]. Nada sobre o pobre Gouveia. Continuam a espalhar boatos a respeito dele, cada qual mais estúpido; o último é que está ficando alterado do espírito. Se eles soubessem com que calma e sobranceria exemplar ele se tem portado desde o primeiro dia! Novo bombardeio das fortalezas sobre Villegaignon, que só mais tarde responde. Tudo isto fatiga, aborrece, desprende o homem do seu país. Cada vez me convenço mais de que a civilização no Brasil acabou com a monarquia. O que há são restos dela. O que se vê é extraordinário. Não há mais princípio que detenha ninguém, nem pressão social que impossibilite os piores atentados. Que o país se desfaça em pedaços e depois de se desfazer caia cada um deles na mais completa miséria e abjeção, que importa. O que se quer é liquidar *per fas* ou *per nefas** uma independência pessoal para assistir a tudo de palanque. A classe de homens que governam é inverossímil, os processos de governo uns torpes, outros indignos, outros ridículos. Copiam os decretos da coleção sul-americana, dos estados de sítio orientais[95], argentinos, bolivianos, que sei eu? A adulação dos jornais ao ditador é tão grosseira como a dos guaranis do Paraguai. É uma boêmia política de ceroulas e chinelas, como não se viu nunca mais desprezível, que nos governa. Que traço odioso o terem dobrado o soldo da tropa como em campanha! É pelo dinheiro que toda essa gente se agüenta e a distribuição é tudo que se pode dar

* *por todos os modos possíveis*

---

94. *José Inácio Silveira da Mota, deputado por São Paulo e senador por Goiás durante o Império.*
95. *Isto é, uruguaios.*

de mais porco. Os agentes principais do governo são os *déclassés** de todas as classes. Foram tirar de uma roleta onde se tem encerrado há vinte anos o comandante de suas forças de mar. O empreiteiro geral das encomendas secretas é o Carvalho Moleque, desterrado do 10 de abril [de 1893], cujo irmão foi ministro para espantar o corpo diplomático com a sua erudição de *parvenu**, e começou logo abrindo mão das nossas fortificações![96] Se os ingleses o tomam ao pé da letra e se apossam de Santa Catarina! Desde 15 de novembro, a política neste país é um mercado de prostituição — tudo pelo dinheiro. O José Luís com descaramento singular defende no Congresso a jogatina dos frontões como o modo de formar os cidadãos da jovem república. Os homens da monarquia enriqueceram também nessa chamada <u>orgia financeira do Provisório</u> e que tem sido não só do Provisório, mas de toda a república, na capital e nos estados. Os pais desmoralizaram-se em companhia com os filhos. Não há mais respeito nas famílias. Ao sair da academia, o filho tem vencimentos maiores (colhidos por algum colega de pândega, que esteja no governo) do que o pai nunca sonhou. É o jogo em toda a sua força, mas o jogo do emprego, da venalidade, da dilapidação, ao lado do jogo do estelionato, que floresce na bolsa e no comércio. Tudo que é honesto, sério, normal, em outros países, está atrofiado — tudo que é instinto torpe, cobiça, podridão interior, isso sim desenvolve-se e domina a sociedade. Daí só pode resultar uma prostituição medonha, uma porcentagem enorme de elementos criminosos, levando o país ao mais abjeto servilismo político. Este reflete-se bem na imprensa que nos resta, produto ela própria da jogatina da bolsa, com capitais fabulosos empregados em mobilizá-la e lançá-la na circulação da praça, como o velho *Jornal*[97]. Nada resistiu, nada ficou limpo, e dessa sociedade assim mexida são as fezes só que se vêem hoje; o caráter, o pudor, o respeito próprio, a religião dos sentimentos nobres, a altivez da honra, não têm mais representantes públicos e parecem mesmo não existir. Esta revolução veio revelar a gravida-

* *desclassificados*

* *novo-rico*

---

96. *Referência a Carlos de Carvalho, ministro das Relações Exteriores de Floriano.*
97. *O* Jornal do Commercio.

de do perigo que estamos correndo como nação, de nos dissolvermos, mas de nos dissolvermos de um modo muito pior do que seria, fragmentando-nos somente em estados diversos, de nos dissolvermos em um grupo de nações cuja consciência moral se vendeu à primeira tentação, e humilhada se escondeu para sempre, deixando os seus piores instintos levá-las para o destino certo das raças que se abandonam.

18 outubro   Anos de Lucília.

Não há telegramas. O *Tempo* diz que a nação está toda com o governo, mas quem nos garante isto se fecham o telégrafo, seqüestram a correspondência, impedem o murmúrio, suspendem a imprensa? O mesmo jornal sustenta hoje que se deve proceder às eleições a 30. Será a primeira vez que neste país se façam eleições semelhantes. Os eleitos ficarão bem marcados. O Exército continua nos quartéis, o serviço da metralha é feito pela pobre Guarda Nacional, por tiradentes, acadêmicos (há poucos dessa classe no batalhão, a maioria é de vadios), vinte-três-de-novembro, etc.

É engraçado ler como esta imprensa revolucionária, esta situação de tenentes governadores, clama contra o caudilhismo, e pelo respeito às instituições e à lei. Os piores demagogos empossados no governo são os mais ferozes oligarcas. Já nós sabíamos disto. Eles têm uma cartilha para seu uso. Derribá-los é uma violação das leis morais; derribarem eles a todos os governos é um ato de patriotismo imorredouro.

19 outubro   Não haver na imprensa uma voz que pregue a conciliação, o termo desta guerra civil, aplaudirem, pelo contrário, a carnificina, escarnecerem da esquadra nos dias em que não há fogo, cobri-la de afrontas quando ela atira, humilharem cada dia mais a Marinha, sem previsão do futuro, sem perguntarem a si mesmos o que vai resultar dessa luta fratricida! Aviltam o país aos olhos dos estrangeiros, propõem-lhes transações indecorosas à custa de interesses nacionais permanentes, tanto em Montevidéu como em Buenos Aires, e aqui suplicam-lhes que castiguem a esquadra; já lhes entregaram mesmo os nossos navios e, como se não fosse território brasileiro, as fortificações todas que venham a auxiliar a revolução. Todo dia há pela imprensa um apelo ao corpo diplomático para atirar sobre os navios e Villegaignon; hoje mesmo, a propósito dos tiros disparados sobre o holofote. Vivemos na mais perfeita ignorância do que vai por fora, seremos os últimos a saber o que tem acontecido já no Rio Grande do Sul e Santa Catarina. Estamos fechados, sitiados, entregues à espionagem, à delação, às prisões sem perspectiva de processo. Há dias um conhecido dizia-me na rua que tinha medo que matassem meu cunhado na prisão; hoje vejo que lhe morreu o filho em Niterói, para onde foi como praça do batalhão acadêmico. E o *Paiz* celebra essa morte como estimulando a mocidade a correr para o mesmo ponto. Que há de dizer um pobre pai que vê seu filho morto por um entusiasmo de criança, por uma camaradagem generosa, de que se aproveitou o governo para mandá-lo para o lugar desabrigado e de maior risco, em vez de um soldado que ele quer poupar um por um para a batalha final, para o encontro sério? E esse papel de anteparo do Exército, de primeiro sangue sacrificado ao inimigo, de gastar-lhe as munições de bordo, distribuído aos moços filhos-família é aplaudido pela imprensa servil. E assim irá até o último rapaz, como no Paraguai, por não haver uma voz que diga ao tirano: "Basta, não se sacrifica a mocidade de uma nação por um desacordo político, transige-se, afastam-se os homens e curam-se as feridas da pátria". A guerra civil é um fato que, uma vez verificado, impõe a todos os que amam o seu país o dever de conciliar-se para salvá-lo. Nessas lutas, a origem desaparece logo, perde-se de vista, e ficam de pé outros motivos de desunião e de guerra. Não é saber quem teve razão no começo, o que importa é calcular o que pode ser comprometido e sacrificado. Os povos bárbaros são os únicos que têm paixões intransigentes, trágicas, suicidas, eliminadoras, que chegaram a constituir como fundo social. Que imprensa infame a que lemos todos os dias! Como ela sopra essa terrível guerra por todo o país, na esperança de fazer dele um Paraguai às ordens de um Solano López! E dizer que esta nação está em bancarrota latente! Que modo de lhe salvar a honra!

Ontem (18) fugiu o Gouveia da prisão. Detalhes ainda faltam. Que podia ele fazer senão isso? A fuga é o único meio de responder à prisão de um tirano. Ficar preso pelo tempo que ele quer, até gastar-se a sua má vontade ou nascer a sua compaixão, podendo fugir-lhe, é de alguma forma humilhar-se diante dele e dos que o cercam. Fugir é provocá-lo, desprezá-lo, vingar-se. Pobre Gouveia! Quanto lhe tem custado a Cruz Vermelha, na qual entrou com o seu entusiasmo de médico por tudo que é progresso da civilização médica.

Passamos o dia na maior inquietação. O que ele deve fazer agora é *faire le mort** até o esquecerem, e passar a febre da procura. Hão de pôr a prêmio a captura, mas os que querem fazer dinheiro desse modo perdem tempo em buscas e espionagens vãs. Fugiu no aniversário da Lucília, que parece ter-lhe emprestado o seu anjo da guarda para a evasão. Hoje circulou que os argentinos tinham vendido ao Floriano o *9 de Julho*[98]. Se foi assim, que ato desprezível eles praticaram e que preço (além das libras esterlinas) teremos que pagar. Na República não há noção de honra nacional, nem tradições internacionais, nem sentimento de pátria. É a guerra civil em permanência, e só se atende ao que pode dar o triunfo passageiro. Tenho ouvido republicanos dizerem: "Pois perca-se o Rio Grande do Sul". Outros dizem agora: "Para que precisamos de marinha?" O esfacelamento não os assusta, nem mesmo a ocupação estrangeira os afeta. A República, seja como for, uma só ou muitas, independentes ou tributárias, prósperas ou falidas, com brasileiros ou com chins, contanto que seja a República. É a moral dos roleteiros em ação. O Brasil tornou-se uma casa de tavolagem, e os chamados republicanos não passam de ratoeiros barateiros (que teriam o barato) desse antro político.

*fazer-se de morto

20 outubro

Hoje a *Gazeta de Notícias* suspende inteiramente as notícias relativas à revolução. Teremos somente o terceto do *Paiz*, *Tempo* e *Diário de Notícias*, e o público alimenta essas folhas que despreza, para sa-

---

98. Navio de Guerra da marinha argentina.

ber ao menos uma versão do que se passa. O *Paiz* estimula o Custódio a proclamar a restauração. Dir-se-ia que esse amigo urso da república o estimaria. Não duvido. Ele tudo faz para avivar a guerra civil e aguilhoar o Custódio, de modo que o seu objetivo secreto pode ser muito bem a restauração, como Quintino [Bocayuva] já uma vez confessou que, fazendo a propaganda da Abolição, só tinha em vista a República pelo despeito dos fazendeiros.

Ao Rebouças. "Nossos pais sabiam criar e conservar, nós só soubemos destruir e dissolver. Acabamos com tudo, até com a memória deles. Em que é que esta nossa guerra civil se diferencia das outras guerras civis da América? Os que se batem de um e outro lado julgam ter uma bandeira clara, o direito por si, exatamente como acontece em todas as guerras sul-americanas. Cada lado está certo de ter razão, de estar morrendo por uma causa nobre e nacional por excelência, e assim as gerações passam, vertendo o seu sangue por uma série de causas nacionais, que todas impedem o país de consolidar-se e de caminhar um passo. A confiança dos nossos republicanos parece ser que estas guerras não se repitam, como antes era que eram impossíveis com os nossos hábitos e a nossa docilidade. Os acontecimentos os desmentem cada dia e quanto mais desmentidos, mais afirmativos eles se tornam. É preciso ter uma indignação de jovem com uma experiência de velho para se poder dizer a verdade a esta infame república. Os moços, porém, não sabem e os velhos não sentem. O sentimento é que não vale a pena nem mesmo indignar-se. Mas que baixeza! Que vão ser estas eleições? Que candidatos! Tudo sem liberdade de imprensa, em estado de sítio, sem os eleitores darem sinal de si com medo da prisão e do recrutamento! E é um Floriano destes que manda morrer a flor da mocidade nas praias de Niterói, como este rapaz Fernandes Pinheiro, do qual a imprensa diz que nunca poderia ilustrar o nome de sua família tanto como com essa morte! Coitados! Um epitáfio de imprensa venal lhes compensa a dor da mãe e o desespero do pai e os sonhos de mocidade e glória".

21 outubro

Passamos a noite muito inquietos pelo Gouveia. Vieram diversos conversar. Parece que o correio não expede mais senão o *Paiz*, o *Tempo* e o *Diário*. Que privilégio têm esses jornais e que receita devem estar fazendo! Para eles não há nada melhor do que o estado de sítio. Um por mês, e em pouco tempo eles se tornariam conservadores da gema para salvarem o que tivessem acumulado. O *Paiz* traz o inquérito sobre a evasão de Gouveia e do Dória, dando informações para a captura. Que papel! O tal inquérito é um modelo de inépcia e de relaxação. Essa polícia deve desconfiar de si própria. Um dia prendem-se a si. Já um Dutra acusa o Gouveia de ter abusado da falta de vigilância, que era proposital, para não incomodá-lo. Ele não sabia disso. Não o deixaram na Correção. Pudera. Já um dia foi um ato um tanto sério, se houver alguma vez ainda justiça no país. A verdade é que a polícia como a exercem hoje não é uma profissão decente, pelo menos digna de um cavalheiro, de um médico, então! Demais, o que podem sofrer os agentes não se compara com o que ameaçava o Gouveia se o Floriano vencesse. Ele arriscou a vida fugindo. Não corrompeu, nem enganou ninguém. *Summum jus, summa injuria**. A fuga dos presos e a prisão em lugar deles são os percalços do ofício. É bom que a polícia aprenda em si mesma como ela faz os inquéritos dos outros. Esse inquérito há de parecer extravagante de ridículo e absurdo ao pobre do dr. Pinto Neto; ele que avalie por ali o que seria o processo do Gouveia, que não pertence à maçonaria policial. Demais, os presos serão soltos logo. Cúmplices da evasão! *Forsooth*.*

* *O maior direito é a maior injustiça*

* *Deveras!*

22 outubro

Todo o dia animados com o salvamento do Gouveia. Constante bombardeio, ao qual a população já se habituou como à miséria. As eleições gerais foram adiadas para 30 de dezembro. O governo viu que os eleitos, no meio de tanta desordem, não sairiam a seu gosto, passaria muito camarão por malha. Evelina quer, por força, que eu embarque. Será o anjo da guarda que fala por ela? Quem sabe se de tudo não resultaria a paz?

Dei um passeio ao morro do Mundo Novo. Estou retido em casa para comprazer com minha mulher, que tem muito ouvido dizer que eu corro risco de ser preso saindo. Por que não me prendem em casa? Seria mais fácil. O que eu suponho é que eles preferem acompanhar os passos dos amigos e parentes do Gouveia para ver se lhe descobrem o refúgio. Não querem acreditar que esteja no mar. Por outro lado, o risco de ser preso não é uma invenção dos que vêm nos prevenir. Está tanta gente presa por essa fuga que nela não teve parte. E se o Gouveia partir para o Sul, por que não hão de eles acreditar que ele vai se unir ao Gaspar [Silveira Martins] e exercer grande influência entre os federalistas, caso em que me poderiam prender pelo mesmo princípio por que prenderam o Carlos Martins, como refém em lugar do pai. Eu não creio que esteja assim tão ameaçado e por meu gosto saía e ia ao Morro ver minha Mãe e irmã. Mas que susto para elas, sabendo que não me acautelo e faço exposição pública de minha altíssima pessoa! Hoje que o Gouveia escapou, eu sou dos suspeitos o mais fácil de divisar de longe pela altura. *Comme ça traîne!** E que horríveis detalhes os deste bombardeio. No entanto, só nos afligimos tanto por causa de estarmos vendo e de ser conosco. No Rio Grande o Floriano tem autorizado e praticado por sua gente barbaridades cem vezes, mil vezes, maiores. Pobres países da América Latina! São os escravos que eu trataria de resgatar, se dispusesse dos elementos todos da civilização!

23 outubro

* *Como isso se arrasta!*

Uma idéia. Não existe ainda um estabelecimento onde a gente se possa fazer examinar e medir do ponto de vista médico na perfeição. Eu imagino que os haverá no futuro. Antes de se ir a um especialista ou notabilidade, ter-se-á que passar pela casa de observação. Ali o indivíduo será examinado durante o tempo preciso em todos os detalhes e funcionamento do seu organismo por pessoas entendidas. Examinar-lhe-ão os órgãos, os movimentos, as urinas, as digestões, o sono, as forças, tomar-lhe-ão os precedentes, tudo por um grupo de especialistas, e com as informações ou o re-

24 outubro

gistro ele irá consultar o especialista indicado, levando a sua folha com as assinaturas de cada perito abaixo da coluna respectiva. Depois de uma vez examinado, o indivíduo poderá apresentar-se de tempos a tempos para observarem a marcha de sua saúde e compará-la com as notações feitas. Um estabelecimento destes, bem montado, cientificamente montado, daria resultado desde já. Ajudaria muito aos médicos esse exame preliminar do laboratório. Eu imagino uma folha assim: F., nacionalidade, idade, antecedentes, dimensões, anormalidades, proporcionalidades (falhas para mais ou para menos na vitalidade relativamente às médias), observações nos diversos órgãos, urinas, diabetes, digestão, força nervosa, pontos fracos do organismo, lados fortes, hábitos, etc., etc. O indivíduo passaria de mão em mão de especialista, digamos que cinco especialistas bastavam para o exame completo de cada pessoa. Por 100 f[rancos] o indivíduo teria um exame completo e minucioso de seu organismo com suas deficiências, seus maus hábitos, as economias que devia fazer por um lado, o que devia queimar por outro etc., etc., e ninguém dirá que esse passaporte para todos os médicos que ele tivesse que consultar era caro por 100 f. O estabelecimento teria que ser cosmopolita para a sua papeleta em diversas línguas valer em toda parte.

---

25 *outubro*

Ontem à noite constou pelo *Diário Oficial* a nomeação do Barata para Ministro do Supremo Tribunal. Desde a tentativa de Calígula de nomear o cavalo cônsul, não conheço um ato de mais patente loucura do que essa nomeação para o mais alto posto da magistratura de um médico velho, rábido, maluco, incapaz de adquirir na sua idade os primeiros elementos de jurisprudência, e por temperamento a antítese do espírito judicial. Que juiz! É uma verdadeira prostituição da justiça! É um ato arrogante de capricho para mostrar que não se respeita nenhum poder que se quisesse fazer respeitar. Não o querem entretanto. Assim foi com o Senado, os governadores, a própria Marinha. Assim é com a magistratura. E foi

* reinando

regnante* o jurisconsulto Carlos de Carvalho que essa patota de tarimba se efetuou. Parece que ele dizia antes de ser nomeado ministro que a revolução do Custódio era um fato providencial. Disse depois ao Pedro Nabuco de Abreu que só entrara para o governo com a condição de acabar o estado de sítio. Agora engole o Barata.

Nada tenho sabido do Morro. Espero que hoje tragam a notícia de que o Gouveia saiu no *Brésil*. Os jornais governistas ainda não comentam a nomeação do Barata. É uma dessas palhaçadas de tiranos que ficam célebres. O Barata há-de ser um provérbio na história da magistratura. Ontem, a grande explosão do Mocanguê. Dizem que foi o paiol de pólvora da esquadra que saltou. Já hoje, o batalhão Franco-Atiradores abre uma subscrição para <u>um brinde que perpetue o glorioso feito e o nome do benemérito brasileiro que dirigiu o tiro feliz</u>! Esse batalhão, comandado pelo coronel José Maria Vaz Pinto Coelho Júnior (uma espécie de Marat em 5ª dinamização, mineira), um tiradentes sem tripas, compõe-se da fina flor da demagogia formada, são uns alferes empregados e <u>filhos da revolução</u>.

26 *outubro*

O Paiz anuncia que o *Diário Oficial* trará o decreto mudando o ancoradouro dos navios de guerra e mercantes para debaixo das baterias de Santa Cruz. Quero apostar que tal decreto não aparece. Marcar para ancoradouro de navios estrangeiros a linha de fogo entre as fortalezas é bem achado mas é um tanto ingênuo. Não são os almirantes estrangeiros que se hão-de deixar remover por um decreto no *Oficial*. Hoje estivemos na casa onde tenho os arquivos: o Soares Brandão, Artur e eu. Pareceu-me um secreta o indivíduo da Câmara municipal (Intendência) que nos observou. Não vá ele farejar uma conspiração e desarrumar o arquivo do meu pai. O Brandão trouxe a notícia de iminente bombardeio. Não se verificou por hoje. Evelina e Beatriz estiveram no Morro. Minha Mãe muito triste, imaginando que vai ficar só. Sinhazinha, pobre irmã, muito aflita com a ameaça da separação. Quando o oceano se mete de permeio, as vidas se separam. Estou sempre agora a refletir nas separações que a vida traz. Hoje, por exemplo, ouvi falar de um Ané, que nunca vi. É um filho da Mariquinhas com quem fui criado como irmão. Assim é tudo. No fim da vida acho-me ligado vivendo sob um teto que nunca imaginei havia de habitar, ao passo que dos primeiros grupos todos se dispersaram. Em outros países, a família e a sociedade têm mais coesão e mais permanência.

29 outubro   Estes três dias todos sem sair, senão para dar um passeio ao Mundo Novo. Boatos de bombardeio, alegria dos florianistas pela demissão do almirante americano[99] (hoje o *Paiz* traz um artigo de desabafo contra a Europa monárquica, o sebastianismo, e de adoração a Monroe—Cleveland[100]). Demitiram ontem o José Saldanha em vez do irmão. O barulho da nomeação do Barata já se acalmou. Estamos habituando-nos a tudo. Ontem Barros Barreto ouviu o Paulino dizer a propósito da fortificação de Santa Luzia que põe em perigo o hospital: "Eu não hei de aconselhar ao Floriano que não defenda a cidade". Anteontem episódio curioso da Irmã Superiora com Beatriz. O ponto de vista do santo ou da santa, e como é diverso do nosso. Às vezes, dir-se-ia que santidade e crueldade são sinônimos. Estes dias tem-se acentuado muito em todos a impaciência pela continuação de uma luta, da qual não se adivinha o desenlace nem a duração. É uma suspensão de dois meses que está pesando terrivelmente sobre todos e sobre tudo. Não se trabalha, não se pensa, não se dá atenção a nada; todos vivem distraídos. É a vida parada. No princípio, havia a excitação da novidade, a ansiedade pelo fim que parecia iminente. Depois veio o tédio dos bombardeios sem resultado. Já ninguém olha para o mar. Será que os nervos habituados a essas sensações violentas sentem a falta delas? Será uma incerteza do futuro de todos? Será um pesar inconsciente pela sorte do país? O certo é que cada dia se torna mais pesado o

---

99. *Temeroso das possibilidades de restauração monárquica, o presidente dos Estados Unidos, Grover Cleveland, resolvera intervir no conflito, demitindo o comandante do* Newark *por haver salvado a armada de Custódio e enviando ao Rio o almirante Benham, cuja força cooperou decisivamente com Floriano. V. a respeito o que Nabuco escreveu em* A Intervenção Estrangeira durante a Revolta da Armada, *Rio, 1895.*
100. *James Monroe, presidente dos Estados Unidos (1816-1824), que enunciou a doutrina que leva seu nome contra a intervenção de potências européias nas questões do hemisfério americano.*

ar que se respira. Hoje vieram almoçar Sinhazinha, Maria José e Lalá. Conversamos sobre a fuga de Gouveia. Querem que eu fuja também. Por quê? Eu não poderia fugir sem ficar envolvido em uma revolução na qual não tenho parte e sem comprometer os que sejam suspeitos de pensar e sentir como eu.

30 outubro

Catalogando o arquivo[101]. Vêm o major Rocha, a baronesa de Guanabara.

Noite de grande depressão para todos — começa a parecer insuportável a demora e a incerteza sobretudo. Uma das maiores baixezas do governo é conservar nas fortalezas bombardeadas pela esquadra o Wandenkolk e o Antônio Bacelar.

Há quinhentos secretas; quantos presos correspondem à espionagem de um homem durante um ano?

31 outubro

Catalogando o arquivo de meu Pai grande parte do dia. À noite janto com o Soares Brandão, que faz anos. Uma boa história da sogra do Fenelon. Quando ele era noivo, ela costumava todas as manhãs mandar à casa dele saber notícias e levar um presente. Um dia de muita chuva que ele jantou com ela, ela fê-lo ficar em casa e na manhã seguinte, como sempre, mandou o portador levar o presente e trazer notícias. O criado voltou com o recado do Francisco João (Carneiro da Cunha, um deputado, etc., pernambucano e parasita célebre que onde ia ficava um ano e mais) que o Fenelon agradecia, e estava bom, não tendo ainda saído do seu aposento. Quando chega o criado com a resposta, *tableau**. A sogra futura salta em cima do noivo, "era assim que ela era enganada, ele dormia sempre fora e o criado trazia de manhã a mentira, que desplante! Etc. etc". Esse traço é genial e bastaria para fazer a reputação das sogras.

* *dá-se a cena*

---

101. *Do pai.* É a primeira indicação que consta no Diário do projeto de escrever Um Estadista do Império, esforço a que Nabuco dedicará a melhor parte dos seus anos de ostracismo. Em setembro de 1894, ele informava a Hilário de Gouveia haver concluído o rascunho da obra, "um imenso manuscrito que dá para três grossos tomos", restando ainda dar-lhe a forma definitiva antes de encetar a publicação. Em dezembro de 1896, o primeiro volume estava pronto para o prelo.

Outubro, s.d.   Dizem todos que o Aristides Lobo está com a loucura que literariamente se associa ao nome de Ezequiel, comendo os próprios excrementos. Não há meio do povo não ver na sorte dos homens de 15 de novembro um castigo do céu. Disseram-me ontem em casa do Brandão que o Benjamin Constant era filho de uma mulher que conheci na infância chamada a Forte lida. Era uma espécie de Castro Urso fêmea, uma maluca de rua, seguida pelos moleques. Será possível? Assim se explica o caráter do homem. Mais de um camarada meu (o Maciel) foram infelizes toda a vida por não poderem sofrer a vergonha que tinham da mãe. Talvez fosse essa a história do Benjamin Constant.

1º novembro   À missa nas Irmãs [de Caridade]. Depois catalogando o arquivo de meu Pai. À noite vem o Horta. O Plínio conta uma história da esquadra que mostra como há hoje imaginações à la Ponson du Terrail[102] em abundância. Um espião do Floriano apresentou-se ao Melo, que o fez vigiar. Depois de se declarar muito custodista durante os primeiros dias, ele, induzido pelos marinheiros que o

* descobrir   queriam *find out**, declarou-lhes que estava nas melhores relações com o Floriano, com quem se correspondia por meio de tal e tal pessoa, e que se eles quisessem fugir ele os levaria e seriam muito bem recebidos e remunerados. Eles disseram que sim e pediram-lhe que contasse ao Floriano por escrito a desmoralização etc. reinante na esquadra e prevenisse da fuga intentada. Quando ele estava em meio da carta, surge o Custódio, que o descobre, toma-lhe o papel, lê, manda a ele que acabe de escrever, dizendo tudo que vira. No fim, porém, manda-lhe pôr um P.S. dizendo ao Floriano que lhe remeta o torpedo que se estava fabricando no arsenal, que ele se encarregaria de o lançar contra o Melo. Há muita ingenuidade em todas essas conspirações de romance. O Floriano provavelmente desconfiaria da carta, como o Custódio desconfiava do emissário.

---

102. *Novelista francês de ficção rocambolesca.*

À missa. Todo o dia catalogando o arquivo de meu Pai; antes hoje, classificando. Não fui ao cemitério. Está se tornando tão grosseira a reunião no cemitério a 2 de novembro. Tantos curiosos que vão lá passear, rir, beber. Não é mais o dia dos mortos, é o da profanação dos túmulos. O ano passado revoltou-me a caravana, era uma espécie de feira. Do alto do Morro vi o cemitério onde estão meu pai, meu irmão, minha sogra, os avós de Evelina, o pobre Serra, o meu amigo Vila Bela e o nosso querido Julião.

2 novembro

Classificando o arquivo de meu Pai; hoje estive classificando a correspondência política dele e com ele.

Ouvi o estampido da explosão da Ilha do Governador. Pareceu-me que era a pedreira defronte. Na cidade dizem que foi terrível a repercussão.

3 novembro

Os jornais florianistas regozijam-se com a explosão do paiol dos revolucionários. Seria? Mas quando mesmo a cidade saltasse, eles não teriam recuado diante desse ato. *À la guerre comme à la guerre**. Tudo que fazem é pela salvação pública. Agora se puseram sob a inscrição de Santo Monroe! Confundem o Floriano com a América, o Custódio é chamado hoje no *Tempo* o Khediva posto pela esquadra estrangeira (que só tem favorecido o Floriano!). Acabam a guerra cedendo o Amazonas aos Estados Unidos em sinal de agradecimento e solidariedade americana. Como o México. Tudo isto é arte do Salvador de Mendonça, que deve estar fazendo bom dinheiro com as despesas ilimitadas da guerra.

4 novembro

* Na guerra como na guerra.

Ontem constou que tinham morrido ingleses da esquadra e que houve imensos desastres com a explosão. O *Paiz* de hoje abandona o estilo vitorioso da véspera e trata o fato não mais de heroísmo sublime dos florianistas da Escola Militar, mas de acidente devido à incúria dos marinheiros do Custódio. Ao mesmo tempo o *Tempo* publica um editorial florianesco contra os ingleses e a dinastia portuguesa, que apanha pela "colônia". Diz-me o Barros Barreto que

5 novembro

ontem o Barata dissera, sabendo dos oficiais ingleses mortos, que só sentia que os estrangeiros não estivessem todos numa mó para se acabar de uma vez com eles. "É decididamente o *Incitatus*[103] de Calígula esse médico do Supremo Tribunal". Ontem o Adolfo de Barros foi para a Bastilha.

6 novembro A *Gazeta de Notícias* transcreve hoje com elogio do Ferreira de Araújo o artigo do *Rio News* sobre a neutralidade estrangeira. O que se vê é que a gente do Floriano desejava bem que não se desse semelhante neutralidade, mas aberta intervenção a seu favor. Hoje um telegrama de Washington dizendo que os embaixadores fizeram declarações de que a França e a Inglaterra não protegiam o Custódio. Provavelmente o governo afetou a questão pelo Salvador aos Estados Unidos invocando o princípio de Monroe. A que estamos reduzidos!

Classificando e ordenando o arquivo de meu Pai. Tenho gasto quatro horas todos os dias nesse trabalho. Que consolação encontro!

Noite muito desanimada para todos. Houve muito tiroteio e parece que grande número de feridos dentre a população alheia ao conflito.

7 novembro Artigo do *Tempo* contra o estrangeirismo da *Gazeta* e firmando o nativismo revolucionário. Nativismo *yankee*! O *Paiz* com a lista dos feridos de ontem. Muitas balas caíram no hospital.

Classificando o arquivo de meu Pai. Hoje estive reunindo as folhas separadas de numerosos polígrafos e compreendi a dificuldade dos que têm que manusear documentos em poeira. Algumas cartas de meu Pai muito belas. Que generoso coração!

À noite o Eugênio traz o boato da tomada de Santos. Esses boatos são como calmantes que fazem dormir. Tudo que seja o fim desta luta é um alívio. Há quatro anos que vivemos no regime do segredo, do silêncio, da delação e das proscrições. Que belo estado! E todos a aconselharem uns aos outros que se calem, sejam pruden-

---

103. *Nome do cavalo de Calígula.*

tes, não mostrem simpatias, e quando alguém é preso, achando que ele falava demais, via pessoas suspeitas etc. etc. Que criação de escravos se está assim adiantando!

O artigo do *Tempo* contra o estrangeirismo da *Gazeta* foi aplaudido pelo Miguel Lemos (vide *Tempo* hoje). A resposta da *Gazeta* mostra que ela se sente tão portuguesa como o *Paiz* de Cota e Salamonde. O naturalizado é um cético, um desenraizado. Salamonde e Elísio Mendes *the same**. O trecho do Araújo que deu azo ao *Tempo* para a sua patriotada jacobina foi este mais ou menos: que tudo no Brasil está por fazer, mesmo a nacionalidade; por outra, que esta está dependendo dos contratos de imigração e pode ser manipulada pelos Fiorita & Companhia e Metropolitana. O *Paiz* declara hoje que os fiscais do governo junto ao telefone (!) impediram que lhe dessem os nomes dos feridos de bala na Misericórdia. Parece que os tiros de Villegaignon sobre Santa Luzia foram causados por uma claque de secretas com o Clapp à frente que davam vivas aos estouros da Vovó[104] na fortaleza. O telegrama do *Jornal de Londres* diz que "uma casa importante" (os Rotschilds?) "está vendendo brasileiros"[105]. Ter-se-ão eles afinal convencido do que é a República?

8 novembro

* o mesmo

Iaiá com Inacinha e Lucília vieram almoçar. Levaram Bebê.
    Classificando hoje o meu arquivo. Muito monótono tudo isto. A morte está se tornando monótona, insensibilizando-nos. Diversos casos hoje na cidade. Atiram sobre Villegaignon para impedir as lanchas de atracar e Villegaignon responde atirando para a terra. Cada dia novos feridos, alguns mortos. É esta a beleza da República. Em quatro anos acabaram o verniz de civilização, e, como não temos o temperamento bárbaro, ficamos idiotas. Não é bárbaro quem quer. A minoria bárbara, que é pequena, idiotizou a população.

9 novembro

---

104. *Referência a um célebre canhão, de grande calibre, que estava na fortaleza de Villegaignon.*
105. *Isto é, títulos da dívida externa brasileira.*

10 novembro   Arquivando.

O pior de tudo isto é que nos vamos habituando e que depois nos fará falta essa emoção desordenada, como ao ébrio a sua gota de espírito. Acabo de ler que os visitantes de Chicago (Exposição) voltam estragados para viver em suas pequenas cidades e pobres casas habituados aos grandes monumentos e edifícios, casas, restaurantes, etc., da Exposição. Assim ficaremos nós. O terremoto faz falta ao habitante dos Andes e a revolução ao sul-americano.

14 novembro   Partida de Iaiá[106]. Cena tocante. Lucília querendo levar minha Mãe, vestindo-a, pondo-lhe o chapéu, fazendo-a entrar no carro, e a velha escondendo o choro e prestando-se a essa ilusão da netinha que soluçava. Boa criança! Que saudade minha Mãe guardará dela com tal despedida!

15 novembro   Dia feriado da República. Quatro anos — e até quando este regime de suspensão — de estado de sítio, de proscrição, em que os redatores de jornais, [José Carlos] Rodrigues, Rui, têm que fugir e viver escondidos logo que rebente uma revolução — esta ladroagem militar contínua e crescente cada vez mais. Será o esfacelamento o fim de tudo isto? Quem sabe. Hoje consta que Pernambuco foi posto em estado de sítio.

* recortes de jornal   Arquivando jornais, *scraps**. Estes papéis pesam sobre mim enormemente — o que valem, porém? Meu Pai não se serviu dos seus, nem eu dos meus, e vivemos sempre cortando jornais.

No encilhamento republicano em que se criou uma nova sociedade, uma aristocracia, a própria imprensa foi envolvida, os jornais tornaram-se grandes companhias, passaram às mãos dos "incorporadores", de modo que a opinião foi envenenada em suas fontes.

---

106. *Que viajava com os filhos para a Europa, a fim de reunir-se ao marido, Hilário de Gouveia.*

Hoje novo pedido no *Tempo* à esquadra estrangeira para que impeça que os navios de Villegaignon atirem sobre a terra enquanto atiram de cá sobre os seus marinheiros. [...]	*17* novembro

Arquivando. À noite vêm da parte de Sinhazinha contar-me que o Reginaldo Cunha foi preso, supondo-se que era eu. O Eugênio vai à casa dele e a senhora confirmou que se tinha dado o fato. Primeiro, há dias, ele sentia-se acompanhado por secretas, quando um amigo encontrando-o e tratando-o pelo nome, alto, um dos secretas disse ao outro passando: "Eu bem lhe dizia que esse não é o Joaquim Nabuco". No dia seguinte, anteontem, dois secretas intimaram-lhe que os acompanhasse à presença do chefe de polícia e perguntando ele a quem prendiam, disseram-lhe que era ao dr. Joaquim Nabuco. Só com a intervenção de um oficial da Guarda Nacional que passava, pôde ele livrar-se. Evelina insiste muito para que eu durma fora. Parece-me porém que há maior perigo em qualquer precaução, não devendo eu nada.	*18* novembro

Vêm almoçar Sinhazinha e Neném. Vem também o Bezzi com os filhos, entre os quais meu afilhado Nicolò. Que bela criança está!	*19* novembro

No Morro diz-me um desconhecido que o *Javari* foi a pique[107]. Impressão desse naufrágio que recorda o *Solimões*. Como se vai tudo com a República! Esses rapazes em pouco tempo terão feito a tábua rasa que desejam e só então começarão a tarefa deixada por Benjamin Constant: "Organizar sem Deus nem lei".	*22* novembro

Impressão de vitória dos jornais florianistas com a perda do *Javari*. Beberam muita champanhe ontem nas rodas do governo. Assim serão todas as vitórias republicanas: desastres nacionais. O Wandenkolk está com o Floriano. Esses homens de 15 de novembro, que sorte!	*23* novembro

107. O encouraçado Javari *fora afundado pela artilharia das fortalezas florianistas.*

27 novembro — Notícia de que Dª Angelita esperando para ver o marido na Correção teve uma vertigem, dizem outros um ataque de paralisia. Coitada! Como tudo se prende numa engrenagem fatal! Do Siqueira também me dizem que não está nada bem na prisão.

Não se pode mais dizer de um assassino ou de um tratante: "Já esteve na correção." Isto é a única distinção que há hoje.

*fazendo água

Disse um inglês ao Artur que o *Aquidabã* está *leeking**. Teremos um novo *Javari* ou *Solimões*. O Custódio teria então o cognome de *Affondatore*.

Arrumando livros — depois ao Morro. Curiosa anedota do Pereira da Silva. Vieram dizer-lhe que estava o general Cunha Júnior e mais duas pessoas num carro, que queriam falar-lhe. "Gelou-se-me o sangue", disse ele ao Soares Brandão, "e fiquei na cama sem poder mover-me. Mandei dizer que entrassem". Entrou o general. "Sinto muito, senhor Conselheiro, incomodá-lo" — terrível suspensão — "a esta hora... eu devia ter procurado uma apresentação para Vossa Excelência". Respiro. Ele vinha pedir-lhe um parecer do Banco do Brasil. Estava salvo e por felicidade o parecer estava escrito e pronto. O Pereira da Silva saltou da cama em fraldas de camisa e foi à gaveta buscar o parecer que entregou, desculpando-se ambos, abraçando-se, etc.

29 novembro — Às 4h30, aula de ginástica no jardim do Plínio, saltando com Bebê (Plínio) e Luís. Boy cada vez mais estimado lá. Não incomoda a ninguém essa criança, brinca só com uma grande riqueza de invenções. Para ele eu sou o Italiano (cavalo do Eugênio, em que costuma montar). Ontem veio escovar-me como tem visto escovar o cavalo. Hoje eu estava escovando os dentes de manhã, veio ele: "Italiano está limpando os dentes?"

Muito desanimado, vendo a esquadra apertada cada vez mais entre os fogos de terra que o Floriano multiplica, ao passo que ela vai perdendo os seus poucos recursos — *Javari*, Mocanguê, Armação, ilha do Governador. À noite trazem a notícia de que o *Aquidabã* sairá sem falta hoje de noite ou pela madrugada de amanhã. Assim seja; será um grande alívio para mim ver o *Aquidabã* senhor da costa toda, em vez de estar reduzido a uma simples fortaleza do Rio.

30 novembro

Anos de Evelina.

1º dezembro

Deus nos proteja e sustente neste mês crítico, dando uma boa hora a Evelina, no meio de tantos riscos e sustos. Impossível sair, e ficar durante a demora forçada dos trinta dias é uma contigência tão arriscada! Felizmente o mês começa bem, de modo promessedor. Pode infelizmente esta luta durar um ano e mais, mas pode também acabar de repente, e talvez tenhamos um Natal de paz e tranqüilidade. É isto o que se espera depois do ato de hoje desta madrugada à saída do *Aquidabã* e do *Esperança*. Um fogo medonho. Sinhazinha descreve como um espetáculo grandioso o *Aquidabã* entre as fortalezas atirando por todos os lados. Vou à missa, depois vem Sinhazinha almoçar. À noite os Plínios e os Soares Brandão.

Grande e saudoso dia de outrora[108]. Os jornais do governo, os únicos que restam, desfazem quanto podem na saída do *Aquidabã* e *Esperança*. O *Tempo* chama de fuga vergonhosa, deserção, traição aos companheiros, parece ao lê-lo que os que ficaram vão ser engolidos pelo Floriano sem remissão. O *Paiz* mostra como é fácil sair com tais fortalezas — e os torpedos que prometiam esses desafios à esquadra que se atrevesse a sair [?]. O *Diário de Notícias*, idem. Que papel esse de negar a brasileiros um feito que todos os espectadores estrangeiros da baía qualificam de esplêndido.

2 dezembro

Primeira lição de contabilidade.

---

108. Aniversário de D. Pedro II.

| 3 dezembro | Vai-se gastando a impressão da saída do *Aquidabã*. Precisando de novos elementos de esperança para resistir à artilharia que o governo está pondo em todos os morros da baía. Niterói está toda armada. Mais uma bateria hoje, a do morro de São João, além das recentes Gragoatá, Armação, Ponta da Areia.
Ginástica em casa do Plínio. |
|---|---|
| 4 dezembro | Segunda lição de contabilidade. Ordenando as consultas de meu Pai. Lendo Stead sobre sua prisão. Pobres dos presos, do Adolfo, do Siqueira. Quanto tempo vão eles ficar ainda assim? |
| 5 dezembro | *A Ilusão Americana*, o livro do Eduardo Prado, que eu tantas vezes lhe disse que ia escrever, o que será? O meu era antes — *A Perda de um Continente*. Expus-lhe, porém, por vezes as linhas gerais e disse-lhe que desejava que alguém o fizesse. É um gênero de propaganda em que há muito que fazer.
Terceira lição de contabilidade.
Ordenando as consultas de meu Pai.[109] Quatro horas de trabalho.
Hoje termina o terceiro mês da revolta — e deve ter chegado mais ou menos o seu momento crítico. |
| 8 dezembro | À missa. Vem Sinhazinha com D. Matilde Machado. Arquivando uma meia hora somente. |
| 9 dezembro | Quatro horas catalogando e separando os diferentes memoriais, alegações, de meu Pai. Depois à ginástica. Publicação do manifesto do Saldanha da Gama[110]. É o primeiro grito depois de 15 de no- |

---

109. Isto é, os pareceres do conselheiro Nabuco de Araújo no Conselho de Estado do Império.
110. O manifesto de Saldanha da Gama anunciava sua adesão à revolta da armada em nome da luta que na Guanabara e no Rio Grande do Sul se levava a cabo "pela libertação da pátria brasileira do militarismo, agravado pela conturbérnia do sectarismo e do mais infrene jacobinismo" e para "pôr termo a este terrível período em que lançaram a Pátria na anarquia, no descrédito, na asfixia de todas as suas liberdades". Segundo Saldanha, esta luta deveria ser coroada pela restauração da monarquia, derrubada "num momento de surpresa e estupefação nacional [...] por uma sedição militar de que o atual governo não é senão uma continuação".

vembro — a primeira manifestação do sentimento, que não morreu no país, e da aspiração que os brasileiros têm medo sequer de confessar. É um ato corajoso, nobre, ousado, de grandes conseqüências, histórico. Infelizmente o simples *surge et ambula** não basta num caso destes, é preciso bater o corpo para que ele acredite na sua ressurreição. Seja como for, é um raio de luz numa prisão cerrada que nos chega hoje a nós, monarquistas. Se não fosse sobre uma guerra civil de detalhes e peripécias inconscientemente monstruosas, e de resultados fatais, seja qual for o vencedor (ainda que diferentemente desastrosos), o enxerto liberal que o Saldanha fizesse do seu manifesto de hoje seria uma alegria completa e verdadeira, então sim.

**levanta-te e anda*

Jornais publicam o manifesto do Saldanha, contando com que favoreça à causa do Floriano o *sebastianismo* que ele contém. Contam [com] que mais gente se chegue para a República por causa do manifesto do que os que ela possa perder por ele.

Duas horas catalogando os memoriais, etc.

Na aula de ginástica.

À noite fala-se (vêm falar-me os filhos do Silva Costa assustados) de prisões de monarquistas e de que lhes foi designado como prisão o Realengo.

10 dezembro

Três horas catalogando o arquivo forense de meu Pai. Grato ao pobre Lobo, o escrevente dele, que copiou com tão boa letra tantos dos escritos de meu Pai — uma letra tão agradável de ler anos depois.

Aos saltos na casa do Plínio.

Mais uma noite *à nous faire du mauvais sang** com esta revolução.

11 dezembro

*a nos envenenar

O *Tempo* de hoje traz em estilo de corsário a história do casamento do Saldanha. Consta o Teles gravemente ferido.

15 dezembro

O *Tempo* suspenso. Só pode ter sido pelo artigo contra os ingleses. Também revogado o decreto sobre a expulsão dos estrangeiros. Deve ter sido outra imposição.

17 dezembro

O *Jornal* publica um discurso de José Higino[111] sobre a nova teoria do Direito, e muito monístico, alemão, etc. Que pena que estejam metendo na cabeça dos nossos doutores todas essas cópias, mais ou menos servis, dos inventores de novos sistemas. É uma erudição *in vacuo**. Os fatos e descobertas hão de ficar, as teorias (ou generalizações) hão de passar. São a ciência de uma época, a moda da ciência, nada mais. Seria curioso se um sábio do século XXII tomasse as suas teorias da sabença do nosso. Estaremos para eles como o XVII para nós.

*no vazio

O Lopes Trovão hoje no *Diário de Notícias* mete na dança revolucionária a Dª Antonieta Saldanha da Gama, cunhada do Saldanha: "Vós vos chamais Luís Filipe, e Maria Antonieta se chama uma senhora de vossa preclara família que, quando aparece em todo o fulgor de sua formosura olímpica, as turbas se fendem reverentes para deixarem-na transitar majestosa na sua marcha que espalha os orgulhos de todas as arquiduquesas d'Áustria. Também Maria Antonieta se chamava uma rainha infeliz, de cujo colo de cisne não se amerceou o aço temperado da guilhotina". Frases sobre a guilhotina! O que quer dizer tudo isso senão indicar aos assassinos a família Saldanha?

23 dezembro　Vida de meu Pai. Discurso de 1853 e o seu quadro[112].

25 dezembro　Natal. Vem Sinhazinha. Janto com minha Mãe no Morro.
　　Trabalhando sempre o mesmo objeto. Até meia noite à espera de Evelina para a missa do Galo nas Irmãs.

---

111. *José Higino Duarte Pereira, jurista e historiador pernambucano, discípulo da chamada 'Escola do Recife', inspirada por Tobias Barreto.*
112. *Capítulo V do livro I de* Um Estadista do Império.

Vida de meu Pai. Anos da Academia[113].   *26 dezembro*
   Dando um salto na ginástica todas as tardes, caio sobre a perna e a coisa fica muito inflamada.

Com a perna estendida. Em casa.   *27 dezembro*
   Vida de meu Pai. Anos da Academia e o jornalismo acadêmico.

Janto em casa do Plínio. Aniversário de Luís e maioridade.   *28 dezembro*
   Trabalho na Vida de meu Pai. Estudando a Regência.

---

113. *Capítulo I do livro I de* Um Estadista do Império.

1º janeiro	Ano-Bom. Janta monsenhor Monte. Vêm Barros Barreto, mulher, os Plínios.
6 janeiro	Não fui à missa por causa da minha perna que não vai bem. Foi preciso amarrá-la.
7 janeiro	Vem Sinhazinha almoçar e leva Bebê.
12 janeiro	Entrada do *Aquidabã* às 5h30 da manhã.
16 janeiro	Às 3h menos 3 minutos, nasce com a maior felicidade o tão desejado. É um menino e eu me figuro Bebê um dia entre os dois irmãos — amparando-se neles.[114]
18 janeiro	Registrei o menino com o nome de Joaquim (assim o quis Evelina e eu concordei, estamos no pontificado de um Joaquim[115]) na Pretoria da Lagoa, à rua da Passagem, pretor Edmundo Moniz Barreto. Levei como testemunhas os dois vizinhos, filhos do Soares Brandão: dr. Francisco de Castro Soares filho e João Soares Brandão. Evelina sempre bem e o menino.
19 janeiro	Caridades: artigo do *Tempo* querendo que se cotejem as listas dos que subscreviam para a Cruz Vermelha com as listas pelos feridos da República.
20 janeiro	Hoje veio Sinhazinha ver Evelina. Nada de novo. Estamos precisando de uma nova animação, só se diz que ontem foram presas umas sessenta pessoas, entre as quais o inocente dr. Perdigão, o Paula Ramos, Acácio de Aguiar e outros advogados.

---

114. *Referência ao nascimento do terceiro filho, o futuro monsenhor Joaquim Nabuco.*
115. *Leão XIII, que se chamava Gioacchino Vincenzo Pecci.*

Visita do médico. *30 janeiro*
Sei da prisão de Silva Costa e Maia Monteiro.
A esquadra americana assume atitude assustadora de conivência com Floriano. Os jornais republicanos elogiam o ela ter atirado contra os revoltosos. É um portuguesinho destituído do sentimento da pátria porque se naturalizou por um emprego, é esse *déraciné** que vem ensinar o patriotismo aos brasileiros. Como está doente o nosso patriotismo que tolera um tal doutor!

* *desenraizado*

Última visita do dr. Brandão. *31 janeiro*
Vem o Artur. Disseram-lhe que eu tinha sido preso.
Vou ao enterro do Dantas no Caju, cemitério da Ordem do Carmo.

Faltando um 1/4 para as 11h, falece o comendador. Assisto pela primeira vez à extrema-unção de um agonizante. Vem o Pe Bos. *5 fevereiro*
Vou à Sétima Pretoria levar o testamento: institui Evelina herdeira em parte da terça.

Enterro do comendador. Pegam no caixão Plínio, eu, Jerônimo Braga, Teixeira, Soares Brandão, Araújo Lima. O conselheiro Araújo Lima e o comendador Teixeira eram parceiros do voltarete. Foi a última partida. Vêm mais Artur Moreira, Macedo Soares, Oscar de Macedo Soares, comendador Gomes de Matos, ex-senador Barros Barreto, Gomes de Matos filho, Eugênio, filho do Plínio. Na rua cedo a argola do caixão a Belisário, o ex-escravo fiel que o acompanhava sempre. Fernandes Pinheiro. *6 fevereiro*
Vêm diversas pessoas: Dª Argemira, a família do Teixeira, etc.

Vou tirar salvo-conduto na polícia. Demorei o mais que pude. Queria desconhecer praticamente essa humilhação. *17 fevereiro*

19 fevereiro	Dia agitado pela partida — mil coisas a propósito da criada de Neném. À tarde Sinhazinha, que me havia dito antes que morreram de febre amarela três pessoas do Morro, da casa do leiteiro, chama-me pelo telefone dizendo que o Boy caiu com febre. Figurou-se-me que era a amarela, subo de carro levando o dr. Eiras (Carlos); transe terrível. Felizmente era uma supressão de transpiração somente. A imaginação nos fez passar pelo pior. [...]
20 fevereiro	Felizmente o Boy amanheceu sem febre. Partida para Petrópolis levando minha Mãe. Sinhazinha vem à tarde. Grande desapontamento cômico — o que Evelina esqueceu; a viagem foi muito embrulhada, só chegamos à uma hora da tarde. Três baldeações. Em Petrópolis, os monarquistas e suspeitos estão fugindo para Minas, para as águas.
22 fevereiro	Desço ao Rio, almoço com os Brandões, volto à tarde.
24 fevereiro	Conversamos sobre o inventário e a dívida.
25 fevereiro	Batizado na matriz de Petrópolis do meu terceiro filho (Joaquim) pelo vigário padre Sá. Padrinhos, meu sogro e minha prima Dª Beatriz Taques.
26 fevereiro	Desce meu sogro. Escrevo ao Rodolfo uma carta cheia de <u>coisas</u>.[116] Por quê?
8 março ** escoadouro*	Eu quisera publicar além de *Foi Voulue*, que está escrita, um volume de *Pensées*[117], espécie de *deversoir** do *Foi Voulue* e mais tarde em português volumes aproveitando minhas diversas publicações anteriores (resumindo tudo em algumas páginas). Um volume aproveitando correspondências de Londres para o *Jornal do Commercio* e a *Razón*. Outro aproveitando colaboração do *Paiz*. Outro literário

---

116. *A carta em questão não se encontra na correspondência de Nabuco.*
117. *Primeira alusão a* Pensées Detachées et Souvenirs, *que será editado em 1906.*

aproveitando escritos, discursos, etc., esparsos. Outro aproveitando discursos parlamentares e campanha abolicionista. Outro, aproveitando manuscritos, viagens, etc. Outro sobre amigos, aproveitando cartas deles. Outro de viagens.

Fora trabalhos de meu Pai — e sobre ele.

A sagração do Bispo do Amazonas (Costa Aguiar) das 8h ao meio-dia no Sagrado Coração. Depois ao *luncheon**. O bispo Arcoverde no brinde a Leão XIII faz-me as mais honrosas referências, há muitos anos que acompanha os meus passos todos com a maior esperança, etc.; rejubila-se de me ouvir agora vibrar a nota com que ele sempre contou desde os meus artigos de Roma com as impressões do Santo Padre, etc.

11 março

*almoço

Diz-me o Henrique Chaves ter ouvido do conde de Parati que o governo telegrafou ao corpo diplomático dando 48 horas do meio-dia de hoje para atacar as fortalezas e navios rebeldes. Eles pediram mais 24 horas. Assim, apesar de tudo, vamos ter combate no Rio de Janeiro, talvez com bombardeamento, incêndio, saque, Deus sabe o quê.

Dia terrível. Logo cedo abateu-me o espírito a impressão de que os filhinhos estavam um pouco caídos. Nesse estado (um nada quanto aos filhos me desorganiza o espírito) saí e deram-me a notícia de que o Saldanha havia pedido asilo a bordo da *Mindelo*. Foi o conde de Parati que recebeu um telegrama dizendo isso. Passamos o dia todo na máxima ansiedade possível. Quando ontem esperávamos tão terríveis coisas não imaginávamos essa, a pior de todas. À noite chega tarde o trem. Não trazem nada certo os que nos vêm ver, Horta, Eugênio, Marinho, monsenhor Monte. Uns nada ouviram de positivo, outros não desceram. Tanto o Eugênio, porém, como o Horta sabem que foi levada pelo Parati ao Floriano uma proposta de capitulação do Saldanha. O Eugênio sabe pelo pai, que ouviu do Wyndham, dizendo este que era uma proposta honrosa para os dois. Que pode ser? Será um meio de ganhar tempo, uma afirmação de força e poder, ou um desastre inevitável? Noite terrível. O Boy com uma febrícula.

12 março

13 março

* pregar uma peça

Dia cheio de grande ansiedade. De manhã, quando desanimado de todo, traz-me Eugênio, depois Plínio, a notícia contada por Walter (seria uma *practical joke*?*) de que o *Aquidabã* tinha entrado desde as 5 h da manhã e estava bombardeando a cidade. Conto a diversas pessoas essa notícia. O que me levanta o espírito na entrada do *Aquidabã* não é o bombardeamento da cidade, que eu considero uma grande calamidade, um horror, é o não se verificar a capitulação com que se envolvia o nome do Saldanha. À tarde se verifica ser uma invenção. À noite vem uma senhora florianista do hotel vizinho trazer-nos a notícia de que o Saldanha e oficiais se refugiaram nos navios estrangeiros, abandonando tudo e deixando os marinheiros entregues à discrição do governo. Estão conosco Horta, Eugênio, Pedro. Começam os foguetes. À nossa porta os genros do Esteves, do Banco Rural, dão uns vivas ao Floriano, dizendo um deles mais adiante (o doutor Marques de Sá ouviu) "esse homem foi que disse que o *Aquidabã* tinha entrado". Este é o momento mais perigoso, porque aparecem com furor florianista os tíbios e os indecisos, mesmo os custodistas da véspera. Noite mal dormida.

14 março

Confirmam-se as más notícias, e piores do que tudo que se podia prever. Não li felizmente o *Paiz* (mais tarde o li), os que o leram dizem que traz o abandono das fortalezas e dos navios, o aprisionamento dos marinheiros, e a partida dos oficiais a bordo de um cruzador francês, o Floriano senhor da baía, onde ancorou sua nova esquadra. Entramos em uma nova fase. Eu sempre julguei possível ficar o Floriano mais forte no mar e mais fraco em terra do que a revolução[118]. O plano desta sempre me pareceu errado, fechar-se na baía, em vez de dominar a costa toda. Nada temistocleano[119]. Às vezes os erros das operações são emendados pelos próprios desastres, agora talvez a força naval revoltosa, o que resta, seja obrigada a percorrer o litoral do país, que eu sempre julguei a melhor política.

---

118. Isto é, a revolta da Armada.
119. *Temístocles*, político ateniense, comandara a frota da cidade na guerra contra Xerxes, obtendo a vitória de Salamina (480).

15 *março*

Minha Mãe passou mal à noite com uma febrícula de origem intestinal. Ela tem muito medo deste mês e das vizinhanças do dia 19, aniversário da morte de meu Pai. É o mês fatal para nossa família, mas não será por escolha? Foi grande nela a veneração de São José, o dono do mês.

Dia cheio de ansiedade como os outros. Não sabemos a sorte dos revoltosos. Não se podem ter escapado, a que bordo estarão? À noite o Pedro e outros, que trazem notícias da cidade, dizem que Saldanha está a bordo da *Mindelo*.[120]

16 *março*

O *Paiz* confirma a pior notícia. Cada vez a pior, onde iremos parar? Tenho receio que o pior esteja no fundo do saco.

À noite os que vêm da cidade dizem que os navios portugueses estão vigiados e que se teme alguma violência. Será possível? Não quero crer nessa afronta à nossa civilização, nesse ato de pirataria, não podemos descer tão baixo.

Continuam os florianistas — e hoje eles são muito mais numerosos do que ontem — a triunfar na rua do Ouvidor. Bela vitória a desse Gonçalves[121] que entra com a esquadra depois de avisado pelo Carvalho Moleque que o inimigo tinha desaparecido, e desce Floriano com as suas cem bocas de fogo contra Villegaignon em ruínas e os navios abandonados dias antes.

17 *março*

Estado de suspensão. À espera da notícia que não chega ainda esta noite. Boa carta de Zizinha a Evelina.

27 *março*

Anos do velho comendador.

Veio ver-me o Maia Monteiro, solto na Sexta-Feira Santa com os galés. Contou-me os detalhes da Correção, tomei umas notas que ficam neste livro em avulso.[122]

---

120. *Saldanha da Gama exilara-se com seus seguidores nas corvetas portuguesas* Mindelo *e* Afonso de Albuquerque.
121. *Jerônimo Gonçalves, comandante da esquadra florianista.*
122. *Não constam dos* Diários.

Veio também o novo bispo do Amazonas, e o cônego Sá. Também Horta e Eugênio. Com o Horta dou uma volta, vamos ao cemitério alemão, o mais pitoresco ponto de Petrópolis.

28 março   Hoje mandei entregar ao dr. Antônio Augusto Ribeiro de Almeida uma procuração para o inventário, com uma carta que lhe dizia que, tendo ele a confiança de minha prima Beatriz e presumindo ter ele também a de meu sogro, mandava-lhe com essa procuração a aprovação de tudo que resolvesse de acordo com eles. Assim Evelina desinteressa-se inteiramente da partilha. [...]

8 abril   Anos de minha Mãe. Jantamos juntos — 76. Deus os prolongue.

13 abril   Maurilo descobriu em minhas urinas perdas de fosfatos — nada mais. Pesei-me 87,5 kg. Receitou-me Vinho do Silva Araújo, Carvão de Belo e Águas de Godesberg.

Hoje F. disse-me que o Saldanha tinha sido comprado pelos americanos, que havia ido no dia 10 a bordo do *São Francisco* receber a paga, para abandonar a luta. A esquadra americana, dizia ele, retirou-se do porto logo depois de desaparecer Saldanha. Eles nada têm com a luta de Melo e Custódio, o que não queriam é a bandeira monárquica. Nesse caso teriam ido até à guerra. Disse-me também que se os americanos tinham prestado esse serviço a Floriano foi porque tinham dado as Missões aos argentinos. Já lá estava um corpo de exército argentino. Que a República é pela Argentina com os Estados Unidos, e o Império fora com o Chile com os Estados Unidos e a Argentina. Que foram as nações (menos a Alemanha) que impediram o bombardeio da cidade em setembro e este serviço a Inglaterra acabava de lançar em rosto a Floriano, pedindo-lhe para não insistir pela entrega dos refugiados da *Mindelo*, etc. Que Thompson (ministro americano) dissera que o *Aquidabã*, se quisesse, podia ter a esquadra do Pacífico.

É preciso insistir nesta idéia: os Afonsos Penas e outros tratam a revolta como um crime de perturbação, etc., como se os antecedentes da revolta fossem de paz e organização. Esquecem que se tem vindo desde 15 de novembro de revolta em revolta e que o Floriano não pode ter por ele a "grande" legalidade tendo destruído a "pequena" em quase todos os estados; em outras palavras, que a situação pelos seus precedentes era (do ponto de vista republicano) de transação, a menos que se quisesse entregar o país ao militarismo — depois de uma guerra civil prolongada e em que tudo se perdeu (ver o prestígio nacional que resta depois da proteção pedida e recebida do estrangeiro).

14 abril

Vem o Horta. Forte enxaqueca.

Vem o Horta. Senti uma comichão na mão esquerda, como se algum bicho me houvesse picado. Esfreguei muito.

15 abril

Inchou-me a mão. É uma linfatite, diz-me o Maurilo, a quem consulto. Chega à noite o Taunay, que vem nos ver.

16 abril

Taunay vem almoçar conosco. Tenho a mão bastante inchada.

17 abril

O *Paiz* traz os telegramas do afundamento do *Aquidabã* e da entrega dos navios pelo Custódio em Buenos Aires. Só resta na luta o Rio Grande do Sul que, isolado, terá de sucumbir. Está vencedor o Floriano e o seu partido. Se não estivéssemos no Brasil, um país de reações constantes e de mutações espontâneas, poder-se-ia julgar fundada a tirania de um López. Como é, não se fará esperar muito a nova fase de esfacelamento militar.

18 abril

25 abril *Dias esplêndidos, azuis, verdes e dourados. O ouro não está somente na luz, mas nas florações, na água de topázio do riacho. E o branco das azaléias, das longas estradas de areia.	Splendides journées d'azur, de vert et d'or. L'or n'est pas seulement dans la lumière, il est dans les floraisons, dans l'eau de topaze et de la petite rivière. Et le blanc des azalées, des longues routes ensablées.*
1º maio	Abertura do mês de Maria, indo à missa no Amparo.
5 maio	Descemos de Petrópolis.
4 junho *muito bem sucedida	Reforma hipotecária *very successful*.*
5 junho	Ao padre McNamara. Muito assustados com a ausência.
7 junho	Passeio à praia do Arpoador. Refoma judiciária.[123] Vou distribuir os assuntos pelos dias seguintes. A nota x quer dizer que planejei hoje escrever e estudar essa matéria, a nota o, que o fiz efetivamente e o cumpri.
8 junho	Eclesiásticos, x.[124]

---

123. V. capítulo II, do livro II, de Um Estadista do Império.
124. V. capítulo VII, idem.

Eclesiásticos, x. Casamentos mistos.[125]	*9 junho*
Tráfico e Sirinhaém, x.[126]	*11 junho*
Administração, x.[127]	*12 junho*
Relações com colegas, x.[128]	*13 junho*
Relações com o Imperador, x.[129]	*14 junho*
Relações com presidentes, x.[130]	*15 junho*
Lei eleitoral e política dos círculos.[131]	*16 junho*
Operosidade geral, x.[132]	*17 junho*
Aspecto do ministério [Paraná] em diversas épocas, sua posição na história, x.[133]	*19 junho*
Hoje a notícia do assassinato de Carnot[134].	*26 junho*

125. Idem.
126. V. capítulo V.
127. V. capítulo VIII, idem.
128. Do ministério Paraná. V. capítulo VII, idem.
129. Idem.
130. De província. V. capítulo VII, idem.
131. V. capítulo VIII, idem.
132. V. capítulo VII, idem.
133. V. capítulo VIII, idem.
134. Sadi Carnot, presidente da França, assassinado em Lyon por um anarquista italiano.

27 junho	O Artur conta-nos o fuzilamento do Lorena[135]. Somos hoje a nação mais bárbara e sanguinária do mundo, e indiferente aos horrores que se praticam, o que é pior. Pobre Lorena!
7 outubro	Assisti à festa de Nossa Senhora da Saúde no Pilar.[136]
10 outubro	Vim da fazenda com D. Beatriz, D. Alzira. Longo dia de viagem contra o vento.
16 outubro * Precisa-se de um oráculo.	Uma idéia hoje no bonde. *Wanted, an oracle**. Por que ricos americanos não se associam para darem ao mundo moderno um oráculo como o de Delfos — um templo antigo com os espíritos mais sutis da humanidade — para responderem às consultas de indivíduos, corporações, Estados. Renan, Ruskin, os grandes poetas podiam servir no pontificado.

---

135. *Frederico de Lorena, oficial da marinha, enviado a Santa Catarina pelo almirante Custódio de Melo para organizar o governo revoltoso, fora executado sumariamente pelos florianistas, juntamente com os barões de Batovi e de Serro Azul.*
136. *Fazenda do sogro de Nabuco, barão de Inoã, sita em Maricá.*

O Rodrigues[137] pede-me para escrever as vidas de Gladstone, Bismarck, rainha Vitória, etc. Declino amavelmente.	*3 janeiro*
Incêndio da barca *Terceira*. Dizem que se afogaram muitas crianças. O ano começa pela água e pelo fogo.	*6 janeiro*
À cidade. 10$ para um desconhecido. Visita interminável do Bezzi. Eu disse antes que ele me ameaçara de uma visita. Evelina receou que Bebê lhe repetisse gentilmente a expressão, quando ele entrasse.	*7 janeiro*
[...] Converso com o Rodrigues sobre os meus artigos sobre Balmaceda.[138] O Rosa e Silva[139], em visita ao João Alfredo, fala sobre as vantagens para a República da minha adesão.	*16 janeiro*
Jaceguai vem à noite falar-me de uma proposta do *Jornal do Brasil*.	*17 janeiro*
Jornal do Commercio publica meu primeiro artigo sobre Balmaceda.	*20 janeiro*
Com uma forte dor no ouvido direito, como se a dor estivesse atravessada no ouvido. Deve ser no tímpano.	*25 fevereiro*
Veio o dr. Eiras. Febre todo o dia.	*26 fevereiro*
Subi para o Corcovado. Visita de Eiras.	*28 fevereiro*
Fui ao dr. Manso Saião, que me disse ter eu tido uma nevralgia de fundo palustre.	*2 março*

137. O jornalista José Carlos Rodrigues, diretor-proprietário do Jornal do Commercio.
138. Os artigos de Nabuco sobre a crise política no Chile que levara ao suicídio do presidente Balmaceda apareceram inicialmente no Jornal do Commercio, *antes de serem reunidos em livro ainda em 1895.*
139. Francisco de Assis da Rosa e Silva, político conservador no Império, aderira ao regime republicano e se tornará vice-presidente da República sob Campos Sales.

3 março	Desci do Corcovado. Dormi em casa do Horta. Eiras vem queimar garganta de Bebê.
4 março	Subi para o Morro, vindo Sinhazinha para baixo.
7 março	Desço do Morro. O Joaquinzinho às 4h tem uma forte dor que o faz chorar no tom mais agudo, tendo lançado o almoço e ficando um momento lívido como um pequeno cadáver, com os olhos meio abertos. Vem o dr. Calvet. Tem 38 graus. Escrevi ao Correia.
14 março	Subimos para o Corcovado.
1º maio	Descemos do Corcovado.
28 maio	Aparece um artigo meu no *Jornal do Brasil*. Todo o dia escrevendo o segundo artigo sobre a questão portuguesa.[140]
29 maio	Vou a Maricá assistir ao casamento.[141]
20 junho	Nasce às 11h da manhã a nossa segunda filha (quarto filho). Maria Ana — 4,5 kg. Vigília do Sagrado Coração — dia de Nossa Senhora da Paz.
22 junho	Jantar do *Jornal do Commercio* a Tomás Ribeiro — este num brinde dirige-me expressões de muita amabilidade.

---

140. Referência à controvérsia diplomática entre o Brasil e Portugal em torno do asilo dado a Saldanha da Gama pelos navios de guerra portugueses na Guanabara.
141. De Beatriz, irmã de Evelina, com Horta.

Chega notícia [da] morte do Saldanha!¹⁴² *O Brasil não terá outro igual*.   *26 junho*

[...] Formidável cacetada Ibirá-Mirim¹⁴³. Nova palavra dele: combinação de circunscrever e concisão — "circuncisei" o mais que pude a matéria.

Mando 18 volumes¹⁴⁴ à Librería Servat, Santiago, registrados, prometendo mandar mais 20 em julho, para serem vendidos a 1$000, exclusive a comissão deles de venda. Prometo antes da resposta não enviar livros a nenhuma outra livraria do Chile.   *27 junho*

Morte do Floriano. É o jogo da morte. Ontem estavam os florianistas bebendo champanhe pela morte do Saldanha, hoje a morte jogou-lhes uma carta maior.   *29 junho*

Mando a Correia este telegrama: "Ameaçado você por não ter avisado tomada Trindade¹⁴⁵. Nabuco". [...]   *23 julho*

Hoje eu disse ao Phipps¹⁴⁶ diante de diversos diplomatas: "Há uma boa razão para ser julgada nossa a ilha da Trindade, é que se a Inglaterra não a considerasse nossa já a teria ocupado há muito mais tempo".

À noite vem Phipps visitar-me, não me achou. Jantou com o [barão do] Catete e vai dormir a bordo. Estou certo que se dependesse dele, ele não teria esta prebenda da Trindade no seu recorde.   *25 julho*

---

142. *Quando do exílio de Saldanha da Gama e companheiros a bordo das corvetas portuguesas, o governo de Lisboa recusara-se a entregá-los, permitindo que viajassem para o Prata, onde eles se evadiram, passando ao Rio Grande do Sul para prosseguir na luta contra Floriano. Ali, ele encontrará a morte em Campo Osório, à frente de um contingente de rebeldes.*
143. *Barão de Ibirá-Mirim, José Luis Cardoso de Sales Filho, que fora Cônsul do Brasil em Londres por muitos anos. Era genro do Visconde de Mauá. Residia em Pau, no sul da França.*
144. *Do* Balmaceda.
145. *Artur de Sousa Correia, velho amigo de Nabuco e ministro em Londres. A nota refere-se à ocupação inglesa da ilha da Trindade.*
146. *Sir Constantine Phipps era ministro da Inglaterra no Rio e amigo de Nabuco.*

27 julho	Mandei hoje este telegrama ao Correia: "O ministro satisfeito você", por ter ouvido do Carlos de Carvalho que tinha passado uma esponja. Mandei-lhe um volume da *Revue de Droit International*; um volume de miscelânea do Direito Internacional, com o opúsculo de Luciano Cordeiro; uma geografia francesa da América; o *Colonial Year Book for 1892*.
17 agosto	Tomamos a casa nº 30, rua dos Ourives.[147]
2 setembro	Hoje meu sogro disse-me que tinha falado a Dª Amélia sobre a outorga.
3 outubro	Veio o barão de Itacuruçá trazendo ao conselheiro João Alfredo o inventário do seu cunhado barão de Bonfim. Perturbação visual.
7 novembro	O Joaquim tem um espasmo da glote — traqueíte espasmódica que nos assusta muito desde as 9 h até às 2 h. Depois vem febre, caracteriza-se a bronquite ao que parece. Eiras três vezes, de manhã, à 1h, à noite.
16 novembro	Tenho estado ligeiramente febril hoje. À noite: contando a Bebê a história de Adão e Eva — mostrando em Gustave Doré. Quando viu o desespero de Adão pôs-se a chorar — "antes Papai do Céu não tivesse feito isso". Tive que arranjar outra versão que Adão estava muito feliz — no Céu. "Como é que eu rezo sempre para ir para o Céu e nunca vou?" pergunta-me ela. "Como é que você reza?", digo eu. "Eu digo baixinho, como em segredo, Papai do Céu, eu quero morar onde Você está". E depois: "É bom ser pobre, não é, papai? Para se ir para o céu. Nós já somos, não somos? A fortuna de papai e de mamãe não grelou, eu escangalhei a minha (que tinha grelado). A de mamãe já tinha uns fiapos, a

---

147. Alusão ao aluguel da casa para o escritório de advocacia que Nabuco tinha com João Alfredo.

de papai nem um fiapo. Por isso não quis que a minha grelasse. Vou apanhar outras três e se a de papai e a de mamãe grelarem, eu deixo a minha grelar". Isto na linguagem dela.

Hoje veio ver-me o dr. Raimundo Bandeira chegado do Chile, diz que o presidente Montt encarregou-o de fazer-me uma visita e agradecer-me o serviço que eu tinha prestado ao Chile com o meu livro. Diz-me que viu uma tradução deste em Santiago nas livrarias e que o presidente lhe dissera que se ia fazer uma edição popular para as escolas.

17 novembro

1º janeiro		Começo este ano na mais firme esperança de que Deus me conceda alcançar nele as virtudes que me são necessárias para bem guiar a minha barca, hoje cheia, no meu lago tempestuoso. Começo rezando um *Te Deum* por todos os benefícios recebidos no ano que acabou, e pedindo que a proteção divina seja sobretudo sob a forma de saúde e desenvolvimento normal dos nossos quatro filhos, e de consolação e coragem para minha mulher. O que eu quisera especialmente merecer de Deus no ano-novo é a virtude da pobreza para mim e os meus.
Escrevi a Gouveia, Penedo, Correia, Alfred de Rotschild, dona Zizinha. A esta, uma carta por Bebê e outra de Carlota.
Hoje fui à missa no barão do Catete. Irmã Eugênia queixou-se a Evelina de que eu faço muita falta na missa das Irmãs. Dora em diante é lá que irei.
3 janeiro		Remeto a primeira carta ao Eduardo Prado sobre o dever dos monarquistas.[148]
4 janeiro		Reunião no escritório. Encarregam-me de planejar e combinar o jornal.[149]
5 janeiro		Remeto segunda carta.
7 janeiro		Remeto amanhã terceira carta.

---

148. *Em setembro de 1895, quando Prudente de Morais já assumira a presidência, buscando estabilizar o regime republicano e exorcizar o militarismo dos primeiros anos, Jaceguai publicara uma carta aberta a Nabuco, intitulada "O dever do momento", na qual o convocava a servir à nova ordem. Nabuco respondeu com uma série de cartas, "O dever dos monarquistas", publicadas no* Jornal do Commercio *e posteriormente em plaquete.*
149. *Nas condições inauguradas pela presidência de Prudente de Morais, os monarquistas voltaram a se articular, após a conciliação entre os conservadores e os liberais, simbolizada pelo encontro, realizado na casa de Nabuco, de João Alfredo e do visconde de Ouro Preto, que haviam sido os últimos presidentes do Conselho do antigo regime. Resultou da iniciativa a criação de um diretório do partido, o projeto de um manifesto ao Paiz e a fundação de um jornal, que se deveria intitular* Liberdade, *de que Nabuco e Carlos de Laet seriam os diretores.*

Jornal do Commercio paga-me um conto pela "Intervenção Estrangeira".	*9 janeiro*
Aparece o manifesto monarquista à Nação no *Jornal do Commercio*.[150]	*12 janeiro*
Remeto quarta carta. "Americanização" [...]	*13 janeiro*
Recebo carta do Eduardo [Prado] pedindo a publicação do manifesto.	*14 janeiro*
Remeto quinta carta: Pode a monarquia ainda inspirar a mocidade?	*17 janeiro*
Recebo carta do Eduardo Prado, oferecendo-me ir eu tomar conta do *Commercio de São Paulo*, com 18 contos e parte dos lucros.	*19 janeiro*
Telegrafo ao Eduardo: "Irei vê-lo esta semana se você está na capital".	*20 janeiro*
Eduardo respondeu-me: "Espere carta"[151]. Reunião no escritório para a fundação do jornal. Fiquei de falar ao Lamoureux. Falei ao Lamoureux.	*21 janeiro*
Missa que minha Mãe mandou rezar pela feliz volta do neto. Recebo carta do Eduardo julgando inútil ir eu já. Remeto sexta carta: a monarquia é que era a república.	*23 janeiro*

150. O manifesto era assinado por Ouro Preto, João Alfredo, Lafayette Rodrigues Pereira, Domingos de Andrade Figueira e Carlos Afonso de Assis Figueiredo, que compunham o diretório monarquista. O documento foi da redação de Nabuco, que lhe deu um tom moderado, afirmando que "cada vez mais firmes em nossas crenças políticas, com as quais o Brasil fez tudo de bom e honroso, parecerá que nos move a propaganda monárquica. Dessa propaganda não cogitamos. Quem a faria é a mesma república; é a evidência dos fatos; é a força da verdade".

151. Nabuco dispusera-se a aceitar o convite de Eduardo Prado quando este lhe escreveu, pedindo-lhe que esperasse um pouco, em face da oposição republicana contra o jornal, que o fazia temeroso de um ataque à redação. Nabuco já não cogitará da idéia. Quando do movimento de Canudos, tanto A Liberdade quanto o Commercio de São Paulo serão atacados por grupos de republicanos radicais.

28 janeiro	Remeto sétima carta: o Rio Grande.
30 janeiro	Conferência no escritório Andrade Figueira[152] sobre o jornal.
4 fevereiro	Nona carta: a guerra chileno-argentina.
6 fevereiro	Bebê vendo o céu azul e branco: "Mamãe, o céu hoje está filho de Maria, azul e branco". [...]
7 fevereiro	Décima carta: a República começou mal não convocando a Constituinte.
11 fevereiro	Mando décima-primeira [carta]: a República começou aumentando ordenados dos ministros.
20 fevereiro	Mando carta décima-terceira [carta]. A ponte de Gaspar.[153]
28 fevereiro	Hoje de manhã seguiu décima-quarta [carta]: resposta aos descontentes com as minhas notas.
5 março	Hoje seguiu décima-quinta [carta]: a queda de Luís Filipe.[154]
7 março	Mandei para o correio a décima-sexta [carta]: o câmbio a oito. Não vou ao escritório.

---

152. Andrade Figueira, antigo político conservador do tempo do Império, era um dos articuladores da fundação de um jornal monarquista no Rio, que não se virá a concretizar.
153. Referência a Gaspar da Silveira Martins, que procurara formar uma frente de monárquicos e de republicanos para se opor a Floriano.
154. Alusão à derrubada da monarquia orléanista na revolução francesa de 1848.

Vêm jantar os Jaceguais. À tarde e à noite, forte enxaqueca que felizmente passa com o primeiro sono. De manhã tinha tido um forte desarranjo. A dor de cabeça vem com uma sensação de pés frios, de calor na cabeça e com mau gosto na boca. Há uma coincidência com o vento sul.	*14 março*
Segue carta décima-sétima: Chateaubriand e Thiers.	*15 março*
Seguiu hoje de manhã carta décima-oitava: a restauração não pode ser retrógrada-reacionária-retardatária.	*17 março*
Recebi carta de Ouro Preto e Andrade Figueira oferecendo-me a redação-chefe do *Liberdade* em companhia do Laet.	*18 março*
Escrevi a Ouro Preto e Andrade Figueira recusando a "honra" e o "posto de confiança"[155]. Vem-me a enxaqueca, a mesma descrita no dia 14 deste (vide). Deitei-me às 8 h. Até de manhã acordava com ela do lado esquerdo.	*19 março*
Vem ao escritório Laet, acompanhado de Basson, pedir-me para colaborar com ele no *Liberdade*. Neguei-me. Disse-lhe que na propaganda e no período que atravessamos, em que se trata de captar e formar a opinião, eu trato de igual a igual o Ouro Preto e o Figueira, de potência a potência. Um resto de enxaqueca, do lado direito.	*20 março*
Hoje publica-se a sessão de ontem à tarde do Club Militar contra a propaganda monarquista — a atitude das classes armadas (*Paiz*) aqui é um verdadeiro *pronunciamiento* contra o Prudente e a Marinha simpática à revolta. Hoje formei a resolução de retirar-me	*22 março*

[155]. *A recusa de Nabuco deveu-se à sua convicção de que o diretório, composto de medalhões do antigo regime, não estava disposto a empreender a renovação de ideário monarquista que ele, à maneira dos monárquicos de sua geração, como Eduardo Prado e Rodolfo Dantas, julgava indispensável.*

da política. Não posso associar-me. Não tenho com quem. Quem compreendeu o seu papel foi o Rebouças.[156]

2 abril	Segue vigésima [carta], última da série "Notas políticas".
7 abril	Um nada de enxaqueca por ora (6h da tarde). Vento na baía. N.E.
11 abril	Recebo carta de Rozo Lagoa pedindo-me continuar na colaboração.[157]
14 abril	Escrevo a Rozo Lagoa aceitando.
15 abril	Chega o Guimarães pelo *Oropesa* e segue para Montevidéu à noite: vou a bordo e janto. Segue amanhã o I [artigo] de "Idéias imperfeitas".
17 abril	Vai o I de "Formação monárquica" pelo correio amanhã.[158]
18 abril	Vai amanhã segundo de "Formação".
22 abril	Seguem hoje terceiro e quarto de "Formação monárquica". Confessei-me hoje com o Pe McNamara.
27 abril	Segue amanhã quinto de "Formação", 1871-1873.
2 maio	Partiu hoje sexto de "Formação".
7 maio	Partiu hoje sétimo. Primeira viagem à Europa.

---

156. Após a proclamação da República, André Rebouças renunciou definitivamente à atividade política, exilando-se primeiro na Europa e depois na ilha da Madeira.
157. Trata-se dos artigos que Nabuco vinha escrevendo para o Commercio de São Paulo.
158. Nabuco iniciara a redação dos artigos de jornal que reunirá posteriormente sob o título de Minha Formação. Daí que a numeração que registra nos Diários não corresponda estritamente à numeração dos capítulos do livro.

Boy faz cinco anos. Cortou esta manhã um pedaço do meu colete azul. O que deve ser o dia dele entre o prazer dos presentes e o sentimento do mal que fez. Recebe uma cocheira[159]. Vem o João Alfredo vê-lo: "— Então, o que está o senhor fazendo?" "—Estou fazendo anos" — foi a resposta. [...]	*10 maio*
Parte hoje oitavo.	*13 maio*
Seguiu hoje nono: a França de 1873-1874.	*16 maio*
Seguiu hoje décimo: *Amour et Dieu*. Carta de Renan.	*19 maio*
Seguiu décimo-primeiro.	*24 maio*
Amanhã segue décimo-segundo.	*28 maio*
Procissão de *Corpus Christi* nas Irmãs. Acompanho-a. Bebê vai nela atirando flores. Há uma graça nessa menina que encanta a todos.	*4 junho*
Segue amanhã décimo-terceiro: vou ao meu escritório.	*5 junho*
Seguiu hoje décimo-quarto: 32, Grosvenor Gardens.	*13 junho*
Segue amanhã décimo-quinto.	*16 junho*
Segue amanhã décimo-sexto.	*22 junho*
Décimo-sétimo quando seguiu?	*27 junho*
Seguiu ontem décimo-oitavo.	*2 julho*
Seguiu hoje décimo-nono.	*5 julho*

159. Repreensão em privado.

10 julho	Hoje recebi carta de Rozo Lagoa, dispensando minha colaboração para o *Commercio de São Paulo*, por causa de grandes despesas que a folha tem que fazer com a nova máquina, tipos, etc.
24 julho	Em despedida do Cândido Torres. Vem cantar dona Corina Rocha em nossa casa. Assistem Carlotinha, Artur, os Plínios, os Soares Brandão e Sinhazinha Barros Barreto.
25 agosto	Partiu o Cândido Torres para a Europa no *Cordillère*. Conheci Sousa Andrade, do *Guesa Errante*, que desde 1876 devia conhecer.
20 outubro	Préstito de Carlos Gomes. Hoje, na casa Garnier, J. Capistrano de Abreu volta a falar-me, presente Lassalle, da publicação da vida do meu pai, dizendo que a casa Garnier toma a obra para publicar. Lassalle confirmando o que lhe havia dito e dizendo-me que já me havia dito isso mesmo. Prometo dar-lhe o primeiro volume.
25 outubro	Tomei assento no Instituto Histórico.

[...] O coronel Gentil de Castro me tem procurado três vezes no escritório.[160]	8 *janeiro*
João Alfredo nos diz: "Onde perdeste a capa, aí acabes". Evelina intrigada com o sentido do provérbio.[161] Partimos hoje para o Pilar.[162]	27 *fevereiro*
Assassinato do coronel Gentil de Castro. Sabemos da morte de Moreira César.[163]	8 *março*
Forma-se o Juca, filho do Gouveia, com distinção.	26 *abril*
Vítor[164] dá 200 $ para os meninos. Vem jantar conosco o Taunay. Conta-nos a história do periquito de Madame Seixas Correia, que incomodava o Phipps, que chegou a reclamar à polícia. A polícia foi ao hotel caçar armada a onça que supunha estar lá. *The wild beast** era um periquito.	28 *abril* *A fera
Almocei com Phipps. Encontrei o dr. Joaquim Walker Martinez[165] que me disse ter-me procurado no escritório ao saber do desastre de Canudos e efeitos aqui na cidade, para oferecer-me asilo na Legação. Bem se vê por essa gentileza, que ele mesmo ainda bem pouco tempo conheceu a dura necessidade do asilo.	18 *maio*

---

160. *Gentil de Castro, gerente e proprietário de* Liberdade, *folha monarquista do Rio, será assassinado em março quando dos tumultos jacobinos em protesto contra o malogro da expedição Moreira César contra Canudos.*
161. *Alusão de João Alfredo ao fato de que os monarquistas não deveriam passar-se para a República.*
162. *Fazenda do Pilar, em Maricá, estado do Rio de Janeiro, pertencente ao sogro de Nabuco, José Antônio Soares Ribeiro, barão de Inoã.*
163. *Na esteira do malogro da expedição Moreira César contra Canudos, o* Commercio de São Paulo *fora empastelado por republicanos radicais. O mesmo aconteceu aos jornais monarquistas do Rio, inclusive, como vimos, ao* Liberdade, *com o assassinato de Gentil de Castro.*
164. *Vítor Nabuco, irmão de Joaquim Nabuco.*
165. *Era o ministro do Chile no Rio. Será ministro do seu país em Washington, ao tempo em que Nabuco serviu ali como embaixador.*

19 maio	Hoje assinei, presente Tobias Monteiro, do *Jornal*, o contrato com a casa Garnier para a publicação da *Vida de meu pai* e hoje mesmo entreguei ao senhor Stéphane Marie Etienne Lassalle, "seu legítimo procurador", o manuscrito do primeiro volume.
24 maio	Hoje o Lopes deu-me um recado do Rodrigues (José Carlos) que o papa lhe havia perguntado por mim. Anos há que ele também perguntou ao A. de Siqueira. É uma bênção.
9 junho	Centenário de Anchieta. Conferência no *Jornal do Commercio*. [...]
17 junho	Procissão no colégio das Irmãs. Pego no pálio com João Alfredo, Soares Brandão, conde do Pinhal, etc. O Boy de batina e sobrepeliz no préstito e Bebê também levando flores. Deus seja louvado.
22 junho	Extenso artigo meu "A rainha Vitória" no *Jornal* (por encomenda do Leitão e J. Lopes). Muitas felicitações hoje na rua por este artigo, que não está, entretanto, passado pela peneira, como será preciso para ser tirado em livro.
26 junho	Recomeço a *Vida*. Todo o dia segundo volume. Forte chuva. Vem Taunay jantar.
29 junho	*Vida*. Até hoje 33 páginas. Média de oito por dia.
20 julho	Todo o dia no discurso. Inauguração da Academia de Letras: pronuncio o discurso inaugural. Janto com o Horta que faz anos.
21 julho	Corrigindo o discurso de ontem, que dou à *Revista Brasileira*.
11 outubro	Acabei hoje, *Deo gratias*, segundo volume da *Vida*. Vou entregar para seguir depois de amanhã pelo francês; o final acaba na página 473. Muitas têm um rabo de três a quatro páginas.

Recebi hoje o primeiro volume pronto da *Vida* e 15 provas de oito páginas cada, uma até o fim do ministério Furtado: tinham seguido em 22 de setembro (quatro meses menos dez dias, ida e volta).	11 *janeiro*
Agradável impressão leitura do artigo na "Biblioteca", de Buenos Aires, de dezembro de 1897, do artigo de Garcia Merou a meu respeito e do que disse na Conferência de Buenos Aires o Graça Aranha.	23 *janeiro*
Partiram as provas corrigidas, todas, do segundo volume.	23 *março*
Chega o meu primeiro volume à livraria. *Deo gratias*! Sigo pelo noturno para São Paulo para assistir ao casamento do filho do Soares Brandão com a filha do conde de Pinhal.	24 *março*
Casamento de Francisco Soares Brandão com Dª Sofia. Sirvo de testemunha ao noivo.	27 *março*
Almoço com Antônio Prado.	28 *março*
Almoço em casa de Dª Veridiana. Partida para o Rio.	29 *março*
Ao bota-fora do Phipps [...]	30 *março*
Evelina foi a Petrópolis com Sinhazinha e Bebê. Cartas a Domingos Alves Ribeiro (*envoi** para o dr. Justino), Dª Veridiana, Antônio Prado.	1º *abril* *remessa
Trabalhando no terceiro volume desde hoje.	2 *abril*
Pronto para seguir no dia 13 parte do terceiro volume até gabinete São Vicente (inclusive) folhas 1-193.	11 *abril*

27 abril	Segue hoje pelo *Brésil* de página 194 até página (inclusive) 342, fim da Questão Argentina.[166]
30 abril	[...] Entrego até 392, fim da Questão Religiosa, para seguir a quatro.[167]
2 maio	De volta [de Petrópolis] perdi a carteira com 150 mil réis. Lição: 1º andar com dinheiro apenas bastante; 2º ter o troco sempre calculado; 3º não trazer dinheiro no bolso junto com papéis.
3 maio	Ontem Sinhazinha trouxe o faqueiro de minha Mãe para casa e disse a Evelina que não lhe dizia a ela [isto é, à Mãe] que o faqueiro tinha sido forçado e que tinham tirado seis peças de cada coisa, garfos, facas, etc. Foi Neném que descobriu o furto. Não o querem comunicar à minha Mãe para ela não ter um choque, estimando tanto esse faqueiro.
5 maio	Hoje senti-me quase desmaiar durante toda a viagem do bonde.
6 maio *estresse	Hoje tive uma forte tonteira — nem sei como descrever — defronte da grade da viscondessa de Tocantins. Durante segundos tive de romper o meu caminho na rua através de uma nuvem escura e de uma resistência à marcha de todo o corpo — um horror — da dispepsia, do *surménage**, do coração, da cabeça, *quoi*?
7 maio	Seguimos hoje para Maricá. Dormimos na vila. Resisti bem a tudo. Tive, porém, terrível enxaqueca toda a noite. Talvez por me ter deitado logo depois do jantar, talvez pelo Collares que bebi, um pouco.

---

166. Capítulo I, livro VI, *de* Um Estadista do Império.
167. Capítulo II, livro VI, *de* Um Estadista do Império.

Um longo passeio a pé com as crianças. Nenhum incômodo. Todavia sinto-me, como em 1883, em estado de *pânico* — na atenção expectante de outrora. Voltei a usar um frasco com vinho e um de sal com receio de baquear. A impressão às vezes na cidade — na rua — é que não posso ficar de pé, que sou muito alto para a fraca bomba do meu coração cansado. Como renová-lo?	*9 maio*
Trabalhei bastante na *Vida* como ontem. Anos de Boy. Sete anos.	*10 maio*
Pesei-me, 91 kg ou 90,5.	*11 maio*
Procissão pela volta da imagem restaurada, reencarnada, de Nossa Senhora do Amparo. Deixou um sorriso no ar, ao passar pelas ruas.	*15 maio*
Voltamos ao Pilar. Chuva.	*16 maio*
Hoje recebo a notícia do falecimento do Rebouças. Foi reunir-se ao Joaquim Serra. Há tempos eu olho para o outro lado, de modo que a morte de um amigo como ele não me parece mais uma separação. Ele chegará pouco mais cedo que eu, *voilà tout.**	*17 maio* * *eis tudo*
Nos jornais: dúvida sobre o fim do Rebouças. Caiu de uma rocha alta. Suicídio, vertigem? Vertigem, creio eu, e simbólica da sua vida. Rolar da altura de um rochedo no mar insondável — meu grande amigo! Que fim!	*19 maio*
Ontem a morte de Gladstone — o maior da humanidade. Escrevo a José Veríssimo: estou como um operado, não sei quando se me levantará o aparelho. A minha vida e a do Rebouças foi uma só durante dez anos; não tive outra do lado da humanidade, quando, com a Abolição, ela, de algum modo se interrompeu. E eu adquiri elementos interiores novos, estranhos a ele: (em ordem) a família, a	*20 maio*

Igreja, e (um pouco graças ao senhor) as letras, mas os nervos ideais que me ligavam a ele estavam tão intactos e perfeitos como em 13 de maio e 15 de novembro, quando agora se romperam.

9 junho

Tipos da fazenda. Seu Honório, branco, inspetor de quarteirão, tem a venda da senzala, muito vermelho; teve ou tem um sítio, é o D. Juan do lugar. Às vezes embriaga-se. A mulher deixou-o ou ele a espancou, tendo desconfiado do irmão da outra rapariga que metera em casa.

Carrapicho, alto, magro, muito doente agora, amarelo, polido, pessoa de boa-fé, sempre enganado por todos em tudo, e indiferente às trapaças de que é vítima, julgando-se devedor dos tratantes que o depenaram, dos ladrões que lhe furtaram as galinhas.

16 junho

* *velho estilo*

* *muito digno*

Tipos da fazenda. A família Gomes: seis solteironas, brancas, três irmãos, vivendo todos num sítio (casa de barro, sem soalho, telha vã, com um banco, uma mesa, um oratório). Tudo gente *old style**, sobretudo os homens, velhos ou maduros — e um deles, seu Nico, tido por virgem. Falando sempre tão baixo que parece surdo. Muito respeitoso, *dignified** em sua pobreza, uma irmã paralítica: parecem restos de uma família outrora educada. Resta-lhes toda a educação do sentimento à antiga. Quem pode valer a uma família assim senão a Providência? Quando forem ficando velhos, morrendo os homens, de que hão de viver? Têm o sítio de graça, uma roça, alguma criação, água defronte de casa; mas se o Pilar passasse a outro dono! É toda essa gente de encobrir seu estado, de morrer calada, de sentir fome. Deus se compadeça deles!

17 junho

* *Terminado o livro, agradecimentos a Cristo.*

Sagrado Coração.

Termino o terceiro volume que mando amanhã pelo barão. *Expleto libro, referat gratias Christo.** [...]

[...] Hoje enterro do Rebouças. Como todo o cerimonial deste enterro devia ter causado <u>horror</u> e <u>escândalo</u> àquele espírito, se pudesse imaginar coisa assim! Que contraste com o grande simbolismo de todo aquele final! Enfim!	*18 junho*
Componho com os Evangelhos e L.Veuillot uma ladainha de São João para se rezar na fazenda.	*19 junho*
Estou lendo *La Chartreuse de Parme*, de Stendhal.	*20 junho*

Tipos da fazenda: <u>mestre</u> Carlos, o carreiro, cozinheiro, factótum, tem um sítio perto. Antigo escravo, muito respeitoso, chamando o barão sempre — *meu sinhô*; a mulher está há anos deitando ossos por todo o corpo de um tumor uterino que chama *obra feita* (feitiço) que lhe puseram por ser ela tão "trabalhadeira".
    Fernando, cabra, tom de pele vermelho, o nosso estafeta, 16 anos, ar humilde, falando pouco, calmo, ligeiro. Zacarias — um efebo negróide, força, adolescência viril, corredor, laçador, domador, ousado.
    Seu Sousa, pardo velho, figura imperial romana a cavalo, setenta anos, muito orgulhoso da perna a cavalo, "estriba muito fora", diz um rival. Velho duro que mata a tiro os porcos, que lhe invadem a roça, de um vizinho brigador. Delicado no trato, um *gentleman*.
	21 junho

Noite de São João. Fogueira, fogos no Pilar. Os meninos divertem-se muito e acordam de madrugada para se banharem nas águas de São João.	*23 junho*
Maria Ana amanhece com febre, que se dissipa quase de todo durante o dia, mas volta com maior calor à noite.	*24 junho*
[...] Vendo recolher o feijão. O trabalho anima todo o terreiro da fazenda. Maria Ana melhora durante o dia, a febre desaparece de todo.	*25 junho*

28 junho

*Minha Vocação

Carta ao visconde Sanches de Baena, agradecendo o seu livro sobre Cabral. Estou lendo, há algumas noites, *Ma Vocation**, de Ferdinand Fabre.

30 junho

Vendo bater o feijão. Oito homens com varas batendo a palha seca para fazer sair o feijão. O mesmo sistema de bater o trigo. Todos aqui na fazenda são "foreiros", têm um sítio com obrigação de um dia de serviço por semana. Hoje na chácara o Joaquim foi o único dos três que teve coragem de dar a volta do tanque longe de nós, sozinho. Bebê e Boy voltaram do meio do caminho quando Evelina falou em cobra.

1º julho

*Descansar é saúde.

Todo o dia hoje soltando o papagaio das crianças. Os meninos divertem-se muito. Boy com o carro dos cabritos.

Telegrama de Sinhazinha dizendo que o Eiras desaconselha a partida já. *Descanzar es salud.**

2 julho

*De onde procede a superioridade dos Anglo-Saxões.

Toda a manhã no campo. O Joaquim monta pela primeira vez com selim a jumenta. Estou lendo agora *À quoi tient la supériorité des Anglo-Saxons.**

3 julho

Copiando máximas de São Filipe Néri.

4 julho

São Filipe Néri.

Tipos da fazenda. Antonico Mendes, o Racha-pé (porque rachava o pé de bater no chão quando dançava o fado); ao que se me diz antigo pegador de negros (capitão do mato), hoje <u>bicheiro</u>, tendo tido venda, <u>pombeiro</u>, caçador, grande <u>fadista</u>, contador de histórias e lérias, cuspindo longe, magro, andarilho incansável, seco, cinqüenta anos parecendo quarenta. Vem sempre contar novidades, tem o <u>sítio</u> ao lado da capela da Saúde, mulato. Racha-pé desde menino reza de manhã antes de pôr o pão no chão, fora da cama, benzendo-se "Deus adiante / Paz na guia, / Acompanhe-me Deus / E a Virgem Maria". E por que não reza de noite? Diz que reza por vinte e quatro horas. Antes de casar, costumava rezar ao deitar-se, benzendo-se: "Com Deus me deito / Com Deus me levanto / Com a graça de Deus / E do divino Espírito Santo", mas um companheiro disse que não era bom rezar, de noite, assim, porque essa reza obrigava a Deus (a olhar para a cama enquanto ele dormia, acreditava, creio eu, ser esse um trabalho imposto a Deus sem necessidade ou com violência?).

São Filipe Néri.

5 julho

Tipos da Fazenda: Isabel, filha de Racha-pé, mulata, criada do barão, flor do mato. Evelina está preparando-a para a primeira comunhão. Batizada depois de moça, pudica, mas tratando os rapazes de igual, no meio deles na cozinha, parece amorosa, no modo de tratar os porcos, que criou uns quantos que perderam a mãe, jogando no bicho, esquiva, parecendo sofrer de alguma doença nervosa ainda não desenvolvida, meio opilada, ar infantil, cantando muito afinada quando varre a casa, uma dessas criaturas a quem um mínimo de atenção e recursos basta no estado *undeveloped**, embrionário, da roça, mas que tem no fundo toda a vaidade e dissipação da mulher. Gostando de vestir-se para a festa do Amparo, andando de pés no chão em casa, de todo serviço. Humilde para com os a quem julga dever respeito, um poço, porém, de amor-próprio entre os iguais. Falando mal, dizendo <u>falta de alimento</u> por falta de talento, mas uma Graziella mulata capaz de enlouquecer de paixão, acreditando em feitiços. Destinada a quê? Coitadinha!

* *subdesenvolvido*

6 julho	São Filipe Néri. Esta será na minha vida a semana de São Filipe Néri — porque só agora o conheci — ainda que muito imperfeitamente ainda. Compreendo agora a atração de homens como Newman, Faber e os padres do Oratório por ele. Por um acaso o trouxe comigo, por um acaso deixei o livrinho fora do caixão dos livros que mandei pregar, por um acaso tive uma semana mais no Pilar, em que o li. Possa ele interceder por mim e principalmente por meus filhos.
7 julho	Tipos da fazenda. Henriqueta, quieta, preta velha, magra, risonha, enrugada, lenço atado na cabeça, a doutora, a parteira, de graça, da redondeza, a enfermeira da "rua", antiga senzala, curando com as ervas, operando — a providência sem presunção do seu papel, do lugar. Insinuante, bondosa, meiga, — a tradição viva das receitas antigas — levando cada manhã a tamina[168] de cinqüenta famílias que dá o barão.
8 julho	Um quadro: os dois cabritos Jagunço e Cara Suja, nomes postos por ela, comendo farinha no avental de Bebê.
10 julho	Hoje enfeitamos a capela com flores encarnadas do mato — e rezamos um *Te Deum* em ação de graças pela serenidade destes dois meses sem nenhum acidente que passamos no Pilar.
11 julho	Hoje soltei o papagaio e uma pequena embarcação no açude com as crianças.
13 julho	Hoje seguimos para o Rio — onde chegamos sem novidade.
22 julho	Vou comprar óculos ao Hotel Vitória ao novo oculista. Disse-me que eu tenho astigmatismo no olho e falta de poder muscular (?)

---

168. Cuia em que era distribuída a farinha de mandioca.

Academia de Letras. Eleição do João Ribeiro.	*8 agosto*
Picnic a Sinhazinha no Silvestre. Depois em casa do dr. Firmino Bueno. Na volta, conversa com D. Amália Caminha sobre os filhos de Joaquim, sem idéia de fazer qualquer coisa por eles.	*9 agosto*
Vem o Pe Bos pedir para que a associação não deixe de proteger as Irmãs e as obras como a concha protege o caramujo. À noite, reunião no colégio das Irmãs. Sustento e leio o nosso projeto[169], que é aceito sem discrepância. O senhor Arcebispo diz que a associação deixará um nome imorredouro. As Irmãs *sont dans la joie*.*	*22 agosto* **loucas de alegria*
Ainda hoje o João Alfredo me contou o episódio da pretendida abdicação do Imperador no seu ministério. Um dia a Princesa mostrou-lhe cartas da Europa (do Nioac e Mota Maia) dizendo que o estado do Imperador não permitia que ele continuasse e que ele mesmo queria passar o poder à Princesa e que se devia preparar o modo de o fazer. A Princesa disse ao João Alfredo que visse o que havia a fazer segundo a Constituição e autorizou-o a mostrar as cartas a membros do Partido Liberal, dizendo já haver falado ao Paranaguá. O João Alfredo levou-as, leu-as e disse à Princesa que não precisava ouvir ninguém, que, na ausência do Imperador, nada convinha fazer; que, quando ele voltasse, se deliberaria. Voltando o Imperador, estava[m] o Conde d'Eu e a Princesa certos da abdicação. O Imperador, porém, antes de chegar ao Rio, disse ao Nioac que não queria ser Imperador honorário, e mostrou querer, na hipótese da abdicação, ficar ao lado do governo da filha, auxiliando-a como senador (como eram os príncipes da família) e Conselheiro de Estado (como tinham sido feitos ela e o Conde d'Eu). No dia seguinte, à chegada, ele recebeu o João Alfredo (a Princesa estava es-	*30 agosto*

---

169. *Tratava-se da reforma do estatuto das Irmãs de Caridade, que tinha uma disputa jurídica sobre a propriedade do terreno em que haviam sido erguidos o colégio e a igreja da Imaculada Conceição.*

perando o resultado da conversa, mas sabia que o Imperador já não queria) e nessa entrevista disse que continuaria a reinar, etc. Não se falou mais nisso. O João Alfredo também ouviu do Tomás Coelho, muito amigo do Honório Ribeiro, que havia idéia do Ouro Preto de conseguir a abdicação no seguinte 2 de dezembro, e que a idéia ia mais longe. Uma vez o Imperador fora, o Ouro Preto apelaria para o patriotismo da Princesa para que salvasse a monarquia abdicando no filho e ele seria o Regente. O Honório Ribeiro teria sido incumbido de redigir um projeto, criando um Chanceler do Império, como na Alemanha, etc. Eu não dou crédito a essa história, apesar de que a ambição de Celso[170] foi a maior que houve no Império, efeito já do esfacelamento do regime. Nem a ambição é um defeito no homem que se sente capaz de grandes coisas. É um mistério o que efetivamente houve, mas algo se maquinou e esperou. O Conde d'Eu desejava muito a transmissão do trono. O Estrela também me contou que o Imperador se queixara [com] amargor no *Alagoas* de o terem deixado partir, ignorando o decreto dos 5.000 contos que todos queriam que ele aceitasse.

1º setembro Ontem o Campos Sales[171] fez no banquete do Cassino as mais solenes declarações a respeito dos compromissos tomados: *economia e paz*, é o seu programa. Voltarmos às relações normais entre devedor e credor.

22 setembro Com o ministro alemão.
Hoje o Rodrigues me disse — por que você não há de ganhar de 400$ a 500$ mensais fazendo umas traduções? E eu disse que sim

*já que é preciso — *il le faut bien**, por que não? O que puderem os meus dedos — e as minhas forças. Espero que não abusem.

---

170. *Afonso Celso, visconde de Ouro Preto.*
171. *Recém-eleito presidente da República, em sucessão a Prudente de Morais.*

Com Eduardo Prado — o dia todo. Janto com ele em casa de José Carlos Rodrigues. Volto a pé com Bezzi. [...]   *29 setembro*

A Correia. A economia para ser uma política útil e verdadeira tem que ser mais que o expediente, ou o artifício, de uma administração; tem que ser uma virtude nacional ou, ainda melhor, <u>um estado de consciência pública</u>.   *26 dezembro*

5 *Diplomacia*
 1899-1910

O s diários de 1899-1910 correspondem ao último período da vida de Nabuco. Os pontos culminantes deste período final foram a defesa do direito do Brasil no caso da Guiana Inglesa; e a Embaixada em Washington. Da sua volta à Europa em 1899 até 1904, seu trabalho se concentrará na preparação das três diferentes memórias que apresentou ao rei da Itália, a quem a questão dos nossos limites fora submetida por acordo bilateral entre o Brasil e a Inglaterra, uma vez descartadas as possibilidades de um tratado entre o Rio e Londres. Para que se tenha noção do esforço despendido, basta lembrar que Nabuco trabalhou na redação destes textos durante dois anos, de março de 1902 a fevereiro de 1904. A primeira das memórias expõe os fundamentos e as provas do direito do Brasil ao território em litígio, a segunda e a terceira são a crítica dos argumentos invocados pela Inglaterra. Em conjunto, elas compreendem nada menos de dezoito volumes que, além do texto de 2.000 páginas, todo redigido por Nabuco, inclui quantidade de mapas e de documentos. Na tarefa, ele

AO LADO
Ponte Vecchio
— Florença
Carlos Oswald
ÁGUA-FORTE E
VERNIZ-MOLE,
21,9 X 33,3 CM.
1909. MNBA
☞ 23 DE JANEIRO
DE 1905

PÁGINA 145
Joaquim
Nabuco
FOTOGRAFIA DE
CLINENDIST,
25,7 X 21 CM.
WASHINGTON,
1905. FJN

Delegados à III Conferência Pan-Americana [presidida por Joaquim Nabuco, realizada no Rio de Janeiro entre 21 e 26 de agosto de 1906]
FOTOGRAFIA DE MARC FERREZ, 19 X 16 CM. FJN

contou com a colaboração de Graça Aranha e de auxiliares, inclusive tradutor e cartógrafo.

A questão da Guiana deu, aliás, a Nabuco a ocasião de exercer seu horror à monotopia, neologismo por ele cunhado. Como confessava no diário, era-lhe mais fácil a monogamia do que a sedentariedade, a permanência num só lugar. Afinal de contas, não escrevera em Minha Formação que os "meus mais preciosos livros da minha estante íntima são os meus Baedekers", isto é, os guias para viajante então de maior divulgação? As memórias foram redigidas em Londres, mas sobretudo em Challes-les-Eaux e em Nice, e revistas em Paris, mesmo se tanto deslocamento exigia o transporte constante de uma enorme arca em que se depositava toda a indispensável papelada. Por outro lado, a missão especial junto ao rei da Itália, exigiu três estadas em Roma, onde teve de desenvolver uma vida social intensa que, embora não fosse do seu gosto, considerava da sua obrigação diplomática. Foi aproveitando a estada na Itália que, na companhia de Raul do Rio Branco, Nabuco tirou umas breves férias que o levaram à Sicília, que não havia podido visitar ao tempo da sua primeira viagem à Europa. Mas como o que chamara a sua atração do mundo persistisse, eis que se recusa a aceitar o fato de que não verá nunca a Grécia, o Egito, a Terra Santa, a Ásia Menor. "Parece-me impossível [confiava a Dª Evelina] que não esteja no meu destino ter essas grandes impressões". E consolava-se lendo as tabelas dos grandes navios que se destinavam a Alexandria, que tocavam na Madeira, onde morrera seu grande amigo André Rebouças, e no sul da Espanha, de onde poderia dar um pulo até Granada.

Já Embaixador em Washington, que aguçou sua sensação de isolamento, Nabuco continuou insaciável de viagens, a despeito da deterioração do seu estado de saúde. Sem falar nas excursões a Yale, a Vassar College, a Michigan e a Buffalo para pronunciar conferências, às vésperas de partir para a 3ª Conferência Pan-americana, que se realizava no Rio e que exigiu dele transitar pela Europa tanto na ida quanto na volta, ele cumpriu o périplo de 27.000 milhas que o levou em maio, de trem, de Washington à Califórnia, regressando pelo Canadá. Em 1907, ele veraneia com a família na Europa, aproveitando para conhecer a Renânia; e de volta aos Estados Unidos, confia à mulher o desejo secreto de poder voltar "para passar o inverno no Egito", o que não pôde realizar. E um ano antes do seu falecimento, não se esquiva ao convite de seguir para Havana, representando o Brasil na implantação da independência de Cuba, o que lhe dá uns dias de vilegiatura em Miami, cujas praias lhe trazem a lembrançaa da Barra de Jangadas, nas cercanias do engenho da infância, e onde teve talvez aquela primeira visão do mar, "a revelação súbita, fulminante, da terra líquida e movente", que descreveu em Minha Formação.

Joaquim Nabuco em 1900
FOTOGRAFIA,
16 X 10,8 CM. FJN
30 DE JUNHO
DE 1900

Em Washington, onde pouco estivera como adido de Legação em 1876-1877, dado que o corpo diplomático vivia normalmente em New York, a adaptação de Nabuco não foi fácil, como revelam suas cartas a Evelina. Sua impressão inicial foi a de haver caído num logro: "Estou com medo de ter feito uma grande tolice aceitando este posto, uma grandíssima tolice da qual me custará muito tirar-me com vantagem". Não se tratava apenas de questões de natureza material, resultantes do clima de Washington, do alto custo de vida da capital ou da alimentação, dependente do consumo de congelados, mas também do isolamento, absorvido na rotina das suas obrigações profissionais, sem pensar "em mais nada, esquecer tudo que me é intelectual, sentimental, ou pessoalmente congenial", obrigado a não exercitar "a minha imaginação histórica", pois "aqui eu não busco o passado, [só] contemplo o futuro", dado o pragmatismo predominante entre velhos e moços, natural em uma nação que se renovava anualmente pela imigração. Daí que os Estados Unidos lhe parecessem muito mudados. Isto ocorria a todos os países, "mas não com tanta fúria e de modo tão completo".

Desta insatisfação, vai tirá-lo o Pan-americanismo. Ele representa uma inflexão importante no percurso intelectual de Nabuco, que, contudo, antedatou de alguns anos sua nomeação para Washington. Em 1901, ele pedia em carta a Tobias Monteiro que dissesse ao presidente Campos Sales não haver no serviço diplomático brasileiro "maior monroísta do que eu", por estar persuadido de que "se não fosse o espantalho norte-americano, estou certo, a Europa já estaria tratando a América do Sul como a China, a Ásia e a África". Em 1876-1877, como vimos, os Estados Unidos e o seu sistema político não o haviam impressionado. Seu monarquismo então e agora continuavam intocados. À luz da experiência brasileira de 1889 e da instabilidade dos começos da República, não havia por que revê-lo.

Mas o Nabuco que se instala em Washington no verão de 1905 assistirá na Europa nos últimos anos um fenômeno que o assustara especialmente, o novo imperialismo, sobretudo o inglês e alemão, que se vinha exercendo sobre um planeta que encolhia rapidamente em função da aceleração do progresso tecnológico e que desembocará na Primeira Guerra Mundial. "O que mais nos fere a vista hoje [anotará em 1900] [é] o direito do mais forte afirmando-se por toda a parte". Ele, é claro, sempre existira, mas o problema agora consistia em que já não se alimentava "a crença ilusória na generosidade humana, que assinalou outras épocas mais crédulas". Os tempos eram de grandes provações não só para as pequenas nações como para a conservação das antigas que haviam ficado à margem do jogo internacional de poder. As coalizões não ofereciam maiores garantias, em vista da sua fragilidade, e cada país só podia contar consigo mesmo. A leitura da imprensa londrina e sua própria experiência na questão da Guiana eram de molde a não deixar ilusões. A justificação que o rei da Itália dará da sua sentença em conversa particular, a de que não podia descontentar a Inglaterra, já dizia tudo. Ao diagnóstico desencorajador de Nabuco, só o poupava a convicção de que "um dia, alguma descoberta científica por enquanto inimaginável, tornará as pequenas nações, quanto à força destrutiva, um match para as maiores".

No Brasil, havia a fragilidade das instituições políticas. Contemplada da Inglaterra, de 1899 a 1903, por um monarquista brasileiro, a situação do país continuava pouco menos desencorajante do que nos anos noventa. Nabuco, que portanto às vésperas do colapso do Império pensara salvá-lo mediante uma reforma federalista, constata agora que o funcionamento do sistema republicano pressupõe um consenso nacional impossível de alcançar através dos centros de poder estaduais e em face das curtas presidências quadrie-

Evelina, Carolina e Maurício em Biarritz
FOTOGRAFIA.
COLEÇÃO DA FAMÍLIA NABUCO
13 DE FEVEREIRO DE 1900

No início do século 20, a família Nabuco morou na Europa e depois fixou residência em Washington.

nais, que, na realidade, eram só de dois anos, pois a luta sucessória limitava a autoridade do chefe do Estado. A Tobias Monteiro, ele escrevia: "Não há um Brasil independentemente dos Estados, por isso com vinte governadores [...] é uma ilusão esperar que o presidente possa consertar o país". E a José Carlos Rodrigues: "As instituições federais atuais são um obstáculo invencível à reorganização financeira do país". E no diário: "A verdade sobre as nossas coisas é a do adágio 'Na casa onde não há pão, todos brigam e ninguém tem razão'". Nos últimos anos, o diário já não exprime grandes preocupações sobre a situação brasileira, salvo que, à raiz do falecimento de Afonso Pena, o Exército alimenta novamente ambições políticas, embora elas não preocupem maiormente Nabuco, fiado nas seqüências de presidências civis que o país teve desde Prudente de Morais.

O Pan-americanismo de Nabuco é basicamente a resposta às suas preocupações sobre a segurança internacional do Brasil. Que o leitor suspenda sua natural tendência a vê-lo através das lentes do antiamericanismo atual e do repúdio ao entreguismo para procurar compreendê-lo no contexto dos primeiros anos do século XX. Malgrado todas as provas compiladas pelo ardor europeísta de Eduardo Prado em A Ilusão Americana, *a ameaça ainda não é percebida como sendo os Estados Unidos, mas a Inglaterra e a Alemanha (vide o incidente da* Panther*), que eram os principais investidores no país. A doutrina da igualdade soberana das nações, sustentada por Rui Barbosa na Conferência da Haia (1907), podia ser uma bela peça oratória ou de propaganda eficaz, e internamente motivo de afirmação nacional, como, em nossos dias, a conquista da Copa do Mundo, mas não passava disto. A idéia do ABC, de uma coalizão entre a Argentina, o Brasil e o Chile, corresponderia melhor ao que seria a tendência espontânea deste começo de século XXI. Mas no início do XX não tinha maior significado prático, faltando-lhe a solidez que apenas a superação das rivalidades entre seus membros poderia conferir. Só restava, portanto, como julgava Nabuco, a aliança com os Estados Unidos.*

Segundo ele, "para nós a escolha está entre o Monroísmo e a recolonização européia". A proteção hemisférica repousava no poderio naval mas só os Estados Unidos o possuíam; e dele, o Brasil beneficiava-se automaticamente, como no episódio da Panther, *embora não quisesse reconhecê-lo. Em cartas a amigos, ele afirmava que, embora houvesse "muita coisa que nos irrita, melindra e aborrece por parte dos Estados Unidos [...] devemos compreender que a nossa única política externa é conquistar-lhes a amizade". Nabuco, porém, dava-se conta da assimetria de poder entre os dois aliados; e ao secretário de Estado, Elihu Root, dirá não haver contrapoder possível na América Latina à hegemonia norte-americana, a menos que ele nascesse do próprio sistema democrático dos Estados Unidos, que o levassem a autolimitar-se no seu trato com os vizinhos. A realização da 3ª Conferência Pan-americana no Rio em 1906 parecia haver correspondido aos objetivos da aliança que Nabuco desejava, mas no ano seguinte a Conferência da Haia jogava por terra suas esperanças. Após haver tentado uma fórmula de conciliação que satisfizesse europeus e latino-americanos no tocante à organização e composição do Tribunal Permanente de Arbitragem, a delegação americana apoiou a posição européia.*

Confessando a Evelina seu desalento, Nabuco admitia que "o Choate [i. é, o delegado americano em Haia] realmente tratou-nos mal e agora compreendo a natural irritação do Rio Branco". Em 1907, ele dizia-se "inteiramente isolado" pelo seu governo ("parece-me estar pregando num deserto"), constatando que a Conferência da Haia havia posto a pá de cal no que reconhecia ter sido "a pouca simpatia" que a política de aproximação com os Estados Unidos inspirara no Brasil. Suas relações com Rio Branco, que já não eram boas desde sua remoção para Washington, do episódio da Panther *e da recusa de Nabuco de aceitar a segunda posição na delegação do Brasil à Conferência da Haia, só fizeram piorar. "Eu me desinteressei do Rio Branco inteiramente", escreverá a Graça Aranha. "É um desses homens cujo sentimento íntimo se suspende ou interrompe com o poder. Ele deixou de ser meu amigo automaticamente ao ser feito Ministro". Por outro lado, o mandato de Roosevelt e a presença de Root à frente do Departamento de Estado chegavam ao fim; e durante o ano que lhe restará de vida, Nabuco já não pôde estabelecer com o novo presidente, William Taft, e com o novo secretário, Knox, as mesmas relações que mantivera com os antecessores.*

Essas circunstâncias vieram somar-se às que desde os anos noventa contribuíam para o que ele mesmo chama sua despondency, *isto é,* sua inapetência vital. A rotina diplomática, inclusive as guerrilhas intra-muros, não tinham sentido para ele, a quem a carreira só interessava para a consecução de um desígnio internacional. A atmosfera dos clubes de Londres não o atraiu jamais, preferindo-lhe a leitura da vida dos santos e o seu rosário. Durante sua missão em Roma, obrigado a dar e a receber jantares, ele vê-se a si mesmo o ator desmotivado de uma comédia que se repetia interminavelmente. "Extraordinária campanha esta!", exclamará: "para ganhar o [rio] Rupunani tenho que viver [...] a mais fútil e vazia existência que me seja possível imaginar", quando, na realidade, era "an old man in a hurry, um velho que tem muita pressa em acabar a sua tarefa!" Impressão que não se dissipará em Washington, onde a existência estava arranjada sob a forma de "uma longa fieira de compromissos sociais que deixam apenas o vazio no coração e na memória". A morte dos amigos (Sousa Correia, Eduardo Prado, Rodolfo Dantas, Machado de Assis), ele encara como partidas que são apenas "um avanço sobre a minha", pois "quando se caminha para a morte, a morte dos que nos precedem parece perder todo o pungente". Os comentários que tece sobre o desaparecimento prematuro de Prado são especialmente lúcidos. Nabuco discerne a ironia de uma das personalidades mais bem dotadas espiritual e materialmente que conhecera, mas que ficara irrealizada pela dispersão, como tantas outras do mesmo quilate.

Seu estado de saúde tampouco é satisfatório desde os anos noventa. A surdez que o incomoda desde então provoca-lhe comentários perceptivos sobre o efeito da doença. "A surdez aumenta a solidão, mas a sociedade faz sentir muito mais a surdez". Ela ainda permite a "pantomima social" mas não a "comédia social"; e em todo caso impede a vida pública de um sul-americano, aduz ironicamente, devido à impos-

Elihu Root, secretário de Estado dos E. U. da América do Norte
FOTOGRAFIA, 9 X 12,6 CM.
IN: JOSÉ EDUARDO DE MACEDO SOARES. *A MISSÃO NAVAL HUET DE BARCELLAR AOS ESTADOS UNIDOS*. RIO DE JANEIRO: EDITORES LEUZINGER & C., 1907. IHGB
↪ 2 DE DEZEMBRO DE 1905

Nabuco com amigos
FOTOGRAFIA,
16,5 X 11,3 CM.
LONDRES, 13 DE
SETEMBRO DE
1900. COLEÇÃO DA
FAMÍLIA NABUCO
☞ 13 DE
SETEMBRO
DE 1900

Silvia e Gurgel do Amaral, Flora Oliveira Lima, Oliveira Lima, Maria Genoveva (Iáiá), Graça Aranha, Evelina Nabuco e Joaquim Nabuco.

sibilidade de conspirar. Quando se agrava sua principal enfermidade (a produção excessiva de glóbulos vermelhos que o levará à morte), ele registra no diário todos os sintomas que o acometem, que podem ir de uma afta persistente até à perda de consciência, passando pelas tonteiras. Mesmo para a sua época, Nabuco foi um homem precocemente envelhecido do ponto de vista físico. Aos cinqüenta anos, ele já inveja "os que têm a margem firme do outro lado e não estão condenados a representar-se sua própria vida como uma corrente sem margens". Ou considera que doravante cabe-lhe tomar "a vida como uma ração" que já não lhe é servida em anos mas, em dias. O futuro é para ele apenas o dos filhos menores do seu casamento de quarentão, embora se console com as palavras de Epicteto de que "não há órfãos no mundo". A si mesmo, já em 1901, tem-se na conta de um homem cujo prazer procede inteiramente do passado e só lhe vem sob a forma de recordação.

Após tantos anos de exterior, a sensação de desenraizamento também o aflige. A um amigo, que se agarrou ao Brasil, assegura que "sua filosofia foi a boa e a verdadeira [...] porque soltas as raízes, da terra, a planta não é mais nada"!. "O espírito deve ter asas, o coração não as pode ter". Em Washington, assalta-lhe sobretudo o medo *de morrer no estrangeiro, de "um modo pelo qual positivamente não desejo: atravessar o oceano em caixão", anseio que não se cumprirá. Sua religiosidade, redescoberta com a reconversão no Oratório de Londres, acentuou-se naturalmente, tingindo-se de misticismo e também de uma aspiração ao ascetismo, incompatível com a sua posição oficial. Por outro lado, homem do século XIX, Nabuco não consegue repudiar a ciência, só lhe restando exprimir a certeza de que ela se "há-de encontrar com Deus [...] algum dia, no seu caminho".*

Contra este estado de espírito, Nabuco só tem o antídoto da atividade intelectual, mas mesmo assim fechando a curiosidade "a tudo que não nos possa dar a nossa provisão de partida para a morte". Em primeiro lugar, as leituras, que, contudo, exigem grande vigilância seletiva, pois os jornais tomam tempo imenso, como também os catálogos de livros e os índices das revistas, sem falar em que a missão a Roma não lhe deixa tempo para nada, dando-lhe apenas o direito de folhear, mas não o de ler. Nos últimos anos, ele relê Montaigne, Camões (a quem, ademais das conferências em universidades americanas, dedicou sonetos que se devem encontrar até hoje ignorados em Portugal), a Imitação de Cristo, Marco Aurélio, *mas sobretudo Platão, cujos diálogos foram os últimos textos com que se entreteve. Nabuco também cultiva projetos literários, pois a carreira diplomática dá-lhe a frustração de viver ausente dos seus próprios recursos intelectuais, sem tempo para explorar as minas, os olhos d'água que periodicamente eles lhe oferecem. Tenta-o inclusive escrever de forma abreviada a existência dos mártires do Cânon, a vida de D. Pedro II ou do general Robert Lee (que chefiara o exército sulista na guerra de secessão), a história da missão em Roma, novas reflexões para somar aos* Pensées Detachées et Souvenirs. *De todos eles, Nabuco só logrará concluir seu velho drama sobre a Alsácia-Lorena.*

1º janeiro	Saímos a fazer visitas de Ano-Bom.
2 janeiro	Conversa com Tobias. Legação de Roma (Vaticano).[1]
3 janeiro	Meu discurso do Instituto [Histórico] no *Jornal*.
7 janeiro	Grande discussão em casa de Dª Marocas[2]. Estão me achando muito mudado, quando o que muda não é o barômetro, é o tempo.
9 janeiro	Missa da filha do João Alfredo, Dª Maria da Conceição Pires Ferreira. Artigo do José Veríssimo sobre o Instituto e o meu discurso nele.
11 janeiro	João Alfredo. Janta conosco. Anedotas de D. João VI. A um marido que se queixava: "nessas coisas ou bem vingado, ou bem disfarçado". A alguém que aludia aos roubos na Casa Real, ele dizia que toda casa grande tinha grandes celeiros e neles grandes ratos, mas era melhor os ratos já fartos, do que novos que viessem esfaimados.
25 janeiro	Às 11h da noite falece o Taunay.
26 janeiro	Ao enterro do Taunay. Falo no cemitério.
31 janeiro	Desde o dia 18 trabalhei seguidamente em copiar o meu livro sobre religião.

1. *Na presidência Prudente de Morais, Carlos de Carvalho, ministro das Relações Exteriores, oferecera a Nabuco a chefia de uma Legação, mas ele recusara. Campos Sales, eleito para suceder Prudente de Morais, lera, por sugestão do seu secretário Tobias Monteiro, o primeiro volume de* Um Estadista do Império, *e resolvera convidar Nabuco para uma função diplomática. Tobias Monteiro acenara-lhe com a nomeação para a Legação do Brasil junto ao Vaticano.*
2. *Maria Ana Soares Brandão, prima de Nabuco e mulher de Soares Brandão. Trata-se de alusão ao mal-estar causado entre os amigos de Nabuco pela sua anunciada nomeação por Campos Sales.*

Hoje Acaé³ tem um espasmo que muito nos assusta. Parecia estar fingindo de "pobrezinha", como ela costuma, todos a rirem-se da imobilidade dela e de não querer falar, quando se pronuncia certa rigidez, e nas mãos esta contração e quase perda de sentidos. Escalda-pés, etc. Vem D. Marocas. Depois fica muito tempo sem falar, chorando, porém. Mais tarde outro espamozinho muito curto e não bem manifestado. Dorme um instante e acorda falando e bem. Graças a Deus!

4 fevereiro

O Sr. Conrado de Niemeyer vem pedir-me para escrever sobre Belas Artes no Livro do Centenário, que recuso por me sentir cansado. Depois ele me diz que cada uma dessas memórias teria um prêmio de quatro contos. O prêmio parece-me problemático e não me tentaria, se não o fosse, apesar do meu déficit, porque realmente é um livro que vai sair muito caro, talvez o livro mais caro até hoje publicado relativamente ao mérito intrínseco.

Recebi do Sr. Arcebispo um livrinho *Detti di S. Filippo Neri**, que eu lhe mostrara o desejo de possuir quando o ano passado ele veio visitar-me, sem imaginar que ele tinha o pensamento de oferecer-me.

10 fevereiro

* Máximas de São Filipe Néri.

Ao embarque de Mme. Blas Vidal. [...] Falecimento no Recife do Barros Sobrinho, como sei depois por carta.

13 fevereiro

[...] Hoje, quarta-feira de Cinzas, comecei a traduzir as máximas de São Filipe Néri.

14 fevereiro

Conferência em casa do José Carlos Rodrigues com o doutor Olinto, que me propõe a Comissão de Limites.⁴

3 março

---

3. Apelido de Maria Ana, filha de Nabuco.
4. Refere-se ao convite de Olinto de Magalhães, ministro das Relações Exteriores de Campos Sales, para que fosse o negociador do Brasil na questão da Guiana Inglesa.

8 março	Decidiu-se publicar a notícia amanhã. Escrevo em antecipação a João Alfredo (mandando cópia da minha resposta), Soares Brandão, Phipps (agradecendo), Horta, Rodolfo Dantas, Eduardo Prado, Domingos Ribeiro. Mando uma palavrinha a Catete que vem logo, e ao Pedro que também vem.[5]
9 março	Hoje apareceu notícia da minha nomeação no *Jornal* com palavras amáveis do Rodrigues. Vêm Jaceguai, M.A. de Araújo, Anfilófio, Barros Barreto e outros. O aplauso de Anfilófio, entusiástico, cordial, feliz, compensa-me de muito dissabor. [...]
10 março	Vou à cidade. Vem Plínio, encontro Horta que vinha, vem Luís Guimarães Júnior. À noite, Bezzi e Sinhazinha, e Pedro. Falo a Caldas Viana. Estou na *Revista*. Gofredo Taunay. [...]
11 março	Vêm Caldas Viana, Artur Moreira. Muitas cartas. João Brandão.
13 abril	[...] Visita ao dr. Campos Sales em Petrópolis.[6]
28 abril	[...] Trato com a Casa Garnier tomarem em consignação o que me resta da *Intervenção Estrangeira* e *Balmaceda* para venderem a três mil réis, um e outro, tendo 60% de comissão. [...]
3 maio	[...] Partida no *Nile*. [...]

5. Acertada a nomeação, Nabuco tratara de comunicar previamente o fato a seus amigos monarquistas. Embora Rodolfo Dantas, Rio Branco e Eduardo Prado tivessem-no encorajado a aceitar, a velha guarda (João Alfredo, Ouro Preto, Lafayette, Andrade Figueira) recebeu muito mal a decisão de Nabuco.
6. Nabuco a Domingos Alves Ribeiro, s.d.: "Estive em Petrópolis, onde o dr. Campos Sales me acolheu muito bem. Conversamos algum tempo sobre as nossas coisas e eu disse-lhe, não o vá repetir, que o meu ato [aceitando a nomeação] exprimia o profundo pessimismo que me invadiu e a idéia de que chegou o momento em que os patriotas de todos os credos políticos devem mostrar que colocam a pátria acima do partido".

[...] Almoçamos em casa do Zama, que me vem buscar, bem como o Carneiro da Rocha, na lancha do governador dr. Luís Viana.[7]	6 maio [Salvador]
Chegada a Southampton. Morte da pequena Almira, filhinha do Graça Aranha.[8]	20 maio
De Southampton a Londres.	23 maio
De Londres a Paris. Jantam Gouveia, Rio Branco.	24 maio
Chega Guimarães. Perturbação na vista. Almoço com o Guimarães. Janta Domício [da Gama]. Exame das urinas: *trace indosable d'albumine**, excesso de uratos.	28 maio * traço não-dosável de albumina
Levo Graça Aranha a Rio Branco. Trazemos papéis para tirar cópia.	29 maio
Vem Zerolo, da casa Garnier, contratar comigo a publicação de *Minha Formação* e *Discursos & Escritos*.	30 maio
Ao Louvre, Notre-Dame com os Graças. À casa Garnier.	31 maio
M. Winter, 44, rue Sainte Placide, vem extrair-me o suco gástrico.	2 junho
Pago a Benjamin 50 francos (2 libras), adiantado do mês de junho e prometo pagar sempre adiantado. Pago a Albina mais uma libra, que perfaz o ordenado de maio[9]. [...]	7 junho

---

7. *César Zama e Antônio Carneiro da Rocha, deputados pela Bahia no Segundo Reinado, haviam sido colegas de Nabuco na Câmara de Deputados do Império.*
8. *Graça Aranha, a quem Nabuco convidara para secretariá-lo na missão da Guiana Inglesa, também viajara com a família pelo Nile.*
9. *Benjamim e Albina eram criados que Nabuco trouxera do Brasil.*

8 junho	Para Londres às 3h40, via Boulogne.
10 junho	Com o Correia ao Alfred [de Rotschild]. Janto no Turf com Correia. A Covent Garden, não me sinto bem na sala, inútil insistir. *Carmen*.
23 junho	Parto para Saint Germain-en-Laye, onde chego à noite.
24 junho	De manhã, passeio a carro pela floresta. Maurício, Carolina, Joaquim governam[10] pela primeira vez. Ao Château com Inacinha e Evelina.
25 junho	Parto para Saint Germain-en-Laye, onde chego à noite.[11]
27 junho	Trabalhando na nota que o Piza deverá apresentar ao Tribunal de Arbitramento.[12]
10 julho	Chego a Pougues, Splendid Hotel. Peso depois do almoço, 98,200 gramas. [...] O Maurício acompanha-me.[13]
27 julho	Vêm Graça e Caldas Viana: trazem-me o meu terceiro volume[14]. Que proteção divina especial foi essa de ter eu acabado a obra! E podido imprimi-la! E só acabei porque a pude imprimir e porque tive editor, e a fortuna de a ter corrigido — por último e por cima, ter sido feita em Paris a impressão.

10. *Isto é, dirigem os cavalos.*
11. *Nabuco instalara a família em Saint Germain-en-Laye, donde podia facilmente deslocar-se a Paris.*
12. *Trata-se do tribunal criado para resolver a disputa de limites entre a Guiana Inglesa e a Venezuela, o qual poderia adotar princípios de solução que afetassem os interesses brasileiros.*
13. *Nabuco a Evelina, 12.vii.1899: "O meu regime é tomar a ducha à temperatura agradável da manhã, um banho idem de 30 minutos à tarde e beber água diversas vezes na fonte". A conselho do cunhado, Hilário de Gouveia, Nabuco fora tomar águas em Pougues-les-Eaux, pequeno balneário, situado nas proximidades de Nevers.*
14. *De* Um Estadista do Império.

Telegrama: "Queira Vossa Alteza¹⁵ acolher neste dia meus sinceros votos pela felicidade excelsa e gloriosa brasileira. Joaquim Nabuco".	*29 julho*
A Nevers. Agradável impressão de calma, silêncio e perspectiva histórica. À Porte du Croux, o castelo Ducal, a igreja Saint Etienne, a catedral e a vista da ponte sobre o Loire.	*31 julho*
Partida para Saint Germain.	*1º agosto*
[...] Anos de Zizinha. Jantamos com eles no Pavillon Arménonville e voltamos à noite para Saint Germain. À Legação. Tomei quarto no Hotel Royal.	*3 agosto*
Com o Prozor. *Great trouble after four years.**	*10 agosto* * *Grande transtorno depois de quatro anos.*
À estação de Orléans despedir-me do arcebispo Arcoverde de manhã, e à noite, à de Lyon, despedir-nos de Zizinha.	*11 agosto*
Meus anos 50. Jantam conosco Gouveia, Inacinha, Laura, os Penedos, Guimarães, Eugênio e o Caldas Viana, no Royal Hotel.	*19 agosto*
Aflição por não chegar o Benjamin esta manhã. Afinal sabemos que foi preso à noite como manifestante na questão Guérin. Passei a tarde no Petit Parquet, na prefeitura, nas salas dos juízes De Vallès, Boucart, para saber do que se tratava. Solto às 3h30 vem conosco (Guimarães e eu) no carro ao hotel, onde entra indignado com a França e envergonhado.	*21 agosto*

---

15. A Princesa Isabel, então exilada na França.

24 agosto	Partida para Ouchy-Lausanne.
25 agosto	A Vevey pelo lago, com Evelina e as crianças.
26 agosto	Passeio a Morges. O Mont Blanc.
27 agosto	Bebê, Boy, Joaquim e Maria Ana no lago.
28 agosto *bondinho*	A Bex, depois a Territet. Visita a Chillon com Acaé, volta no *tram** elétrico até Montreux e daí no vapor.
29 agosto	Partimos para Bex. Grand Hotel des Salines.[16] Em Territet. Benjamin e Albina chegam mais tarde, julgamo-los perdidos na Suíça. Foram em trem errado.
14 setembro	Mandando *Aurora* com carta de Zola[17], a Antônio Carlos e Domingos. [...]

---

16. Nabuco a Soares Brandão, 14.ix.1899: "Nossa saúde é boa. A minha refez-se grandemente com as águas de Pougues e as duchas, que tenho continuado aqui. Viemos a este lugarzinho da Suíça por causa dos banhos salinos receitados ao Joaquim. É um lugar delicioso como não imaginava. O hotel é muito bom, mas o parque em que ele está é simplesmente único pela extensão e pela beleza. Ao longe temos montanhas nevadas; se não fosse isso, era uma reprodução arranjada de Petrópolis, de alguns dos vales de Petrópolis".

17. Trata-se do "Acuso", em que Emile Zola saía em defesa de Dreyfus, texto originalmente publicado no jornal L'Aurore, de Paris. O interesse de Nabuco pelo célebre affaire não transparece dos Diários mas é visível na correspondência. A 10 de setembro, após a condenação de Dreyfus, ele escrevia a um amigo: "Meu prognóstico para a França é de guerra civil; infelizmente não vejo outra coisa no horizonte". E quatro dias depois a Soares Brandão: "Neste momento não se fala em outra coisa na Europa senão na sentença de Dreyfus. A inocência deste não pode mais ser posta em dúvida; as declarações oficiais da Alemanha e da Itália satisfazem a consciência humana, mas infelizmente não valem nada para a conspiração militar, que jurou não abandonar a sua vítima. Nunca, em toda a história, uma causa impressionou a humanidade toda senão essa. Em toda parte, é um verdadeiro delírio contra a França, que responde, coitada, pela loucura anti-semita".

Genebra.	21 *setembro*
A Berna — por Friburgo. Jantamos com o Rio Branco[18].	25 *setembro*
Em Berna, toda a tarde e noite com o Paranhos.	26 *setembro*
Passeio Rodolfo, Graça e eu a Zurique e Lucerna. Dormimos no Schwtizerhof.	27 *setembro*
Passeio no lago dos Quatro Cantões até Fluelen. Volta a Berna. Hoje, 28 de setembro[19], jantam comigo e Rodolfo, Rio Branco, Raul e família, Domício, Hipólito, Graça.	28 *setembro*
Interlaken, lago de Thoun. Volta a Berna. Jantamos com o Rio Branco.	29 *setembro*
Chegamos a Genebra.	30 *setembro*
Partem Rodolfo e Graça para Paris. Com os Prozors.	2 *outubro*
Recebo telegrama Graça sobre sentença Venezuela.[20]	3 *outubro*
Em Genebra. Evelina faz o anel que tanto desejava com os dentes das crianças. Telegrama do doutor Olinto sobre a sentença da Venezuela. [...]	4 *outubro*

---

18. *Rio Branco era então o ministro do Brasil junto à Confederação Helvética.*
19. *Referência ao 28 de setembro de 71, quando se aprovou a Lei do Ventre Livre pelo Ministério Rio Branco.*
20. *Trata-se da sentença do tribunal arbitral reunido em Paris por sugestão dos Estados Unidos para resolver a questão de fronteiras entre a Venezuela e a Guiana Inglesa. A sentença arbitral reconhecia à Inglaterra a maior parte do território contestado, mas concedia à Venezuela a desembocadura do Orinoco. Ao fazê-lo, porém, prejudicara direitos do Brasil à região do rio Branco.*

5 *outubro*	Partimos para Paris. Hotel Royal.
27 *outubro*	Remeto ao governo projeto de protesto.[21] [...]
30 *outubro*	Vou a Boulogne (boulevard de Boulogne, 7) ver Sua Alteza[22]. Primeira visita que lhe faço depois de minha chegada. Muito atenta. Lá encontro a Eufrásia Teixeira Leite depois de dez anos. Janto com Rodolfo, Prado e Graça.
22 *novembro*	Casamento de Maria José[23] e Eugênio Torres de Oliveira. Dou as alianças, Evelina um chapéu de sol. Faleceu Dª Francisca Teixeira Leite[24].
23 *novembro*	[...] Visita em casa das Teixeira Leite, flores a Dª Chiquinha.
25 *novembro*	Ao enterro de Dª Chiquinha.
28 *novembro*	[...] Remeto ao governo as duas traduções do protesto, que seguirão pelo vapor francês de 1º [de dezembro].
29 *novembro* * *muito ruim*	[Rasurado] *very bad** com Evelina a propósito de Acaé. Veremos em que isto dá. [...]

---

21. Contra o laudo arbitral que decidiu sobre a questão de limites entre a Venezuela e a Guiana Inglesa.
22. A Princesa Isabel.
23. Maria José era sobrinha de Nabuco, filha de sua irmã Iaiá e de Hilário de Gouveia. Eugênio de Oliveira era filho de um antigo conselheiro de Estado da monarquia, Plínio de Oliveira.
24. Irmã de Eufrásia Teixeira Leite.

Missa do Imperador.²⁵ Molho os pés na rua de manhã e à noite e volto para casa sentindo-me resfriado.	*5 dezembro*
[...] Ao Bois de Boulogne, onde se está patinando. Faço o Maurício tomar uma lição.	*14 dezembro*

Vamos ao Bois de Boulogne, o dr. Graça e eu. De volta ao Garnier. M. Pierre Garnier diz-me que não faz contas comigo e que põe à minha disposição os livros que eu quiser. Peço-lhe mais cinco exemplares da *Vida*, que fica de mandar-me na segunda-feira.
    Hoje o Correia escreve-me que devemos esperar uma proposta de solução direta sem arbitramento e que ele dera a entender que não arredaria pé da última proposição do governo. Assim ficasse eu aliviado das responsabilidades da questão sem ter responsabilidade no ajuste direto, e fosse este vantajoso.²⁶
    Dia muito sombrio. Não saio de casa, a fazer arrumações.
	15 dezembro

Escrevo extensa carta Penedo, Rio Branco, ambas sobre hipótese de não haver arbitramento. [...]	*20 dezembro*

Vêm ver-nos os Guillobéis.
    General Mitre.²⁷ Rio Branco mandando as informações do Correia.
    [...] O dr. Graça tratando do testamento de Dª Chiquinha Teixeira Leite. [...]
	22 dezembro

---

25. Aniversário do falecimento de D. Pedro II. Nabuco a Machado de Assis, 6.x.1899: *"Hoje, fui a outra missa do Imperador, onde havia mui pouca gente, como é natural cá e lá, mas muito cabelo branco. [...] A maior parte dos presentes seriam membros do Instituto de França".*
26. Sousa Correia, ministro do Brasil em Londres, avaliava que a Inglaterra preferiria voltar à negociação direta com o Brasil na questão da Guiana, abandonando o arbitramento. Mas Nabuco pensava que a Inglaterra não desistiria da arbitragem, estando apenas à espera do fim da guerra do Transvaal.
27. Nabuco escrevera a Mitre, que conhecera durante sua viagem ao Prata em 1889, agradecendo o envio da sua tradução de Horácio.

25 dezembro	Almoçamos em casa de Dª Zizinha, que tem uma árvore de Natal para as crianças, dá uma roupa de oficial, como o Cândido, ao Joaquim, que tem grande emoção ao receber o inesperado presente. Depois vou a Iaiá. Vem ver-me o Eduardo Prado. Depois do jantar uma conferência sobre o protecionismo que me desfecha o Sr. Lacerda, um "cacete" incomparável que o Eduardo mandou para este hotel <u>com boa intenção</u>.
28 dezembro	Mando ao Garnier um artigo mais para *Minha Formação*: "Meu pai".
31 dezembro	À missa. Passeio de meia hora ao Bois com Evelina. [...] Janto com Eduardo Prado para atravessar o século: Gouveia, Eça, Graça, Luís de Castro e outros.[28]

---

28. *É a primeira referência nos Diários de Nabuco a um encontro seu com Eça de Queirós. Eles se haviam conhecido em 1892 através de Eduardo Prado.*

Deus louvado. Questão nos jornais e conversas se o século começa em 1900 ou 1901. Eu já agora continuarei a supor que cheguei ao século XX e não falarei mais nem de século XIX, nem de *fin de siècle*. A razão é que para os imaginativos, os impressionáveis, os séculos são as centenas, 1900, 1800, etc., as diversas casas de cem, e não a divisão do período histórico decorrido em porções de 100 anos justos cada um. 100 não pertence à décima dezena, mas à primeira centena. 10 não deixa de pertencer à primeira dezena. Que importa que se dê a anomalia de ter tido o primeiro século somente 99 anos? Antes isso do que ficarem todos os outros séculos com o defeito visual, mental, como se queira, do primeiro ano da centena não lhe pertencer. Os séculos não são divisões astronômicas que precisem ser exatamente, matematicamente iguais, são fórmulas históricas, distribuições de períodos históricos, e cada vez mais de hora em diante empregar-se-á a expressão *século* como significando o caráter de uma época, não os cem anos rigorosamente contados de cada uma. Demais, mesmo para os astrônomos existe o ano 0, necessário para o cálculo dos anos bissextos. É pelo menos o que leio em um dos argumentos.

1º janeiro

Deus louvado. O século XX começa (ou começará) mal com a discussão que se há de envenenar e durar muito tempo entre os *novecentistas* e os *novecentos e um ... tistas*. Ontem, 1º de janeiro, o Imperador alemão começou assim o seu rescrito: " O primeiro dia do novo século vê nosso exército, etc.", e o *Times*, o seu editorial: "O Ano-Novo, o último do século XIX, que hoje começa..." Basta esta questão para azedar os espíritos entre a Alemanha e a Inglaterra, a Alemanha e a França. Por que não arbitrá-la? O fato é que a humanidade se está tornando irritável, suscetível, *fidgety**, rabugenta em extremo, sinal de que está envelhecendo, ou de que está velha, ou *détraquée** dos nervos. É o resultado do jornalismo. O jornal produz o *delirium tremens* político e nacional... Ainda o que resgata um pouco a baixeza da imprensa é o telégrafo, o cosmopolitismo, mas este, por sua vez, aumenta a vibração, o choque elétrico diário, o gasto dos nervos, o *de-*

2 janeiro

* irritadiça
* desequilibrada

Trabalho inútil, que pena!

lirium dos agitados. O progresso, como vai? Tome-se a grafologia. No futuro virão talvez a conhecer-nos intimamente, sem nenhuma reserva, por duas linhas que deixarmos... É o caso de queimar todos os autógrafos... *Hopeless task, hélas!**

[...] Mando consertar o espadim que me deixou minha madrinha. Quão pouco me resta dela![29] [...]

3 janeiro

Graças a Deus. Hoje comecei a ler as conversações de Goethe com Eckermann para distrair-me à noite. Alguns telegramas e cartas afetuosas em cima de minha mesa de cabeceira. Graças a Deus que eu considero bondade (*kindness*, benevolência), riqueza, e não quisera ter outra. Carolina, minha filha, parece dever ser a quintessência da ternura. "Ah, papai, se eu pudesse passar a minha vida toda abraçando e beijando papai, como eu seria feliz!" Pobrezinha! "Mas tu tens muito que aprender na vida, Deus quer que saibas muitas coisas, para te aperfeiçoares". "E então eu não aprendia *tudo* ficando assim ao lado de meu papai?!" E parece-me nesses instantes que eu passo para ela (por intermédio de Deus, que é a fonte de tudo), como impulso, ação espontânea, necessidade natural de expandir-se, a bondade, a ternura, que em mim é hoje a *idéia* final, resultante suprema da experiência e da vida, inútil talvez para mim se não tivesse, como confio de Deus, a utilidade (tão grande que esse pensamento, essa possibilidade é quase um êxtase) de poder eu transmiti-la *a eles* como *primeira natureza*.

[...] Carta de minha mãe que nos deixa ansiosos. Que terá ela sofrido? Vem Gouveia.

4 janeiro

Vem Gouveia. Conversamos longamente sobre o caso de minha mãe. Muita ternura comigo. Escrevo à minha Mãe. [...] Vou ver o Rio Branco no Hotel Windsor.

---

29. *O espadim da Guarda Nacional que Dª Ana Rosa Falcão de Carvalho lhe legou pertencera seguramente a seu marido, Joaquim Aurélio de Carvalho, que fora proprietário influente no Cabo, onde em 1817 e 1824 articulara a resistência rural ao regime republicano do Recife e ao governo da Confederação do Equador.*

Há letras predestinadas na história? O R na marcha do *libre esprit**? Assim Roma, Renascença, a Reforma, a Revolução francesa? Renan será o quarto R? Rotschild o quinto? R = robur.

14 janeiro

**espírito libertário*

Carta de Azevedo Castro estranhando o formato da minha obra[30] *rather cumbersome** para ler "na posição recumbente", diz-me ele, e perguntando por que não o fiz *in* 18°, como as novas edições da *Revolução Francesa*, de Taine, e das *Mémoires d'Outre-Tombe*[31]. As obras que têm mais de uma edição podem diminuir de formato, as que têm uma só devem ter o formato nobre, antes que o portátil e familiar. As *Mémoires d'Outre-Tombe* e a *France Contemporaine* perderiam em aparecer logo sob a forma popular que hoje têm, como conseqüência da sua popularidade mesma. O Azevedo Castro, que quer ler deitado, é o autor de uma edição bojuda de Garção[32], que não cabe na mão, sem falar de outras obras igualmente monstruosas como formato. Isto, porém, não lhe direi.

15 janeiro

*antes incômoda

Anos do Joaquinzinho. Vou ao Louvre comprar uns brinquedos: um guinhol, uma cavalariça, um canhão, um *lift** de bagagem, um jardim da Aclimação. Acaé doente dos ouvidos. Bebê doente. Ontem conferência com Lord Russell. Escrevo ao Rio Branco pedindo o mapa Schomburgk.[33] Escrevo ao Correia a resposta ao que me diz sobre a Conferência.

16 janeiro

*guindaste

A casa tornou-se em hospital, tudo doente, eu mesmo envenenado pelo Eduardo Prado, que depois de nos levar (ao Graça e a mim), em automóvel aberto (levarei muito tempo sem ter andado de automóvel, a impressão da falta dos cavalos) ao Pavilhão Arménonville, deserto inteiramente como o pólo, a título de apreciar a paisagem

17 janeiro

---

30. *Um Estadista do Império.*
31. *Obra do Visconde de Chateaubriand.*
32. *Correia Garção, autor teatral português do século XVIII.*
33. *Robert Schomburgk fora encarregado em 1834 pela 'Royal Geographical Society' de mapear as fronteiras da Guiana Inglesa, o que daria início ao contencioso com o Brasil.*

de inverno do Bois de Boulogne. Andou depois de três horas de almoço e de palestra como ele gosta (o que diriam os Padres da Igreja dos gostos deste teólogo? A teologia, diz ele, é o assunto, a leitura, que mais o interessa e compra *accordingly**, enormemente, em um livreiro-teólogo de alfarrábios, ao qual nos levou) pelas livrarias da margem esquerda. Outra paixão, ou pseudo-paixão, dele, como o Eça e família, esta verdadeira, as beneditinas da rua Monsieur, os cabarés de Montmartre, as *obras completas* (agora só compra *obras completas*, diz-se-lhe uma frase, ele encomenda as obras completas, ontem queria que eu comprasse nessa escala Santo Tomás de Aquino e outros). O resultado foi que minha pobre constituição não resistiu a esse *boemiar* do nosso amigo (o Rio Branco, o Correia são do mesmo gênero) que vive assim toda a vida, em Paris e Londres, como em São Paulo e no Brejão[34], ceando de madrugada como almoça à tarde, com a mesma fartura de trufas e *champignons*.*

* *conseqüentemente*

* *cogumelos*

18 janeiro — Recebo do Correia a nota do Foreign Office sobre o tratamento de arbitramento.[35]

19 janeiro — Atacado influenza à noite.

20 janeiro — Eu de cama. Delegacia [do Tesouro] cobra-me mais de 300 libras para fevereiro, de imposto e selo, contra o que me disse o dr. Olinto no Rio (e mandou-me despacho no mesmo sentido).

22 janeiro — De cama.

25 janeiro — Acesso mais forte Acaé, injeções. A criada que tomamos extra adoece e retira-se.

---

34. Fazenda de café da propriedade de Eduardo Prado.
35. O governo britânico propunha na nota em questão que a Inglaterra e o Brasil negociassem o litígio, com base no limite traçado por Schomburgk, o que era inaceitável para o governo brasileiro.

Acaé passa o dia de hoje sem febre, brincando com as bonecas na cama. Injeções. O acesso só vem às 11 da noite. Vem à noite a Irmã. Adoece o Gouveia.

26 janeiro

Gouveia não pode vir ver Acaé. Manda o dr. Bayeux, que vem três vezes. Mudamos do entressol para o segundo andar. Acesso desde as 11 da noite de ontem. Vem à noite a Irmã.

27 janeiro

Dia muito ansioso. Vêm o dr. Graça, Dª Iaiá, dr. Del Arca, Eduardo Prado. Dr. Bayeux vem quatro vezes. Acaé febre contínua. Vem a Irmã.

28 janeiro

Acaé, o meu passarinho, todos estes dias, e, o que pior parece, todas estas noites, bem mal com uma febre alta contínua. A cabecinha não delira naquela sequidão que nada consegue umedecer. Têm-se-lhe feito tantas *piqûres** de quinino, agora vivem a enrolá-la em toalhas de água fria. Nada. Meu espírito tem por vezes admitido a dúvida de que ela se vá... No todo, porém, o que prevalece é a fé... é a oração e a esperança em Deus. *Domine, non sum dignus ut intres sub tectum meum, sed tantum dic verbo et sanabitur filia mea**. Esta palavra anima-me muito. No todo, o que eu sinto é a impressão da resistência daquele corpozinho à infecção, que, apesar de ser alta a febre, tenho por benigna em geral e, portanto, para ela também. Algumas vezes as lágrimas rebentam e tenho o sentimento que se ela fosse, iria como meu *forerunner*...* Vêm-me então ao espírito os pais todos do meu conhecimento que passaram por esse golpe... Que terrível a morte do Vitorianozinho para Dª Lucinda, e há pouco o meu secretário, dr. Graça, cuja mulher, depois disso, é uma *mater dolorosa* ambulante ou sonambulante... Deus tenha pena de nós e nos conserve o que de mais precioso nos emprestou... É um empréstimo, bem sabemos, mas que nós não o tenhamos de restituir...

Noite de ontem para hoje mal dormida. Acaé sempre a mesma febre alta contínua. Mudança de panos molhados começados on-

29 janeiro

* *injeções*

* *Senhor, não sou digno de que entres em minha casa, mas diz uma só palavra e minha filha será salva.*
* *precursor*

*Senhor, eu não sou digno, etc., mas curai minha filha	tem, acordo Gouveia. Injeção química. Dr. Bayeux vem às 2 da madrugada, depois hoje 9 da manhã, para chamar um dos grandes especialistas de criança. [...] *Domine, non sum dignus, etc., sed sanabitar filia**. Conferência dos Drs. Hutinel e Marfan, duas celebridades em doenças de criança, com o dr. Bayeux. Assiste também o dr. del Arca. Decisão: pneumonia. São muito tranqüilizadores na exposição que faz o dr. Hutinel a mim e a Evelina. [...]
30 janeiro

* alívio | Acaé mesma temperatura. Tomada interiormente, 40,2. Ontem tomou o primeiro banho. Continuam a mudar as compressas frias. A febre desce hoje às 5h, a 38,4 (interior). Deus seja louvado! É sempre uma *détente*.* |
31 janeiro	Sempre a mesma temperatura, 38,4.
4 fevereiro	Acaé pode se considerar escapa.
5 fevereiro	Ao Correia: Não me creia inimigo da solução direta.[36] O que eu não posso é intervir nela, tendo instruções e status exclusivamente para a solução arbitral.
8 fevereiro	Por este correio, carta ao dr. Olinto sobre o protesto, distribuição, etc., e remetendo a minha resposta ao Correia sobre a nota de Lord Salisbury última.
11 fevereiro	Ontem caiu neve. Não fui à missa. À tarde saio para deixar cartões aos Muritibas, Calógeras e Penha, Guillobel. Vou ver Iaiá a quem não via desde o Ano-Bom.
12 fevereiro	Partida para Biarritz.[37] Cerca de 800 francos passagens e bagagens. Dormimos Hotel Terminus, Bordeaux. Cerca de 100 francos.

36. Isto é, da negociação bilateral entre o Brasil e a Inglaterra, sem recurso à arbitragem internacional.
37. Com vista à convalescença de Maria Ana.

Chegamos a Biarritz (Hotel Continental), tendo passado a noite em Bordeaux. Em Paris, ontem, uma tempestade de neve, das mais fortes que ali tem havido. Em Biarritz, a praia do Flamengo ou de Copacabana, com o termômetro a 24. Pôr-do-sol esplêndido, *o mais belo do mundo*. Não há, porém, um pôr-do-sol mais belo que outro, nem um mar mais bonito que outro: há *o* pôr-do-sol, há *o* mar. Sempre que tornamos a ver o mar, seja de ano em ano, seja de dia em dia, ou um pôr-do-sol, parece-nos mais belo do que de todas as outras vezes, mas é que a impressão nova, fresca, viva, é mais forte, mais criadora de felicidade, do que a mesma impressão apagada, remota, esquecida. Ao lado do nosso hotel, o antigo palácio de Napoleão III, da Imperatriz Eugênia, convertido em hotel, Hôtel du Palais. É provável que tenhamos ainda muita chuva, mas ao menos dorme-se todas as noites com a esperança de acordar, olhando para o nosso mar do Brasil, para a nossa praia de Copacabana. À beira-mar tem-se certeza de que um bonito dia será sempre um grande espetáculo, e essa esperança ajudará a suportar o resto do inverno.

13 fevereiro

[...] A baía de Biscaia sob o tufão. De passeio contra o vento (tufão). Vamos ver rebentar as vagas de um rochedo sobre o qual há uma Virgem e ao qual se vai por uma ponte sobre o mar. Trabalhando toda a tarde.

14 fevereiro

Temperatura excelente. No quarto + 16°. A baía em calma. Acaé passa meia hora na praia brincando de manhã. Trabalhando na Questão.

15 fevereiro

Passo o dia em resguardo. Fora, chuva e vento. Para a tarde, tempo levanta, mas sempre volta a névoa. Temperatura na janela. Todo o dia trabalhando na Questão. [...] Recebo carta do dr. Caldas Viana transmitindo-me a conferência com o dr. Olinto sobre a nomeação do Domício e dando-me o Horta como não querendo vir.

16 fevereiro

17 fevereiro	Bela manhã. Temperatura a 17º C. À tarde, a baía em tempestade.
18 fevereiro	Vamos à missa. Passeio na praia. Depois do meio-dia, vento e chuva. Longa conversa com o Eça depois de jantar.[38]
25 fevereiro *parte	À missa. Bom tempo. O Eça s'en va* para Pau.
8 março	Belo dia sempre.
11 março	À missa. Escrevo ao Rodolfo. Dia chuvoso.
20 março	Não tenho mais o amor e interesse pelo meu eu que outrora eram tão fortes. Estou ainda escravizado a ele, mas nesse amor à vida e à própria pessoa, que se trai, por exemplo, na preocupação da saúde, há só um cativeiro físico, deixou de haver o desvanecimento. Do que me resta ainda, o orgulho é somente dos reflexos, dos raios do sentimento e atração moral, da luz moral ou intelectual, como seja, que, por vezes, descubro em mim... Eu não posso dizer que não haja nada do fluido universal em mim, e é por parcelas somente, no espírito ou no coração, que ainda sinto afago e ternura pensando em mim mesmo. [...]

---

38. *Eça de Queiroz achava-se em Biarritz em busca de alívio à enfermidade que o vitimará no mês de agosto seguinte. De Biarritz, a 20 de fevereiro, ele escrevia à mulher Emília, que ficara em Paris: "Encontrei aqui no hotel o Nabuco, que veio para o sul, para a convalescença da pequena. É excelente companhia, e com ele converso e passo estas tardes encerradas". E a 23: "Se não fosse o encontro com o Nabuco, também eu teria feito esta vilegiatura sem trocar um murmúrio com o meu semelhante. Mas este hotel impõe realmente o isolamento. Ao jantar, mesas separadas, como um restaurante de Paris e impossibilidade de passar a mostarda ao vizinho e lançar os alicerces de uma amizade. Depois a vastidão e separação do bilhar, fumoir, salon, etc., não conduzem a que se troque uma primeira palavra tímida sobre o tempo ou [a guerra do] Transvaal. De resto só há ingleses, que não se conhecem eles próprios e que, por causa dos diferentes sports em que Biarritz abunda, desde o golf até ao fox-hunting, todos se deitam cedo, logo desaparecem. Mas felizmente tenho o bom Nabuco".*

A Bayonne. Entusiasmo de Carolina diante de uma loja de santos: "Nunca vi uma loja assim tão bonita!"

[...] Tempestade. Esplêndida vista do mar todo em espuma em uma praia sem fim, do Rocher de la Vierge e do Farol.

22 março

[...] Telegrama do Oliveira Lima, anunciando-me a morte do Correia. *Hodie tibi, cras mihi!**... Grande abalo para mim essa morte, que sentirei cada vez mais... Como tenho perdido amigos ultimamente e escapado de perder. Morreu de repente na cama... Pobre Correia!

23 março

* *Hoje você, amanhã eu!*

Ontem tive a notícia de que o Correia morreu subitamente em Londres, hoje dizem os jornais que ele foi achado morto na cama... Desde ontem sob a impressão dessa perda... Por ele, coitado, meu sentimento é atenuado pelo receio constante que eu tinha de que se renovasse a doença de 1890, que seria um fim pior, e porque, salvo o ponto de vista cristão sobre a morte repentina (quem sabe se ele não teve tempo de arrepender-se e de pensar na morte, no ato de ser ferido?), essa morte súbita, no gozo da posição que ele mais ambicionara, na prosperidade, em todos os sentidos, mundana, a que atingira, foi talvez a sorte mais clemente que lhe podia tocar... Por mim, porém, pelo que significa para mim essa falta, esse vazio em Londres, onde já não achava mais o Penedo, essa morte é um grande abalo, ou antes é uma escavação da onda por baixo da massa inclinada e a desabar... Londres é um dos grandes centros das minhas recordações, um dos abrigos da minha vida errante, e, sem o Correia, depois de fechado Grosvernor Gardens 32[39], faz-me o efeito de uma cidade desconhecida... Correia foi um desses homens que me deram a superstição (é uma idéia sem fundamento senão em cinco ou seis obser-

24 março

---

39. *Endereço da Legação do Brasil em Londres ao tempo do barão de Penedo. Nabuco recolheu suas lembranças da época no capítulo de* Minha Formação, *que leva como título o endereço.*

vações minhas) de que os filhos que sustentaram com amor e carinho *a mãe* ou foram muito bons para ela têm sua paga neste mundo. Sozinho ele se achou, pela morte do pai, com a carga da mãe deixada sem recursos de nenhuma espécie, e deu conta da tarefa. Isso era a sua consolação, ou devia ser, porque ele nunca falava nisso... O segredo do seu sucesso na sociedade, e foi grande, (porque tornou-se um dos íntimos, como se sabe, do príncipe de Gales — é curioso que em Londres os dois maiores favoritos da Realeza e, portanto, da *Society*, fossem um português, Soveral, e um brasileiro, Correia, — e viveu familiarmente com as princesas da Corte, os duques, mandando nos principais *clubs*), consiste na benignidade do seu tom, na prestabilidade de sua pessoa, na fácil e completa aquisição dos meios de comunicabilidade social inglesas, o *whist*, o *turf* (todavia, não montava, nem caçava, apostava), o *dining out** infatigável (diário, duas vezes por dia, mesmo porque o *luncheon** é também um jantar), mas sobretudo na neutralidade do seu espírito, que não chocava a ninguém, na simplicidade do seu gosto, para o qual não havia enfaro na vida social... Pobre Correia! Esse não teve aspiração, ambição além da vida (não falo espiritualmente através da vida, ele foi sempre crente e católico), quero dizer, nenhuma ambição de glória... E por quê? Por quê? Tendo um caráter sempre desejoso de subir, de ocupar o melhor lugar, de viver na melhor roda? Talvez por um defeito que, de algum modo, o inutilizou para outra vida que não fosse a diplomática: por não poder perder a pronúncia francesa da infância e estropiar o português, quando falava; escrevia-o com a maior clareza e facilidade, num estilo corrente, que, por ser sem pretensão, tem ainda maior valor... A timidez que lhe devia causar no Brasil essa imperfeição, que nunca é perdoada inteiramente, mesmo pelos melhores, foi muito provavelmente causa de renunciar ele mesmo na carreira diplomática a toda idéia de deixar um nome, um traço seu... Além disso, não tivera estudos e a vida não lhe deixou tempo para adquirir mais tarde aquilo de que não fizera caso no começo... E, todavia, quem sabe se não deveu o *sucesso* de sua vida àquele impedimento para outros caminhos! Correia

* *jantar fora*
* *almoço*

não era nem um *intelectual*, nem um *espiritual*, mas era um brando e um bom, e isto vale mais que tudo como fundo humano... A sua imagem está associada para mim à idéia de *bom* filho e à de *bom* amigo, não do gênero heróico, mas do gênero humano, como os há... desses, cuja lembrança é uma companhia agradável, para o resto da vida, dos que os conheceram... Há tempo que eu encaro a partida para o desconhecido dos meus camaradas e amigos como um avanço apenas sobre a minha... Sinto-me em ordem de marcha. É natural essa impressão, dos que já viveram, de que todos morrem em torno deles. Quando se é jovem, os amigos, os prolongamentos e irradiações de nós mesmos, são jovens como nós e têm a vida diante de si. Quando já se viveu, os amigos já viveram também, estão, senão velhos, usados pela vida, e todos só têm diante deles a morte... Independentemente desse ponto da idade, admitindo que a morte seja tão freqüente entre os amigos jovens como entre os que fizeram todo o circuito da vida, vive-se muito depois de tê-lo concluído, mas pertence-se à mesma categoria dos acabados. Há também que, na mocidade, olha-se para diante e não para trás, está-se no tropel, na peleja, em que os camaradas pisam sobre os camaradas caídos sem o sentir, e, no declínio, está-se entre os feridos abandonados do campo de batalha, ouvindo os gemidos a que se não pode atender e esperando a nossa vez de descansar...

26 *março*

Leio hoje estas palavras do chanceler alemão, príncipe de Hohenlohe, que estão inteiramente no meu pensar: "Tive sempre uma fé profunda no progresso da humanidade; não obstante, devo confessar que, nestes últimos anos, minha fé tinha ficado um tanto abalada. A *struggle for life** que nos é imposta pela natureza (não se poderia dizer que no estado de amadurecimento da razão humana e dos meios ao seu dispor, a *struggle for life* não é mais uma *imposição* da natureza, mas o efeito da ambição e da inércia do organismo social?) tem, com efeito, tomado ultimamente um caráter tal que nos aproximamos mais do mundo animal e que o progresso realizado é antes um progresso para baixo do que um progresso pa-

* luta pela vida

ra cima". Refere-se ao "dilúvio dos interesses materiais". A mim também parece que a humanidade moralmente quer retroceder, porque a cobiça não encontra os paradeiros ou as compensações que antes achava nos elementos (nas partes) desinteressados do caráter social, nos ideais nobres, de sacrifício e outros, nos estímulos de glória, etc. Mesmo a religião parece se estar materializando e a aristocracia do futuro não promete ser outra senão a do dinheiro, já o é, o cosmopolitismo argentário sobrepujou todas as nobrezas e distinções do mundo. Isso, porém, quer dizer que o caráter estético como era, das antigas aristocracias, superioridades, etc., não era permanente e que elas desenvolviam um espírito, às vezes anti-humano, fatal à sociedade. Assim em toda parte. A nobreza do futuro (distante) para ser a do caráter moral (cristalizado embaixo ou em cima, que importa? Nas classes altas ou nas classes *inferiores*?) precisa da destruição das antigas nobrezas degeneradas, ou de superioridade, *forçosamente* (pela função que elas preenchiam, modo por que se formavam, origens de seus títulos, propriedades etc.) transitória, e só será possível por esse processo da desmoralização geral pelo mercantilismo e dinheiro, com os vícios e dissolução que o acompanham, que é o que pode trazer por uma reação natural, o <u>ascetismo</u>, como trouxe em Roma e em Constantinopla, já uma vez, e o reflexo moral dele nas primazias do mundo... Assim, tudo é o processo natural; a corrupção é o fenômeno necessário da degeneração dos antigos elementos sociais, não é um fato inesperado, *on devait s'y attendre...** Por outro lado, o bem-estar, a abundância tem-se multiplicado tanto, a população vai em tal crescimento, que os fenômenos têm que ser desconhecidos e imprevistos por muito tempo... A luta pela vida muda de caráter, pelas novas condições da terra, pela fusão de todas as raças humanas no cadinho do cosmopolitismo, que será o fato dominante do futuro, já anunciado, no século XIX, pelo sucesso da imigração em formar os novos Estados da América... Não há, portanto, decadência orgânica essencial por ora: há a liquidação, por meio dos seus vícios, das antigas partes do corpo social, que, pela estreiteza da sua concepção, não poderiam, qualquer que seja sua beleza estética restrospectiva ou histórica,

* *deve-se contar com ela*

sua *patine** de lenda (lendária), convir aos novos organismos cem vezes mais amplos e correspondentemente (às 100 vezes) com movimentos parciais mais difíceis de combinar, harmonizar, articular, *simetrizar*, etc. (não pude acompanhar com a pena o meu pensamento, partes dele ficarão talvez confusas, indistintas). Entretanto, o que mais nos fere a vista hoje, o direito do mais forte afirmando-se por toda parte, deu-se sempre, em todos os tempos. O que há é que hoje não se tem mais a ilusão, a crença ilusória na generosidade humana, que assinalou outras épocas mais crédulas: hoje *on se rend bien compte** da pequena chance do fraco tendo só o direito por si. Por outro lado, está-se também tornando evidente e visível (esta convicção há-de ser por força moralizadora) a verdade da *sanção moral ulterior*, alguma coisa, senão exatamente o mesmo, parecida com a lei mosaica do castigo do crime dos pais nos filhos (às vezes o castigo começa na própria geração culpada), pelo que se pode contar certo que o país, a classe, a instituição, o indivíduo, cuja violência e opressão contra o fraco hoje nos escandaliza, terá ulteriormente o seu castigo.

*pátina

*percebemos bem

Ao Eduardo[40]: "Morreu sem sentir, sem ver vir a morte, como outros vêem, com antecipação que já suspende o ritmo da vida. Para mim, a desaparição do Correia muda o aspecto, a significação íntima de Londres... Eu continuo em Biarritz. É um perfeito isolamento e como o mar é uma perfeita distração, tenho aqui tudo que preciso para trabalhar... Desejo-lhe tudo".

27 março

Quanto mais limitado o círculo (de admiração, de aplauso, de crítica) com que o homem se contenta, tanto mais grave, nobre, consistente o seu caráter — ou o papel que ele representa? Escrevo isto pensando no João, que por ora se contenta em ser o *chevalier sans peur et sans reproche** para a sala de jantar da família, cônscio da admiração deles.

28 março

*cavaleiro sem medo e sem mácula

---

40. Prado.

Quem foi que disse que, vendo-se os ricos (aqueles a quem Deus dá a fortuna, a espécie de gente que são), é que se sente quão pouco caso Deus liga ao dinheiro? O mesmo pode-se dizer do talento.

1º abril	Recebi telegrama convidando-me missão especial Londres.[41] [...]
3 abril	Carta do Oliveira Lima dizendo que telegrafara a pedido dos Rotschilds, dizendo quanto seria bem acolhida minha nomeação. [...]
5 abril	A Fuenterrabia, onde ouvimos missa. Dormimos em San Sebastian, Hotel Continental. [...]
7 abril	Recebo telegramas de Eduardo Prado, F. Youle (ontem), Megaw e Norton, Cunyngham, Rio Claro Railway Directors. Deve ter aparecido alguma coisa ontem no *Times* que explique essas felicitações. Uma diz que fui nomeado Ministro do Brasil em Londres.
9 abril * *ritos religiosos*	[...] Hoje bênção dos ramos. Só na Espanha a Semana Santa conserva o antigo caráter religioso. *Las funcciones** são a vida deste povo. Vi muitos que me lembraram o estado d'alma do meu Julião e [falta continuação].
12 abril	Visitamos as sete igrejas: Santa Maria (que admirável Jesus com a túnica encarnada e coroado de espinhos), São Vicente, o Bom Pastor, Santo Inácio Antíguo, convento das Reparadoras, capela dos Jesuítas.
13 abril	Vamos de S. Sebastian (Guipúzcoa) a Fuenterrabia, de carruagem, ver a procissão de enterro. Duas horas de caminho. Depois de deixar Pasajes, onde o mar se fecha em um lago, com uma estreita bo-

---

41. *Devido ao falecimento de Sousa Correia, Nabuco foi nomeado ministro em missão especial em Londres, em cuja legação o conselheiro Oliveira Lima continuaria por algum tempo como encarregado de negócios.*

ca comprida entre montanhas, o campo verdejante e bem regado, verdura e água. Em Fuenterrabia tomamos uma varanda para ver. A Calle Mayor cheia de estrangeiros e curiosos, mas ainda assim o aspecto de tudo é o mais quieto e em harmonia com a vetustez e a tranqüilidade d'alma do lugar... Não se pode dizer que nessa rua tão conservada se sinta a fisionomia do passado, porque o passado em Espanha é o presente e o futuro, mas sente-se uma serenidade absoluta, como a dos conventos isolados em paisagens distantes que fazem, por assim dizer, parte dos seus claustros, frescos do seu pátio... Tenho antes que a impressão de uma cidade antiga espanhola, a de uma festa em Pompéia... Rua estreita, em uma extremidade, a gente assentada sobre a velha porta da cidade, em outra, no terraço (no adro) da Catedral, as varandas antigas das mesmas ferragens, cheias de curiosos vindos de fora... O caráter da procissão não é novo para mim que vi as do Rio, muito mais imponentes que eram. Espectadores e préstito sentem que é uma *curiosidade*, e não mais uma verdadeira devoção...

A Fuenterrabia, 20 quilômetros, 40 de ida e volta em carruagem com nosso cocheiro de todos os dias, Máximo. Procissão da Paixão. A estreita rua antiga com os telhados salientes de madeira, as grades de ferro, os brazões, as portas, tudo de outros séculos, enche-se de uma multidão metade espanhola (mantilhas), metade estrangeira (costume de bicicleta e automóvel, jaquetas *tailleur*). Belo quadro, num extremo a porta da Catedral cheia de gente, no outro a porta da cidade sobre a qual há muita gente também. Tudo muito tranqüilo, muito simples, como que querendo apenas apanhar um trecho sobrevivo do passado que aqui se representa. Primeiro, diversos carregadores de cruzes, vestidos como Jesus, depois andores. Jesus no horto, carregando a Cruz, Santa Maria Madalena, São João, Senhor Morto, Nossa Senhora das Dores, o arcanjo São Miguel à frente dos anjos, os anjinhos de 4 a 5 anos. Depois a Irún.

15 abril   A Santo Inácio. Com o Maurício de carruagem, o Benjamin na almofada, partimos para Santo Inácio depois da missa. Às 11h30. Paramos em Ursubil, velha igreja, Casa Solare Saroc, também muito antiga, arquitetural, renascença como em um palácio de Roma; depois em Orio, também velha igreja, a *pelota*[42] no adro, perto do mar que entra pela foz do Orio, depois subindo a montanha para Zarauz. De Zarauz paramos em Guetary, descemos a ver a estátua de Del Cano[43], que o cocheiro nos dizia ter sido o descobridor da América. A igreja basca ainda, sempre. O povo, depois das vésperas. De Guetary seguimos (todo esse caminho de Zarauz a Guetary pela rocha) a beira do mar é muito bonita, em grande extensão imensas pedras ameaçando desprender-se sobre a estrada e rolar para o mar, como as que estão embaixo enegrecidas pela onda. Em uma ponte, antes de Orio, o cocheiro mostrou-nos a maior várzea de Guipúzcoa, na montanha, disse-nos que eram *hullagas* as flores amarelas espinhosas que cobrem as serras. Passamos por Cestona e entramos no vale encantador do Urola até Santo Inácio. O rio represado cai de distância em distância formando um lençol de espuma, uma cortina branca na paisagem, alegre, verde, risonha, das margens. Só as montanhas são ásperas, tristes e áridas; a planície é deliciosa. O coração prende-se logo a este lugar. Para mim a paisagem francesa, tão fina e sedutora em lugares semelhantes, fala ao espírito somente, como a Suíça aos olhos. Esta fala-me ao sentimento, irradia nela a alma simples, primitiva, ainda não *captada* do país, do povo. Passamos pela velha Azpeitia sem parar senão um momento na praça, onde está a população brincando com um novilho preso por uma comprida corda. Estão se familiarizando com *los toros*. Em poucos minutos mais estamos em Santo Inácio na *fonda** de Miguel Arocel. Cinqüenta e tantos quilômetros que fizemos em poucas horas em um bom landau cômodo. Parte da viagem o Maurício segura as rédeas e finge governar os três cavalos.

* *bodega*

---

42. *Jogo popular no País Vasco.*
43. *Sebastián Del Cano, navegador, acompanhou Fernão de Magalhães na sua viagem de circunavegação do globo e após o trucidamento deste, passou a comandar a expedição, completando o périplo.*

Recebo um bonito alfinete que foi do Correia, presente da sobrinha.	*18 abril*
[...] Carta postal ao Rodolfo com uma onda na praia dos vascos: "Efeito que me causou certa assinatura no *Jornal do Commercio*. *Quantum mutatus** a... Bex! Explique-me isso psicologicamente, que é o que me interessa". Alusão à felicitação do Rodolfo ao Andrade Figueira em nome dos monarquistas de Friburgo. [...]	*21 abril* *quão mudado
Vendo Lurdes.	*24 abril*
Chegada da peregrinação. Procissão belga, cerca de 2.000 peregrinos, metade franceses, metade flamengos. A forte língua flamenga e os cantos fazem-me pensar, pelo tipo da raça, nos Boers cantando os salmos no Transvaal, nos intervalos da batalha. Defronte do hotel, o Hospital de Nossa Senhora das Dores, aonde vêm os doentes. Transporte dos doentes, os *brancardiers**, os homens da aristocracia e da sociedade que fazem esse serviço e andam sempre com as alças, para suspender as macas, por cima do paletó. Os carros de doentes, os grandes que os trazem da estação deitados em macas atravessadas de um lado a outro em cima, os pequenos de empurrar, em que são levados à bênção do Santíssimo Sacramento. É muito grande a impressão deste lugar. Hoje chega uma peregrinação belga. Imagine uma capela de Nosso Senhor do Bonfim centro da devoção da humanidade, em vez de ser um pequeno santuário local como aquele, e você terá idéia do recolhimento religioso que se respira aqui. Cada dia me esforce eu mais para sentir minha alma imortal. Quem sabe se no futuro os tímidos não serão julgados os únicos bons, os únicos em que morreu a força agressiva do antigo selvagem que foi o homem?	*25 abril* *padioleiros

26 *abril*   Três impressões. De manhã: forte impressão dos cantos defronte das piscinas. Os peregrinos rezando em altas vozes, cantos, pelos doentes, enquanto se banham nos pequenos quartos onde estão as piscinas. Padres, *brancardiers*, diretores da peregrinação, peregrinos aos centenares ajoelhados. À tarde: procissão do Santíssimo Sacramento e bênção aos doentes, colocados em duas alas defronte do rosário. Ver as fotografias. À noite: procissão de archotes saindo da gruta e cercando a estátua da Virgem Coroada na praça defronte do Rosário. Uma serpentina dourada cobrindo o imenso espaço da *via sacra* de Lurdes.

2ª comunhão de Evelina. Um dia todo de peregrinação. Missa na cripta. À gruta, de manhã. Vendo os doentes e as orações e cantos por eles, à tarde. Bênção do Santo Sacramento aos doentes (procissão), à noite procissão *aux flambeaux** com Maurício, e Joaquim, Evelina. Licença para comungar outra vez. Panorama de Jerusalém.

* com archotes

27 *abril*   Ao Calvário. Caminho da Cruz.

O inimigo do estrangeiro entre nós. Quem odeia qualquer nação odeia a humanidade, porque toda nação é uma redução da humanidade. A Inglaterra é ruim? O resto do mundo não é melhor. A perseverança final é muito diversa do acabar bem do político. *Nolite timere**, que bela divisa! Pedi a Nossa Senhora uma amnésia (desmemoriamento) política.

* não temais

3ª comunhão de Evelina. 2ª comunhão. Na gruta, comungam centenares; Rosário também muito cheia, só posso comungar na cripta, tendo passado hora e meia de pé, cabeça descoberta, na chuva, das 6 às 7h30. Deus seja louvado.

28 *abril*   Carolina e Maurício fizeram a primeira confissão hoje na cripta da Basílica. À janela da Villa de la Solitude, a Fleur d'Eau chamada. Embaixo da janela, o Gave correndo rápido com um murmúrio doce com a sua água esverdeada, depois de passar a ponte e a caminho para o degrau que salta espumante aos pés da muralha do alto rochedo onde está o velho castelo. A margem em frente (onde a vege-

tação começa de dentro da água, leve, verde, jovem, fresca da primavera, em árvores plantadas na floresta), formada por paredes que sustentam os terraços plantados de *peupliers*, *pins* e *sapins**.

* choupos, pinheiros e abetos

À minha direita a ponte atravessada pelo elétrico que comunica os dois lados da cidade; em roda ao longe as montanhas que cercam Lurdes. A impressão do quadro é tudo que pode haver mais calmante e doce, é um belo "fundo", pode-se dizer, da cidade-santuário, da vida que se tem do outro lado do hotel que dá sobre o hospital e sobre a rua, e onde se vê a animação, o movimento dos peregrinos. Há alguma coisa da Suíça nestas montanhas, mas o tom francês e meridional não deixa confundir as duas sensações, mas é uma combinação de três elementos para mim de impressão: a Suíça, a França e Petrópolis. Tomando alguma coisa de cada um, tenho exatamente a nota íntima do quadro... Estar sentado, tendo defronte como um pano de teatro a cortina da folhagem e do arvoredo, as casas em altura mais longe e as montanhas no último fundo do quadro, como um *décor** permanente, parado, e ver passar a água, rápida, mas serena, apressada, mas calma, e fitar bem, longamente, a passagem, a corrente... A melancolia e o conforto que há nessa imagem viva da vida, da nossa vida, nesse espetáculo retrospectivo de nós mesmos... Felizes os que têm a margem firme do outro lado e não estão condenados a representar-se sua própria vida só como uma corrente sem margens... O arvoredo que banha os pés na corrente rápida e como que brota dela... *voilà*!* aí está o que se deve desejar, o mais que se pode pedir à vida... E, do meio da corrente, essas árvores se propagam e lançam outros troncos, que depois sobem da água para buscar-lhes a sombra. Que melhor imagem do que é a vida e do que são os filhos de tantos!

* cenário

* aí está

Lurdes. Na cripta. Idéia de rezar, nas dificuldades ou circunstâncias, a dezena do rosário, que mais analogia tenha. Assim, para qualquer inspiração *intelectual* de que precise: a de Jesus entre os doutores, moral; a do Cenáculo, sofrimento, a de Maria ao pé da cruz, ofensas, a de Jesus vilipendiado, etc.

29 *abril*	[...] 5ª comunhão de Evelina. Na gruta todo o dia vendo a peregrinação rezar pelos doentes. À noite procissão *aux flambeaux* e iluminação.
30 *abril*	À missa na cripta. Assisto a dois milagres. Do alto do terraço da Basílica, vejo o povo mover-se em torno de uma menina, de tarde o mesmo com uma mulher paralítica. Vejo o homem que deixou anteontem as muletas na gruta. [...]
1º *maio*	Missa. Partida dos peregrinos. O dia na gruta e em redor.
2 *maio*	[...] Despedimo-nos de Nossa Senhora com lágrimas. Rezando por despedida na Basílica, na cripta, no Rosário, na gruta, na esplanada. [...] Chegamos a Pau, Hotel de France. Os meninos são todos consagrados na cripta.
3 *maio*	Em Pau. Visita ao Château. [...]
4 *maio*	[...] Partimos para Bordeaux, onde dormimos Hotel Terminus.
5 *maio*	Seguimos para Tours. Hotel de l'Univers.
10 *maio*	Anos do Maurício. Partimos para Saint Germain-en-Laye. Pavillon Louis XIV.
11 *maio* * *no momento da morte*	*Clyde* parte de Southampton. Expedimos (registrado de Tours) por este vapor a bênção do Papa, colorida, *in articulo mortis**, para o nosso amigo Domingos Alves Ribeiro.
13 *maio*	[...] Mando flores pela data à Princesa, que mas agradece por telegrama.
19 *maio*	[...] Pelo Sud Express, três cartas ao dr. Olinto pedindo instruções.

Ao Tobias[44]: "Sou um devoto hoje de Notre Dame du Bon Retour. Tenho muito medo que vocês aí me esqueçam... Lembro-me de uns versos de Maquet escritos em Granada: *"Défiez-vous du chant des syrènes d'ici, Voyageur, il pourrait vous empêcher d'entendre Cette voix de là-bas qui vous dit, triste et tendre: Ceux que vous oubliez vous oublieront aussi"**. Para mim não há sereias nem em Paris, nem em Londres; por isso mesmo, tenho ainda mais medo de ser esquecido, porque não posso esquecer. Você não me diz novidade sobre os meus antigos amigos políticos e o modo por que se pronunciam a meu respeito[45]. Eu, porém, de nenhum modo me quero pronunciar sobre eles. Cada um seu caminho, seu modo de pensar e de sentir. Verdadeiramente bem, cada um só pode conhecer de si mesmo, dos seus motivos, da sinceridade e honestidade de suas intenções. Se eles me querem julgar a mim, é um juízo fútil, porque não conhecem nada da minha psicologia. Se eu os quisesse julgar a eles, seria o mesmo. Foi por isso que na *Vida* de meu pai procurei sempre explicar os atos e atitude de um sem-número de personagens pelo móvel mais elevado, porque, se me enganasse, errava do lado da caridade e da benevolência. O fato é que eles e eu nunca vimos os problemas políticos do mesmo ponto de vista e nunca fomos monarquistas do mesmo modo. Um dia nos conciliaremos no esquecimento que nos há de envolver a todos. Eu hoje encaro todas as questões pessoais de uma distância de cem ou duzentos anos. Não me deixe o nosso querido Caldas Viana desgarrar. Quem tem um talento assim e o dom de formular todos os matizes deve evitar os extremos e o exclusivo. Ou escreve-se acima ou abaixo das nuvens (nas nuvens nunca se é escritor); não o deixe respirar nunca a atmosfera pesada e insalubre, onde se condensa o nevoeiro das paixões do dia, obrigue-o a elevar-se sempre acima dela, *além das nuvens*".

21 maio

* *"Duvidai do canto das sereias daqui / viajante, ele poderia impedir que escutásseis / esta voz de muito longe, que vos diz, triste e terna:/ os que vós esquecestes vos esquecerão também".*

---

44. Monteiro. A carta, datada de 20 de maio de 1900, está reproduzida na íntegra nas Cartas a Amigos, ii, pp. 71-5.
45. Referências às críticas feitas por monarquistas do Rio à aceitação por Nabuco do cargo em Londres.

5 junho	Escrevi ao dr. Oliveira Lima mandando minuta da nota[46]. [...] Pougues.[47] Além da cura das águas e das duchas, o dr. Janicot impõe-me agora a cura da marcha progressiva, *la cure du terrain*. Oração à noite: tantas curas, meu Deus, que tenho ensaiado, só não ensaiei a cura da caridade. Fazei-me pensar seriamente no modo de organizá-la para mim e para os meus e de praticá-la diária e progressivamente, e, se não tiver tempo para ela, não me deixeis faltar à cura da morte, uma morte que resgate a vida e que seja um sacrifício para a felicidade de meus filhos, já que não pude Te sacrificar a vida, a Ti, isto é, ao próximo. A cura da caridade. Um ato de verdadeiro amor do próximo por dia para começar.
7 junho	Chega o Antônio Carlos. Com ele ao dr. Janicot. Aumenta meu itinerário com mais dois quilômetros.
11 junho	[...] Os pequenos pés da Virgem em uma imagem de Lurdes pousando sobre um galho de que rebentam flores. Beijei-os na imagem para que rebentem no meu coração flores que eu possa um dia oferecer-lhe quando me apresentar aonde ela intercede por nós. São Cristóvão carregou o menino Jesus através de um rio. Carregai meus filhos, grande Santo, através da infância para que a atravessem com as roupas da inocência intactas.
14 junho *sensação de desmaio	Hoje no parque *fainting feeling** de manhã. Sentei-me um instante. Depois tomei a ducha e dei novamente a volta grande. [...]
16 junho	Volto a Saint Germain.

---

46. Trata-se de nota em que o Governo brasileiro respondia circunlocutoriamente à de lord Salisbury.
47. Estação de águas da Nièvre.

Recebo telegrama governo *rather annoying*.*	*18* junho
	*meio desagradável

Respondo telegrama *rather sharply*.*	*19* junho
	*meio contundentemente

Ontem à noite recebi os dois primeiros exemplares de *Minha Formação*, que esperava com certa ansiedade. Impressão geral da obra agradável; de alguns capítulos, "Massangana", "Tautphoeus", "Meu Pai", talvez melhor do que nas provas. No todo, porém, a sensação de vazio, de insuficiência, de decepção, de enfado, que, estou certo, mesmo a obra a mais genial, tivesse eu escrito as mais belas páginas de Chateaubriand ou de Renan, me havia de causar, pelo que agradeci a Deus fervorosamente, contente, refugiando-me nele. Não são só os prazeres dos sentidos que causam essa impressão de vacuidade, esse recuo da falsa elação ou transporte, são os da inteligência, da composição literária também, e disso deve-se render graças a Deus, que assim nos obriga a ter a consciência, o sentimento do infinito, que não podemos alcançar, que destrói no círculo acessível todas as nossas antecipações de gozo e de êxtase, que é a nossa doença, a nossa neurose incurável, mas que é também o sinal, o cunho, de relações misteriosas, ocultas, impenetráveis do nosso ser com uma esfera superior a tudo que é pessoal, sensível, exprimível, fazível, desejável, ou em qualquer outro sentido acessível, seja aos nossos sentidos, seja à nossa inteligência corpórea, mundana, terrestre... Que serve fazer a pérola, quando não se pode passar de ostra?	*30* junho

4 julho	[...] Recebo projeto nota Rio Branco para o encarregado de negócios apresentar.[48]
9 julho	Telegrafo ao dr. Olinto pedindo autorização para propor traçado Rio Branco.
20 julho	Telegrama governo: "Salisbury não aceita mas autorizo proposta Rio Branco". Remeto nota Oliveira Lima registrado. [...]
21 julho	Vêm de automóvel de Paris jantar Eduardo Prado e Dª Carolina com Ramalho Ortigão. Também Graça Aranha.
25 julho	Almoçamos Evelina, Guimarães e eu no Café Durand. Graça tem uma vertigem na rua. Seguimos entretanto às 3h30 para Londres, onde ele chega bem. Hotel Victoria.
26 julho * Encantado!	Venho para o hotel Fleming's em Clarges Street. Hoje mesmo ao Foreign Office onde sou apresentado a Mr. Bertie e a Sir Thomas Sanderson. À noite, à casa do Alfred Rotschild que me apresenta ao príncipe.[49] Dizendo-me ele que tinha sido um grande amigo, de 30 anos, do Correia, eu disse que esperava que essa amizade do Correia não fosse um capital inteiramente perdido para nós... "Enchanté*!", respondeu-me.
27 julho	Vem José Carlos Rodrigues. À Delegacia.[50] A questão da carta de Lurdes. Jantar Oliveira Lima e Graça.

---

48. *Rio Branco, que se achava em Berna esperando a decisão do governo suíço sobre o litígio acerca dos limites da Guiana Francesa, sugeriu que o Brasil fizesse uma contraproposta à Inglaterra, preferindo a negociação direta ao arbitramento numa questão em que pensava estar nossa causa apoiada em provas insuficientes.*
49. *De Gales, em breve rei Eduardo VII.*
50. *Delegacia do Tesouro.*

Ao Oratório. Sei da morte do Pe Gordon.[51] Longo passeio a pé por Hyde Park, Green Park, St. James Park até Queen Anne's Mansions.	*28 julho*
À missa no Oratório. Senhora do Bom Conselho. Depois vamos os Limas, Graça e eu, a Maidenhead. Perdemo-nos, eu e eles, parte do dia. Em lancha no Tâmisa.	*29 julho*
Janto em casa do Alfred Rotschild. Doze pessoas. Estão o duque e a duquesa de Devonshire, Lady Marque, que Mrs. Wombwell me diz ser a mais bonita mulher da Inglaterra, e uma rival, porém de outra escola de pintura, esta uma veneziana ou uma Rubens, e aquela antes escultural, ou melhor, estátua grega. Um Mr. ou Sir... Scott, com quem converso muito, conta um dito de uma viúva do campo à rainha, depois da perda de um filho: a morte do marido fizera-lhe um buraco no coração, pelo qual todas as outras dores passavam sem ela sentir.	*3 agosto*
Escrevendo o meu discurso para o Congresso Antiescravagista de Paris.	*4 agosto*
Venho a Saint Germain. Boa travessia da Mancha.	*5 agosto*
No Congresso Antiescravagista de Paris, presidido por M. Wallon, tendo ao lado o cardeal Perraud, M. Georges Picot e outros. Presentes a princesa[52], Mme. Amelot, os Muritibas, etc. Interessante exposição pela jovem condessa Ledochowska.	*6 agosto*
Pronuncio o meu discurso no Congresso. Palavras amáveis de Mr. Wallon e do cardeal Perraud.	*7 agosto*

---

51. Que em 1892 desempenhara um papel central na reconversão de Nabuco ao catolicismo.
52. A princesa Isabel, a quem no seu discurso Nabuco saudará com o verso de Hugo, "Un monde libéré vaut un trône perdu". "Um mundo libertado vale um trono perdido".

8 agosto   No Congresso. O cardeal Perraud na sua alocução final refere-se muito lisonjeiramente ao meu discurso.

9 agosto   Carta ao dr. Olinto sobre a minha recepção por Lord Salisbury[53] e o aspecto da questão. Jantamos com D. Zizinha. Conversa sobre o Cândido. Como ela vive exclusivamente dele, por ele, nele... O amor sob essa forma exclusiva e ansiosa é um paroxismo, uma troca de personalidade e a atrofia de todos os deveres humanos e sociais. Amar assim um filho, como uma escrava e uma mártir, é desenvolver nele o pior dos egoísmos. Infelizmente tal forma de sentimento é já sinal de uma doença, a menos que o seja só de uma crise, o que Deus permita.

10 agosto   Carlotinha almoça conosco. Vamos com ela a Paris e jantamos na Exposição[54], nós três e o Gouveia. Voltamos às 11 horas para Saint Germain. [...]

11 agosto   Venho cedo a Paris. Almoço com Iaiá. Vou à Exposição ver o Petit Palais com Laura e Carlotinha. Janto com os Penedos. À noite, à casa do príncipe Roland de Bonaparte, ver a biblioteca. Quatro imensas salas ao comprido formando o exterior de um quadrado que deve ser um imenso pátio interno do edifício, estantes até em cima com galerias, assuntos divididos pelos diversos compartimentos de alto a baixo. Assim, em cima, Equador, Porto Rico, Cuba, etc. e livros nesse sentido perpendicular.

14 agosto   [...] À Exposição com os dois meninos. [...] Jantamos com o Gouveia na Tour Eiffel, 2º andar. Bela vista de cima da Exposição iluminada.

---

53. V. *Carta a Evelina, 1.viii. 1900.*
54. A célebre *Exposição Universal de 1900.*

Partimos para Londres por Calais. Os Graças vêm por Dieppe. Todos enjoados.	*16* agosto
Ao Domício.⁵⁵ A perda do Queirós (Eça) entristece-nos a todos, como que o sentimos mais vivo para nós, mas também *out of reach** e imobilizado nas suas últimas frases e expressões. Quisera bem saber onde cartas nossas alcançariam a D. Emília, cuja situação nos figuramos bem. É pena que ela não possa dormir todos estes dias, e são muitos, da dor nova, que invade tudo em nós, derriba tudo, e nos faz parte do morto, com todas as estranhas e inexplicáveis sensações desse estado, felizmente transitório. Se ela pudesse dormir esses dias...	*20* agosto *fora de alcance
Conversa no Foreign Office com Mr. Villiers, que sugere a linha do Curewaka-Virua.⁵⁶	*22* agosto
Recebo a carta de Mr. Villiers. Mando por *colis* postal o mapa Schomburgk a M. Tropé.⁵⁷	*23* agosto
Mando o mapa de Schomburgk ao Foreign Office para traçarem a nova linha.	*24* agosto
Escrevo a Tropé. Escrevo consultando a Rio Branco.	*25* agosto
Hoje o Joaquim, que viu há dias o meu uniforme⁵⁸: "No dia de meus anos, eu vou me vestir de Ministro. Papai me deixa na casa da rainha? Os soldados que estão na porta têm que me deixar entrar porque vou vestido de Ministro. Se não, são presos..."	*27* agosto

---

55. da Gama.
56. Francis A. Villiers era o diplomata encarregado dos assuntos brasileiros no Foreign Office.
57. Cartógrafo da missão Nabuco.
58. Diplomático.

30 agosto		Conversa de manhã com o Alfred Rotschild com quem janto à noite. Encontro a jantar o duque de Devonshire, a quem sou apresentado. Conversa sobre a oratória inglesa.
31 agosto		A Paris. No vapor, encontro o duque de Devonshire. Janto com o Rio Branco e Gouveia.
2 setembro		[...] Vêm almoçar José Carlos Rodrigues, Tropé, Eduardo Prado e logo depois chega o Rio Branco. Até às 3 horas, quando chega representante da casa Garnier e F. Youle. Às 4 horas vou ver no 5º andar, sem ascensor, o Domício da Gama, e encontro outra vez o Eduardo, com quem saio e que me deixa em casa do Gouveia, onde janto. Depois do jantar, vou ver os Penedos e acabo a noite às 12h30 com o Rio Branco. Assim, das 10 às 12h30, 14h30 horas de conversa seguida, incessante. Deus louvado. Há pouco no Brasil, não teria podido fazer isso.
4 setembro [Londres]		Mudamo-nos para 52, Cornwall Gardens, South Kensington.
13 setembro		Ao Zoological Gardens, com todos da Legação. Jantam Oliveira Lima e senhora, Graça e senhora, Eduardo Prado.
14 setembro		[...] Carta ao dr. Olinto sobre a proposta Villiers. [...]
22 setembro	* a atuação	Almoça[m] o[s] Graça[s]. Vamos à noite nós e eles de camarote ver *Nell Gwinn* no Prince of Wales's. Sempre belos cenários e interessantes reproduções históricas, mas o *acting** ou cheio das velhas declamações com acompanhamento músico, ou uma caricatura da comédia francesa. Esta estudou Réjane.

O Benjamin vai a Southampton levar o primo. Este só admira na Europa o Vesúvio (como a Paulo Afonso).	25 outubro
O Benjamin deixa o meu serviço e segue para Paris.	30 outubro
Recebo telegrama oferecendo-me Legação.[59]	7 dezembro
A Windsor. Apresento as credenciais.[60] Jantar Alfred Rotschild com Rodrigues.	13 dezembro

---

59. *Isto é, a chefia da legação em Londres cumulativamente com a função de representante especial para a questão da Guiana.*
60. *À rainha Vitória.*

Trecho de carta a Evelina

1º.viii.1900

* o último grande homem

Estive com Lord Salisbury, *the last great man** é ele deste país. Que bela fisionomia nobre, em que os anos, os acontecimentos, o espírito de uma geração que acaba com ele põem alguma coisa de augusto como em uma antiga estátua grega. Afinal os dois mais belos rostos de homem que vi foram o de Gladstone e o dele, pela mesma expressão augusta...

Discutindo-se ontem na Legação sobre o Paranhos, ou antes con- *1º janeiro*
versando eu com o Amaral. A tendência de fazer tudo reverter a um
nome só. Hoje compara-se Rio Branco pai a Rio Branco filho, mas
no futuro não os compararão mais do que se não fossem pai e filho,
e, se não fossem ninguém, hoje os estariam comparando. Muito
provavelmente o nome do pai absorverá no futuro a glória toda da
Abolição, absorverá o que veio depois, como de um ponto de vista
mais geral a tendência será para resumir a causa da libertação dos
africanos em Wilberforce, porque foi o movimento inglês do começo do século que se reproduziu mais tarde em França, depois nos
Estados Unidos, depois em Cuba, por último no Brasil, e a glória
dos iniciadores, ou dos criadores do foco inicial de inspiração, será cada vez maior. No Brasil talvez se venha a resumir no Imperador
o fato da emancipação dos escravos, que em 1871 partiu dele.
Acredito ter feito do ponto de vista da justiça humana a distribuição
verdadeira da parte que cabe a cada um na obra de 28 de setembro[61]
no 3º tomo de *Um Estadista do Império*.

Ontem à noite jantamos em casa do Oliveira Lima e durante o
jantar chegou o telegrama mandando comunicar ao Foreign
Office a minha nomeação. Fomos à missa de meia-noite seguida
de *Te Deum* do fim do século. Hoje recebi uma carta do Machado
de Assis sobre *Minha Formação*. Fala-me também da morte do
Gusmão Lobo.

Ontem mandei dar 100 $ para o monumento comemorativo dos
salesianos a Nossa Senhora. Dei £ 1 para o Pão. [...]

Hoje no jantar ponho este bilhete a dr. Graça: "Sentado nas ruínas do século XIX, mando à brilhante geração do século XX um
olhar de inveja, mas também de inexcedível boa vontade". Ao
Oliveira Lima, removido para o Japão, a figura de um *boxer**, uma ** raça de*
casca de ovo a cabeça, chamando-os a ver os berços onde nasce o *cachorro*
dia. Para os Amarais que dormem com o gatinho, Evelina põe um
gatinho sustentando o *menu* com este dito: "Já me adivinhavam

---

61. Menção à lei do Ventre Livre.

quando deram à minha raça o nome de *felis*". Para o dr. Alencar Lima uma pequena jandaia, ou coisa que o valha, com as palavras de *Iracema* sobre a terra onde ela canta na carnaúba.

2 *janeiro* [...] Hoje os jornais falam das pretendidas projeções de Marte. Imagina-se que o primeiro despacho compreensível de planeta a planeta seria 1, 2, 3, mostrando que eles também sabem a matemática. Mas, se por aparelhos de infinita perfeição eles sabem o que se passa na terra, o verdadeiro modo de nos significar isto seria uma projeção em forma de cruz. Seria a Cruz.

Não é a mesma coisa dizer entre São Fulgêncio e São Silvestre e entre São Silvestre e São Fulgêncio. Aquela expressão é o ano, esta o dia de São Nunca. Assim a ordem dos fatores altera o produto. É que o conteúdo pode ser maior que o continente: a alma é maior que o corpo, a bondade maior que o coração, a ignorância maior que a cabeça, o astro maior que a luneta.

Título para um livro: *Palma Áurea*.

Há um mês comecei a ler, ao deitar-me, a vida do santo do dia em *Butler's Lives of Saints*. Hoje comecei também no *Hagiológio Lusitano*.[62]

4 *janeiro* Hoje à noite ao deitar-me um canto dos *Mártires*, uma carta de Beckford[63]; o *Hagiológio Lusitano* e *Butler* tinha lido à tardinha.

5 *janeiro* No *Hagiológio Lusitano* (janeiro, 2) falando do fundador da Arrábida: "Era de tão cândido ânimo que nunca viu coisa que não interpretasse a melhor parte".

Hoje no Curso de Literatura do cônego Pinheiro, lendo o exórdio do sermão de São Pedro de Alcântara de Mont'Alverne e a descrição da cena por Porto Alegre. Se eu tivesse que reunir as páginas de ouro que mais admirei, transcreveria aquele trecho com essa descrição.

---

62. *Trata-se de duas hagiografias do século XVII.*
63. *Os Mártires do Cristianismo, de Chateaubriand. A carta de Beckford é uma alusão à obra de William Beckford,* Italy with sketches of Spain and Portugal, *2 vols., Londres, 1834.*

Aquela é a medida exata da sonoridade da nossa língua para mim, e a última perfeição dela. Literariamente é o *nec plus** da nossa eloqüência. Parece que no Brasil não houve nada maior do que o grupo dos pregadores daquele tempo, o grupo todo literário. Eu pelo menos admiro muito o movimento e a eloqüência de Porto Alegre.

* *o ponto alto*

Hoje à noite leio as *Vidas* e um canto dos *Mártires*.

6 janeiro

No *Hagiológio*, 5 de janeiro. D. Maria de Menezes, de Vila do Conde, abadessa, grande pontualidade no coro. "Esta lhe granjeou a vista de um caso maravilhoso. Vindo certo dia a matinas, entrou no coro apressada, julgando era já tarde, mas achou as cadeiras quase todas ocupadas e as matinas começadas. Assentada em seu lugar, continuou o ofício, imaginando eram as religiosas vivas, porém achou serem as defuntas, as quais, posto que acabaram, se deixaram estar, até que ela, como abadessa, lhes fez sinal e então desapareceram, ficando a serva de Deus só, que não se fartava de dar graças ao Senhor por tão extraordinário favor como usara com ela, pela grande devoção e assistência com que freqüentava o coro".

7 janeiro

Ao J. C. Rodrigues: Referência ao ordenado, gastei ajudas de custo. Missão ordinária melhor saída para a especial. Ingleses absorvidos há ano e meio outras questões. "Nós mesmos, se tivermos estrela, como tivemos nas questões das Missões e do Oiapoque, podemos ganhar com a demora da solução, porque um arbitramento futuro sobre maior área, como aconteceu naqueles casos, pode vir a sernos mais favorável do que uma transação direta, como quisemos fazer com a França, ou do que a restrição do arbitramento a pequena área, o que já é uma transação direta sobre grande parte, ainda que não sobre o todo. E no entanto talvez a redução da área litigiosa seja no estado ou na fase natural da questão o único meio de a levarmos agora e já a arbitramento".

11 janeiro

Pequena importância política da Legação, sua importância financeira. Politicamente a de Washington vale todas da Europa. Financeiramente será cada dia mais importante.

Telegrafar. Imagine vinte ou trinta dias entre a situação de um negócio e o conhecimento dele aí.

"Infelizmente a impressão que vem daí é de muita tristeza pelos maus negócios e estado precário de tanta família. Se todos se unissem num mesmo sentimento de desprendimento patriótico e na mesma resolução viril de pôr a casa em ordem para as gerações futuras, já que a atual arruinou-se irremediavelmente, ainda poderíamos esperar melhores dias. As instituições atuais, porém, para não nos serem prejudiciais (falo da organização dada à República, não da forma republicana, que é e foi uma exigência por assim dizer americana, continental), precisam do acordo de *tantas* cabeças que realmente, sobretudo com as presidências de quatro anos, não se o deve supor possível. Precisamos, por outra, de um presidente, homem de Estado, governando quanto às linhas gerais da administração do país e quanto à algibeira do contribuinte, que é uma só, por si e pelos governadores todos. Sem a realização dessa fórmula, a anarquia federal reinante dará conta mais cedo ou mais tarde do País. Infelizmente, quando essa fosse a situação do dr. Campos Sales, que poderia ele fazer em mais dois anos ou ano e meio (porquanto a presidência de fato acaba com a eleição de sucessor)?"

13 janeiro   Jantam todos. Às 4 horas, lanterna mágica para os meninos.

17 janeiro   Espíritos, olhar, tão puros que para eles a nudez completa do homem ou da mulher seria o mais nobre vestuário, a roupa divina.

Uma idéia: a Virgem aparece a um moço e diz-lhe que desde logo ele ficaria sendo a estátua ideal do adolescente segundo um desenho de S. Miguel, e que assim se conservaria sem envelhecer... Ele pede, nega em sua humildade e inocência à Virgem que não permita tal, com medo da beleza... Ela, que fora atraída pela sua pureza e pudor angelicais desde menino, diz-lhe que o efeito dessa beleza irradiante e sublime sobre as mulheres será purificar-lhes o amor, deixar-lhes atingir a um ideal superior a todas as atrações dos sentidos, a uma emoção de arte que os desarmará. Então depois de muita relutância e incompreensão, ele pede à Virgem que, a ser assim, lhe dê também uma Virgem em quem ele e todos possam ver a imagem dela reproduzida, imagem que, ao contemplar na Virgem, ele sente que aniquilaria todas as sensações... A Virgem concede... Por esses dois desenhos da pureza radiante, a humanidade calca aos pés a atração sexual e eleva-se a uma esfera superior de atração, em que o amor se torna idealista *sans retour** ao prazer e à aspiração de gozo ou posse que dá um tom carnal, por mais apagado ou longínquo que seja, a todas as afeições humanas.

* *sem retorno*

18 janeiro

Hoje escrevi todo o dia ao Villiers. Li à noite um artigo na *Edinburgh Review* sobre a correspondência de Cícero, muito elogioso de Cícero contra Mommsen[64]. Ao deitar-me, li em inglês umas páginas de Epitecto, das que deveriam figurar em um livro de páginas imortais, o *Te Deum* perene que ele quisera cantar e a despedida ao Criador. Em inglês, a cadência e a intensidade de emoção de tudo isso me parece menor. Que pena não poder eu o ler em grego! [...]

19 janeiro

Escrever o que sempre desejei fazer, sobre a Divindade que tudo esconde do que, revelado, teria destruído as melhores vidas. O oposto dessa, o demônio da difamação que inventa, propaga o que não é verdade, ou é só meia verdade. Hoje pensei também em outra divindade, ou *Mater* à maneira das de De Quincey, a que nos faz esquecer nós mesmos o que fizemos e cuja lembrança envenenaria toda a nossa vida. O oposto dessa, a fúria implacável que nenhuma contrição satisfaz, ou o demônio que está sempre a soprar na cinza dessas reminiscências para ver se num momento propício desperta alguma chama das antigas paixões. Terceira, a Mãe dos Incuráveis, a Virgem do irremediável (creio que li em *Atala*[65]) que os índios tinham a virgem dos últimos amores), companheira dos que não podem ser socorridos nem aliviados, ela mesma tendo nisso o

---

64. *Na sua* História de Roma, *Theodore Mommsen havia apresentado Cícero sob uma luz desfavorável, o que foi atribuído às inclinações monarquistas do historiador alemão do século XIX.*
65. *Obra de Chateaubriand.*

pior dos suplícios. A forma que eu quisera dar a essa composição seria a de De Quincey, ou a forma pagã, talvez. Talvez, porém, fazer uma página (mais que isto) mística. [...]

23 janeiro   Hoje de noite abrindo Epitecto para ler um trecho que me aproveitasse e, marcando um com o dedo, encontrei o seguinte: "Em relação a quaisquer objetos, ou que deleitem o espírito, ou que sirvam para o uso, ou que estimes com particular afeição, lembra-te de te dizer a ti mesmo de que natureza eles são. Se gostas de uma copa de barro, dize-te que é de uma copa de barro que tu gostas, porque assim, se se quebrar, não te incomodarás. Se beijas teu filho, ou tua mulher, dize-te que beijas um ente sujeito aos acidentes da humanidade, e assim não te perturbarás se qualquer deles morrer." O que restaria do coração depois desses exercícios? [...]

Morte da rainha. Telegrafo pêsames a lord Landsdowne. [...] Vamos o Lima e eu a Buckingham Palace à noite e depois telegrafar. Nota a lord Landsdowne. Vou ao Foreign Office.

24 janeiro   Telegrama Ministro nomeando-me representante especial do presidente da República no funeral da rainha.

25 janeiro   Vamos hoje, o Oliveira Lima e eu, ao Parlamento, primeiro aos Comuns, onde ouço o discurso de Mr. Balfour, depois aos Lords, onde fala lord Salisbury.[66] Ambas as casas cheias e visivelmente todos com a impressão de uma solenidade única. Entretanto não afeta assim o estrangeiro. Lê-se que o inglês não pode ser solene. O individualismo mata o convencionalismo. O inglês sobrevive ao cerimonialismo tradicional que conserva, mas cujo espírito é para ele uma superstição voluntária, uma religião *ad hoc* e condicional, *si et in quantum*. Suponho que assim é por toda parte, mas em outros países há ainda o espírito do passado, como na Corte russa (suponho) na coroação, ou no Vaticano; na Igreja Católica as *solenida-*

---

66. Tratava-se das sessões do Parlamento dedicadas a homenagear a memória da rainha Vitória.

des são *solenes*, porque o espírito se mantém. Na Câmara dos Comuns, eu sentia sobretudo o vazio de Gladstone. Para esse momento era preciso ou ele ou Macaulay.

Hoje comuniquei a lord Landsdowne telegrama recebido ontem para eu representar nos funerais o presidente como Enviado Especial.

Mando telegrama dr. Murtinho sobre representação dezessete companhias de seguros contra agravação impostos, etc. Vem jantar o Graça.

26 janeiro

Quem lê nas *Vidas dos Santos*, diariamente, como estou lendo em Butler as *Vidas dos Mártires*, não quer saber de outras. Os mártires e os doutores angélicos, seráficos, como São Boaventura, aí está o cume... o auge. Quem lê os primitivos, e então os que ouviram a história de Cristo dos próprios apóstolos, como São Policarpo, de São João. Fazer uma série neste gênero: os apóstolos viram e ouviram de Cristo, tais ouviram dos apóstolos (quais?), tais ouviram dos que ouviram dos apóstolos! As Virgens então que sublimidade! No anfiteatro! V.M.[67], que duas letras resplendentes!

Esta noite sonhei que via um quadro intitulado a casa mal assombrada, *The haunted home*. Era um cavalo, de que o cavaleiro se havia apeado, mas não estava no quadro, preso pela rédea a uma porta na parede ou muro de uma casa e recuando com uma expressão de misterioso terror.

[...] Mr. Balfour disse na Câmara que a Coroa era um fator que crescia e não que diminuía na Constituição inglesa por causa das *commonwealths*[68] de além-mar cujo laço com a Inglaterra é a Coroa, "símbolo vivo da unidade nacional". É a teoria do "Império". Já vi há dois dias no *Daily Mail* que se tratava de fazer o novo rei *Emperor of Britons**, e não sei em que jornal que o imperialismo terá que fazer de Calcutá a capital do Império. É questão de cálculo a data em que mi-

27 janeiro

* Imperador dos bretões

---

67. Virgem Maria.
68. Comunidades: antigas colônias da Grã-Bretanha.

lhões de habitantes da Índia e da Austrália precisarão um "centro" mais próximo do que Londres e a importância das possessões e anexos e galhos longínquos desequilibrará de todo o atual sistema, pesando mais que a metrópole. A grandeza da Inglaterra está assim ameaçada de não se poder bastar a si mesma sem uma deslocação do eixo. *Still**... quem sabe? Eu penso que, em breve prazo, as condições políticas do mundo e a força relativa das raças, será tudo alterado por uma simples descoberta científica, elétrica ou magnética, que tire toda importância ao número, torne o fraco de hoje tão apto para destruir o forte, ou mais, de que este está hoje para com ele... Um sábio do alto de uma montanha com um raio na mão valerá, em breve, mais que o exército de Guilherme e que a esquadra de Eduardo...[69]

*Ainda assim

28 janeiro

Ontem pensando. Não sei de ponto de vista algum explicar a criação de certos animais, como o rato e o morcego. Para quê? Não alcanço. Que foram composições propositais não tenho dúvida. O pavão é um desenho, é uma imaginação de pintor. Não se imagina um pavão aparecendo ao acaso na natureza mais do que numa tela. É uma idéia, que o precede, e não está nele, nem nas partes que o compõem, nem em nada que o cerca. O homem compreende-se, como o pavão. Dir-se-ia que artistas de menos invenção criaram essas formas inferiores, a fauna antediluviana, por exemplo, seria de um principiante, e que o artista superior desenhou as formas superiores, até que o maior de todos fez o homem com o senso moral. Cada forma representaria um autor. A criação seria um *Salon**. A forma que alcançava a vida devendo viver o ciclo da vida, como a tela e o mármore têm seu ciclo de lenta destruição. Assim a forma [ilegível] viverá séculos e séculos. *Tout de même**, para a eternidade um tempo como o que dura uma exposição de quadros do *Salon* do ano, a Terra seria um *Salon* e os outros planetas, outros. Quem sabe como a corte dos entes criadores, ou debuxadores de formas viventes, se compõe — a hierarquia, os motivos, etc., etc.?

*Salão de arte

*Ainda assim

---

69. Guilherme II, kaiser da Alemanha; Eduardo VII, que ascendia ao trono da Inglaterra.

Ao barão [de Penedo]: "Hoje o Sr. ter-se-ia rido muito, se estivesse aqui, com uma oferta que recebi, de um cavalo do rei para acompanhar sábado a procissão fúnebre através da cidade e entre alas de tropa. Não creio que eu pudesse ir muito longe, de uniforme, num cavalo da Casa Real, entre penachos, baionetas e descargas. Os cavalos estão sendo ensaiados para se portarem bem, eu é que não fui ensaiado".

29 janeiro

Roma, quis eu dizer ao Magalhães de Azeredo, ofusca tudo. Tudo mais é pura varredura da vida; só ela, a estrada real, a via eterna, da imaginação. Quando me lembro, todos os lugares tornam-se poéticos, a saudade é como um pintor, que com o colorido pode tornar qualquer lugar *a joy for ever, a thing of beauty**. Quando, porém, se olha para diante e não para trás, a aspiração é Roma. Como recordação e como presente, ela é como outros lugares; como aspiração, imaginação, desejo de rever, de reviver aí, é única. É esta sua superioridade, mas praticamente não é uma residência superior a Paris ou Londres.

* uma coisa bela é uma alegria para sempre (Keats)

A D. Lucinda Sá, dizendo "quanto eu quisera ver-me no meio dos que fazem parte da minha vida ou que são, para dizê-lo do melhor modo, os vidros cambiantes, coloridos e harmônicos do meu caleidoscópio íntimo... Assim está bem dito, não lhe parece, e não se vêem todos nele de vez em quando?" "Como vai o João? Aí chegará breve o amigo para desafiá-lo e eu espero que ele aceite o duelo... de felicidade". (Refiro-me ao João Soares Brandão, que vai casar com a filha do conde de Pinhal).

30 janeiro

Dia muito cheio e penoso para mim, que entretanto imaginava seria ele muito pior[70]. Às 11h30, partimos eu e o Lima para a estação de Paddington, onde tomamos o trem para Windsor. No compartimento conosco Mr. John Morley e Sir John Lubbock, hoje lord de...? (Ver depois conversa com Morley). Em Windsor o Lima segue para a

2 fevereiro

---

70. A entrada refere-se às exéquias da rainha Vitória.

capela de São Jorge e eu fico à espera da procissão real de 1h a 2h30 no frio da manhã e de pé todo o tempo. Quando chega o esquife e a Corte, formamos no cortejo. Demora por terem de substituir os cavalos pela tropa de marinha para puxar a carreta com o esquife. Segue a procissão que entra em Saint George Chapel por volta das 3h15. De pé na capela durante o serviço. De pé em Windsor Castle, depois durante o *luncheon* e a apresentação ao rei e rainha, o que me faz umas 4h30 de estar em pé, por uma manhã de inverno, grande parte fora ao ar livre. De certo eu não imaginava poder dar conta da tarefa. Das três partes do funeral, a do mar, a de Londres e de Windsor, a última deve ter sido a mais importante e "impressiva", pelo caráter da aldeia e de Média Idade do lugar e do castelo e dos vestuários da criadagem e homens de armas, e pelo caráter íntimo do cenário, a própria casa da rainha, as fisionomias tendo todas a concentração e a expressão da dor pessoal. O préstito era deslumbrante pela mistura de "personagens" vindos de toda parte, reais e militares, e pela variedade de uniformes, fardas e librés do Paço.

No dia 1º de fevereiro em Butler, a carta de Santo Inácio pedindo para não rezarem por ele e o deixarem ser devorado pelas feras. Carta admirável, única, do espírito dos mártires. Verdadeiramente extraordinário. Todas as religiões tiveram mártires. Quem lê a história da Inquisição vê como os que abraçavam a Reforma morriam para não renegar a nova fé. Mas o que distingue o espírito de martírio, das perseguições, é a ansiedade de alcançar um bem *visível*, uma recompensa que viam com os olhos da alma, um ardor de pagar a Jesus na mesma moeda o sacrifício da Cruz. Não é o orgulho, o respeito próprio ou humano, o ponto de honra, o dever, o amor da verdade, nenhum dos outros estímulos ou sentimentos que têm dado mártires a todas as outras religiões, como a ciência, e a todas as grandes causas: é coisa diversa, é a ansiedade de estar logo no Paraíso, de passar da terra ao Reino de Deus.

Hoje à noite: *por que não* pedir a Deus para nos fazer, já que somos *suas* criaturas, perfeitos *autômatos* seus, movidos por ele em tudo e por tudo? Não improvisadores brilhantes, de inspiração própria, mas em tudo *marionetes*, cada um dos fios, os dos braços, das pernas, o da cabeça, sobretudo esta, nas mãos Dele! Em muita coisa a consciência nos prescreve a vontade Dele, isso devemos fazer por nós mesmos, e não temos desculpa de o não fazer, mas em quase toda a vida temos a nossa escolha em cada ato, decisão, e isso é o que devemos pedir para ser Ele mesmo quem nos dirija e escolha por nós tudo...

[...] Na conversa com Morley falamos de Gladstone. "Ao menos não lhe negarão, me disse ele, ter sido um grande orador". Falamos de Canning[71], ele disse-me nunca ter podido verificar se Canning tinha motivo para o seu *boast* de ter chamado um Novo Mundo à existência. "Ele não chamou um Novo Mundo à nova existência... Chamou?" Discutimos esse ponto e o papel de Canning opondo-se à Santa Aliança. Disse-lhe nossa admiração e dívida por lord Cochrane, que foi para a América do Sul *mais* do que Lafayette para a do Norte. Dizendo-lhe eu que sinto não ter Mr. Gladstone posto um espaço na frase do general Tronchu que tão bem exprime a idéia, entre a vida e a morte, ele disse-me que duvidava se depois de uma vida de combate e agitação o espírito tem mais a força precisa, o poder da meditação. Realmente a meditação exige uma intensidade, uma absorção, que o espírito dilatado não pode talvez mais alcançar, por isso esta observação parece muito provável. Disse-lhe a impressão que me causou em Westminster a lousa de Gladstone calcada por todos os que passam sem darem fé... "E notou que o seu rival está olhando de cima para ele?" Senti nessa frase o desdém puritano do intelectual por Disraeli. Dizendo-lhe eu que tinha medo de tomar-lhe o tempo, que o tempo é a esmola mais cara que um espírito como o seu pode dar a estranhos, contou-me, defendendo-se desse espírito, o que um *scholar** da Idade Média tinha escrito no seu gabinete de trabalho: "Se não me podes ajudar na minha obra, não me impeças também de fazê-la, ou não me roubes o tempo que tenho para fazê-la..." Ou coisa assim. Apresentou-me a Sir John Lubbock.

3 fevereiro

* erudito

---

71. *A George Canning atribuía-se a frase de que, ao sustentar a independência do Brasil e dos países da América espanhola, ele havia chamado um Novo Mundo à existência para reequilibrar o Velho, dominado então pela Santa Aliança, à qual a Inglaterra se opunha.*

4 fevereiro

Tomo posse Legação. De manhã redijo minutas: ofício ao ministério acusando nomeação, ofício idem sobre funeral, traduzo as duas notas a lord Landsdowne.

Na Legação das 2h às 5h: redijo participação aos Rotschilds, à Delegacia (também carta ao Delegado), carta ao Governo recomendando Dering, participação às Companhias. Telegrama sobre a peste em Cardiff. Telegrama a Mr. Youle, convidando-o para o jantar aos Derings.

5 fevereiro

Hoje (sic) tomei posse da Legação[72] (dia de Santa Ágata) e tive a idéia de escrever, cada capítulo com a cor local, uma curta vida das mártires do Cânon, que serão de agora em diante as padroeiras da minha morte: Perpétua e Felicidade, Ágata, Lúcia, Inês, Cecília, Anastácia. Sete! A plêiade! [...]

6 fevereiro

"Nas tuas mãos, entrego meu espírito".

Ver no *Hagiológio Lusitano* (12 de janeiro). Frei Pedro de Nazaré, cuja sombra ficou impressa na parede da capela no lugar onde rezava, sem a poderem apagar com a pintura.

Eu quisera morrer repetindo as palavras: *"In manus tuas commendo spiritum meum"**. As palavras que na vida mais me consolaram foram estas de Epicteto: "Não há órfãos no mundo". [...]

9 fevereiro

Hoje São Nicéforo. Ver o belo episódio com o amigo.

11 fevereiro

No fundo, o que seriam os poetas, os escritores mesmo, sem os mitos, a lenda, a história? Ver Chateaubriand, por exemplo, nos *Mártires* e no *Itinerário*. O seu gênio está na sua sensação dos mitos, etc. Logo os autores, por mais obscuros, de um desses, são os verdadeiros poetas, são os criadores das fontes em que estes bebem...

A honestidade em apreciar um talento literário, como o de Renan, consiste em abstrair do modo por que ele encara o seu as-

---

72. Isto é, a chefia da Legação em Londres cumulativamente com a função de representante especial para a questão da Guiana.

sunto, do ponto de vista em que colocou. Que padre negaria talento ou estilo a Renan se ele tivesse sido um escritor ortodoxo? Por que negar-lhe por não o ter sido? Achar que Lamennais tinha gênio quando padre, e não tinha depois de apostatar — não é absurdo?

[...] Lendo o *Itinerário de Paris a Jerusalém*[73] ao deitar-me. Bastante resfriado e, portanto, estúpido.	*12 fevereiro*
Abertura do Parlamento. Grande espetáculo sugestivo pela antiguidade de todo o simbolismo, visível, porém, em todos o desejo de gozar, abrilhantando-o por sua parte, da restauração de uma cerimônia histórica, mais do que o sentimento da *realidade*, da modernidade possível dela. Eram por outra atores e atrizes em uma encenação conseguida por um *tour de force**, como que personagens momentâneos de uma época, há muito desaparecidos, e por isso esquerdos, desajeitados, sentindo a inanidade do espetáculo que dávamos para gozarem dele. A presença [de] mulheres dos Pares em vez de membros do Parlamento, que viriam em costume ou de gravata branca, mostra bem a preocupação decorativa. As paredes de esculturas de madeira e vidraças góticas; encostadas a esse quadro severo três ordens de mulheres de pares de preto, decotadas, fazendo os diamantes, as pérolas, os colos quebrarem o efeito da negrura dos vestidos; por baixo o vermelho das roupas dos pares, e nós com os uniformes dourados — está aí a cor da cena.	*14 fevereiro* * *esforço excepcional*
Hoje escrevo ao Prozor:[74] "Você terá sabido que sou agora Ministro em Londres. *Hélas*! É o mesmo que ser um pássaro aprisionado, um velho pássaro que já não gostaria de viver, mas de morrer em liberdade. Pergunto-me por quanto tempo ainda suportarei isto. Por enquanto, o espetáculo vale a pena ser visto. 'De haver sido' outrora, pois no presente o prazer das coisas para mim reside no passado e só me vem como recordação. As exéquias em Windsor (a que	*16 fevereiro*

---

73. *Obra de Chateaubriand.*
74. *Tradução do francês.*

compareci e onde tive de ficar de pé, sobre minhas pobres pernas, de fardão, num dia frio, perto de cinco horas) foram emocionantes e, há dois dias, a abertura do Parlamento foi muito bonita. O salão estava cheio de mulheres vestidas de negro que com seus colos, diamantes e pérolas, rivalizavam com as vestes vermelhas dos pares do reino, além dos uniformes prosaicos. O Negro e o Vermelho[75] não se haviam jamais encontrado numa tal festa. O cenário do salão imitando o gótico era demasiado severo e estreito para este espetáculo de indumentárias e pedras preciosas. (...) Você terá visto o sucesso que teve a coroa que enviei, em nome do presidente, narrando por meio de flores as três fases da vida da rainha. É a linguagem das flores! você me dirá. Mas em matéria de ofertas de flores, há sempre uma espécie de linguagem. O fato é que, não podendo chamar a atenção para a minha coroa, pela riqueza das flores, em meio a tantas outras, eu precisava singularizá-la por uma idéia. A idéia por si mesma não era compreensível, todo simbolismo quer ser explicado primeiro para ser compreendido. O fabricante da coroa deu provavelmente a idéia a um jornalista e ela disseminou-se assim pela imprensa. O nosso presidente será tido por um simbolista, o que não quer dizer um decadente.

17 fevereiro A Epístola de hoje, a mais bela das Epístolas, a página de São Paulo sobre a caridade, é uma grande página a citar com a Epístola anterior da Sexagésima entre as páginas sublimes (nesta última, em que ele resume a vida, Chateaubriand não se terá inspirado para o traço que dá, às vezes, da sua? Ele a reproduz em parte no *Itinerário*). Se eu fizer um livro das grandes páginas que eu quisera saber de cor, ou confiar por uma voz sonora e meditada a um fonógrafo perfeito, compreenderia essas duas Epístolas.

---

75. *Alusão ao romance de Stendhal,* O Vermelho e o Negro.

Ao Tobias: (trechos) "Muito agradecido pelo que você me mandou da sua pena... Já agora parece que sua vocação é o jornalismo político e que você fará nele uma reputação de escritor. Como tudo passa, essa forma talvez não seja mais efêmera do que outras que se acreditam duradouras. Eu, porém, por segurança (não há seguro contra o esquecimento, meu caro), quisera vê-lo cultivar ao mesmo tempo essa outra espécie de alta reportagem política que é a história contemporânea. Por que não preparar (leva anos, não faz mal), um livro sobre os jornalistas de gênio que temos tido e a nossa imprensa política durante o Primeiro e a primeira parte do Segundo Reinado? [...] A abertura do Parlamento foi um grande espetáculo e a procissão de Windsor muito imponente. Teremos uma série agora de cenas, porque há visivelmente uma idéia de compor para cada cerimônia um quadro do maior esplendor. O da Câmara dos Lords foi pintado, dir-se-ia, de antemão e também o enterro. Imagino a coroação. Tudo isso é antes para você do que para mim. *Vous aurez su** (citei a frase da carta ao Prozor sobre o pássaro que quisera já agora não viver mas morrer em liberdade). Você, porém, sabe que estou praticando um ato patriótico, cumprindo um dever cívico, e por isso não lastimo a liberdade perdida. A República tem para mim a vantagem de fazer cair automaticamente minha corrente em 15 de novembro do ano que vem".[76]

20 fevereiro

* Você terá sabido

A Mrs. Schlesinger sobre os Penedos:[77] "Mr. Youle informa que eles foram acolhidos com atenções de todos os lados. Tanto melhor. A velhice, como um amigo meu que a conhece, costuma dizer, é uma devoradora de consideração... Quanto à sua consolação de que possamos encontrar-nos no inverno próximo, a distância fá-la parecer bem desanimadora. Na verdade, o inverno é agora para mim *un état de siège permanent** e eu não ouso desrespeitar seus regulamentos (que são, como você agora conhece a disciplina militar, demasiado severos) e sair da cidade".

22 fevereiro

* um estado de sítio permanente

76. Quando terminaria a presidência Campos Sales.
77. Tradução do inglês.

26 *fevereiro*

[...] Evelina, lendo a Albina (preta) o que um livro escrito por um negro americano diz da raça, que pinta de modo desanimador, ela respondeu: "É assim mesmo, os negros são tão estúpidos (burros) que (ainda) escrevem contra a sua gente".

27 *fevereiro*

Escrevo ao Gouveia sobre o Antônio Carlos, de quem recebi carta esta manhã. Pobre amigo! Como é triste a nossa vida! Só nos cercam desgraças e bancarrotas, ou de fortuna, ou de saúde, ou de caráter! O egoísta que fecha os olhos para as não ver, ou se põe à distância para elas não chegarem até ele, é ainda mais infeliz do que aquele que as quer partilhar todas e sucumbe ele próprio à mesma sorte. Realmente a única aspiração digna em tal caso, como é para nós todos o do nosso tempo, é ter um coração bastante largo e bastante forte para recolher todos esses naufrágios e não submergir com eles... Ninguém na vida esteve mais associado que eu a sortes cheias de altos e baixos e que em geral acabaram mal, por uma quebra ou da razão, ou da fortuna, ou do organismo físico e moral. E quando não têm religião, imagino logo que sonham com o suicídio... Os negociantes em geral não gostam do insucesso; mesmo por superstição, evitá-lo-ão. Ele diz que não há de voltar para o Recife. É o amor-próprio por um lado pensando na situação em que voltaria tendo saído rico, por outro a queixa de quem o abandonou ou perdeu, mas, passado isso, ele verá, espero em Deus, que é no Recife que ele pode outra vez criar uma posição independente e respeitada... Infelizmente não sirvo para consolar seguidamente. Em vez de lhes passar a minha alegria, sinto que os infelizes me passam a sua tristeza.

28 *fevereiro*

Se ninguém esteve mais associado na vida por parentesco ou afeições a destinos com a linha da chance traçada em formidáveis altos e baixos, a felicidade, entretanto, me parece ter sido sempre um dom gratuito de Deus e o infortúnio, nossa própria obra.

Escrevo longa carta ao Antônio Carlos: "No seu caso a primeira coisa é adquirir a calma e serenidade, derramar o bálsamo sobre a ferida interior (do espírito, do coração), a outra, a externa, cicatrizará por si mesma. Escreva-me todos os dias como meio de apressar a sua cura".

Sorteio[78] Santo Inácio, o mártir e bispo, discípulo de apóstolo. Os santos dos primeiros tempos do Cristianismo são os que mais têm hoje a minha devoção. Os santos que foram invocados pelos santos.

1º março

[...] O Graça Aranha contou-nos a todos hoje, depois do jantar, que, convidado ontem por Lopes Gonçalves, advogado de negócios do Amazonas, atualmente em Londres, e que veio duas vezes à Legação, jantou com ele e, depois do jantar, *este* lhe dissera estar muito adiantado o empréstimo do Amazonas que estava tratando com o meu apoio, pelo que já recebera felicitações e agradecimentos do governador para ele e para mim por nossos serviços patrióticos. Das duas vezes únicas que o vi, não me falou em tal. Telegrafei logo ao governo para prevenir governador que sua boa-fé fora ilaqueada, e ao dr. Piza para prevenir José Paranaguá, o qual está tratando do mesmo negócio e a quem Lopes Gonçalves dissera ter trabalhos adiantados aqui. Amanhã escrevo ao *Times* para avisar bancos, etc., que em assuntos financeiros do Brasil, não têm crédito pessoas que se disserem autorizadas pelo Ministro sem primeiro ouvirem a Legação. Telegrafei ao governo que só por ordem expressa dele me envolveria muito relutantemente negócios estado Amazonas. O Pará também quer empréstimo aqui. Talvez eu seja o melhor homem que o governo podia ter em Londres para *não* se fazerem negócios duvidosos para a União ou para os Estados, porque desconfio de todos.

3 março

[...] Telegrama hoje enviado Ministro Exterior: "Informado meu nome envolvido projeto empréstimo Amazonas, peço telegrafar governador sua boa-fé ilaqueada. Só ordem terminante Governo

5 março

---

78. Isto é, folheando A Vida dos Santos, abre o livro na página referente a Santo Inácio.

Federal interviria relutantemente negócios desse estado. Nabuco".
Ao dr. Piza: "Rogo avisar dr. Paranaguá nada sei empréstimo Amazonas senão que meu nome foi usado indevidamente, do que faço prevenir governador intermédio Governo Federal".

Ao *Jornal do Commercio: Times* insere carta Nabuco prevenindo estabelecimentos solicitados negócios financeiros Brasil por pessoas dizendo-se autorizadas Ministro.

---

7 *março*

Santo Tomás de Aquino. Hoje seu dia, torno-me por acaso possuidor de uma coleção de suas obras reunida por um livreiro de Bristol. [...]

Confidencial ao Ministro sobre os empréstimos dos Estados.

* *cumpra-se*   Escrevo a Mr. Villiers pedindo apressar o *exequatur**[79] do dr. Bento do Paço e acabo tratando dos limites.

---

8 *março*

[...] Ao José Carlos Rodrigues para apressar questão dos empréstimos dos Estados (isto é, o papel da Legação neles) e a mudança da Legação. [...]

---

10 *março*

O Azevedo Castro é o tipo o mais acabado da dualidade do funcionário e do particular, com o predomínio querido, confessado, prestigioso do primeiro sobre o segundo, praticamente mais que predomínio, absorção; como a função dele é fiscal e ele é um tradicionalista por ser um *scholar* à feição do antigo empregado vigilante, cioso, eriçado, intratável do Erário Real. Nele, o ponto a que pode chegar a combinação do autor e do contador vê-se no livro que publica como um *almanack*, o Manual do Delegado do Tesouro, que é um registro dos seus "teirós" ou das suas "turras" com todos os que lhe caem nas unhas fiscais e se defendem. É grande pena para um homem com aptidões e gostos literários deixar desenvolver em si desse modo a segunda natureza, a natureza profissional, que é sempre invasora, e que infelizmente o deve ser, se o funcionário se

---

79. A autorização de governo para que um cônsul de país estrangeiro possa exercer suas funções.

encarna com a natureza, a tradição e as formas da função. Nele, eu sinto um literato muito agradável, quase atrofiado, porém, amordaçado por um fiscalista muito azedo e autocrático. Agora ele irá assim até morrer. Se lhe tirassem a natureza adquirida, pouco lhe restaria da primitiva, que era a melhor.

Ao Rodolfo[80]: "Sei que você vive aí muito com o Caldas Viana e o Veríssimo. Só posso dizer-lhe que o invejo (como invejo a eles). Um e outro são retratos do meu pequeno *Salon Carré* mental. Que me diz você de novo das nossas coisas? Se a parábola da mulher adúltera, a lição da parábola, fosse aí respeitada, a "primeira pedra" havia de faltar ao apedrejamento. Qual é o brasileiro que pode ser crítico político de ninguém com perfeita humildade de consciência e na inteira sinceridade e verdade de uma confissão geral? A verdade sobre as nossas coisas é a do adágio — "Na casa onde não há pão, todos brigam e ninguém tem razão". O caso do Brasil é o da Espanha, de Portugal, da Itália, de nações invadidas pela miséria em uma época em que o dinheiro parece a razão de ser da vida".

11 março

Escrevo novamente a Mr. Villiers, agradecendo o *exequatur* e instando na questão da Guiana por ter o presidente que ter a mensagem pronta em abril.[81]

Ao filho de Guimarães Júnior, que me mandou um livro de versos: "É um grande prazer para mim ver o talento do pai, meu velho camarada, renovado de modo tão perfeito no filho. O que há diferente é só a individualidade, que em cada um de nós tem mananciais diversos, e é a vida, que essa também não se repete nunca, quando mais não seja porque o 'espírito do tempo', do qual ela é sempre o reflexo, muda a cada nova geração". Quis acrescentar: "Sou um pobre crítico em matéria de versos. Primeiro, sou estranho à chamada plástica e depois minhas leituras são hoje em contrário ao espírito da poesia moderna. Não tiro o meu suco da mesma planta que

12 março

---

80. Dantas.
81. A mensagem anual enviada pelo presidente do Brasil ao Congresso.

*Amor

o poeta, isto é, da mulher. *Dilectio** é uma palavra para mim inteiramente ideal, hoje mística, e só nesse sentido o amor não é mais para o meu espírito um perfeito enigma, uma linguagem não só esquecida como proibida (Os versos de amor são para mim um enigma de forma e de substância)".

13 março

Eu me imaginei hoje respondendo pelo corpo diplomático na Mansion House e que eu diria: "É uma antecipação auspiciosa, mas muito distante do futuro estado do mundo, falar o Brasil em nome das pequenas nações novas; possam [elas] crescer em paz até lá, é o nosso voto nos tempos de tão difícil criação para elas como de conservação para as mais antigas (Suíça, Portugal, Holanda, etc.). Uma coisa nos dá esperanças, que todas as nações reconheçam que devem ter um amparo além da força. Porque essa é a melhor política. As coalizões são precárias e perigosas, por isso cada nação deve contar consigo só em um largo prazo de tempo, e nenhuma é tão forte como o mundo. Nenhuma. Nesse sentido as grandes estão tão ameaçadas como as pequenas. Podemos consolar-nos e estas não se devem julgar assim tão abandonadas da sorte se souberem conservar a vontade de existir, mesmo quando abafadas e manietadas pela conquista. Portugal salvou-se por essa Vontade, e a Holanda". Este discurso, porém, não seria diplomático, nem teria ouvintes... Não há meio da rã ser ouvida, mesmo quando queira representar de boi... As pequenas nações estão em crise. Mas só é *pequena* nação a que tem pouca vontade ou pouca alma nacional. O caráter, a coragem e a inteligência fazem de um pequeno povo um *match** para o grande. Pequenos povos são os que não têm aquelas forças, ou não as têm reunidas. Todavia como um otimista quanto ao destino humano, eu creio que um dia alguma descoberta científica por enquanto inimaginável tornará as pequenas nações, quanto à força destrutiva, *a match* para as maiores. Quem sabe se então a Inglaterra não poderia repetir o *boast** de Canning: "Eu chamei à existência um Novo Mundo para restabelecer o equilíbrio do Antigo!". Uma coisa é certa: nós não esquecemos o auxílio que a Inglaterra prestou à independência sul-americana. Se os america-

* *equivalente*

* *bazófia*

nos do Norte têm o seu Lafayette, nós temos o nosso lord Cochrane... Posso agradecer por todos... porque em matéria de gratidão a dos humildes é a maior e nela, como nesta mesa patriarcal, os últimos podem ser os primeiros. Se posso agradecer, há uma coisa que eu não faria, era *falar* por elas (as grandes nações).

Nota a lord Landsdowne com projeto de discurso ao rei. [...] Ofício ao dr. Olinto sobre motivo minha continuação missão especial até assumir ordinária. [...]	*14 março*
Recebo telegrama dizendo Lima siga Japão.[82]	*15 março*
Apresentação ao rei.[83] Muitos não produzem nem pensam *religiosamente* porque a inteligência pura está neles ligada (e dominada) a um mais forte aparelho mundano, carnal, sensual. Às vezes, a doença e o declínio invertem as forças de uma e outra constituição e o espírito se liberta e dá as notas puras e elevadas, os ecos do destino ulterior. Felizes antes de todos aqueles que não tiveram essa dualidade de organismo, e depois os que jovens ainda, pela oração, meditação, etc., puderam reconquistar a sua pureza mental, eliminando a sujeição do seu ser nobre ao outro ser vulgar e baixo que o escravizava. Hélas! Feliz entretanto ainda o que mesmo na hora da morte puder sacudir longe com desprezo esses andrajos infeccionados e sentir que tinha por baixo deles asas capazes de galgar o infinito.	*18 março*
[...] Tempo de haver um jornal político e social escrito somente por filósofos. No fim do segundo artigo, o filósofo se vincularia a um dos partidos e deixaria de ser um colaborador desejável. O redator deveria viver numa torre de marfim, mudando todos os dias de colaboradores e empregando todos os artifícios possíveis para apa-	*19 março*

---

82. Referência à remoção de Oliveira Lima para a Legação em Tóquio.
83. Apresentação oficial a Eduardo VII, que Nabuco já conhecera socialmente quando príncipe de Gales.

nhar-lhes o pensamento ainda em estado de pureza. As mulheres não deveriam saber que os maridos colaboravam, nem os partidos. Os leitores teriam também que ser mais ou menos filósofos, isto só dos que podem intervir na política pela abstenção e, portanto, são para ela como se não existissem, não lhe fazendo bem nem mal.

20 *março*	Carta a Mr. Villiers (particular) perguntando se é tarde para escrever memória sobre equidade solução Mahu-Rupunani. Refiro-me também ao prefixo *Don*[84], que me estão dando oficialmente. [...]
21 *março*	Recebo telegrama confirmando missão do couraçado *Floriano*.[85] [...] Jantar com lanternas japonesas em despedida aos [Oliveira] Limas. Assistem Batalha Reis e filha.

Não vejo que não seja uma forma de arte procurar-se desenhar num personagem o que se foi ou poderia ter sido. Não falar de si pode ser conforme a alguma regra de forma mundana ou social, mas não literária ou intelectual. Do ponto de vista estritamente mundano, porém, o que teriam nunca avançado as letras, as artes, as filosofias, a religião? É uma questão em que só os próprios pensadores e criadores espirituais podem ser juízes, ou antes, em que o juízo depende da criação, da obra, tal ela seja. O homem do mundo com o seu código de bom tom proscreve não só toda originalidade, esforço, independência em matéria de arte, como proscreve de uma vez os Dez Mandamentos. Mesmo o de não furtar, a que fica reduzido quando se vê a distinção com que os grandes velhacos ricos são tratados e a posição que tem o dinheiro. Não matarás? E o duelo? Etc., etc. Eu quisera poder traçar num tipo ideal um personagem que eu podia ter sido, não descrever-me todo dilacerado ou antes a minha neutralização de qualidades e [lacerado] de esforços e insuficiências, etc., isto é, a combinação que fui de opostos, mas o simples [dilacerado] ou alguns dos simples que tive em mim

---

84. *Alusão ao tratamento de Don que Nabuco estava recebendo oficialmente na correspondência oficial do governo inglês.*
85. *Em viagem oficial à Europa.*

(ainda que em dose infinitésima, todavia dos metais superiores, etéreos, isto é, do Éter, do fluido moral e intelectual universal). Por que descrever o barro, a matéria, com o seu jugo todo físico, a *sociedade*, isto é, o avassalamento, o engolfamento de mim mesmo, o que nos enjoa, desagrada, penaliza em nós, em vez de apurar o ponto luminoso, o raio que um momento deu dignidade ao todo? Isto é o que quisera fazer, mas para isso é preciso tanta concepção e arte como para seguir o traço de um personagem imaginário. Separar e representar o raio que ilumina o lodo sem representar o lodo que causa o reflexo é talvez destruir o próprio raio de luz. Enfim veremos. O que eu penso, porém, é que tal concepção é legítima e modesta, porque criar é sempre maior pretensão do que procurar guardar o que se sentiu e a imagem com a qual se conviveu.

O duque de Argyll, genro da rainha, definindo o Transvaal[86] como uma oligarquia... Até hoje, o mundo só tem sido governado por oligarquias e provavelmente o será sempre. O que varia é o modo de chegar ao Principado, ou pelas armas, ou pelo sacerdócio, ou pelo nascimento e casamento, ou pelo validismo[87], ou pela fortuna, ou, como nas democracias, pelos partidos e *caucuses**, ou o que quer que seja, porque as eleições todas se valem. Democracia e oligarquia não têm nada de incompatíveis, assim como não têm monarquia parlamentar ou absolutismo e oligarquia. O déspota pessoalmente só pode exercer uma pequena parte da sua função, os que exercem o resto dela por ele são oligarcas. No regime parlamentar, os partidos assumem logo o caráter de oligarquia e no regime democrático tanto ou mais. O regime futuro, que será provavelmente o dos especialistas ou sábios em matéria de administração, será a oligarquia por essência. O traço geral, entretanto, que define a oligarquia propriamente dita das formas reputadas antioligárquicas, é que nestas a oligarquia (que é o aparelho do governo) é tolerada

*grupos políticos informais atuantes no Congresso americano

---

86. Isto é, o governo dos colonos holandeses, os boers, na *África do Sul*, que estavam em guerra com a Inglaterra.
87. *Validismo*, de valido, que era o termo com que se designava na Espanha do Antigo Regime o ministro de confiança do monarca, a quem este entregava a direção geral do governo.

ou bem vista pelos administrados, que acreditam ter parte no governo somente porque podem revesar de longe em longe a esquerda e a direita da oligarquia.

24 março

Se não fosse o *prazer* associado ao ato, a moral tanto da comida como do *amor* seria diferente. A gula e a luxúria desapareceriam em outros pecados, por sua inconveniência e maldade contra a própria pessoa (assim a ira, a preguiça) ou contra a espécie (matar, roubar, etc.). É o prazer que cria a diferença de categoria e a abominabilidade, o fétido espiritual, da luxúria. No fundo é a guerra ao prazer; é a *indulgence** no prazer, que faz a perversidade aos olhos da Igreja. [...]

*tolerância

27 março

Hoje grande jantar em casa do Alfred Rotschild.

28 março

Ontem. Eu estou me tornando um tanto surdo, não ouço mais os doces murmúrios e sussurros, que são a intimidade do som... O triste na surdez é sobretudo que o canto dos pássaros e as vozes das crianças se tornam puros e ingratos barulhos indistinguíveis, quando não são agudos e *lacerating**. Não sirvo mais, graças a Deus, nem para conspirar, nem para segredar o *flirt* às mulheres, nem para o *gossip*...* Para que sirvo então na "sociedade"? Felizmente a porta que fecha, esta abre para o claustro do coração, que é a memória... e para a eternidade... [...]
A sensibilidade do Graça. Nunca esquecer. [...]

*dilacerantes

*mexerico

30 março

Hoje tive idéia de escrever, com o título de *Negativos*, *Primeiras Provas* ou *Rough Proofs*, ou outro da fotografia, para imagens ainda não desenvolvidas, uma série de amigos meus; como o Maciel e o Meireles, para começar, o auto-de-fé dos papéis do Correia, das cartas do Artur, etc. Fazer na minha humilde escala de experiência, que é antes de sensibilidade, um pouco de Le Play, que manda estudar as unidades sociais, famílias, etc., para se ter idéia do Estado. Pelos meus amigos e conhecidos, se veria a sociedade brasileira do nosso tempo. A questão é tentar o fato íntimo de tanta vida, tão cuidadosamente revelado por eles, sem ofender o pudor dos mortos, que deve ser maior que o dos vivos.

O Domício poderia entrar. Ele é um caso dessa rara, esquisita, intocável, sensibilidade de tantos brasileiros, que intimida o espírito, mas forma o caráter. O defeito desses é que com um retraimento quase misterioso da própria personalidade, toda ela dolorida ao menor contato áspero da vida, ou antes, à menor falta de carícia, eles têm a inexperiência do mundo, ou antes, dos outros, a inconsciência da sensibilidade do próximo, e por isso são ao mesmo tempo suscetíveis e escarninhos, agressivos (pelo sarcasmo e pela crítica), e intolerantes da menor intenção para com eles mesmos que não seja carinhosa... Pobres criaturas, no fundo! Que só poderiam ser felizes sob uma redoma... Aprofundar a dor de Maciel e como a vida no exterior onde a família, a situação pessoal, é desconhecida, é por si só uma auréola para eles... Para todos nós. Daí também o pessimismo *nacional* dos brasileiros, a inconsciência de que sendo escarnecedores do país o são de si próprios... *National revilers, self revilers**, poder-se-ia dizer. Estudar bem a sensibilidade de Domício.

Para o fim da vida é preciso escolher e fechar o espírito a tudo que não nos possa dar a nossa provisão de partida para a morte; trabalhar o sarcófago, cavar o basalto. Só a leitura dos jornais, que tempo toma! E as literaturas estrangeiras! Escolher entre o passado, o presente e o futuro, em matéria de leituras, se mal não temos tempo para ler os catálogos e os índices das revistas. E quem tem filhos como eu? Não deveria passar o resto dos meus anos a só trabalhar neles? Fazer-me seu mestre de escola, seu camarada, e mais nada? Deus me guie e escolha por mim... O que sei é que preciso atirar carga ao mar, muita carga, para poder chegar a salvamento ao porto. Infelizmente não tenho direito ao repouso. Quem estragou o tempo na medida em que eu o estraguei, não merece que ele nos dê tempo...

* *envilecedores nacionais, envilecedores de si mesmos*

31 março

* epopéia

** Toda religião
vem de Deus.*
* todo poder

Desenvolver esta idéia: o paganismo é a religião do pecado. Divinização do amor, do prazer? Seus deuses, os antigos sedutores e as antigas sedutoras, que entraram na tradição popular? Os heróis do *epos** amoroso da terra? Com a vinda do Cristo, Deus pôs termo à fé da lascívia e da sensualidade que dominava a terra, a Judéia excetuada? Nesse sentido o Cristianismo foi a grande revolução moral, a mudança do eixo moral da humanidade, do corpo para a alma. Ver o santo de hoje em Butler, Santo Acácio, sobre os deuses pagãos, o que eram Vênus, Apolo, Júpiter, etc. Ligar isto com o meu pensamento (no livro n.o 1): *Omnis religio a Deo.** Como? Até a do pecado? Talvez, como o *omnis potestas**: até a do crime (Nero, Calígula, etc.). Todavia adoravam mesmo os antigos em Vênus o amor carnal ou o amor puro? A diversidade dos cultos admitia o das austeridades para os austeros e o da volúpia para os sensuais. No fundo as formas poéticas das religiões, os mitos, quando mesmo da maior sensualidade, não influiriam contra a gravidade, o pudor, e [em branco] da própria natureza humana. A sociedade baseada no prazer não chegaria (por falta de tempo, as religiões levando muito tempo a se formarem) a ter uma religião, nem mesmo a do prazer.

1º abril

Há dias fui inscrito no Turf e no Travellers.[88] Não pretendo fazer a vida de clube, mas passar por ela algum tempo é preciso. *Hélas!* Se esses senhores suspeitassem que eu volto para casa para ler as vidas dos santos e que é com os mártires que está a minha idéia, e na morte a minha aspiração! É o clube do Correia, o Turf. Por isso lá vou. Para quê? Para rezar o meu rosário? [...]

2 abril

Há momentos em que sem se duvidar se considera ou se medita a dúvida, e se pensa que tudo pode ser uma intuição errada nossa, uma incompreensão infalível do nosso espírito limitado, incapaz de tomar a medida ao infinito, ao espaço, à eternidade.

---

88. *Clubes masculinos de Londres.*

Nesse caso, se a morte acabasse tudo e se Deus não existisse! Quando a idéia do homem religioso chega a essa hipótese, que ele tem por absurda, Deus louvado, é que ele sente toda a sua ternura por Deus. "Se vós não existísseis, meu Deus! Se vós não existísseis!" E então sente-se vontade de chorar. "Se Deus não existisse"! Pode-se dizer que o maior amor, a mais absoluta dedicação, a mais sublime idéia, a única inspiração *divina* da humanidade não teria tido objeto, ou realidade. Que o homem desapareça de todo, é uma decepção que antevendo-a na morte, se se a pudesse antever, seria sempre tolerável, mas Deus... Essa tiraria todo terror à morte, mas tiraria também todo o amor, todo o interesse da vida, seria uma animalização, uma bestialização súbita da antiga criatura, cujo único verdadeiro amor-próprio estava em o ser.

3 abril

Telegrafo ao governador do Pará. Mando o meu *Balmaceda* ao Gana (Ministro chileno) com esta nota: "Não há uma opinião ou sentimento neste livro que eu não tivesse prazer em modificar, se melhor esclarecido. Como verá, eu idealizei a antiga ordem chilena, o antigo Chile, que depois da atitude de Balmaceda, qualquer que fosse o resultado, não tornaria a ser o mesmo. Talvez, porém, aquela mesma atitude fosse apenas um sintoma de que ele havia [dilacerado] Deus fade bem ao novo!"

Escrevo ao dr. Campos Sales e ao dr. Olinto recomendando o Amaral. A este anuncio partida para Pougues em junho, dizendo que avisá-lo é pedir-lhe sua autorização tácita.[89] Espero que sua enfermidade seja puramente funcional, isto é, do cargo.

4 abril

Escrevo do Turf ao Tobias[90] e ao Rodolfo. Àquele disse que não quisesse fazer-me acabar no estrangeiro. Cada ano que passa aumenta a resistência à mudança... Minha irmã[91] é o tipo: chorando todo dia

---

89. Nas férias de Nabuco, Silvino Gurgel do Amaral como diplomata mais antigo devia assumir a encarregatura de negócios.
90. A íntegra da carta a Tobias Monteiro, de 3.iv.1901, está reproduzida em Cartas aos Amigos, ii, pp. 100-2.
91. Iaiá, esposa de Hilário de Gouveia, que continuavam a residir em Paris.

de saudade, mas sem resolução nem força [ilegível], essa covardia do temperamento. Não há um Brasil independentemente dos Estados, por isso com vinte Governadores arruinando os Estados (aos brasileiros) é uma ilusão esperar que o presidente possa consertar o país. Isso a propósito da necessidade de uma só administração para consertar as finanças. O Rodrigues Alves é o desejado na *City*, mas a política é que domina a finança. Conto que o príncipe Francis de Tack me disse que preparasse os seis cavalos. Se não houver outros... Prefiro um automóvel. A seis cavalos eu pensaria que eu é que ia ser coroado.

Ao Rodolfo, falo do Caldas, do Veríssimo. O Caldas é um banco de ostras, não uma só, todas com a sua pérola. Vocês três juntos formam o *trust** da sensibilidade intelectual do País.

* monopólio

5 abril

O maior dia do ano.[92] Por que não posso eu tomar um cravo da Cruz, com o martelo que o segurou, e fazer dele o formão com que trabalhar, desbastar, reduzir minha natureza? Que imensas lascas eu tiraria e atiraria longe dela! Que quantidade de cavacos em redor da mesa e logo para o fogo! Eu tenho um desenho do que quisera ser na consciência e na aspiração (nesta quase apagado). Por que não tomo um daqueles cravos como instrumento para o copiar, como ferramenta, isto é, como vontade, porque esta e só esta é a ferramenta da alma? Infelizmente nunca serei o filósofo que pensa, reflete e idealizei em mim. Este não está mais encarnado [no] porco de Epicuro; parece, porém, uma mosca tonta que assenta tanto na bosta da estrada como no lírio que se entreabre ao orvalho... Não! A morte deve ter um preparo, e eu hoje sou um noviço, um postulante dela. Quando meus filhos nasceram, eu não tinha o que lhes dar ou deixar como vida moral; hoje tenho um infinitésimo capital; da morte, porém, espero, na bondade de Deus, tirar uma herança de vida... Quando eles nasceram, eu os senti, e senti por muito tempo, como galhos do meu tronco vergados para a terra, crescen-

---

92. *Nabuco refere-se ao fato de que o 5 de abril era Sexta-Feira Santa.*

do para baixo. Hoje eu sinto que eles poderão, se eu morrer bem, tomar a direção da vida, do futuro, voltarem-se para o sol e para cima. Docemente, docemente [dilacerado] da morte, para ceder o meu lugar a novas criaturas, não para desertar a vida... Todavia, meu Deus, desejar um bom fim, esperar merecê-lo no meu estado atual de falta de fé, de esperança e caridade, não é tomar o que há de mais sério na vida de modo [dilacerado]. Que faço eu para preparar minha morte, de maneira que ela possa ser útil e aproveitar àqueles a quem quero mais que a mim mesmo? Por Vossa infinita bondade, ponde-me no caminho... na estrada que conduz a Vós... Seguir pela outra, esperando Vos encontrar no fim, não é o pior modo de perder-me? Aceitai-me como postulante da morte e revelai-me o preparo para ela... Guiai-me para o lugar onde está enterrado o meu tesouro, isto é, o de meus filhos...

7 *abril*

Páscoa. Comungo com Evelina no Oratório. Deus seja louvado! Não peço a Deus que guarde meus filhos tanto do que os homens chamam sofrer como do que eles chamam gozar. [...]

8 *abril*

Hoje anos de minha Mãe — 83. Jantam todos da Legação, como ontem. Eu acabei *Minha Formação* dizendo: "mas em despedida ao Criador, espero ainda olhá-la (a vida) através dos vidros de Epitecto, do puro cristal sem refração: a admiração e o reconhecimento"[93]. Por que está além de mim, meu Deus, olhá-la através das lágrimas de Santa Maria Madalena, do amor (o vosso) e da contrição? [...]

---

93. *O trecho completo que fecha* Minha Formação *é o seguinte: "Olhei a vida nas diversas épocas através de vidros diferentes: primeiro, no ardor da mocidade, o prazer, a embriaguez de viver, a curiosidade do mundo; depois, a ambição, a popularidade, a emoção da cena, o esforço e a recompensa da luta para fazer homens livres (todos esses eram vidros de aumento...); mais tarde, como contrastes, a nostalgia do nosso passado e a sedução crescente de nossa natureza, o retraimento do mundo e a doçura do lar, os túmulos dos amigos e os berços dos filhos (todos esses são ainda prismas); mas em despedida ao Criador, espero ainda olhá-la através dos vidros de Epitecto, do puro cristal sem refração: a admiração e o reconhecimento".*

9 abril	A castidade é a maior de todas as forças e de todas as reservas e acumulações de vida. Ser casto quer dizer não secar a fonte da vida, que é uma só e a mesma no homem, quer para se reproduzir, quer para se conservar. O que dá a vida é o que a conserva em nós mesmos.
10 abril	Nota a lord Landsdowne comunicando próxima vinda *Floriano*. Escrevo oficialmente ao governador do Pará sobre a posição da Legação relativamente aos empréstimos.
13 abril	Eu espero ainda acabar bem... a boa hora... Mas mesmo no último suspiro que seja, é um imenso privilégio readquirir o meu título de criatura *divina*, de Deus... Eu não pretendo hoje sair fora da moral, da poesia, da metafísica, da estética do Gênesis. Por ele Deus criou o mundo e por fim o homem para seu prazer, seu gozo, para mirar-se em sua obra viva e no prazer das suas criaturas perante a criação... Assim o maior prazer que a criatura pode dar-lhe é gloriar-se de ter saído das mãos dele, reconhecer, estimar o laço que a prende ao infinito... O episódio todo de Adão mostra que Deus não aceita o amor em vez da observância. Se não, teria logo perdoado Adão porque o amor deste devia ser infinito como ternura, desde que Adão conhecera o Senhor e o vira por assim dizer no trabalho de criar e de embelezar o Paraíso para ele, apesar de ser limitado, irresistente, como móvel de conduta, o que não é incompatível com a excessiva ternura, mas uma pura forma de inconsciência. Aí está o enigma para mim, o meu problema. Ainda hoje eu não posso dar a Deus senão a ternura, a admiração, o reconhecimento intelectual, a aspiração; e ele quer a conformidade, a observância... Ele não me teria deixado ficar no Paraíso. Admitir-me-á a este?...
16 abril	Ao Foreign Office a entregar as credenciais e cartas do presidente ao rei, em resposta à revocatória Phipps e credencial Dering. Entrego a Sir Charles Sanderson. Longa conversa com Mr. Villiers.

A Mrs. Schlesinger sobre os Penedos:[94] "Moreira[95], como você sabe, sempre pensou que seu pai, na sua idade, não devia deixar a Europa pelo Rio de Janeiro, e não duvido que tenha sido uma grande prova para ele vê-los tentando arrumar uma vida confortável, sob condições de vida bem diferentes das que estavam acostumados por um hábito de cinqüenta anos no exterior. O fato é que eles têm muito pouca satisfação e contentamento em torno de si para serem felizes na velhice em seu círculo doméstico. Há dias, disseram-me que nosso velho amigo Rancés se havia recolhido a um convento na Andaluzia antes da sua morte. É verdade? Um tal fim seria congruente com seu caráter, quero dizer, impressionante e solene como o Belo Brummel em Calais ou na pensão e *table d'hôte** de Caen. O barão [de Penedo], não sendo religioso e nunca havendo recebido um único átomo de religião, e, com todo seu porte elegante, tendo ademais uma grande parte de prosaísmo ou burguesismo, misturado a este tormento ideal ou idealismo tantálico (platonismo), (que confusão estou fazendo!) não podia ter nem o fim de um Rancés nem o de um Brummel. Ele almejava simplesmente uma atmosfera de simpatia em torno de si, especialmente ser ouvido de maneira atenta e respeitosa, e ser bem tratado; e ver a prosperidade e o crescimento dos seus. Em lugar disto, ele assiste à fortuna declinante deles. Bem, você não deve ter diante de si um quadro que lhe será mais penoso pelo contraste. Espero que todos estejam bem. Quando começo a lhe escrever, sou impiedoso".

23 abril

* *mesa comum*

Carta desta data do Ministro, autorizando-me a fazer a mudança da Chancelaria [da Legação], a indenizar o proprietário, reclamando eu as despesas que fizemos a fim de se providenciar oficialmente.

26 abril

---

94. Tradução do inglês.
95. Isto é, Artur de Carvalho Moreira, filho do barão de Penedo.

14 maio	[...] "presidente aprova parte sétima plano vossa carta dez setembro. Ministro Exterior".
	Telegrafo ao Ministro do Exterior sobre o empréstimo do Pará e ao governador. Ao Ministro: "Referência vosso telegrama 31 dezembro, peço hoje governador Pará dispensar-me. Assinatura Ministro significa apoio moral União, porém condições empréstimo desprestigiariam aquele apoio. Não creio público subscreva. Nabuco". [...]
19 maio	Passeio de carro a Hampton Court. Levamos as crianças. [...]
22 maio *na íntegra	Prazer de Evelina hoje descobrindo a adoração por Santa Restituta, o nome da avó, em Arcy-Sainte-Restitute, França, e lendo a vida *in extenso** dela.
	Nota a lord Landsdowne sobre o arbitramento.
26 maio	De cama. São Filipe Néri não quis que eu fosse seu hóspede no Oratório[96] e me sentasse à sua mesa. Escrevo ao Pe Antrobus.
27 maio	A morte dos próximos só é verdadeiramente sensível quando se caminha para a vida. (Assim o pai jovem de quem morre a filha, ou a mãe). Quando se caminha para a morte, a morte dos que nos precedem, parece perder todo o pungente. Como que se sente que amanhã se estará com eles, ou por outra que já se tem bilhete pelo trem seguinte para o mesmo destino. (Assim o filho já ferido ou velho ou doente que sabe da morte da mãe, etc.).
29 maio	Telegrama ao Ministro: "Rogo declarardes Delegado [do Tesouro] meus movimentos e empregados Legação não estão sujeitos sua fiscalização, mas somente vossa e minha. J. Nabuco".
2 junho	Recebo telegrama de ontem pedindo mande cópia memorando e mapas questão inglesa, a que me referi ofício 7 de maio.

96. *São Filipe Néri foi o fundador da Congregação do Oratório no século XVI.*

Carta ao Tobias.⁹⁷ Tópicos: 1º Resposta quanto ao empréstimo do Pará e à expressão <u>velar por mim</u>. A Legação de Londres sempre foi ocupada a título muito precário. Eu, porém, estimaria a dispensa, uma vez que me tratem como entre cavalheiros, etc., etc. Meu programa é sair menos remediado do que entrei. 2º Questão de limites. É o que está na carta ao dr. Olinto, mesmo texto e data, de que ficou cópia. 3º Questão do crédito do país. O crédito não depende só de se estar seguindo a boa política, depende da continuidade desta, assim como o do México sob Porfírio Diaz. As boas administrações republicanas não podem colher a sua safra. É preciso uma série. 4º Questão das estradas resgatadas. Para ter sido boa política resgatá-las, é preciso que tenham boa sorte, de outra forma a economia do resgate seria logo absorvida pelo custo das futuras reconstruções. 5º Questão Murtinho. A ruptura parece lógica, meu pai acreditava muito na lógica da fisiologia das paixões.⁹⁸ Mas ele deve abstrair de si. Eu tenho abstraído por vezes de mim em política. Ele teve imaginação científica, que o *Times* julga o primeiro dom do estadista e entre nós não há mais do que o mesmo jornal chama tradição fossilizada (apliquei à Secretaria).⁹⁹ 6º Diga ao presidente que não há no serviço¹⁰⁰ maior monroísta do que eu. Se não fosse o espantalho norte-americano, estou certo, a Europa já estaria tratando a América do Sul como a China, a Ásia e a África.

15-16 junho

Devia partir hoje mas fiquei para jantar com o cardeal Gibbons, hóspede do Chermont, ou antes de Mrs. Chermont, de Baltimore. Interessante conversa. Disse-me ter-lhe dito o cardeal Rampolla que as relações da Santa Sé com o Brasil são mais agradáveis hoje do que durante a monarquia. Conversamos muito sobre a questão dos

16 julho

---

97. A íntegra foi publicada em Cartas a Amigos, ii,pp. 102-5, sob a data de 14.vi.1901. Dela não constam, porém, os itens 1 e 6.
98. Refere-se à previsão do Jornal do Commercio de um rompimento entre Joaquim Murtinho, ministro da Fazenda, e o presidente Campos Sales.
99. De negócios estrangeiros.
100. Diplomático brasileiro.

negros nos Estados Unidos. Até onde pode ir num cardeal o preconceito de cor, vai nele. É o espírito antigo americano, da inferioridade *providencial* e perpétua da raça negra como um desígnio de Deus para servir a branca ou viver à parte.

17 julho — Parto para Paris. Vem o Juca à estação receber-me. Janto com Iaiá.

18 julho — Com o João Ribeiro em Paris. Vêm almoçar ele, Gouveia e Tropé. À *Revue des Deux Mondes*. Ao Garnier.

20 julho — Pougues. Ministro Exterior: aqui vim dez dias, João Ribeiro seguirá Marselha. Passeio de carro com o mesmo companheiro.[101]

30 julho — Chego à noite a Paris. Jantam Gouveia e Rodolfo.

1º agosto — Escrevo a M. Ferdinand Brunetière. Deixo cartões para ele e M. Charles Bénoit.
Volto a Londres. O mar à noitinha tão calmo como quando fui. Luar. As luzes de Folkestone e de Dover de um lado e outro da proa parecem um linha contínua.

6 agosto — Eu creio que Deus não me acha ainda bastante seguro à vida com quatro amarras, e quer pôr-me mais uma.

16 agosto — A New Court. Conversa com Alfred de Rotschild.

22 agosto — Título para um livro: *Aleluia!* Uma trilogia a Deus, ao país natal, aos filhos. *Mater oblivionis*. Como dizer também Mãe das Dores escondidas e das vergonhas encobertas.

---

101. V. *Carta a Evelina de 20.vii.1901*.

| Hoje eu dizia depois de Evelina ter dito coisa semelhante sobre um carrinho de paralítico: "Pois eu já tenho um cãozinho para me guiar na rua quando eu ficar cego". E Evelina logo: "Eu?" | *26 agosto* |

| Seguimos para Wimereux.¹⁰² | *28 agosto* |

| Hoje recebi a notícia da morte do Eduardo Prado, de febre amarela, ontem em São Paulo. Quem lhe teria dito que essa seria a sua morte! Perco senão um amigo, quanto é rara a amizade! Um camarada, um da minha roda, do meu grupo de amigos, da banda literário-político-social a que pertenci. Em um momento, só a voz dele se levantou no campo monarquista para me sustentar. Por ele, minha atitude teria sido acatada e ter-se-me-ia deixado a liberdade das minhas inspirações, em vez de me proscreverem. No todo, ele era capaz de movimentos patrióticos, mas a vaidade, a camaradagem, o *esprit de corps**, o desejo de agradar, o respeito humano, ainda não se tinham purificado nele de modo a deixá-lo guiar-se por si mesmo e por seus próprios sentidos políticos. Isso viria. O *qualis artifex pereo** ter-lhe-á ocorrido no instante final, esse grito de todos os capazes de melhores e maiores coisas, que se deixaram, porém, levar pelas correntes, dispersaram-se, multiplicaram-se, dissolveram-se às vezes em uma diversidade de vidas sem consciência, de papéis que representaram como autômatos, e que no momento em que tudo se desfaz, sentem as vastas possibilidades que tinham em si e lastimam a estreiteza do tempo. | *31 agosto*

* *espírito de grupo*

* *morro como um grande artista* |

| Pobre Eduardo! Não se ter ele podido elevar acima de seus caprichos do momento, fechar os ouvidos às sereias que o atraíam, entregar-se todo às nobres paixões, aos grandes ideais que professava! Assim ele teria aproveitado tantas faculdades que apenas despendeu, teria deixado uma obra, além de panfletos que ele | *1º setembro* |

---

102. *Praia da Normandia, nas proximidades de Boulogne, frente ao canal da Mancha; e onde Nabuco alugara a vila Mireille.*

mesmo praticamente repudiou, como repudiou os *Fastos*[103], aliando-se politicamente com Rui Barbosa... Quem lhe apanhará o que ele tinha de melhor para fixá-lo num retrato verdadeiro? Que pensava ele de si? Que homem era aos seus próprios olhos? O que é que ele lastimava, sentia ter-lhe falhado, desejava recompor ou adquirir? Como é verdadeira a palavra: não podeis servir a dois senhores! Havia nele o sentimento da grandeza do asceta e a ambição do polimilionário, e o homem de negócio, precisado de rios de ouro, vencia, sobrepujava nele o homem de ideal, todos os ideais. Hélas! Esse é o mundo. A primazia do dinheiro é hoje absoluta.

3 setembro — Ao Paulo Prado (morte de Eduardo): "O senhor terá sido o herdeiro intelectual designado por ele. Essa herança o obriga, e eu espero que ela crie um laço mais entre nós". [...]

6 setembro — Hoje eu estive pensando: "Se o vosso argumento da indispensabilidade de Deus ou da inconcebilidade da sua não existência é que, sem um desenho anterior, não poderia existir um organismo, sem um plano, uma criação qualquer, como é que concebeis o Criador existindo sem um plano anterior, sem uma idéia que explicasse a sua existência? Por outra, concebeis o mais, e não podeis conceber o menos. Se vós homem não podeis existir sem causa inteligente por serdes um organismo ou combinação intelectual, como concebeis a suprema inteligência existindo sem causa também intelectual. Se uma coisa é possível, a outra, mais fácil, também o é". Esta é a primeira insinuação da dúvida ou do criticismo contra a minha prova predileta da idéia de Deus que eu até hoje senti... Não lhe dou, porém, grande importância. Eu não me compreendo existindo sem uma causa anterior, porque sou visivelmente um objeto, um produto, um efeito. Compreendo a causa existindo *per se*, porque a não ser assim teria que compreender o efeito existindo *per se*, o que

---

103. Fastos da Ditadura Militar no Brasil, obra em que Eduardo Prado criticara o regime republicano do Brasil.

é absurdo. Por outra, eu compreendo Deus existindo por si por ser Deus, não compreendo o homem porque é um produto; não existe por si, logo não poderia existir.

Remeto ao Cardoso para cifrar extenso telegrama sobre projeto tratado. [...] Notícia do assassinato de McKinley[104]. [...] Longo passeio a pé pelas falésias e campos de Wimereux. As crianças muito contentes: passeio de carro e cavalo. Hoje estiveram a cifrar.[105] Cedo começam a carreira.

7 setembro

Ao Domício: "Eu, se fosse o senhor, varria da minha produção tudo o que o senhor chama a *vida*, as cortesãs russas, ou não, as tavernas, as 'febres', os aventureiros. O seu talento é muito grande, muito elevado, para não ganhar com a emancipação do chamado ambiente literário e artístico parisiense ou moderno. As melhores fontes do seu espírito ainda não estão captadas. Quanta poesia e ternura de alma o senhor gasta com as imundícies do mundo moral. A palavra *amante* ainda tem para o senhor um prestígio misterioso. Eu quisera vê-lo elevar-se ao seu nível que coloco muito alto, deixar "a literatura pela literatura", que é a causa de todo esse mal. Sacudir fora o feminismo, o mundanismo, o cosmopolitismo (no sentido de Bourget, da Cosmópolis, não no sentido humano, universal). Então eu o poria como um dos evangelistas brasileiros na minha galeria. O senhor, o Graça, o Azeredo devem no século XX fazer literatura (aeroplana) anti-séptica".

9 setembro

Acabo [de] receber telegrama do Hilário: *"Arrivai avec Dantas mortellement malade".**

Hoje segue de Londres meu telegrama dr. Olinto sobre tratado.

* *"Cheguei com o Dantas mortalmente doente".*

---

104. presidente dos Estados Unidos, que será substituído pelo vice-presidente Theodore Roosevelt.
105. A correspondência diplomática.

10 setembro [...] Hoje carta do Hilário. Rodolfo desenganado por todos os colegas. Telegrama dele mais tarde. Dantas pior. Telegrama do Graça, de Londres, partindo para Paris. Vir eu receber aqui seguidamente as duas notícias do Eduardo e do Rodolfo! Ainda há dias eu escrevia ao Azevedo Castro, há desses sincronismos na morte, às vezes políticos, às vezes literários, às vezes sociais (mundanos). Quando meu pai morreu, foi quase da mesma frechada com o Zacarias, o Pimenta Bueno (o Alencar, o Paranhos pouco mais durou e já então talvez ferido). O Eça e o Eduardo formam grupo, eram inseparáveis. O Eduardo e o Gaspar[106] também, coincidência esta política bem notável. Agora Rodolfo. Pobrezinho! Coitadinho! Meigo, até morrendo, ele será... Desculpando-se de incomodar, sorrindo. Dizer que há um mês mais ou menos (31 de julho), íamos juntos ver *Thais e Serapião*! Estou me lembrando da impressão dele. Nele eu perderei um amigo sempre ameno, prazenteiro, carinhoso, tolerante, compreendendo na amizade a posição, a situação do amigo tão bem como este, bom enfim! Pobrezinho.

11 setembro Remeto Cardoso carta para dr. Olinto sobre tratado. [...]
Telegrama do Graça, de Paris. De manhã, "ligeira melhora, esperança"; à noite, "crise gravíssima, esperança perdida". Eu ainda quero esperar! Pobre Rodolfo! As pessoas no meu estado de saúde não sentem tanto a morte, ainda dos mais caros, porque é uma questão para elas de pequena diferença... *Hodie tibi, cras mihi...** Tudo o que na passagem do Rodolfo me impressiona é o estado em que ele morre; o seu indiferentismo religioso, sua intensa abstração de Deus... Seguramente essa é a questão, o dia seguinte. Pobrezinho! Os meus amigos, os meus íntimos, ateus, são tantos! Parecem-me envenenados por si mesmos, auto-intoxicados pelas fermentações de suas leituras cujos elementos deletérios não tinham o poder de destruir e eliminar. Quem sabe! Não morre em uma só geração a idéia de Deus. A morte vinha de trás. Nele eu perderei um dos pou-

* *Hoje tu, amanhã eu*

---

106. da Silveira Martins.

cos, dos raros, que eu podia considerar leais na amizade... Quanta perfídia se disfarça às vezes nesta! É quase sempre a inveja, o ressentimento do bem alheio. Também eu dei-lhe tudo o que lhe podia dar, e ele contava comigo ainda mais talvez do que eu com ele... A afeição dele era um porto na costa de um mar cheio de naufrágios, e a esse eu podia arribar a todo tempo em segurança.

12 setembro

Hoje de manhã o Graça me telegrafa de Paris: "Faleceu cinco horas". Pobre Rodolfo! Assim vim receber aqui em vilegiatura, dentro de 15 dias, as notícias da morte do Eduardo e do Rodolfo... A nossa vida, essa não tem vilegiatura; não se sai dela por um momento, para onde quer que se vá; ela não dá folga nem concede tréguas, continua sua obra de eterna renovação, que nós chamamos de destruição. [...] Pobre e doce amigo. Tão invejado, tão infeliz! Os prazeres, a fortuna, as posições, tudo foi posto no caminho dele como laços para apanhar o passarinho incauto e ele caía em todas as armadilhas mundanas, em todas as redes da vida... Pobrezinho! Antes nada lhe tivesse falado à imaginação, à ambição, ao deslumbramento da fantasia! A trama do organismo era demasiado débil para o temperamento, mas graças a Deus até o fim a tristeza das decepções e dos desmoronamentos em redor dele, de todos, de tudo, que imensos baques constantes, não lhe atacou a doçura, a meiguice, o carinho, o prazer de gozar das coisas ideais, das sensações íntimas da amizade, do afeto e da confiança recíproca, o que quer dizer que o organismo, apesar de gasto, cansado, alquebrado, não tinha comprometido o brilho da centelha divina, do *eu*, do coração e do espírito, que se mantinham...

13 setembro

Ao Rodrigues: "Se a República não tivesse vindo em 1889, a dissolução monárquica, ou dos partidos monárquicos, que em uma monarquia constitucional é mais importante que a dissolução do elemento dinástico, teria dado uma situação econômica muito parecida à atual. É certo que as instituições federais atuais são um obstáculo invencível à reorganização financeira do país, mas isso... Vejo que ia escrevendo uma frase perigosa nesta época de revisão. Eu não creio em revisões. A sorte da República depende de encontrar ela um homem, que seja ao mesmo tempo homem de governo, homem de ação e homem de espada. Difícil problema. Não precisamos de um Porfírio Dias somente, precisamos de um lord Cromer[107] e de um Porfírio Dias juntos na mesma pessoa".

A minha Mãe: "Assim são as coisas do mundo. É preciso nele estar como em viagem, pronto a partir e a ver partir os outros que pousam na mesma hospedaria que nós".

15 setembro

A Dª Amália Dantas. Ao Caldas Viana[108]: "Sei quanto o Rodolfo se tornara seu amigo e vivia sob a sua simpatia, e por isso mando-lhe também os meus sentimentos pelo golpe que nos feriu a tantos como se fôssemos da mesma família. Diga o mesmo ao Barros, ao Veríssimo, ao Rui. Cada um deles deve sentir que se lhes rasgou violentamente uma página da vida, que tem bem poucas".

19 setembro

Ao Penedo: "Vejo quanto tem sido atacado o José Carlos Rodrigues, mas o motivo do ataque parece ser o ter-se esperado que as estradas, depois de resgatadas, seriam dadas de presente aos que as quisessem explorar sem despender real.[109] Enquanto se tratava de resgate, todos esperavam ansiosos. A briga veio da aplicação. Pois eu, desde o começo das operações, disse ao Rodrigues que o que lhes daria razão ou as condenaria seria o contrato de arrendamento que o governo fizesse. Arrendadas a meros parasitas, isto é, dadas para serem roídas até o último trilho pelos arrematantes, elas continuariam a pesar na dívida pública depois que não existissem mais, e assim o sistema de conversão teria sido mau, porque com o da garantia, tal não podia acontecer e a conservação obrigatória estava garantida ao Estado. É singular tudo que se passa aí. Para mim é o caso do ditado:

---

107. Lord Cromer, administrador inglês do Egito após o estabelecimento do protetorado da Grã-Bretanha sobre aquele país.
108. A íntegra desta carta, datada de Wimereux, 12.ix.1901, em Cartas a Amigos, *ii, p. 111.*
109. Como parte da sua política de estabilização financeira, o governo Campos Sales resgatara as estradas-de-ferro instaladas no fim do Império por capitais britânicos sob o sistema de garantia de juros, arrendando-as a seguir. O jornalista José Carlos Rodrigues desempenhara papel importante na operação de resgate.

"Casa onde falta pão, todos brigam, ninguém tem razão". [...] Nada na vida social européia tem mais interesse para mim, que sou, pelo coração, exceto no que diz respeito aos filhos, um homem do passado... [...] Os ingleses propriamente ditos vão tendo cada vez menos relações com o Brasil. Vale mais a pena vender a 1% de lucro na China ou na Índia do que a 10, ou mesmo 20%, no Brasil, onde há pouca saída. Depois o sistema monetário é tudo nos países como o nosso, em que o governo governa a moeda como o leiteiro o leite e lhe ajunta a diluição que quer. Não há quase importação possível de capitais, senão de jogatina. Hoje temos um governo que não mistura água com o leite, mas está visto que por isso mesmo é um governo que resiste e que mais cedo ou mais tarde o natural voltará a galope. Os povos habituados ao papel-moeda são como os ébrios: quando deixam de beber, começam a sentir tremores e logo voltam ao seu equilíbrio instável habitual. É muito difícil curar essa espécie de embriaguez, e os que têm fama de tê-la precisam passar muito tempo sem beber para que os estranhos os considerem curados".

Mandei pelo Catete.[110] A este: "Um bom amigo nosso, um que tem todos os instintos da amizade e todas as suas delicadezas". [...] Sua filosofia foi a boa e a verdadeira, agarrar-se ao nosso torrão, não se deixar sacudir dele por nenhum temporal, porque soltas as raízes da terra, a planta não é mais nada".

[A] João Brandão pelo casamento no dia 25. João Sobrinho agradecendo cartão de 19 de agosto. Escrevo-lhe extensamente pedindo notícias da roda do número 10, que tanto alegrava o número 12 da rua marquês de Olinda.[111] *23 setembro*

Ao Oliveira Lima e a Mme. Beltrão pela perda da mãe. Ao Lima: "Eu também estou preso à minha por um laço cada dia mais tênue (de parte a parte). É extraordinário no fundo das coisas, a estreiteza do *24 setembro*

---

110. *O barão do Catete.*
111. *Alusão à vizinhança das residências do falecido senador Soares Brandão e do próprio Nabuco.*

círculo íntimo, de verdadeira afeição e constante interesse, em que todos vivemos. Cada um de nós é uma pequena *colônia* no vasto mar da vida e, a cada parte de nós mesmos que se desagrega, há uma retração enorme no nosso tão insignificante plural-individual. A sua *colônia* já era muito menor que a minha, por isso a sua retração íntima será muito maior do que seria a de quem, como eu, está obrigado por tantos motivos a interessar-se pelo futuro, e de fato vive mais pelos filhos do que em si mesmo. Em mim o Eu está bem atrofiado, as partes vivas da *colônia* são as que estão acabando de nascer".

Passeio de carro com as crianças.

28 setembro

Eu me tenho sentido muito acabado todo este mês, há dois meses talvez. A tristeza invade-me, o que é sinal de profundas reações desconhecidas, e o cansaço é às vezes extenuante... Um nada, porém, me reanima, um choque exterior qualquer me restaura, o sono me restitui a frescura, a alimentação me refaz as forças, tudo por pouco tempo, é certo, mas provando, creio eu, que a máquina ainda funciona toda ela e que é o modo de tratá-la convenientemente que me seria preciso achar. O espírito, graças a Deus, guarda assim a sua elasticidade de sempre. Eu devo ter, porém, apesar de tudo, um mal em evolução, dentro de mim, e de caráter permanente, há cerca de vinte anos. Calculo desde 1883, quando começou a chamada "dispepsia", mas, se o mal for intestinal, a gênese é mais antiga, muito mais, é quase meu contemporâneo. Quando penso em tantos amigos que se foram antes de mim mais novos do que eu e sem darem aparência, de modo algum, de fim próximo, pelo contrário, considero um milagre de cada dia a minha resistência, o não se partir o fio que entre os meus dedos me parece tão tênue e tão usado...

29 setembro

Ao campo, de carruagem com Evelina e as crianças. É muito doce toda a impressão das colinas e das ondulações desta paisagem em torno de Wimereux. O cemitério deste lugar, comum a Vimille, é um lugar onde eu quisera ser enterrado. Há ao lado dele uma inscrição na relva, letras cortadas no verde e cheio o vão de pedras, dizendo *Gloire à Jésus Christ**. De muito longe se podem ler as pala-

* *Glória a Jesus Cristo*

vras. Os mortos de Wimereux têm bem perto diante de si esse dístico bem visível. Isolado na colina, ao lado da inscrição de que falo, dominando a qual há uma coluneta com uma redoma para o sacramento (que nas festas religiosas é ali exposto), o cemitério tem um ar de distinção que nas cidades modernas falta mesmo à região dos mortos. Estão os mortos ali no campo, em plena natureza, abrigados pela colina dos ventos mais fortes do lugar, voltados para o poente, que é a "orientação" natural dos túmulos, e tendo quando o sol cai sobre o mar os mais belos ocasos que eu tenho visto. O de ontem, por exemplo, foi incomparável. Não era uma faixa ou uma nuvem, era uma extensa e alta muralha toda ela incendida.

Vamos a Paris.	*30 setembro*
Volta de Paris.	*3 outubro*
Volta de Wimereux.	*4 outubro*
[...] Chega telegrama do Rio aceitando o tratado com as modificações que propus.	*6 outubro*
Ao Rio Branco agradecendo ter-me convidado para testemunha do casamento da filha em Berlim. Ao Foreign Office, longa conversa com Villiers. Redijo telegrama ao governo que Cardoso leva para cifrar.	*7 outubro*
Vem à Legação Mr. Prestage, o tradutor de Antero de Quental, etc., com apresentação do Batalha Reis. [...]	*9 outubro*
Ao cardeal Perraud agradecendo um seu panegírico:[112] "Já não devo mais considerar como um puro acaso o haver-me encontrado em seu caminho um dia em que eu tratava de cumprir um dever de gratidão e piedade nacional... Vossa Eminência escreve no bronze, ao passo que	*10 outubro*

---

112. *Tradução do francês.*

minhas pobres frases saem tremendo de minha caneta, mas há algum tempo obtive sua autorização para lhe submeter algumas páginas antes de cogitar de imprimi-las[113], e logo que eu tiver um momento livre e também coragem, recorrerei à sua autoridade e à sua franqueza".

Veio ver-me o Solar. Dei-lhe os meus livros. Fiquei de combinar tudo para a conferência sobre lord Cochrane.

18 outubro	Conferência final no Foreign Office, ficou tudo assentado[114], telegrafei ao governo.
22 outubro	Partimos, o Graça Aranha e eu para Berlim.
23 outubro	Chegada a Berlim. Almoçamos e jantamos com o Rio Branco.
24 outubro	Casamento da filha do Rio Branco, Amélia, com o barão Gustavo de Werther, a que sirvo de testemunha. Jantamos ainda com o Rio Branco.
25 outubro	Em Berlim, com o Hermano e o Graça a passeio. Vemos o Arsenal, o Jardim Zoológico. Beleza indescritível da folhagem dourada das avenidas e bosques. A doçura do colorido do outono.
26 outubro	Seguimos viagem, dormindo em Colônia.
27 outubro	A Bruxelas. Jantamos em casa do Tovar. Seguimos para Londres, dormindo em Dover.
29 outubro	Há muito que eu sofro cada dia, e receio. De ora em diante, tomo a vida como ração. Deus não me dá a vida mais aos anos, mas aos dias, dia a dia, e assim talvez venha a ser melhor mais tarde... Em todo o caso, sinto-me viver no dia-a-dia e não mais ilimitadamente, a prazos longos, *sine die*.

---

113. Alusão aos Pensées Detachées et Souvenirs.
114. Relativamente ao tratado de arbitramento com a Inglaterra.

Carta ao general Mansilla agradecendo os livros que me mandou: "Li bastante em viagem desses escritos para saber desde já o prazer que eles me hão de dar. A figura, por exemplo da mãe de Rosas (quero dizer Rozas[115]) está traçada de modo a não se deixar mais esquecer. Tanto a dela como a do marido. Os livros de Vossa Excelência, quer me parecer, são desses que não se podem ler sem ter sempre presente a personalidade do autor, tão grande é a projeção desta em todas as suas obras para os que a conhecem. Com o tempo, as gerações que não conheceram o general Mansilla e não ficaram sempre, como a nossa está e há de permanecer, sob a fascinação do homem (porque isto é o que Vossa Excelência principalmente foi e quer ser), hão de ler esses mesmos livros de modo inteiramente diverso e atendendo mais a eles mesmos do que ao senhor da casa. Como lhe disse, meu general, o seu papel (não é um conselho que eu nunca me abalançaria a dar-lhe, é uma teoria, se quiser, estética) deve resultar dessa universalização incontestável da sua figura, da jubilação histórica a que ela tem direito. A última parte de sua carreira deve ser a de um puro árbitro intelectual em seu país". [...]	30 outubro
[...] O *Times* insere minha carta, dizendo não ter eu visto o entrevistador que publica no *Humanitarian* uma longa entrevista comigo. Ele viu o Domício e o Cardoso! [...]	31 outubro
[...] Mando hoje diversos ofícios ao governo sobre o tratado e as provas finais deste. [...]	2 novembro
Todo o dia escrevendo ao governo sustentando o tratado.	4 novembro
Termino minha carta (exposição) ao dr. Olinto.	5 novembro
Às 3 horas assino o tratado com lord Landsdowne. Telegrafo ao Ministro e ao presidente.	6 novembro

---

115. *"Mansilla faz grande questão do Z": nota de Nabuco.*

14 novembro Hoje a idéia de escrever uma "fábula" ou uma "legenda" da Árvore e do Velho. O Velho, que analisa a sua metamorfose do que fora a sua pele, o seu andar, o olhar, o ouvido, os seus traços todos de decadência, de fim; e a árvore enregelada que se compara com o que foi na primavera, com que ainda era no outono. O Velho à Árvore: "Mas tu hás de reverdecer, de enfolhar, de florir, de dar frutos... hás de ser tu mesma ainda e melhor... etc, etc; e eu, o que se passa comigo é a decomposição contínua, é o secar, o apagar constante de cada fibra viva, de tudo que produzia outrora a lucidez, o esquecimento de mim mesmo, o entusiasmo, o amor, a paixão, a idéia universal, o contato da inteligência e do coração com o mundo etc. etc...". A Árvore: "Quem sabe? Que sabes? Quem sabe se não deixas também assim aos andrajos a antiga vestidura, etc., para tomares uma nova forma. Quem sabe se a tua alma não se recolhe e não se ausenta, deixando o corpo desfazer-se, em vista de novos destinos? Etc., etc".

17 novembro[116] [...] A Mr. Prestage: "Tomo a liberdade de enviar-lhe dois pequenos livros meus[117], o primeiro, uma espécie de autobiografia, o outro uma coleção de escritos de diferentes datas. Vejo que Mr. Asquith disse ontem em Edimburgo coisas desagradáveis contra as autobiografias, "um dos menos apetitosos pratos da cozinha literária". Não entendo de cozinha, literárias ou não, mas uma autobiografia me parece a mais interessante das leituras e na verdade o interesse de muitos livros reside para nós nas suas partes autobiográficas. Em lugar de criticá-las, é uma grande perda que tão poucos tenham narrado suas experiências e formação. Realizada sincera e honestamente, a autobiografia seria a melhor leitura de todas e a mais fecunda. Afinal de contas, só conhecemos bem acerca de nós mesmos (não nós mesmos, diria) e a psicologia de qualquer espécie só será alcançada se as pessoas contarem sobre si mesmas e não pelo que elas contem de outras ou de estranhos. Quanto à arte, há tanta arte

---

116. *Tradução do inglês.*
117. *Referência* à Minha Formação *e* Escritos e Discursos Literários.

num auto-retrato de Rafael como em qualquer dos retratos pintados por ele; e se Praxíteles fez seu próprio busto, ele seria tão artístico quanto qualquer escultura que ele poderia fazer de um estranho. A questão é como o trabalho é feito. Pode-se dizer o que quisermos contra as autobiografias, mas, no final das contas, como a confissão na nossa Igreja, elas são uma tentativa de chegar à verdade, e em vez de significarem vanglória, elas são algumas vezes, mesmo para os grandes homens, uma maneira de expiá-la. Nada, contudo, impedirá as cartas de Cícero, que são estritamente autobiográficas, de serem o mais interessante texto político e pessoal que a literatura romana nos deixou; nem as *Mémoires d'Outre Tombe*, de Chateaubriand, de serem o apogeu da moderna prosa francesa. Falo, porém, somente dos grandes. Os humildes, quando narram suas humildes vidas, como é meu caso, é algumas vezes devido a um avassalador sentimento de gratidão, amor e memória".

Extensa carta ao dr. Olinto em resposta ao que me escreveu o Caldas Viana. | *30 novembro*

Arrumações de livros. | *6 dezembro*

[...] História do Tropé de dois furtos de que foi vítima nos dois *boarding-houses**, atribuídos por ele aos donos da casa. Disse-me que só tomaria pensão católica, por ter visto que esse é o costume dos huguenotes.[118] Desconfiou quando o dono da pensão, um baronete que tem três filhos, um coronel no Transvaal, disse na outra noite que voltava da *loge** com a mulher. Tudo isto me parece sintomático. Expectativa de que eu *"ferais bon*"* o prejuízo. | *15 dezembro*

*pensões

*camarote
*compensaria

[...] Ao Keyes. Arranca-me o dente do siso que eu suspeitava de me estar prejudicando a audição. | *17 dezembro*

---

118. *Protestantes franceses.*

21 *dezembro*	Expressão no *Sphere* de ontem, dezembro 20, 1901: "os *uitlanders*[119] sul-americanos". Hipótese em que eles afirmariam sua independência. Somente, com efeito, quem não acompanha o crescimento rápido e moderno de tais questões, pode duvidar de que a expressão da *Sphere* tenha um grande futuro diante de si.
s.d.	Se os ingleses recuam da proposta feita (primeira enormidade) para pedirem além da linha que obtiveram em Paris (segunda enormidade), prolongando uma situação provisória que sustentam estar produzindo efeitos jurídicos para eles, não resta senão pedir a mediação de uma terceira potência.
* *datilografia*	Mandar por em *typewriting** a correspondência trocada. Quanto custou o *typewriting* do drama?

---

119. *Designação dada pelo colonizadores holandeses da África do Sul aos emigrantes ingleses que se estabeleciam no Transvaal, às vésperas da guerra dos* Boers.

Trechos de cartas a Evelina

Estou copiando os meus capítulos franceses. Desta vez verei se prestam.[120]	*Pougues* *20.vii.1901*

Minha vida é esta: levanto-me, etc., entre as 7h e as 8h, quando tomo uma copa de leite, desço para o estabelecimento, tomo águas, ando ao sol, tomo a ducha e venho escrever-te a carta de cada dia, tudo isto até às 11h. Em todo esse tempo não tenho (nem preciso) com quem conversar, troco palavras com o duchista, com Mlle. Berthe, que me falou de *terre promise** (a Canaã do nosso amigo). Às 11h15 é o almoço, almoço sozinho. Depois do almoço em geral conversa comigo um quarto de hora um pernambucano que aqui encontrei, por nome Fernandes. [...] Leio os jornais um pouco, depois vou trabalhar entre 1 e 4h. Às 4h volto a tomar as águas, a andar ao sol, tomo o banho morno às 5h, às 6h15 é o jantar. Depois do jantar tenho dado dois passeios de carruagem. [...] Volto às 9h, entro para o meu quarto, escrevo até as 11h, rezo, deito-me por volta de 11h30 e durmo mal até às 7h, quando o Alfredo[121] entra e eu recomeço a vida que acabo de contar.

Pougues
21.vii.1901

* *terra prometida*

---

120. Trata-se de referência aos *Pensées Detachées et Souvenirs*.
121. Criado de Nabuco.

1º janeiro	À missa. Escrevendo ao governo sobre incidente Azevedo Castro[122], quando hoje recebo deste: 1º telegrama Ano-Novo; 2º ofício protestando sentimentos cordiais. [...]
2 janeiro	De manhã, respondendo a Azevedo Castro. Segue à tarde o ofício, explicando por que devolvi o outro e não posso guardá-lo. Não é esporte para mim essa espécie de *football* burocrático em que ele se tornou mestre. [...]
3 janeiro *ações	[...] Vem à Legação Mr. Salt, representante de Moyon, Salt & Co., conferenciar sobre projeto de estabelecer armazéns refrigerantes para conservação carne fresca importada do rio da Prata. Escrevo ao dr. Campos Sales sobre a *Alliance*. [...] Telegrama de José Carlos Rodrigues, de Paris, para que assuma a responsabilidade da entrega aos agentes dos *bonds** pertencentes ao governo e juros vencidos pela Companhia Recife-São Francisco, apesar de não terem chegado as cautelas. Escrevo à Companhia reclamando a entrega. Trecho no *Scotsman* qualificando de arquicorrupta a administração do Brasil. Ninguém tira essa idéia [da cabeça], e o desprezo pelos governos e raças sul-americanas é quase sem exceção ilimitado entre os povos europeus, também quase sem exceção, máxime entre ingleses (e norte-americanos)!
4 janeiro	Escrevo a Rio Branco sobre incidente Azevedo Castro. Lendo *Voyage aux régions equinoxiales*[123]. Mando Stead *Americanization of the World*[124] ao dr. Olinto, Jaceguai, Tobias, Paulo Prado, Caldas Viana.

---

122. Alusão à interferência do Delegado do Tesouro em Londres, Azevedo Castro, em assuntos da Legação, o que levara Nabuco a protestar junto ao ministro do Exterior.
123. Trata-se das Viagens às Regiões Equinociais do Novo Continente, obra de Alexandre von Humboldt e Aimé Bonpland, cuja primeira edição francesa é de 1811.
124. Referência à obra de William Stead, jornalista liberal inglês, proprietário da Review of the Reviews e que, como correspondente na Segunda Conferência da Paz (1907), escreverá O Brasil na Haia, elogiando a atuação de Rui Barbosa.

A fazer contas. Telegrama de Artur Thompson dizendo estarem pen- **6** *janeiro*
dentes nomeações de adidos navais e pedindo intervenção minha.
Vem à Legação Mr. Révy. Eu lá não fui hoje. Ele traz-me uma carta e
vem tentar uma negociata de estradas-de-ferro em Londres.
Prometeu voltar amanhã. É assim que se perde o meu tempo. Hoje
andei comprando caixas de papelão para separar os documentos e
preservá-los da poeira. Não tenho quem me ajude em nada, nem tenho mais a companhia dos meus secretários, porque estão em
Ealing. *Tudo* tenho que fazer por mim mesmo, e o pior é que, multi-
plicando o número dos secretários, seria ainda pior, a conversa tor-
nava-se mais animada e as distrações seriam maiores. Hoje ando à
procura de alguém que realmente me possa auxiliar. Acabado
Canaã[125], talvez o Graça Aranha tome gosto pela missão.

Todo o dia tomado em responder a novo ofício do Azevedo Castro. À **7** *janeiro*
tarde, saio a fazer umas visitas com Evelina, isto é, a deixar cartões ao
arcebispo de Westminster e ao deão da abadia. Depois grande volta
no parque. Telegrafo ao dr. Olinto sobre conflito com Delegado [do
Tesouro] e a Rio Branco. Começa a vir uma segunda *typewriter*.[126]

Recebo telegrama de Rio Branco repetindo-me exatamente o que **8** *janeiro*
antecipei ontem ao Delegado. Telegrafo ao governo. Telegrafo mais
tarde que ratificações[127] partiram 2 janeiro. Remeto ao Delegado o
telegrama do Rio Branco. Passeio de carro com Evelina.

Todo o dia em contas e carta ao dr. Olinto sobre o desagradável inci- **9** *janeiro*
dente com Azevedo Castro. Na Legação até tarde. Escrevo a Mr.
Stead, agradecendo a *Americanization of the World* que me mandou.

---

125. *Romance de estréia que Graça Aranha escrevia em Londres.*
126. *A máquina de escrever, cujo nome ainda não fora aportuguesado, recentemente comercializada.*
127. *Isto é, o envio da ratificação pela Inglaterra do Tratado de Arbitragem sobre a questão da Guiana. A troca de ratificações entre os dois países teve lugar no Rio.*

10 janeiro Escrevo ao Domício sobre o telegrama do Paulo Prado. Seguiu hoje o dossiê Azevedo Castro. Na Legação até às 7. Arrumando papéis até 12h30 da noite. Escrevi a minha Mãe, a Rafael Mayrink, prometendo-lhe segunda vaga[128], ao Domingos que tive de "limpar a pedra", tantos fizeram comigo o mesmo que ao João Alfredo.[129]

11 janeiro O telegrama do Paulo, diz-me o Domício, era para eu chamar o Oduvaldo Pacheco na Legação como 4º[130]. Quatro não posso. Escrevo ao dr. Luís Guimarães Filho e ao Alves Vieira, sentindo não os poder chamar também. Toda a noite arrumando os papéis até 12h30.

13 janeiro Vem Mr. Révy à Legação. Traz-me uma carta do Horácio Caldas, com quem fez contratos. O Caldas recomenda-mo como vindo entrar de Minas d'Ouro [sic], ele diz-me que vem tratar também da compra da Sapucaí e outras estradas para amalgamar. Disse-lhe que eu nada podia direta nem indiretamente por tais negócios.

Carta de um meu antigo médico pedindo que arranje um lugar em banco inglês para um filho, outra há dias de um colega de Câmara. Outras, outras muitas. Todos querem um lugar inglês. Os brasileiros não se sentem donos do seu país, o que prospera é somente o estrangeiro... As notícias todas são de uma liquidação geral das antigas famílias. Quem tem filhos deve contar com a ruína deles nesse andar por melhor que os deixe... "É triste, muito triste", dizia o nosso Taunay no seu declínio. Extensa carta ao desembargador J.A.Saraiva sobre a morte (o fim) de Saraiva[131], que quero um dia escrever.

---

128. *Nabuco prometera à mãe que obteria para Rafael Mayrink a segunda vaga que surgisse de secretário da Legação em Londres.*
129. *Referência à ruptura de relações políticas de Nabuco com os monarquistas.*
130. *Quarto secretário.*
131. *Filho do conselheiro Saraiva, político do Império.*

De manhã, escrevendo o discurso para a estátua de Rio Branco.[132] À Legação. Longa conferência com o representante das companhias de seguros. Vem o Rodrigues. Chega o Graça. O governo resolve a meu favor a questão com o delegado. [...]	*14 janeiro*
[...] Missão. Cartas a Moniz, general Mallet, presidente Amazonas e Pará, bibliotecário Pará fundando-me em carta Belfort (sem citá-lo). Verificar se respondi acusando recepção documentos mandados pela Secretaria[133]; se não, acusar recepção, pedindo que me mandem os mapas existentes na Secretaria. Repetir a frase do ofício ao general Mallet de que o fim justifica a entrega de quaisquer documentos.[134]	*16 janeiro*
Muito resfriado. Almoça o Graça Aranha. Não fui à Legação hoje, trabalhando na Questão.	*21 janeiro*
Ao Foreign Office. Telegrafo ao governo sobre pergunta a respeito dos poderes especiais para ratificações. [...]	*24 janeiro*
Com Evelina a visitas. Conversa com o Gana sobre a coroação. Expeço telegrama. Trabalhando na *plaquette* Cochrane.[135]	*25 janeiro*
Todo o dia na *plaquette* Cochrane.	*26 janeiro*
Vem o Paranaguá à Legação. Escrevo ao Machado de Assis[136] e ao Rodrigues Alves. Mando o folheto *Cochrane*. Escrevo ao Rio Branco mandando as notícias, inclusive a do Piza. Escrevo ao Régis sobre a consulta do Embaixador quanto à língua dos documentos.	*27 janeiro*

---

132. *Entenda-se, a ser proferido na inauguração da estátua do visconde do Rio Branco.*
133. *Secretaria de Estado das Relações Exteriores.*
134. *Refere-se aos trabalhos de pesquisa histórica em Lisboa, Belém e Pará, com relação a documentos podendo interessar a questão da Guiana.*
135. *Nabuco escrevia o elogio do almirante Thomas Cochrane, que comandara a esquadra imperial das lutas da Independência.*
136. *V. Cartas a Amigos, ii, p. 118.*

28 janeiro	Agora todos os dias trabalho até ao almoço, do almoço ao jantar e do jantar até meia-noite.[137] Considerar qualquer convite como um roubo do tempo que sinto ser muito escasso.
29 janeiro	Telegrama anunciando a troca das ratificações ontem. [...]
30 janeiro *incômodo	Telegrama anunciando que serei o representante para a coroação.[138] Ontem conversando sobre montanhas. Como elas são *a nuisance**, e seria bom fossem todas niveladas, exceto pelos rios (estes mesmos se brotassem de fontes baixas seria melhor). São verrugas vulcânicas, revolucionárias, na face do globo, etc., etc., brincando. A pessoa disse-me: mas sem elas seria *monótono*. Esse sentimento da monotonia é sinal apenas da nossa excitabilidade e do nosso sensacionalismo.
1º fevereiro	Telegrafo ao Rio Branco sobre os clichês.[139] Jantam o Graça e o Cardoso. Aquele fica muito contrariado por não levar para Paris a *typewriter*, mas não se deve despir um santo para vestir outro menos atarefado e menos "devorador" de trabalho.
5 fevereiro	A Chermont, pedindo endereço editores Baltimore para lhes telegrafar pedindo reproduções mapas do Atlas Verez.
6 fevereiro	Carta ao Tropé prolongando indefinidamente arranjo atual. Ao Gouveia para se entender sobre mapas Coudreau com o editor e me arranjar tradutores.
7 fevereiro	Eu compreendo que digam maior número de *Te Deum* ainda os que não têm certeza da outra vida do que os que têm, porque aqueles não contam certo para adorar a Deus o curto espaço que

---

137. *Na preparação das memórias a serem apresentadas ao governo italiano sobre a questão da Guiana. Nabuco levou quase dois anos na redação, de 7 de março de 1902 a 20 de fevereiro de 1904.*
138. *Do rei Eduardo VII.*
139. *Dos mapas a serem apensados à defesa do Brasil na questão da Guiana.*

lhes resta até a morte, espaço tão interrompido, tão roubado por ninharias. Marta! Marta! Tu te preocupas de muitas coisas demais, uma só é necessária.

Anos de Carolina. Hoje, domingo da Qüinquagésima. A mais bela das páginas que o Cristianismo produziu, São Paulo sobre a caridade.

9 fevereiro

Escrevo à minha Mãe: o futuro José Thomaz[140], afilhado de Sinhazinha. Peço retrato dela e de meu avô[141], com ordens para o fotógrafo Guimarães. [...]

20 fevereiro

A religião. Verdade, sonho? Que importa? Se estamos acordados, se sonhamos, tudo é o mesmo. Ela é em todo caso o sonho divino da humanidade na sua noite de séculos.

Eu trabalho todo o dia seguido sem remissão no mesmo assunto. Preciso organizar a minha diversão intelectual, sem o que ficarei esterilizado e extinto antes ou logo depois de acabada a tarefa.

23 fevereiro

Carta do Tobias sobre a nomeação do dr. Olinto para Londres e a minha para ordinário em Roma, ao mesmo tempo que em missão especial: 1º Ponto fora de questão tal acumulação de legações e de trabalho; 2º Digo a razão por que desejei não ser Delegado desta Legação durante o pleito; 3º O dr. Olinto não pode vir em posição provisória e condicional *remplaçant pro tempore**; deverá vir a título definitivo. Seria impraticável voltar eu depois de uma nomeação feita a título definitivo. A minha situação daqui a dois anos é tão cheia de *incógnitas* que por esse *desconhecido* eu não quisera que se frustrasse a combinação. Sugiro que o nomeiem ou para Londres ou para Washington, posto desde agora politicamente o mais importante de nossa diplomacia, o que seria (a nomeação do Ministro

24 fevereiro

* substituto provisório

---

140. *Referência ao filho esperado por D. Evelina.*
141. *O avô materno de Nabuco, Francisco Antônio de Sá Barreto, participara da revolução de 1817, refugiando-se depois nos Estados Unidos, de onde passara à Grã-Colômbia, lutando na batalha de Ayacucho, em que Bolívar deu o golpe de misericórdia no domínio espanhol no Peru. De volta ao Recife, foi membro do Conselho Governativo da província.*

do Exterior) o maior cumprimento aos Estados Unidos e ao dr. Olinto. Para a combinação que fosse preciso fazer, para transferir o Assis Brasil ou para Londres ou para outra Legação, oferecí esta Legação. Convido-o a ser meu hóspede durante [a] coroação.[142]

6 março	Levée[143] no palácio de Saint James. Assisto com o secretário. O Graça vai a Paris em comissão.
7 março	Trabalho das minhas memórias.[144] Começado em 7 de março de 1902 (Santo Tomás de Aquino).[145]
10 março	[...] Recebo minha nomeação para a Missão Especial.[146]
27 abril * enfermeira	Às 11 da noite menos 5', nascimento do nosso quinto filho, José Thomaz, em 52, Cornwall Gardens, S.W. Muito feliz parto. Dr. Manley Sims presente. Miss Oak King, *nurse**. Jantaram comigo Manley Sims, Cardoso de Oliveira, Silvino do Amaral.
11 maio	A Mrs. Schlesinger,[147] nesta data, sobre o nascimento de José Thomaz. "A senhora Nabuco me pede para agradecer-lhe sua bondosa carta. Ela e o menino vão tão bem quanto possível. Qualquer que seja a sorte dele, uma coisa é certa, ele viverá num mundo inteiramente diverso daquele em que vivi e, portanto, eu não posso imaginar o que ele terá de passar, seja para apiedar-me ou para comemorar antecipadamente. Dir-se-ia que os bilhetes tirados pelos recém-nascidos são bem mais valiosos do que os que tiramos. Eles verão coisas que sequer podemos sonhar, e isto apenas faz do nascimento agora e doravante um privilégio maior do que o que nos coube. Não

---

142. A resposta de Nabuco à carta de Tobias Monteiro em Cartas a Amigos, ii, pp. 119-20.
143. Recepção matinal oferecida pelo rei da Inglaterra.
144. Sobre a Questão da Guiana.
145. Nota posterior de Nabuco: "Acabado em 20 de fevereiro de 1904".
146. A nomeação de Nabuco pelo Governo brasileiro para que o representasse em Roma como Delegado especial junto ao rei da Itália para a questão da Guiana.
147. Traduzido do inglês.

pensa assim?" Sobre a morte da mãe: "Embora na ordem natural (e mesmo sendo grande a consolação de que ela viveu tanto tempo para desfrutar a felicidade de todos vocês e para ver seus bisnetos), ainda assim, quando a figura central desaparece, sentimo-nos tanto mais solitários quanto ela permaneceu familiar a você".

Concerto Alfred Rotschild para encontrar o príncipe de Gales.[148]	28 maio
Pela primeira vez desde que chegamos, suspendeu-se hoje o nosso jantar dos domingos[149] por se estar refazendo o fogão.	8 junho
Escrevo a lord Landsdowne para o jantar anglo-chileno. A Lord Howe pedindo convite para o Azevedo Castro e mulher para o *garden party** de Windsor. Ao Alfred Rotschild e ao White, pedindo cartas de apresentação para Paulo Prado, que vai a New York.	11 junho * recepção ao ar livre
Recebo carta do Gouveia dizendo-me que Inacinha entrou no dia 9 para o convento do Santíssimo Sacramento, da rua Cortember. Escrevo-lhe sobre Inacinha abundantemente, porque nossa emoção, glória e saudade é grande. "Seja feita a vontade de Deus e no seu claustro Deus a encha de todas as felicidades naturais e sobrenaturais dos seus verdadeiros favoritos, dos quais, é preciso dizer, ela sempre teve a marca".	12 junho
(Do Estrela). A trajetória dele, do balcão do Banco Rural ao Comitê do Union parece-me napoleônica. Por isso figura-se-me Petrópolis para ele uma Santa Helena. Como eu quisera vê-lo brilhando em uma corte da Europa com 200.000 mil francos de renda.	14 junho

---

148. Com a ascensão de Eduardo VII ao trono, tornara-se príncipe de Gales seu filho primogênito, o futuro George V.
149. Como ministro em Londres, Nabuco costumava reunir para jantar todos os domingos os seus auxiliares de Legação e suas mulheres.

30 junho	A lord Landsdowne[150]. "Não necessita responder este pedido se a lista de convidados de lady Landsdowne estiver repleta, como temo. Compreenderei a dificuldade. Desculpe bondosamente o incômodo que lhe dou e a lady Landsdowne nesta ocasião tão sobrecarregada, mas eu também tenho que desempenhar minha tarefa nesta época cenográfica, principalmente agora que as celebrações recomeçaram".
13 julho	Em Maidenhead com os Chermonts. Levo o Tobias e o Raul. No rio, toda a tarde. Jantamos com eles.
17 julho	Sessão na Sociedade Aeronáutica em honra de [Augusto] Severo. Voto ao Brasil. Meu discurso. Evelina janta em casa do Ministro do Chile, onde vou encontrá-la depois da sessão.
19 julho	*Garden party* em Hatfield House. A despedida de lord Salisbury.[151]
23 julho	Meu banquete no Carlton por motivo do acordo de paz e arbitragem permanente entre o Chile e a República Argentina.
25 julho *As duas escolas	Ao teatro francês. Levamos os Ganas. *Les deux écoles*.*
26 julho	Artigo no *Times* (editorial) referindo-se ao meu banquete. Artigos no *Daily News* e *Express*.
29 julho	[...] Depois do jantar levo os Montts e del Campo, irmão de Mme. Montt, à casa do Alfred Rotschild onde encontram[os] juntos Lord Roberts, Lord Kitchener, general Lucas Meyer e toda a gente, cantando a "Melba".

150. Tradução do inglês.
151. *Despedida do primeiro-ministro, Lord Salisbury, da atividade política, iniciada em 1853 como deputado. Ele falecerá no ano seguinte.*

Recebo carta do Alfred Rotschild sobre o negócio do Acre.[152] Irei amanhã. [...]	7 agosto

Luncheon em Mansion House[153], Evelina entre o Lord Mayor e o duque de Argyll; eu, entre Lady Darnley, australiana casada com um *cricketteer** descendente da família de Darnley, marido de Maria Stuart; e Lord Darnley, sobrinho de Lord Jersey. Diversos príncipes da Índia e ministros das colônias. Depois a New Court[154] entender-me com o Alfred Rotschild sobre o negócio do Acre. Vêm jantar o Tobias e o Graça. Longo telegrama cifrado ao governo.	8 agosto *jogador de críquete

Coronation Day[155]. As crianças, os dois mais velhos, vão ver a procissão de Pall Mall. [...] Vamos a pé às iluminações de Piccadily.	9 agosto

À missa no Oratório. Cansado de ontem e resfriado. Passeio de carro a Kingston pelo parque de Richmond. [...]	10 agosto

Vou a Westgate ver instalação para as crianças. Passeio de Westgate a Margate, Broadstairs e Ransgate de carro, com o Amaral. Voltamos às 9h. Das 10 à meia-noite, com Evelina vendo as iluminações. O *Times* elogia as da Legação.	11 agosto

Trabalhando noite e dia na memória.	3 setembro

Telegrama de Sinhazinha dizendo minha Mãe mal. Interpreto como preparo para a notícia da morte.	7 setembro

---

152. Referência à crise desencadeada entre o Brasil e a Bolívia devido aos direitos outorgados pelo governo de La Paz ao Bolivian Syndicate. A disputa, que se concluirá pela anexação do Acre ao Brasil, será solucionada por Rio Branco, já ministro das Relações Exteriores, mediante o Tratado de Petrópolis (1903).
153. Residência do prefeito de Londres.
154. Residência de Alfred de Rotschild.
155. Dia da coroação de Eduardo VII.

12 setembro	Minha Mãe fora de perigo. Parto para Edimburgo com o Raul Rio Branco, Cardoso e Amaral.
13 setembro	Chegamos a Edimburgo, partimos para os lagos Trossacks, Loch Kathrine, Inversnaid.
14 setembro	No hotel de Inversnaid. No Loch Llomononck, na caverna de Rob Roy, de carro ao Loch Chon.
15 setembro	Loch Lhomond. Glasgow, Edimburgo, Dalmeny Park, Forth Bridge. Depois de um longo passeio de carro aberto por Edimburgo e de Edimburgo a Dalmeny, sinto que não ouço, quase surdo.
16 setembro	Edimburgo. Bela manhã. Castelo. Abbotsford, Melrose, Dryburg.
17 setembro	Chegamos a Londres. Dr. Grant.
20 setembro	Paris a consultar Gouveia.[156]
21 setembro	Ao convento de Inacinha.
22 setembro	Uma imagem do Sagrado Coração a Lalá. Professor Loewenberg.[157]
25 setembro	Amsterdã. Professor Guye.

---

156. Após haver consultado em Londres o dr. Grant, Nabuco foi a Paris aconselhar-se com o cunhado médico acerca da surdez que o acometera na viagem à Escócia e da qual já não se curará. Por recomendação de Hilário de Gouveia, ele seguiu para Amsterdã, consultar o professor Guye. V. Carta a Evelina de 23.ix.1902.
157. V. Carta a Evelina de 23.ix.1902.

Londres. Evelina dá-me a notícia da morte de minha Mãe[158].	*28 setembro*
À tarde para Paris, em viagem para Cambo.[159]	*10 novembro*
A uma senhorita cubana que me mandou uma carta postal pedindo um pensamento autógrafo: "Você representa para mim a força que eu sempre mais temi e venerei: o Desconhecido. Possa essa Divindade ser propícia a Cuba". Escrevo ao Alfred sobre o dr. Campos Sales.	*12 novembro*
Jantar com os Régis para encontrar os marqueses Rudini e o Rio Branco. Depois, na rua, uma discussão bastante forte com este sobre a minha recusa de aceitar a Legação permanente da Itália.[160]	*14 novembro*
No trem Sud-Express para Cambo, em companhia do Rio Branco, que vai para Lisboa.[161] No trem a condessa Wilson. Durmo em Bayonne.	*15 novembro*

158. Nota de Nabuco: "Esta nota é escrita anos depois". D. Ana Benigna de Sá Barreto era filha de Francisco Antônio de Sá Barreto e de D. Maria José Felicidade Barreto, irmã de Francisco Pais Barreto, morgado do Cabo. A esses avós maternos, Nabuco devia suas raízes pernambucanas. O morgado possuiu uma das grandes fortunas fundiárias da província, fora revolucionário de 1817 e membro da chamada 'junta dos matutos' que governou Pernambuco entre setembro de 1822 e dezembro de 1823. Posteriormente, sua nomeação por D. Pedro I para presidente seria contestada pela facção autonomista, constituindo uma das causas da Confederação do Equador. Não tendo podido empossar-se devido à rejeição dos que desejavam a manutenção de Manuel de Carvalho Pais de Andrade, Pais Barreto retirou-se para Alagoas, de onde comandou a resistência militar até a chegada da tropa do Rio, que, sob o comando do brigadeiro Francisco de Lima e Silva, derrubou o regime carvalhista, que se opusera à Constituição outorgada pelo Imperador. Em recompensa pelos serviços prestados, o morgado do Cabo foi feito marquês do Recife. O casamento de José Thomaz Nabuco de Araújo com Ana Benigna foi fundamental para recomendar à oligarquia conservadora o jovem baiano criado no Pará que o pai enviara a Olinda para fazer o curso jurídico.
159. Cambo les Eaux, estação balneária das cercanias de Biarritz, para onde Nabuco seguiu a conselho de Hilário de Gouveia.
160. Rio Branco empenhara-se junto a Nabuco para que ele aceitasse o convite para acumular a Legação em Roma com a missão especial junto ao rei Vittorio Emmanuele. V. Cartas a Evelina de 14, 16 e 22.ix.1902.
161. Convidado pelo presidente Rodrigues, Rio Branco ia apanhar o navio para o Rio a fim de assumir a pasta das Relações Exteriores.

17 novembro	Passeio de carro. Cartas a Ouro Preto e Jaceguai. A este: "Quando a Academia? Você sabe que terá o meu voto".
18 novembro	O meu caso é único[162]. Passeio de carro.
19 novembro	Ao passo de Rolando.[163]
24 novembro	Ao dr. Campos Sales: "As nossas idéias em política sempre foram diferentes, mas prezo-me de acreditar que a nossa sinceridade foi igual. A força da sua administração foi essa perfeita sinceridade que se nota também nos seus discursos. Confesso-lhe, porém, que só por estes eu o teria tido na conta de ideólogo, ao passo que na Presidência vi o estadista de propósito mais firme e mais direto que se podia desejar. A sua política, porém (refiro-me à idéia da sua Presidência que foi *ressuscitar* o crédito público, tirar as nossas finanças do *caos*) não podia ser popular. Para um país de papel-moeda, ela era um esforço tão grande como para o ébrio inveterado o deixar de beber". As palavras grifadas são ambas dos Rotschilds. Ao José Carlos Rodrigues[164]: "Só o futuro dirá se a política do resgate foi um bem, conforme o trato que as estradas tiverem dos usufrutuários". "O dr. Campos foi para a opinião estrangeira o que ela deseja que sejam os presidentes centro e sul-americanos". "A política bancária e protecionista anunciada pela Reuter, o que quererá dizer? São as leis bancárias que trazem sempre no bojo as grandes crises do Tesouro".

---

162. *Trata-se certamente do diagnóstico médico sobre seu problema de surdez.*
163. *Isto é, a Roncesvalles, aldeia da Navarra (Espanha) onde tivera lugar a célebre batalha (15.viii.778) em que a retaguarda do exército de Carlos Magno foi cortada e desbaratada por guerrilheiros vascos, com a morte do célebre Roland, o que daria origem à Chanson de Roland, ponto alto da épica medieval.*
164. *V. Cartas a Amigos, ii, pp. 136-7.*

Os dois maiores amores são o de Deus e o de si mesmo (amar ao próximo como a si mesmo, Jesus sabia o que dizia), pois são os únicos cujo objeto não pode morrer para o homem. A todos os outros amores, ele pode sobreviver.

8 dezembro

Com a surdez o mundo me vai parecendo uma grande pantomima. Eu posso ainda gozar da pantomima social, mas não mais da comédia social. Não sirvo nem para diplomata, porque não posso fazer o flerte político e social, a corte às grandes damas, nem para homem público sul-americano, porque não posso conspirar.

12 dezembro

Trechos de cartas a Evelina

Paris
21.ix.1902

Como sei que tua maior preocupação agora é a dos meus ouvidos, começo por te dar notícias da minha surdez. Ontem ela era tão grande que chegando eu à noite à casa de Iaiá, tocando a campainha, ela e Laura vieram à porta do lado de dentro perguntar quem era e gritavam tanto que a *concierge* subiu para responder, porque eu nada ouvia. Logo depois chegava o Gouveia, que ontem mesmo me examinou o ouvido esquerdo, que era o bom, passou a sonda, insuflou ar e fez-me a primeira injeção do tal soro. Hoje repetiu a injeção. Ele acha que eu estou muito melhor, mas eu em consciência não posso dizer que sinto diferença. Certas vezes não ouço nada, todavia conversei bem à mesa com Iaiá, Gouveia e Laura sem gritar e depois com Laura de carro aberto. [...] Também com a Superiora do Convento da rua Cortembert, apesar da grade, conversei bem, largo tempo. Com a *concierge* de D. Zizinha e a do Tobias, não pude me entender tão bem. O que há é que do ouvido esquerdo (o bom, hoje pior) eu não ouvia nada distinto, e agora ouço as vozes com o som natural, ainda que menos bem, muito menos, que do antigo ouvido mau. O ruído dentro dos ouvidos é, porém, cada vez maior. O Gouveia vai levar-me amanhã a um médico alemão, não o que nós conhecemos.

Fomos ao médico alemão. O Gouveia falou todo o tempo, expondo a doença, mas eu nada ouvi do que conversaram, apesar de estar ao lado deles, só vi as caretas, o ar de desânimo que ele mostrava às diversas experiências que fazia do meu ouvido. Aprovou o cateterismo, que é a passagem da sonda, mas não se mostrou entusiasta da passagem da *bougie* por dentro dela, como fazia o Grant e que é o que mais fé inspira ao Gouveia. [...] Voltei de lá muito desanimado. Estou com efeito ouvindo pelo mau ouvido antigo. O que se dá é que do outro, em todo o caso, se não há melhora sensível da força auditiva, há decerto uma transformação na audição do que ela era há dias, e isto talvez seja melhora sensível sem eu o saber".

Paris
23.ix.1902

Infelizmente depois do jantar, na volta para o hotel, tivemos o Rio Branco e eu uma discussão quase acrimoniosa, presente o Gouveia, sobre a tal questão da Legação da Itália, que ele não se resigna a me ver renunciar. A atitude dele coage-me extraordinariamente e se eu pudesse demitia-me de tudo. Não te posso explicar tudo isso, mas fiquei muito incomodado com a atitude dele para comigo, e a insistência impertinente que põe (e quase animosidade) na sua idéia fixa de que eu devo acumular os dois lugares. Já é minha sina. Realmente! Custa-me amanhã fazer a viagem com ele. O Graça diz-me que eu não imagino quanto ele esfriou nestes três dias com o Rio Branco, que acha um homem que foge das mãos de todos, com quem nenhum amigo, nem mesmo o Domício, tem franqueza. Em suma, vou descansar em Cambo deste incidente que muito me aborreceu.

Paris
14.xi.1902

O Rio Branco protesta não ir incomodado com a minha recusa. Agora quanto a Cambo. É um lugar muito bonito, onde respira-se a saúde e onde o repouso deve ser perfeito, tendo-se tempo. O isolamento é completo. Não há quase ninguém no hotel, que está em uma elevação, e em torno do hotel não há senão *villas* destacadas. O panorama é lindíssimo. [...] A cozinha do hotel é excelente.

Cambo
16.xi.1902

Cambo
22.xi.1902

O Paranhos não tem uma verdadeira atenção com os amigos. O que faz é sempre por um motivo pessoal às vezes recôndito. Nunca me disse uma palavra carinhosa e creio que foi muito contrariado por eu não lhe guardar o lugar [em Roma] à custa da minha missão, do meu lugar de Londres, da minha saúde, de tudo, sem haver necessidade disso para ele, que podia deixar o lugar vago. Não quer, porém, que se diga que ele deixa o lugar vazio para si. Diriam o mesmo se ele me nomeasse com a cláusula de deixar, que todos saberiam, mesmo porque ele disse a bastante gente o seu desejo.

Cambo
23.xi.1902

Durmo bastante, mas como deito muito cedo, acordo pelas 2h30 e fico uns instantes acordado. Meu sono é bom. Deito-me às 10h30, acordo às 7, levanto-me às 8, almoço ao meio-dia e janto às 7. Depois do jantar, converso com as filhas do dono do hotel, que não podem ser mais amáveis comigo e são muito inteligentes.

Visita a Mr. Morley e Mr. Lecky. Jantar de despedida com o Cardoso de Oliveira.[165]

3 janeiro

Escrevo a Mme. Vidal sobre minha Mãe (tradução): "Em todo tempo, a perda da mãe é um dos maiores pesares da vida; com a idade dela, porém, portanto na minha, o filho pode avaliar melhor toda a extensão da sua perda, o que era esse amor. Eu a teria talvez chorado menos na idade das paixões e da independência. Hoje, porém, que me vejo e considero todo inteiro no passado, e a meus filhos no futuro, essa perda, ainda que adoçada pelas tintas do crepúsculo que já me envolvem, é para mim um assunto de meditação por mim e por eles. Eu lhes desejo por tanto tempo, como eu mesmo, a mesma felicidade, que eu tive até o fim; foi a maior da minha vida, a de ter tido uma nobre mãe, que soube trazer sempre o seu nome acima de qualquer suspeita, na região do respeito perfeito." E depois sobre o casamento da filha: "O que a senhora me diz do vácuo deixado em casa pela nova e tardia convertida, nós o compreendemos bem. *Hélas*! (Por que não há em língua latina uma interjeição igual?) O equilíbrio do coração é um problema de muitas incógnitas para o qual não há solução. A felicidade é um combate constante contra nós mesmos quando não é feita de egoísmo. É que precisamos pôr de acordo diversas vidas, colocar duas ou três felicidades diferentes, como era o caso com a senhora, no mesmo ponto de vista, fazer de três destinos um só e o mesmo. Nenhum dos três por sua mesma abnegação podia desejar isso. A senhora deve consolar-se pensando que, no jogo humano, como ele foi inventado e construído, tudo lhe aconteceu do melhor modo, e pedir que tudo continue assim até o fim da partida". "Eu não invejo alguém, invejo uma população inteira, a de Montevidéu. Eu trocaria bem o meu posto pelo direito de habitar a sua cidade como simples particular, uma vez que eu tivesse minhas entradas em sua pequena corte, tanto mais interessante para mim quanto é uma corte de

---

165. Nabuco estava de partida para Roma, onde se desincumbiria da primeira parte da sua missão junto ao rei da Itália, deixando a Legação em Londres confiada à chefia do secretário José Manuel Cardoso de Oliveira.

família. Eu não falo da grande, que existe também; mas da que a senhora autoriza e em que acha prazer".

À missa no Oratório. Troquei hoje o meu último olhar com a Senhora das Dores em cujo altar há dez anos comecei a minha *reconstrução* íntima religiosa.

6 *janeiro*   Recebo com data de ontem este telegrama: "Dering me consultou particularmente sobre inteligência artigo quinto compromisso, dizendo lord Landsdowne pensa entrega memórias deve ser feita representante da outra parte. Respondi penso também isso preferível, mas que Vossa Excelência tem poderes para arranjar com Landsdowne quaisquer dúvidas relativas interpretação. Rio Branco".

Ao dr. Taciano Basílio, que me mandou os [seus] livros: "Não tenho por enquanto o direito de ler, mas somente o de folhear os livros que recebo. Há, entretanto, como lhe terá acontecido, um instinto, às vezes um tacto, que supre para a impressão geral a leitura, nos que estão muito habituados a ela; e pelo que percorri dos seus *Ensaios*, estou certo que já fiz conhecimento com um dos nossos melhores espíritos e mais distintos escritores. Renovo-lhe, ou duplico, por esse motivo os meus agradecimentos..."

7 *janeiro*   Partimos para Paris por trens diferentes. Evelina não atravessa, fica em Dover, eu atravesso por Folkestone. Enjôo muito, enjôo que dura até Paris e ainda à noite.

Recebo este telegrama: "Estamos dispostos a apoiar a proposta. Estou escrevendo a Vossa Excelência. Villiers". Refere-se à proposta que fiz de pedirmos juntos a prorrogação.

8 *fevereiro*   Ao Louvre. Desde que cheguei a Paris, começando logo no dia 8 até hoje, trabalhei todos os dias[166] sem interrupção de um só, deste modo: 8h30 ao meio dia à mesa de trabalho; 12h massagem; 12h30 banho; 1h15 almoço; 2h passeio de carro; 3h30 às 7h30 à mesa de

---

166. *Nabuco estava então dedicado em Paris à tarefa de revisão e impressão de* O direito do Brasil.

trabalho; 8h jantar; 9h30 trabalho até 11 ou meia-noite. Deus me deu forças para não alterar uma só vez (exceto na meia hora da missa do domingo) esse regime uniforme. Só ao almoço e ao jantar conversei (durante todo esse tempo) e recebi pessoas estranhas.

Chego a Pau. Hotel Beau Séjour. Anos de Carolina. [...]	*9 fevereiro*

Doctor P. Lapalle.[167] Diz que eu tenho uma congestão do labirinto no ouvido esquerdo, esclerose no direito. Duas vezes, por semana, não mais, introduzir ar: mais, fatigaria a trompa! Li hoje as deliciosas anedotas de Esopo, contadas por La Fontaine. Carolina recita muito bem a fábula dos animais doentes de peste. O barão[168] continua com os seus *lapsus linguae**: "a Turquia imobilizou 200.000 homens; isto não se presta a esta interpelação, a minha interpelação é outra, etc." A melhor dele é o que disse ao Carlos de Carvalho, que lhe pedia fosse conciso: "Sim, Sr. Ministro, mesmo porque eu gosto muito da circuncisão". Há dias ele contou a Evelina que tem 2.000 livros em Londres... e a baronesa lastimava estar ele longe dos livros. Há de ser uma biblioteca de cadernos de contas. "Gosto muito da solitude", dizia ele ontem. É um gaúcho que soube "viver", como ele entende a vida. O couro, o duro couro, que o reveste todo mostra-se sempre através do verniz.	*12 fevereiro* ** lapsos de língua*

Partida para Roma[169]. Em Tolosa, esperando o trem da noite. Durmo no trem.	*20 fevereiro*

Marselha. De Marselha a Mônaco.[170]	*21 fevereiro*

---

167. *Nabuco aproveitara a viagem de Paris a Roma para ir até Pau, consultar este especialista.*
168. *O barão de Ibirá-Mirim, que morava em Pau.*
169. *Enquanto Nabuco viajava sozinho a Roma, deixara a mulher e a família num hotel de Pau.*
170. *V. Carta a Evelina, de 21.ii.1903.*

22 fevereiro	De Monte Carlo a Menton de carruagem. De Menton a Gênova.[171] Janto com o Martins e a família agradável que ele tem.
23 fevereiro	Em Gênova. Parto à noite para Roma.[172]
24 fevereiro	Em Roma. Vamos ao Fórum: novas escavações; o Fórum escavado duas vezes mais do que eu tinha visto em 1874 e 1888.[173] [...]
25 fevereiro	Almoça o Barros Moreira. Ontem não entramos no Fórum, hoje entramos e passamos duas horas. Janta comigo o Dantas.
25 fevereiro	[Ao rei da Itália]:[174] "Senhor, tenho a honra de depositar entre vossas mãos as cartas que me acreditam como Enviado do Brasil em Missão Especial. Minha tarefa é a de apresentar e sustentar nossos antigos direitos na questão dos limites submetida à decisão de Vossa Majestade pelo Brasil e pela Grã-Bretanha. Quando as partes em uma disputa são nações soberanas e o juiz é um chefe de Estado, os representantes delas, para comparecerem diante dele, devem dispor de caráter diplomático. Tudo o que a minha missão atual tem em comum com a diplomacia reside nesta investidura que me dá o privilégio de saudar a Coroa, mas para só me dirigir ao juiz. Que Vossa Majestade me permita neste momento exprimir-lhe em nome do presidente da República quanto o Brasil ficou sensibilizado do acolhimento que ela dispensou à solicitação das duas partes para que fizesse neste litígio o papel de árbitro. Para nós, foi particularmente agradável poder testemunhar também nosso respeito pela sua augusta pessoa e nossa admiração por esta nação italiana, cuja eterna plasticidade, nestes últimos anos, mostrou-se particularmente fresca, viva e também múltipla na contribuição que trouxe à formação das futuras raças sul-americanas. É

---

171. V. Carta a Evelina, de 23.ii.1903.
172. V. Carta a Evelina, de 24.ii.1903.
173. V. Carta a Evelina, de 26.ii.1903.
174. Tradução do francês.

uma imensa maré humana cujo fluxo e refluxo contínuo não cessarão jamais de manter uma corrente de simpatia e de interesses recíprocos entre os dois continentes. Além do que, senhor, tudo o que este nome de Itália, nome hoje historicamente infinito, evoca na imaginação do homem e na alma dos povos latinos, o Novo Mundo todo não poderia esquecer que um italiano o descobriu, sob o sol do Renascimento e que um outro deu-lhe o nome. Rogo Vossa Majestade de aceitar os votos sinceros do Brasil pela prosperidade e grandeza do seu reinado".

---

26 fevereiro

Recepção pelo rei.[175] O rei é a simplicidade, o natural em pessoa. Não se sente a realeza nele, senão por essa ausência completa de qualquer pretensão ou "imposição", o que é a forma mais rara de personificação nacional. É uma singeleza e naturalidade encantadora, que com o tempo se tornará o maior dos prestígios possíveis. Ainda não vi disso. É tão difícil ao homem esquecer as honras de que o cobrem e o pedestal em que o levantam. Este rei não quer pedestal... Ao Fórum. Passeamos por lá outras duas horas. Quanta coisa nova depois que o visitei há quinze anos. Almoça o Barros Moreira. Janta o Costa.

---

27 fevereiro

Janto em casa do Barros Moreira. A Evelina: "É imensa pena que não estejas aqui. O céu está lindo e transparente! A alegria, a espontaneidade deste povo é tão comunicativa (transmite-se ao ambiente) que terias prazer em fugir da atmosfera dos povos 'fechados' do Norte, como é o inglês e, apesar de tudo que digam, é também o francês". "Só sinto que a vida seja curta demais para se poder viver, porque viver é contar com a felicidade certa". Não está bem expresso o meu pensamento, ou o meu estado de espírito, que é o de sentir o tempo diante de mim tão pequeno para desen-

---

175. Vítor Emanuel III (1869-1947) foi rei da Itália entre 1900, quando ascendeu ao trono em virtude do assassinato do seu pai, Humberto I, por um anarquista, e 1946, quando abdicou em favor do filho, devido à cooperação da Casa de Sabóia com o regime fascista de Mussolini.

volver as idéias, os sentimentos, a felicidade que sinto em mim, que me parece que não vivo mais pela impossibilidade de viver tempo preciso para tudo aquilo — e os filhos.

A estreiteza da vida não dá para viver. Não é que o tempo seja assim tão curto, são as subdivisões tão curtas dele, as transformações a que o homem está condenado. Não se fica muito tempo no mesmo papel, nem com as qualidades e atributos do mesmo papel. O homem não é o mesmo durante o prazo da vida, é uma criança, um menino, um adolescente, um iniciado, alcança o planalto da vida para logo o descer, é um organismo que, ao parar de expandir-se, começa a retrair-se, a morrer por partes, é um parado, um decadente, um velho, um autômato. Não se é nunca por tempo nenhum considerável o mesmo, nem física, nem moral, nem intelectualmente, e ao passo que assim o homem muda em si mesmo, tudo muda constantemente em torno dele, e essa dupla mutabilidade, a dele e a dos *environments**, forma um estado de provisório contínuo, em que nem tempo há para a consciência completa do estado em que ele se acha, porque ela vem de ordinário quando... ele já passou. Escrever sobre a mutabilidade da vida do homem interior e exteriormente.

* ambientes

3 *março*   Às oito horas parto com o Barros Moreira para São Pedro.[176] Na tribuna 11, ao lado da família Pecci. É talvez a melhor posição. Mais para a entrada, ficaríamos separados do Papa e dos cardeais pelo baldaquim, mais para a ábside não veríamos o movimento da multidão, nem abrangeríamos a vista das tribunas do transepto. Antes da chegada do Papa, apesar das 70.000 pessoas que dizem haver na Basílica, não se vê senão o templo, e a altura da nave e da cúpula apaga a poeira humana embaixo, toda ela ainda tranqüila. Quando o Papa entra, a vista não se levanta mais para cima, e o espectáculo é incomparável. É um triunfo romano, a entrada do *Imperator*, que, em vez de vir na quadriga, vem carregado em andor, acima, portanto, da multidão que o aclama. Quem viu isto viu a entrada de um

---

176. Trata-se do jubileu do papa Leão XIII, que apoiara a causa abolicionista no Brasil e que faleceria pouco depois. V. Carta a Evelina, de 3.iii.1903.

Imperator pela via Sacra. É a antiga Roma que revive, e a glória do Catolicismo é não ter deixado morrer a alma dela. Escrevo a Evelina. Às três horas, visita ao Embaixador francês. Mostra-me as magnificências do Palazzo Farnese, a que a França ajuntou admiráveis tapeçarias, Gobelins sem preço. Eu o tinha visitado em 1874. A galeria com os frescos dos Carracci é uma segunda Sistina. Ao dr. Bruno Chaves. Janto só no meu quarto.

Almoçam o Barros Moreira e o Navenne. À Embaixada americana, esplêndidas salas e um grande jardim. À Embaixada turca e à espanhola. Esta no Palácio Barberini, o teto de Pietro de Cortona. Vamos, Graça, Dantas e eu ao Capitólio, à Rocha Tarpéia, descemos para ver o que resta do gueto, entramos na imunda sinagoga, damos uma volta pelo Trastevere. À noite, jantam Graça e Dantas.

4 março

Hoje com o Navenne tive uma longa conversa. Notas do que lhe disse. Falando de Roma: não é em vão que os séculos aqui pairam (*flottent*) no ar... Sente-se um adormecimento, um gozo de faquir... A marcha da nossa vida intelectual para diante (eu me sinto há anos em ascensão intelectual) e da nossa vida física para trás, cria essa sensação de que a vida é curta para o que temos de fazer e pensar. Falamos muito da festa de ontem.[177] Ele achou muita graça em eu lhe dizer que os clericais em França se haviam enganado inteiramente na questão Dreyfus contando com o pronunciamento do exército. Em França não se tem a coragem do pronunciamento, que no 18 Brumário faltou mesmo ao Primeiro Cônsul[178], salvo por outros. Os franceses têm todos o respeito supersticioso das fórmulas legais, parece que em todos eles há alguma coisa do *notaire**. Foi este traço que ele me disse que não esqueceria.

* notário

---

177. Isto é, a comemoração do jubileu de Leão XIII.
178. Referência ao golpe de estado de Napoleão Bonaparte.

5 março
Ao Embaixador russo.[179] Este não está em um palácio antigo; tem, porém, uma coleção de objetos de arte bizantinos e gregos muito rica, entre eles, um pequeno bronze, o *Alexandre*, de Lisipo, um pequeno tesouro. Almoçamos no hotel da Rússia. À tarde, ao Embaixador alemão. Este mora no Capitólio. Isto tem cor local histórica para a Embaixada alemã, apesar de prussiana. Logo conversa sobre o Monroísmo. Visivelmente, neste momento, é essa a preocupação alemã, sobretudo a amizade anglo-americana. Pelo lado da Europa, eles estão tranqüilos, nenhuma grande nação do continente quer ser ou pode ser o teatro de uma guerra à moderna. Às Termas de Caracala com o Dantas. Uma hora nas ruínas, tão imponentes como as do Coliseu. Jantam o Raul, o Barros Moreira e o Veloso.

6 março
Lendo os *Jornais do Commercio*. Nessa questão do Acre, o líder é o coronel Plácido de Castro, flibusteiro ou patriota? Almoça o Barros Moreira. Depois do almoço, ao Capitólio. A matrona que eu tomara por Agripina causou-me certa decepção. Eu tinha conservado dela uma idéia exagerada. Depois, à Villa Pamphili. Depois, ao Pincio. Visita a Gubernatis, o amigo do Imperador. Vem jantar o Costa. Hoje comprei um dos livros de Lanciani.[180] Que esplendor devia ser o Foro Trajano! E o Palatino! Compreende-se que as maiores riquezas do mundo, sobretudo em arte, estivessem na residência dos Imperadores, ou em roda delas. O que ele conta das Vestais é profundamente impressivo. No paganismo, elas são a ordem religiosa por excelência, a poesia em torno delas é muito grande, e elas e as Mártires, quando se encontravam, deviam ter consciência de que eram a representação suprema de dois momentos históricos — os momentos da história são séculos; as Vestais representam onze séculos, mais ou menos.

179. *Nestes primeiros dias de missão, Nabuco dedica-se a fazer as visitas protocolares aos Chefes de missão estrangeira acreditados junto ao governo italiano.*
180. *Rodolfo Lanciani, arqueólogo e escritor italiano, foi o autor de várias obras em que reconstruía a vida da Roma clássica com base nas investigações arqueológicas que viera fazendo.*

8 março

À missa. Vejo, pela primeira vez, a *Santa Teresa*, de Bernini. O êxtase é representado como seria o amor sensual, com uma volúpia, porém, ideal, misturada com ele. Não sei se é obra de decadência, há um grande poder nela, e é uma arte só por si. Recebido pela rainha[181], muita singeleza. Disse-me que o rei tomava muito interesse na Questão e que ela tinha folheado o meu Atlas. "Todos os caminhos trazem a Roma, disse eu em conversa à dama da rainha, o difícil é achar o que nos leva para fora dela. Uma vez aqui, todos querem ficar". A Santa Inês. À noite, jantar com o Hermano. Muito interessantes as filhas. Toda a conversa sobre Inacinha e a entrada dela para o convento.

9 março

Cartas postais das Catacumbas a Sinhazinha, D. Marocas, o arcebispo, D. Carolina Faria, Domingos, Beatriz, D. Zizinha. Ao Machado de Assis: "Aqui estamos três cardeais seus", o Graça, o Azeredo e eu, da Academia, "que lhe pedimos uma bênção especial. Como vai Sua Genialidade?" Depois do almoço veio ver-me o marquês de Rudini. Está muito interessado na minha Questão. Percorreu a Memória e o Atlas.[182] A conversa dele desanimou-me muito, porque ele que apenas percorreu a Memória, já achou a solução, que é a linha das vertentes. Receio muito que todo o estudo italiano seja assim preconcebido ou político. É uma raça política. Pode ver e conhecer e analisar o Direito, melhor que nenhuma hoje; na prática, porém, é o espírito *político* que a domina. O fato é bastante característico. É o primeiro estadista do país que, num momento, descobriu a solução. Para que escrever memórias de 450 páginas? Essa impressão, aliás, é a mesma que tudo o mais me tem causado. Parece impossível que um italiano só chegue a uma conclusão depois de estudar friamente as alegações todas de uma e outra parte: eles começam pela conclusão e o estudo ressente-se desse primeiro movimento. Ora, a minha questão exige que a conclusão seja

---

181. A rainha da Itália, Helena de Montenegro. V. carta a Evelina de 8.iii.1903.
182. Que Nabuco fizera imprimir em anexo ao Direito do Brasil, *ou primeira memória.*

deixada para o fim de tudo. Eu mesmo estou imaginando, mas é a impressão que me causa a conversa desta manhã. Felizmente temos réplica e tréplica, e eu espero muito do rei individualmente e que ele faça estudar ponto por ponto. Aliás, a linha das vertentes não me contrariaria, por já ter sido proposta por nós. O Rio Branco acha preferível a linha Mahu-Rupunani, mas, tendo aquela, poderíamos ter esta. Jantar Matias de Carvalho.

10 março

Na Legação. Jantar na Legação Inglesa.[183] Miss Blight. Diz-me que para a americana o americano corresponde inteiramente ao seu ideal de homem; o que há, em certos casos, é a ambição do que não há na América o título.

11 março

* *suposto*

Respondo ao Penedo: "O assunto era infelizmente um em que eu não podia intervir de perto, nem de longe, porque tudo quanto digo aos Rotschilds é *censé** ser por ordem, ou na intenção do governo, e é nessa inteligência que eles me respondem, e passam a consultar o governo sobre a hipótese. Em tal matéria eu não podia fazer nenhuma reserva. Como vê, estou impedido pela única entrada que tenho em New Court de intervir em qualquer negócio, exceto como agente oficial, porque é só nessa qualidade que me respondem e me ouvem". Jantam Barros Moreira, o Veloso, Dantas.

18 março

* *homem em ascensão*
* *oferece recepção*
* *jardim de inverno*

Almoça o Barros Moreira. Passeio com o Costa. Meu jantar ao marquês de Rudini e marquesa. Vem o meu velho amigo Ministro de Portugal, Matias de Carvalho e Sra., Mme. Regis, o Conde Greppi, a mais bela ruína romana de hoje, 85 anos, tão homem do mundo como aos 50, Navenne, Ministro francês, que conheci no Brasil, príncipe Scaléa, jovem e brilhante siciliano, *rising man**, Costa, Graça Aranha, Raul Rio Branco, o Barros Moreira e Sra. Depois do jantar, a marquesa *holds a reception** no hall ou *jardin d'hiver** do hotel. Vem a enteada marquesa Carlotti, uma Diana caçadora que monta a cavalo das 4 às 7 da manhã na sua propriedade do Lago de Guarda.

---

183. V. carta a Evelina de 11 e 12.iii.1903.

Às 8 horas missa pelo bispo do Pará na cripta de São Pedro. Passeio pelas criptas vaticanas. Em uma das antigas capelas, um pedaço de escultura neroniana representando as bacanais. Ontem dizia-me o Costa: "Nero deve ter sido um grande Imperador. Por toda parte deixou vestígios e tradições". Como os tempos mudam! Esse pedaço de escultura neroniana representando as Bacanais, religiosamente conservado nas criptas vaticanas na antiga basílica de Constantino, sugere muita coisa. O bispo, secretário, Hermano Ramos e filhas, Costa, Oduvaldo Pacheco e Senhora, Dantas, Barros Moreira e Sra. almoçam comigo. O bispo traz-me o santo lenho. Janto em casa dos marqueses de Rudini. À noite a recepção do Embaixador da Áustria. No jantar em casa do marquês de Rudini foram excessivamente amáveis comigo. A marquesa e ele bebem ao sucesso da nossa causa. Longa conversa com o marquês sobre tudo. A marquesa muito expansiva, exuberante de afetuosidade, tem sede de simpatias. Diz-me: *"Alors notre amitié...éternelle"**, e aperta-me a mão, que eu beijo. Encontro aqui, à maneira do século XX, e com a transformação da época, o espírito hospitaleiro ou humano de Roma, ou da Itália, de Corina. A Itália de Corina[184] é uma das Itálias imortalizadas, todas diversas, todas a mesma.

21 março

* *"Então nossa amizade... eterna"*

Almoço com o conde de Gubernatis no restaurante Castello de Constantino, no Aventino, defronte das ruínas do Palatino. Conversas sobre todos os assuntos. Sustento que a história é uma composição original como o drama ou o romance, toda subjetiva. Uma época nada pode saber do espírito de outra, como uma raça não sabe nada do modo de sentir de outra, nem mesmo um indivíduo de outro. Cada século transforma por tal modo as idéias que a imaginação retrospectiva deve dar um desvio enorme do que as coisas eram realmente. Quem pode fazer a psicologia de César ou de Moisés ou de Alcibíades? É o nosso tempo, o nosso horizonte,

22 março

---

184. *Alusão ao* Corine, *romance de Mme. de Stäel, publicado em 1807 e que contém uma visão da Itália ao gosto romântico da época. O livro foi inspirado no caso de amor da autora com D. Pedro de Sousa Holstein, futuro duque de Palmela.*

*grande senhora

que reconstruímos com dados exteriores antigos; reconstruções moralmente sem valor. O que se acumula sobre o espírito é muito mais do que o que se acumula sobre o solo, enterrando os antigos edifícios, e como espírito as escavações são impossíveis. Passeio com os Graças pela Via Ápia. Janto com o Hermano Ramos, jantar de brasileiros. Com Mme. Régis à princesa Pallavicini, é uma visita a Mme. Pompadour, une *grande dame** do século XVIII.

23 março   Passeio pelos arredores de Roma.[185] Jantar em casa de Mme. Régis. Longas conversas com a marquesa de Rudini, e a condessa de Coleone (?). Com esta sobre o meu tema — a monogamia e a monotopia. A saber, que eu acho mais fácil uma só companhia do que permanecer em um só lugar. A infidelidade de lugar, a única incurável para a imaginação: um só Deus, uma só mulher (ou homem), uma só pátria, mas uma só *residência*! (Se não fosse parecer contraste com cosmopolitismo, podia-se dizer: monopolitismo). Ela responde-me que a mulher é mais variada que a cidade, porque tem uma alma... As cidades, Roma também tem, e quantas almas! Mas é verdade que estas todas temos que as tirar de nós mesmos para lhes emprestar, de modo que não há correspondência ou troca, portanto renovação para nós, ao passo que a companhia de outro espírito nos renova e refaz, como o orvalho as campinas gastas pelo sol.

25 março   Com o Costa, o Barros Moreira, e o Graça de carro a Grottaferrata e volta por Frascati. Missa grega na abadia de Grottaferrata, almoço no refeitório com os frades de São Basílio, leituras e rezas conventuais. Os frescos de Domenichino. A grande feira. A Campanha romana. O sol visto no poente por entre os arcos dos velhos aquedutos em ruínas. Janto sozinho no hotel.[186]

---

185. V. carta a Evelina de 14.iii.1903.
186. V. Carta a Evelina de 25.iii.1903.

Ao Congresso de Ciências Históricas como Delegado do Brasil.[187] O Conde Greppi, antigo Embaixador, o homem mais extraordinário de Roma. Com mais de oitenta anos vai a pé sem bengala por toda Roma, sem sobretudo, apesar do frio e da tramontana que sopra, janta fora todo dia, não perde recepção, nem teatro, julga-se imortal, ou julgam-no. Reunião em casa de Mme. Régis. Jantam o Barros Moreira e o Costa.

1º abril

Ao Congresso: inauguração da *Forma Urbis* no Capitólio.[188] Passo a tarde com o Barros Moreira no Palatino. O belo mosaico da sala de jantar do Palácio dos Césares, na parte onde ficava o mármore do Imperador. Na descida para o Fórum, o antigo altar ao deus ou deusa desconhecida; não que a divindade fosse desconhecida a quem o erigiu, mas porque não queriam que o estrangeiro, o inimigo, a conhecesse, e pudesse ou faltar-lhe ou valer-se dela.

2 abril

Despedindo-me.[189] Sigo à noite para Gênova.

14 abril

Chegam os Oliveiras Limas do Japão. Acho-o frio e talvez reservado comigo[190]. Diz-me que *desconfiou* por lhe não ter eu escrito desde setembro. Suponho que não gostou de lhe ter eu dito que teria votado no Assis Brasil. Foi uma grande surpresa para mim, que cheguei a pensar em ir vê-los em Nápoles. Dona Flora, porém, essa propôs a ele virem a Roma me ver.

17 abril

---

187. V. Carta a Evelina de 29.iii.1903.
188. V. Carta a Evelina de 2.iv.1903.
189. V. Carta a Evelina de 3 e 7.iv.1903.
190. Nabuco atribuía a frieza do amigo ao voto que dera a Assis Brasil para a Academia Brasileira de Letras. Oliveira Lima indispusera-se com o político gaúcho, outrora seu chefe na Legação em Washington. Na realidade, o historiador pernambucano, achando-se com direito a um posto na Europa, ressentia-se da atitude tomada por Nabuco na sua questão com Rio Branco, que o enviara como ministro a Lima. V. adiante a entrada de 27 de maio, que reproduz trecho de carta dirigida a Oliveira Lima, como também as missivas que lhe dirigiu a 27 de abril e 25 de dezembro, transcritas nas Cartas a Amigos, *ii, pp.142-3, 155 e 173-4.*

21 abril   Jantar de despedida em casa do Martins. Preciso não esquecer a história toda que ele me contou do cativeiro dele no Paraguai, de 2 de fevereiro de 1865 a 24 de agosto de 1869, sobretudo o episódio de Dona Jacinta, que lhe deu a cruz de ouro que ele ainda usa, e por causa de quem ele esteve no cepo (tronco), e que foi uma das vítimas de Lopez, ou da gente dele. Nestes oito dias de Gênova, preparei a documentação que já estava impressa e outros documentos.

22 abril   Levo o dia todo no trem de Gênova a Cannes. Partindo às 9h45 da manhã, devíamos chegar pelas 3 da tarde; chego às 6 da manhã. O nosso trem foi salvo pela iniciativa da mulher do guarda da estação que o fez parar em Celle. Dois minutos mais encontrávamos o desmoronamento sobre a linha, que fez parar o tráfico. Tivemos que voltar a Gênova e tomar outra linha para chegar a Savona.

23 abril   Chego às 6h da manhã a Cannes. Hoje 14º aniversário do nosso casamento. Telegrama de Evelina: *"Te Deum* pelo dia de hoje". Só.
Ao Horta. "Deus o quis e Deus o sabe. Tudo isto é um mistério impenetrável à beira do qual, mesmo debulhados em lágrimas e com o coração dilacerado, nós não sabemos se foi para bem ou para mal. Não há consolo para o desaparecimento em nosso lugar dos filhos que idolatramos".

24 abril   Recebo e expeço muitos telegramas. A surdez aumenta a solidão, mas a sociedade faz sentir muito mais a surdez. A atenção que o surdo tem que prestar às palavras que vão vir, a expectativa, é o que a surdez tem talvez de mais penoso. Por isso a tendência do surdo é renunciar a ouvir.

25 abril   Só. Como Deus nos criou.
As instituições não carecem só de apoio, precisam de raízes. É preciso que os esteios delas sejam como os das árvores que se aprofundam ou se alastram no solo à medida que elas sobem. É possível conservar as instituições com contrafortes ou escoras de toda or-

dem, mas, nesse caso, elas são construções artificiais, ao passo que as árvores, porque tiram os seus alimentos da terra, representam a força, a vitalidade, a fecundidade do meio onde crescem. É uma terra esta de jardins e de flores. Ainda não tinha eu visto tanta flor e tanto uso das flores. Mas o Tautphoeus tinha razão. O menor canto da natureza verdadeira, livre, anônima, vale mais do que a uniformidade por mais variada e caprichosa dos jardins. Nestes o que se vê antes de tudo é a arte que os criou, é o homem.

26 abril

À missa. A educação física que tende a criar um belo animal humano chegará nunca ao que este é e foi nos estados e raças primitivas? Impedir a decadência física é um objeto, mas os fortes atuais, os ingleses, por exemplo, atléticos, não são decaídos, como os que não têm músculos, fisicamente? O que é o ouvido, o olho, o olfato, a dentição etc. deles ao lado do que é na África [?] Como ideal o desenvolvimento exclusivo do corpo e dos músculos — era melhor ter-se ficado na floresta e nas campinas. O desenvolvimento puramente intelectual ou cerebral, por outro lado, ameaça acabar com as qualidades físicas e adoecer o corpo, de que afinal precisamos mais do que do espírito, porque há corpo sem espírito, mas não haveria o espírito sem corpo. A verdade é que nós seguimos a nossa evolução inconscientemente, os ingleses como as outras raças. A única esperança está no progresso da ciência e nas revelações que ela há de fazer. Se não fosse isso, educação física e educação intelectual dariam o mesmo resultado: o aniquilamento da raça.

27 abril

Começo a Segunda Memória.[191] Anteontem uma inglesa riu-se por lhe dizer eu que hoje sou o sétimo na minha conta, primeiro a mulher, depois os cinco filhos, e que só posso comer a sétima asa de galinha, havendo. É uma história que ouvi. Perguntando-se a alguém se gostava de asa de galinha, respondeu que nunca tinha comido: "Quando eu era moço, eram meus pais que comiam; agora, são meus filhos".

---

191. Referência à Segunda Memória *a ser apresentada ao governo italiano, como réplica à defesa inglesa, de que tomara conhecimento em fevereiro.*

28 abril	É preciso em religião representar, por uma figura geométrica, os séculos provados de civilização e de existência humana e por outras a proporção em que cada uma das religiões está para ela. Com esse confronto mostrar-se-ia que se a religião é o principal instrumento ou ferramenta do progresso e da moralização humana, nenhuma religião pode reclamar só para si essa qualidade, porque, antes dela, decorreram séculos em que outras religiões conhecidas ou desconhecidas desempenharam a mesma função.
29 abril	Mudei-me para o Hotel Esterel.
2 maio	Chegada de Evelina e dos meninos a Cannes.
3 maio	Hoje Carolina estava adivinhando charadas do jornal dela. Uma era assim: "Logogrifo. Em cima de 6 pés, sou um nobre e belo país. Corte minha cabeça e me transformo num rio da Bretanha".[192] Ela perguntou-me: "Há algum rio em França chamado Rancé?" Eu procurei, há. Ela tinha adivinhado. "Eu perguntei, papai (disse-me ela) porque eu sabia que só podia ser França. Os franceses não chamariam outro país "um nobre e belo país".
13 maio	[...] Mandamos flores à Princesa.
14 maio	Dor de cabeça muito forte. Trabalho das 8h às12h e, depois, das 2h30 às 5h. Noto que o gênero de trabalho que estou fazendo, de confrontar uma série de pequenos fatos e datas, me cansa mais, como o de dicionário ou de fazer cálculos.
15 maio	Dor de cabeça muito forte. Apesar disso, trabalhei das 8h às12h, e, depois (de pé), das 2 às 5. À noite, cabeça muito quente, deitei-me logo depois de jantar.

192. Tradução do francês.

Hoje não tive mais a dor de cabeça. Trabalhei das 8h3o às 11h3o e, depois, das 2h3o às 5.	*16 maio*
Escrevo ao Rodrigues, escrevo ao General Mansilla. Ao Tobias[193]: "O final do IV (artigo dele sobre o [marquês de] Paraná) está forte; se V. escrevesse sempre assim, seria um propagandista de força. Não sei se você leu um livro que tem feito grande sensação nos Estados Unidos, Up from Slavery*. Os livros devem ser todos eles campanhas". [...]	*19 maio* * Libertando-se da Escravidão
Chegamos a Gênova.	*24 maio*
Dou o meu retrato a Miss Jourdan e a Albina, que ficam muito contentes.	*25 maio*
Ao Oliveira Lima. Hão de encontrar-se (ele e o Rio Branco) como homens de espírito, que sabem que um não pode prejudicar o outro, sem se prejudicar a si mesmo. Não falemos do país. Tenha fé em si, mas pensando sempre, como há anos eu digo de todos, que ninguém em nossa terra tem senão pés de barro. O fato é esse. Em um país onde a opinião é escassa, dividida em grupos pessoais, fácil de desviar com uma simples mofina, a atitude dos grandes feudatários rebeldes não é possível, porque ninguém tem séquito, só o poder do dia o tem.	*27 maio*
[A destinatário não aludido]. O que eu escrevi ao João Ribeiro, ao nosso espanhol, porque ele é um solitário, o senhor um agremiador; ele um ausente, mesmo lá; o senhor um presente mesmo de cá, e o meio de que encarece diverso do que o outro carece: ele, com a alma estrangeira precisa ser corrigido pela atmosfera brasileira; o senhor com a alma brasileira precisa ser dilatado pela atmosfera geral.	*10 junho*

193. *O trecho aspeado é parte da carta a Tobias Monteiro, transcrita integralmente nas Cartas a Amigos, ii, pp.145-6. Up from Slavery, publicado em New York em 1901, é a autobiografia de Washington T. Brooke, que, nascido na escravidão, tornou-se médico e catedrático.*

Demais, tudo isso que fazemos parece um *tour de force*. Comte, falando do meio, não pensou no imigrante Grauk, filho ou neto de imigrante. Que alma têm eles e de que meio precisam! Do meio do antigo tronco ou do meio do novo enxerto? Meio supõe, na evolução, longas séries anteriores, muitas camadas de estratificação.

17 junho		Por Milão a Viena.[194]
19 junho		Viena. Primeira visita ao Urbantschitsch.
23 junho		Quarta visita. Partimos de Viena. Ao Domingos Alves Ribeiro. Assim como o privilégio do que parte primeiro é preparar o caminho para o que há de ir depois, o dever do que fica é, por sua vez, preparar-se, aceitando a opção divina (a escolha do outro, em vez da sua) com a mais perfeita conformidade.
4 julho		Challes les Eaux. Hôtel du Château.[195]
4 agosto		Eleição do Cardeal Sarto, Pio Décimo. Hoje faz um mês que estamos neste lugar, e tenho trabalhado sempre com este regime: das 8h30 ou 9 às 11h30 ou 12, das 2h30 ou 3 às 5 ou 5h30, das 9 às 11h30. É preciso olhar para a sociedade como para uma árvore secular: pouco importa que haja nela partes mortas, ramos quebrados, ninhos de parasitas que lhe devoram a casca; o importante é que a árvore esteja viva, e não morta de pé. Há países que têm muita vitalidade no meio de muita corrupção, o cerne está intacto, a seiva é exuberante, são árvores de que pode ainda sair uma floresta. Outros...

---

194. *Para consultar o dr. Urbantschitsch. V. Carta a Evelina de 21.vi.1903.*
195. *Estação de águas na Savóia, próxima de Chambéry. Nabuco e família hospedaram-se num hotel instalado em velho castelo. Nabuco permanecerá aí de 4 de julho a 8 de setembro, ocupado na redação da Segunda Memória.*

Até que ponto somos nós criaturas, ou obra de Deus? O *imprimatur** Ele dá, mas a edição não é decerto a do texto primitivo, tantas, tantas (inúmeras) gerações o alteraram que o "Editor Responsável" não mais deve responder pela obra. O ébrio, o jogador, o devasso, os que contraíram doenças de toda ordem, passam esses atributos aos filhos. Em que Deus entra nisso? E se se tirar a parte que cada geração acrescentou ou tirou ao único desenho ou esboço que sem blasfêmia se poderia atribuir ao próprio Deus, o que resta deste? Da mesma forma, se uns acrescentaram o mal, outros, à força de sofrimentos, ou de privações, de amor, acrescentaram também o bem, porque, na longa série humana, não se deve imaginar que o bom de hoje representa uma série não interrompida de bons, muitos dos seus antecessores tiveram que se corrigir, que se resgatar dos vícios adquiridos, da herança de que nasceram escravos. É uma competição entre o bem e o mal à qual Deus preside exercendo-se sobre a matéria ainda incriada ou *in indiviso* das almas, mas as matrizes, há muitos períodos já, não são d'Ele, não somos mais fundidos nos moldes feitos à sua semelhança, não conservamos dela senão traços longínquos, uma recordação vaga; mas esses são tudo que dá valor à nossa espécie.

15 agosto

* *imprima-se*

Hoje vem o Joaquim abraçar-me e beijar-me na cama. Eu: "Deus te abençoe, meu filho". E ele: "Deus abençoa (por abençoe) também Papai. Eu hoje não tenho nada para pagar os presentes que Papai me dá, mas quando crescer, tenho muito". Assim seja!

19 agosto

Na revisão. Desde anteontem acabei de escrever a Segunda Memória. Levei nisso maio-junho-julho-agosto sem interrupção de um só dia, nem domingos, nem dias santos, com a maior regularidade das 9 às 12, das 2h30 às 6, das 9 às 12.

27 agosto

28 agosto   Encontro num alfarrábio português esta queixa: de que tanta coisa de Portugal tenha ido para o Rio de Janeiro e lá ficado. Trata-se de cartas hidrográficas e outras: "A tais transtornos conduzem as revoluções, sempre inoportunas, pois a oportunidade sempre marcha a propósito gradualmente e por conseqüência nunca transtorna": José Maria Dantas Pereira, Lisboa 4 de maio de 1840, *Memórias da Academia Real de Ciências*, tomo X, II, p.236. Diz que foi ele que entregou no Rio em 1808 "a preciosa coleção geo-hidro-topográfica, que salvei da irrupção francesa, a saber, etc". Muitos planos, etc., entre tantos do Amazonas, Rio Negro, Rio Branco. Primeira Biblioteca estabelecida no Rio foi a náutica-militar franqueada em 1810. Primeira academia científica, a da Marinha, que principiou a servir em 1808 como Academia naval militar e do comércio. Entregou a coleção hidrográfica no Arquivo Militar do Rio.

Ao Gouveia. Evelina teve uma carta muito afetuosa de Inacinha. Sempre a mesma conosco. Essa conservará no claustro o coração de casa. Há um grande adoçamento nos costumes monásticos e é um consolo para todos nós sabermos que ela ficou e ficará sempre a mesma. Será também o consolo dela o único. Enquanto as vozes de fora responderem à de dentro, o coração se irá afeiçoando à vida nova. Depois... estará acostumado.

Agosto, s. d.   Ao Barros Moreira. O seu exemplo deve consolá-lo de não deixar por sua vez fortuna. Quando não se está preparado para defendê-la, como não estávamos nós, nem estariam nossos filhos, ela é apenas um gozo passageiro, seguido de um ressaibo que não se perde mais. Nós sabemos que este não é agradável.

8 setembro   Parto com o Veloso para Viena. Em Genebra, onde dormimos.

9 setembro   De Genebra a Zurich.[196] À noite, no *sleeping** de Zurich a Innsbruck.
* *vagão leito*

---

196. V. Carta a Evelina de 9.ix.1903.

De Innsbruck a Salzburg. Hotel da Europa. Ao Graça, de Salzburg. "Vou ler o *Japão*. Quanto aos *Sertões* não pude.[197] Não é o caso somente de empregar a expressão *tão expressiva Les arbres empêchent de voir la forêt**; aqui a floresta impede também de ver as árvores. É um imenso cipoal; a pena do escritor parece-me mesmo um cipó dos mais rijos e dos mais enroscados. Tudo isso precisa ser arranjado por outro, ou de outra forma. Eu nunca pude me afeiçoar a Carlyle, e este tinha o gênio por si! Esse livro caberia em poucas boas páginas. Não fico esperando nada do que se anuncia. Decerto, talento há nele, e muito, mas o talento, quando não é acompanhado da ordem necessária para o desenvolver e apresentar, há alguma coisa em mim que me faz fugir dele. Como lhe digo, falta-me a compreensão do cipoal".

11 setembro

**As árvores nos impedem de ver a floresta*

Salzburg. Muito frio, chuva, vento, à tarde o sol. Parece Petrópolis, lembra-me o Porto, é um pequeno paraíso, mas as montanhas cobertas de neve de um lado advertem-me. Há uma incomparável harmonia ao quadro que Mozart tinha diante dos olhos quando nele o gênio se formou, que foi logo. Da janela dele as altas casas vizinhas formavam pátio.

12 setembro

Salzburg. À missa das 10h. Partida pelo Orient Express para Viena, onde chegamos à tarde.

13 setembro

Primeira visita ao prof. V. Urbantschitsch. Terrível enxaqueca, todo o dia deitado, dormindo de cansado, vento muito frio fora. Depois de lançar, melhorei um pouco, mas dia dos piores há muito tempo. Foi assim da outra vez que vim a Viena.

14 setembro
[Viena]

---

197. No Japão *é o título do livro que Oliveira Lima acabava de publicar sobre sua estada naquele país como ministro do Brasil. A crítica à obra de Euclides da Cunha é uma expressão rara de reserva vis-à-vis de uma obra que vinha sendo então recebida com imensos louvores pela crítica brasileira. Dias antes, a 18 de agosto, Nabuco escrevera a Euclides prometendo-lhe o voto para a Academia Brasileira de Letras e agradecendo o exemplar de* Os Sertões *que lhe mandara e que ainda não pudera ler, prometendo fazê-lo no mês seguinte:* Cartas a Amigos, *ii, pp.150-1.*

15 setembro	Ao médico. Muito desagradável a massagem do nariz. Resto da enxaqueca, todo o dia em casa.
16 setembro	Terceiro curativo. Almoço no quarto. Bem-estar que sinto em ficar no quarto, depois de toda essa luta de tantos meses, sem um momento de descanso. Ao alfaiate para fazer um sobretudo de inverno. Eu não tinha idéia deste clima. À noite janto embaixo, mas subo logo. Mando um xadrez de viagem (papelão) ao Caldas Viana. Não tive mais enxaqueca, mas o sangue ainda me sobe à cabeça. Pude dormir bem.
17 setembro *mexe-se	Quarto curativo. Parece-me que o ouvido esquerdo *bouge** afinal. Pela primeira vez desde o ano passado! Deus continue! Estive comprando brinquedos para o José: oficiais austríacos, um automóvel e dois cachorrinhos de corda, e para Acaé uma tábua de engomar com ferro.
18 setembro	Quinto curativo. Janto no quarto.
19 setembro *sensação desagradável	Sexto curativo. Todo o dia endefluxado, *nasty feeling.**
20 setembro	Há oito dias que cheguei. Nenhuma alteração. Passeio de carruagem duas vezes.[198] [...]
21 setembro	Um conto a fazer. Sobre o amor tão purificado que não mova mais os sentidos, e o perigo de se moverem estes na sua baixa esfera, escondendo-se daquele. Por outra, o amor tem que ser *físico* para ser *fiel*. Se se move em uma esfera acima dos sentidos, estes podem traí-lo com receio de o contaminarem e o destruírem.

---

198. V. Cartas a Evelina de 20 e 29.ix.1903 e de 1.x.1903.

Hoje recebi o primeiro exemplar brochado da [Segunda] Memória.	*23* setembro
A Iaiá. Vocês são as flores do meu coração. A árvore, sempre que lhe murcha um dos ramos, contrai-se toda interiormente. Hoje faz um ano que ela perdeu a mais antiga das suas raízes,[199] a que a punha em contato com as camadas profundas do passado.	*25* setembro
Começo hoje a minha nova devoção da Boa Morte. Entro mentalmente no período preparatório. Quando Deus soprar a minha vida, como se sopra uma vela, que o faça com um sopro brando e sem desprezo da sua pobre criatura.	*5* outubro
23º curativo. Partida de Viena.	*9* outubro
Chegada a Veneza.	*10* outubro
De Veneza a Gênova, onde encontro Evelina me esperando.	*13* outubro
Chegamos a Nice. Hotel São Petersbourg.	*10* novembro
Instalado para Terceira Memória.	*11* novembro
À noite, muito resfriado.	*17* dezembro
Todo o dia e noite com fortíssima dor de cabeça.	*18* dezembro
Todo o dia e noite com forte dor de cabeça. Apesar de tudo, dito e mando umas trinta páginas.	*19* dezembro
Todo o dia e noite contínua dor de cabeça. Missa. Passeio de carro. Carmen. 34 páginas todavia.	*20* dezembro

199. Referência ao falecimento da mãe.

Trechos de cartas a Evelina

Monte Carlo
21.ii.1903

*beldades

Vim de Marselha a Monte Carlo sozinho no meu compartimento, a vista do mar é muito bela. [...] Fui um momento ao Cassino. Que multidão e que atmosfera! O jogo deve ser uma forte necessidade para se passar tanto tempo naquela estufa como se estivesse respirando o ar embalsamado dos jardins. Ou Lurdes ou Monte Carlo. São as duas peregrinações. Eu depois de Delfos, quis ver Corinto, e confesso que a náusea valia a pena. O lugar é muito bonito pelo que fizeram nele e pelo Mediterrâneo, sempre belo, mas a multidão da gente de prazer é para mim simplesmente horrorosa. Como são diferentes as duas religiões, os dois ideais, as duas vidas! A atmosfera aqui é toda impregnada de vício e de ganância, mas a ganância idiota do que espera enriquecer gozando por uma proteção da sorte, ainda mais sórdida que a do usurário que se priva de tudo para chegar ao fim sonhado. E que mulheres pintadas! Ainda que deva haver muita mulher bonita, porque a seleção deste lugar é a beleza cosmopolita atrás da fortuna. Entre todas as nações há margem para se reunirem aqui dessa espécie, numerosas *beauties**. O que eu tenho visto, porém, são antes mulheres gastas e pintadas. Os homens também são uma mescla pouco atraente de gozadores de todas as partes do mundo. No todo lembra uma Exposição Universal, um trecho de Exposição. É uma vergonha esta roleta e este príncipe que vive dela. Eu vim para ver e o enjôo não me deixaria voltar. O mar, sim, defronte, é belo, mas mesmo o mar da Riviera, que hoje do trem estive seguindo de lugar em lugar, não tem nada, na linguagem do nosso primo de Sergipe, que ponha de boca aberta a quem viu a Glória, Paquetá, Copacabana e as praias do Norte. Eu não posso ver o mar sem me lembrar do Brasil e sem comparar, e as nossas praias são divinas. Talvez as mais bonitas de todas sejam as de águas verdes de Pernambuco.

Ontem vim de Monte Carlo a Menton de carruagem, almocei em Menton e aí tomei o trem para Gênova. O dia estava encoberto e quando a cor do céu falta, a paisagem de toda a Riviera perde o seu encanto, porque sobressai a dureza nua e estéril do solo e das montanhas ou colinas. Eu prefiro a paisagem dos Pireneus quando o azul desaparece, como ontem.

Gênova
23.ii.1903

O aspecto das cidades italianas me é mais simpático do que a moderna civilização milionária das grandes capitais. O ar também e o sol são outros.

Roma
24.ii.1903

As escavações do Fórum interessaram-me muito [...] porque onde havia antigamente um imenso aterro com uma igreja em cima, está hoje a descoberto o primeiro pavimento do palácio de Calígula e nele uma capela ou igreja dos tempos primitivos, fresca ainda, pode-se dizer, do primeiro sopro cristão. Esse encontro de um canto da Roma cristã no Fórum pagão foi para mim uma verdadeira surpresa e figurou-me melhor do que as leituras a coexistência do paganismo com o Cristianismo, como ela se dava. Os frescos são muito interessantes. Há um retrato, o primeiro conhecido, de Santa Ana, que me fez pensar no prazer que minha mãe teria em receber de mim essa notícia. O grande fresco dos mártires de Sebasta é curioso e sugestivo da devoção especial dos mártires, que é a minha, nesses tempos. Eram 40 condenados a morrerem de frio na água gelada, havendo ao lado um *tepidarium*, ou banho aquecido, para se salvarem os que renegassem Cristo. O fresco representa os mártires com a água até aos joelhos, ao que me pareceu, e um deles saindo para o *tepidarium*, vencido, coitado, pela dureza do tormento. A história é que esse, ao entrar no banho quente, morreu subitamente, e que o soldado romano, vendo o milagre, foi tomar o lugar dele entre os mártires e completar o número.

Roma
26.ii.1903

Roma
3.iii.1903

Jubileu do Papa[200]: Foi um espetáculo incomparável. Quem viu isso e o Fórum, pode dizer que assistiu a um triunfo romano. Foi uma apoteose. Deus me permitiu ouvir as trombetas de prata e até as palavras do *Te Deum*. A entrada do Papa na Basílica não se descreve [...]. O delírio dos vivas, das palmas, do acenar de lenços à passagem do Papa, carregado no seu andor, através da Basílica toda, por milhares, dezenas de milhar de católicos, é uma impressão única. E ele de repente levantando-se da cadeira para abençoar. A missa torna-se um incidente, apesar de ser ela o sacrifício divino nessa consagração humana, assim como a multidão, até a entrada do Papa, desaparece na grandeza da nave e na vastidão do edifício. É um espetáculo antigo, a entrada do Imperator, a que se junta o fulgor e a tradição da idéia cristã para ferir outras cordas do pensamento. É extraordinário o efeito desse conjunto ou superposição de épocas históricas simbolizadas na cerimônia. O que vimos em Westminster não se compara.[201]

Roma
8.iii.1903

À 1h, fui recebido pela rainha, que é a simplicidade ou singeleza em pessoa. Disse-me que o rei estava muito interessado nos trabalhos apresentados e que ela mesma tinha visto o meu belo Atlas.

Roma
11.iii.1903

Como vês, minha vida é de fazer pena, sou um forçado da vida mundana, é como se tivesse que representar dia e noite. Estou feito ator e ator sem fé!

Roma
12.iii.1903

Nessas ocasiões vejo-me a mim mesmo como um ator numa comédia sempre a mesma e sempre indiferente, obrigado a mostrar interesse por causa do empresário que o observa e a "profissão" que o espreita. Que falta de convicção, que relutância, que enfado descobriria em mim quem penetrasse o meu sentimento.

---

200. *Leão XIII.*
201. *Refere-se à cerimônia de coroação de Eduardo VII.*

Não há passeios comparáveis ao da Campanha Romana. A beleza da luz e do colorido que transforma tudo é sem igual. Eu, que nunca discuto nem analiso as minhas emoções, sinto uma impressão em Roma diferente de todas as outras, única. Como isto está longe como impressão do que mais me deleita na Europa, as Landes perto daí,[202] o país vasco, os belos campos de trigo da Inglaterra vizinhos à costa [...]. É uma impressão diversa, doce e solene ao mesmo tempo, como se o colorido exterior que transforma tudo aos nossos olhos nos tocasse e iluminasse também a nós interiormente.

Roma
14.iii.1903

Estou muito cansado com o passeio que fizemos a Grottaferrata com volta por Frascati [...] Ouvi a missa cantada do rito grego pela primeira vez pelos frades de São Basílio. [...] Almoçamos com os frades no refeitório deles e com as rezas, leituras, etc., da comunidade durante as refeições [...]. Foi um imenso prazer a missa grega (eles comungam com o pão e o vinho), a refeição conventual, a visita da Abadia, e depois a feira que havia em Grottaferrata e a volta pela Campanha Romana ao pôr-do-sol, que avistávamos através dos arcos dos aquedutos em ruínas. Em algumas partes, os campos pareciam cobertos de geadas, eram lençóis de florinhas brancas, imperceptíveis de longe. A luz deste céu ao crepúsculo é única. Os menores arbustos, as menores plantas tornam-se em quadros como os pinheiros e os ciprestes! É único.

Roma
25.iii.1903

Quisera dedicar anos a escrever a Vida do Imperador, no caso da Princesa pôr às minhas ordens os papéis que ela tem ou deve ter. [...] Agora mesmo recebo um pedido do Rio Branco para representar o Brasil no Congresso Histórico, que se reúne de 2 a 9 de abril.

Roma
29.iii.1903

---

202. Isto é, de Pau, onde se encontravam Evelina e os filhos. As landes são a faixa costeira que se estende de Bordéus a Biarritz.

Roma
2.iv.1903

Esta manhã saí cedo por causa do Congresso de Ciências Históricas, estive que estar mais de uma hora de pé num pátio, parte do tempo sem chapéu por causa do rei que assistia à inauguração do plano topográfico da antiga Roma, *Forma Urbis*. São pedaços de mármore que se tem recolhido e que foram colocados nos lugares competentes sobre uma parede em um dos edifícios do Capitólio.

Roma
3.iv.1903

Na segunda é o meu grande jantar (24 talheres) à marquesa de Rudini e à princesa Pallavicini, de despedida. Essas dizem-me ser os dois chefes da sociedade romana. E tenho no meu elenco as principais figuras.

Roma
7.iv.1903.

Minha festa de ontem foi proclamada um grande sucesso. Eram quatro mesas de sete talheres, no vão do centro havia uma palmeira (representando o Brasil) iluminada a lâmpadas elétricas e da qual desciam cordões de flores e verdura das cores italianas. Uma das mesas era presidida por mim, outra pelo marquês de Rudini, outra pela marquesa de Rudini e outra pela princesa Palaviccini.

Viena
21.vi.1903

Hoje demos um grande passeio até o velho Danúbio e depois parei nos dominicanos, onde um frade que me fez lembrar pelo porte, gesto e unção os antigos Inquisidores, deu-me a absolvição.

Zurich
9.ix.1903

De Genebra a Zurich, nada me tocou ainda senão em um campo uma família inteira a trabalhar, e perto um carro de criança como do nosso José, com as cortinas descidas por causa do sol e a criancinha dentro. Que diferença dos países onde os trabalhadores do campo não têm desses confortos! É o que mais me agrada ver na Europa, e da civilização o que mais me impressionou, como brasileiro do tempo em que as escravas levavam os filhos às costas, ao sol ardente, para a roça e capinavam carregando-os.

À tarde, dei um longo passeio de carruagem com o Veloso. Vimos o velho Imperador.[203] É uma bela cidade Viena, mas o vento é constante. Isto purifica-a, dizem, mas o vento para mim, *voilà l'ennemi*.*

*Viena
20.ix.1903*

* esse é o inimigo

Acabo de ler conscienciosamente todos os pontos (não cada linha ainda) da Contra Memória inglesa e tenho a imensa satisfação de te dizer que não tem ela, exceto uma ou duas novidades, nada, absolutamente nada que já não esteja previsto e respondido.

*Viena
29.ix.1903*

Vim contrariado, fiquei contrariado e estarei contrariado até me ver no caminho de ferro. Não tive grande melhora, nem em consciência posso dizer que tive nenhuma, apesar de me parecer às vezes que ouço o que não ouvia, ou a maior distância.

*Viena
1º.x.1903*

---

203. Francisco José.

1º janeiro	Em Nice. Hotel S. Petersbourg. Visita aos Berends. [...] Evelina e os meninos comungam. À noite, grande conversa. Digo ao Graça meu desejo um dia de escrever um pequeno tratado sobre o direito que a civilização tem de intervir em Estados que perderam a característica de nações organizadas e tornaram-se praticamente hordas de bandidos organizados, exercendo a espoliação, o terror, a desmoralização sobre a comunhão indefesa. No século passado o fato colossal da imigração mostra que a pátria de nascimento é um sentimento limitado pelas perspectivas que se oferecem ao homem — a sua dignidade maior, as suas aspirações naturais — não é um cativeiro perpétuo absoluto. O homem pode mudar de pátria sem "apostasia" e com imensa vantagem para a humanidade (Ver a criação dos Estados Unidos por esse sentimento). Quanto mais se a pátria torna-se um pandemônio como esses em que reinam os bandidos centro-americanos! Também sobre a Revolução Francesa, ela em nada concorreu para o progresso humano. A liberdade e o progresso atual resultaram do desenvolvimento das ciências no século XIX e a essas a atmosfera do século XVIII não era contrária, pelo contrário. Se a Revolução Francesa compreende a liberdade espiritual do século XVIII é outra coisa, mas essa era monárquica e deve muito aos reis, mesmo aos reis absolutos, como Frederico II, Catarina, etc.
11 janeiro	Hoje à noite, disse ao Sr. Ruffier que o guardaria até ao fim da Missão. A vida não é pensar, é sentir; pensar é apresentar a superfície aos raios que de vez em quando a iluminam, mas que vêm de fora, de um centro de que somos pequenos e insignificantes refletores; as idéias são reflexos. Sentir é sermos nós mesmos. O pensar é passivo, o sentir é ativo.
12 janeiro	Hoje veio o médico. Diz-me que nada tenho no coração, nem do lado do sistema nervoso central. Enxaqueca, a primeira do Ano-Novo. Dor do lado direito da cabeça. Procurei lançar. Dormi das 4 da tarde (sic). Às 10 da noite parece passado. O triângulo da Ave-Maria, Salve Rainha e *Magnificat* em que me fecho à noite para dormir... ou

morrer. Carolina começou com *Rome, l'unique objet...* É a mesma atração, sempre, desse trecho para as pequenas almas trágicas. Depois, a força dos sentimentos vai minguando.

*Not quite pleased**. Acordo sem dor de cabeça. Vou trabalhar.	*13* janeiro
	* não inteiramente satisfeito
Em Paris, Hotel La Pérouse, rue La Pérouse. Trabalhando logo.	*14* fevereiro
Máximo de trabalho. O estado nervoso do Ruffier inquieta-me.²⁰⁴	*18* fevereiro
Intenso trabalho. Colocando os retalhos em ordem, equivale a nova composição.	*19* fevereiro
Forte enxaqueca. Sinto-me aniquilado das 11h às 4h. Às 5h, depois de lançar bastante, a cabeça se desembaraça outra vez e continuo o trabalho. Corrigindo provas. Ainda hoje acrescentei P.S. Se eu perder a causa, não direi mais *Labor omnia vincit [improbus]**. Afinal descobriu-se um corpo ao qual eu possa comparar a bondade divina para comigo: o *radium*. Não se gasta nunca, permanece sempre o mesmo. Nunca pensei levar a cabo esta empresa. Fui mais feliz do que meu pobre Pai!	*20* fevereiro * O trabalho [persistente] vence tudo
Corrigindo provas na tipografia Lahure. [...]	*21* fevereiro
Último dia! Escrevo ao irmão do Morais Rego, um dos gêmeos que sobrevive: "Acabo de ler no jornal o golpe que o feriu. Peço me permita expressar-lhe a minha dolorosa emoção, pois suponho poder bem reconstruir a angústia do seu isolamento, da sua mutilação íntima. O senhor parece-me hoje um corpo que tivesse perdido o poder de refletir a imagem. E a ela se tinha tanto habituado que a não	*22* fevereiro

---

204. Posteriormente, nota que não é da mão de Nabuco: "Acabou no suicídio".

distinguia de si mesmo! É uma situação patética, que apela para a simpatia de todos, e ainda mais para a dos que apreciavam a dignidade e a beleza dessa vida comum assim partida. Creia-me, etc".
Esses irmãos Morais Rego eram os meus adversários constantes. Mas nunca me ofenderam também.

Na tipografia Lahure, revendo as últimas provas à tarde, depois à noite com o Gouveia. Deus louvado! Tudo pronto.

23 fevereiro	Hoje parte Raul Rio Branco levando a Memória.[205] Outro exemplar segue por outro trem pelo correio dirigido ao Ministério. Assim tudo arranjado. Janto com Iaiá.
25 fevereiro	Entrega da Terceira Memória em Roma. Parto para Marselha com o Veloso.
26 fevereiro	Em Marselha.
27 fevereiro	Recebo a Memória Inglesa. Nada!
28 fevereiro	Na missa. Idéia de escrever sobre a grandeza e as limitações da religião. A arte religiosa, a sua maior beleza, mas quanta concepção infantil nesse céu de monges e de freiras, vestidos como as diversas Ordens. A religião, como todas as formas do pensamento humano, não apanha senão um raio da inteligência, essa luz está em tudo misturado a uma imensa escória de infantilidade, crendice, conjectura como na criança ou no índio. A questão est[á] para o homem em não passar de criança a bruto, pela supressão da faculdade de imaginar o Infinito. (Por que o Infinito? Por que não basta o Finito?) Quando se diz "tudo isso é falta de religião", tem-se razão; com a prática dos Dez Mandamentos, tudo seria diferente no mundo. Mas a Igreja não se contenta com o *Amarás a Deus sobre todas as coisas e ao próximo como a ti mesmo*, ela quer que se pense como ela

---

205. Referência à Terceira Memória sobre os direitos do Brasil na Questão da Guiana.

e a isso o pensamento humano opõe-se de modo irresistível — é essa uma lei da história — uma fatalidade provada por toda a vida da humanidade até hoje. De modo que a religião é necessária, indispensável, mas o dogmatismo religioso é impotente forçosamente. Eu tenho convicção de que a ciência há de encontrar a Deus; onde, quando? Não sei, mas que algum dia, no seu caminho, ela se há de encontrar com Deus, não tenho dúvida. Nesse sentido, a ciência também é divina como a religião; ora, a primeira condição da ciência é a liberdade. O Catolicismo foi, na Idade Média, também uma ciência, uma *Summa*, hoje não o é mais. Uma Universidade Católica ensinando a Matemática, a Geologia, a Paleografia Ortodoxa não é outra coisa senão um *check** à precipitação científica, não pode ser um anteparo à ciência provada, porque esta impõe-se como a evidência. Essas são as limitações da Religião: a pobreza imaginativa na representação do Infinito e a resistência ao livre progresso da ciência. O domínio da religião é a virtude, é o sentimento da comunhão divina, esse é o seu papel, a sua grandeza. (Comunhão divina — a da criação com o Criador.)

*freio

O ateu pode ser tanto como o padre, e mais, um veículo da idéia de Deus. Muito do que ele faz (o sábio) pode servir para outros extraírem dali um novo raio. A ciência trabalha para Deus. A ciência fará tudo, seu poder é ilimitado, ao passo que a religião cristaliza, fossiliza. Houve no êxtase de um São Bernardo talvez o maior grau possível de comunhão do homem com Deus, mas foi uma revelação de Deus subjetiva. A ciência trabalha sem o saber para a revelação objetiva que terá outras conseqüências incomparavelmente maiores para a humanidade.

Os Graças seguem para Roma. Partimos para Nîmes. Visita às Arenas e à Maison Carrée.[206]

29 fevereiro

Ao jardim de La Fontaine.

1º março

---

206. *Monumentos romanos.*

2 março	Visita ao *pont* du Gard.²⁰⁷
3 março	Em Nîmes. Dia de chuva.
4 março	Partimos de Nîmes para Carcassone. Escrevo ao Rio Branco.
5 março	Visita à *Cité* de Carcassone com Evelina e os meninos. [...] Chegamos a Toulouse.
6 março	Ouvimos missa na Catedral. Depois do almoço, visitamos Saint Sernin. O crânio de Santo Tomás de Aquino no andor para a festa de amanhã.²⁰⁸
7 março	Evelina segue para Lourdes e Pau. Dormimos no *sleeping* de Toulouse a Marselha.
10 março	De Menton a Gênova. [...]
11 março	Chego a Roma. [...]
23 março	Janto com o Barros Moreira. Noite mal passada pelo muito sonhar mau. Singularidade dos sonhos, sonho hoje com um antigo colega, Possolo, de quem não me lembrava mais. Sou vítima de um oficial de Justiça, Costa, a quem eu tinha dado uma procuração para receber certos objetos que foram de minha madrinha. O meu colega Costa está comigo todos os dias; o Pedro tem no Rio um oficial de Justiça chamado Costa. Donde teria vindo a lembrança? Seria o nome Costa, pronunciado a cada instante, que teria no sonho evocado a lembrança do oficial de justiça? Incomodou-me muito no sonho ter eu jantado no restaurante com a jaqueta do pijama. Quando quis revogar a procuração dada ao Costa, Oficial de Justiça, disseram-

---

207. *Aqueduto romano.*
208. *7 de março, dia do Santo.*

me que eu precisava recorrer à "Corte dos Costas". Como se formam essas idéias extravagantes? A minha teoria é que o cérebro é um *refletor* permanente (não será uma *fonte* contínua?) e que, à noite, o aparelho reflete como de dia, mas de algum modo se acha embaraçado em certas partes, certos vidros, ou focos (como o *da realidade*), não trabalham. Todos sonham sempre, o cérebro não pára; uns, porém, têm consciência, outros não, do sonho, isto é, em uns o vidro ou espelho da consciência funciona, em outros não. Mas não é só um refletor. O cérebro tem o poder de ser ele mesmo luminoso, mas não o é senão com os restos das antigas idéias, imagens refletidas, isto é, com as reminiscências. Estas são partículas luminosas como o *radium*, que não se gastam inteiramente; a prova é que brilham nos sonhos, quando as esquecemos. Por que não se estuda bem o sonho? Qual é a ciência dos sonhos?[209] Qual o nome grego em psicologia?

Jantam Pacheco, D. Nazaré, Barros Moreira, Dantas, Veloso e os Graças. Dona Nazaré dizendo que os maridos deviam tomar parte nos Quadros Vivos, sem o que não poderiam lá entrar e ficavam sem poder falar com as mulheres, o Pacheco disse que ele iria buscá-la debaixo de vara. Ela, que não conhecia a expressão, protestou indignada. Qüiproquó muito engraçado.

[...] À noite janto em casa do Pacheco. Lendo eu um trecho de uma carta do Jaceguai, que me dizia saber por experiência (falava da sentença no pleito de que estou encarregado) que a fortuna entra em todos os sucessos por nove décimos e o esforço pelo décimo restante, disse o Azeredo: "É uma frase de jogador". A esse respeito, falamos do perigo do espírito. O homem de espírito que não se pode conter quando lhe vem à boca o dito feliz inesperado por mais acerbo que seja. Ele me disse que é uma arma da qual ninguém se

26 março

---

209. *Quando Nabuco se fazia esta indagação, Freud publicara há quatro anos o seu livro* A Interpretação dos Sonhos, *mas a obra ainda não havia extrapolado o círculo de especialistas. Nabuco parecia intrigado com o assunto. Em outubro, em carta a Machado de Assis, descreverá outro dos seus sonhos:* Cartas a Amigos, *ii, p. 180.*

deve privar. É a arma da cascavel, mas a natureza para a defesa própria não achou meio algum repugnante, nem o veneno. Esta minha observação, porém, não é exata. Não há veneno no espírito, o veneno é a calúnia; a verdade, a alusão, por mais mortal que seja, não é veneno, não é perfídia. Com a falsidade e a perfídia não se pode ter verdadeiro espírito.

30 março Almoçam o Barros Moreira e Dª Ema. Jantam ele e o Graça. Leio com o Graça *A Nuvem e a Cotovia* (*The Cloud, the Skylark*), de Shelley. De manhã li umas trinta páginas de *Pilgrim's Progress*,[210] e um resumo da história de Roma do ponto de vista arqueológico e artístico. Estou começando a ler outra vez.

31 março Quinta-feira Santa. Hoje a Santo Antônio dos Portugueses, São Luís dos Franceses, São Pedro, São Silvestre, Santo André (há uma bela imagem de Santa Filomena), Santa Maria della Victoria, Santa Maria degli Angeli. Sete igrejas.

1º abril Sexta-Feira Santa. Leio a Paixão de São João — um trecho mais do *Pilgrim's Progress*. Almoço ovos, macarrão, tapioca. Janto sopa, aspargos, maçã assada. Sozinho. À Scala Santa ver a grande devoção desse dia; depois, à Santa Croce.

5 abril Almoça Barros Moreira. Com o Graça e Veloso ao leilão do escultor d'Epinay, onde compro uma estátua da Virgem com o Menino, grande, de alabastro, com as armas da cidade de Trapani, duas reproduções dos Meninos de Canova, diversas estampas, entre elas um retrato de Pedro I criança, gravura de Bartolozzi. Confesso-me na Igreja de São Luís dos Franceses. Janta o Veloso.[211]

---

210. Pilgrim's Progress *é um dos* best-sellers *da história do protestantismo. Escrito por um predicador batista, John Bunyan (1628-1688), natural de Bedford na Inglaterra, trata-se de uma descrição do "caminho do homem para o céu" segundo as aventuras de personagens alegóricas que alcançam o Paraíso através de várias etapas, como a colina do desânimo, o vale da humilhação, o palácio da beleza, as montanhas deleitáveis, etc.*
211. *V. Cartas a Evelina de 4 e 5.iv.1904.*

Comunhão Pascal na Igreja de São Bernardo *ad Thermas Diocletiani*. **6** *abril*
Almoça Barros Moreira. Passeio com o Graça. À noite, à casa de D. Maria Mazzoleni: príncipe de Belmonte, D. Colonna, Moltke, marquesa de la Peine. Em casa do Matias, princesa Pallavicini, condessa Taverna. Jantar em casa do Matias de Carvalho. Compro no leilão d'Epinay um belo busto de Maquiavel. Hoje eu dizia ser este o meu primeiro ato de maquiavelismo. Tendo na minha livraria esse busto, todos dirão: "Este diplomata é muito forte, é um discípulo de Maquiavel". Maquiavelismo e jesuitismo são duas palavras que se valem, são falsas uma como outra. Se Maquiavel era um gênio, o que ninguém lhe nega, não podia ter a política ou as idéias de um imbecil. Agora que ele vem, eu o estudarei, nós conversaremos, e eu procurarei conhecê-lo. Como sou um ingênuo e um idealista, é bom ter diante de mim o chefe reconhecido da escola contrária. Também o Utilitarismo de Bentham e o Epicurismo foram reduzidos pela simplificação dos ignorantes a uma filosofia ignóbil. Herbert Spencer, na sua próxima autobiografia, denuncia essa incompreensão da parte elevada e nobre, de absoluto desprendimento, do Utilitarismo.

Leilão d'Epinay. Compro uma cômoda antiga, uma cadeira, uma *Santa Teresa*, original de Bernini em terracota. Convidei D. Maria Mazzoleni. Jantam marquês e marquesa de Rudini (de quem hoje é a *fête**), D. Maria Mazzoleni, (um tipo ideal entre Francesca de Rimini e Mme. Récamier), o senador Malvano (o Cabo Frio[212] da Consulta), conde Keller, da Embaixada russa, e os Barros Moreiras. No jantar faz um grande efeito uma frase que eu digo: "Em política ainda não se descobriu a navegação a vapor, não se pode navegar contra o vento, contra as grandes correntes nacionais", uma idéia que já escrevi. O marquês de Rudini diz que me citará, ou que se servirá dessa maneira de dizer no Parlamento. A marquesa pede-me essa frase com o autógrafo meu. À noite vêm diversas pessoas. **11** *abril*

* *aniversário*

---

212. Alusão ao visconde de Cabo Frio, durante muitos anos secretário-geral do Ministério das Relações Exteriores.

23 abril	Meu grande jantar no Grand Hôtel. Setenta e oito convidados, doze mesas. Depois dança. Todos me dizem que foi a mais bela festa da estação.[213]
24 abril	Chegada de M. Loubet a Roma[214]. Jantar com a princesa Pallavicini, 8h. Depois do jantar vamos pelos jardins do palácio Rospigliosi assistir à *fiaccolata* (procissão de dísticos e emblemas iluminados), da sala onde está a *Aurora*, de Guido Reni. As cores desta, frescas como as vi há trinta anos.
25 abril	[...] Esta noite me aborreço muito com o Alfredo e o despeço.[215] Passo uma péssima noite por causa disso, mas ele abusava por demais pela idéia [de] que me era necessário.
26 abril	Alfredo parte hoje, pago-lhe o mês até 31, a passagem de segunda classe até Paris (ele provavelmente fica em Chambéry) com a respectiva bagagem, dou-lhe 200 francos *meus* e 250 pelos serviços que ele prestou à Missão. Por esta ele tinha interesse, esperando que lhe desse mais tarde o lugar de porteiro da Legação de Londres. Como ele recebia 150 francos, mais 25, para lavagem da roupa, e como fazia compras, etc., as economias dele são grandes. Não o quis ver partir, desejo-lhe todo o bem. Não me dê Deus mais nenhum criado de quem me tenha de separar. Custa-me muito. No fim de pouco tempo, porém, todos relaxam comigo e eu não posso disciplinar. Só quero e aceito o que é feito de boa vontade. Três anos de hotéis e de viagens incapacitaram-no para o serviço de casa. Deus o fade bem! Janto em casa do Barros Moreira, com o Hermano e as filhas, e o Veloso. Depois vamos ver as iluminações.

213. V. *Cartas a Evelina* de 20, 23 e 24.iv.1904.
214. Émile Loubet, presidente da França, em visita oficial a Roma.
215. V. *Cartas a Evelina* de 26 e 27.iv.1904.

À 1h20 partimos, o Raul Rio Branco e eu para a Sicília.²¹⁶ Viajamos no trem em que vai a rainha. Toda a linha guardada, em toda parte muita gente. Vemos o Convento do Monte Cassino, a bela planície de Cápua, o palácio de Caserta, o Vesúvio. Chegamos a Nápoles às 6h30; partimos, porém, já com a noite, e assim nada vemos do Golfo.

29 abril

Acordo por volta das 7 horas. A bela estrada da Calábria, mais verde e pitoresca do que a Riviera. Bela perspectiva; antes de chegarmos a Scilla, o antigo Scylla²¹⁷. O monstro nada tem de terrível. Às 8h30 chegamos ao porto de Reggio e atravessamos o estreito de Messina. As duas costas são muito vizinhas e parecem as duas extremidades de um golfo, ou as margens opostas de um lago. A impressão que faz a costa elevada da Sicília, toda ela montanhosa, não é a da Ilha dos Amores, mas a luz é muito doce, o mar Jônio muito penetrante, os contornos muito suaves, e tem-se assim uma impressão geral de harmonia, a vista dilata-se agradavelmente, a mitologia começa a animar e a idealizar toda a paisagem, assim como a história. Às 9h30 desembarcamos em Messina. Impressão de calma que produz a cidade, com as suas perspectivas abertas sobre o mar, através dos arcos e pórticos. À tarde partimos para Taormina. Toda a costa muito risonha, o mar Jônio todo azul, e subitamente a vista do Etna. Dormimos no Convento de S. Domenico, hoje hotel.²¹⁸

30 abril

Taormina. No Teatro Grego. Vista incomparável, lembra a do Corcovado. Aqui há, porém, a mais a antiguidade grega e o Etna. Ao meio-dia seguimos para a Catânia, onde dormimos (Hôtel Grande Bretagne). Em Catânia a estátua de Bellini, o túmulo de Santa

1° maio

---

216. *A viagem de Nabuco à Sicília visava poupá-lo ao cansaço da retribuição dos jantares que lhe seriam oferecidos, caso permanecesse em Roma.*
217. *Referência à grota, no estreito de Messina, onde, segundo a mitologia, viveria um monstro de 12 pés de altura, com seis cabeças, cada uma com fileira tríplice de dentes.*
218. *V. Carta a Evelina de 30.iv.1904.*

Ágata, e o Etna. Entre Taormina e Catânia, Acireale, onde se passa o mito de Galatéia, mais longe os escolhos dos Ciclopes lançados contra Ulisses.[219]

2 maio — Seguimos cedo de manhã para Siracusa. Novas vistas sobre o Etna. Imensa fertilidade da planície. O mel de Hybla, Thapsus. Siracusa (Grand Hôtel). Siracusa interessa-me muito. Hoje vemos a fonte Aretusa, o Museu por causa da Vênus Anadiomena e das medalhas de Evainetes, o altar de Hieron II, muito imponente, depois a Latomia do Paraíso, com a Orelha de Dionísio, o Anfiteatro Romano, a Latomia dos Capuchinhos, onde está a Villa Politi, hotel admiravelmente situado, o túmulo de Arquimedes, o Teatro Grego, a Via dos Túmulos, que lembra Pompéia.[220]

3 maio — Hoje vamos ao rio Anapo e à fonte Ciane, onde cresce o papiro do Egito. Leio Ovídio sobre as metamorfoses de Aretusa e Ciane. Na volta vemos as ruínas de um ginásio e escola de natação romana e a catedral com as colunas de um templo dórico, caiadas e formando pilastras. À tarde excursão ao forte grego do Euríalos. Incomparável vista histórica. Todo o teatro das guerras siracusanas, do desembarque e do destroço da expedição de Atenas, do sítio romano e das defesas de Arquimedes, assim como das guerras cartaginesas. Dizem ser a maior e a mais bem conservada das fortificações gregas.[221]

4 maio — De manhã ao convento de Santa Lúcia, padroeira de Siracusa, como Santa Ágata o é de Catânia. Depois partimos para Girgenti por Castrogiovanni e Caltanissetta. Chegamos às 9h30 da noite ao Hôtel des Temples.[222]

---

219. V. Carta a Evelina de 1.v.1904.
220. V. Carta a Evelina de 2.v.1904.
221. V. Carta a Evelina de 3.v.1904.
222. V. Cartas a Evelina de 4 e 5.v.1904.

Aos templos. Visito o de Juno e o da Concórdia. Vejo somente de longe as ruínas do de Hércules e de Júpiter. Os dois templos de Juno e da Concórdia estão de pé e fazem sentir a Grécia, mas somente a arte dórica. A solidão e as ruínas dão à arquitetura uma impressão que não é dela, e assim não pode dizer que sente o templo vivo na cidade quem só lhe encontrou o esqueleto no deserto. A impressão de ruínas e a da arquitetura se excluem quase tanto como a do cadáver e do corpo da forma radiante. São impressões diferentes, mas ainda assim calcula-se a beleza do que foi pela beleza do que resta. Calcula-se, imagina-se, reconstrói-se, mas não se a pode sentir. À tarde para Palermo. Toda a Sicília me parece risonha, suave, atraente, sedutora. Represento-me a vida aqui fácil, natural, primitiva, e tal que separada, isolada do mundo, ela tornaria a povoar-se de ciclopes, ninfas e faunos. O lado artístico deste povo é muito sensível e vê-se-o bem nas carrocinhas pintadas de que ele se serve, tão alegres, tão risonhas, tão poéticas no meio da sua paisagem. Todas elas têm quadros históricos e imagens de santos pintadas dos dois lados e por cima do eixo. Levo um modelo desta revelação para mim inesperada do gênio e da sede de belo deste povo. Ah! Bellini!

5 maio

Ontem chegamos à noite a Palermo. Ouço a missa na Catedral, que é um edifício amesquinhado pelo Domo que lhe enxertaram. Logo à maravilhosa Capela Palatina. À tarde, grande passeio à Favorita. À noite, maior animação nas ruas do que em Roma ou Gênova.[223]

6 maio

Visitamos de manhã o Palácio Real, com a Capela Palatina, incomparável pela riqueza e doçura dos seus mosaicos, o Museu, onde vamos ver as Metopes de Solinonte. À tarde vamos a Monreale. Admirável vista de Palermo, da Concha de Ouro, que é a sua planície enquadrada pelas altas montanhas e o mar. A

7 maio

---

223. V. Carta a Evelina de 6.v.1904.

Catedral de Monreale é única, mas não me produz o mesmo efeito que a Capela Palatina, talvez pela nudez das paredes até a altura dos capitéis, onde começam os grandes mosaicos. Embaixo o mármore branco com as incrustações semelha as obras da Índia em marfim embutido. Depois ao claustro dos beneditinos com a sua colunata *preciosa*, como diria um espanhol. Todas as colunatas são diferentes, mas há antinomia entre elas e a arcaria, que sustentam. Passeio em Palermo, à Villa Giulia, etc. Sinto-me cansado de tanta impressão nova acumulada. Agora só tenho forças para Paestum e para tornar a visitar Pompéia. Ansioso por voltar a Roma. A Campanha romana depois de se ter visto tudo (pelo menos tudo que eu vi, não vi o Egito, nem a Grécia, nem Jerusalém), domina todas as outras impressões, e sente-se nela o horizonte que o espírito quisera habitar, por mais carregado que esteja de outras recordações.[224]

8 maio — À missa. Passeamos de carruagem toda a tarde por Palermo.

9 maio — Ouço missa cedo na Catedral, depois vou ao Museu ver o belíssimo tríptico, que é uma maravilha de finura e colorido. Os anjos são uns meninos holandeses, e estes não dão a idéia de anjo. Para tê-la é preciso procurá-la em Correggio, ou então nos primitivos. Ao meio-dia partimos para Messina. Bela viagem margeando o mar, mas muito túnel. Vejo bem o Stromboli com a sua fumaça. Atravessamos o Estreito às 6 horas. Não se vê o cume do Etna, mas vê-se bem a montanha e a neve que ele traz nos ombros. Em *sleeping*. Muito, muito túnel. Passamos, com os da Sicília, não sei quantos, uns cem.

10 maio — Chegamos às 5h40 a Agropoli, onde tomamos um carro que nos leva a Paestum, uns dez quilômetros. Chegando, vamos almoçar numa *osteria*, de indescritível aparência, um cortiço. Depois, a manhã

---

224. V. Carta a Evelina de 7.v.1904.

nos templos. A cor do templo de Netuno é muito bela, parece dourado pelo tempo. A solidão engrandece muito as ruínas, sobretudo pela vista do mar a certa distância, e das velas ao longe. Tudo isso construído para as pequenas lagartixas que habitam hoje as colunas e a cela. Sente-se a solidez da arte dórica, cujo ornato é somente a própria perfeição. Para Nápoles. No hotel Bertolini.[225]

11 maio

Impressão mudada de Nápoles, cuja feição napolitana desapareceu nestes trinta anos, mas Pompéia a mesma impressão de então, e mais, a Casa dos Vetii, para mim desconhecida e motivo desta nova visita. Escrevo tudo a Evelina. À noite a vista do terraço do Hotel de Nápoles iluminada. Para Roma no *sleeping car* de meia-noite. Vivemos estes quinze dias num perfeito encantamento, passamos de Roma à Calábria, de Reggio a Messina, de Messina a Taormina e ao Etna, de Catânia a Siracusa, de Siracusa a Girgenti, de Girgenti a Palermo e Monreale, de Palermo a Paestum, de Paestum a Pompéia, para acabar no golfo de Nápoles. Deus seja louvado, tudo correu na perfeição. Agora espero que um dia Ele guiará da mesma forma os meus filhos por este mesmo itinerário. Para eles desejo mais, o Egito, a Grécia, a Terra Santa, Santa Sofia e o Bósforo, de que renuncio feliz por amor deles.[226]

12 maio

Chego a Roma de manhã. Almoço em casa do Ministro de Estrangeiros. [...]

13 maio

[...] Longo passeio de carro pela Campanha romana.[227] [...]

---

225. *V. Carta a Evelina de 10.v.1904.*
226. *V. Carta a Evelina de 11.v.1904.*
227. *V. Carta a Evelina de 13.v.1904.*

25 maio	[...] Meu grande jantar no Pincio. Os jardins à noite estão ainda agora fechados ao público, por isso estávamos donos exclusivos deles, com os seus terraços, sombras e estátuas. Tudo maravilhoso. Ao meu lado, o general Brusatti. Estou pronto para subir ao Capitólio ou para ser lançado da Rocha Tarpéia.[228] Não cessam os elogios à originalidade e perfeição das minhas festas.[229]
2 junho	Corpus Christi. À missa. Almoçam Barros, Veloso e Raul. Jantam Raul e Veloso. À Villa Borghese. Vou ver o General Brusatti, telegrafo ao Ministério Exteriores, Rio, dizendo ser provável sentença seja dada [dia] sete.[230]
7 junho	[...] Passeio à noite de carro a Acqua Paola.
8 junho	[...] Aprendendo o bridge.
11 junho	Almoçam Veloso e Rio Branco. À tarde recebo aviso do General Brusatti que o rei me receberia amanhã às 11 horas. Telegrafo ao Rio Branco e a outros. Mais tarde chega contra-aviso, por não estar em Roma o Embaixador inglês. Muito desapontado, mas domingo é féria judiciária em toda parte. Janto em casa da marquesa Mac Swiney, com os cardeais Agliardi, tipo do *gentilhomme*, e Mathieu. Também o Embaixador Dantas e senhora. O Dantas conta-me que o Penedo costumava perguntar às mulheres bonitas de Londres, a quem fazia a corte, se não queriam escrever o último capítulo da vida dele. O Penedo sempre foi chateaubrianesco. Depois à casa de Mme. Verhaege, ministra belga. Está muito contente com uma frase do secretário suíço terminando uma carta: *Regardez, Madame, à vos pieds, vous êtes sûre de toujours m'y trouver.**

* *Olhai vossos pés, senhora, estareis segura de sempre me encontrar ali.*

228. Alusão ao seu estado de espírito às vésperas do julgamento da questão da Guiana. Do alto da rocha Tarpéia, a sudoeste do Capitólio, eram precipitados na Roma clássica os culpados de alta traição.
229. V. Cartas a Evelina de 26 a 29.v.1904.
230. V. Cartas a Evelina de 2, 4 e 5.vi.1904.

Almoço em casa do conde de Gubernatis. É o homem de maior cultura da Itália, mas parece-me atrapalhado por dinheiro, o que afeta mesmo a conversação e o espírito. Fala-se do filólogo Trombetti, que quer provar a unidade das línguas, e de um jovem que pretende ter descoberto o meio de criar os sexos à vontade. Conta-me depois a história da venda dos livros à Biblioteca de Florença. Janto com os Barros. Vem ver-me o bispo do Pará e vou com ele ao Costa. Passeio à Villa Borghese. A pé com as Vasconcelos. A filha mais moça pergunta-me com a maior naturalidade se não gostei da hermafrodita das Termas de Diocleciano. Suponho que ela não fez a volta da estátua. [...] A sentença marcada para terça-feira, 14, às 11 horas.[231]

12 junho

Almoçam Magalhães de Azeredo, Barros, Graça. Jantam Barros, Raul Veloso, vêm depois os Pachecos e os Graças. É a vigília das armas, *la veillée des armes*, como disse o Graça. Qualquer que seja a decisão amanhã, não me arrependerei de ter trabalhado tanto, porque, se nos derem alguma coisa somente depois desse trabalho todo, é sinal que, sem ele, não nos teriam dado nada. Não fui responsável da escolha do árbitro.[232]

13 junho

---

231. V. Carta a Evelina de 12.vi.1904.
232. O Grão-Duque de Baden havia sido o preferido de Sousa Correia, de Rio Branco e de Nabuco para ser o árbitro da questão dos limites; e com a indicação concordara lord Salisbury. Mas o então ministro das Relações Exteriores, Olinto de Magalhães, vetara, por motivos de hierarquia (o grão-duque não era soberano, mas súdito do Kaiser), sugerindo a escolha do presidente dos Estados Unidos, do rei da Itália ou do Imperador da Áustria. Nabuco ainda tentara convencer Olinto de Magalhães da conveniência da escolha do Grão-Duque, mas o Ministro não cedeu. V. Carta a Evelina de 13.vi.1904.

14 junho   Às 11 horas ao Quirinal, somos introduzidos o Embaixador inglês e eu; o rei, depois de algumas palavras, faz-nos sentar cada um de um lado, ele no sofá, e dá-nos leitura da sentença.[233] Jantamos todos da Missão em casa do Barros Moreira.

19 junho   Telegrama do Rio Branco oferecendo-me Washington;[234] do Gouveia, que a colônia de Paris quer oferecer-me banquete; do governador do Amazonas agradecendo-me serviços; boa e bela carta do Batalha Reis. Almoço com a família do meu velho amigo Matias de Carvalho, janto com a do Barros Moreira. Passeio à Villa Borghese. À noite ao Club. A amizade de Dª Ina.

---

233. *O laudo de Vítor Emanuel III rejeitava a pretensão do Brasil de haver exercido posse efetiva sobre todo o território desde o período colonial e determinava que ele fosse dividido de acordo com o divisor de águas do monte Iakontipu às nascentes do Ireng (Mahu) e daí seguindo o curso do rio Tacutu. Com esta referência lacônica, o diário encerra as alusões à questão da Guiana. Nos dias seguintes, ele se limita a mencionar os contatos sociais, os passeios, os preparativos do retorno a Londres. Mas em cartas a D. Evelina, confessará: "Foi um quarto de hora terrível o da leitura que o rei nos fez, ao embaixador inglês e a mim, da sentença que concluía pela vitória da Inglaterra. Nunca esperei que o rei desse aos ingleses o Tacutu como fronteira. [...] A consciência de ter feito o mais inspirou-me um desdém transcendente ao ouvir a sentença, mas se a inteligência desdenhava, o coração lamentava o desastre do nosso incontestável território, e a mão tremia-me quando tive que assinar o recibo dela. [...] Tendo feito todo o meu dever, estou com a consciência tranqüila, mas o coração sangra-me; parece-me que sou eu o mutilado do pedaço que falta ao Brasil; ao mesmo tempo, abate-me e eleva-me o espírito, conforme passo de um modo de ver para outro, a idéia que fui eu o representante do Brasil no pleito em que ele perdeu a margem direita do Tacutu". E em carta ao barão do Rio Branco: "pelo prazer que você teve com os seus laudos, calcule o meu desprezo". Nabuco, porém, não culpou o rei, argumentando que "a parcialidade que teve foi a parcialidade própria dos árbitros de contentar as duas partes que o escolheram. Infelizmente ele compreendeu mal o seu papel, supôs que era ele pessoalmente e não a Itália, que tínhamos encarregado de estudar a questão e constituiu-se ele próprio o juiz; ora, para isso era preciso que ele se dedicasse exclusivamente ao assunto durante longos meses e que julgasse sobre as próprias provas e não sobre relatórios de outros". Em 1907, Guglielmo Ferrero, em carta a Graça Aranha, transmitia-lhe a versão que soubera de um amigo do professor Buzzatti, lente de direito internacional da Universidade de Pavia e que fizera parte da comissão de juristas encarregada pelo rei de estudar a questão. Vítor Emanuel ignorou o parecer da comissão, favorável ao Brasil, redigindo ele próprio o laudo, declarando a Buzzatti que "não podia fazer algo de desagradável contra a Inglaterra".*
234. *V. Carta a Evelina de 19.vi.1904.*

[...] Passeio à Villa Borghese, onde hoje foi inaugurada a estátua de Goethe. Jantar em casa de Magalhães de Azeredo. Surpreende-me, no meu prato, com um hino em pergaminho que me fez em prosa. A nossa amizade data da infância dele. À noite de São João. Passeio de carro com o Régis, D. Iaiá e D. Nazaré à festa popular em San Giovanni. O alho, as campainhas de barro, as buzinas de folha são os três divertimentos. O Graça e o Pacheco, em outro carro, divertem-se muito. *23 junho*

Meu jantar no Pincio em despedida. O general Brusatti não pôde vir.[235] *28 junho*

De ontem para hoje noite de insônia, excitação nervosa por causa do calor, da mudança de cama e quarto, etc., etc., inclusive as discussões sobre Raul, Pacheco, Veloso. É uma triste partida esta minha de Roma, ansioso por tomar contato, enfim, com a família. Onde? Quando? Poucos dias ainda, mas que séculos! Escrevo a Mme. Ristori e a D. Bianca agradecendo os retratos. Almoço sozinho. Janto com o Régis no Pozzo di S. Patrizzo. *30 junho*

Forte enxaqueca toda a noite. Arrumando. Tiro o retrato com o Graça e o Azeredo. Almoço com o Graça no Splendid. À estação, despedir-me dos Azeredos. Ao atelier do Weingartner. Às 8h40, parto para Gênova levando o Mengoli como criado. Na estação, todos e todas da Missão e Legação, os Mac Swineys, Malvano, Weingartner, Latour. No mesmo trem, o Fusinato. *2 julho*

De Gênova a Marselha. [...] Das 10 às 11 da noite em viagem, muito calor. *4 julho*

De Marselha a Toulouse. Todo o dia de trem até às 8 da noite. *5 julho*

---

235. V. Carta a Evelina de 28.vi.1904.

6 julho	De Toulouse a Boussens.[236] Encontro com Evelina e os filhos nesta estação. Dormimos em Saint Girons.
8 julho	Primeiro dia de tratamento. Seis meios copos. Telegrama ao Martins (Gênova). Cartas a Gouveia, Barros Moreira, Graça Aranha. A este: "Já estou sentindo a sua falta, como a de um complemento, como a de um prolongamento em outras épocas, em outra geração. É a primeira vez que tenho esta sensação, o que mostra, apesar do senhor ter atravessado tarde a minha vida, que a encontrou em sua maior sensibilidade". Recebo telegrama do Rio Branco pedindo cálculo superfície área litigiosa, segundo sentença e propostas Salisbury e Villiers.
31 julho	Dormimos em Toulouse. [...]
1º agosto	Dormimos em Limoges. [...]
2 agosto	Partimos às 6 da tarde de Limoges, chegamos à meia-noite a Paris. Royal Hotel.
7 agosto	À Comédie Française para que Carolina tenha idéia do que é, e o Maurício. Dão *Luís XI*.
8 agosto	De dia ao Museu Grévin ver ainda a reprodução das Catacumbas. Jantar ao Rodrigues no Hotel Mercedes, vem mais o Mesquita, o Ed[uardo] Ramos, o Argolo e o Veloso. Depois vamos ver as catacumbas romanas no Museu Grévin.
9 agosto	Ao Museu Guimet ver novamente Thais com Serapião, com Evelina e Carolina, depois ao Louvre. Janto só, no quarto, depois sobem Raul e Veloso.

236. Estação de águas das vizinhanças de Toulouse.

[...] À tarde, seguimos todos para Boulogne e no trem decido atravessar o canal nesse mesmo dia. À noite, em Londres, Bailey's Hotel.	*10 agosto*
Vou ao Foreign Office, onde estou com lord Landsdowne. Chega Evelina com as crianças.	*16 agosto*
Cinqüenta e cinco anos. Já rezei o meu *Te Deum*, mas o dia não se passou bem, forte enxaqueca, talvez por não ter jantado ontem e ter tomado o copo de água de Janos costumado (tomei na terça-feira e tinha tomado em Paris na semana anterior). Tenho, também, ao levantar-me da cama, uma forte dor reumática nas costas e braço esquerdo, como não me lembro ter sentido tão forte. Passou felizmente *sous peu**, mas tenho a sensação, ou sentimento, de que a embarcação faz água por toda a parte e não pode resistir a grandes viagens. Nem sei se é prudente passar o inverno em um clima do Norte, tenho medo pelo outro ouvido, e agora, de reumatismos. É talvez porque não trabalho há meses, depois do trabalho intensivo a que me habituara. Não trabalho, é modo de falar, é no sentido somente de não fazer obra, e obra seguida, dez horas de escrita por dia. [...]	*19 agosto* * *dentro de pouco tempo*
Ao Jardim Zoológico com Evelina a ver os dois gorilas (fêmeas). [...]	*27 agosto*
*Week-end** em Bath, em casa de Mr. Youle.	*17 setembro* * *fim de semana*
Escrevo ao Carneiro da Rocha e ao Segismundo Gonçalves anunciando que o Graça Aranha levará Memórias minhas para o Instituto Histórico e Geográfico da Bahia, Biblioteca do Recife e Instituto Arqueológico Pernambucano. [...]	*4 outubro*

12 outubro	Grande fantasia literário-filosófica à qual posso acrescentar uma parte local (patriótica) e outra subjetiva (pessoal) se a fizer para o Brasil somente. Idéia de escrever um livro metade verdade, metade fantasia, forma de romance ou anônima, intitulado: "Cartas à minha Viúva por (um pseudônimo)". Conselhos, retratos, conjecturas sobre a outra vida, etc. Questão: se deve ser escrito deste ou do outro mundo. Dos dois? No começo, aquém, no fim, além do Letes.
11 novembro	Carta 11ª de Cícero. Hoje eu lia a Evelina esta carta de Cícero. Também eu estive comprando uns mármores (barato) para a minha livraria. E ela me atalhou: O que eu invejo a Cícero é que ele já tinha uma casa onde pôr essas coisas. Eu: Invejar Cícero? Mas ele teve a cabeça cortada. E ela: Também você me responde com uns argumentos tão violentos.
23 novembro	[...] Escrevo ao Graça. Assuntos: 1º Entreguei ontem £ 125 ao Chermont, do resto do "suplemento" da ajuda de custo. 2º Explicação sobre os créditos que vieram, de 11 e de 15 contos. 3º A revolução malograda. 4º A embaixada de Washington: "Custou-me tanto instalar-me em Londres que eu veria com terror a remoção no dia seguinte. Washington é um duplo desterro, porque se está longe do Brasil e da Europa. A vida lá é muito cara e a esse respeito eu mal melhoraria de sorte. Não tenho entusiasmo algum pela idéia de ir lá acabar a minha carreira. Mas como lhe disse, desde que entrei para ela, quero dizer para a vida pública, resolvi como Hércules o dilema entre o prazer e o dever. Precisarei, porém, se o Rio Branco continua nessa idéia, saber as condições da transferência e a esperança que se me deixaria de uma troca, se as circunstâncias de clima e outras me fossem lá contrárias. O Chermont desejaria muito ir, se eu fosse, e se eu fosse o governo devia deixar-me compor a Legação com pessoas da minha escolha. Mas não quero supor que a espada esteja sempre pendente sobre mim, e peço-lhe que de tudo isto nada diga a ninguém, exceto se vir o Rio Branco inteiramente decidido e realmente precisando de mim. Mande-me dizer o que há".

Seguiu hoje minha carta ao Rio Branco. Colonel Galbraith Graves. Primrose Club,4, Park Place (é o Club do Zagury) St. James, W. "Eu não tenho vida privada, tudo que eu faço em particular pode ser tornado público". Contei-lhe o caso de lord Pauncefote, supunha eu, mas parece-me ter sido outro o Embaixador inglês que recebeu os passaportes. Mostrou-me a assinatura do visconde Hayashi. Disse-me que assistia, quando era preciso, ao Gabinete, que vinha do Governo, etc., etc. [...]   *25 novembro*

Anos de Evelina. Mando extensa carta a Mr. Buckle sobre a idéia de um segundo milenário de Cícero. [...]   *1º dezembro*

Escrevo ao prof. Orville Derby.   *6 dezembro*
  Eu hoje tive um ataque de tristeza depois do almoço coincidindo com o escurecimento do ar pelo *fog** e também com certo mal-estar na bexiga. Veio-me quando nada me aflige e, pelo contrário, eu me preparava para ler uma grande carta de Cícero a Lêntulo, como outros se preparam para um festim real. Preciso observar um pouco esses estados bem caracterizados de tristeza para ver se lhes descubro a causa física. [...]   **nevoeiro*

Recebo telegrama do Rio Branco sobre transferência Washington. Vou ao Foreign Office consultar sobre o Régis.[237] Telegrafo a este: "Diga onde está. Preciso escrever *Happy new year*".   *30 dezembro*

---

237. *Referência ao pedido de agrément à nomeação de Régis de Oliveira para substituir Nabuco como ministro em Londres.*

Trechos de cartas a Evelina

Roma 4.iv.1904	Estou sofrendo muito das tais comichões depois do banho. É literalmente um suplício, um horror. Agora já me vêm sem mesmo molhar-me, vêm com o frio. Vou hoje ver um médico. É a má circulação do sangue ou é a pele.
Roma 5.iv.1904 * estresse	Ontem fui ao médico por causa das comichões nos pontos sobretudo onde o cabelo está caindo. A pele atrofiou-se pela vida sedentária mas também pelo *surmenage**. Está secando e essa secura é o que tenho nos ouvidos e em toda a mucosa, como o Keyes me achou na boca.
Roma 20.iv.1904	Extraordinária campanha esta! Em que para ganhar o Rapunani tenho que viver, depois de ter passado anos a trabalhar doze horas por dia, a mais fútil e vazia existência que me seja possível imaginar, quando sou, como te disse, *an old man in a hurry*, um velho que tem muita pressa em acabar a sua tarefa!
Roma 23.iv.1904	Ontem foi um dia de imenso trabalho por causa do jantar desta noite. Como é difícil colocar 78 pessoas em 12 mesas, de modo que todos estejam bem e que as mesas tenham certa equivalência a todos os respeitos.
Roma 24.iv.1904	Está acabada minha campanha, Deus louvado. Hoje janto com a princesa Pallavicini, depois fujo para a Sicília para evitar o pagamento do meu convite por todos os meus convidados que se julgassem obrigados a isso. Sendo eles 77, uns 20 poderiam fazê-lo e estou muito cansado para afrontar tal provação. A festa de ontem foi esplêndida, todos me disseram que nunca tinham visto tão bonito jantar e que dei a mais bela festa da estação. Deus sabe por que o fiz. As mesas eram presididas pelas principais senhoras da sociedade romana, depois dançaram, o que quer dizer que ocupei três gran-

des salões do hotel. [...] No centro das 12 mesas, que eram ocupadas somente em uma parte, para todos terem a vista da decoração e não se darem as costas, fizeram um grande lago. Iluminado nas bordas, com uma gôndola veneziana iluminada *a giorno*, cercado de pedras, juncos, verdura, era um espetáculo lindíssimo.

Tive uma grande raiva ontem com o Alfredo e resolvi despedi-lo. Estou como as formigas que são alimentadas pelas escravas e que morrem à fome quando estas faltam, por não poderem elas mesmas preparar o seu alimento.

Roma
26.iv.1904

Estou inteiramente no ar com a partida do Alfredo, sem criado, e tão cedo não terei quem saiba das minhas coisas como ele. [...] Escrevi-lhe uma palavra de despedida, mas não assisti à partida.

Roma
27.iv.1904

De Reggio a Messina é uma hora de mar, é como ir do Rio a Niterói, tão perto estão as duas costas. A Calábria é mais bela, mais fresca, mais luminosa do que a Riviera. Estamos no verão, e que verão agradável. O mar é azul como o nosso e há muita coisa que lembra o nosso clima. A costa montanhosa da Sicília, apesar de vulcânica e árida, como o que temos visto na Riviera, tem toques de doçura e lembra em parte os nossos granitos. À entrada de Messina, o forte e a volta que faz o navio para entrar, assim como o casario todo logo no cais, lembra o Recife. A cidade tem uma frescura ideal, o calçamento feito com grandes pedras dá-lhe um ar de grande limpeza, como uma praça ou fórum antigo que toda ela fosse. Há muito detalhe original, como os carros pintados, que são muito bonitos.

Messina
30.iv.1904

Ontem, depois de visitarmos Messina, que não tem senão a situação, o caráter siciliano novo para mim e o altar do Duomo, partimos para Taormina pela maravilhosa estrada que margeia a costa. Isso, porém, já tínhamos visto semelhante na Riviera, ainda que a idéia de estar avistando o mar Jônio e vendo a extremidade da Itália fosse sempre uma sensação nova. Quando chegamos perto de Taormina, a vista do Etna foi un *coup de théâtre**. É incomparável a

Taormina
1.v.1904

* lance teatral

sensação. A grandeza do maciço, a tranqüilidade do terrível vulcão sob a capa de neve que lhe cobre os ombros impressiona mais do que qualquer erupção. Taormina é um paraíso. É com as devidas diferenças uma vista como a da Bahia ou a do Corcovado, mas com o Etna ao lado e os mitos gregos em torno, a história, em suma, que nos falta. [...] Fomos às 8 horas aos restos do teatro grego, donde a vista é sublime, como o é a das nossas praias vistas das nossas montanhas. Vai ser uma semana cheia e tanto mais quanto aqui muita coisa lembra o Brasil. Hoje, ouvindo missa na catedral, parecia-me estar na matriz de Maricá, é o nosso povo, a mesma pobreza, a mesma ingenuidade, a mesma simplicidade contente e reconhecida.

Siracusa
2.v.1904

Das 2 às 7, tivemos cinco horas de encantamento: fomos da fonte Aretusa ao museu, onde está a bela Vênus Anadiomena e onde admirei ainda uma vez as medalhas siracusanas, moedas incomparáveis. De lá, às latomias, pedreiras gigantescas, onde sofreram milhares de gregos vencidos e escravizados e onde está a Orelha de Dionísio, corte colossal na pedra semelhando a orelha humana e com as suas propriedades acústicas (do qual dizem que os menores rumores da prisão chegavam aos ouvidos de Dionísio); ao anfiteatro romano, ao teatro grego, ao túmulo de Arquimedes (?), à estrada dos túmulos, nem sei que mais. O efeito causado pelas latomias é único. Tudo isto causa-me a maior impressão: de vida, de admiração e, nestes momentos, vejo por mim, por ti e pelos nossos filhinhos. [...] Aqui estamos em plena mitologia e em plena história gregas! Que imensas recordações! Na latomia dos Capuchinhos eu como que ouvia ainda os gritos dos prisioneiros, e a figura de Alcibíades não me sai da memória desde que comecei a ver o teatro da desgraçada expedição que, provavelmente pela perseguição contra ele, foi tão fatal à Grécia. E os mitos?! Os Ciclopes, Galatéia, Aretusa, Proserpina! Estamos na terra de todas essas evocações do gênio grego.

O passeio de hoje foi ao pequeno rio Ciane, todo margeado de papiros silvestres importados há séculos do Nilo. O rio ou riacho de águas límpidas sai de uma bela fonte azul na qual a ninfa Ciane foi transformada por Plutão por se ter oposto ao rapto de Proserpina. [...] Estou no meio da mais bela das poesias que a juventude da humanidade produziu. Hoje, velha e cansada, ela volta-se para a ciência por ter perdido a imaginação. De volta, fui à Catedral construída no antigo templo de Minerva e onde está o túmulo de Santa Lucia. [...] Voltei às 6h30 da visita ao forte siracusano de Eurilus. Que perspectiva imensa se tem de lá e que imenso cenário histórico se desenrola em torno! O Etna e a Calábria estavam encobertos, mas o mar Jônio estava glorioso e a planície em torno bastaria só por si para toda a minha admiração. O forte em si mesmo era para mim um objeto digno de uma peregrinação, um forte grego! Mas a impressão do panorama dominava a das ruínas. Eu tinha diante de mim todo o teatro da expedição da Sicília, o túmulo, pode-se dizer, do poderio de Atenas, que por não se fiar no seu grande homem, veio sucumbir ali. Ao lado dessas recordações, todas as outras, cartaginesas e romanas, a grande figura mesmo de Arquimedes, desapareciam. Foi uma tarde incomparável, da qual viverei anos, até ao fim. Como te disse, estou consolado de não ver Atenas.

*Siracusa
3.v.1904*

Acordei cedo como agora costumo, às 8 horas dei um pequeno passeio de carro, fui ao convento de Santa Lucia, onde vi um singular arranjo para a conversa das freiras com os visitantes, o que me fez compreender a vida mundana dos antigos conventos portugueses; e às 10h20 deixava Siracusa, de eterna recordação, não sem ter andado à procura de Tucídides, Plutarco, Tito Lívio e Ovídio para ler sobre a expedição de Alcibíades, a tomada de Siracusa pelos romanos, as metamorfoses de Ciane, Aretusa e as fábulas do Etna. Das 10h da manhã às 9h da noite, estivemos no trem, onde almoçamos e jantamos.

*Agrigento
4.v.1904*

Palermo
6.v.1904

Demos um grande passeio para conhecer Palermo. É uma bela e grande cidade, com uma marina, um terraço sobre o mar que lembra o de Nice, entre um anfiteatro de montanhas que lembra São Sebastião. Não há elemento nenhum novo para nós, que conhecemos a Riviera e a Itália. O clima dizem ser delicioso no inverno e eu o compreendo, mas o sul da ilha deve ser muito mais doce.

Palermo
7.v.1904

Hoje vimos duas maravilhas, a Capela Palatina e a catedral de Montreale. Uma e outra são mosaicos intermináveis, de uma riqueza digna de São Marcos, porém com mais luz e mais ouro, ou ouro mais brilhante. Palermo é realmente uma bela cidade. Temo-la vista bem, mas de parte alguma é ela tão bela como de Montreale. De lá, é um mar de laranjais entre montanhas, até a curva da praia. É como São Sebastião seria, se tivesse esta fertilidade e esta planície.

Nápoles
10.v.1904

Vim de Palermo a Messina por trem, bonita costa, mas quantos túneis! Juntos aos cinqüenta que atravessamos na costa da Calábria fazem uma bonita soma, mas é muita escuridão demais, demasiado ácido carbônico e calor. Esta manhã às 5h30 estávamos prontos. Viemos em um carro que mal podia andar, pobre cavalo, de Agropoli a Paestum. Se pudesses ver a estalagem onde tomamos café com leite! Em uma palangana que era quase uma bacia de rosto. Eu tomei num copo que levava e servi-me das minhas colheres. Ofereceram-me para fazer a barba um quarto em que dormia a família, cinco imundas camas, fugi horrorizado. Felizmente depois tivemos melhor, o pequeno restaurante da pequena estação onde almoçamos. Os templos são esplêndidos. Há trinta anos não fui a Paestum e guardei esse remorso até hoje. Hoje livrei-me dele. São os mais belos templos gregos existentes fora os de Atenas. Estou consolado de não haver visto o Parthenon. Estivemos em Paestum, não há senão os templos que ver, das 8h às 2h. Às 2 horas, tomamos o trem para Nápoles, mais seis horas de viagem. [...] Nápoles faz grande diferença da que vi em 1874, construíram por toda parte, mas só amanhã poderei vê-la. Deste hotel, onde há um imenso terraço sobre a cidade, tem-se uma vista soberba da iluminação, mas quem viu as vistas desse gênero de Santa Teresa e da Nova Cintra não tem mais nada que admirar. [...] Em Palermo há por todas as esquinas imagens de devoção popular, às quais acendem luzes toda a noite. No domingo encontrei-me duas vezes (bom agouro!) com um imenso andor que carregava o povo, levando o Crucifixo. A santa da devoção de Palermo é Santa Rosalia.

Nápoles
11.v.1904

Nada nos faz reconhecer tão bem quanto mudamos, do que visitar de novo anos depois os lugares dos quais tínhamos a impressão da mocidade. A vida está dividida em épocas ou estações, cada uma das quais tem o seu modo de sentir. [...] Pompéia não me causou nenhuma decepção, pelo contrário a impressão de há trinta anos aumentou muito com a casa dos Vetti, que é uma revelação nova da vida antiga e que ensina a compreender o resto da cidade, porque deixaram os frescos das paredes e os mármores onde estavam. [...] Nápoles, porém, é outra, não me diz mais nada, uma grande cidade como tantas outras, cheia dos novos palácios para a pobreza e mesmo a miséria, mas sem a cor local de outrora. A perspectiva é sempre a mesma, mas por toda parte edificaram os tais cortiços palaciais que vemos em Gênova, Roma, Paris, etc., e as construções tiraram a beleza aos antigos contornos, acabaram com os cantos graciosos e os retiros pitorescos da Nápoles de Graziella. Não sei como está do lado de Sorrento, creio que lá a poesia será a mesma, mas da cidade desapareceu o antigo caráter napolitano, ou então sou eu que mudei. [...] Parece-me impossível que não esteja no meu destino visitar o Egito e a Grécia. À Terra Santa, eu acho impossível ir no meu estado, sem pernas para andar e montar e teria a maior pena de ir a Jerusalém sem ir a Nazaré, e sem ir a Bagdá. Uma vez na Ásia Menor, tudo me atrairia. Se o Calvário não estivesse coberto de igrejas e mesquitas e se o pudesse ver, nada, absolutamente nada, me arrastaria tanto como a idéia de o ver, mas receio que o panorama atual não deixe imaginar o que Jesus tinha diante dos olhos. Ponhamos, porém, Jerusalém ao lado de Atenas e acrescentemos Constantinopla. Parece-me impossível que não esteja no meu destino ter essas grandes impressões. E esperarei mesmo contra a esperança, o que ainda não é o caso, olhando a tabela das partidas do *Caronia* e do *Carmania* ou do *Celtic* para Nápoles e Alexandria, os da Cunard [Line] tocando na Madeira, que por causa do André Rebouças é um dos lugares que também mais desejo ver — e Granada. E basta. Fica de boa-fé fechada a lista.

Roma 13.v.1904	Achei em casa um criado novo, terá uns 22 anos, chama-se Espártaco[238], é um nome que convém ao criado de um antigo abolicionista.
Roma 26.v.1904	Meu jantar de ontem foi um grande sucesso. O Pincio estava esplêndido ao luar e nós, donos exclusivos dos jardins.
Roma 29.v.1904	Ontem dei novo jantar no Pincio, foi muito apreciado, mas eu sempre o autômato que faz essas coisas pela função.
Roma 2.vi.1904	Estou esperando a sentença que será, ao que parece, dada nestes três dias. Suspeito que será uma linha diversa das que foram pleiteadas e tenho muita esperança que me satisfará. Estou me preparando para tudo, e nada me abalaria, pela consciência de que fiz o mais possível. Quanto à estrela, não se pode ter todas as felicidades neste mundo.
Roma 4.vi.1904	Estou muito ansioso e temendo alguma surpresa desagradável.
Roma 5.vi.1904	Tenho toda esperança na sentença, mas não será provavelmente tudo. Desde que seja alguma das propostas que fizemos à Inglaterra, que maior vitória?
Roma 12.vi.1904	Ontem fiquei muito contrariado com o adiamento da audiência que me fora marcada para hoje às 11h. A razão foi a ausência do Embaixador inglês em Nápoles. Realmente o aviso fora curto, ain-

---

238. *Chefe de uma revolta antiescravagista no sul da Itália no século I antes de Jesus Cristo.*

da que este seja o privilégio e uso dos reis, mas deviam ter fixado a audiência para amanhã, visto não poder ser hoje, sem o que o rei esperará e far-nos-á esperar pelo embaixador, o que nem é de juiz nem de soberano. Estou admirado, mas espero receber hoje aviso para amanhã, dia de Santo Antônio, padroeiro para a descoberta e restituição das coisas perdidas.

Amanhã é a sentença. Estou cansado e inquieto, receoso de ter perdido o meu esforço. Olharei eu para os meus 18 volumes com pesar? Não creio, porque se obtivermos a metade ou a terça parte do território com o esforço que fiz, é sinal de que sem este não teríamos salvado nada.

Roma
13.vi.1904

Foi um quarto de hora terrível o da leitura que o rei nos fez, ao Embaixador inglês e a mim, da sentença que concluía pela vitória da Inglaterra. Nunca esperei que o rei desse aos ingleses o Tacutu como fronteira. Não lhes deu felizmente o Cotingo, mas também isso seria demais, não se chamaria arbitramento.

Roma
14.vi.1904

Eu fiz o que me era possível, empenhando no meu trabalho toda a minha vida, dando-lhe todo o meu amor. Estou certo que se a nossa causa naufragou não foi por insuficiência do seu advogado. Não me hei-de suicidar por a ter perdido. No futuro mapa do Brasil, o rombo pelo qual a Inglaterra penetrou na bacia do Amazonas, depois de ter impedido a França de o fazer, lembrará o meu nome, mas lembrará também uma grande defesa, a mais dedicada e completa que a nação podia esperar. Tendo feito todo o meu dever, estou com a consciência tranqüila, mas o coração sangra-me, parece-me que sou eu o mutilado do pedaço que falta ao Brasil, ao mesmo tempo abate-me e eleva-me o espírito, conforme passo de um modo de ver para outro, a idéia que fui eu o representante do Brasil no pleito em que ele perde a margem direita do Tacutu. Que podia eu fazer quando não valeram as notas de Aureliano Coutinho, a memória do Rio Branco e os mapas portugueses do século XVIII? Uma questão sul-americana do século XVIII foi sujeita a julgamento es-

Roma
17.vi.1904

trangeiro no século XX, e o árbitro declarou ser-lhe impossível dizer a quem o direito pertencia e não lhe restar, portanto, senão repartir a região entre os reclamantes, sentindo não poder fazê-lo em partes iguais por insuficiência de dados geográficos. Por isso deu-nos somente dois quintos quando nós tínhamos recusado aceitar dos ingleses dois terços por transação; e estabeleceu a Inglaterra na bacia do Amazonas, como quem não queria.

Roma
19.vi.1904

Esta manhã um terremoto, o telegrama do Rio Branco oferecendo-me Washington. Vou pensar muito antes de responder.

Roma
28.vi.1904

Hoje dou um jantar à sociedade romana, à que resta em Roma por estes calores. Preciso mostrar-me superior ao revés e por isso estarei esta noite o mais alegre possível, mas no fundo com que tristeza lá vou!

1º janeiro

À missa, inscrever-me em Buckingham Palace e Marlborough House.²³⁹ Jantamos com os Ganas.

3 janeiro

Entre os cartões que mando, este ao Rodrigues: "Todas as felicidades no ano-novo, meu caro Rodrigues. Não sei já agora se nos veremos mais. Vou ficar um *out of the way man**, mas lá me lembrarei das suas lutas e isso me dará coragem. *Humana ferenda**". [...]²⁴⁰

* *marginalizado*
* *As coisas humanas devem ser suportadas*

4 janeiro

[...] Recebi telegrama do Régis: "Recebi carta abraço reconhecido. Regis". Deus louvado, eu nunca pratiquei em minha vida um ato dos que os ingleses qualificam de *mean*, isto é, baixo sórdido. [...]

5 janeiro

Escrevo a Mr. Villiers apressando a resposta sobre o Régis.
Ao Jaceguai [envio] o número de janeiro da *Monthly Review* com um artigo sobre a guerra naval moderna de Wilson. Escrevo-lhe.²⁴¹

6 janeiro

[...] Recebo carta de lord Landsdowne²⁴²: "Soube com tristeza que você está para nos deixar. Uma tristeza que sinto por motivos particulares como também públicos". [...]

7 janeiro

[...] Recebo telegrama do Rio Branco anunciando que na terça-feira 10 serão publicadas em Washington e no Rio as duas nomeações e que ele dará jantar nesse dia a Mr. Thompson²⁴³. *Il n'y a que le premier pas qui coûte**, depois dele *fata viam invenient*.*

* *Só custa dar o primeiro passo*
* *o destino encontrará seu próprio caminho.*

---

239. *Para apresentar os votos de Feliz Ano-Novo a Eduardo VII e ao príncipe de Gales, assinando o livro disposto com este fim para o corpo diplomático.*
240. *Trata-se da carta datada de 3 de janeiro e transcrita nas* Cartas a Amigos *ii, p. 198-199.*
241. *V.* Cartas a Amigos *ii p. 200-201.*
242. *Tradução do inglês.*
243. *Ministro dos Estados Unidos no Rio.*

16 janeiro	Escrevo a Sir Edwin Reed. A Mr. Fisher Unwin, o editor, que me propôs escrever um livro sobre a América do Sul. Artigo no *Morning Post* analisando o ato da criação de uma embaixada brasileira em Washington como significando que "os outros Estados Unidos" querem tomar a dianteira à América do Sul e guiá-la contra a nova doutrina Roosevelt. Frio intenso. [...]
19 janeiro	Para Paris às 11h com o Raul Rio Branco. No Hotel La Pérouse.[244]
22 janeiro	Chegamos às 11h a Pisa. À missa do meio-dia no Domo. Ao Campo Santo: os meus clichês mentais de 1874 estavam todos frescos, mas levo novos, principalmente *Triunfo da Morte*.
23 janeiro	Antes do almoço ver a *Noite* de Miguel Ângelo, a Níobe e os Ticianos, depois do almoço ver o *David* e a *Primavera* de Boticelli e os Fra Angelicos de São Marcos. Visitei o Pedro Américo.[245]
24 janeiro	De Florença a Siena. No Grand Hôtel Royal. Depois do almoço visitar a cidade, o Palácio Público, o Domo, São Bernardino, São Domingos, a casa de Santa Catarina, passeio fora para ver a cidade de longe ao pôr-do-sol. Grande impressão do Pinturicchio na livraria Piccolomini, do Sodoma na capela de Santa Catarina na Igreja de São Domingos.[246]
25 janeiro	De Siena a Orvieto a ver a fachada da catedral. Chegamos às 10h da noite a Roma. [...]

---

244. *Nabuco seguia para Roma para apresentação de despedidas pelo encerramento de sua missão especial.*
245. *O pintor era sogro do secretário Cardoso de Oliveira, que servia em Londres com Nabuco. V. Carta a Evelina de 23.i.1905.*
246. *V. Carta a Evelina de 24.i.1905.*

"Viúva Patrocínio. Rio de Janeiro. Rogo aceitar mais profundo pêsame. Sabe minha admiração solidariedade obra que imortalizou nome Patrocínio. Nabuco". [...]	*31* janeiro
10h Audiência de *congé*.[247]	*6* fevereiro
	*despedida
[...] Visito com os Hermanos e Azeredo [a] igreja de São Teodoro onde está a estátua de Santa Anastásia e a igreja Santa Maria in Cosmedin (Bocca della Verità).	*11* fevereiro
Partida para Paris [...].	*13* fevereiro
Paris. Visito Mansilla, Legação. Janto com Iaiá.	*15* fevereiro
Em Londres. Jantam os Chermonts, os Cardosos e Raul. Recebo nomeação para Washington.	*16* fevereiro
Minha carta a lord Landsdowne.	*1º* março
Resposta de lord Landsdowne.	*3* março
Hoje Gana me disse que o que lord Landsdowne me escreveu, eu <u>ficasse certo</u> não seria dito a nenhum outro ministro da América do Sul. Eu contestei, ele insistiu com convicção perfeita.	*5* março
Escrevo a lord Landsdowne sobre os meus colegas do Chile, Argentina, Colômbia e México.	*6* março
Apresento o Régis a lord Landsdowne. Levo-o a New Court.[248]	*15* março

247. Com o rei Vítor Emanuel. No mesmo dia, Nabuco foi também recebido pelo Papa Pio X. V. Carta a Evelina de 10.ii.1905.
248. Escritório de Alfred de Rotschild.

16 março[249]	"Circular da Corte. [...] O senhor Joaquim Nabuco, até recentemente enviado extraordinário e Ministro plenipotenciário da República do Brasil, foi recebido em audiência por Sua Majestade, de quem se despediu ao partir da Inglaterra".
4 maio	Jantar em minha honra do marquês de Landsdowne.
6 maio	Jantar em nossa honra dado na Legação Argentina.
9 maio[250]	"Circular da Corte. Sua Majestade o rei recebeu hoje pela manhã Suas Excelências o senhor Joaquim A. Nabuco de Araújo e o Sr. Régis de Oliveira, que apresentaram suas cartas revogatórias e credenciais como enviados extraordinários e ministros plenipotenciários da República do Brasil [...]".
10 maio	[...] Partida para New York. [...] Partida de Euston Station. [...] Em Liverpool [...].
11 maio	No *Baltic*. Chegamos a Queenstown — primeira vista da verde Irlanda. Belo mar na baía. [...].
14 maio * engrenagem de arranque	[...] Estivemos parados do meio-dia às 4h por se ter desarranjado o *starting gear**. O navio rolava muito durante a parada, mas ainda o movimento era o mais suave. Grandes mares alastrados de espuma em roda até a orla do horizonte — imponente espetáculo.
15 maio	[...] Belo mar calmo. Sol.[251]

---

249. Tradução do inglês.
250. Tradução do inglês.
251. V. Cartas a Evelina de 12, 13, 14, 15 e 19.v.1905. Para a chegada a New York e partida para Washington, v. Cartas a Evelina de 20 e 22.v.1905.

Recepção na Casa Branca.²⁵² Na Embaixada russa.	24 maio
Na Embaixada da Itália, França e Alemanha.	25 maio
Nas Embaixadas. Escrevo a Evelina para passar o verão na Europa.	27 maio

252. *Apresentação de credenciais ao presidente Theodore Roosevelt. V. Carta a Evelina de 25.v.1905. Telegrama de Nabuco a Rio Branco, 25.v.1905: "Presidente recebeu embaixada ontem. Fui carruagem sua particular levado seu ajudante naval. Acompanhavam-me Pederneiras, Chermont, Veloso. Dei precedência adido militar em honra nosso Exército exemplo embaixadas Itália, França, Alemanha, Inglaterra. Seguem trechos meu discurso. 'No vosso cargo há horas que se tornam épocas, gestos que ficam sendo atitudes nacionais imutáveis. Essa é a perpetuidade da administração Monroe como das de Washington e Lincoln. A notável popularidade que vos elevou ao poder supremo pareceu ao mundo presságio duma dessas decisões que balisam como as deles a estrada do nosso continente. A posição deste país no mundo lhe faculta grandes iniciativas ainda nessa direção do nosso comum ideal americano. Pela nossa parte o veremos sempre tomá-las com mesmo interesse continental e mesma seguridade nacional até hoje. Votos Brasil são por aumento influência moral Estados Unidos qual se revela pela existência pela primeira vez no mundo de uma vasta zona neutra de paz e livre competição humana'. Terminei felicitando-me encontrar à frente desta poderosa nação chefe talhado ao seu molde e sua estatura. Trechos do discurso do presidente: 'Recebo com mais que o usual prazer instrumento pelo qual vosso governo acredita pela primeira vez Embaixador Washington. Especialmente grato é ter escolha recaído em quem por experiência e grande conhecimento negócios públicos é tão apto para desempenho cargo. Vindo de fonte tão esclarecida, é particularmente agradável receber os sentimentos que me exprimistes. É meu sincero desejo e funda convicção que ação dos dois governos elevando cada um sua missão à primeira categoria sua missão junto ao outro, resultará em estreitar ainda mais os já sólidos vínculos de amizade que desde Independência brasileira perduram inquebrantáveis entre eles. Estimarei transmitais presidente Alves meus melhores votos seu bem-estar pessoal e prosperidade povo brasileiro'. Depois acrescentou 'Vou agora fazer o que não costumo, acrescentar ao que li' e então repetidas vezes manifestou prazer criação Embaixada aproximação mais íntima dois países, sua colaboração efetiva sentido indicado minha expressão zona neutra, abundou convicção grandes destinos Brasil século vinte, confiança seremos outro guarda doutrina Monroe. Disse-me guardaria melhor recordação deste nosso primeiro encontro que excedia antecipação que havia formado funda simpatia nosso país. Agradeci tanta benevolência comigo, dizendo que ou rápida ou gradualmente Brasil só podia caminhar seguro na estrada que abria ainda mais larga amizade com Estados Unidos. Dizendo eu que na independência América Latina em geral havia plantado o ideal americano pelo fruto que é a liberdade, não pelo galho que é a ordem, mas que nós havíamos procedido diversamente e por isso ele havia pegado melhor, elogiou esse símile como melhor concepção do que mais convém toda ela".*

2 junho *visita	Fazendo a *tournée** dos colegas [...].
5 junho	A "entrevista" da *Tribuna de Chicago*. Vendo casas com o Walker Martínez.
7 junho	Vendo casas com o Chermont.[253] Escrevo ao Rio Branco sobre a casa, pedindo me telegrafe e também me dê licença de seis meses.
8 junho	Longa conversa com o Walker Martínez sobre a doutrina de Monroe. [...]
10 junho	Em casa, muito quente todo o dia. À noite, vem o Veloso, janta o Chermont. Escrevi a Evelina, mandei plano da casa em vista.[254] Mandei ao Soveral o necrológio dele no *Diário de Pernambuco*.[255]
11 junho	À missa, depois com o Chermont e o Veloso para a casa de campo de Miss Sloan, irmã de Mme. Chermont.
13 junho	Ao Azevedo Castro: "Estou apenas chegado, portanto não tenho senão as primeiras impressões, que sei por experiência não serem nunca as mesmas que temos depois de nos afeiçoarmos aos lugares, para o que basta o simples fato da residência prolongada neles. Uma impressão creio, porém, ser definitiva, é a do <u>isolamento</u>. Digo-lhe isto entre nós dois, que sentimos sincronicamente pelas nossas associações comuns, comum trajetória, etc, etc. Aqui é preciso absorver-me no papel que me foi confiado e não pensar em mais nada, esquecer tudo que me é intelectual,

253. V. Carta a Evelina de 7.vi.1905.
254. V. Carta a Evelina de 10.vi.1905.
255. O Diário de Pernambuco *havia por equívoco noticiado o falecimento do marquês de Soveral, ministro de Portugal em Londres.*

sentimental, ou pessoalmente congenial. Deixe-me dar a palavra inglesa, *loneliness**, é o que sinto neste imenso mundo da nossa idade e com todas as nossas feições".

Escrevi a Evelina.²⁵⁶

* *solidão*

---

*Mind**: hoje esteve aqui o Martinez. Disse-me que um Ministro da Colômbia mandado à Venezuela e não recebido lhe dissera ter tido larga conferência secreta com Mr. Taft, e que este lhe dissera que os Estados Unidos forçariam Venezuela a abrir o Orenoco à livre navegação por ser esse o grande interesse da Colômbia. E assim como o Orenoco, disse-me ele, virá o Amazonas. Mostrei-lhe em meu Pai²⁵⁷ a nossa atitude, como ele queria a livre navegação para os navios de guerra. Disse-me também que ele fora o primeiro a (antes do tratado que cedeu soberania aos Estados Unidos) pedir que os cônsules chilenos em Panamá servissem também na zona militar, reconhecendo-se assim o princípio de que a soberania é do ocupante, o que aproveita aos chilenos nas antigas províncias peruanas.

15 junho

* *Ter em mente*

Ao Shannon:²⁵⁸ "Sim, meu caro Shannon, antecipo com o maior prazer nosso reencontro, esvaziando reciprocamente o saco de anos que estivemos carregando, repletos de toda a espécie de impressões e lembranças ao longo da nossa peregrinação terrestre. Esteja certo de que aqui me agarrarei à sua velha amizade como uma bóia de salvamento, num vasto mar desconhecido".

20 junho

Ao Domício: "Vejo por ela (sua carta) que a situação política é sempre a mesma! *Incidis in Scyllam, cupiens vitare Charybdin**. Votos por outra nova eleição unânime (unânime pela sabedoria do país)"²⁵⁹. Aludo à nomeação dele para a Secretaria, desejo que os auxiliares

21 junho

* *Vais de encontro a Cila desejando evitar Caribdis.*

---

256. V. *Cartas a Evelina de 14,19,21 e 24.vii.1905*.
257. Isto é, em *Um Estadista do Império*.
258. Tradução do inglês.
259. Referência à sucessão do presidente Rodrigues Alves.

todos o ajudem a viver os anos do Cabo Frio.²⁶⁰ Esta embaixada procurará não o desanimar do seu zelo e sacrifício.

22 *junho*	Ao Graça Aranha.²⁶¹ [...] Aconselho a não quererem Washington. *On n'en a pas pour son argent**. Se eu vir a) que posso servir e b) se o governo me der os meios, irei ficando até poder renunciar. Estou em prova, e esta não pode durar menos de um ano, salvo circunstância imprevista. "Se visse como o Gomes Ferreira partiu para Paris! Literalmente como um pássaro, ao qual se abrisse a gaiola! E assim vão todos! Eu não quisera partir assim, porém, com saudade e a contragosto. Podê-lo-ei? Deus o queira. Isso não depende de mim. Eu me dou e dedico todo ao meu serviço, a questão é a reciprocidade dos que me empregam e da terra a que me acolho. Somente daqui a um ano lhe poderei mandar uma impressão quanto a mim mesmo". Em P.S: "Escreva-me o verdadeiro romance do Veloso para eu saber se devo animar essas longas conversas à Pagello e esses novos estudos de heráldica".
* *Não há dinheiro que chegue.*	

29 *junho*	Para New York com o Veloso [...].

4 *julho*	Para Washington. [...]

6 *julho*	Em Filadélfia no Bellevue-Stratford. Escrevi a Evelina. A bordo do *Benjamin Constant*. Ver entrevista com o *Public Ledger*. Jantam quatro oficiais e o pessoal da Embaixada. Depois um passeio de automóvel pelos parques. Entrevista com Arthur Keegan, do *Public Ledger*. É um irlandês, grande partidário do linchamento dos negros, *"they rape the white women"**.
* *"eles estupram as mulheres brancas"*	

7 *julho*	Em New York, no [Hotel] Buckingham. [...]

---

260. O visconde do Cabo Frio fora por muitos anos secretário-geral do Itamaraty, cargo em que agora se empossara Domício da Gama.
261. Transcrita em Cartas a Amigos, ii, pp. 217-9.

Calor terrífico todos estes dias.	*14 julho*
Meu grande banquete à Marinha americana.	*15 julho*
Horrível calor. Nada mais.	*17 julho*
Escrevi a Evelina. Artigos editoriais no *Evening Mail* e no *New York Times* sobre o meu banquete e os meus discursos. Partimos para Boston, eu, Chermont e Veloso com um calor tórrido. Aqui há uma grande coleção de nomes para o calor, entre eles *to blister, to swelter*.*	*18 julho* *empolar, transpirar
Escrevo ao Afonso Pena. De passeio a Cambridge: Harvard University, casa de Longfellow.	*20 julho*
Para as White Mountains.[262] Paramos em North Conway e depois vamos a Jackson. [...]	*22 julho*
Hoje ao acordar este telegrama de Evelina: "Impossível ter camarote Cunard White Star tudo tomado agosto setembro inconsolável". Depois da impressão da leitura e muitos planos para a intervenção do Alfred de Rotschild, Legação, etc., este outro: "Arranjei lugares *Caronia* ontem lágrimas hoje alegria". Telegrafo Alfred de Rotschild, Cardoso e Evelina. Mandei a Evelina (registrado) o inventário da prata.	*25 julho* *[White Mountains]*
A Mr. O'Laughlin do *Chicago Tribune*. Depois de repetir o que escrevi ao Garrison que este país é um país de dez a doze cabeças (New York, Chicago, etc.) que não parecem estar em comunicação, pelo menos não se tem umas as outras, eu digo que espero[263]: "Trabalharemos	*30 julho*

---

262. *Onde Nabuco passaria os meses de verão, durante os quais a vida oficial de Washington cessava completamente. Em carta a Machado de Assis, ele informava: "Este lugar é delicioso. Habito um cottage à beira de um pequeno rio encachoeirado sobre o qual tenho uma varanda", Cartas a Amigos, ii, p. 220. V. Cartas a Evelina de 23 e 24.vii.1905.*
263. *Tradução do inglês.*

	juntos para tentar aproximar nossos dois países o máximo possível, no verdadeiro espírito da unidade americana". Falo do artigo do *Boston Herald* depreciando o conde Cassini: "Tenho agora uma assinatura do *Tribune* pois vejo que o senhor está bem informado".
*chalé	O rio à cuja beira está o nosso *cottage**, *Wildwood cottage*, chama-se o *Wildcat*, é ele que forma a Jackson Falls. Hoje começou a encher.
31 julho	Escrevo ao Rio Branco pelo *Tennyson*, que deve partir a 3. Mando o *Chicago Tribune* a ele, ao Rodrigues, ao William R. Garrison, a Evelina. O rio cheio, a cachoeira soberba e imponente. A varanda do nosso *cottage* como a tolda de um iate está sobre a água. Escrevo a Evelina.
14 agosto	De Jackson a Fabyan House e daí ao cimo do monte Washington, onde dormimos. [...]
15 agosto	Ao Paranhos: 1º Discurso de Chatauqua.[264] Duas alusões ao Brasil. Primeira: nações que podem sustentar a doutrina de Monroe; segunda: não se devem alarmar com o que fizer este país contra alguma que lhe tenha esgotado a paciência (alusão à Venezuela). 2º Não haverá, disse, sessão extraordinária. Má vontade do State Department à Venezuela. Missão Calhoun. Venezuela fez-se de valente contra Inglaterra, Alemanha e Itália contando com Estados Unidos. Hoje faz-se de valente com Roosevelt, contando com o *New York Herald* e a oposição no Senado. Fala porém como se contasse consigo mesma. Probabilidade: submissão Castro, perdida esperança no *Herald*, etc. 3º Loomis. Mal que lhe fez inquérito. Não temos que o julgar como a França o não julgou agora mesmo. Não se sabe se para o Brasil ou para o México. Há o espantalho do Senado. Espaçando-se a reunião do Congresso, pode ser nomeado e exercerá por algum tempo incólume. 4º Mando também retalho da *interview* de Witte. Popularidade deste aqui capaz de modificar a impo-

---

264. *Trata-se de discurso pronunciado pelo presidente Roosevelt sobre a política hemisférica dos Estados Unidos.*

pularidade da causa russa. Revelações importantes sobre situação política ou equilíbrio na Europa. À Rússia não convém coalizão contra a Alemanha. 5º Peço me dê dez contos mais para casa, o saldo que tenho. Sem casa serei forçado pedir licença. P.S. Quando o barão Rosen chegou, o que disse; o que me disse um diplomata sul—americano; o que respondi. Chega o Witte, o primeiro homem da Rússia e logo faz sob a forma de agradecimento à imprensa um manifesto à nação americana, depois outro, por fim a entrevista com o *Boston Globe* em que se mostra desejoso de que tudo que diz respeito à conferência seja publicado! Tudo para ganhar a opinião americana — e o efeito foi tal que se diz que se demorará para popularizar a sua causa aqui, desse modo. Infelizmente tudo perde-se na imprensa não sendo repetido até formar opinião, e é um país de dez a doze cabeças, Washington, New York, Chicago, Boston, etc., uma região não lendo os jornais das outras.

[...] *Profile house*. A cabeça do "Velho da Montanha" e também o pé na água. Em Brenton Wood, no Mount Washington Hotel, um palácio nas Montanhas Brancas.	16 *agosto*
Hoje Evelina embarca para New York no *Caronia* da linha Cunard. Tive telegrama de Evelina de Liverpool, telegrafei para Queenstown.	22 *agosto*
Extensa carta ao Paranhos. Assuntos: 1º O México e a doutrina de Monroe. 2º Witte. Superioridade do estadista sobre o diplomata de carreira. Parece o triunfador, conquista a opinião americana por ter ido diretamente a ela. 3º Discurso dele Paranhos no Congresso Latino. Os rendimentos do Acre devem tê-lo satisfeito *outre mesure**. 4.º Crise presidencial. Pedi-lhe uma licença. Os embaixadores todos têm férias. Já tenho seis anos de ausente. 5º Despesas horrorosas. No hotel devo contar com a de 2000 dólares/mês. Casa, alternativas: primeira, comprar e mobiliar; segunda, arrendar e mobiliar; terceira, alugar mobiliada. Já sugeri os dez contos que tenho. Mesmo com sessenta contos, eu preferiria Londres ou Roma, se não fosse o desejo que tenho de cooperar na fundação da nossa política americana,	23 *agosto* * *excessivamente*

que em grande parte tem que ser obra do nosso representante neste país, a muito maior cabendo ao presidente aí. Se eu visse que nada podia fazer nesse sentido, não quisera a sorte do meu amigo conde Cassini, que vejo todos os dias atacado na imprensa por ter sido somente o mais correto de todos os diplomatas. 6º Venezuela. 7º O artigo do Politis e a distribuição das duas revistas e avulsos. Pergunta ao Raul sobre o Pédone. 8º A idéia de um anuário ou consultor diplomático contendo as tabelas de câmbio, como no Manual do Delegado, Registros da Secretaria, do Corpo Diplomático e Consular, o pessoal, *idem*, as ordens permanentes, tipos de correspondência diplomática, governadores, Congresso, etc., mapa do Brasil, dados sobre a riqueza pública, teses de direito internacional. Retratos de personagens. Ignorância do ofício e indiferença dos nossos empregados no exterior. Podia dar listas dos ministros estrangeiros. Calendário etc. Em P.S. Mando uma lista diplomática para ver como são tratados pelas outras Embaixadas os adidos militares. "A minha idéia é que eles são hóspedes na Embaixada, representantes de outras classes que devemos prestigiar e assim tratei o nosso. Você deve, porém, olhar para a promoção dele, assim como para os ordenados de todo o pessoal, porque eles sofrem tanto como eu a carestia da vida".

24 agosto — Escrevo à senhora do Adolfo de Barros (pêsames) e ao Tobias:[265] "Vejo que o João Alfredo está sempre pronto a fornecer esclarecimentos sobre o nosso passado e você a recolhê-los. É preciso um pouco de tradição, um pouco do passado, sobretudo quanto aos costumes, mas é preciso também, e muito mais, a transformação e futuro. Nesse sentido o Taunay é um homem a quem se tem feito pouca justiça. O abolicionista não foi (pondo o sentimento humanitário de parte) senão o desbravador; o imigrantista foi, e será cada vez mais o semeador do futuro, do Brasil futuro, que tem que ser um povo branco e no qual o cruzamento das raças inferiores se absorva de todo. Aqui a grande propaganda argentina é essa: que são o único povo

---

265. *O texto de ambas missivas em* Cartas a Amigos, ii, pp.221-223.

branco, ou verdadeiramente latino, da América do Sul". "A única revolução que se justificaria aos olhos do estrangeiro seria a que se fizesse fazendo subir naturalmente a taxa do câmbio". Ao Juca, do Sizenando, falando do cunhado: "Espantou-me ouvir dele que era ginecologista. Os gregos não o teriam admitido a tais funções".

Sigo para Boston depois de um mês muito agradável nas Montanhas Brancas. Prometo meu retrato ao general Wentworth, o dono do hotel.	25 agosto
Em Boston. Longo e belíssimo passeio de carruagem por Brookline, o mais bonito dos subúrbios.	26 agosto
Partimos eu e o Veloso de Boston para New York.	27 agosto
Os plenipotenciários concordam hoje na paz.[266] *Peace Day**. Evelina e os filhos chegam no *Caronia*, que fez a sua melhor viagem — a sua *record passage*.*	29 agosto * Dia da Paz * travessia recorde
[...] Belo passeio de automóvel à margem do Hudson com Evelina, Maria Ana e Joaquim. Propus 7.000 dólares pela casa de Mrs. Quay! Afinal não é mais caro do que o preço dos quartos neste hotel, é mais barato.	1º setembro
Telegrafo duas vezes hoje ao Rio Branco sobre a consulta por ele feita ao Moore.	3 setembro
Escrevo longamente ao Rio Branco mandando cortes de jornais. Tópicos da carta e dos cortes: 1º A casa de Washington, tomada pelo Root. À espera do telegrama para meus arranjos. Não desejo continuar aqui por causa da muita família que tenho. 2º Os telegramas do	4 setembro

---

266. *Negociações de paz referentes à guerra russo-japonesa.*

Moore. 3º A paz. Popularidade de Roosevelt. Triunfo de Witte. 4º O Japão se queixaria da Inglaterra? Viu-se só? Essa por causa da França também desejava que ele fizesse a paz e os russos sabiam disso pelos franceses. Só, ele não ousou desapontar o mundo, que todo queria a paz. 5º Duplicata do *Herald* sobre a Concessão do Orinoco, na qual figura Loomis como interessado oculto, ou antes como "protegido". Concessão feita pelo general Reyes a Luís Marquez para explorar 150.000 milhas quadradas no Amazonas (borracha, etc.). 6º Vendidas essas concessões nos Estados Unidos estes hão de impor o princípio da liberdade dos rios navegáveis. Já pensam nisso quanto ao Orenoco, pelo que me disse o Walker Martínez. 7º Embaixada de Loomis pouco provável, enfraqueceria a administração. 8º Imposto sobre o café, opinião de Mr. McCleary. Escreverei depois de aberto o Congresso. 9º Projeto de Arbitragem Internacional no Congresso Interparlamentar de Bruxelas, de Mr. Bartholdt — uma carta sobre a atitude antimonroísta dos argentinos. 10º Retrato do Jim. Ao astrônomo fotografia do sol (eclipse); retrato grande do Roosevelt. 11º A questão dos adidos militares. Procedi conforme a maioria das embaixadas e assim estive de acordo com o meu sentimento, são nossos hóspedes, absurdo fazer um general passar depois de um jovem adido. Desatenção ao exército e à armada.[267] 12º O Amaral diz-me que você prometeu dar-lhe mais vinte libras mensais. Recomendo Chermont e Veloso. Gomes Ferreira disse-me que só voltaria para cá embaixador — e ele é solteiro e solitário.

8 setembro — Telegrafo ao Rio Branco felicitando-o pelos tratados de arbitramento assinados ontem com a Argentina (geral) e o Chile (parece que troca das ratificações).

12 setembro — Venho a Washington procurar casa. Esta manhã procurou-me em New York Mr. Barrett, Ministro americano nomeado para Bogotá. Disse-me ter estado ontem com o presidente e que este lhe dissera

---

267. *Até então, as listas de protocolo do pessoal das Embaixadas listava em primeiro lugar os funcionários diplomáticos de todas as categorias, e só depois os adidos militares.*

que não deixasse de travar conhecimento comigo. É um colecionador de legações sul-americanas e um sul-americanista convicto, entusiasta. Acha que há maior corrupção nos Estados Unidos que na América do Sul.

Vendo casas. Ofereço 7.500 dólares pela de Mr. Tyler.	*13* setembro
Almoço com o Embaixador italiano. Telegrafei Rio Branco: "Rogo telegrama resolver precedência entre Amaral e Pederneiras. Nenhuma uniformidade aqui. Embaixada italiana coloca pessoal conforme precedência cada um perante Corte Itália, precedências fixadas por decreto. Talvez melhor dar Amaral comissão conselheiro como quase todos primeiros [secretários]. Para casa rogo autorizar mais dez contos".	*15* setembro
Almoça Amaral. Esta manhã escrevi a Amaral mostrando inconveniência ser correspondente telegráfico da *Gazeta* e da *Notícia*. Tivemos depois uma conversa.	*16* setembro
Venho a New York ver Evelina.[268]	*17* setembro
O *Correio da Manhã* diz que tenho gasto 500 contos em festas desde que cheguei. Só gastei 200 libras no banquete à Marinha americana no Waldorf Astoria. Se eu tivesse tido 500 contos para despesas teria comprado uma casa para a Embaixada. Mas o Brasil, como o Oriente, é o país das lendas, a poesia da mentira, e essa da minha magnificência à custa do Estado ficará talvez, porque a imaginação popular gosta do grandioso. Antes isso do que dizerem que eu guardei 500 contos ou que fiz 500 contos enquanto Embaixador. [...]	*18* setembro

---

268. *Que permanecera com os filhos em New York à espera do aluguel da residência.*

19 setembro	Recebo telegrama do Rio Branco fazendo cessar as correspondências telegráficas do Amaral pelo incidente causado com a *New York Life*. Telegrafo ao Amaral.
20 setembro	Telegrafo a Amaral: "Nada telegrafei Rio. Telegrama Rio Branco foi paternal. Respondo sua carta". Escrevo-lhe. Jantar no St. Regis aos Fontouras com os Pederneiras e os Chermonts. [...]
24 setembro	A Central Park com Evelina e Carolina.
25 setembro	A Central Park com Evelina. [...]
27 setembro	Sigo para Washington com o Pederneiras e o Chermont.
28 setembro	Tomo a casa no 14 de Lafayette Square por $ 600.[269] Jantamos Pederneiras, o Chermont e o Veloso em honra do dia. Vem o Walker Martínez à noite.
30 setembro	Venho de Washington pela Baltimore & Ohio e por isso perco o trem para Bernardsville, tendo que dormir em Newark em um hotel de terceira ou quarta ordem. Basta dizer que me oferecem a mesma cama para mim e o meu criado. Um cocheiro, que entra no meu quarto para me cobrar o transporte da bagagem, senta-se em uma poltrona fumando o charuto do modo mais natural do mundo.

---

269. *A Oliveira Lima, 5.x.1905*: "Afinal tomei casa em Lafayette Square, do lado esquerdo da Casa Branca, casa que o atual secretário de Estado, Mr. Root, ocupou quando ministro da Guerra. Está neste momento entregue aos pintores. Tomei-a com mobília por não poder nem querer um contrato a longo prazo de casa com feitio de Embaixada", Cartas a Amigos, II, pp. 224-5.

Perco o trem para Bernardsville das 9h30 por me terem dito no hotel que eu devia tomar o das 9h55, que não existe. Às 10h, porém, tomo o trem para Summit, onde almoço no Beechwoos Hotel e em automóvel sigo para Bernardsville. Deliciosa paisagem todo o tempo, atravessando Madison e Morristown, com as mais belas casas de campo do país.	*1º outubro*
Telegrafo ao Rio Branco: *"Washington Times* publica seu retrato, chamando-o o primeiro estadista e diplomata latino-americano vivo. Tomei casa por 600 dólares". Telegrafo ao Ruffier sobre as passagens dos criados. Escrevo ao Zagury que o não poderei chamar e mando-lhe um atestado muito, muito lisonjeiro.	*2 outubro*
Todo o dia empregado em ir (e voltar) ao Monomonock Inn, Caldwell, New Jersey. Belo panorama da varanda. Extensão de campo e colinas no horizonte.	*4 outubro*
Meu espírito, minha inteligência, me faz o efeito de uma propriedade da qual sou forçado a viver ausente, sem poder gozar dela, nem cultivá-la por causa das minhas ocupações. Cada vez que escrevo posso dizer que firo uma mina, um olho d'água, mas não tenho tempo para o fazer, nem para adquirir o material, preparar o cenário, os personagens, que me permitiriam com tempo e aplicação criar uma obra, talvez um poema em prosa no gênero dos Martyres[270]. A Abolição tomou-me uns dez anos, depois a Vida de meu Pai outros cinco, o Tacutu outros cinco, as mudanças, viagens, etc., desta embaixada me tomarão quem sabe quantos. E a diplomacia? É como se eu tivesse sido jurista ou advogado. Penso por isso no Rui, o qual nada fez pelas ocupações da vida. Nesse sentido a vida da inteligência que temos tido pode dizer-se parte da "vida material", porque é só o uso forçado de certas faculdades necessárias para ela, e não o uso espontâneo de outras faculdades puramente criadoras, que nos é ou	*8 outubro*

270. *Menção aos* Mártires do cristianismo, *de Chateaubriand.*

*Havia ali algo de valor	tem sido deixado. *Il y avait quelque chose là** — eu poderia dizer no fim de tudo, como tantos outros o poderiam, entre eles o Rui.
10 outubro	Passeando debaixo das castanheiras cujas folhas douradas começam a cair. O outono é simpático à minha idade: eu sinto hoje bem que a vida também tem suas estações, mas estas não se repetem para nós. A Mrs. Draper:[271] "Duvido muito que você deixe Dark Harbour ou o Norte tão cedo. Sempre ouvi falar da beleza do outono quanto mais nos aproximamos do Canadá. Aqui temos pálidas sombras, um reflexo do colorido vibrante das florestas do Norte, segundo me dizem. Vi algo assim na Inglaterra, na New Forest, perto de Southampton, que me fez pensar que o outono norte-americano, com seus lotes de terra e belas árvores deve verdadeiramente ser a grande maravilha da natureza. A beleza da queda das folhas ajusta-se à minha idade ou à minha atual tendência mental. Posso bem imaginar que nossa vida também tem suas estações, apenas elas não se repetem".
11 outubro * descoroçoado	Eu sinto-me cansado, *despondent**, gélido, triste. Estou num destes dias em que a surdez produz o seu máximo de perturbação, de esterilização da alma, dos sentidos, do instinto natural de viver. É um pouco também talvez o efeito da paisagem exterior do outono percorrida por um sopro já do inverno. É tudo físico, mas o moral depende do físico, é um reflexo dele. Nestes dias eu sinto que poderia ser, que daria um poeta, se este fosse o meu estado habitual. A imaginação como que se liberta do senso moral, ou da conveniência social, e a liberdade da imaginação é que faz a poesia. A poesia, em grande parte, é a obra do homem que se sente livre no espaço, rei do seu próprio pensamento, servido pelos seus desejos, em uma esfera onde nenhuma coação o poderia alcançar. Há alguma coisa do criminoso no poeta, do criminoso que se absolve a si mesmo e endeusa o seu crime, do espírito que rompe idealmente o pacto social e cria a sua própria lei irresponsável. Tudo isto é uma espécie de delí-

---

271. Tradução do inglês.

rio já e a verdade eterna sobre a poesia é a de Platão chamando-a de loucura. Ao primeiro raio de sol claro que dissipa essa neblina, ao primeiro hausto de ar leve que me dilate as pulsões, a tristeza desaparece, a imaginação retoma as suas cadeias e o poeta morre.

Sigo para o [Hotel] Buckingham com o Maurício. [...]	*14* outubro
Sigo para Washington com Maurício, os Chermonts e os Pederneiras.	*15* outubro
Tomo hoje posse da casa. Durmo no hotel.	*16* outubro
Chega Miss Read com Joaquim e Albina.	*17* outubro
Evelina chega com Carolina e o José.	*19* outubro
Longo passeio no parque com Evelina. [...]	*27* outubro
Apresentação de Evelina a Mrs. Roosevelt. Conversa com o presidente sobre a doutrina de Monroe. [...]	*10* novembro
Luncheon Root na Legação Chilena. Carta de Mr. Root. Mr. Root diz que irá ao Brasil. Agradeço. [...]	*19* novembro

[...] Hoje estive pensando em escrever Robert Lee[272] — as lutas — o amor dele pela <u>outra</u> bandeira, o prazer de as ver juntas, as duas etc.
    Jets brisés*, título para o meu novo livro de pensamentos?[273]
    Idéias americanas. O ideal é que todos os filhos do continente tivessem os mesmos direitos e garantias do cidadão americano. Os Estados Unidos fundaram as instituições de todos esses países. Descrever o que é a Argentina, o Chile, o Brasil — nesses o governo é
	20 novembro
	
	*Jatos interrompidos

---

272. Robert E. Lee, general da Confederação Sulista na Guerra de Secessão.
273. A obra intitular-se-á finalmente Pensées Détachées et Souvenirs. *Nela Nabuco aproveitará ou desenvolverá as reflexões que não havia incluído em* Foi Voulue, *a que acrescentará quantidade de novos pensamentos redigidos em Washington e dois capítulos de* Minha Formação, *"O barão de Tauthphoeus" e "Massangana".*

> sempre da classe pensante, têm todos alta cultura. O país onde um indivíduo dispõe da magistratura e por ela dos direitos individuais deverá ser posto em tutela, ou antes esse homem eliminado pela ação coletiva do continente. A série de princípios que deveriam ser proclamados como de direito público americano e postos sob a guarda de um comitê diplomático — o Bureau que se reúne aqui deveria reunir-se em toda parte. A publicidade a mais completa. *Robbery, but publicity. The only cure, the public opinion of the continent.** [...]

* *Roubo, mas com publicidade. A única cura, a opinião pública do continente.*

24 novembro

À Casa Branca. Jantar com Mrs. Henderson, vegetariana. Os pratos simulam carne, peixe, aves, etc.

29 novembro

Escrevo a Lahure com data de 30. Numerei parágrafos para correspondência telegráfica. 1º Quisera imprimir livro em Paris. 2º Minhas relações com Garnier. 3º Não me quero submeter a editor desconhecido. 4º Quero que meu manuscrito vá logo para a tipografia e seja impresso o mais breve possível. 5º Que ele se encarregue como se fora próprio, editando-o ou fazendo-o editar de modo a ser distribuído. 6º Livro religioso mas livre, passaria talvez no *Correspondant*, mas não talvez em livraria sujeita a censura episcopal. 7º Quisera um revisor especial. Que as últimas provas me fossem mandadas com as correções propostas. 8º Quero amostras dos *Pensamentos* de Pascal em diferentes tipos. 9º Um pensamento em cada página? As páginas impressas dos dois lados. 10º Tipo claro, papel. O livro deve ser modesto, tímido, mas ter um ar de parentesco com os velhos modelos de tipografia, parecendo haver sido impresso no tempo de Pascal. Nada de novas modas[274]. 11º Pode dar *les bonnes feuilles** querendo à *Revue* ou ao *Correspondant*, mas sem demorar impressão. 12º Se você aceitar editá-lo, encarregando-se da distribuição como fazem os grandes editores, me dirá quais sejam suas condições[275]. 13º Sendo um editor de grande clientela no estrangeiro, eu lhe proporia pagar a impressão *chez vous* e esperaria

* *as provas tipográficas*

---

[274]. Tradução do francês.
[275]. Tradução do francês.

suas condições quanto à propriedade. 14º Eu pagaria a impressão da primeira edição, a metade dos volumes me pertencendo e a outra ao editor. Assim ele podia imprimir sem nenhum risco e se lucrasse faríamos outro negócio. 15º Para o Brasil a casa Garnier seria a melhor mas eu nada lucraria e de nada saberia. 16º Reservando-me os direitos de tradução. 17º Meu endereço em Washington. 18º Responsabilizo-me telegrafar. 19º Se o senhor quiser ser o editor, fazendo a distribuição e despesas de imprensa como os grandes editores, telegrafe-me neste número. 20º Se se dirigir a um editor diga-me o nome aprés réussite*. 21º O manuscrito uma vez mandado é para ser logo impresso. 22º Pode servir-me de *garant** perante os editores de que sou um escritor muito lido no meu país. 23º Minha questão é que o livro seja aceito sem exame prévio e logo publicado. [...] *Parturiunt montes, nascetur ridiculus mus**. Desejo pagar pouco, mas ter um espécime da melhor arte. [...]

* após sucesso na oferta
* garantia
* Os montes parem, nascerá um ridículo camundongo.

Conversa com o Embaixador mexicano. Escrevo longa carta ao presidente (Rodrigues Alves) e ao Pena.[276] [...]

2 *dezembro*

Reunião do Bureau das Repúblicas Americanas sob a presidência de Mr. Root. Decide-se que o Congresso tenha lugar no Rio de Janeiro em 21 de julho de 1906. Telegrafo ao governo.[277] [...]

6 *dezembro*

Às 4h Mr. Root vem buscar-me para longo passeio de *motor-car** com ele. Conversamos até às 5h30 sobre a ida dele ao Brasil. Digo-lhe o que o Shannon me escreveu sobre a feliz coincidência de nos

7 *dezembro*

* automóvel

---

276. Ambas transcritas em Cartas a Amigos, ii, pp.229-232. Rodrigues Alves transmitiria em março o cargo ao presidente eleito Afonso Pena.
277. O Bureau das Repúblicas Americanas, precursor da atual Organização dos Estados Americanos, havia sido criado na seqüência da Primeira Conferência Pan-Americana realizada em Washington, em 1888, como um pequeno núcleo administrativo, sob autoridade do secretário de Estado e destinado a compilar e distribuir informações de natureza comercial sobre os países do hemisfério. Em 1901, durante a Segunda Conferência Pan-Americana, suas competências foram ampliadas. A reunião do Bureau de 6 de dezembro de 1905 resolveu que a Terceira Conferência Pan-Americana teria lugar no Rio.

termos encontrado à mesma hora em Washington, ele, secretário de Estado e eu, Embaixador do Brasil, para a aproximação dos nossos países. Ele expressou-me o mesmo sentimento.

Jantam os Pederneiras e o Walker Martínez, Ministro do Chile.

Dizendo-lhe eu que devíamos a ele e ao Calvo (de Costa Rica) o acontecimento do dia, ele disse-me: "Qual! *Usted* o deve à sua boa estrela, à fortuna. Quando Mr. Root primeiro nos falou na reunião do Congresso, eu fui para o Bureau das Repúblicas Americanas muito contrariado, desconfiado com tal idéia. Quem podia esperar que ele me fizesse depois as declarações que *Usted* sabe e que me levaram a aproveitar a ocasião que ele oferecia, com a reunião do Congresso, para ir ao encontro dele! E quem podia esperar que ele dissesse, à primeira menção do Brasil, que ao Rio de Janeiro ele iria! Isso é sorte, é fortuna! Você acaba de chegar, e se hoje deixasse a Embaixada já teria feito mais em um mês de Washington do que outros em anos, já teria justificado a sua escolha e a criação da sua Embaixada, etc., etc".

9 *dezembro*	Telegrama do governo sobre o insulto da *Pantera*.[278] [...]
12 *dezembro* *poder naval	[...] Escrevo ao José Carlos Rodrigues extensa carta. Tópicos: condoído pelo Lopes. Quero tornar o Congresso um grande sucesso e a visita do secretário de Estado um grande acontecimento. Para nós a escolha está entre o Monroísmo e a recolonização européia. O equilíbrio dos dois mundos não permite mais a existência de nações isoladas dele e tirando benefícios dele. Hoje a proteção impõe deveres às nações que a recebem, e a única proteção da América é o *sea-power** que só os Estados Unidos têm nela. Monroísmo é assim

---

278. Rio Branco a Nabuco, 9.xii.1905: "Marinheiros canhoneira alemã Panther, dirigidos por oficiais [à] paisana, madrugada 27 novembro, desembarcaram Itajaí, obrigaram dono Hotel Comércio entregar-lhes jovem alemão Steinoffer, refratário serviço militar [e] levaram-no preso para bordo. É o que resulta do inquérito. Panther entrou ontem no Rio Grande onde estará dias. Trate de provocar artigos enérgicos [dos] monroístas contra esse insulto. Vou reclamar [a] entrega [do] preso [...] se inatendidos empregaremos força [para] libertar [o] preso ou meteremos a pique Panther. Depois aconteça o que acontecer". O governo do Kaiser dará as explicações exigidas pelo Brasil, demitindo o comandante do vaso de guerra.

a afirmação da independência e integridade nacional pelo único sistema que as pode garantir. Quero inteligência que pareça aliança tácita. Agora mesmo o Brasil procede com a Alemanha como a França não ousaria. Em que se fia? Sem o *sea-power*, um bloqueio alemão do Rio e Santos nos faria *stew in our own juice**, que nesse caso seria suco de café (muito caro). Gozar de uma vantagem como o Monroísmo sem o reconhecer é mesquinhez e hipocrisia. Minha posição aqui:[279] "com seu apelo a Mr. Root", disse-me o O'Laughlin, "o senhor elevou a posição de seu país aqui à primeira classe". Mas a política tem que ser feita no Rio.

* *cozinhar em nosso próprio sumo*

Desejo de que o Root se encontre com Afonso Pena. Até hoje o Paranhos não me escreveu uma linha e eu tomo como instruções a declaração que lhe fiz muitas vezes, que ele, se quisesse criar uma política americana, me mandasse para cá. [...]

Por ocasião da visita do secretário de Estado o Embaixador desaparece e ele se acha frente a frente com o presidente — com os dois presidentes[280], pois o que lhe diga o que então estará a sair só terá real valor endossado pelo que estará a entrar, e se a linguagem do governo não for tão calorosa e convencida como a minha, a visita será uma decepção. Eu não ir é tirar importância política à visita.

Escrevo ao Graça[281] como ao Rodrigues — "Minha preocupação é estar aí como intérprete, intermediário, mediador plástico, *Usted me entiende*. Não como Delegado. A visita, resultado da impressão que criei, e eu da comissão de encarregado do programa. Se a política americana não for resolvida aí com a visita de Mr. Root, eu me sentirei mal em Washington, a não me vir outra esperança em futuro próximo. Pergunto pela opinião do Rui.

17 dezembro

---

279. Tradução do inglês.
280. Isto é, com os dois presidentes: Rodrigues Alves, cujo mandato expirava, e Afonso Pena, que estaria eleito.
281. Missiva reproduzida em Cartas a Amigos, ii, pp.235-236.

18 dezembro	Ao Gouveia: "Lembranças a Inacinha. Espero que ela se sinta feliz e acompanhada. O Papa devia proibir às mulheres professar no estrangeiro. É tão solitário para elas, uma comunidade de estrangeiros para toda a vida. Você, porém, é homem para levar a filha com as companheiras para o Brasil, se lá assentar a sua tenda patriarcal". [...]
19 dezembro	Escrevo extensa carta ao Oliveira Lima.
21 dezembro	Escrevo a Mrs. Taft, que tomei por Miss Taft ontem. Expeço longa carta ao Paranhos.[282] Expeço longos ofícios sobre a *Pantera* e o Congresso. [...]
22 dezembro	Escrevo longa carta ao Rodrigues. Escrevo ao Afonso Pena. [...]
25 dezembro	Carta de Lahure sobre o meu livro, aceitando-o. À missa. [...]
26 dezembro	Expeço parte do meu livro, 100 folhas. [...]
31 dezembro	Trabalhando nos *Pensamentos*. Jantam os Amarais. Meia-noite. Deus seja louvado!

---

282. *Reproduzida em* Cartas a Amigos, *ii, p. 240. Ao receber o despacho de Rio Branco sobre o incidente do* Panther, *Nabuco comunicara o fato ao Departamento de Estado, sem, contudo, solicitar a intervenção dos Estados Unidos, limitando-se a provocar a atenção da imprensa do país, como recomendara o Ministro. A imprensa brasileira divulgara, porém, que Nabuco solicitara o apoio do Governo americano. Rio Branco solicitara a Nabuco desmentir que tivesse sido encarregado por ele de procurar o Departamento de Estado. Nabuco escreveu então a Rio Branco não "atinar com a razão desse desmentido. De certo, não fui lá da sua parte, mas que pode ter havido tão desagradável na falsa notícia para você a esmagar publicamente e dar-me aviso de que o fizera?" Na verdade, Rio Branco abespinhara-se com a versão divulgada no Brasil e no exterior de que o pedido de desculpas da Alemanha resultara tão-somente de uma gestão de Nabuco junto a Elihu Root e deste junto ao governo de Berlim. Em carta a Nabuco, Root negará que o Embaixador do Brasil lhe tivesse jamais feito qualquer pedido no sentido de interferir na questão, limitando-se a notificá-lo do que ocorrera, prática diplomática corrente entre países amigos. O incidente do* Panther *foi suficientemente analisado por João Frank da Costa,* Joaquim Nabuco e a Política Exterior do Brasil, *Rio, 1968, p.226-240.*

Trechos de cartas a Evelina

Vou agora ver o Pedro Américo, os túmulos dos Médicis e talvez São Marcos. É tudo uma renovação dos clichês de 1874, mas esses estavam ainda bem frescos. [...] Eu como que torno a encher as fontes do espírito viajando pela Itália e preciso de enchê-las bem para a longa residência que vamos ter do outro lado, talvez para sempre, pelo que me diz respeito.	*Florença* *23.i.1905*
Que belo e grande dia este meu de Siena! Que grandes coisas vi. Os meus clichês de 1874 para Pisa e Florença estavam ainda frescos, somente tirei outro do *Triunfo da Morte* no Campo Santo de Pisa e, em Florença, também outro, do *Davi*, de Miguel Ângelo, e da *Primavera*, de Botticelli. Mas a Siena eu nunca tinha vindo, e confesso-te que é um prazer reservar assim para mais tarde fontes de rejuvenescimento certo. Agora estou certo, o que me estou reservando na Grécia, mesmo na Itália ou Espanha, me galvanizarão quando eu já não tiver mais ação própria, forças para nada.	*Siena* *24.i.1905*
Acabo de voltar do Papa. [...] É o terceiro Papa que vejo. A figura e todo o modo de Pio X é de bondade, mas falta-lhe a majestade de Pio IX, isto é, a alma do cargo que exerce. Talvez esta só os anos a dêem, sobretudo a quem, como ele, não viveu no Vaticano. [...] Mas a bondade é visível em cada gesto, palavra e olhar, uma bondade simples, de alma singela e popular. Pio IX, esse tinha a verdadeira beatitude no sorriso.	*Roma* *10.ii.1905*
Ontem e hoje o mar tem estado o mais belo que se pode imaginar. O vapor é imenso, mas há tanta ordem e tudo é tão bem combinado que não se sente a multidão de passageiros em ponto algum, nem mesmo na sala de jantar, pois temos a nossa mesa sós. Ontem, passei todo o dia na tolda, e como tenho dormido ao ar livre, aos ventos do mar!	*Baltic* *12.v.1905*

Baltic 13.v.1905 *treinando-se	Hoje o mar está um tanto doido, porém, sem maldade, experimentando as forças, *s'entraînant**, e isso somente se sabe subindo e saindo a uma das 'cobertas', pois 'o monstro' não move e não tem senão a trepidação das próprias máquinas.
Baltic 14.v.1905 * de uma ventania * galeio de marinheiro	Hoje está um mar forte e vento contrário, 3/4 *of a gale**, diz um marinheiro, mas ainda assim o vapor está tão firme quanto eu, que não tenho *le pied marin**, podia desejar. [...] O sol está fora e esta tarde espera-se melhores ventos, isto é, maior marcha. São criações admiráveis estes grandes transatlânticos.
Baltic 15.v.1905	Ontem o mar esteve furioso, soprava um vento fortíssimo, hoje o mar está chão como na baía do Rio de Janeiro, todo o tempo o vapor se comportou tão bem que não havia enjoados a bordo. A máquina teve, porém, uma pequena avaria, estivemos parados umas quatro horas, até o conserto ficar acabado andaremos à meia força ou quase, o que nos faz perder um dia. Hoje não adiantamos assim senão 237 milhas, como nas antigas viagens para o Brasil. Tudo é tão confortável que eu não tenho pressa em chegar senão para estar em comunicação direta contigo. É o primeiro descanso sério que tenho há cinco anos, sem jornais nem telegramas nem correio nem papéis e livros, e sem excitação alguma, pois mesmo o meu discurso de apresentação[283] não consegue ainda excitar-me, talvez pelo efeito calmante, moralmente falando, das brisas do meu mar querido, nesta época o mesmo nosso mar tropical.
Baltic 17.v.1905	Ontem passei o dia muito incomodado, não sei o que me fez mal mas não quero admitir que fosse o mar. [...] Aqui onde escrevo a vibração é muito forte, o que vês pela letra. Mudei-me para outra escrivaninha. Há umas oito no salão. À noite, entretanto, estive melhor, tanto que fui ao concerto e chamaram-me para o lado do duque de

---

283. De credenciais ao presidente dos Estados Unidos.

Sutherland. [...] O duque é extremamente amável. Vai viajar pelo Canadá, passando por São Francisco. É o que me admira da parte desses grandes senhores ingleses. Tendo tudo à disposição, ainda precisam matar assim o tempo. Comer carnes guardadas em frigorífico de bordo em vez de jantar no Carlton, sem falar do que ele vai ter nos caminhos de ferro americanos e canadenses — e deixar por isso a bela duquesa! Está a bordo a célebre banda do Sousa, o regente americano. Que imensos instrumentos, que trombetas de Jericó!

Estamos à vista de New York, são 8h da manhã, às 16 estaremos na doca, o mar está soberbo, o dia lindo.	Baltic *19.v.1905*

Ontem chegamos pelas 10. Das 10 às 11h30 na alfândega. Recebeu-nos o Gomes Ferreira e o cônsul Fontoura Xavier. Vim para o Buckingham, o mesmo hotel onde morei em 1876 e 1877. Tomei um salão e quarto, com banheiro ao lado, defronte da Catedral gótica irlandesa que vi construir. Tudo como há trinta anos na minha parte do hotel. Almoçamos Gomes Ferreira, Fontoura e eu o mesmo almoço que eu costumava pedir, *omelette aux rognons** e *milk rolls**, ao que acrescentei a galinha *braisée de Boulogne**. Depois do almoço, com o Gomes Ferreira ao Central Park, longo passeio de carro. Depois andamos a pé pela [Quinta] Avenida. [...] Não te posso dizer nada senão que estou no ar inteiramente, não vejo nada claro quanto à minha permanência aqui. [...] Estou com medo de ter feito uma grande tolice aceitando este posto, uma grandíssima tolice da qual me custará muito tirar-me com vantagem.	New York *20.v.1905* ** omelete de rim* ** bolinhos* *de leite* ** de Boulogne* *na brasa*

Hoje sigo para Washington com os Chermonts, no carro que o cunhado do Chermont trouxe especialmente de Baltimore para levar-me e que é o do presidente da estrada de ferro de Baltimore. [...] Aqui vestem-se muito e tratam-se muito, sobretudo o penteado. A cabeça da americana podia estar sempre no mostrador de uma loja de Regent Street. E como se vestem! Que raça preocupada de cada detalhe da roupa e da pessoa que é a do *high life** americano! Nenhum descuido é tolerado. Também só este país podia ter pro-	New York *22.v.1905* ** alta sociedade*

duzido estes dentistas, pois nenhuma outra gente, antes desta, pagaria o que eles pagam pela conservação da boca. Assim com os cabelos, a pele, os menores artigos da toalete. É uma religião aqui a nitidez em tudo que pertence ao corpo e à forma pessoal. Daí o sucesso, não somente da riqueza, a riqueza só não venceria, que esse tipo novo de mulher tem tido, até na aristocracia inglesa a mais ciosa. E aqui é preciso ser americano como em Roma, romano.

Washington 25.v.1905

* *me cumulou de gentilezas*

O presidente *m'a comblé**. Eu disse-lhe que sentia não ter um fonógrafo para guardar o tom de cada palavra dele, mas que o coração saberia conservar a emoção delas. Foi um grande dia, como verás pelo meu telegrama de hoje ao Rio Branco, do qual te envio o rascunho.

Washington 30.v.1905

* *por todos os séculos dos séculos*

Sozinho no hotel com a minha diária, gasto o meu salário todo! Estou aqui somente pela esperança de fazer alguma coisa útil e de criar a Embaixada com a forma, o aparelho e sobretudo o espírito que deve ter *per omnia saecula saeculorum*.*

Washington 3.vi.1905

Não quero blasfemar, mas nunca, nunca na minha vida, passei um tempo igual, isto é, vi-me por tal forma fechado em uma situação da qual não sei como sair. Além do mais, imagina que desde Londres ainda não pude comer senão carnes conservadas no frio, aves, etc., tudo da mesma procedência. Não sei como se pode viver assim sem terríveis doenças de estômago. E os preços! Tudo do pior e por libras! Basta dizer-te que eu gasto sozinho nesta vida tudo que recebo. Como será quando tu vieres? Por isso, vai te deixando ficar por lá, vamos resignando-nos, até eu ver a fresta e ter uma esperança. Aliás, não tenho passado mal, pelo contrário. É a separação, a incerteza e o muro de bronze em roda de mim.

Hoje vi de novo uma casa, esta ideal para ti, à qual nada daí se compara, cada quarto com o seu banheiro, eu com uma grande livraria em duas salas ao lado do meu quarto de dormir, e este ao lado do teu, com dois banheiros. Em cima, o andar dos meninos, todos os quartos com banheiros. Um ideal. Somente 1.400 libras por ano em vez das nossas 500, de Cornwall Gardens.

Washington 7.vi.1905

Meu moral é que está *hébété** com a mudança, não vejo nada claro. Parece-me que com toda a boa vontade não poderei ficar senão pouco tempo (não repitas isto) e então para que trazer toda essa meninada? Por outro lado, a casa que eu tenho em vista é simplesmente ideal e uma vez nela, suponho que eu não quereria mais sair, porque em casa havia de comer melhor do que no hotel e não é possível ter-se em nenhum outro país uma casa mobilada igual a essa. Tudo é fresco, muito mais do que em Cornwall Gardens quando primeiro a tomamos, mas a casa e as instalações não se comparam com o que se acha na Europa. Meu desejo, meu ardente desejo, é que Deus me solte, me dê liberdade, me deixe viver o resto dos meus dias em uma atmosfera menos oficial e estranha do que esta. Nada, absolutamente nada, do que me cerca me interessa senão oficialmente, e isto é terrível como fim de vida. Suponho, portanto, que não ficarei mais do que esta administração,[284] fazendo votos para que o Rio Branco se vá de todo. Neste ponto eu, o amigo, sinto a mesma ansiedade que o Oliveira Lima. Em tais condições, parece que fazer vir a família é fechar sobre mim eu mesmo a porta da prisão. Se a alimentação fosse outra, eu me propunha demorar-me, mas não poderei resistir a tal gênero de alimentos frigoríficos. Nada absolutamente tem gosto e tudo parece do ano passado, galinha, peixe, legumes, carne, etc.

Washington 10.vi.1905

*abestalhado

---

284. Isto é, a presidência Rodrigues Alves.

Washington 14.vi.1905	Devemos contar com um ano de Washington, depois a licença e a remoção, ainda que eu vá sozinho, ou só contigo e Carolina, ao Brasil para obtê-la.
Washington 19.vi.1905	Que terrível calor! Imagina que estou em um banho turco, suando dia e noite camisa sobre camisa! [...] Não faço plano algum de demorar-me neste país. Prefiro acabar em qualquer outro. Isto muito entre nós dois. Por isso não vás imaginando nenhuma longa residência. Nem sei se deste verão não sairei por tal modo prostrado que tenha que forçar o Rio Branco a dar-me uma licença de seis meses.
Washington 21.vi.1905 * eis o meu balanço	Preços excessivos, clima intolerável, alimentação péssima e nenhuma adaptação possível, *voilá mon bilan**. Isto para ti somente. Sinto por toda parte a morte do ideal, da simpatia humana, do interesse desinteressado. Como mudou este país! Como é diverso do que era! Todos mudaram, é certo, mas não com tanta fúria e de modo tão completo. Por ora, só vejo aqui um Noé, o presidente; no mais o dilúvio dos trustes, isto é, do dinheiro.
Washington 24.vi.1905	Não vejo nada que eu possa fazer aqui. O que há a fazer é durante anos e anos seguir a mesma política e para esta diplomacia puramente social ou estética, em que se precisa mais um marco do que outra coisa, não me sinto o mais próprio no meu estado de saúde.
New York 1.vii.1905	A minha vida desde que cheguei é uma luta contínua comigo mesmo para não deixar este posto e voltar para a nossa antiga existência do Rio de Janeiro e Maricá! É somente pelos filhos que o não faço.
Jackson 23.vii.1905	Aqui estou neste delicioso retiro que realmente é o lugar ideal para uma cura de repouso. Vou repousar, trabalhando ao ar livre e ao fresco das brisas das montanhas, eis toda a diferença. [...] Aqui vou trabalhar nos meus *Pensamentos*, *Diários*, etc., e deixar correr o tempo.

Estamos num *cottage* todo nosso, eu, o Veloso e o Mengoli, defronte dos dois *cottages* grandes do hotel. É uma aldeia, como te disse, da qual te mando o plano para viveres daí comigo. Os *cottages* forrados de telhas amarelas numa paisagem verde, lembram em pequeno uma cidade imperial ou palácio chinês, na Suíça, porém. A frente do nosso *cottage* dá para o hotel, temos um duplo terraço na frente, com uma belíssima vista sobre o campo e as montanhas e os edifícios espalhados da residência imperial (pelo amarelo) chinesa. Os fundos dão para um rio encachoeirado [...], e temos sobre o rio uma varanda, da qual se poderia pescar se houvesse o quê. No primeiro pavimento, o terraço da entrada, o quarto do Mengoli, uma grande sala, gabinete de banho e a varanda sobre o rio. No segundo, o terraço, o meu grande quarto de teto abaulado, todo de madeira americana envernizada, e o quarto do Veloso.

Jackson
24.vii.1905

4 janeiro *golpe no comércio americano	[...] Expeço hoje ao Lahure mais 58 páginas, paginadas de 1-71, dos dois primeiros livros. Telegrafo hoje: "Exteriores. Jornais publicam notícia daí sobre nova tarifa considerada *blow at American trade**. Preciso informações. Nabuco".[285]
6 janeiro	Telegrafo ao governo: "Artigo *Jornal* onze dezembro sobre Estados Unidos excelente tipo propaganda aí. Causou-me grande prazer. Griscom parte abril".
12 janeiro	Telegrafo ao Rio Branco queixando-me de me quererem fazer bode expiatório do incidente alemão. "Chegam jornais fazendo-me bode expiatório incidente alemão fiz apenas o que, etc".[286] [...]
13 janeiro	Telegrafo ao Rio Branco o que o presidente disse ao Ministro do Chile. A Exteriores: "Reservadíssimo. Presidente convidou Ministro Chile conferência. Hoje fez mesmas aberturas que me fizera sobre acordo com México, Brasil, Chile, Argentina. Vejo nisso preparo ação americana em Venezuela. Receio manifestações antimonroístas aí sejam exploradas contra nós vindo Chile mesmo Argentina inspirar maior confiança. Esta trabalha por visita Root. Nabuco". Envio ao Lahure ainda mais originais parte final sobre Estética, etc.
17 janeiro	[...] A Exteriores: "Imprensa e Congresso repetem sempre Estados Unidos são nosso melhor freguês e nada recebem em troca. Não retaliarão porém se tarifa não discriminou contra eles. Nenhuma idéia se faz por ora plano valorização café. *Tribuna Chicago* diz Root não vai Buenos Aires, transcreve artigo *Jornal* sobre Congresso Pan-americano. Nabuco". [...]

285. Em *1904* Brasil e Estados Unidos haviam assinado acordo dando preferência de *40%* no imposto de importação à farinha de trigo e a outros produtos americanos, provocando o protesto da Argentina. Em dezembro de *1905*, o Congresso brasileiro aprovou uma nova tarifa, autorizando, contudo, o Executivo a conceder taxas preferenciais. Foi então negociado convênio com Washington, na base de uma taxa de *20%*.
286. Não consta no Diário o texto completo do telegrama.

O curioso incidente do convite que o Veloso obteve para a cunhada do Amaral para a Casa Branca, sem ciência minha nem do Amaral. Eu ainda não pedi para levá-la, porque o Amaral não desejava apresentar a cunhada, mas não a posso levar com a Embaixada sem ter eu mesmo pedido.

18 janeiro

Remeti ao Lahure *Massangana*, 16 páginas, mais 1ª. [sic] Reunião na Embaixada austro-húngara para deliberarmos sobre o presente colètivo a Miss Roosevelt[287]. Presentes os Embaixadores da Áustria-Hungria, Rússia, Inglaterra e eu (o do México mandou o Ministro Godoy), e os ministros da Suécia, Dinamarca, Suíça, Holanda, Bélgica. [...]

21 janeiro

Hoje o Joaquim apertou com um dedo da mão esquerda em uma porta da cocheira brincando com o Amílcar Pederneiras e o irmão, e entrou depois no meu quarto trazido pela mãe e gritando que o dedo tinha caído no chão. Estavam comigo o Ministro chileno e o Amaral. Tivemos dificuldade em achar médico. Vieram dois depois e um coseu a parte interior da falange que o Maurício achara no lugar do acidente. Não há muita esperança de que o enxerto pegue, e o médico me diz que a alternativa será a amputação da falange. Eu, porém, espero em Deus que a Natureza se mostre tão generosa com o Joaquim como se tem mostrado em outros casos de enxerto animal, e mesmo que torne a cobrir o ossinho, falhando a intervenção médica, pelos seus processos apesar de tudo ainda desconhecidos, isto é, que ninguém sabe até onde podem reproduzir a carne. Se Joaquim tiver o dedo refeito com ligeira deformidade, deverá um grande favor ao Maurício que achou e trouxe o pedaço de pele caído no chão, e à mãe, que insistiu por que eu o guardasse para ser pegado no dedo querendo até que eu mesmo o pusesse no lugar. O primeiro médico, quando entrou, disse que isso não servia mais para nada. Foi o segundo que fez a costura, adormecendo o menino

---

287. *Filha do presidente Roosevelt, Edith Roosevelt Longworth.*

por muito tempo com éter. Agora ele dorme, mas estes dias serão cruéis para nós e temos que dar o nosso grande jantar a Mr. Root nesta incerteza. Deus, porém, faz milagres todos os dias.

23 janeiro

[...] O nosso grande jantar de 60 pessoas a Mr. Root foi adiado por causa do desastre do *Aquidabã*, com grande prejuízo para nós, pois tudo estava pronto ou comprado.

29 janeiro

Jantar com o presidente. Por isso não aceitamos convite para a Legação Argentina.

Hoje, depois do jantar, o presidente me disse que se eu não tivesse vindo a Washington, Mr. Root não iria ao Brasil, porque a resolução dele de ir proveio da impressão que eu causei nele. Eu disse depois ao presidente que essas palavras eram a maior condecoração que podia receber. Depois o presidente, citando-me alguns trechos de eloqüência americanos que ele admira, eu falei-lhe do de Henry Clay ao receber Lafayette no Congresso Americano. Ele não conhecia, e voltando-se para os senadores, disse-lhes: "É extraordinário. Aqui está o Embaixador do Brasil que me dá notícia a mim, presidente dos Estados Unidos, de uma obra-prima da eloqüência americana que eu não conhecia".

3 fevereiro

* *"Se você não estiver lá, eu vou me embora".*

Escrevo ao Graça,[288] conto o que o Root me disse: *"If you are not there, I run away"**, e o que me disse o presidente. Vou publicar o meu livro, tem quinze anos, o drama tem trinta de inédito.[289] Não sofro, como vê, da doença do Oliveira Lima, de incontinência da pena.

Ao Rio Branco: o que me disse o presidente. Ida à Argentina do Root — o cruzador oferecido. Se for, é por estar no Rio, não iria a Buenos Aires sem isso. Visita pedida e forçada — politicamente secundária e acessória à nossa, não o próprio objeto da viagem como esta. Isso tornarei claro. Necessidade de ficar eu até à partida e de estar lá ao tempo da visita. Não ir refletiria sobre minha posição lá

---

288. V. Cartas a Amigos, ii, pp. 242-5.
289. Referência a Pensées Detachées e ao drama L' Option.

ou cá e tiraria alcance político à visita aos olhos do corpo diplomático aqui. O Peru e o Chile. Peço opinião. Em abril vou à Califórnia voltando pelo Canadá! "Pense se devo aceitar o convite de Mr. Root de ir com ele, isto é, a bordo do transporte americano, se ele me convidar. Talvez me pudesse passar para bordo do nosso navio, se algum o vier escoltar em nossas águas. Não quero ser nomeado Delegado.²⁹⁰ Os Roots querem permanecer em Petrópolis. É clima mais reparador para eles, de quem são essas as férias".

Telegrafei ontem a Ruffier encomendando vinho, metade da encomenda que ele já mandou. Telegrafei ontem ao Rio Branco resumindo o que o Peru sugere para ser discutido na Conferência, e a sua resolução de ir ou não ir ao Rio de Janeiro, conforme o programa e o regulamento.

4 fevereiro

Jantar na embaixada do México. "You can flirt with all, but I hope you will marry us"*, eu a Root esta noite.

9 fevereiro

* "Você pode flertar com todos, mas espero que se case conosco".

[...] Recebo do Rio Branco: (Petrópolis, 10) "Muito estimaríamos Ministro Costa Rica aí venha ao Congresso. Dia 12 espero responder Vossência sobre programa e vosso pensamento (sic)".

10 fevereiro

Partida para o Michigan.²⁹¹

11 fevereiro

De volta em Washington.

14 fevereiro

---

290. Isto é, membro da Delegação brasileira à Conferência Interamericana.
291. Onde Nabuco fora convidado a ser o conferencista do Lincoln Dinner, que teve lugar em Grand Rapids. A conferência sob o título "A influência de Lincoln no mundo", em Discursos e Conferências nos Estados Unidos, Rio, 1911.

15 fevereiro

O jantar foi um grande sucesso.[292] Sem exceção, todos me disseram que nunca tinham visto nada tão bonito. O senador Elkins disse-me que há trinta anos está em Washington e ainda não assistira a um jantar tão belo como o meu, obra *of a poet**, disse ele.

* de um poeta

17 fevereiro

Casamento de Miss Roosevelt. Mandamos cesta de orquídeas do Brasil e flores de laranja. Hoje o presidente na Casa Branca, depois do casamento, felicitou-me calorosamente pelo meu grande sucesso no Michigan.

24 fevereiro

Jantar em casa de Mr. Harrison, depois ao *meeting* da Academia de Ciências Sociais, onde falo.

27 fevereiro

Escrevo extensa carta ao Afonso Pena com data de 28. "Amanhã é o seu dia, o dia do sorteio do seu nome na Grande Loteria Nacional[293]. Tirar o maior posto, o primeiro lugar de uma nação, é a prova de que se atraiu a atenção do Criador. *Omnis potestas a Deo**. Os chefes de Estado são escolhidos para bênção ou para castigo dos povos. No seu caso, foi o interesse do Brasil, não a vindita, que ditou a escolha, porque você não tem nenhum dos característicos dos "flagelos de Deus" e tem todos dos homens moderados, que vivem sempre dentro do círculo traçado pela consciência em torno deles (às vezes, ou quase sempre, é a consciência dos antepassados). Assim, meu caro amigo, Deus que o elegeu o acompanhe, etc., etc. Seja o continuador do Imperador. O Saraiva não o teria criado por si só, era preciso a coragem do Martinho Campos".[294] Falo das relações aqui do presidente com o gabinete, diplomatas, etc., como ele me pedira. "Um grande plano de exploração geográfico-científica do nosso território seria talvez o maior monumento que você pudesse deixar de sua administração. Posso conversar na Europa.

* Todo o poder vem de Deus

---

292. *O jantar a Root, que fora adiado pelo desastre do* Aquidabã.
293. *Referência à eleição presidencial de 1906 no Brasil.*
294. *Alusão aos dois líderes liberais do Segundo Reinado, sob cuja proteção Afonso Pena começara sua carreira política no Império.*

Deve ser um plano completo sob a direção e a responsabilidade de uma companhia central brasileira, mas empregando jovens sábios estrangeiros, ansiosos por se distinguirem em descobrimento, e com o fogo sagrado e o preparo do explorador científico. Não tenha medo também de povoar o nosso interior com imigração subvencionada, porque o nosso país está reclamando povoamento europeu, que exceda a corrente para a Argentina, custe o que custar".

1º março

Escrevi ao Rodrigues Alves, agradecendo ter sancionado a pensão de Sinhazinha. Enquanto estava em discussão ou pendente, nada escrevi a ninguém, para não parecer que me queria dispensar de um encargo que me deixara minha Mãe. O nosso país é realmente magnânimo.

O Rio Branco ainda não me deu instruções sobre o programa. Estaremos assim obstruindo nossa própria Conferência. Também não me disse se me quer lá. Falo do Michigan, do que me disse o presidente, do meu jantar, de Filadélfia. Os argentinos não parecem contentes. Quanto à Venezuela, não lhe assiste motivos de queixa contra o Brasil, nem contra os nossos amigos aqui.

2 março

Escrevo ao Graça. O Lima é um torpedo diplomático.[295] O que me disse um colega do modo por que ele escreve para cá. Preferia vê-lo na Europa e, durante a Conferência, nas águas. Estou sem instruções. Insisto pela entrada do Jaceguai para a Academia e peço-lhe que o diga a ele.

Ao Rio Branco: 1º Vamos obstruir a nossa própria Conferência? 2º A "recomendação" do Fontoura Xavier. 3º Meu desejo de ir às águas. 4.º Minha influência aqui tem sido grande e eficaz.[296] Pode-se dizer que o México, o Chile, Costa Rica e os Estados Unidos formam um grupo. Eu aproximei muito o Chile dos Estados Unidos,

---

295. *A missiva a Graça Aranha em* Cartas a Amigos, *ii, pp. 248-50. Ministro do Brasil em Caracas, Oliveira Lima endossava as posições antiamericanas do general Castro, ditador venezuelano. Para o Pan-Americanismo de Oliveira Lima, v. João Frank da Costa,* Joaquim Nabuco e a Política Exterior do Brasil, *pp. 115-26.*
296. *Nota de Nabuco: "Não foi este trecho".*

*acordo

falando ao presidente e ao Mr. Root, como devia, do Chile, e procurando modificar as disposições antiamericanas em que encontrei o Walker Martinez. Temos tido muitas discussões, mas o bloco tem sido movido e hoje suponho que caminhe na mesma direção que nós. Uma *entente** forte entre Brasil e o Chile na América do Sul apoiada nos Estados Unidos e México na do Norte me parece realizável e merece ser tentada. 5º Estimei o Lima não aceitar o México, não posso colaborar com ele na mesma esfera de ação americana. Ele fica melhor na Europa. 6º Descrição dos delegados americanos. Como o que me interessa é a missão Root, estimo antes que a moldura da delegação americana a faça sobressair.

26 março	Longa entrevista com Mr. Root das 2h30 às 4h30. Depois reunimo-nos Martinez, Quesada, Calvo. [...]
28 março	Reunião da comissão em que se aprova o programa.[297]
30 março	Escrevo ao Oliveira Lima. Amanhã segue para Lahure corrigido até p. 201, mais *Massangana*.
31 março	Escrevo longo ofício confidencial ao Rio Branco.
25 abril *vagão particular Commonwealth	Partida.[298] Sigo como hóspede do Shannon no *private car Commonwealth** para a Califórnia. Vão conosco por indicação minha o visconde d'Alte e o coronel Pederneiras. O Shannon leva o secretário, Bastianelli.
26 abril	Passamos por Chicago[299].

---

297. Isto é, a agenda da III Conferência Interamericana no Rio de Janeiro.
298. A viagem de Nabuco através dos Estados Unidos e depois ao Canadá fora um convite de um velho amigo, Richard Shannon, que pôs à sua disposição um vagão especial.
299. V. Carta a Evelina de 26.iv.1906.

Chegamos pela manhã a Kansas City.[300]	*27 abril*
Chego às 6h35 da manhã a Colorado Springs (Colorado). [...][301]	*28 abril*
Às 10h30 da noite, sigo viagem para [o] Grand Canyon.[302]	*29 abril*
Partimos de Grand Canyon.[303]	*2 maio*
Em Pasadena.[304]	*5 maio*
De manhã em Los Angeles. [...] Seguimos à tarde para Coronado Beach.[305]	*7 maio*
Los Angeles. Chegamos à noite a Delmonte.	*9 maio*
O barco de fundo de vidro.[306] Seguimos para Stanford University. À noite seguimos para Oakland.	*10 maio*
Visita à Universidade de Berkeley. Visita a São Francisco. À noite seguimos para Seattle.[307]	*11 maio*
Chegamos a Seattle.	*13 maio*
Seguimos para Vancouver.[308]	*14 maio*

300. *V. Carta a Evelina de 27.iv.1906.*
301. *V. Carta a Evelina de 28.iv.1906.*
302. *V. Carta a Evelina de 29.iv.1906.*
303. *V. Carta a Evelina de 2.v.1906.*
304. *V. Cartas a Evelina de 3 e 6.v.1906.*
305. *V. Carta a Evelina de 8.v.1906.*
306. *V. Carta a Evelina de 16.v.1906.*
307. *V. Carta a Evelina de 11.v.1906.*
308. *V. Carta a Evelina de 16.v.1906.*

15 maio	De Vancouver seguimos para Glacier. [...] Partimos às 5h30 da tarde, tempo chuvoso que nos impede de ver as montanhas cobertas de neve.[309]
16 maio * mastins * barranco	Em Glacier. Revelstoke. Encontramos os *bloodhounds** que preavisam na caçada dos *desperadoes*, os assaltantes do *Imperial Limited* no dia 8. Salva no começo de sua (queda) loucura, com a água da torrente que o frio glacial parou na beira do abismo (gelando-a). Lembrança de uma vista das montanhas. A agitação é natural dos que querem chegar ao seu destino e são demorados. O rio, apertado no *flume** *boils*, ferve.
19 maio	Chegamos a Winnipeg.
20 maio	À missa. À tarde, seguimos para Ottawa.[310]
22 maio	[...] Chegamos a Ottawa. À noite ao Parlamento.
23 maio	Seguimos para Montreal.[311]
24 maio	*Empire Day*, a revista [militar]. À noite seguimos para New York.
25 maio	Em New York e logo depois para Washington. De volta em Washington. 3.000 léguas.
10 junho * "nos enviar representante tão distinto"	O presidente fez-me dizer hoje por Miss Carow (que jantou conosco) não ter partido dele a idéia de se me fazer L.L.D. pela Universidade de Colúmbia, tendo, porém, ele aplaudido a idéia quando o presidente da Universidade conversou com ele, dizendo que isso era o que podiam fazer de melhor para reconhecer o fato do Brasil *"sending us such a distinguished representative"*.*

309. V. Carta a Evelina de 16.v.1906.
310. V. Carta a Evelina de 20.v.1906.
311. V. Carta a Evelina de 24.v.1906.

Audiência de despedida do presidente. Repete-me as mais lisonjeiras coisas que me havia dito antes, a saber que minha escolha marca uma época nas relações dos nossos países. [...] Com Mr. Root, que me promete tocar também no Recife. O presidente disse-me que minha estada em Washington marcava uma época não só nas relações entre os Estados Unidos e o Brasil como entre os Estados Unidos e as nações todas do continente. Quis dizer com isso que eu muito concorri para fazer a América Latina adotar outra atitude para com os Estados Unidos: o exemplo do Brasil foi decisivo, não forçou somente, convenceu.	*11 junho*
Para New York.	*12 junho*
Tomo grau de doutor em leis na Universidade de Columbia, N.Y.	*13 junho*
Confissão. Na porta da igreja, o fotógrafo do *Globe* retrata-me na rua. Visita a Mr. Garrison no *Nation*. [...]	*14 junho*
Celtic. 1 hora. Embarco para Liverpool.	*15 junho*
352 milhas somente. Telegrafo pelo telégrafo Marconi a Acaé, que faz anos hoje. Escrevo a ela e a Evelina. Belo mar de púrpura, debruado de arminhos nos fofos das vagas.³¹²	*20 junho*
386 milhas. Chuva, mar calmo, dia triste, nublado.³¹³ Sinto que estou emagrecendo muito, ainda que não sinta diminuição de forças, pelo contrário, quero dizer de força nervosa. Mas deve haver um limite a esta combustão das carnes, breve ela atingirá ao que se pode chamar a própria estrutura, as bases da vida. *Et alors**? Há hoje tantos cujo futuro, cuja posição, cuja felicidade depende de mim, ou eu tenho essa ilusão, e Deus queira que seja uma ilusão. É só d'Ele que *tudo* e *todos* dependem.	*22 junho* ** E então?*

312. V. *Cartas a Evelina de 16 e 19.vi.1906*.
313. V. *Carta a Evelina de 23.vi.1906*.

24 junho	[...] Em Londres, Long's Hotel. Vem o Régis a Liverpool buscar-me. Janto com os Régis. Carta do Lahure anunciando-me que o Hachette será o editor.[314]
27 junho	Almoço com lord Landsdowne, janto na Legação. No *luncheon* de lord Landsdowne, lady Blandford e lady Winterton.
28 junho	Com lord Rotschild. Embarco para Paris às 2h20 com o Chermont. Na estação, os Régis e todos da Legação, Azevedo Castro, John Gordon, coronel Church. Chego a Paris às 9h30. Na gare, o João Bandeira e o Alfredo Torres.
29 junho	Vou ao Hermano, almoço com D. Zizinha, depois ao Lahure, que me diz coisas animadoras, ao João Lopes na casa de saúde, à Legação. No hotel, encontro o Costa, que veio de São Petersburgo para me ver. [...]
30 junho	Na estação do Sud Express o Piza, o cônsul, o Albuquerque, o Mesquita, o Hipólito, o Aguiar e outros. Também vem o Casasus acompanhando o Ministro do México, La Barra. Encontro-me com meu sobrinho e com a mulher, que nunca tinha visto. Também vem o Mário d'Artagão Correia Leite.
1º julho	Chegamos à noite a Lisboa. Na estação, Fialho[315], o Page Bryan, o Pontes e outros.
2 julho	Levo o La Barra a São Roque e depois a ver o Carvalho Monteiro, que nos mostra as coleções. Tem um canapé da cela da Sóror Paula[316]. Os frescos produzem grande efeito e o jardim! Que calma! Almoça o Fialho, vem o Batalha e o Arroyo, o Page Bryant vem buscar-me

---

314. V. *Cartas a Evelina* de 24 e 25.vi.1906.
315. O escritor português Fialho de Almeida.
316. Sóror Paula, religiosa da primeira metade do século XVIII, fora uma das amantes de D. João V, conhecido por suas tendências freiráticas.

para um passeio de carruagem, leva-me a ver o meu amigo Villiers na Legação inglesa. À noite jantar na Legação.

Lunch do Fialho aos delegados da Conferência Pan-Americana. No brinde que faz o Ministro de Estrangeiro, diz-me as coisas mais lisonjeiras. Embarcamos às 5 horas.	*3* julho
Festa de 4 de julho[317] a bordo. No jantar, digo algumas palavras em inglês em resposta ao *toast** do delegado americano.[318]	*4* julho * *brinde*
Chegada a São Vicente. À missa. Recepção no Consulado. Saudação que me faz o capitão Viriato da Fonseca. Digo no meu discurso que é uma grande emoção saudar a glória portuguesa ali "em uma das estações dos *Lusíadas*".[319]	*8* julho
Tenho entusiástica recepção no Recife. Levam-me ao Teatro Santa Isabel. *Luncheon* em palácio.[320]	*13* julho
Recebem-me com grande entusiasmo na Bahia. A municipalidade inaugura uma placa comemorativa na casa onde nasceu meu Pai. Banquete em palácio.[321]	*14* julho
Chegada ao Rio de Janeiro, que me recebe em triunfo. Ver jornais.[322]	*17* julho
Abertura do Congresso.[323]	*23* julho
Sessão em honra de Mr. Root.[324]	*31* julho

317. *Dia da independência americana.*
318. *V. Carta a Evelina de 7.vi.1906.*
319. *V. Carta a Evelina de 12.vii.1906.*
320. *V. Carta a Evelina de 14.vii.1906.*
321. *V. Carta a Evelina de 16.vii.1906.*
322. *V. Cartas a Evelina de 20 e 25.vii.1906.*
323. *V. Carta a Evelina de 1.viii.1906.*
324. *V. Cartas a Evelina de 2 e 10.viii.1906.*

13 agosto	Sessão do Congresso. Janta comigo o senador Azeredo.
14 agosto	Recepção na Academia de Letras.
16 agosto	Almoço com delegação mexicana. Clube dos Diários, 12h30. Teatro Recreio Dramático. Recepção no Itamaraty.[325]
19 agosto	Festa veneziana em Botafogo.
21 agosto	Meu jantar aos delegados no Clube dos Diários.
22 agosto	*Garden party* no Jardim Botânico.
23 agosto	Jantar Buchanan. Recepção no Itamaraty.
26 agosto	Penúltima sessão da Conferência. Meu discurso resumindo trabalhos.[326] Jantar no Itamaraty.
27 agosto	Audiência do presidente aos delegados, às 3 da tarde. Sessão de encerramento às 9h da noite. Baile no Itamaray.[327]
28 agosto	Almoço no Clube dos Diários com os mexicanos. Questão da declaração dos colombianos na ata. Jantar (30 pessoas) que dou aos Griscoms, ao Quesada e ao de la Barra, seguido de música. Cantam Sinhazinha e Aguilar (da Costa Rica), toca o Artur Napoleão, recita Mlle. Prozor.

---

325. V. *Carta a Evelina de 16.viii.1906*.
326. O texto da declaração de Nabuco foi transcrito por Carolina Nabuco, A Vida de Joaquim Nabuco, pp. 433-4. As principais decisões da Conferência diziam respeito à: consagração do princípio de arbitramento para solução de controvérsias entre os países do hemisfério; criação de comitê de juristas encarregado de preparar projetos de códigos de direito internacional; reorganização do Bureau das Repúblicas Americanas; e solicitação à Conferência da Haia para que examinasse a doutrina Drago, que proibia o emprego da força na cobrança de dívidas externas.
327. V. *Carta a Evelina de 31.viii.1906*.

Meu jantar a Mr. Buchanan.	*4 setembro*
Almoço no Itamaraty aos chilenos. A bordo, despedir-me deles.	*5 setembro*
Faço umas vinte visitas. Escrevo ao Rio Branco e ao Rodrigues Alves, recomendando Barros Moreira, Graça e Chermont.	*7 setembro*
À missa. Almoço do general Uribe no Clube dos Diários. Jubileu da irmã Eugênia. Faço vinte visitas. Vem jantar o Domício.	*8 setembro*
Pic-nic projetado no Vidigal: avisar Assis Brasil (2), Rowe (1), Fontoura (2), Lafayette (2), Machado, Domício, Chermont, Rodrigo Otávio.[328]	*11 setembro*
Chegada a São Paulo. Hóspede do Antônio Prado. Aclamações da Academia[329]. À noite vamos ver as iluminações.	*13 setembro*
Sessão na Faculdade de Direito. Meu discurso. Jantar oficial em casa do Prado. Ao teatro.	*14 setembro*
*Marche aux flambeaux** da Academia. Meu discurso.	*15 setembro* * Marcha à luz das tochas
Sigo para Santos com o Antônio Prado, Chermont e Leopoldo de Freitas. No Guarujá. Tarde incomparável. Duas horas de *trolley* pela enseada: o mar de uma beleza indescritível, céu plúmbeo que para a tarde se coloriu de cor de rosa; a praia um verdadeiro espelho, as espumas e água nas areias cor de rosa; as ondas em furor contra as pedras, elevando-se alto. Imensa solidão e tudo bravio, a praia uma longa curva entre rochedos, mas muito larga, um largo lençol de areias brancas. Um sonho.	*16 setembro*

---

328. V. *Carta a Evelina de 12.ix.1906.*
329. *Academia da Faculdade de Direito de São Paulo.*

17 setembro	Voltamos para São Paulo. Hoje na mesa lutei uns segundos com uma perturbação, à qual se seguiu um tremor das mãos, que não me deixou acabar o almoço, por não poder mais levantar o garfo nem a xícara de café. Logo depois a fazer visitas. Uma delas à viscondessa de Taunay. Causa-me emoção ver os quadros preferidos de Taunay cercando a viúva. Eu hoje só tenho no espírito a imagem de Evelina viúva, e meu maior voto é que ela não tenha um só instante a viuvez amarga e desalentada. Quanto aos meninos, eles se consolarão, porque a vida é o presente, e não o passado.
18 setembro [Belo Horizonte]	Despedidas, visitas às repartições. A partida, na estação cheia, os estudantes aclamam-me, seguem alguns segundos o trem na linha e na plataforma. Verdadeiro entusiasmo que me faz sentir que morro jovem.[330]
25 setembro	Visita ao dr. Afonso Pena.[331] [...]
1º outubro	Carta do Siqueira dizendo que meu sogro está grave.
5 outubro	Parto para o Pilar. [332]

---

330. V. Carta a Evelina de 24.ix.1906.
331. V. Carta a Evelina de 30.ix.1906. Afonso Pena, recém-eleito presidente, era um velho colega de Nabuco dos tempos de internato e no Parlamento do Império. Desde a chegada de Nabuco, circulavam rumores de que ele seria convidado para substituir Rio Branco no Ministério das Relações Exteriores. E a 30 de agosto, Afonso Pena escrevia-lhe: "Por motivo algum, dispensaria sua cooperação durante o meu governo, no posto em que você julgar melhor poder servir à nossa pátria". Nabuco, porém, optou por continuar em Washington, não somente em função da importância que atribuía à sua missão nos Estados Unidos, mas também por motivos pessoais, como dirá a Evelina em carta de 5 de agosto: "Não se recusa colaborar sem desgostar. Todavia, ninguém deve ser obrigado ao sacrifício da vida e eu sinto que não resistiria ao Ministério". E a 24 de setembro, aduzirá: "Se eu fosse ministro, ficava como o pobre do Rio Branco. Está muito cansado e meio apagado à força de trabalho e acumulação de negócios, incidentes e papéis".
332. Devido à doença do sogro. V. Carta a Evelina de 7.x.1906.

Às 2 da madrugada, recebe a extrema-unção. Ladainhas dos antigos escravos e foreiros. Toda a cena da morte de minha madrinha.³³³	10 outubro
Às 5h da madrugada falece. Vejo com os olhos de Evelina o caixão ser levado à mão pelos campos da fazenda por foreiros e protegidos, muitos destes antigos escravos. Enterro em Maricá às 5h da tarde. Volto para o Rio.³³⁴	11 outubro
De manhã, à Glória para servir de padrinho ao Fernando, filho de Neném. Disse-me que lhe dá esse nome por ter sido o nome de Santo Antônio. Trocá-lo-á ele também? Despeço-me do presidente, visito o Gastão da Cunha, o Eiras, D. Marocas, Tobias. Vêm jantar o Gouveia, o Machado de Assis, o dr. Gonçalves Cruz, o Graça e o Chermont.	16 outubro
Despeço-me do Rio Branco. Sigo com o Chermont no *Clyde*. Levam-me na carruagem o Quintino e o Assis Brasil. No cais Pharoux, grande multidão em que avultam os chefes políticos da atualidade e amigos pessoais.³³⁵	17 outubro
Na Bahia, não desço; um bilhete ao Zama, que me dizem estar acabando. A cúpula negra da Piedade por sobre o teatro, as torres de São Bento sobre os telhados vizinhos, o obelisco do Passeio contra o fundo das velhas mangueiras coloniais, a igreja da Graça no seu outeiro. Depois a bela linha do mar, fechando na ponta de Itaparica.	20 outubro

333. *Cena que Nabuco descrevera em* Minha Formação: *"A noite da morte da minha madrinha é a cortina preta que separa do resto de minha vida a cena de minha infância. Eu não imaginava nada, dormia no meu quarto com a minha velha ama, quando as ladainhas entrecortadas de soluços me acordaram e me comunicaram o terror de toda a casa. No corredor, moradores, libertos, os escravos, ajoelhados, rezavam, choravam, lastimavam-se em gritos; era a consternação mais sincera que se pudesse ver, uma cena de naufrágio; todo esse pequeno mundo, tal qual se havia formado durante duas ou três gerações em torno daquele centro, não existia mais depois dela: seu último suspiro o tinha feito quebrar-se em pedaços".*
334. *V. Cartas a Evelina de 8 e 10.x.1906.*
335. *V. Carta a Evelina de 18.x.1906.*

21 outubro	Acompanhamos a costa, ao longe Maceió, depois de horas o cabo de Santo Agostinho, toda a paisagem familiar da costa pernambucana, a orla branca da praia, os coqueirais, as colinas verdes. À tarde, defronte do Recife. Não desembarco. Depois que se vão os amigos, os moços da Academia, fico a olhar para o ocaso que flameja como um Turner sobre Olinda. À noite, a lua forma um navio, uma caravela de ouro, sobre uma nuvem negra. E assim me despeço do Recife, talvez para sempre.
22 outubro	Fraqueza ao começar o *luncheon*. Os braços trêmulos, um pouco de suor, tudo passa com a alimentação. Regular esta é o problema.
27 outubro *desdobramento	Hoje olhando para o mar a idéia de escrever (?) uma coisa que se pudesse chamar páginas do diário de Deus (do Criador). Assim uma datada do ano quarenta milhões depois da criação dos Anjos e outros tantos antes da criação da matéria — a conversa com outros Espíritos sobre a criação da matéria. Outra, milhares de anos antes da criação orgânica de seres viventes em planetas de outras constelações, onde a criação não foi ainda moral, isto é, onde a liberdade não entrou. Outra, antes da criação do homem, da introdução da liberdade no universo, do mundo moral. Depois outra da Queda. Outra no dia do Gólgota. Deus chorando ao *Eli, Eli*! Outra, milhares de anos depois do fim da humanidade. Outra, à vista da criação dos anjos (1ª); insuficiência da solução material, da criação da matéria (2ª); da criação intelectual, das marionetes pensantes e viventes (3ª), do ente livre, escravo do mal (4ª); a última solução: o *dedoublement** da divindade, a sua reprodução e pulverização infinita, tudo Deus, todos parte de Deus — o Oceano Divino.
31 outubro	Chegamos a Lisboa. Jantam comigo os Fialhos, o Torres, o Ipanema, o Chermont. Depois vem o Pontes.

Partimos no Sud Express para Paris. No trem, está o Ministro de Estrangeiros, Conselheiro Luís de Magalhães, com a família. Pára, porém, logo depois do almoço. Homem muito agradável e a senhora muito simpática, ambos afetuosos. Vai também uma senhora Berquó até Paris.

1º novembro

Chego a Paris à noite. Vou para o Hotel Regina com o conde de Figueiredo e o Rodrigues. Conversamos muito.

2 novembro

Ao Lahure, à Legação, a D. Zizinha, que não está em Paris, me dizem no hotel dela. Vem Mme. Régis conversar e saber notícias. Janta o Rodrigues. Depois vêm o Piza, o Aguiar, o Hermano, o conde e a condessa de Figueiredo, o Antônio de Siqueira, o Arinos.

3 novembro

Na estação o Leoni, o Hipólito. Chego à tarde a Londres. Estão me esperando o Régis com a Legação. Jantam comigo o Régis, o Cardoso, o Barros Pimentel, o adido naval Sampaio.

4 novembro

Encontro-me com lord Landsdowne, que me diz estar lendo com muito prazer o meu livro.[336] Ia levar-lhe um exemplar. Ao Alfredo de Rotschild com o Régis. Vem o Beaton. Carta muito afetuosa do velho Youle. Almoçam o Régis, o Cardoso. Jantam os mesmos. À tarde, visito Mme. Cardoso.

6 novembro

Partida para Nova York no *Clyde*. Deus me leve a salvamento. Terei viajado este ano, fora as anteriores, 27.000 milhas desde maio, quando segui com o Shannon para a Califórnia. E só agora sinto que o meu plano de viagem está caminhando para a conclusão. É uma impressão de descanso libertador que começa.

7 novembro

---

336. Pensées Detachées et Souvenirs, *que acabara de ser publicado em Paris.*

14 novembro	Na véspera de chegarmos a Nova York, encontramos abandonada ao mar com todas as velas uma barca, cujo nome é *Marion*, de Halifax. Ninguém a bordo, nem escaleres.
15 novembro	Chegada a New York. À tarde, parto para Washington. Em casa. Deus seja louvado. Telegrafo ao Afonso Pena, ao Rodrigues Alves, ao Rio Branco.
16 novembro	Vem Mr. Root. O dia ocupado a expedir para a Associated Press a mensagem do Pena e a minha explicação sobre o episódio da imigração em New York. Telegrafo ao Rio Branco que li a mensagem a Mr. Root. [...]
18 novembro	Telegrafo ao Rio Branco sobre a carta do Destournelles de Constant, pedindo-me para centralizar as respostas dos governos americanos. Telegrafo a Destournelles. Telegrafo ao dr. Pena, pedindo que o Brasil auxilie a Santos Dumont e dizendo que mensagem produziu ótima impressão. [...]
20 novembro	Cartas. Ao João Brandão, para ele e o Francisco. Ao Carvalho Aranha, agradecendo as vistas de Massangana. Ao presidente Butler sobre a nomeação de Mr. Barrett para o Bureau. À marquesa de Rudini, agradecendo os pêsames e as palavras do marquês sobre meu livro. Telegrafo ao Rio Branco sobre Mrs. Robinson Wright. Ao Banco do Comércio, mandando abrir uma caderneta para a nossa criada Albina Pereira com 360$. Esses 360$ representam os pagamentos de 60$ mensais de 1º de julho a 1º de dezembro inclusive. Escrevo à baronesa de Loreto pela sua viuvez. [...]
23 novembro * *Sou uma casa que vacila*	Arrumando papéis. Tive uma pequena náusea depois do café. Não pude almoçar e por isso senti-me fraco à tardinha. *I am quite a tottering house.** [...]

Forte enxaqueca. Vem o médico. Lendo *Os Lusíadas* — este é o livro verdadeiramente meu companheiro e o foi sempre. Sinto não saber mais dele de cor, mas a Ilha dos Amores e a súplica de Vênus a Júpiter é preciso que a torne a aprender para fazerem companhia ao Adamastor e Inês de Castro, que nunca esqueci. Escrevo ao Lahure oferecendo ao Hachette minha parte nos 500 primeiros exemplares que vendam, para ser aplicada a despesas de publicidade.

Vem Quesada. Longa conversa sobre Cuba e a posição dele. [...]

25 novembro

Durmo sem dor de cabeça pela primeira vez há quatro noites. Passeio de carro de manhã ao parque. Vou à Embaixada. Vêm jantar o Chermont e o Veloso. Escrevo ao dr. Fernando de Castro Pais Barreto, advogado do Pará, meu antigo adepto no Recife e que eu não sabia ser o mesmo Pais Barreto, que descobriu e possui a *Leda*, do Ticiano. Eu o conhecia por Fernando de Castro e desde 1890 não tive mais notícia dele. Foi um grande prazer para mim descobri-lo.

28 novembro

Ao parque de manhã. Não estive bem o dia. Mandei retalhos ao Pena, ao Rio Branco, ao Graça. Ofícios diversos assinados. Recebi uma bela carta do Magalhães de Azevedo sobre o meu livro. Respondo-lhe. [...]

3 dezembro

[...] Hoje ao sair do Departamento de Estado, atravessei o corredor que é ladrilhado de branco e preto, como se fosse cair. A dispepsia volta-me tão forte como em 1883.

Mr. Root manda me chamar. Pontos de que tratamos:

1º Substituição do Fox pelo Barrett, que ele diz ser um grande *advertiser**. Digo que para mim o Bureau é uma instituição "americana" sob o controle naturalmente das outras nações, e que por isso não compreendo o lugar de diretor senão como sendo o *locum tenens** do secretário de Estado. Julgo Mr. Barrett excelente, mas nós não devemos expulsar o Fox; pertence ao secretário de Estado propor outro, poderíamos nos novos estatutos estabelecer que o diretor deveria ser escolhido entre os que excercem altos cargos na

4 dezembro

**propagandista*

**o que ocupa o lugar*

administração americana. 2º Tinha uma bela carta a Mr. Carneggie para ser assinada por todos nós, pedindo-lhe que nos desse o edifício do Bureau, como vai dar o das conferências e Tribunal de Haia. Achei a idéia excelente, felicitei-o pela promessa que já tem, mas disse-lhe dever ser ele, e não nós, que se dirija a Mr. Carneggie. Ele como americano pode pedir-lhe isso, nós, como nações soberanas, não o poderíamos. Ele concordou e alterou a forma da carta. 3º Comissão para o novo regulamento ficará assim composta: Nabuco, Calvo, Calderón, Pardo, Root. 4º Falei-lhe do convite Destournelles de Constant. Perguntou-me se o governo francês estava nisso. 5º Anunciei-lhe a oferta do discurso dele ricamente impresso.

8 dezembro	Tive hoje pela manhã uma perturbação, depois de ter tomado pela manhã uma dose de bismuto com um copo d'água.[337] [...]
9 dezembro	Escrevo um discurso para ler na reunião de amanhã. [...]
10 dezembro	Sessão da Comissão de Regulamento do Bureau em minha casa. [...]
11 dezembro	Passeio ao parque de manhã e à tarde. Visitas. Lendo os jornais do Rio. [...] Escrevo ao Rio Branco, agradecendo as palavras que disse sobre mim aos militares e dizendo que minha saúde depende de uma cura em alguma estação de águas da Europa, depois do que, verei se posso continuar neste posto.
12 dezembro	Passeio ao parque. Carta a Mr. Root sobre o relatório da Comissão e pedindo por Mr. Fox. Entrevista com a *Associated Press* sobre a isenção do serviço militar alemão para os colonos do Brasil. Respondi que nós estimaríamos que as outras nações fizessem o mesmo.

---

337. Anotação na letra de Evelina Nabuco.

Passeio de carro de manhã. Às 2h30, tenho longa conferência com Mr. Root. Escrevo ao general Aguiar, novo prefeito, felicitando-o e recomendando-lhe o Eugênio. [...]

14 dezembro

Sinto-me incomodado ao tomar o café da manhã, como sábado passado. Assim mesmo corto o cabelo. Passeio de carro. [...]
Que sublime sentimento o da mulher. Evelina, dizendo-lhe eu hoje que pensava em fazer um grande seguro para ela, ficou triste e com a voz trêmula e os olhos cheios de lágrimas, me disse: "Eu não quero nada que melhore a minha posição depois da tua morte". *Coming events cast their shadows before.**

15 dezembro

* Os próximos eventos projetam sua sombra antecipadamente.

Vem o médico. Começo hoje a trinitina com estricnina. Começo a massagem geral. [...]

16 dezembro

Exemplo de um dia meu agora: acordo às 9h30, *rezo*, tomo meu café (dois ovos, duas xícaras de café com leite, quatro *toasts* grandes com manteiga) seguido de bismuto, da trinitina e da estricnina às 10h. Sem descanso leio logo os cinco jornais da manhã; escrevo duas cartas, uma a Mrs. Fish (esta antes do almoço), outra ao Sílvio Romero, agradecendo-lhe o último livro. Escrevo longa carta a Mr. Rowe, agradecendo a que me escreveu, recebida hoje. Deito-me uma meia hora para descansar. Depois ao "gabinete". Faço a barba sentado, depois venho ler a *Vida de Gladstone*, por Morley. Escrevo ao Bassett Moore. Almoço canja à 1h45. Descanso uns vinte minutos deitado. Depois arrumo papéis e às 5h, massagem. Depois da massagem, brincando com os meninos no quarto de Evelina até à hora do banho. Em seguida, às 8h, o jantar. Depois conversando e arrumando papéis no gabinete até às 11h. Às 11h30 deito-me.

17 dezembro

Passeio de manhã de carruagem. Forte dor de cabeça. Mando o Amaral em meu lugar ao Bureau. Nesta reunião, a que não compareço vota-se o parecer que eu propus na Comissão, desfazendo o que se quis fazer no Rio em castigo do Calvo por ter apoiado o

19 dezembro

Brasil.[338] Mr. Root anuncia a nomeação de Mr. Fox para Ministro do Equador, resultado que obtive dele, em vez da demissão, sem outro lugar, da diretoria do Bureau. Também o modo por que ele se dirigiu a Mr. Carneggie, em seu nome só, e não por uma carta assinada por todos nós, foi conselho meu. Assim pode-se estar ausente da sessão. Amaral é um excelente vigário a *latere** para um velho bispo como eu.

*ao lado

20 *dezembro* — Ontem o Calvo agradeceu-me o que fiz pelo Fox; hoje este veio agradecer-me.
    Todo o dia em casa, mau dia. Arrumando papéis, sempre com os pés frios e dor de cabeça. Estou um inválido declarado. Ainda assim sou mais útil neste posto, pelo menos durante o governo de Mr. Root, do que qualquer com saúde. Isto é que me dá ânimo para fazer a minha cura a ver se posso ficar definitivamente em Washington. [...]

24 *dezembro* — Vem o médico. Acha-me muito melhor, mas eu não sinto grande diferença. Muito frio. Curto passeio de carro. [...]

29 *dezembro* — Escrevo ao Lahure, pedindo que remeta o meu livro a diversos. Escrevo ao Alfredo de Carvalho, agradecendo os *Estudos Pernambucanos*.

30 *dezembro* — Escrevo a F. Youle. Mando cartas escritas nos dias anteriores à marquesa de Rudini, dr. Lellis Vieira (*y los sueños sueños son**, lembrando-lhe que esqueceu o Calderón na sua conferência sobre os sonhos), Barros Moreira (a minha escola de sabedoria, puxar a corda), Serzedelo (bilhete pelo casamento). [...]

* e os sonhos, sonhos são.

---

338. Na escolha do Rio para sede da Terceira Conferência Pan-Americana.

Trechos de cartas a Evelina

Estamos a chegar a Chicago, mas não a verei. Seguimos logo para Colorado Springs, que será nossa primeira parada. Dormi muito bem e tenho descansado muito, todos nos entendemos perfeitamente de hábitos e de atenções recíprocas. É um grande conforto uma verdadeira cama e de bronze dourado em um trem de ferro, e mesmo a vibração não é tal que não me deixe escrever ao correr da pena. [...] Todo o território que temos atravessado é fertilíssimo e cultivado e risonho. Mas isso mudará em poucos dias.

Perto de Chicago
26.iv.1906

Ontem passamos por Chicago sem parar. Vi somente por fora a cidade-monstro, mas mesmo pelas entradas de caminhos de ferro se avalia da grandeza dela como da grandeza das cidades egípcias outrora pelas Portas. Excelente tempo sempre, muita liberdade de companhia ou isolamento, e a cozinha perfeita. Quando cansará o 'chefe' ou quando cansaremos dele, é a questão.

Kansas City
27.iv.1906

A caverna dos Ventos [...] é uma maravilha que precisa ser vista com vagar, e nós entramos e saímos. São esculturas que parecem humanas, umas em marfim antigo, outras em alabastro, e o interior lembra o das catacumbas. Aqui alumiam com lâmpadas portáteis de petróleo e queimam fios de magnésia, enquanto que em Roma não se tem senão uma torcida de cera ou fósforos. A beleza maior para mim foi o caminho; pela primeira vez compreendi bem o que se chama aqui um *canyon*. É um desfiladeiro entre altas muralhas cuja formação lembra ruínas de fortificações, de castelos, de templos romanos, de muralhas antigas. O colorido vermelho da rocha e do barro aumenta muito o efeito. Em alguns pontos, parece que se está nas latomias de Siracusa. Subi parte da estrada, pequena parte a pé, mas assim mesmo quando cheguei ao hotel para almoçar estava, como de lá te escrevi, orgulhoso da minha jornada. Depois do almoço segui-

Colorado Springs
29.iv.1906

mos para o Gardens of the God, uma coisa extraordinária, um trecho de terra árida como todas destas montanhas, em que há rochas vermelhas das formas mais extraordinárias, parecendo tudo obra humana colossal, egípcia, não sei quê, singularmente bela toda essa fantasia inesperada. A beleza, porém, é evidentemente a cor, para mim pelo menos, sem a cor essas pedras aumentariam a impressão de tristeza da paisagem, ao passo que, de fato, elas a convertem em impressão de surpresa e admiração. Voltamos com bastante vento pela frente e muito fresco, talvez frio. [...] Jantaremos no carro, cujo cozinheiro, já te disse, é excelente e nos está revelando a cozinha das Antilhas francesas. É uma especialidade. Hoje, dei um passeio de carro e depois fui à missa cantada.

Grand Canyon
2.v.1906

Esta vista é única, incomparável! Imagina um buraco em que estivessem reunidos os templos todos da Índia, as muralhas das cidades antigas, o Coliseu e o Castelo de Santo Ângelo, mas tudo isso de proporções colossais, de mármores de todas as cores, às vezes tudo de terracota; no fundo, escavações profundas, formando o leito de pequenos rios, de certo ponto, do Colorado; tudo fantástico, singular, único. E um bom hotel ao lado. Eu preferiria passar a minha vida olhando para o nosso pequeno canto de Paquetá, ou para as margens do Tejo. Não há vegetação no *Canyon*, há só cor e escultura, mas é uma maravilha. As pirâmides do Egito no fundo do vale pareceriam as casas das formigas no planalto de Minas Gerais. Lembras-te?

Pasadena
4.v.1906

De Grand Canyon, ou Canon, donde partimos ontem, até a entrada na Califórnia, atravessamos um deserto pedregoso e estéril; acordamos, porém, num verdadeiro jardim. Pasadena é um jardim, toda verde, florida como Cannes, plantada de árvores da Índia. [...] O país é um vasto laranjal, mas a laranjeira aqui é pequena, mais carregada, de um verde mais vivo e mais lavado do que o das nossas estradas de Maricá.

Isto é um jardim, um pequeno paraíso, um ideal para quem pudesse ter o coração aqui, tão longe. Tudo verde. A rua de árvores da pimenta com as suas folhas finas e leves e os cachos vermelhos é uma beleza. Deviam plantá-las em Petrópolis. Também ruas plantadas de magnólias. Tudo aberto. Os jardins e gramados sem grades para a rua como os do Tâmisa em Maidenhead e flores como em Cannes, mas não fechados por muros altos como naquela cidade, onde se tem tanto amor como ciúme das flores.

Pasadena
6.v.1906

Estou defronte do Oceano Pacífico e vendo a costa do México. Este hotel é fantástico, lembra-me o que se disse da Catedral de Sevilha, que só um doido a poderia ter feito. Há um pátio interior, chamado das palmeiras, que é umas duas vezes maior do que os que tenho visto nos grandes hotéis. Fora há um tanque de água salgada para natação que os meninos apreciariam muito, uma Casa de Macacos para o José, um acampamento onde me dizem que há às vezes milhares de hóspedes todos alimentados pelo hotel, uma grande *boat house**, um tanque que os *seals** (já não traduzo) brincam todo o dia; e dentro do hotel uma sala de baile e concerto como o grande Cassino de Pau. Um mundo. O Mengoli, que vai de maravilha em maravilha, só diz: "é o poder dos dólares", eu agora só digo: "é americano". Deu-me grande prazer ver este lugar. É o ideal, mas dizem-me que Delmonte é talvez mais bonito ainda.

Coronado Beach
8.v.1906

* barco-moradia
* focas

Encontramos São Francisco um campo de ruínas[339], um Fórum Romano não sei quantas vezes maior, e aqui e ali com edifícios bem conservados. É um fantasma de cidade, porque as paredes em muitas ruas ficaram, mas dentro tudo queimado. Tendas, barracas, mulheres cozinhando ao ar livre, carroções a carregar materiais, que parecem não poder ser removidos senão a peso de milhões, acampamentos, parte da cidade intacta, outra parecendo-o, eis a minha impressão. A cidade renascerá, mas que infinidade de tragédias do-

São Francisco
11.v.1906

---

339. Devido ao terremoto ocorrido pouco antes.

mésticas o terremoto e o incêndio, sobretudo o incêndio, quase que exclusivamente o incêndio, acumularam em alguns dias! E delas ninguém quer saber nada, não há tempo. As missas são ditas ao ar livre em altares portáteis. Há entretanto muita ordem, muita carruagem de praça e automóvel, a gente de São Francisco atravessou a baía e veio estabelecer-se provisoriamente em Oakland. [...] Ruínas não vão, porém, bem com o espírito americano e quem quiser ver ruínas nos Estados Unidos deve apressar-se. Estamos defronte de São Francisco. [...] Temos visto tudo! Ontem vimos o fundo do mar em um barco de fundo de vidro, depois vimos os destroços do Sunset Express ao lado da linha, visitamos Stanford University a Bela, com suas arcadas e alguns dos seus edifícios em ruínas e acabamos em San José vendo novas ruínas[340]. [...] O píer de Oakland é o maior que tenho visto, tão grande que suponho daria para atravessar da rua [marquês] de Olinda para a Praia Vermelha. Depois toma-se a barca, a qual aloja, me disse um empregado, de 3 a 4.000 pessoas. Quando voltamos devíamos ser mais de 4.000.

Glacier
16.v.1906

Temos visto coisas inesperadas. O bote com fundo de vidro que deixa ver, debaixo de um pano preto suspenso por varas, o fundo do mar na praia Delmonte, foi uma dessas novidades. É um aquário natural e interminável que se percorre assim. [...] Outra novidade são os *snow sheds*, espécies de túneis de madeira em que se abrigam os trens *snow bound* nestas paragens. Eu não quisera passar dias neles. A beleza do espetáculo todo é surpreendente. No parque de Vancouver, vimos enormes árvores como não temos no Rio de Janeiro. Coitadas! Parecem ter chegado ao termo, todas estão carcomidas, mas são verdadeiros gigantes do mundo vegetal. E dizer que só vimos os anões da família. A chuva nos tem impedido de ver as montanhas, os picos solitários, cobertos de neve; só vimos os precipícios, a encosta das serras, os rios e cachoeiras, as florestas. Hoje, uma destas, coberta de neve, era literalmente como a catedral

---

340. *Devido ao terremoto ocorrido meses antes.*

de Milão. Depois o Albert Canyon, o rio apertado no fundo do desfiladeiro de altas rochas a pique, o que seria um detalhe do quadro do grande Canon de Arizona.

Hoje o sol apareceu um pouco e a névoa fez-nos a fineza de nos deixar ver a geleira. Desse modo não perdemos a nossa viagem. A geleira é imensa mas do hotel somente se vê uma pequena parte. Ainda assim é uma montanha toda. Infelizmente a neve cobre o gelo, de maneira que só vemos aqui e ali as superfícies lentas e pardacentas da geleira. [...] O pensamento nestas regiões volta-se para Deus e estou, sem querer, acrescentando pensamentos ao meu livro, ou ficam para o outro, se este, por tuas orações, for bem aceito.

Glacier
17.v.1906

O ar aqui é ideal. Mesmo ao sol quente, sente-se-lhe a pureza e a leveza das geleiras e das banquisas do pólo, donde ele vem sem encontrar nada que o altere. É o ar da baía de Hudson, temperado pelos raios mais diretos do sol que respiramos.

Ottawa
20.v.1906

Esta manhã estive na Catedral de S. Tiago— S. James, que é uma miniatura colossal de S. Pedro de Roma. [...] E a igreja tão parecida com S. Pedro, o mesmo baldaquim de colunas torcidas, mesmas inscrições *Tu es Petrus* na capela, somente uma imitação, tocante por ser imitação, mas ainda assim lembrando muitos dos detalhes de S. Pedro, não decerto o detalhe principal, que é a grandeza, o âmbito e os mármores.

Montreal
24.v.1906

A viagem vai ser muito monótona, mas isso far-me-á bem. [...] Minha viagem ao Brasil é um sério, grande e ansioso esforço. O maior que terei feito desde que de lá saí. Vou resolvido a ficar o mínimo de tempo compatível com os meus deveres de toda ordem e espero tirar algum resultado, pelo menos moral, do trabalho que vou ter e do muito que sacrifiquei para lá ir. Não quero imaginar o que pode acontecer. Pode acontecer tanta coisa, ou antes, as coisas podem-se figurar de tantos modos diferentes, quando só podem passar-se de um, que é trabalho inútil estar imaginando.

Celtic
16.vi.1906

Celtic
19.vi.1906

Até aqui excelente mar. O único desagrado da viagem é estar eu sentado ao lado do comandante e obrigado a conversar com ele e com pessoas estranhas do outro lado da mesa. Preferia muito estar com os Chermonts em mesa à parte. O agente em Washington disse-lhes que não as havia, há muitas. [...] Estou fazendo listas (mentais) do que pode me acontecer de agradável e de desagradável em Londres, Paris, Lisboa, a bordo, no Recife, na Bahia e no Rio, tanto pessoalmente como com relação a Mr. Root e à Conferência. [...] Não sei se o meu contato com o Rio Branco, com o mundo político, me causará prazer ou desprazer.

Celtic
23.vi.1906

Hoje, véspera de São João, chegamos à Irlanda, amanhã, São João, a Londres. No mar vi um arco-íris, ao chegar o sol desfez o nevoeiro e nos mostrou a verde Irlanda. Tudo isto promete, estou longe da Rocha Tarpéia. [...] Adotei um *modus vivendi* comigo mesmo (e o mais difícil é viver consigo, com os outros mais ou menos a gente se arranja, ninguém é tão caprichoso conosco quanto nós mesmos) e é não antecipar, não imaginar nada quanto a essa viagem ao Brasil. Será o que Deus quiser. Não te admires do que eu tenho escrito sobre essa ida que a uns parecerá triunfal, mas que a mim se me afigura uma aventura como a de atravessar o Niágara acima da queda em um pequeno barco sem saber remar, ou pela corda de Blondin sem saber andar na corda. Por último, como sou supersticioso, recebo um cartão postal da filha do Matias de Carvalho, que é nada menos que a vista da Rocha Tarpéia. Como venho do Capitólio daí! Não se dirá, porém, que do Capitólio à Rocha Tarpéia a distância no meu caso é pequena, porque terei feito umas tantas mil léguas entre os dois, se o cartão postal for profético. Decerto, ela não pensou no suplício mas na paisagem.

*desalentado

Estou *gloomy**? Não creias, o espírito está melhor, mas só estará bem (só viverei bem comigo mesmo, dentro de mim), quando começar a volta para casa. [...] Vou fazer diplomacia para não ficar preso, não digo pelos quatro anos futuros, mas pelos meses do reinado do Rio Branco, que demora a todos sem motivo, como fazia o cocheiro esperar na rua em Auteuil enquanto ele dormia em casa esquecido.

A questão é o Rio. Eu estou em uma idade em que devo procurar diminuir a carga em vez de aumentá-la e sempre, e lá talvez queiram-me sobrecarregar ainda. Mas eu me furtarei a todos. Estou muito cansado.

Celtic
24.vi.1906

Aí vão essas cartas do Graça. Guarda-mas. É verdade que não as decifrarias. Aqui está pois o que ele diz em suma: quer ser meu secretário, viver muitos anos comigo, prefere isso a ser ministro! Sabe que eu serei nomeado para a Haia, o Rio Branco já o disse ao Prozor (mas não será do Rio Branco a nomeação, exceto se ele ficar, o que parece duvidoso visto a ruptura do Rodrigues Alves com a gente que sustenta o Pena. Este parêntese é meu).

Londres
25.vi.1906

Na quinta vim de Londres para Paris. [...] No sábado de manhã, parti para Lisboa.

Lisboa
2.vii.1906

A bordo estão os Martínez, os Portelas, o Quesada (muito aflito por ter deixado a mulher doente em Paris), o Correia, o Abaldia, esses de Washington; e mais os mexicanos, que estão em minha mesa, os de Salvador, o ex-presidente da Costa Rica, o jovem Alfaro, do Equador, o do Peru e diversos outros delegados; o Zagury, com quatro taquígrafos ingleses, quatro outros espanhóis, etc., etc. Como passageiros, alguns brasileiros e ingleses. Temos todos feito muito boa camaradagem. Já falei duas vezes, no almoço do Fialho e no banquete de 4 de julho a bordo. Estou muito bem cotado, ao que parece. Em matéria de camarote, estou melhor do que no *Celtic*. [...] E gosto mais da cozinha do *Thames* do que da do *Celtic*. Somente fiz a imprudência de comer ontem a nossa feijoada.

Thames
7.vii.1906

A estada em São Vicente foi muito agradável. O cônsul veio receber-nos [...] fomos recebidos pelas autoridades, ouvimos missa e o almoço do Consulado converteu-se em uma ovação a mim, porque capitão do exército português lembrou-se de fazer-me um brinde pela abolição da escravatura e falou com muita emoção,

Thames
12.vii.1906

abraçando-me em nome da sua raça e mostrando a cor do rosto como prova da sua sinceridade. [...] A bordo temos todos [nos] dado muito bem. Eu tenho uma pequena mesa de seis para a qual convidei os mexicanos, e tenho convidado os delegados alternadamente, dando assim uma série de pequenos jantares. Tem havido concertos, jogos e hoje um baile de fantasia. Nomearam-me presidente dos esportes e na distribuição dos prêmios hoje, fiz um pequeno discurso e cantaram o *he is a jolly good fellow** em minha honra. Como vês, a viagem tem sido muito em meu favor. [...] Como será amanhã no Recife? [...] No outro dia, na festa argentina, houve um caso tristíssimo. Há a bordo um anão que vai dar representações em Buenos Aires. Ele tinha cantado muito animado, pediram bis e, para o verem melhor, que trepasse na mesa. Ele muito contente prestou-se a subir, o capitão foi ajudá-lo e no impulso que tomou foi de encontro ao ventilador elétrico, cujos pés de chumbo lhe abriram três feridas na testa. O pobrezinho atordoado desceu da mesa banhado em sangue, tiveram que lhe coser as feridas e parece que ficará muito marcado. Por um pouco, teria ficado sem nariz ou cego. Foi uma espécie de *jettatura*.*

* *ele é um bom companheiro*

* *mau-olhado*

Thames
14.vii.1906

Ontem tive uma recepção esplêndida no Recife. O comércio tinha fechado para todos tomarem parte na manifestação, o Teatro Santa Isabel estava repleto, atravessamos a cidade até ao palácio a pé. [...] Fizeram-me imensas ovações todo o tempo, disseram sobre mim as coisas mais lisonjeiras que se possam imaginar. O bispo estava no Arsenal [da Marinha]. O José Mariano dirigiu o povo na rua. A festa foi promovida pelos acadêmicos. [...] Que extraordinária dedicação a que se tem por mim em Pernambuco! E como pagar tudo isso?

Thames
16.vii.1906

Escrevo-te na véspera de chegar ao Rio, onde me está preparada uma grande recepção promovida pelos acadêmicos! A da Bahia foi esplêndida, como verás dos jornais que te vou mandar. Uma verdadeira ovação durante quatro ou cinco horas. O que mais me comoveu foi a inauguração da placa comemorativa na casa onde nasceu meu Pai. Descobriram a casa nos arquivos do tempo, o que eu ignorava. Tenho falado! Os delegados estão surpreendidos, espantados com essa minha popularidade no Brasil, que não esperavam. [...] Nunca tiveram caráter de unanimidade assim as manifestações que recebi antes. [...] E o meu livro?[341] É no efeito que ele possa causar, se Deus quiser, que eu penso mais que em tudo, pois estou jogando nesse lance, maior e universal, a reputação que adquiri em nossa língua. Em palácio, na Bahia, estavam as filhas do Cotegipe. As recepções tidas em Pernambuco e Bahia foram verdadeiros triunfos, e a do Rio se anuncia ainda mais, apesar de que, para o meu coração, nenhuma outra possa valer as que mereci aos meus comprovincianos e aos comprovincianos de meu pai.

Minha vida está nos jornais que te estou mandando. Não tenho tempo para nada. Não há exemplo de manifestação assim. A minha entrada no Rio foi grandiosa, e no Recife e na Bahia! Deus seja louvado. Estou morto e mais vivo do que nunca.	Rio 20.vii.1906
Hoje estive na missa que mandaram rezar pela minha chegada na igreja do Rosário. Que festas! Que nomeada! É o povo o mais generoso do mundo.	Rio 25.vii.1906
A Conferência foi um grande sucesso e saí-me dela com muita felicidade. Estou, porém, terrivelmente cansado e ainda me resta o pior ou mais forte fadiga, que é a das viagens, pois tenho que ir a São Paulo, a Belo Horizonte e ao Pilar.	Rio 31.viii.1906
Presidi a sessão [da Conferência Pan-Americana] em honra de Mr. Root e de manhã consegui que o Rio Branco propusesse ao presidente dar ao pavilhão onde funciona a Conferência o nome de Monroe, o que ele fez, anunciando-se à noite o resultado.	Rio 1º.viii.1906

---

341. Pensées Detachées et Souvenirs, *que estava aparecendo em Paris.*

Rio
2.viii.1906

Acordei às 7h30 preparar-me para sair, primeiro almoço, jornais e correspondência; às 9h sigo para o Palácio Monroe, conferências com Delegados, das 10h às 11h30 revista militar ao sol todo o tempo, ao meio-dia de novo para o Hotel dos Estrangeiros, vem o Domingos Alves Ribeiro muito acabado, às 12h30 almoço tendo convidado um M. Turot, correspondente de jornais de Paris, Graça e Chermont; da uma e meia às 2h30 parto para o Corcovado com o Root em piquenique pan-americano dado pelo Lauro Muller, volto às 7h ao hotel, banho para repousar, jantar às 8h, às 8h30 para o espetáculo de gala, volto à meia-noite, ainda acho trabalho, deito-me à 1h. [...] Não avalias os preços do Rio. Não me poderei manter aqui mais de um mês. Imagina que uma vitória ordinária com mulas meio ensinadas custa-me 50$[342] por dia e uma carruagem melhor 120$ somente porque dizem ter rodas de borracha. E assim tudo. Para mandar um pequeno pacote 18$! O Laet insulta-me furiosamente mas eu não leio. Há quase dez anos que o não leio, não vou agora adquirir esse vício. Ele é um capoeira da pena, nada mais. [...] Aqui todos se prodigalizam por mim e no meio de tanta simpatia, crê que a atitude dos monarquistas como o João Alfredo, que nem um cartão me deixou, me cause a menor contrariedade. Eu os conheço, ainda que não possa falar deles, porque estive com eles.

Rio
10.viii.1906

Cheguei aqui otimamente, mas anteontem conversando com o Fontoura Xavier, tive um ameaço de vertigem que se reproduziu ao entrar eu no edifício das Conferências, razão pela qual fui para a casa de Sinhazinha, onde estão neste momento Gouveia e Iaiá. Era um efeito reflexo do estômago, desses que tive tantas vezes há anos, ainda que a impressão me tenha parecido nova. Ontem presidi a sessão pensando todo o tempo sentir-me mal. Não estou bem e preciso descanso. [...] E pensaram alguns em mim para Ministro! É no entanto extraordinário que, sem sair do Brasil,

---

342. *50 mil réis.*

tantos dos meus amigos e conhecidos que sofriam dessas perturbações dispépticas se tenham inteiramente curado e suportem hoje toda sorte de fadiga.

É uma roda viva. Não sou mais o centro da cena, como fui antes de chegar Mr. Root, nem o personagem sempre em cena como durante a visita dele, mas ainda não entrei na penumbra porque sou o presidente da Conferência. [...] O Pena só volta do Sul dentro de uma semana, e só então saberei em quem pensa ele para Ministro, ou por outra se pensa em mim. Custa-me fazer votos pela continuação do Rio Branco, pois é sacrificar os meus amigos, como o Barros Moreira, para quem não vejo caminho, mas a não ser o Rio Branco dizem todos que eu seria convidado e não se recusa colaborar sem desgostar. Todavia ninguém deve ser obrigado ao sacrifício da vida e eu sinto que não resistiria ao ministério. Além disso, deixaria de dar o que sinto poder dar, com algum tempo intermédio de repouso. E, por último, não posso abandonar em começo a minha obra de Washington, a minha criação americana.	*Rio* *16.viii.1906*
A Conferência foi um grande sucesso e saí-me dela com muita felicidade. Estou, porém, terrivelmente cansado e ainda me resta o pior ou mais forte fadiga que é a das viagens, pois tenho que ir a S. Paulo, a Belo Horizonte, ao Pilar.	*Rio* *31.viii.1906*
Ontem fizemos um piquenique à casa que o comendador Manuel José da Fonseca tem numa praia vizinha de Copacabana e que ele há anos emprestou ao Horta. Como nos conviria! Que retiro absoluto e saudável. [...] Meu maior prazer em tudo isto é não ficar para Ministro. Pobre do Rio Branco! Mas ele quer ficar e não se importa acabar assim. Está muito cansado e meio apagado à força de trabalho e acumulação de negócios, incidentes e papéis. O Oliveira Lima tem saído a atacar-me. Agora parece que me quer demolir e apresentar-se candidato ao meu posto, talvez esperando que o novo Ministro seja algum amigo dele. Que decepção quando souber que é o próprio Rio Branco!	*Rio* *12.ix.1906*

Rio
24.ix.1906

A minha recepção em São Paulo foi esplêndida, fui hóspede do Antônio Prado. [...] Ainda nada sobre o meu livro. Esperei tanto nele, isto é, em Deus, que é cedo ainda para a decepção, nem o silêncio somente me desilude. Os que o têm lido aqui acham-no a minha obra mais forte. Eu me inclino a julgá-la a primeira e receio que seja a última. [...] Amanhã à noite sigo para Belo Horizonte, umas dezoito horas de estrada de ferro. [...] Recebi umas trezentas visitas, que tratei de ir pagando à razão de umas vinte por dia, mas cansei! [...] Graças a Deus, não se fala mais em mim para o ministério, hoje todos crêem que ficará o Rio Branco, cuja saúde, porém, é muito, muito precária. [...] Se eu fosse Ministro, ficava como o pobre do Rio Branco. [...] O Oliveira Lima tem me atacado por vezes nos jornais e muito em cartas. Quem diria? Nunca lhe fiz senão bem. Não me deve nada entretanto porque não guardo lembrança desses seus modos de ser. Ele é assim. Se fosse magro, seria talvez diferente. É verdade que D. Flora é magra. Mas é que ele é gordo e ela azedou pela obesidade dele. Pobre Lima! Que mau bilhete ele tirou na loteria da vida com tal obesidade! No jornal ele escreveu uma vez que não há animal mais pretensioso na criação do que um embaixador... a não ser uma embaixatriz. Isso não era contigo nem comigo, mas com os embaixadores que ele encontrou na Europa, mas que frase para um colega! E os títulos dos artigos! Cada um para um diplomata é um auto de corpo de delito. [...] Em Belo Horizonte, vou ser hóspede do Afonso Pena. [...] Ele há-de abrir-se comigo sobre o ministério e a futura administração. Se o Rio Branco faltasse, eu estaria atrapalhado, mas com o Rio Branco desejoso de continuar, não é desta vez que fico preso. Não seria em caso algum um *good job**.

* *bom emprego*

Rio
30.ix.1906

A cordialidade da minha recepção em Belo Horizonte foi inexcedível e a importância política também. O Pena e o presidente do Estado acolheram-me do modo o mais íntimo. Fiz muito bem em ir.

Encontrei em Maricá a velha carruagem esperando-nos e, com o
Evaristo por pagem, viemos. [...] Que triste essa viagem que fiz
tantas vezes e esperava ainda fazer contigo em condições muito diversas, como uma festa de família. No caminho, encontrei foreiros
que me falavam com gestos de desânimo, entre eles o Racha-pé.
Como está acabado o Pilar. O campo é hoje mato, as obras ameaçam ruínas, por toda a parte o abandono, a miséria. [...] Em roda
do barão, o velho pessoal da fazenda, o Sr. Candinho cego, os foreiros que acodem. Tem tido umas quinhentas visitas de gente pobre. Se ele morrer, o enterro (quer ser enterrado na capela da
Saúde) vai ser uma imensa demonstração de pena da pobreza de
Maricá ao seu benfeitor [...] o quarto está sempre cheio, são visitas contínuas, que ele tem prazer em receber. Estou assistindo no
declínio à cena que tanto me impressionou na infância, da morte,
do desaparecimento de uma vida-centro, à qual muitas outras
existências haviam aderido, formando colônia. E a sepultura do
teu pai na capela da Saúde é o *pendant** fiel da de minha madrinha
na capelinha de São Mateus em Massangana. O mesmo fim. E o
amor dos antigos escravos, dos velhos escravos, da pobreza que ele
socorria, como isso é igual. [...] Podes imaginar quanto o meu coração tem vibrado e quanta imagem e quadro o meu cérebro tem
recolhido, quanta recordação se tem avivado.

Maricá
7.x.1906

**equivalente*

A gente toda do Pilar está inconsolável, revezando-se de dia e de
noite, só querendo estar com ele, pensando em suma somente nele na véspera do dia em que vão ficar sem protetor. Beatriz os deixará nos seus sítios e para os antigos escravos inválidos abrirá um
pequeno crédito na casa do Siqueira que lhes matará a fome, mas
são tantos os outros! Como é triste. As crianças pululam no terrei-
ro e na rua das senzalas, todas elas a cair. O Candinho, completamente cego, faz-me pena, perde o amparo, perde tudo no mundo,
tal é a pobreza da família à qual se tem que recolher. [...] Como o
dinheiro é importante até na morte e sobretudo na morte. Teu pobre pai estava no extremo da necessidade para um grande proprie-

Maricá
8.x.1906

tário, único arrimo de uma enorme clientela. Nem sei como ele fazia tais despesas e nunca te disse uma palavra.

Maricá
10.x.1906

Às 2h da madrugada, Extrema-Unção; 5h, rezam a ladainha. À noite, velamos, rezas por Beatriz, até que às 5h da madrugada (de 11) estando presentes eu, Carrapicho e Margarida, que lhe põe a vela na mão, falece. [...] Às 9h horas, missa de corpo presente. Às 3h, o corpo parte carregado à mão. [...] Vejo com os teus olhos o préstito descer a colina do Pilar e voltear o engenho, procurando o pasto. É uma grande impressão. Não a posso descrever.

Clyde
18.x.1906

Meu embarque foi muito concorrido, uma verdadeira manifestação por parte dos políticos do país do seu acordo comigo. Vou descansar a bordo. Estou muito cansado, os olhos adoecem e doem-me ao menor esforço. O Graça foi incomparável. [...] Hoje procuro esquecer a impressão dessa terrível semana do Pilar, porque ela me abateu muito.

Epigrama da época sobre a fuga de Grócio da prisão de Loevestein:[343] *1º janeiro*

> Esta caixa, que entrava há dias, cheia
> De grossos alfarrábios, volta esquiva,
> Mas com dobrada carga da cadeia,
> Pois leva Grócio, biblioteca viva.

Traduzido por J.N.

Ano-Bom. Vou à Casa Branca. O presidente felicita-me pelo meu livro. De lá, ao almoço de Mr. Root, que conversa largamente comigo no seu gabinete, enquanto o corpo diplomático almoça de pé nas grandes salas. Deixando cartões. [...] Mr. Root pede-me o meu retrato. Na nossa conversa hoje, falei-lhe ardentemente de Cuba. Disse-me que não tivesse receio pela independência de Cuba.

Dormindo mal todas essas noites. Vem o médico. Passeio de carruagem. Jantamos sós. *5 janeiro*

Durmo mal. Muita dor de cabeça. [...] Passeio de carruagem. [...] *6 janeiro*

Durmo mal. Dito longa carta ao Shannon. Vem o médico ver Evelina e a mim. Leitura de jornais do Brasil. Escrevo ao Lourenço de Albuquerque, desejando-lhe Feliz Ano-Novo, e sobre a morte do tio, visconde de Sinimbu. [...] *7 janeiro*

Começo a tomar uma garrafa por dia de *Piperazine water*. [...] *11 janeiro*

Dia triste, ocupado com o meu discurso para Buffalo. [...] *12 janeiro*

---

343. *Hugo Grócio, eminente jurista holandês, foi preso em meados do século XVII no seu país, devido às suas tendências republicanas e à sua oposição à dinastia de Orange. Grócio fugiu do cárcere, escondido num caixão que viera com livros. É provável que o epigrama tenha sido comunicado a Nabuco pelo secretário da Embaixada, Silvino Gurgel do Amaral, autor de livro sobre Grócio.*

18 janeiro	Passo um dia mal. [...] De hoje em diante terei os papéis em ordem. [...]
21 janeiro	[...] Hoje eu disse ao Shannon, falávamos sobre o *sentiment* que ele dizia ser tudo (assim o amor dele por Brockport, o meu a Massangana). "Principalmente para nós, que somos, falei de mim mesmo, como corpos já entrados na penumbra, para quem o eclipse já começou".
28 janeiro	[...] Escrevo a Mr. Root sobre o caso de Honduras. Ao parque. [...]
29 janeiro	[...] Escrevo longo voto sobre a questão de se as nações não representadas em Washington podem ser representadas no Bureau pelo representante de alguma outra nação americana.
31 janeiro[344] * *eu mais vil*	O libertino em geral pensa que os maridos têm o ar de escravos, os mais independentes e ousados parecendo, quando longe de suas mulheres, a escravos fugidos. Em certo sentido, o casamento é certamente uma escravidão, mas uma escravidão mútua. E o libertino, o solteirão, o solitário, seria ele verdadeiramente livre? Se ele não tem senhor, é porque não se conhece a si mesmo. Ele é seu próprio escravo, o escravo de seu *baser self*,* que o segura embaixo por seus vícios e por seu egoísmo, com cadeias bem mais pesadas que as da família, os filhos. Entre o escravo do vício e o escravo do dever, entre o centrífugo e o centrípeto social, não há que hesitar, um representa a coesão, o outro a podridão.
19 fevereiro	Hoje sinto-me muito fraco e receoso de ir falar em Buffalo amanhã. Recebi esta manhã uma carta com os últimos adeuses do meu amigo W.P. Garrison, escrita pela filha, pois ele já não pode mais. Isso com um livro, sua profissão de fé. Ajoelhei-me para rezar por ele e chorei como há muito não me lembro de ter chorado, pensando em tan-

---

344. *Tradução do francês.*

tos que vivem e que morrem sem reconhecer a Deus. Essas lágrimas em parte por ele, mas em muito maior parte por Deus, me aliviaram o coração. Deus não me abandonou de todo porque me dá dessas lágrimas, mas elas mostram também a minha prostração e fraqueza. Eu havia trabalhado muito e a impressão dessa morte sem Deus, de irracional, conforme o livro que ele me mandou, me abateu muito. Penso agora em escrever umas páginas, *Como Ele Morreu*, ou *Sa Mort**, contando uma bela morte no meu entender, a dissolução, a dispersão em Deus. E é a filha que escreve por ele. Escrevi ao Shannon. Escrevi ao Garrison uma consolação. [...] Partida para Buffalo.

* *Sua Morte*

O jantar de Buffalo.³⁴⁵ | 20 *fevereiro*

Ao Niágara. Visita a Miss Bush. Encontro o meu retrato onde estava há trinta anos. Ela lembra-me que eu as chamava, a ela e a irmãzinha (teria então 9 anos), *little contrabandistes**, porque na carrocinha com o pônei traziam ou levavam coisas do lado americano escondidas.

No *Private Car** Olympia. P.S. Em 12 de março, um passageiro, fazendo a mesma excursão que eu, foi morto por um pedaço de gelo, dos que tanto admirei ao passar. E eu que não imaginava que pudesse haver perigo por esse lado, uma pequena avalanche à beira do caminho.

22 *fevereiro*

* *pequenas contrabandistas*

* *vagão privado*

Festa do Shannon em Brockport. | 23 *fevereiro*

De volta a Washington. [...] | 24 *fevereiro*

Escrevo ao Graça, mandando cartas de Destournelles a M. Briand, e do Ribot, do Bizé: "No dia 22 fui ao Niágara que há anos vi no verão cercado de folhagem. Faltava-me vê-lo no inverno, cercado de gelos. Confesso-lhe que o prefiro jovem, cheio de vida e força, a vê-

26 *fevereiro*

---

345. *Conferência pronunciada no Clube Liberal de Buffalo (New York) sobre o tema Lições e Profecias da Terceira Conferência Pan-Americana, e reproduzida em Discursos e Conferências, cit.*

lo assim velho, reumático, tolhido!" "Eu me desinteressei do Rio Branco inteiramente. Ele não tem nenhuma amizade mais por mim. É um desses homens cujo sentimento íntimo se suspende ou interrompe com o poder. Ele deixou de ser meu amigo automaticamente ao ser feito Ministro. Na amizade o menor retraimento leva para os gelos do pólo". "Não me consolo de passar a última parte da minha vida longe do senhor e cada vez o sinto mais". [...]

28 fevereiro	Telegrafo ao Rio Branco sobre a Haia e o Equador. Sobre a Haia peço-lhe que abra mão da minha pessoa sendo preciso, para melhor decidir o Rui.[346] [...]
1º março	[...] Telegrafo ao Rio Branco sobre o atraso no pagamento da nossa quota para as despesas do Bureau. [...]
3 março	Vem o médico com outro, que me vai analisar o sangue. Telegrafo longamente ao Rio Branco sobre a Haia. [...]
4 março	Vem o médico. Escrevo extensa carta ao Graça sobre Haia[347] [...]

346. *Rio Branco convidara originalmente Nabuco para chefiar a delegação do Brasil à 2ª Conferência da Paz em Haia. Posteriormente, convidou igualmente Rui Barbosa, que, dada sua posição de vice-presidente do Senado, teria de preceder Nabuco. Não podendo ser o segundo em Haia, Nabuco pretextou motivos de saúde para não aceitar.*
347. *Letra de Evelina Nabuco. Nabuco a Graça Aranha, 4.iii.1907: "Por mais que eu deseje dar ao Rui essa prova de amizade e confiança, por mais que me custe não estar com ele na Europa e estreitar relações de tantos anos interrompidas pelas revoluções, gozar, em uma palavra, da intimidade dele em condições que tornam a intimidade mais íntima, o senhor o sabe bem pela nossa experiência comum, eu não posso ir a Haia como segundo e ele só pode ir como primeiro. [...] Nenhuma nação mandou a Haia na Primeira Conferência um embaixador com segundo delegado. E depois o presidente da Conferência Pan-Americana do Rio, segundo na delegação do Brasil a Haia, que desprestígio para aquela Conferência. [...] Que fiz eu a esse homem [Rio Branco]? Tive a infelicidade de ser nomeado Ministro em Londres pelo dr. Campos Sales, sem a Legação lhe ser oferecida a ele. Quando ministro, sua primeira idéia foi tomar-me a minha Legação, oferecendo-me a de Roma. Somente para tirar-me de Londres, criou esta Embaixada [em Washington]. Agora nem mesmo quer que eu a ocupe tranqüilamente. Procura pôr-me em uma falsa posição da qual talvez só possa sair, escusando-me deste posto".*

A estada fora do país por mais curta que seja nos desenraíza dele. *7 março*
Não se é mais inteiramente o mesmo depois. Em uns, o sentimento local reage por uma espécie de antipatia ao que não é nosso, e essa tira-nos ao sentimento a antiga frescura e espontaneidade que tinha antes do contraste, azeda-o e o atrofia em parte. Em outros, a nostalgia da terra estranha penetra intimamente e se junta com a do torrão natal, que não é nunca mais o mesmo para nós. Em certos casos, há um redobramento de ternura, de carinho intelectual por este, quando se sente que ele não basta mais à nossa felicidade, ou melhor, quando se sente que não pode haver mais felicidade para a alma que se tornou errante. O espírito deve ter asas, o coração não as pode ter.

[...] Eu não trouxe para este país a minha imaginação histórica. *8 março*
Aqui eu não busco o passado, contemplo o futuro. É o prazer que eu tinha no Pilar diante do jovem baobá de trinta anos apenas, já um gigante.

Hoje vem o médico verificar a minha pressão arterial que achou *10 março*
mais ou menos normal, 170 em vez de 150, pequena diferença, diz ele. Acabava de tomar a de uma senhora que tem 330 ou coisa assim. Diz que não tenho sinal de arteriosclerose, que só tenho o sangue rico demais de glóbulos vermelhos, o dobro quase. [...]

Acaé ontem e hoje doente. Vomitou todo o dia de ontem até de madrugada. *12 março*
O médico diz que há uma pequena inflamação no apêndice. Mandou hoje aplicar gelo. [...] Escrevo ao Dupuy sobre policitemia que me descobriu o médico americano. [...] Escrevo ao Hilário. Tópicos, a policitemia, necessidade de uma licença, impossibilidade de irmos os dois, o Rui e eu, a Haia.

14 março * "Este volume foi impresso às custas militares e nervosas do Sr. Nabuco".	Ontem sonhei que tinha em mãos um dos meus livros com esta nota, embaixo, de Hachette: *"Ce volume a été imprimé aux frais militaires et nerveux de M. Nabuco"**, e acordei pensando como se teria podido formar em meu cérebro tal idéia incoerente. *Militaires* talvez viesse de termos tanto falado em militares à mesa, e *nerveux* de serem as doenças nervosas assunto constante de conversa. Assim três idéias (porque a idéia do livro é contínua) notadas no cérebro, se teriam reunido naquele disparate. Isso me confirma na minha teoria do sonho há dias esboçada.
17 março	Chega um artigo do *Figaro*, de 2 de março, transcrevendo uns vinte e seis pensamentos meus. [...]
18 março	Telegrafo ao d'Estournelles que teremos o Root e o Jusserand no dia 9 e que espero faça apresentar o meu livro às Academias. [...]
19 março	A Prozor:[348] "Minha saúde não tem estado boa, ela não o é jamais, mas com a primavera espero terminar esta longa hibernação, se ela já não é a da velhice... Diga-me algo sobre você. Enquanto você estava no Brasil, eu tinha Graça Aranha que me enviava descrições encantadoras da vida artística e intelectual de vocês todos, e durante a Conferência informei-me muito a respeito pelos de Blixen. Agora, só você pode ser o seu próprio cronista". [...]
27 março *pragmática	Estou há uns dez dias já com uma afta na boca muito incômoda, que não me deixa mastigar. Hoje cauterizei-a com o lápis de pedra infernal. Por quantos dias ainda terei esse incômodo pequeno, mas muito doloroso e fatigante? Tomo esta nota para ver quanto pode durar uma afta perversa. Mesmo entre as aftas, há boas e más. [...] Este povo e esta sociedade é a mais *matter of fact** que existe, mesmo o idealismo aqui é *matter of fact*, o espírito prático é o único apreciado, a imaginação nunca perde contato com a reali-

---

348. *Tradução do francês.*

dade, toda inspiração é utilitária. Este povo é repovoado de geração em geração pela seleção do interesse, do interesse ativo, de melhorar de sorte, que move todo emigrante, mais forte do que a pátria, que para outros é uma invencível sujeição. Daí talvez o traço utilitário da raça, a sua incompreensão do que não tem alcance prático. Homens e mulheres, velhos e moços, todos aqui têm o espírito prático.

Hoje recebo telegrama do Rio Branco, do Afonso Pena, do Rui Barbosa, sobre a Haia. Também um "Não ceda" assinado Graça, Rodrigues. Bons amigos. Respondi aos primeiros que meu estado [de] saúde não me permite agora empreender tal missão. Passeio de carro. De repente ao sair do banho quente tive um resfriamento que promete durar. [...]

2 abril

Até ontem ainda a afta me incomodou, hoje ainda existe, mas, como não tenho comido, não me incomoda quase. Todo o dia e toda a noite com uma terrível dor de cabeça, a cabeça muito congesta. Não saio dos meus aposentos. Não como nada. O médico diz que é uma pequena congestão, não resfriamento ou defluxo, mas eu que tenho dessas dores de cabeça, sempre que me resfrio, sei o que são. [...]

3 abril

Até à tarde com a mesma congestão na cabeça, a mesma sonolência, desde anteontem à noite que durmo até agora, dormindo e acordando a cada instante. À tarde o estado da cabeça modifica-se. Tomei ontem à noite calomelanos, hoje três copos de água de Yanos. Maurício e Carolina vão hoje ao seu primeiro baile, ela toda de branco, ele de *dining jacket* e gravata preta!

4 abril

Primeira comunhão de Joaquim e Maria Ana. Ela recebe de nós uma pulseira e um crucifixo de ouro. Ele, um relógio e uma corrente. A corrente foi da primeira comunhão de Evelina e a pulseira foi feita com uma corrente minha de relógio comprada em Buenos Aires. Hoje passei o dia bom. Jantei embaixo, joguei bridge.

5 abril

Telegrafo ao Rio Branco mandando a informação sobre a Haia que me mandou o Embaixador russo. Somente hoje a afta deixou de incomodar-me, mas ainda existe.

6 *abril*

Telegrafo ao Rio Branco renovando o pedido da licença, visto necessidade prevenir passagens desde já. [...]

8 *abril*

Desde a tarde, terrível enxaqueca, cabeça muito quente, dores na nuca, não janto. Às 10h30 da noite, começo a melhorar.

10 *abril*

* o seu é grande demais

Ontem no jantar ao d'Estournelles de Constant, conversando com Mr. Root. Ele a mim: "um dos episódios mais interessantes da viagem foi ver em Pernambuco o amor do povo *for you*". Eu a ele falando da Conferência: "O triste foi o fato de Cuba e agora a guerra da América Central... Não se pode imaginar mais sincera admiração do que a que o Sr. encontrou nos nossos países pelo seu, mas *yours is too large**, é um mundo, não há equilíbrio possível, tudo depende de crescer este país com idéias nobres e generosas, não há contraste possível para ele senão nele mesmo... Nações desta grandeza nenhum homem as guia, elas seguem o seu destino cegamente, vão para onde as leva o instinto, tudo está em que este seja cavalheiresco..." Ele então me disse: "Com efeito... nos seus resultados finais... a política não é senão biologia..."

O d'Estournelles chegou ontem com meia hora de atraso. Ao entrar disse que a demora tinha sido causada pelo presidente (ele está na Casa Branca) que entrou no quarto dele e começou a falar bem de mim não acabando mais... [...]

15 *abril*

* Como a vida se bifurca! Um filho ator, uma filha freira.

O irmão da nossa criada Ana quer entrar para o teatro; ela, para o convento. *Comme la vie se bifurque! Un fils acteur, une fille religieuse.**

Telegrafo ao Rio Branco sobre a doutrina Drago. [...] Escrevo ao d'Estournelles e lhe mando uma lista de pessoas notáveis para formar a "Conciliação Internacional" no Brasil, referindo-o, porém, ao Rui e ao Rodrigo Otávio na Haia. [...]

Nova enxaqueca, congestão, resfriamento todo o dia. Apesar disso, posso mandar longo telegrama ao Rio Branco sobre discurso do Root e carta do presidente Roosevelt no Congresso da Paz ontem em Nova York e outro sobre o primeiro *tour** da Companhia Cook pela América do Sul, para que se facilitem aos turistas o desembarque e estada no Brasil. O que li ultimamente sobre exigências da alfândega é de desanimar os que querem lá ir por uns dias. À tarde melhoro um pouco; ao escrever esta nota estava melhor. Procurei lançar, lancei pouco. [...]

16 abril

*excursão

Telegrafo ao Rio Branco pedindo que a mandar-me a licença, mande-a a tempo de eu poder partir em maio, pois preços passagens no verão são proibitivos. Outro telegrama renovando pedido recursos [para] receber dignamente esquadra e secretários poderem assistir solenidades Jamestown. Passeio de carro. [...] Hoje deixa o nosso serviço a *femme de chambre** de Evelina, que parte para a Europa à nossa custa. É a segunda passagem de volta que pagamos.

17 abril

*camareira

Telegrafo ao Rio Branco sobre a excursão Cook em 3 de julho, começo de uma nova fase para a América do Sul, que assim começará a ser conhecida dos turistas. Também dizendo que segundo o *Sun* (muito simpático sempre ao Mr. Root) o único resultado da Conferência da Haia será a proibição da cobrança das dívidas internacionais pela força. [...]

18 abril

Escrevo ao barão de Courcel, agradecendo o querer apresentar meu livro à Academia de Ciências Morais e Políticas. [...]

20 abril

Escrevo uma longa carta ao senador d'Estournelles sobre o meu livro. Também outra a Paul Deschanel agradecendo a intenção de estudar o meu livro para propor um prêmio para ele à Academia Francesa. [...]

22 abril

24 abril	Telegrafo ao Rio Branco em resposta ao telegrama dele de ontem, oferecendo-me ir à Europa em missão de serviço em vez da licença que pedi. Aceito. [...]
27 abril	[...] Telegrafo ao Rio Branco que, pensando melhor, não poderei usar da licença sob forma de missão de serviço. [...]
2 maio	[...] No jantar hoje, ao despedir-se, o senador Elkins, que é um dos grandes anfitriões de Washington, me disse que o meu jantar do ano passado (o das duas Américas) foi o mais bonito jantar a que ele assistiu em sua vida. Conversa muito interessante com o Embaixador japonês sobre a impenetrabilidade da civilização oriental para nós e vice-versa.
6 maio	[...] Segue minha carta ao presidente [Afonso Pena] sobre a recusa da Haia. [...]
8 maio * "Os argentinos temiam o cérebro do Sr. Nabuco".	2h *lunch* a bordo da *Sarmiento* no fim da rua 7, no War Barracks Pier. Hoje, a bordo do navio-escola *Sarmiento*, como o teto fosse muito baixo e eu me conservasse inclinado (aquele camarote não servia para homens como eu e Mr. Bacon), Mr. Root disse brincando ao Portela: *"The Argentines were afraid of Mr. Nabuco's brains"**. Ele está sempre a gracejar à moda americana. Alguma coisa nesse gracejo aludia à rivalidade entre o Brasil e a Argentina, outra à alta opinião que ele sempre exprime a meu respeito. Realmente ele dá-me as maiores provas, hoje levou-me de bordo à sua casa em automóvel e lá mostrou-me as conferências que vai fazer em Yale e as instruções que vai dar aos delegados da Haia! Nossa conversa é visivelmente uma penetração recíproca. Essa é a verdadeira amizade, a mais alta forma dela.
16 maio	*Luncheon* na Casa Branca. O presidente me chama de "sucessor de Chateaubriand". [...]

Grande jantar de Mr. Root aos oficiais brasileiros e argentinos. Meu discurso muito aplaudido, os *Justices** White e Holmes me dizem coisas muito lisonjeiras.	*17* maio **Juízes da Suprema Corte americana*
Escrevo ao de Courcel, Deschanel, Gaston Boissier, propondo-me ao prêmio Montyon de 1908. Telegrafo a Lahure para mandar a Boissier os quatro exemplares regulamentares. [...]	*19* maio
Escrevo a um Sr. Gurgel: "Não há, em nossa literatura pelo menos, nada mais estéril do que o ódio. Por um aplauso que recolhe, ele [o autor] afasta do seu círculo dezenas de espíritos generosos. Não é preciso defesa contra ele, basta abandoná-lo a si mesmo. Agradeço-lhe, todavia, com o mesmo reconhecimento o que disse em meu favor, respondendo a uma diatribe que não li". Não vai. [...]	*23* maio
Para New York.	*30* maio
Comunhão cedo. Embarco às 9 horas para Cherburgo no *Saint Paul*, da American Line, com o Veloso. [...]	*1º* junho
A bordo. Creio já ter tomado uma nota sobre a inutilidade do ensino da Moral conjuntamente com o da História. Esta é a *divinização* do sucesso. Tudo tem nela um prêmio, exceto as virtudes para as quais não há nela sequer lugar. O amor da glória (exceto o da glória seráfica) é muito mais forte instinto humano (sobretudo coletivo) do que o da virtude. Eu quisera ler num quadro, digamos em uma conferência, a impressão geral da História. Onde achá-lo? Eu falo do drama, da tragédia humana, do que Prometeu chamou a sua obra, o novo destino do homem. De saque em saque, de escravização em escravização, de destruição em destruição (incêndio, arrasamento, Tróia, Cartago, Jerusalém, Roma, Constantinopla), a história é uma carnificina sem-fim. Como a humanidade caminha,	*8* junho

progride entretanto por elas. Se tudo tivesse ficado na paz e na ordem, nunca teria havido progresso. Não haverá, porém, mudança nesse processo? É ele fatal?

Ontem eu dizia ao Veloso que realmente a religião parece se reduzir hoje à mulher. Isso mostra que esta é o que o mundo ainda tem de melhor, mas somente depois da mulher ter perdido como o homem o sentimento da dependência é que se poderá medir a extensão do mal social, da podridão social, causada pelo ateísmo. Quando a mulher fizer do prazer a sua religião, como o homem já fez, teremos que ver o homem voltar pouco a pouco à degradação animal. Mas de hora em hora Deus melhora.

9 junho
* *Ovos de Plymouth!*

Chegada a Cherburgo ao meio-dia. À noite no hotel La Pérouse em Paris. [...] *Plymouth eggs!** Terra, terra! Para o navegante, para o gastrônomo é mais ainda, é a Terra da Promissão, a Europa, onde os ovos não têm anos de conservação como os dos Estados Unidos. O artificial nunca vale o natural. A questão é saber até onde vai o natural com a educação ou a cultura.

10 junho

[...] Visita ao Lahure. À Legação. Ao Antônio Prado. À noite, conferência com o Rui Barbosa.[349]

12 junho

[...] No *Brésil*. Conversa com M. Paul Doumer.[350] [...]

---

349. *Nabuco a Rio Branco, 21.vi.1907: "Expus a este [Rui Barbosa] o grande interesse do Governo americano em que da Segunda Conferência da Haia resulte pelo menos algum progresso do Direito Internacional quanto à limitação do emprego da força na cobrança de reclamações pecuniárias entre nações. Essa atitude aquele Governo sempre a manteve muito antes do dr. Drago ter aparecido com a sua nota, reclamando-a como uma iniciativa da República Argentina".*
350. *Paul Doumer, político e futuro presidente da França, assassinado em 1932 no exercício desse cargo.*

À Gare du Nord, despedir-me do Rui Barbosa. Ninguém. Fizeram muito pouco por ele. Escrevo para o Rui uma longa nota confidencial sobre alguns delegados.[351]	*13 junho*
Conversa com o dr. Barbosa Lima sobre a política de aproximação americana. Almoça comigo. [...]	*14 junho*
Consulto o dr. Albert Robin, celebridade médica francesa.	*15 junho*
Grande passeio no automóvel do dr. Alberto de Faria. Chega Evelina com os meninos.	*16 junho*
Fazemos diversas visitas. Durante o jantar, longa conversa com Mrs. Lawrence. À noite com Evelina, Carolina e Maurício, ver a feira de Neuilly.	*18 junho*
Todos estes dias acordo com forte dor de cabeça. Tenho a sensação de congestão.	*19 junho*
Tive a felicidade de trazer Evelina e os meninos comigo, de modo que não sentirei o isolamento de Vittel[352], onde chegamos à tarde. Vem ver-me o dr. Bouloumié. [...]	*23 junho*
Hoje passei sem os fenômenos que me incomodaram até ontem, de dor de cabeça, rosto muito vermelho, na primeira parte do dia.	*24 junho*
Escrevo ao Gouveia pedindo para fazer o Graça estudar a contagem do meu tempo para o caso de disponibilidade ou aposentadoria, e se entrei para o corpo diplomático como estranho ou como antigo membro do corpo.	*25 junho*

---

351. Transcrita em Cartas a Amigos, *ii, pp. 267-70.*
352. Célebre estação de águas localizada no nordeste da França.

26 junho	Ao Prozor:³⁵³ "Você é o último dos gregos e sua verve aristofânica (não gosto de dizer aristofanesca) dará a esta quermesse diplomática uma marcha leve e animada. Você se acredita imortal, eu já perdi esta ilusão. Sei muito bem que só ela dá interesse à vida, mas há muito que me descobri doente da vida. Gostaria que você fizesse o mesmo, arriscando tudo em cada jogada. Ponha nisto menos empenho".
29 junho	Peço licença a Mr. Buckle para usar da correspondência com ele para formar o Comitê Ciceroniano. [...]
1º julho	Ao Carvalho Monteiro, pedindo informações sobre os melhores livros recentes sobre Camões e a semelhança da língua portuguesa com o latim.
3 julho	[...] Carta ao Antônio Prado: "Vittel, 3.vii.07. S.Paulo: este nome evoca em mim as mais doces recordações. Posso servir-me dele como de um calmante intelectual poderoso. É um fato. Se quisesse, eu podia mostrar como 'o estado d'alma' que a lembrança de São Paulo produz sempre em mim é diverso de todos os outros e que a profunda calma, silenciosa e luminosa, é a característica dele".
5 julho	Escrevo extensa carta ao Hilário, mandando as cartas do dr. Osler e do d'Estournelles (o que lhe disse o Robin). Falo dos triunfos do Rui, das intrigas que fizeram com ele e o Rio Branco contra mim.
13 julho	[...] Ao Union Bank, insistindo por que restitua à Delegacia, que não quis aceitar a restituição, o excesso que me pagou pelo mês de junho.
17 julho	Nancy. Grand Hotel.
18 julho	Estrasburgo. Hôtel Ville de Paris.

353. *Tradução do francês.*

Baden Baden. Hôtel d'Angleterre.	*20* julho
Heidelberg. Hôtel d'Europe.	*25* julho
Francfort. Carlton Hotel.	*28* julho
Wiesbaden. Hotel Rose.[354]	*3* agosto
Evelina vai com as meninas e o José para Langenschwalbach. Passeio com os rapazes a Maiença.	*11* agosto
Em Schlangenbad.	*13* agosto
No Niederwald.	*14* agosto
Coblença. Hotel do Gigante Riese.	*15* agosto
Drachenfels. Partimos cedo pelo caminho de ferro para Remagen, à beira do Reno, e aí almoçamos. Depois tomamos o vapor até Koningswinter, donde vamos de carruagem ao Drachenfels. Na volta seguimos para Honef, onde tomamos o trem para Wiesbaden. A vista do alto de Drachanfels é soberba, a mais bonita que tenho visto na Europa, depois da de Taormina e Cintra, comparável à nossa Vista Chinesa ou à que se tem de um dos morros de Paquetá ou à de Olinda, não pelo quadro, mas pela impressão.	*16* agosto
Vou com os rapazes para onde está Evelina.	*18* agosto

---

[354]. Nabuco a Graça Aranha, 9.viii.1907: "Wiesbaden é uma residência muito agradável para quem fale a língua. Se não fosse isso, não haveria para mim dúvida em ficar neste hotel com estas varandas que há no nosso apartamento, um mês ainda. O Kursal é um magnífico edifício novo, que faz pensar nas termas romanas. Não preciso dizer-lhe mais. Os passeios são lindíssimos, mas a língua me obriga a mudar sempre enquanto estiver na Alemanha".

19 agosto	*Te Deum Laudamus*. Nunca esperei viver até à velhice, no entanto esta vai sendo a mais bela parte da vida para mim. Deus seja louvado por tudo que me concedeu e me concede cada dia desses longos anos de felicidade íntima. Hoje começa o final, entro na penumbra. Por mais larga que fosse, a fase seria curta e os dias têm agora por isso maior importância, maior intensidade. É preciso aproveitar cada um. Entro nesta última fase com maior otimismo do que nunca quanto ao fato da Criação. O pessimista é o ateu. Não me preocuparei mais no tempo que me resta, senão do que tenho que deixar e do que tenho que levar do ponto de vista da obra divina a que fui associado pela infinita bondade do Criador. Não verei mais a colheita do que eu agora semear em torno de mim, pouco importa, só devo ocupar-me de escolher a semente e de preparar o terreno. (Meus filhos, meus amigos). Devo multiplicar as provas de amor e gratidão à minha mulher, minha companheira extremosa, porque o tempo urge. Nunca imaginei poder ser um velho, sentia a mocidade na alma como um fogo, ainda a sinto, no entanto estou na vizinhança dos sessenta anos (58) que já é bem pronunciadamente velhice.
25 agosto	Não se fica grande por dar pulos. Não podemos parecer grandes, senão o sendo. O Japão não precisou pedir que o reconhecessem grande potência, desde que mostrou sê-lo.
4 setembro	[...] Recebo cartas do Artur Moreira e do Prozor.[355] Escritas do mesmo ponto de vista antiamericano (do Norte), fazem supor que da Conferência os delegados americanos sairão muito descontentes e ressentidos contra nós, e vice-versa. O Rui não podia aceitar a proposição americana sobre a escolha dos juízes da Corte Suprema[356], mas não devemos parecer querer sair da Conferência vitoriosos contra os Estados Unidos... e a Argentina. (Doutrina Drago, que aliás triunfou nela. O Drago pode-se gabar de ter feito época).

355. *Artur de Carvalho Moreira fazia parte da delegação do Brasil à Conferência da Haia, e Prozor da da Rússia.*
356. *Da Corte Internacional de Justiça, sediada em Haia.*

Derrotar os Estados Unidos é uma glória néscia para qualquer nação. Deus queira que haja prudência na nossa imprensa, clarividência entre os nossos homens públicos. Há muita coisa que nos irrita, melindra e aborrece por parte dos Estados Unidos, mas devemos compreender que a nossa única política externa é conquistar-lhes a amizade. Não há nenhum país ao qual seja mais perigoso dar alfinetadas, mesmo as de imprensa. Eles têm muito poucos homens como Mr. Root. Os demais são todos impulsivos e têm a rapidez do movimento inconsciente e suspeitam má vontade contra o país.

[...] Escrevo ao Amaral: "Nós triunfamos estrondosamente com repique de sinos e foguetaria. As vitórias diplomáticas devem ser o mais possível modestas para não melindrar o vencido. Já se tem tanto gritado — a "derrota" de Drago pelo Rui; se vão gritar agora a dos Estados Unidos! O Rui tem feito o mais brilhante papel, mas ele é o primeiro a não querer que reste da Conferência o menor ressentimento entre nós e as outras nações, sobretudo entre nós e os Estados Unidos. O nosso ressentimento ainda se pode evitar que tenha conseqüências, mas o destes? Deus nos livre dele — por tal motivo!"

5 setembro

Hoje recebi este telegrama do Rui Barbosa: "Acumulação contínua trabalhos tem me impedido responder sua afetuosa carta, motivo de ainda maior satisfação para mim por ver nossa conformidade idéias questão atual. Situação cada vez mais delicada. Projeto americano sistema de segurança composição Corte caiu vencido pelo princípio afirmado por nós com apoio conhecido, quase unanimidade, nações latino-americanas. Todavia persistem novas tentativas torcer-nos, mas nosso governo inabalavelmente resolvido resistir. Opinião Rio excitadíssima, dificilmente contida esforços Rio Branco, cujo procedimento tudo isto tem sido admirável. Conferência não acabará antes fins setembro, sendo eu retido aqui trabalhos diários, convites e conferências sobre caso pendente. Não poderei, pois, vê-lo Paris. Seu sincero amigo, Rui". Por que essa excitação? Não se ouve dizer que nenhuma outra nação tratada como nós esteja excitada, *não chega a mesma notícia de Buenos Aires.*

6 setembro

Eu sinto a atitude da delegação americana, mas querer ver na proposta dela para a formação do Tribunal propósito de menoscabarnos é um absurdo. Deve haver influências antiamericanas explorando o desacordo. E dizer que a nossa única política externa possível está à mercê de um desses movimentos irrefletidos da opinião! É de fazer temer pelo futuro do país.

8 setembro	O dia em Colônia. Visitamos as igrejas, o Domo, Santa Úrsula, Santa Maria do Capitólio, São Gereon, Apóstolos, etc. [...]
9 setembro	Sigo com Maurício para Paris.
15 setembro	Sigo para Bruxelas a encontrar-me com o Rui. Embaraço gástrico; ao chegar, vou para a cama e vem o médico.
16 setembro	Esta manhã acordo bem. Longa conversa com o Rui. Falei-lhe do Hilário. Chegamos à noite a Wimereux, Splendid Hotel.
21 setembro	Sigo com o Maurício e o Veloso para Londres. [...]
24 setembro	Sigo para Liverpool onde embarco para Nova York com o Maurício e o Mengoli no *Carmania*, da Cunard. [...][357]
2 outubro	Chegamos a Nova York às 9 horas da manhã. [...] No Buckingham, muito endefluxado.
27 setembro	[...] Lendo todos estes dias Montaigne.[358]
7 outubro	Chego a Washington.

---

357. V. *Cartas a Evelina de 24 e 26.ix.1907.*
358. V. *Cartas a Evelina de 27, 26.ix.1907 e 1 e 2.x.1907.*

Extensa carta ao Hilário, da qual faz parte o trecho sobre a Haia da carta que não mandei ao Tobias (nessa parte).Ao Gouveia: "O nosso amigo daí[359] é um grande virtuose em diplomacia e deve estar contente com essa confusão da qual ele sabe que tem o poder de tirar a harmonia. Ele serviu-se da Haia para fazer política sul-americana, popularidade e legenda nacional. Depois tem estrela. Mas é preciso, quanto antes, que ele ponha ordem nesse caos. Eu pedi ao Rui que fizesse alguma declaração antes de chegar de que não volta como triunfador de nenhuma nação, muito menos dos Estados Unidos, mas como simples colaborador da ação internacional das potências amigas. Podemos engrandecê-lo sem deprimir nenhuma delegação. Ele deu um brilho extr[emo] de intelectualidade não ao Brasil somente, mas a toda a América do Sul".[360]

10 outubro

[...] Escrevo ao Rodrigues sobre Montaigne, que escreveu nos *Ensaios* sobre o Brasil, livro I, cap. 21.[361] Sobre um atlas de João Teixeira, que vejo num catálogo da Livraria Hiersemann, de Leipzig, por 34.000 marcos. Digo-lhe que quando pensar na aposentadoria dele, pense também na minha, para cultivarmos juntos o doce prazer da amizade, etc. [...]

12 outubro

Escrevo hoje uma extensa carta ao Rio Branco que expeço amanhã.[362] [...]

20 outubro

Arde (tu), mas ilumina! O verdadeiro símbolo da vida é o archote, o braseiro ou a lâmpada antiga. Não importa que queimemos, que sejamos o nosso próprio combustível, contanto que iluminemos (idéia) — ou que aqueçamos (amor).

---

359. "Nosso amigo" era a expressão usada na correspondência Nabuco-Hilário de Gouveia para designar Rio Branco.
360. V. Carta a Evelina de 9.x.1907.
361. Trata-se das páginas que Montaigne dedicou ao índio brasileiro.
362. V. Cartas a Amigos, ii, pp. 290-3.

21 outubro	Trabalhando no "arbitramento", a história da missão a Roma.[363]
22 outubro	Dor de cabeça, do estômago. Escrevo ao Rui, de quem recebi ontem este telegrama: "Finda missão, parto Paris. Abraço afetuosamente caro amigo. Agradeço lembrança livros". É uma obra sobre o Índice Expurgatório, a história dele, de Putnam.
25 outubro	Que grande obra foi produzida na boa fortuna? Dos grandes poemas quase todos foram obra da adversidade, do exílio, do ostracismo social, da pobreza. Muitos dos grandes poetas teriam sido toda a vida políticos, soldados, cortesãos, ou teriam feito somente obras ligeiras, se a adversidade não os tivesse forçado a viver em si mesmos, consigo, sós. Dante, Camões, Milton. Comparar com Goethe.
26 outubro	Barrett hoje disse-me ter ouvido de Mr. Root que eu era de quantos homens ele tem visto o que melhor realiza a sua idéia de embaixador. Disse isto a um senador à vista dele. Satisfaz-me essa lisonjeira opinião a meu respeito, de um homem que é, sobretudo, meu amigo. Provavelmente o transmissor acrescentou muitos pontos ao que ouviu, mas um nada que reste prova bastante bondade e simpatia para comigo, da parte de um amigo cujo apreço é para mim uma das satisfações da minha carreira.
27 outubro	Telegrafo ao Rio Branco que a vinda do Rui seria um acontecimento internacional, que ele teria grande recepção nas principais cidades. [...]
28 outubro * vislumbres * platônicos	Idéia de um assunto. *Glimpses**, "Vistas"? do século XXI: uma visita a comunidades, conventos, leigos, filosóficos, de *Platoniciens** aqui, de peripatéticos ali, reconstruindo as suas "regras" pelos livros antigos.

---

363. V. *Cartas a Evelina* de *17* e *19.x.1907*.

Quando Evelina não está comigo, eu quisera que os dias que faltam para a nossa reunião não existissem, fossem suprimidos da minha vida. Para reagir contra essa impaciência ingrata, que não agradece a Deus horas preciosas que talvez sejam as últimas que tenho para pensar n'Ele, procuro aproveitar o mais que posso este tempo morto, trabalhando. Por isso estou fazendo um novo livro, enchendo o vazio, e lendo Cícero o mais que posso. Desse modo domino a ansiedade, sem esquecê-la. Que diria Aristóteles ou Santo Tomás de Aquino de tal desejo de encurtar a vida do tempo todo de nossa separação? De uma árvore que desejasse encurtar a vida de todos os seus invernos? Suponho que essa ansiedade provém de que para mim a vida não é mais singular, mas dupla, e por isto sentir somente a metade dela é como uma doença para o corpo são. Quem não quisera cortar da vida o tempo todo da doença? Mas o filósofo veria nessa minha ansiedade falta de exercício da inteligência como função suprema da vida. Pensar é o mais alto destino humano, a mais bela vida.

29 outubro

[...] Lendo ontem, anteontem e hoje o *De Oratore*. Ainda tenho tempo de ler *A República* antes da chegada de Evelina. Assim encho bem o vazio.[364]

30 outubro

Telegrafo ao Rio Branco sobre inconveniência publicar Embaixada folheto com discursos Rui na questão do Tribunal. [...] Maurício põe pela primeira vez casaca e gravata branca.

5 novembro

Samson Agonistes.[365]

10 novembro

---

364. De Oratore, *de Cícero*; A República, *de Platão*.
365. *Obra de Milton.*

20 novembro	Meu almoço ao dr. Osvaldo Cruz. 2h30 à Casa Branca. Hoje terminei a revisão começada há duas semanas dos quatro últimos atos do meu drama.[366] Deus louvado.
25 novembro	Hoje Carolina sai pela primeira vez indo conosco a um chá da Casa Branca. Tinha um vestido de veludo azul escuro com um colarinho de renda branca e um chapéu preto com pluma. Aqui chamam *buds*, "botões", às moças que vão à sociedade pela primeira vez durante a estação.
26 novembro	Hoje terminei completamente a revisão do meu drama.
27 novembro	Casamento de Miss Root. Às 4. Uma hora de pé.
30 novembro	Longo passeio no automóvel de Mr. Root. Conversa de hora e 3/4.
3 dezembro	Compreendo como Milton *cego* fez melhor o *Paraíso Perdido*, mais sublime... O pensamento rolava os versos e os polia na sua escuridão silenciosa, como o mar os seixos da praia nas suas vagas. Ler a obra toda em prosa de Milton.
11 dezembro	[...] Mando buscar o caixão de livros que tem parte da Camoniana.

---

366. L' Option, *que escrevera em 1876 quando secretário da Legação em Washington. Nabuco o intitulará de La Flèche de Strasbourg, alusão à flecha que coroa a catedral da cidade, mas finalmente reverterá ao título original. Nabuco a Machado de Assis, 13.ii.1908:* "Ocupei-me muito ultimamente com a revisão de um drama em verso francês que escrevi há trinta anos. O assunto [...] é a conquista, ou antes, o desmembramento da Alsácia-Lorena. Nenhum francês poderia falar com a minha imparcialidade sobre a Alemanha, que também aparece grande no drama. Toda a questão é o direito de conquista".

15 dezembro

Ontem o Buchanan me disse que alguém (eu disse-lhe que devia ser ele mesmo e ele respondeu-me que pelo menos parecia dele) dissera ao Drago na Haia: "Drago, se Ud. fosse um fabricante de qualquer artigo teria feito uma grande fortuna, porque é o maior *advertiser* — (reclamista, anunciador) da época". O Rio Branco ainda não achou uma *doutrina* para universalizar-lhe o nome. Hão-de procurar criar uma com a Haia, mas essa será do Rui.

18 dezembro

Escrevo ao d'Estournelles. Num *post-scriptum* falo-lhe de meu drama: *"Et pour l'éditeur? Un étranger ne trouverait-il pas à Paris un éditeur dévoué?"** Carta de Jusserand sobre o meu drama: corneliano. Leio esta noite, com o Amaral ajudando-me, o meu drama ao Embaixador e Embaixatriz de Itália. Não podem encobrir emoção a cada verso. Há trinta anos eu lia ao barão Blanc em New York, então eu adido e ele Ministro (de Itália). Entusiasmo dos dois, não acham termos bastantes para exprimi-lo. A sinceridade das lágrimas e dos trechos que fazem o Amaral repetir muitas vezes.

* *"E sobre um editor? Um estrangeiro não encontraria em Paris um editor dedicado?"*

23 dezembro

Jantamos na Embaixada inglesa. Longa conversa com o *Justice* Holmes[367]. Incitando-o eu a escrever, ele me expõe durante uma boa meia hora o seu modo de pensar, como o seu ofício o absorve, como o mínimo pleito envolve para ele o sentimento, a existência toda do Direito e se prende à ordem por assim dizer cósmica do universo. Escreveu um livro que é um livro-semente em que há muita idéia que hoje está incorporada ao ensino do Direito. Tais livros vivem pouco, são enterrados, diz ele, sob as ruínas que fazem (eu diria, sob as novas construções a que as idéias iniciais dão lugar). Não pensa que a forma, a literatura, seja a mais nobre expressão da vida. O sapateiro, fazendo sapatos, pode viver em mais íntima comunhão com a vida universal, concorrer mais para ela, do que o literato escrevendo livros, etc., etc.

---

367. *Wendell Oliver Holmes, célebre jurista e membro da Suprema Corte Americana.*

24 dezembro		Hoje, véspera de Natal, mando ao senador d'Estournelles de Constant para o entregar ao Lahure (que fará uma tiragem particular de 200 exemplares), o meu drama *L'Option*, hoje *La Flèche de Strasbourg*, guardado por mim há trinta anos e retocado nos últimos dois anos. Natal! Natal! Natal! para ele.
28 dezembro		Escrevo ao Rui mandando a opinião de *Justice* Brewer. Trabalhando no novo livro.
29 dezembro		A Sinhazinha. Sobre o retrato de meu Pai: "Como gastei uns 500 $, suponho ter algum direito sobre ele, mas não o disputo ao Gouveia, que foi tão bom filho e que tanto o consolou na velhice, muito mais do que eu, ausente nos últimos anos, nos quais a pressão da vida foi mais forte e o prostrou".
		Já vai sendo perigoso demorar-me no estrangeiro. Há um modo pelo qual positivamente não desejo atravessar o oceano: em caixão.
31 dezembro		Hoje leio o novo movimento diplomático com a preterição do Barros Moreira. Quanto isto me entristece! O Ano-Novo já começa por uma sombra. Escrevo a Mrs. Schlesinger. Lendo à noite os últimos anos de Gladstone em Morley. *Finis coronat annum**. Deus louvado mais um.
* O fim coroa o ano		

Trechos de cartas a Evelina

Volto muito desanimado para meu posto. Tive ontem larga conversa com o Gana e vejo que os americanos estão muito sentidos com o procedimento do Brasil na Conferência.[368] A culpa é em grande parte do Choate e da delegação, mas nós fechamos todas as portas e agora é difícil abrir qualquer delas para um acordo ou aproximação. As cartas do Choate podem influir no espírito do presidente que, receio muito, talvez nos tome, por elas, por um país de caráter intransigente, de espírito doutrinário, difícil de trato, querendo tudo como entende. Foi uma felicidade eu não estar na Haia, mas não sei se ainda não serei eu a vítima da Conferência. [...] O Gana me disse que o alemão dissera ao Stead ter sido um erro convidar-se a América do Sul para a Haia. Talvez provavelmente esse é o pensamento dos americanos, à vista sobretudo do nosso. Os argentinos procuram o mais possível aproximar-se deles e explorar a nossa atitude. Talvez eu não possa fazer nada para consertar essa impressão. Se o presidente se inspirar no Choate, como posso eu que não estive na Haia mudar a impressão do Choate, que lá esteve e que tem oitenta anos! As impressões de um homem de oitenta anos ficam. E como posso eu chamar a nós a opinião do presidente e do Root se não falar em nome do governo e com a fé precisa em mim mesmo?

Carmania
24.ix.1907

Se eu ao chegar a Nova York achasse meio de voltar para passar o inverno no Egito! Vou muito desalentado para Washington. A carta do Graça diz provavelmente a verdade e eu, para não fazer nada, não me resignaria ao desterro de Washington.

Carmania
26.ix.1907

---

368. Da Haia.

Carmania 27.ix.1907	Li bastante [Robert Louis] Stevenson, a viagem dele pelo mar do Sul ou arquipélagos da Polinésia. É brilhante, vívido, mas eu não tenho mais tempo para livros desses todos de variações, em que a impressão se repete milhares de vezes. É como Pierre Loti. Não fica nada, são fogos de artifício. Voltei por isso a Montaigne, que esse ficará todo.
Carmania 28.ix.1907	Li, porém, muito Montaigne. Quero que me tragas da mesma edição dos *Bibliophiles*, edição Jouaust, editor Flammarion, os quatro volumes de Rabelais. Realmente quem não leu as grandes obras do espírito humano não deve ler o que aparece cada dia. [...] Estou cada vez mais magro. Onde vai parar essa magreza? Sinto-me bem, as dores de cabeça não têm voltado, nem perturbações, tenho apetite, os olhos estão claros, mas estou emagrecendo sem parar. Se há um limite, tudo está bem, ainda posso ficar mais delgado; mas se não há?
Carmania 29.ix.1907 * *chefe dos garçons*	O dia está muito bonito, um mar como o nosso, mas um ar mesmo da Terra Nova, gelado. O sol fora, o barômetro subindo sempre, de modo que devemos agora esperar um bonito fim de viagem. Não fazemos senão 440 milhas mais ou menos cada dia. [...] Leio muito e alterno o Montaigne com as *Memórias*, de Saint Simon, e com o *Purgatório* de Dante. Um pouco também de Stevenson. Quando canso de um, passo para outro. [...] A mesa é boa, minha comida é especial, o que quer dizer que as gorjetas vão ser grandes, mesmo porque estamos somente os dois em mesa de cinco ou seis e eu prometi ao criado que ele não teria prejuízo por isso. É um luxo ter mesa para si só e é preciso pagá-lo. O *head maître** parece também destacado para o nosso serviço. Eles sentem o cheiro da gorjeta que se lhes prepara. O Maurício está bom, anda muito, conversa com diversos.
Carmania 30.ix.1907	Ontem comecei as *Memórias* de Saint Simon. É um livro que dá para um ano para quem como eu não pode ler dias seguidos somente histórias de corte. Mas é o mais interessante que tenho lido e estou apenas começando, um verdadeiro cinematógrafo mundano do

tempo em que as maneiras eram ainda uma arte e faziam passar tudo. A bandeira cobre a carga, diz-se. As maneiras cobrem os costumes. Que costumes! [...] Dize ao Rodrigues que eu devo pensar em voltar para a Europa ou para o Brasil. Roma junto do Papa talvez seja o que mais me convém, a circunstância de passar de Embaixador a Ministro não tem importância, todos vêem que se trata de uma aposentadoria com serviço. Não digo para já mas para quando seja preciso. A vida aqui é caríssima e não quero acabar nela, desde que nada posso fazer politicamente, por ser único da minha convição. A Haia, receio muito, desfez tudo que eu tinha conseguido.

Um oficial me diz que a viagem no rumo do Mediterrâneo é sempre outra coisa, e agora vapores como este mesmo e o *Caronia* vão no inverno a Alexandria. Não parece uma provocação? Ao Egito no *Carmania* ou no *Caronia* e depois lá nos grandes vapores do Nilo! Grandes é um modo de dizer, sobretudo a bordo deste. Parece-me impossível que não esteja no meu destino visitar o Egito e a Grécia. À Terra Santa, eu acho impossível ir no meu estado, sem pernas para andar e para montar, e teria pena de ir a Jerusalém sem ir a Nazaré e sem ir a Bagdá. Uma vez na Ásia Menor, tudo me atrairia. Se o Calvário não estivesse coberto de igrejas e mesquitas e se o pudesse ver, nada, absolutamente nada me arrastaria tanto como a idéia de o ver, mas receio que o panorama atual não deixe imaginar o que Jesus tinha diante dos olhos. Ponhamos, porém, Jerusalém ao lado de Atenas e acrescentemos Constantinopla. Parece-me impossível que não esteja no meu destino ter essas grandes impressões. E esperarei, mesmo contra a esperança, o que ainda não é o caso, olhando a tabela das partidas do *Caronia* e do *Carmania* ou do *Celtic* para Nápoles e Alexandria, os da Cunard Line tocando na Madeira, que por causa do André Rebouças é um dos lugares que também mais desejo ver — e Granada. E basta. Fica de boa-fé fechada a lista.

Carmania
1.x.1907

Carmania 2.x.1907	Minha experiência desta viagem (e de outras, já esquecidas) é que não há meio de encurtar a viagem e de não sentir o vazio do tempo sem ocupação de bordo, como guardar para o mar os livros mais interessantes e desejados pelo nosso espírito. Desta vez fiz a travessia em companhia de Montaigne e Saint Simon e um pouco de Dante. Li Stevenson e o livro de que te falei de viagens na Oceania,[369] mas estes não me fizeram esquecer a monotonia de bordo, aqueles tornaram a viagem memorável para mim. Sinto dizer que se não morresse velho não teria conhecido Montaigne e Saint Simon.
Washington 9.x.1907	O Choate realmente tratou-nos mal e agora compreendo a natural irritação do Rio Branco. Não sei se os americanos da Haia não tiveram também queixas nossas, ciúmes ou suscetibilidades. Tudo isso só saberei (sic) nem quando todos voltarem.
Washington 17.x.1907	Para me distrair esperando-te, resolvi fazer um novo livro, a *História do Arbitramento Anglo-Brasileiro* de que estive encarregado. Tu já o acharás adiantado. Devo essa apologia[370] a ti, a meus filhos, ao país.
Washington 19.x.1907	Pus-me a pensar em escrever um livrinho sobre a minha missão a Roma de 1903 a 1904 e cansei logo.

---

369. From Fiji to the Cannibal Islands, *por Mrs. Grimshaw.*
370. *Nabuco utiliza aqui a palavra portuguesa "apologia" no sentido inglês de pedido de desculpa.*

Na Casa Branca. O presidente diz-me que ainda ontem esteve len- | *1º janeiro*
do o meu livro.

A Mr. Root, onde vejo o novo retrato. Com o Amaral ao *Speaker**, | **presidente da*
ao vice-presidente e ao *Justice* Holmes. [...] | *Câmara.*

O Jusserand teve ontem uma conversa na Casa Branca com o Amaral | *2 janeiro*
em que se mostrou maravilhado do meu drama. Chegou a dizer-lhe que não há em França quem pudesse ter feito obra igual. O mesmo me disse o Mayor de Planches. [...] Hoje pude igualar a tirada de Belfort à de Roger na cena das duas Alsácias. Escrevi uns vinte versos.

Carta ao McVeagh. Dieta de leitura como de comida para evitar a distensão. Alguém para ler primeiro por mim. "Nossa sorte não tem sido grande por ver tão pouco de si, mas confio em que você nos compensará lembrando-se de nós e unindo-se a nós em pensamento, quero dizer, vocês dois ou vocês três".[371] Compare com carta a Holmes deste dia:[372] "Esperar um ano sem acontecimentos! Que excentricidade isto parece às pessoas no frenesi quotidiano[373]". (Entre elas os jornalistas americanos). Mas você seguramente sentirá como eu no seu belo retiro com o mar e seus livros para fazerem-lhe companhia. Um ano sem acontecimentos a todos vocês. Bem, estou envergonhado, esqueci Miss McVeagh". (Pelo casamento que ela deve esperar e tornar o ano memorável). Ontem, Mrs. Grant, dizendo-lhe eu que o ano passado, o 7, fora feliz para ela pelo casamento, disse-me que tomava tempo para se saber se | **um ano*
tinha sido *a lucky year*.* | *de sorte*

Hoje trabalhei ainda todo o dia em alguns versos do drama. [...] | *4 janeiro*

---

371. *A sentença entre aspas traduzida do inglês.*
372. *Tradução do inglês.*
373. *Nota de Nabuco: "Entre elas os jornalistas americanos".*

6 *janeiro*

*uma longa fieira de compromissos sociais que deixam apenas o vazio no coração e na memória

Escrevo ao Embaixador do México convidando-o a jantar conosco antes de partir. A vida está arranjada aqui de forma que é a *long string of social duties that only leaves the void in the heart and in the memory*,* digo-lhe eu, pelo pouco que nos temos visto.

8 *janeiro*

*uma quebra de confiança
*equívoco

[...] Jantamos com Mr. Root em casa do Ministro colombiano. Grande conversa com Mr. Scott sobre o Rui na Haia. Voltei convencido, pela influência dele no Departamento de Estado, que a impressão que deixamos à delegação americana é de desapontamento e de queixa. O fato do Rui ter feito fotografar o discurso que o Choate lhe entregou é considerado por ele como pouco próprio de um *gentleman, a breach of faith**. Um longo *misunderstanding**. Felizmente não acabou pior.

9 *janeiro*

Não esqueço neste dia (seu aniversário natalício) o meu bom Julião, o amigo fiel de meu Pai e de nós todos. Foi ele que me foi buscar em Massangana em 1857 e, desde então, até que morreu, conheci-o como o braço direito de meu Pai e o melhor amigo da família. Pobre Julião! É estranho! Venho da Casa Branca de uma recepção em que nos demos em espetáculo de ricos uniformes à sociedade americana, que tanto os aprecia — falei com conhecidos e desconhecidos, como toda essa gente me interessa pouco e é no meu Julião que estou a pensar... Morto logo depois de meu Pai, ele está tão vivo hoje em minha lembrança como então...

15 *janeiro*

Que belo assunto para um quadro ainda não tentado: Hércules entre os dois caminhos escolhendo o do dever, o da virtude. Eu pintaria os dois caminhos, um, levando a belos prados e regatos cristalinos e mulheres seminuas abrindo os braços a Hércules, e mostrando-lhe os gozos todos da vida, as riquezas, as artes, o ócio, e outro levando a sítios cheios de despenhadeiros e a charnecas, feras mostrando-lhe os dentes, salteadores ameaçando-o, se ousasse entrar, ao longe a escravização, o rapto, o assassinato, e Hércules, inacessível ao medo, entrando resolutamente pelo último, depois de ter dado um pensamento ao belo quadro da primeira estrada.

Extensamente escrevo ao presidente Pena, ao Rio Branco e ao Rui sobre a falada aliança.[374]   *19 janeiro*

Jantar do Gridiron[375]. O presidente Roosevelt disse palavras muito bonitas sobre o Brasil. Minhas palavras saudadas com longos aplausos. Roosevelt, o vice-presidente, Root apertam-me a mão, Bryan festeja-me de longe (ele ainda não me conhecia).   *25 janeiro*

[...] De cama. Ontem fui ao jantar do Gridiron, um pouco resfriado já, a extrema fadiga de ficar quatro horas e meia sentado em uma pequena cadeira, apertado, a assistir a esse carnaval político produziu um grande déficit nervoso.   *26 janeiro*

Ontem e hoje faço diversos sonetos a Camões, que vou mandar com os do Centenário[376] ao Carvalho Monteiro para a sua coleção.   *28 janeiro*

Carta a Mr. Rowe, professor na Universidade de Filadélfia. Carta ao professor Henry R. Lang, da Universidade de Yale sobre Camões e a sugestão que me fez de ir fazer umas conferências em Yale sobre o lugar dele entre os maiores poetas (em resposta ao desejo que lhe manifestei de que ele tratasse esse assunto).   *30 janeiro*

---

374. Alusão à proposta do ministro do Exterior da Argentina, Estanislau Zeballos, de uma aliança Argentina-Brasil-Chile (ABC). As missivas a Rio Branco e a Rui Barbosa em Cartas a Amigos, ii, pp.300-4.
375. Jantar anual que a imprensa americana oferece ao presidente dos Estados Unidos.
376. Refere-se às comemorações do centenário do falecimento de Camões em 1880, ocasião em que Nabuco fizera uma conferência sobre Os Lusíadas *no Real Gabinete Português de Leitura, no Rio.*

1º fevereiro	Assassinato do rei D. Carlos e do príncipe real.³⁷⁷ Procuro falar em vão com o Alte pelo telefone.
5 fevereiro	Janta o Visconde d'Alte. Evelina e Carolina vão ao baile de Mrs. Townsend. Eu fico a conversar até à meia-noite sobre o rei, Portugal e depois planos de livros.
8 fevereiro	Lendo os jornais do Brasil com as notícias da recepção da esquadra americana. O Rio Branco telegrafara-me que, por causa do Choate, não haveria entusiasmo popular. Eu contava com o efeito da ação de presença. Felizmente foi um grande <u>sucesso</u>, que vem desfazer a impressão da Haia.
17 fevereiro	Dor de cabeça (*sick headache*). Começou às 8h da noite ontem e durou até às 9h da noite hoje. Tomei água morna para lançar, mas, apesar de ter lançado muito, a dor não aliviou, fiquei todo o dia a dormitar, com a sensação antiga de ter o cérebro em um banho quente. Lançado o almoço das 10 horas, ovos e torradas, nada tomei até à noite, quando tomei duas xícaras de leite com torradinhas à brasileira. Dormi toda a noite depois, tive sonhos curiosos, mas simpáticos, como o de uma manifestação de padres em roupas de altar, indo eu num bonde no Catete e eles ocupando um andar donde me saudavam. O bonde ficou parado muito tempo.
18 fevereiro	Hoje a cabeça ainda voltou a estar quente, estou tomando água de Vittel, o estômago ainda não me inspira confiança. Um pouco de dor de cabeça vaga. Vou agora escrever todos os dias como passo da cabeça para poder comparar com o ano passado. [...] Voltou-me a dor de cabeça, mas passou, dormindo uma hora e pude almoçar. Depois escrevi ao Barão de Paranapiacaba sobre o seu *Prometeu Acorrentado*. Fomos jantar na Embaixada francesa. Estive entre a Embaixatriz ale-

---

377. *O rei D. Carlos, de Portugal, e o príncipe herdeiro, Luís Filipe, haviam sido assassinados em pleno centro de Lisboa em represália à deportação de republicanos portugueses que conspiravam contra o regime monárquico.*

mã e a viúva do secretário de Estado Mr. Bayard. Lá estava monsenhor Ireland. Eu o imaginava com uma fisionomia de homem de combate, severa, fechada; é a doçura mesmo, muito mais do que a do Cardeal Gibbons. Ele me disse que os católicos são aqui 16 milhões.

Hoje jantaram o Ministro português e os Des Portes de la Fosse, da Embaixada francesa, para ouvirem o Amaral ler o drama. Ela continha o sono com dificuldade. O Alte conservou-se até ao fim mudo, impenetrável como uma esfinge. O Des Portes esteve *convencionalmente* amável e atento, parecendo acompanhar a leitura. Fiz isto como experiência para sentir o público iliterato. Em cena, porém, há a impressão coletiva que domina tudo.

21 fevereiro

Recebi uma grande, bela, carta do Graça Aranha, e outra também muito boa do Hilário. Foi um dia cheio. Hoje à noite, depois do jantar, veio o ministro grego, L.A. Coromilas, ler o meu drama. Que tortura. Leu dois atos como um mestre de escola, procurando o sujeito e o atributo de cada proposição, lendo todos os versos do mesmo modo, como se fossem recados ao carniceiro ou ao padeiro. No fim do segundo ato não pude mais. Ficou assim completa a minha experiência. Basta de leituras.

22 fevereiro

Hoje Mme. Pardo me disse que José, achando a filha dela que tem apenas oito meses muito pequena para brincar com ele, disse: "Eu volto quando ela tiver um ano".

23 fevereiro

[...] Escrevo ao Carvalho Monteiro e mando-lhe os meus sonetos a Camões para ficarem inéditos na biblioteca dele.

24 fevereiro

Vem visitar-nos o Arcebispo Ireland e o Bispo O'Gorman, de Sioux Falls, South Dakota. Já tínhamos jantado há dias com o Arcebispo, tão discutido para Cardeal, há dias na Embaixada francesa. Ele não tem o aspecto ascético, nem, como eu o imaginava pelo que tenho lido, de homem de combate. Parece todo bondade e condescendência. Mas o aspecto é sempre uma ilusão. Contei-lhe o efeito

26 fevereiro

causado entre os católicos do Brasil pela presença na missa do Carmo de mais de 800 marinheiros americanos e pela ida de um padre católico com a esquadra. Um ou mais? E disse-lhe que nada faria tanto bem ao catolicismo no Brasil como uma visita dele ao nosso país. À noite, o senador Elkins jantou conosco; prometeu animá-lo muito nessa idéia e, se pudesse, ir com ele.

27 fevereiro — Recebo convite da Universidade de Yale para fazer uma conferência sobre Camões. Escrevo ao Quaritch pedindo a tradução de Burton e a de Mickle e a obra do dr. Wilhelm Storck.

3 março — Ontem eu dizia a Mrs. Cameron que se eu tivesse então o juízo que me deu a experiência, em vez de me interessar pelas bonitas raparigas americanas, eu teria procurado os velhos, que me dessem melhor o sentimento do passado, e os homens notáveis das gerações anteriores, que logo tinham que desaparecer. Ela tem um retrato com a oferta de Kossuth (1894). Eu podia ter conhecido Longfellow (1882), Emerson (1882), Whittier (1892), Whitman (1892), Garrison (1879), Holmes (1894). E no Brasil? E na Europa?

6 março — Hoje um pouco melhor. Há quatro ou cinco dias estou com *tonsilitis*, creio corresponder à amidalite. A garganta em brasa, o engolir muito penoso, as noites mal dormidas. Mas tenho trabalhado todo o dia sempre. À noite torna-se muito pior. Começou no domingo.

Hoje recebi carta de Jules Rais com a opinião de d'Estournelles sobre o meu drama e a dele mesmo.

9 março — Nosso jantar à Corte Suprema. Foi um grande *acontecimento social* pela novidade da homenagem política, nunca se tinha dado um banquete à Corte Suprema no mundo diplomático, e, novidade da decoração, a sala de baile tenha sido convertida em uma floresta de altas palmeiras que tocavam o teto e através das quais cintilavam as *estrelas* (pequenas lâmpadas elétricas). A carta do *Justice* Holmes, o mais mundano dos juízes e o mais *scholarly**, recebida hoje (10), define bem a impressão geral que ontem ouvimos mais de cem vezes.

* erudito

Dor de cabeça, um pouco perturbado o estômago, mas tolerável. [...]	*1º abril*
A cozinheira Marie Plédel foi hoje despedida, depois de ter quebrado a cabeça do primeiro *footman**, George, com uma garrafa.	*3 abril* ** valete*
[...] Escrevo ao d'Estournelles pedindo que me mande o drama. É a segunda vez que ele me volta de Paris e espero aproveitar tanto com este obstáculo como com o primeiro.³⁷⁸	*4 abril*
Hoje vou ao Bureau. Por proposta do Root, decide-se que haja três discursos na inauguração do novo edifício: do presidente Roosevelt, de Mr. Carnegie e do Embaixador do Brasil. A proposta acolhida com palmas. Qual é o nível de inclinação da Eternidade? Do plano que vai do sem-começo ao sem-fim? Quem sabe o modo por que Deus paga e recompensa o Bem? Talvez a elevação gradual da nossa espécie já seja a recompensa, isto é, que sua evolução intelectual e moral tenha pagado o esforço que Ele tem feito para o Bem. Talvez tudo seja pago neste mundo coletivamente, a unidade para Ele sendo a espécie, o tipo de criação e não o indivíduo.	*8 abril*
Escrevo ao Rui sobre o *Independent* que retificou: "Foi uma pena você não poder vir para Yale, mas as grandes ocasiões não hão-de faltar a quem tem o seu monopólio".	*11 abril*
Hoje telegrafo ao Bruno Chaves pedindo a bênção de Sua Santidade para o casamento do nosso patrício Renaud (sic) Lage com Miss Mercedès Randolph Mayer, de Filadélfia. Ele convidou-me para testemunha, o que não pude aceitar. Na participação dos pais vem *Monsieur et Madame Antonico Lage*. Renaud e Antonico!	*16 abril*

378. Nabuco não desejava publicar o drama com seu próprio nome, devido à sua posição de representante diplomático do Brasil, e solicitara a d'Estournelles que averiguasse em Paris como poderia fazê-lo anonimamente.

O Bruno Chaves escreve-me que me vai mencionar para o Instituto Católico que o Papa quer fundar.

17 abril — Sexta-feira Santa. Escrevo ao Bruno Chaves agradecendo, mas mostrando não ser o meu nome dos melhores. Escrevi muita coisa de que me arrependo e envergonho, e as figuras desse Instituto não devem poder falar contra a Igreja, exumando-se-lhes palavras esquecidas de outras épocas.

21 abril — [...] Jantamos com o senador Bulkeley. Semelhança que acho entre Mrs. Frank Ellis e Adelina Patti. Em Paris, uma vez, a tinham tomado pela Patti, mas nunca mais se lembrara disso até eu achar a mesma parecença.

22 abril — Hoje de carro com Carolina às 5 horas tive uma forte tonteira, como ainda não tinha experimentado. Foi aumentando de força até sentir eu o carro, que tinha feito parar, jogar como um vapor e eu já fora de mim virar com ele por cima na calçada. Nisto foi melhorando e dissipou-se. Mas não sei se perdi consciência ou se aquela impressão era ainda consciência. O dr. Harding disse-me que era efeito dos gases no estômago e que ontem ele tivera um desmaio semelhante. Estava sol forte e quente em carro aberto. O carro parou em lugar deserto da rua 16. Eu tinha tido depois do almoço umas luminosidades na vista que prenunciam enxaqueca especial.

Carolina quer escrever um romance. Será um romance a portas abertas e sala cheia, ou do que ela tem visto na sociedade. Ela não sabe nada senão da vida cochichada na cena. A vida real passa-se por trás do pano. Esses romances a portas escancaradas têm hoje pouco interesse.

23 abril — Hoje 19 anos de casados. O número 9 (em 19 nasci eu) é importante na minha vida. Serão 19 ou 29?

[...] Casamento de Renaud Lage com Miss Mercedès Randolph Mayer em Filadélfia. Convidou-me para padrinho, fiz-me representar pelo Chermont. Obtive pelo Bruno Chaves a bênção de Sua Santidade.	*28 abril*
[...] Comecei hoje a tomar umas pílulas com creosoto depois de cada refeição.	*3 maio*
Assentamento da pedra angular do novo edifício pan-americano. Falam cardeal Gibbons, Root, Roosevelt, Carnegie e também eu. O meu discurso foi muito aplaudido, foi um verdadeiro *sucesso* perante imensa multidão.[379]	*11 maio*
Sigo com o Maurício para Nova York às 10h. No Buckingham, dão-me um salão no segundo andar e dois grandes quartos por 10 dólares. Hoje sendo 13 de maio, jantam comigo Shannon, Alves de Lima, o cônsul Gomes dos Santos e o Garcia. Recebi telegramas do Jaceguai, Pederneiras, Veloso.	*13 maio*
Seguimos para New Haven, eu, o Shannon e Maurício. Recebido na estação pelo secretário da Universidade, Rev. Anson Stokes, e o prof. Lang. Tomamos chá com Mrs. Stokes e às 5h faço minha conferência sobre Camões. Jantamos no Club da Universidade. Doze à mesa. Na minha conferência, introduzi o sistema de pedir a um estudante da Universidade que lesse os grandes trechos de Camões que citei. O estudante foi Mr. Williams, filho do prof. F. Wells Williams.[380]	*14 maio*

---

379. O breve discurso de Nabuco foi publicado em inglês em Washington pela mesma ocasião. Está reproduzido na íntegra em Carolina Nabuco, A Vida de Joaquim Nabuco, *pp.442-3.*
380. O tema da conferência foi O Lugar de Camões na Literatura. V. Discursos e Conferências nos Estados Unidos, *cit.*

15 maio *faetonte	Almoçamos eu, Shannon, Maurício com os Stokes, depois Mrs. Stokes nos faz dar um passeio com ela no *phaeton** para ver os arredores de New Haven que são lindos, sobretudo com o verde novo da folhagem. Jantamos com o prof. Lang. Depois faço a minha conferência sobre o *Espírito de Nacionalidade no Brasil*.[381]
16 maio *metrô	Volto de Yale às 9h10; chegamos às 11h30 à estação da New York Central; daí pelo *sub-way* (*underground**) e pela *elevated railroad* ao *ferry* e depois de carruagem ao trapiche do Lloyd, onde vou visitar o *Sergipe*. Almoçamos a bordo. O cônsul aprova meu testamento cerrado, assinando como testemunhas da aprovação o dr. José Custódio Alves de Lima, antigo cônsul, representante do Lloyd, o meu amigo Richard Cutts Shannon, o comandante do *Sergipe* Carlos Alberto Witte, o médico de bordo dr. Carlos Pirajá Martins, da Bahia, e o dr. F.P. Garcia de Leão, vice-cônsul. Depois do almoço, voltamos a New York, onde tomamos a barca da Pensilvânia para o trem de Washington, chegando às 11h30.
23 maio	[...] Ao Tobias falando do dia 11, do *sucesso* que tive: "Que auditório! E que acolhimento! A começar pelo presidente. Na Universidade de Yale fui muito bem recebido, mas aqui tive um dia como os do Teatro Santa Isabel no Recife. E todo o corpo diplomático, toda a sociedade de Washington. Foi uma ressurreição inesperada".
24 maio *políticos corruptos	Tive ontem uma interessante conversa com o Quesada sobre Cuba. A futura presidência será difícil, porque os americanos esgotaram o que o velho Palma deixara nos cofres, as safras de açúcar e a de fumo são más, as facções estarão em campo, os *grafters** americanos incontentáveis, e o exército criado pelo governador Magoon pode ser um perigo pretoriano. A posição do Quesada me *interessa* muito e tem para mim muito de dramático. Como eu a figuro, ele ocupa este posto somente para não se pensar que Cuba morreu. Vê que

---

381. *In* Discursos e Conferências nos Estados Unidos, *cit.*

uma nova tentativa de revolução, uma vez eleito o novo governo cubano, significará a volta para sempre dos americanos, e sente que não há juízo bastante para conciliar as facções, restituída a liberdade, portanto que o sacrifício dele pode ser inútil, com a suspeita, no fim de tudo, de que ele só ocupou o posto pelo ordenado. Ele vê o espírito americano calejar-se para idéias que há anos queimaram neste país como um incêndio de planície de um extremo a outro, idéias de liberdade, de soberania. [...]

Hoje telegrafei ao Rio Branco sugerindo vir ele no próximo inverno pagar visita Root, guardando-se segredo até proximidades para não ter imitadores. Quis dizer que cheguem cá antes. [...]

    Hoje o Barrett veio ver-me com o número de *Colliers*, de 23, e disse-me que ia reproduzir o artigo desse jornal no *Bulletin* por lhe haver Mr. Root dito que era o melhor que havia aparecido. [...]

27 maio

Tomando notas para ver se posso escrever um drama ou livro sobre a Guerra de Secessão em torno da figura de Robert Lee. Tenho comprado muitos livros. Vai ser a minha distração em Hamilton o assunto. Até achar o enredo e distribuir a matéria, passar-se-ão meses, anos talvez, e talvez eu pense que não vale a pena. Chamarei *Lee* por enquanto esse trabalho.

1º junho

[...] Pequena perturbação, sem tonteira, devido ao *five o'clock tea**. Vou acabar com esse vício que tantos anos suspendi. [...]

7 junho

* *chá das cinco*

Escrevo ao Machado[382] e ao Rodrigues. A este lembro Yale para o catálogo, a Hispanic Society[383] e digo: "Aí devem pensar no meu substituto e insinuar-lhe que pratique o inglês. Aqui só se fala inglês. Tudo está mudado em Washington. O Bureau das Repúblicas Americanas que, quando eu cheguei, parecia um foco de conspiração e má vontade contra os Estados Unidos, depois do exemplo do

8 junho

---

382. V. Cartas a Amigos, ii, pp.307-9.
383. A partir daí, a entrada do Diário foi ditada.

Brasil tornou-se um campo de liça, em que os combatentes lutam pelo primeiro lugar na amizade e confiança americana. Ainda bem. Acabada a atual administração e entabuladas as nossas relações, no mesmo pé, com a futura, ninguém me negará o direito a uma retirada. Você sabe que tenho grande família e que tenho poucos meios; por isso não pretendo ainda deixar o serviço, mas quisera ocupação que não me pusesse tanto em evidência, obrigasse a tanta representação e que não me fechasse o ano inteiro no círculo de ferro da língua inglesa e não nos isolasse tanto".

9 *junho*

Escrevo ao presidente Afonso Pena mandando a lista das Comissões nomeadas pelo presidente Roosevelt para auxiliá-lo na conservação dos recursos naturais do país. Sugiro, como podendo fazer a glória desta presidência, a elaboração de um grande plano para o descobrimento do Brasil desconhecido, podendo os diversos centros de penetração ser estabelecidos durante ela.

Escrevo ao dr. Chatard sobre a prevenção dos crimes por meio do fabrico clandestino ou venda não justificada de explosivos.

Escrevo ao Embaixador francês e ao inglês, agradecendo as belíssimas cartas que me escreveram sobre a minha conferência sobre *Os Lusíadas*.

Às 5h, Mr. Root procura-me para perguntar se o Brasil aceitaria a guarda dos interesses norte-americanos em Venezuela, caso este governo interrompa suas relações diplomáticas com o general Castro.

10 *junho*

* plataforma
* secção

Hoje à tarde veio visitar-me Mr. John Barrett e agradecer brinde [dos] vasos que lhe fizemos pelo sucesso da cerimônia do lançamento da pedra. Disse-lhe o mesmo que disse ontem a Mr. Root sobre a vantagem de haver na *platform** de Chicago um *plank** referente à política pan-americana da administração e na *platform* de Denver.[384] Assim a política pan-americana ficaria consagrada como

---

384. *Referência às plataformas a serem aprovadas nas convenções dos Partidos Republicano e Democrata que teriam lugar no verão, visando à escolha dos respectivos candidatos à sucessão de Theodore Roosevelt.*

política nacional. Disse-me que ia conversar com o presidente e Mr. Root, dizendo-lhes que havia falado comigo. Foi muito influído com a lembrança. Assim o grande *esquecimento* será talvez evitado.

Hoje de manhã escrevo a Root. Telegrafo a Rio Branco sobre resposta urgente que me pediu ontem à noite sobre direitos da erva-mate. Providenciando com Amaral para a remessa de linfa Haffkin e serum Yersin para uso de todo o corpo diplomático de Caracas, onde aumenta a peste. [...]	*11 junho*
[...] Hoje Evelina parte com Carolina, Maria Ana e José para Hamilton.[385] Ficam Maurício e Joaquim comigo. [...]	*12 junho*
Todo o dia trabalhando em telegramas cifrados sobre Venezuela.[386] À volta do Square [Lafayette], duas vezes, com Joaquim. [...]	*15 junho*
Grande dia. Cartas do Brasil. Bela carta do Graça, também a resposta do d'Estournelles. Duas vezes à roda do Square com Joaquim. [...]	*18 junho*
Muito quente. [...] Longa conversa com Buchanan. [...] Vem o dr. Harding, que me acha 50% melhor que o ano passado! À volta do Square com Joaquim.	*19 junho*

Hoje tive a idéia do centenário de meu Pai na Bahia em 14 de agosto de 1913.[387] Vai ocupar-me muito, espero que a realizem.
    Telegrafo Acaé: "Este vale campainha ouro que darei depois para tocar todos vinte junho. Papai". [...]
    Recebo livro do Veríssimo com lisonjeiras e agradáveis referências a mim. Esses contatos com o Brasil, escrevi eu ontem a Evelina,
	20 junho

---

385. *Praia do litoral do Massachussetts, onde Nabuco e família passariam o verão de 1908.*
386. *Alusão à crise política na Venezuela, onde o regime de Cipriano Castro (1899-1908) chegava ao fim, sendo substituído pela ditadura ainda mais longeva de Juan Vicente Gómez.*
387. *V. Carta a Evelina de 20.vi.1908.*

são hoje o meu tônico. [...] Ao Veríssimo:[388] "Washington, 20 de junho de 1908. Meu caro e ilustre colega, acabo de receber o seu novo livro e muito lhe agradeço o haver-se lembrado de mim. Sabe com que prazer o leio sempre. Se me dói do senhor haver [ilegível] aí com o seu desdém que sem ironia posso chamar transcendente, por ele, o meu pobre livro *Pensées Détachées*, e se assim rompemos a nossa intimidade intelectual, ser-me-ia impossível ler qualquer página sua sem a deferência e o apreço que se deve a um escritor que parece tirar tudo de si só e que se renova prodigiosamente todos os dias. Muito obrigado pelo seu favor e por todas as suas amáveis referências. Como se foi lembrar da *amende honorable**? Não vá parecer ao Sílvio Romero que eu fiz uso das palavras dele que tanto me desvaneceram. Sinto ver que em nossa Academia não reina a cordialidade da *Revista [Brasileira]*. Este foi o bom tempo do qual levo saudades. Muito sentiria o seu rompimento com o João Ribeiro. Muito obrigado pelo seu obséquio e afetuosas lembranças do velho camarada da *Revista*, J. N."

* *reparação honrosa*

21 junho

Vem o médico tirar a gota de sangue para contar os corpúsculos vermelhos! [...] O que mando hoje ao Veríssimo foi somente isto, em cartão: "Muito obrigado pelo seu novo livro. Sabe que o leio como seu velho camarada da *Revista*, tempo de que levarei saudades, e sempre com a deferência que se deve ao seu espírito. O Graça Aranha lhe terá dito que me dói do modo pelo que o Sr. matou aí o meu querido livro *Pensées Détachées, mas como habent sua fata libelli**, já me consolei. Se nada ficar dele, é que era esse o seu destino".

* *os livrinhos têm o seu destino*

23 junho

Partido com o Joaquim e o Mengoli às 10 da manhã para New Haven, onde chegamos às 6h30 da tarde, tendo mudado de trem em New York, onde se nos reuniu o Garcia.

---

388. Nabuco acrescentou a nota: "Não mandei".

24 junho Dormimos eu e o Joaquim no Club vizinho do Hotel (New Haven House) e o Garcia em outra casa. Às 10h, vem buscar-me o professor Lang para a cerimônia de grau.[389] As palavras do professor Perrin que apresenta os recipiendários são muito amáveis. Fui muito aplaudido. Depois no banquete dos "alunos", os graduados de todos os tempos, Mr. Taft faz-me uma honrosa referência, sendo o meu nome também muito aplaudido. A festa, porém, foi de Taft, aluno de Yale (1878) e agora candidato à presidência. Roosevelt é de Harvard, a rival de Yale. Também o grau dado a Mr. Morgan, o homem dos *trusts*, chamava a atenção mais que todos. À tarde fui à recepção do presidente Hadley, onde estava Mrs. Stokes, a simpática e amável mulher do secretário, o Rev. Stokes. Jantamos no Club. Não pude aceitar o convite de Mrs. Stokes para amanhã. A morte de Mr. Cleveland[390] hoje me deixa indeciso se poderei seguir viagem amanhã. Talvez tenha que ir ao enterro. Anuncia-se, porém, que este será privado, só com a presença dos amigos.

25 junho Seguimos para Hamilton, Massachussets, onde está Evelina e os filhos e onde vou passar o verão. Maurício ficou em Washington para os exames de Harvard esta semana. Acaba-os hoje tendo feito 12. Passará em quantos?

1º julho Hoje li este dito atribuído a lord Acton: "A história é a consciência da humanidade". No sentido de memória é; no sentido de moral, não. A história é indiferente à moral e será impossível imprimir a idéia moral nos espíritos enquanto predominar o prestígio histórico. Quem deixa de admirar Júlio César por ter ele lançado mão do tesouro de Roma para pagar as suas dívidas? Mas não é isso sancionar com a glória a prevaricação a mais revoltante? No sentido de sentimento do eu, tampouco. Não há o *eu* humano na história.

---

389. O grau de doutor honoris causa pela Universidade de Yale.
390. Grover Cleveland, ex-presidente dos Estados Unidos.

2 julho	Hoje idéia de uma alegoria. O Mar do Esquecimento coberto de náufragos, sustentando num último esforço, na mão quase desfalecida, a sua obra que querem imortal (livro, quadro, estátua, poema, arquitetura, discursos) ou sua vida, seu retrato para os que desejariam se perpetuasse seu nome, sua beleza, figura; e a vela (pequeno barco) da Posteridade ao longe. Qual deles ela recolherá, se chegar a tempo?
10 julho	Enxaqueca como em Washington, mas não me incomoda muito.
11 julho	De manhã acordo com forte dor de cabeça de caráter gástrico, que passa lançando. Almoço depois bem. [...] Escrevo ao *New York Herald* desmentindo o que tem dito e de antemão o que venha a dizer sobre o destino dos navios brasileiros em construção na Europa.[391]
14 julho	*Herald* hoje publica minha carta com artigo de fundo a respeito. Escrevo ao *Justice* Holmes e ao João Ribeiro. Também cartas de pêsames a Mme. Blas Vidal e a Mme. Cruls. O Cruls foi para o Brasil em 1874 quando eu voltava da Europa. Ia fundar uma fábrica de tijolo, creio eu. Foi por meu intermédio, pedindo a meu Pai, que o Buarque [de Macedo] empregou-o na Carta do Brasil. O Buarque tinha-se formado na Bélgica e era grato aos belgas. Daí as relações primeiras dele com o Liais, que o fez seu sucessor no Observatório.
15 julho	Escrevo a Mr. Youle. A minha doença. A doença das alturas. Devo ter vivido nelas. Falo do relógio dele que foi da Tesouraria do Recife. Não posso deixar de sentir interesse por aquele velho relógio de parede quando penso que outrora ele marcava o tempo no nosso querido Pernambuco. Penso que você deixou ali seu coração. Também deixei o meu.[392]

391. *Refere-se ao programa de rearmamento naval do Brasil, que virá a trazer problemas diplomáticos com a Argentina.*
392. *Tradução do inglês.*

Vem ver-me o Justice Holmes. Longa conversa. Digo-lhe que o centenário do pai vai ser celebrado para o ano. Ainda não tinha ouvido isso e não se tinha lembrado da data.

16 julho

Vem ver-me Mr. Stephen Bonsal, *foreign editor** do *New York Times*, que almoça conosco, um dos mais conhecidos correspondentes especiais do *Herald*.

21 julho

* editor internacional

Hoje depois do café da manhã tive uma singular perturbação. Estava lendo um discurso de Mr. Asquith, *Prime Minister** inglês, sobre a paz, e uma frase me pareceu ser uma recordação minha, isto é, já tê-la ouvido, e logo outra, uma verdadeira nuvem intelectual. Essas frases, relendo o discurso, não estavam nele. Teria sido uma vertigem, ou uma sonolência, que não senti, nem uma nem outra. Todavia havia uma perturbação gástrica e suponho ter tido uma vertigem nessa obnubilação, sem ter deixado o jornal nem fechado os olhos, que me lembre. Eu não me importaria muito se o *trabalho* cerebral se tornasse intermitente, ficando mais ativo e intenso nos intervalos, isto é, enquanto durasse. Mas fiquei impressionado pensando que o cérebro pode começar a decair, como os sentidos, ouvido e vista. Este mês entro no meu 60º ano. Não vá a última década desfazer a risonha impressão que tenho da vida até hoje pela frescura da inteligência que Deus me guardou como na mocidade.

1º agosto

* Primeiro-Ministro

Escrevo a Mr. Nelson Page. Ao Machado de Assis.[393] Longa carta ao primeiro, que me escreveu dizendo-me que eu devo traduzir *Os Lusíadas* para o inglês. Ele é um escritor de grande talento, tem estilo, o que é raríssimo em inglês neste país e as páginas dele sobre a vida das plantações na Virgínia no tempo dos escravos são das mais belas que tenho lido.

2 agosto

---

393. V. Cartas a Amigos, ii, pp.310-11.

6 *agosto*	[...] Recebo um convite da Universidade de Cornell para fazer uma conferência.
8 *agosto*	[...] Forte defluxo ou coisa que o valha, a garganta toda tomada.
9 *agosto* * *Como Deus conta o tempo?*	[...] Noite má com dor no olho e nos dentes todos, sem poder dormir dez minutos seguidos até de madrugada. *Comment Dieu date-t-Il**? (Da eternidade?)
10 *agosto* * *gripe de verão*	Hoje veio o médico, dr. Jackson. Diz que eu tenho a *Midsummer grippe*.*
12 *agosto*	Recebo um convite da Universidade de Michigan para pronunciar o discurso oficial em 31 de outubro.
14 *agosto*	Deus me permita viver até depois do 14 de agosto de 1913 e ver celebrar na Bahia o centenário de meu Pai de modo condigno, publicando eu uma edição resumida de *Um Estadista do Império*, o seu material jurídico e outras coisas. Talvez o Rui Barbosa quisesse vir pronunciar o discurso. Eu teria que passar uns meses na Bahia, mas uma comissão do Estado deveria ser criada no ano anterior. A Bahia foi tão rica em homens de Estado naquela época que os centenários se tornam numerosos, mas cada um apela para uma classe de espíritos e pode ser assinalado sem ostentação. E com a Bahia, de que foi senador, podia juntar-se Pernambuco, de que foi sempre deputado, e ele ser o nexo entre os dois Estados do bojo do Brasil. Não da barriga, as *províncias* nunca tiveram senão migalhas; a barriga foi sempre o Rio. Isso dá-me um interesse intelectual na vida até 1913.
18 *agosto*	Dor no olho direito como das outras vezes. Escrevo ao Graça longamente. "O Rio Branco mandou-me para cá porque queria o meu lugar de Londres, a vinha de Nabboth! Por isso me elevou, e não se lembra mais de mim. Sinto-me inteira-

mente isolado. A Haia acabou com a pouca simpatia que a aproximação americana aí inspirou um momento. Parece-me estar pregando no deserto. Veja se me manda alguma esperança. Já aceitei os convites de mais duas Universidades. Especializei-me entre os juízes da Suprema Corte e as Universidades. E o Chermont? É muito triste e humilhante para a mulher, envelhecer ele no primeiro posto da *carreira*. Que nome mal dado esse a tão longa *parada*!

---

59 anos. [...] De automóvel ao *Justice* Holmes. No jantar servem um bolo com 59 velas. Precisei viver até aos 60 para ter no dia de meus anos um bolo com luzes. Foi todo este um dia perfeito pelo qual rendi muitas vezes graças a Deus e que nunca esquecerei. Não tivemos ninguém de fora.

19 agosto

Escrever um trecho sobre a morte, como se a deve desejar, pronta, mas quando todo o programa esteja acabado. O *Il y avait quelque chose là** — é cruel. Expor como se deve querer. Escrever um trecho: um homem que tem desejos os mais contraditórios e extremos. A cada um responde o atavismo de um ascendente de geração em geração.

24 agosto

* *Havia ali algo de valioso*

Chegamos a Chicago à 1 hora da tarde. Jantar que me oferece o presidente Jadson esta noite. À tarde, percorro a cidade com ele de automóvel. À noite, recepção na Universidade. São-me apresentadas umas oitocentas pessoas, a maior parte, ou metade, senhoras com quem *shake hand*.*

27 agosto

* *aperto de mãos*

(68 Convocation) *Convocation day* na Universidade de Chicago. Sou o *convocation orator**.³⁹⁴ Pronuncio o meu discurso às 4h, e às 5h30 volto para Hamilton. Novas trinta horas de viagem. Sou forçado a voltar hoje pelo assassinato (ou tentativa) do cunhado do Chermont.

28 agosto

* *orador da convocação*

---

394. Nabuco pronunciou então conferência intitulada The Approach of the Two Americas, *editado em plaquette pouco depois. V. Discursos e Conferências nos Estados Unidos.*

9 *setembro*	Uma idéia, uma instituição para zelar sobre os nomes ilustres do país, não os deixar morrer, espécie de Vestais da história nacional, guardas dos paladinos e símbolos e tradições nacionais. Os historiadores fazem isso, mas uma instituição nacional inspiraria o amor do passado. Guardar o livro de ouro. Desenvolver em um ensaio sobre as instituições do futuro.
14 *setembro*	Escrevo ao Tovar. Mando-lhe um retrato que achei num jornal de hoje muito parecido com ele.

O neto de Luís Agassiz, que vive perto de nós, comunicou-me hoje três cartas de Dom Pedro II ao pai, que é também um sábio naturalista, por lhe ter eu manifestado desejo de ver a correspondência do Imperador com o avô, de quem foi muito amigo. Não sei se está publicada com o resto da correspondência dele. A primeira dessas cartas é de 1879. Felicita-o pelo prêmio que recebera da Academia de Ciências de Paris, mostra muito interesse por Harvard College e lembra-se da visita que lhe fez em Newport. Este segundo Agassiz (Alexandre) é milionário. Interessa-se pelos filhos dele dos quais este Rodolfo Luís é um. As outras duas cartas são de 1882. Uma é apresentando o ministro argentino Dominguez, que deixava o Rio de Janeiro. *"Bien des souvenirs à vos enfants"**.

* Muitas lembranças a seus filhos

Singularmente as cartas têm em cima Mr. (*Monsieur* ou *Mister*?). Outra agradece o trabalho sobre os equinóides. Fala da morte de Longfellow:[395] "O senhor conhece decerto toda a tristeza que senti. Não esquecerei jamais a simpatia que ele me testemunhou e que eu comecei a dedicar-lhe uma viva afeição desde que tive a felicidade de conversar com vosso pai, de que só devem viver muito poucos amigos. Pattison ainda é vivo? Como vai Bancroft? Como me recordo do passeio agradável a Newport!"

---

395. *Tradução do francês.*

Agradeço ao Aloísio de Carvalho a carta de 19 de agosto, desejando-lhe muita felicidade nessa nossa Bahia, "que é um dos quadros da minha galeria, isto é, da coleção íntima de minha vida". [...]	*19 setembro*
Recebo um convite de Vassar College para fazer uma conferência. Com este tenho compromisso tomado para seis, Vassar, Congresso de Portos e Rios Navegáveis, Universidades de Cornell, Michigan, Syracuse e Wisconsin, este último de 20 a 23 de junho de *1909*, um ano de antecipação.	*24 setembro*
Recebo hoje uma longa carta do Graça Aranha, comunicando-me que vai ser candidato pelo Maranhão. [...]	*25 setembro*
Recebo esta tarde telegrama do Rio Branco. Faleceu hoje Machado de Assis. Ontem eu havia escrito ao Graça sobre ele.[396] Bom amigo! Telegrafo ao Rio Branco: "Brasil perdeu nele sua maior glória literária; nós, amigo querido".	*29 setembro*
Recebo uma boa carta do Domício. Agradeço o convite do Congresso da Paz da Carolina do Norte, não podendo aceitar o convite para falar, que me foi feito em termos muito lisonjeiros. Redigi hoje minha recusa. A particularidade desse Congresso é que é ao mesmo tempo de arbitramento e de armamento nacional, bandeira posta sob a égide do presidente Roosevelt. [...]	*1º outubro*
Hoje forte enxaqueca.	*2 outubro*
Escrevo ao Dario Galvão sobre o hino da Armada.	*3 outubro*
Tenho muito frio todo o dia. Escrevo a Mr. Nelson Page, agradecendo um livro delicioso que me mandou.	*4 outubro*

396. V. Cartas a Amigos, ii, 313-5.

| 5 outubro | Recebo uma carta do professor John C. Branner, da Universidade Stanford, dizendo-me que na última viagem deu o nome de Pico Nabuco a um monte do interior da Bahia em minha honra. O pico está na fazenda Escurial, pertencente a Aníbal de Oliveira de Vila Nova, genro do dr. José Gonçalves. Está situado, diz ele, nas belas terras altas que dominam o vale do rio das Almas para oeste e o do rio Salitre para leste. Tem de 1250 a 1255 metros de elevação acima do mar e 450 acima do vale das [rio das] Almas. Os rochedos do cume são diamantíferos. "A vista que se alcança de cima do pico Nabuco é uma das mais belas que tenho visto em qualquer parte do mundo, e a geologia da região é a mais interessante que possa ser encontrada em toda a América do Sul.[397]" O grande prazer que me dá essa prova de apreço e amizade do distinto geólogo americano é que meu Pai terá seu nome sempre lembrado no solo baiano. Ninguém pensará em mim ou, se pensar alguém, será conjuntamente com ele. O professor Branner pensou em mim; a Bahia pensará nele, um dos seus filhos mais ilustres. |

| 6 outubro | Sigo com o Maurício para Boston. Visito o vigário português, Pe Greaves, e o Cônsul português, visconde Vale da Costa. Acolhimento cordial nosso, da nossa gente. O Cônsul abre a sua melhor garrafa de velho Madeira e por isso tenho que beber um cálix depois de ter bebido um pouco do champanhe com que fez [um brinde] à minha saúde. Há um ano que não bebo vinho. O vigário fez-me tomar com o chá verde um pouco de doce de ananás de São Miguel. Há muito também que não me acontecia comer um prato de doce entre o almoço e o jantar. Mas davam-me o que tinham e de modo tão reconhecido à minha aceitação que era preciso esquecer a minha regra. Vou encantado deles e de toda a família do visconde. Às 5h, seguimos para New York, onde dormimos no Buckingham Hotel. |

---

397. *Tradução do inglês.*

Seguimos para Washington. Três horas de atraso. Na estação, o Amaral e o Kelsch, que esperaram todo esse tempo.	*7 outubro*
Chega Evelina. Dormimos na nova casa, no 22, de Lafayette Square.	*10 outubro*
2º aniversário do falecimento do meu sogro. Todo o dia arrumando os meus livros e papéis. Vou ter uns quinze dias de trabalho. [...]	*11 outubro*
[...] Ao Barros Moreira pedindo que me mande um *cordon bleu** de Bruxelas. Ofício ao Ministério sobre o caso da proibição ao nosso Ministro em Caracas de encarregar-se da proteção dos interesses franceses. O Rio Branco aceitou essa situação e firmou assim o precedente. Dou as razões pelas quais dei ao procedimento do general Castro, falando com Mr. Root, a qualificação de atentado diplomático. Mr. Root concordou comigo e resumiu o seu pensamento neste conceito: "Um governo não tem o direito de dizer a outro que interesses pode ou não proteger junto dele. Há aí uma violação da soberania do Brasil". [...]	*18 outubro* * *cozinheiro de alta categoria*
[...] Há 15 dias trabalho de manhã até à noite em arrumar os meus papéis, livros, quadros, etc. Tem sido um trabalho incessante, fatigante, estou extenuado, mas vejo ordem em torno de mim.	*23 outubro*
Chegam os jornais com a notícia da morte e enterro do Machado.	*27 outubro*
Jantam os paulistas e a Embaixada. O dr. Paulo de Morais Barros, sobrinho de Prudente de Morais, conta-me que o general Mendes de Morais, seu parente, está convencido de que o marechal Hermes prepara uma imposição à força da sua candidatura a presidente, dizendo que só cede ao Rio Branco e que o único meio que tem o Pena de evitar um golpe de Estado é demiti-lo antes da chegada dele ao Rio. O Exército vive sempre nessas preocupações políticas, mas, de um modo ou de outro, já tivemos uma série de presidentes civis. Eu não dei importância ao que ouvi, mas coincide com o que me mandam dizer por alto do Rio.	*2 novembro*

19 novembro	[...] Mando os sonetos a Camões ao Carvalho Monteiro. [...]
24 novembro	Grande mala [diplomática] (jornais) do Rio.
26 novembro * Dia de Ação de Graças	*Thanksgiving day**. Fazendo ou acabando o meu discurso para o Congresso de Rios e Portos.
27 novembro	Dia muito ocupado. De manhã trabalhando no discurso sobre rios e portos do Brasil. Recebo telegramas Rio Branco sobre tratado arbitramento com Estados Unidos e relações com a Argentina. Vem o capitão-tenente Aquino, vem o ministro do Chile, Carolina dá um almoço, por isso almoço em meu quarto depois de ter lido as folhas do Norte, chegam ao almoço diversas cartas urgentes, vem depois Amaral, sigo terminando diversas coisas, vamos à recepção de Mrs. Roosevelt, na qual fico de pé das 5 às 6 horas, de volta tomo chá e apronto meu discurso sobre Saint Gaudens, vem jantar o Embaixador Dudley, cujo conhecimento faço e com quem converso até 11h. Quando me deito à meia-noite, tenho passado 14h sem um instante descansar a atenção. [...]
28 novembro	Hoje às 10h da manhã vem Lafinur conversar comigo sobre a questão argentina. Mudança da Chancelaria.
29 novembro	Telegrafo ao Rio Branco sobre nossa atitude respeito 4.ª Conferência em Buenos Aires. Termino meu discurso sobre Saint Gaudens. [...]
2 dezembro	Missa do Imperador Francisco José, 60 anos de reinado, das 11 às 12h30. Depois à Legação da China, acessão do novo Imperador. [...]

9 às 11, National Rivers and Harbors Congress. Às 3 horas, em casa de Mr. Root. Uma hora e meia sobre a Argentina[398] e tratado de arbitramento.	*9 dezembro*
Hoje falece nossa amiga Mrs. Nicholas Fish. Perdemos nela nossa mais antiga amiga de Washington. Longa e bem sucedida conversa em casa de Mr. Root sobre o caso de retirarmos nossa Legação de Buenos Aires. Carta do Rui com imenso elogio às minhas memórias na questão. [...]	*11 dezembro*
Memorial Meeting to Augustus Saint Gaudens na Corcoran Art Gallery às 9 da noite.[399]	*15 dezembro*
Imaginar as almas imortais como gotas do oceano do espírito. Aplicar a comparação do meu discurso sobre Saint Gaudens: "Somos gotas no oceano e contudo todos procuramos ter a consciência do oceano e não somente a da gota.[400]" Seremos gotas na eternidade como somos na vida.	*16 dezembro*
[...] Estes dias todos muito ocupado com os telegramas do Rio sobre a Argentina.	*18 dezembro*

---

398. Referência à crise entre o Brasil e a Argentina desencadeada pelo programa de rearmamento naval brasileiro, com a exigência argentina de paridade. Nabuco a Graça Aranha, 1.xii.1908: "Não sei onde essa competição pelos armamentos nos levará. Pela mais singular das conjunções, o Brasil e a Argentina tiveram ao mesmo tempo dois chanceleres desejosos de imortalizar-se. Nas letras, a ambição da imortalidade só pode levar à decepção, em diplomacia, porém, pode levar à guerra ou à bancarrota. Um só não fazia mal; a conjunção deles é que foi o perigo. E o pior é que o Zeballos não quer aceitar o fato consumado".
399. Na cerimônia, em homenagem ao escultor norte-americano Saint Gaudens, Nabuco discursou, juntamente com o presidente Roosevelt, o secretário de Estado, Root, e os embaixadores da França e da Grã-Bretanha. O discurso de Nabuco em Discursos e Conferências nos Estados Unidos, *Rio, 1911.*
400. Tradução do inglês.

| 19 dezembro | [...] Carta do presidente Roosevelt sobre meu discurso na festa de Saint Gaudens.[401] Já me havia felicitado na ocasião. Hoje escreve-me espontaneamente a mais lisonjeira das cartas. |

| 22 dezembro | Trabalhando na minha conferência sobre Camões para abril. Hoje idéia: o Anglo-Saxão (língua) é uma língua física, *wind* dá mais o som do vento que vento (o francês fará *vent*), *blow* imita melhor que soprar a marcha do vento. |

| 23 dezembro | [...] Neve no Square e sobre os tetos e muros no fundo da casa, o terraço junto ao meu quarto todo coberto, os dois [filhos] menores limpando-os com grandes pás de madeira. É a decoração de Natal no Norte. A nossa é o termômetro a 33 [Farenheit]. Estou todo com o sentimento este Natal em Belém, como no meu tempo de Massangana. |

| 28 dezembro | Escrevo a Mr. Root, ao Portela, ao Ministro chileno dando a notícia hoje recebida de que não haverá pedido argentino de equivalência naval, que nós rejeitaríamos. Que pesadelo! [...] Mando três telegramas para o Rio.

Hoje Maurício e Carolina vão ao baile da Casa Branca depois de jantarem fora cada um numa casa. Que vida diversa da que eu tive! A minha foi talvez mais alegre, mas a dele nesta época terá mais *prestígio* na memória por ser outro o cenário. Entre a Casa Branca e a Concórdia Paulistana, creio que se chamava assim, há grande diferença. O coração pode afeiçoar-se mais ao pequeno canto natal, mas a imaginação é universal, histórica, sente o prestígio exterior. Eu não trocaria minha mocidade por nenhuma, mas creio que eles não trocariam também os anos de Washington. |

---

401. *O agradecimento de Roosevelt transcrito por Carolina Nabuco*, A Vida de Joaquim Nabuco, pp.444-5.

Trechos de cartas a Evelina

Hoje é grande dia. Se seguisse a regra do Abaeté punha gravata vermelha ou verde. Já te contei que ele, presidente do Senado, tinha três alfinetes, um de rubi, um de esmeralda, outro de ametista, que usava conforme o Senado reunido, a reunir-se proximamente ou encerrado. [...] Deus me permita viver até depois do 14 de agosto de 1913 para celebrar na Bahia com os meus filhos o centenário de meu Pai, na casa onde ele nasceu. Tenho já muitas idéias a esse respeito. Isto me dá um interesse intelectual na vida até 1913 pelo menos. Pode-se publicar uma edição resumida da *Vida* e talvez que o Rui Barbosa queira ser o orador. A Bahia foi tão rica de homens de Estado naquele tempo que haverá muitos centenários próximos, mas cada um apela para uma classe diferente de espíritos. E com a Bahia, de que foi senador, podia juntar-se Pernambuco, de que foi sempre Deputado, e ele ser o nexo entre os dois Estados. Prepararei os trabalhos e o arquivo dele para essa época.

Washington
20.vi.1908

1º janeiro

* o quanto admirei seu discurso
* presidente da Câmara
* presidente do Supremo Tribunal Federal
* O senhor tem sorte por ter um tal pássaro na gaiola

Deus nos proteja no Ano-Novo. Com a minha idéia da importância do número 9^{402} em minha carreira, se este fosse o último, faria um bom resumo delas. Um zero entre dois noves: (184)9 — o — (190)9.

À Casa Branca. O presidente me repete outra vez *how much I admired your speech.** A Mr. Root. Depois do almoço, ao vice-presidente, ao *Speaker** e ao *Chief Justice**. À noite jantamos com os Jusserands. Traduzi alguns pensamentos. Mme. de Blanpré cantou admiravelmente esta noite. Eu disse depois ao marido: *Vous êtes heureux d'avoir un tel oiseau en cage.** Carolina diz que todo o mundo na sala ouviu e que gostaram do cumprimento.

2 janeiro

Traduzo muitos pensamentos.[403] Expedi telegrama sobre imposto café. Depois questão Prata vem esta. Ontem disse a diversos que um ano feliz para mim seria um ano sem imposto do café. Desde, porém, que o taxamos nós mesmos, estou desarmado. Aqui dizem que são os consumidores americanos que pagam o imposto brasileiro; que é o nosso Congresso, ou o de São Paulo, que os está taxando. Acontece que só podem gritar aqui os interessados. Estes, os há de duas classes. Os operários, que não são muito ouvidos, e os banqueiros, Morgan, etc., hoje interessados na perfeita solvabilidade paulista e brasileira. As negociações de São Paulo com eles foram todas feitas sem meu conhecimento e, assim, não tenho relações com eles que me permitam pedir-lhes que se movam em nosso favor. Escrevi ao Cônsul em Nova York e telegrafei para o Rio, pedindo que São Paulo se dirija a eles pelas vias usuais. Fiz algumas visitas: uma longa ao Embaixador russo. [...]

---

402. *Nabuco a Graça Aranha, 1.xii.1908: "eu já começo ver a sombra do novo Nove. Já lhe disse que os noves marcam sempre novas fases de minha vida desde 1849, o nascimento. É curioso lembrar: 49, o nascimento; 59, o internato (a separação de casa); 69, o Recife; 79, o Parlamento e a Abolição; 89, o casamento e a queda da monarquia; 99, a diplomacia. Que será o nove sem mais nada, o 09?"*
403. *Nabuco traduzia então para o inglês os seus* Pensées Detachées *et* Souvenirs.

Telegrama do Rio Branco, desejando que eu vá assistir à restauração em Cuba.⁴⁰⁴ Trabalhando na tradução inglesa dos *Pensamentos*. [...]	*6 janeiro*
Reunião, em minha casa, dos Chefes de Missão americanos para considerar a proposta do Ministro do Haiti de oferecermos um presente a Mr. Root à sua retirada. Só se resolve redigir um voto para ser lançado na ata das sessões do Bureau Pan-Americano, quando aquela retirada for anunciada. Encarregam-me todos de redigi-lo. [...]	*11 janeiro*
Jantamos em casa do *Post Master General*.⁴⁰⁵ Tenho depois larga conversa com o senador Aldrich sobre o imposto de café. Diz-me que só será lançado se não achar donde mais tirar dinheiro.	*12 janeiro*
Jantar na Casa Branca. À mesa dos Embaixadores, à qual nenhum Ministro se senta, ficando de pé, enquanto se fuma. Costume que detrai da igualdade das nações do modo mais duro para os seus representantes.	*14 janeiro*
Tenho hoje um desmemoriamento de um minuto ou alucinação da vista, lendo outra coisa diversa do que escrevi, não sei. [...]	*15 janeiro*
[...] Hoje à tarde, depois de ter trabalhado com o Amaral toda a tarde, em preparar o texto da convenção de arbitramento⁴⁰⁶ como o Rio Branco a quer, mandei a este em resposta ao final do seu telegrama de hoje: "Com as indicações acima Vossência poderá combinar com Secretário Estado os dois textos definitivos que lhe rogo me telegrafe para que eu receba as últimas ordens do presidente". A seguinte resposta: "Exteriores, Rio Janeiro. Confidencial. Propus	*18 janeiro*

---

404. Nabuco será nomeado Embaixador Especial do Brasil para as solenidades da restauração do governo nacional de Cuba.
405. Isto é, o Ministro dos Correios.
406. Os Estados Unidos e os países americanos haviam negociado acordos bilaterais de arbitramento das controvérsias, de acordo com a recomendação da Conferência Pan-americana do Rio.

todas modificações. Se forem aceitas *não me prestarei* (cifrado) telegrafar íntegra ambos textos. Nabuco". Devo partir na sexta para Cuba; esta semana Mr. Root deixa o governo; concedeu tudo quanto pedi; se eu fosse mandar a íntegra dos textos para ainda ser submetida ao presidente, não teria resposta a tempo de assinar tratado com ele, mas o essencial é que eu como Embaixador não posso ser julgado incapaz de conferir uma tradução do inglês com o português e ficar dependente desse confronto no Rio para receber ordem de assinar uma Convenção, que todos os meus colegas assinaram sem tal confronto pelos seus governos.

19 janeiro — Escrevo ao Jusserand agradecendo a tradução dos *Lusíadas* que me enviou e a amabilíssima carta.

23 janeiro — Hoje assino o tratado de arbitramento com Mr. Root. À noite parto para Cuba.

24 janeiro — Eu e Maurício visitamos Saint Augustine[407] e continuamos a viagem, dormindo outra noite no trem.

Se a gratidão fosse uma essência como o incenso, eu daria o meu coração para ser convertido em um grão dela e arder um momento aos pés do Criador.

25 janeiro — Chego à tarde, ao pôr-do-sol, a Havana com o Maurício e o Amaral. Recebido pelo Ministro americano Mr. Edwin Morgan, que nos hospeda a todos na sua residência Quinta-Hidalgo, Marianau, a meia hora de automóvel da cidade. Um tapete chinês com dezenas de morcegos. A poesia do morcego só o chinês a descobriria.[408]

26 janeiro — Os McVeaghs dão-me um almoço. Visita ao governador Mr. Magoon. Jantamos em Marianau.[409]

---

407. *Na Flórida. V. Carta a Evelina de 3.ii.1909.*
408. *V. Carta a Evelina de 3.ii.1909.*
409. *V. Cartas a Evelina de 26.i. e 3.ii.1909.*

Mr. Morgan oferece-me um almoço no hotel Miramar. Visita ao presidente, General Gómez. Jantamos em Palácio com o Governador. Ao baile em honra dele.⁴¹⁰	27 janeiro
Inauguração do novo Governo. Jantamos em Marianau.⁴¹¹ [...]	28 janeiro
Despeço-me do presidente. Almoço em casa do nosso cônsul dr. Gonzalo Aróstegui. Dou um jantar de 40 talheres no Hotel Sevilha ao vice-presidente Zayas, secretário de Estado, membros do governo, Morgan, Ministro de Espanha, meus colegas de Washington, diversas autoridades e personagens cubanas dos dois partidos, como Montoro, Lanussa, Bustamante, Varona, etc.⁴¹²	31 janeiro
Partimos eu e o Maurício para Miami. Todos enjoados a bordo.⁴¹³	2 fevereiro
Em Miami, no *Royal Palm*.	3 fevereiro
À tarde, seguimos para Palm Beach, onde chegamos às 9h da noite.	4 fevereiro
[...] Passeio de cadeira. Visita de Mr. Flagler e a Mr. Flagler.⁴¹⁴ A residência deste: uma sala ou vestíbulo digno da vila Adriano, exceto que os mármores não são naturalmente os que seriam num palácio imperial da antiga Roma. À *farm** dos crocodilos e caimãs.	5 fevereiro * criadouro
Passeio de cadeira. A Alemanha nunca se fez amar da humanidade. Nem mesmo as nações protestantes, das quais ela foi o *leader*, voltam-se para ela como sua *alma mater*. Por isso Bismarck não é popular como Lincoln no mundo. Cavour, Garibaldi o são, porque a Itália fala ao	6 fevereiro

---

410. V. *Cartas a Evelina de 27.i e 3.ii.1909.*
411. V. *Carta a Evelina de 3.iii.1909.*
412. V. *Carta a Evelina de 3.ii.1909.*
413. V. *Carta a Evelina de 3.ii.1909.*
414. V. *Carta a Evelina de 5.ii.1909.*

sentimento geral da humanidade pela sua história. A Inglaterra, a França, os Estados Unidos têm sido libertadores, não a Alemanha. Seus poetas e filósofos dilataram o campo do espírito humano, mas os povos não lhe sentiram a influência como a da França ou da Inglaterra. Que obra maior do que a desta contra o tráfico de escravos no oceano? E o governo parlamentar? Assim a democracia americana, mas a Alemanha não influiu ainda.

8 fevereiro Vista de uma das varandas do hotel *Royal Palm* em Miami: um círculo de coqueiros, a praia, a água tranqüila da baía, as pequenas embarcações brancas, algumas velas distantes, a costa chata ao longe. Uma brisa fresca, muita luz, muito brilho das folhas verdes e douradas dos coqueiros.

9 fevereiro O senador Elkins conversando com o Quesada sobre a questão do café, disse: "Nós não podemos fazer nada que desagrade a Mr. Nabuco".[415]
Ao meio-dia em casa. [...]

10 fevereiro No Departamento de Estado. Janto em cima. Hoje, no banho, *eureka*: Deus tem duas faces, a consciente, que está voltada para os céus, a inconsciente, que está voltada para nós e os outros como nós. Mais de um terá sido fulminado para não poder transmitir alguma grande revelação que recebesse.

12 fevereiro 1º centenário de Lincoln. Falo no *meeting* organizado pelos comissários do Distrito.[416] Depois do meu discurso, a orquestra toca o hino brasileiro, que todos ouvem de pé. Conheci o Rev. Everett Hale, capelão do Senado, que me lembra lord Salisbury e o busto grego de Homero, a figura do ancião clássico da antiguidade. [...]

---

415. *Letra de Evelina Nabuco.*
416. *O discurso de Nabuco, intitulado* O Centenário de Lincoln, *em* Discursos e Conferências, *cit.*

Pedi ao *Store* mandar-me um caixão que suponho contém os retratos (photographs) que tenho em quadro. [...]	*17* fevereiro
Sem pátria. Como a imigração aluiu a idéia primitiva de pátria. A independência, criação de novas pátrias. O novo molde de pátria americano: sua força, como os que são vazados nele, saem de uma só *pièce**. Os casamentos de americanas com estrangeiros e os filhos destes, única falha no sentimento americano de pátria. Tendência da aristocracia do dinheiro para o cosmopolitismo.	*22* fevereiro *peça
Grande carta do Graça. Escrevo ao general Dantas Barreto, que resolvi não votar mais para a Academia enquanto durar minha ausência. [...]	*23* fevereiro
Banquete da *Peace Society* em Nova York em honra de Mr. Root. Meu discurso.[417]	*26* fevereiro
[...] Maria Santíssima... fonte das lágrimas de amor e de devoção, das que acabo de chorar lendo que o pai do Tasso, autor ele também de um poema (*Amadis*) "teria dado todos os seus sucessos para aumentar o nome de Torquato". Tão como meu pobre Pai!	*28* fevereiro
Recepção de despedida na White House. O presidente diz-me estas palavras: "Mr. Ambassador, *I owe a great debt of gratitude** a quem publicou a minha carta..."[418] [...]	*2* março *devo muitíssimo
Inaugural Ball[419], 10 p.m.; *Inauguration*, 11 a.m.	*4* março

---

417. Elihu Root e a Paz, *em* Discursos e Conferências, *cit.*
418. *Theodore Roosevelt passaria a presidência dois dias depois a William H. Taft.*
419. *Baile de inauguração em homenagem ao novo presidente.*

10 março	Primeira recepção de Mr. Knox. À noite, encontramo-nos a jantar com ele e Mrs. Knox.[420]
12 março	De uniforme todos à Casa Branca. Mr. Taft faz-me grande elogio ao meu discurso no banquete de New York.
27 março	Hoje jantar em casa de Mrs. Jennings. Na mesa para o fim, tive dificuldade em ficar por causa de uma tonteira ou ameaça de síncope. Mas passou e conversei toda a noite sobre café com o representante Douglas, do Ohio.
31 março	Todos estes dias na campanha do imposto de café. Se for lançado, a responsabilidade será minha; se for evitado e cair a proposta, o serviço será de outros. Mas não penso nisso e vou trabalhando com esperança de sucesso para esse grande triunfo. Hoje os jornais já dizem que será retirado por meus esforços. [...]
5 abril	[...] O Rio Branco encarrega-me agora de tratados de arbitragem com seis nações. E eu sem auxiliares! Ainda por cima, todos doentes, em casa, de bexigas doidas e os criados desertando. É uma má semana, não falando no imposto do café e nas conferências que devo fazer este mês em Vassar College e Cornell University.
8 abril	Todo o dia a conversar com visitas: novo Ministro cubano, que diz quis ver-me antes de apresentar as credenciais; o Embaixador do México, que me traz um remédio que o curou (há dias o Casasus mandou-me uma máquina elétrica porque quer que eu me cure, como ele, pela eletricidade); o Ministro peruano, que acaba de voltar do Peru, longa palestra; Mme. Cruz, que vem ver Evelina; o novo adido naval. Depois do jantar, vou ver o Kelsch, doente de sarampos, que vai ser removido para o hospital.

---

420. *P. C. Knox, o novo secretário de Estado.*

Ontem chegaram o Shannon e o Rodrigues. Escrevo ao Knox, pedindo audiência do presidente para o Rodrigues. [...] Telegrafo ao Rio Branco a emenda do Senado, dando entrada livre ao cacau. Se consigo esta também, como a do café, a proposta do imposto só terá servido para darmos um grande triunfo. [...]	*12 abril*
Levo o Rodrigues ao secretário de Estado e ao presidente. [...]	*14 abril*
Jantar do Gridiron Club. Sento-me ao lado de Mr. Taft, e o Rodrigues fica à minha direita antes do Ministro da Suíça. Grande esforço outra vez, das 8 à meia-noite sentado, como no jantar de anteontem.	*17 abril*
Dormimos eu, o Lima e o Joaquim no Buckingham Hotel, onde está hospedado o Rodrigues. Longa conversa com este.	*20 abril* [New York]
Seguimos à tarde para Poughkeepsie; à noite, faço a minha conferência em Vassar College. Assunto: Camões como poeta lírico.[421] [...] Salão cheio de alunas e a galeria. No fim do meu discurso, os aplausos foram tão prolongados que pedi ao presidente que os fizesse cessar. Depois da conferência, recepção.	*21 abril*
Visita aos diversos edifícios de Vassar College. À tarde seguimos para Siracusa, onde dormimos.	*22 abril*
Visita de manhã aos edifícios (por fora somente) da Universidade de Siracusa, com os filhos do Alves de Lima. À fábrica destes e da mãe. Seguimos para Ithaca. Hospedado com o Joaquim em casa do presidente[422], o Lima no Clube. Visito a Biblioteca, o ex-presidente White e a capela, onde há uma pedra em honra do professor Charles Hartt, que morreu no Rio. À noite, minha conferência so-	*23 abril*

---

421. *Em* Discursos e Conferências, *cit.*
422. Isto é, do reitor da Universidade de Cornell.

bre *Os Lusiadas as the Epic of Love*[423]. Depois da conferência, até tarde conversando com o presidente Schurman, com quem formo uma amizade que não deixarei morrer. Felicito-me de o ter conhecido neste auspicioso dia, 20º aniversário do meu casamento. Logo pela manhã telegrafei a Evelina o meu *Te Deum* por todos os benefícios recebidos dela nestes vinte anos.

24 abril	Cornell. Todo o dia lendo no gabinete do presidente Schurman. Muito frio fora. Os Schurmans oferecem-me um *luncheon* com diversos professores eminentes, entre eles o bibliotecário professor Lincoln Burr. À noite, os estudantes latino-americanos oferecem-me um jantar, no qual o presidente Schurman propõe à minha saúde em termos excessivamente lisonjeiros.
25 abril	Almoço às 9 da manhã pelo ex-presidente White com diversas notabilidades de Cornell. Depois (à 1h20), seguimos diretamente para Washington, onde chego à uma hora da noite. [...]
1º maio	[...] Assino com o Ministro de Panamá, Carlos Constantino Arosamena, uma convenção de arbitramento.
11 maio	A Nova York com o Maurício assistir ao jantar do Shannon e do Parrington ao Rodrigues no University Club. 30 convidados, muitos discursos. O editor do *Century Magazine* disse que eu devia ser nomeado Embaixador em Londres de todas as Américas, se o presidente Eliot não aceitar.
23 maio	Hoje vêm ver-nos os Jusserands. Ambos me dizem coisas muito amáveis sobre o meu livro. Ele, que ainda há poucos dias, subscreveu num álbum um pensamento meu; ela, que há dias me esteve lendo com imenso prazer mais de uma hora. Na outra noite me disseram coisas também muito bonitas Mrs. Larz Anderson e o ministro grego. [...]

---

423. Os Lusíadas como a Epopéia do Amor, *em* Discursos e Conferências, *cit*.

| Acabo a minha conferência de Madison, *America and Civilization*. Dou *Pensées* ao Lima com estas palavras: "Para que se lembre de mim daqui a muitos anos, como me lembro do meu velho chefe Carvalho Borges, e regue algumas destas pobres plantas em que deixo minha alma". | *26 maio* |

| Hoje trabalhei muito. À tarde, lendo muito interessado as páginas do livro do correspondente do *Times* no Rio durante a Revolta[424] (Eckao), sobre a independência da América Latina. Atravessaram-me o cérebro idéias e quadros dessa revolução como se eu estivesse lendo outra coisa. Suponho que é uma forma de vertigem, ou de sonolência acordado, como se transformam as idéias e impressões logo antes do sono. Depois continuaram a atravessar-me o cérebro impressões indistintas entre acordado e sonhando. O médico achou que era tudo do meu estado ou "doença de Osler" que me atribui. À noite, tive forte pesadelo. | *31 maio* |

| Vem ver-me o Ministro da Venezuela sobre a indicação do Rui. Telegrafo ao Rio Branco que nada posso fazer diretamente, nem ainda menos indiretamente. O dr. Harding achou-me a pressão arterial muito alta, cerca de 200; fez-me desistir de ir a Madison. Todo o dia com dor de cabeça. Não me alimento. | *1º junho* |

| Hoje passei muito fraco, suando muito, calor sufocante. | *2 junho* |

| Ontem confessei-me com monsenhor Lee e hoje comunguei das mãos dele. Sinto-me sempre, depois da comunhão, como um Lázaro ressuscitado. | *5 junho* |

| A afta já não me incomoda. Tomei nota para ver o tempo que dura. O ano passado durou um mês; torna-se uma pequena úlcera muito dolorosa ao comer. Evelina segue para New York. [...] | *11 junho* |

424. da Armada

12 junho	Vou ao Departamento de Estado despedir-me. Sigo para New York com o Maurício. No Buckingham [Hotel] encontro o dr. Dupuy, meu velho amigo, que conheci nesse mesmo hotel em 1876.
14 junho	Sigo com Evelina e Carolina para Manchester.[425] Ao entrar em casa, recebo o telegrama com a notícia do falecimento do Afonso Pena, hoje às 2h30. Telegrafo ao Rio Branco e ao presidente Taft.
17 junho	Hoje veio o médico ver-me. Tenho tido sensações como de cair ou ir desmaiar, depois de qualquer curto passeio que faço. Mais de meia hora não me posso ter de pé. Recomendou-me a massagem e receitou-me fosfato de soda efervescente todas as manhãs. Tenho passado o dia com o coração muito fraco. Revi, entretanto, hoje e ontem todo o meu drama, ao qual restituí o título primitivo, *L'Option*, fazendo reproduzir na capa e primeira folha a flecha de Estrasburgo.
18 junho	Forte ventania. Sentindo a reação do esforço desde Washington, do muito andar (para mim) e talvez do ar do mar nestas paragens do Norte e da vida ao ar livre, quando sempre vivi fechado no meu gabinete de Washington.
20 junho	[...] Hoje na missa o padre disse: "Pedem-se suas orações pela alma de ..., que morreu em Boston, e pela de Afonso Penna, falecido presidente do Brasil, que morreu na segunda-feira e por quem uma missa será dita amanhã". Então a congregação ajoelhou-se e disse-se uma oração curta pelas almas das duas pessoas. Maria Ana faz 14 anos. Fiz alterações que creio finais no meu drama. Carolina notou-me ontem um erro de francês: *martyr* no feminino, em vez de *martyre*. Muito fraco. Primeira massagem, que suporto bem.

---

425. *Cidade do estado de New Hampshire, em cujas cercanias Nabuco e família passarão o verão de 1909.*

Não posso estar dois minutos de pé, sem que me venham opressão e palpitações. Suponho tudo isto passageiro, mas realmente tenho muito pouca força. No entanto, alimentei-me ontem bem, o que não fazia há muito e dormi otimamente. Cinco minutos de escrever, talvez pela cabeça baixa, já me parecem demais. É preciso deixar passar a crise. Vem o médico.

21 junho

Hoje eu devia pronunciar o *Baccalaureate Address* na Universidade de Wisconsin. Não pude ir por motivo de saúde, e, depois, com a morte do Pena, não teria ido. Em minha ausência, o discurso foi lido pelo próprio presidente Van Hise.[426] Hoje, 23, eu devia receber o grau de LL.D na Universidade de Wisconsin, mas por doente não pude ir. Vem o médico.

23 junho

[...] Recebi extensa e lisonjeira carta do presidente Eliot sobre a minha address* de Wisconsin.

29 junho

discurso

Vou melhor, tendo, há quinze dias, descansado sempre, andado nada, vivido no meu quarto, por assim dizer. [...] O Maurício faz hoje o exame de alemão, fez ontem o de história, não entrou anteontem no de latim, e passou, diz ele, mal; na segunda, o de física (experiências de laboratório).

1º julho

Hoje tenho um dia melhor. Ando fora uns 1.000 passos.

7 julho

Chega o José Carlos Rodrigues, que almoça e janta conosco. De volta da viagem à Califórnia e Alasca com a jovem sobrinha, Irene Lopes. Traz uma pele de arminho para Evelina.

12 julho

[...] Trabalhando em um novo livro de pensamentos desde ontem.

27 julho

---

426. A conferência de Nabuco que foi lida em Madison intitula-se O Quinhão da América, *v.* Dircursos e Conferências, *cit.*

28 julho	Lendo, ou antes salteando, a *Vida* de Herbert Spencer. Como devo dar graças a Deus de ter tido a doença diferente da dele, isto é, de não me ter ela tirado a doçura da vida.
6 agosto *ralé * "Não bati num homem, mas num negro" * "Uma mulher da gene africana"	O maior dos jogos nacionais aqui é amontoar *dollars* (para os homens) e gastá-los (para as mulheres). *Dollar-heaping e dollar squandering*, posso chamá-los. Depois o dar nos negros. Ainda ontem um ministro branco escapou de ser atacado pela *mob** por ter apertado a mão de um colega preto. Um senador, que deu um bofetão num criado de cor, dizia ao juiz: "*I did not strike a man, but a negro*"*. Designam uma mulher de cor num documento de justiça: "*A female of the genus africanus* (sic)"*. Haverá verdadeiras convulsões até o organismo expelir o preto, *the nigger*, do seu seio, isto é, como cidadão, mas o há de expelir. Este sentimento torna-se cada vez mais decidido e mais geral.
7 agosto	Escrevo longa carta a um americano de Minneapolis, que tem a maior biblioteca de livros de autores assinados por eles, sobre os livros brasileiros de autores vivos que hão de sobreviver. Declino a escolha no João Ribeiro, Veríssimo e Graça Aranha. [...]
10 agosto	Escrevo a Sir Edward Sassoon, dando-lhe os meus sentimentos pela morte de lady Sassoon. Não sei se ao sentimento judaico a idéia agradaria, mas se eu fosse ele, levantaria, no jardim de Park Lane, uma estátua dela, por um grande artista, de mármore branco. O público poderia ver através da grade. Manteria um homem de serviço para renovar as flores em torno e por cima do mármore, conforme as estações, e tornaria a instituição perpétua. Ele é da Índia e se uma jovem mulher mereceu do viúvo, como Tadj Mahal, um monumento de arte ideal, foi ela. Os ingleses, porém, casam logo depois de viúvos; não sei se os israelitas também.

Faço hoje 60 anos. Tive um dia muito agradável todo ele. De manhã tive a visita de Mr. Morgan, Ministro em Cuba, que não veio por isso; tive grande prazer em vê-lo. Recebi telegramas do João Martins, de Gênova, do Amaral, mulher e Raul Rio Branco, do Graça Aranha e uma carta do Garcia, mas esses poucos me disseram a simpatia e a lembrança de outros. Apareceu um fotógrafo, que tirou o nosso retrato todos juntos debaixo dos carvalhos. À tarde veio Mme. Cruz, que tinha sabido do aniversário. Jantaram o Lima, o Comandante e o Kelsch, e conversei até às 10h30. Tinha andado uns 2.000 passos. Recebemos a notícia do casamento da Elisa Walker Martinez. Veio o bispo do *colored people** pedir uma esmola. Carolina leu uma carta de Lucília, que há anos não escrevia. Fez um belíssimo tempo. No todo, um dia perfeito, de calma, felicidade, gratidão, em toda a família. Deus seja louvado! O que vier é de sobra.

19 agosto

**gente de cor*

Cheguei aos sessenta anos sem fôlego e exausto da longa ascensão da vida. Agora, para a descida, tenho que usar outros músculos, não mais os do impulso, mas os da resistência. Meu organismo ressente-se da mesma fraqueza que se eu jejuasse todo o tempo. Tanto minhas forças como o meu estado de espírito variam conforme as horas da comida. Sou literalmente uma máquina que só anda, e mal, quando a fornalha está acesa. Hoje, um pequeno exercício com o *masseur** (aqui chama-se *Physical Director*, como o barbeiro se chama *Tonsorial Artist*, não sei que artista é o coveiro), fatigou-me muito.

**massagista*

Notícia da nomeação hoje dos candidatos anti-hermistas: Rui e Albuquerque Lins.[427]

24 agosto

[...] Muito calor. Tenho, à tarde, talvez pequena insolação, uma dessas perturbações que já me têm sobrevindo, em que pedaços de sonhos, ou que me parecem tais, me voltam ao pensamento. Não perco a consciência, poderia dirigir como quisesse a minha razão,

25 agosto

---

427. Com o falecimento de Afonso Pena, Nilo Peçanha completava seu mandato e o situacionismo preparava a candidatura de Hermes da Fonseca à presidência. O candidato da oposição foi finalmente Rui Barbosa.

mas tenho no espírito um horizonte, em que bóiam destroços de idéias que não se completam, como se fosse dormir. Com um pequeno sono, logo depois o aparelho intelectual está funcionando, outra vez na perfeição. É a quarta vez. Às 6h dei um passeio de uma hora em automóvel para encontrar um pouco de fresco em Magnolia. À noite recebo boa carta do Rodrigues.

1º setembro De manhã leio a triste notícia do assassinato do Euclides da Cunha. Exceto uma fraqueza súbita às 5 horas, passei o dia bem. Trabalhei um pouco, fui à praia a pé, com bastante vento, fiquei fora na varanda das 12h às 5h, só entrando para almoçar. Que é falta de alimentação, prova o fato de restaurar-me, logo que como alguma coisa. Almoço e janto com a família pela primeira vez.

2 setembro Carta do Gouveia anunciando-nos Lucília achar-se noiva do Otávio Guinle. Grande alegria. Depois, leitura do telegrama do dr. Cook, narrando a descoberta do Pólo Norte, em 21 de abril de 1908. O dia hoje foi ideal.

Estes dias passados não tenho andado contente, com certos estados que se produzem de passagem no meu espírito, e que devem ser fenômenos precursores de síncope ou fraqueza. Também me observo demais interiormente. Às vezes, recebo, por assim dizer, o *appel*, o chamado, de idéias diferentes, nenhuma das quais se me desenha no pensamento de modo a saber eu do que se trata. Isso quer dizer que as notas de recordações diferentes são feridas de modo insuficiente a despertá-las, mas que eu sinto só o ferir das notas. O meu telefone cerebral (da memória), por outra, às vezes não funciona com a perfeição [e] nitidez costumada. Os detritos dos sonhos não são bem eliminados e voltam à memória, nos momentos de fraqueza ou talvez de sonolência, da qual não me apercebo.

3 setembro Ontem passei um dia ideal. Fui duas vezes à belíssima praia vizinha, almocei à mesa com os Cruzes, estive fora todo o dia, às 5h30 veio o *masseur*, jantei com a família, fiquei no salão, e hoje tenho estado bem. Dias esplêndidos tem feito. Partem os Cruzes e os Azevedos. [...]

Telegrafei hoje ao Gouveia: "Parabéns feliz dia. Desejamos Lucília igual sorte. Nabuco".

Na minha carta ao Rodrigues, peço-lhe para não tomar iniciativas, para não ir além do limite a que o Rio Branco se arriscar. Estar nas regiões do pólo é muito perigoso: passar da terra firme para um *floe**, sendo levado por correntes desconhecidas para o extremo oposto.

camada fina de gelo

---

4 *setembro*

Ontem passei um dia inteiramente normal, à tarde dei um passeio de carruagem de uma hora, à noite muito entretido com a descoberta do Pólo Norte. O dr. Cook é um grande homem, mas é também um (*polar bear**) urso do Pólo, e o maior homem que não fosse também um urso não poderia ter feito isso. Será a resistência ao frio o teste da verdadeira grandeza? [...]

urso polar

---

6 *setembro*

[...] Redijo três telegramas, um com a moção que proponho, reconhecendo a doutrina Monröe, outro sobre a exclusão da Bolívia (penso que deve ficar isso para o Ministro da Bolívia iniciar), outro sobre a nossa abstenção da Conferência (digo que devemos ir, mesmo se precisássemos pedir salvo-conduto), assuntos de três telegramas recebidos sábado do Rio.[428] Se deixássemos de ir por causa da nomeação do Zeballos,[429] ou mostrávamos receio de um encontro com ele, ou levantávamos a pretensão de serem sujeitas ao nosso beneplácito as nomeações para a Conferência, pelo menos as do nosso anfitrião, as argentinas.

---

8 *setembro*

Natividade de Nossa Senhora. Hoje passei um dia perfeito como há meses não me recordo. Andei mais de uma hora seguida. Fui a Magnolia visitar os Portelas. Fiquei todo o tempo na sala, varanda. Almocei e jantei bem com a família. Escrevi uns pensamentos.

---

428. Trata-se da 4ª Conferência Pan-americana, que se iria realizar em Buenos Aires.
429. Estanislau Zeballos, designado para representar a Argentina na Conferência de Buenos Aires.

9 setembro	Recebo admirável carta de Mr. Root sobre a escultura do novo edifício pan-americano. Escrevo a resposta, que pretendo rever amanhã. [...]
10 setembro	Como se de perfeita saúde. Hoje andei quase duas horas, cada uma sem interrupção. Mando um telegrama ao Rio Branco, felicitando-o pelo tratado com o Peru, "por lhe haver sido dado consolidar e concluir sua grandiosa obra, nossas fronteiras".
11 setembro	Andei uma hora de manhã, depois de ter trabalhado; depois, fiquei na varanda; à tarde, andei mais meia hora, quando me senti fraco e trêmulo, muito nervoso. Deitei-me, dormi e, à hora do jantar, estava pronto, mas com a impressão de ter perdido a minha cura. Espero que não.
12 setembro	Massagem de manhã. Depois, três quartos de hora de automóvel. Dia muito frio para mim. Ando um quarto de hora ao sol. Mais tarde, 20 minutos com Evelina. Almoço bem. Trabalho um pouco. Vou à praia com Acaé. Janto com os rapazes da Embaixada, que vêm. Pela primeira vez, neste lugar, janto com eles, que vêm aos domingos.
13 setembro	Ao tomar o almoço, dito um ofício. Massagem de manhã. Passeio. Conversa na varanda com Mme. de Montagliori, depois com o Lima. Passeio de carruagem com Evelina. Trabalho uma hora. Dia no todo bom.
15 setembro	A massagem cansa-me e enerva-me de manhã, mas a não ser isso dia perfeito. Duas horas de automóvel. Ando uma hora.
16 setembro	Um tanto fraco de manhã, mas ando bem, trabalho na arrumação dos papéis. De tarde, passeio de automóvel a toda velocidade contra o vento.

Massagem. Dia normal. Tenho uma pequena fraqueza momentânea do coração ao andar apressadamente, mas não é nada. O dia passa normalmente. Trabalho nas arrumações.	*17 setembro*
Passo bem. Vem o médico. Torno a sentir momentaneamente um abalo no coração ao andar contra o vento, mas continuo e ando duas vezes meia hora com Acaé. O médico diz-me que a minha doença, ao chegar, foi uma miocardite, mas que estou com o coração mais forte. Trabalho seguidamente nas arrumações dos livros e papéis. Sempre as noites são agradáveis com a família no salão. Mais tarde encontramo-nos na "Rua do Rosário", que, com "a ponte dos Squirrels e Chipmonks", é a lembrança que levo desta "chácara dos Carvalhos". (Assim se chama a residência do Antônio Prado em São Paulo). Muito esperançoso que chegue na segunda-feira o Chermont. Escrevo ao Graça Aranha.[430]	*18 setembro*
Rezo a minha missa. Muito interessado na história do dr. Cook. Ando duas vezes meia hora com Acaé e Evelina. Arranjo muitos papéis. Dia normal até agora à tarde. [...]	*19 setembro*
[...] Passeio hora e meia em três vezes. Trabalhando sempre no livro.	*20 setembro*
Massagem. A vida de repouso que tenho levado me tem enervado e observo agora demais o funcionamento do meu pensamento e tenho notado que certas associações de idéias, que outrora me passariam despercebidas, sobretudo reminiscências de sonhos, coincidem com um pequeno abalo do coração e sensação de vertigem. Tudo é do estômago, mas, quando cheguei aqui, preocupava-me o coração; agora preocupa-me o cérebro. É um estado de *hyper-self consciousness** coincidindo com estados passageiros de *subsconsciousness**, que o meu médico diz estar ligado à pressão arterial	*24 setembro* * *super-auto consciência* * *subconsciência*

430. V. Cartas a Amigos, ii, pp. 335-7.

elevada. Efeito tudo da prisão e da falta de absorção no trabalho, da vagabundagem de espírito em que estou há meses como cura do *overwork** de Washington. Estou me examinando como Herbert Spencer, e talvez a doença faça de mim um psicólogo.

*excesso de trabalho

25 setembro

*telescopagem

[...] *Telescoping** em minha memória do Ibirá-Mirim com o Sérgio Teixeira de Macedo como um só *cacete*. Contando a grande caceteação daquele em Cambo, continuei ontem à mesa com a do Sérgio na rua de Olinda como se fosse dele. Isto foi uma grande distração, antes que falta de memória, porque me lembro de todas as circunstâncias, mas incomodou-me muito. Preciso vigiar meus lapsos de memória. Tem a memória essa tendência para unificar quando vai caindo? Eu não teria figurado o Sérgio em Cambo, porque ele não esteve, mas figurei o Ibirá em lugar dele na rua de Olinda, porque aquele me caceteava muito em casa. Todavia, sinto-me *upset**. Diversas vezes terei tido distrações como essa, mas não me deixaram impressão. Isto é devido ao meu estado de enervamento pela solidão, em que tenho estado, de espírito. Tudo avulta na minha planície interior, que me parece estéril semeada de ruínas da memória. Duas horas de automóvel.

*perturbado

27 setembro

Deus seja louvado por não poder eu ver uma bela cena, um belo dia, sem que a primeira tecla ferida em meu espírito seja a do reconhecimento da criatura pela bondade do seu Criador, que lhe oferece mais esse espetáculo. E, assim, toda impressão de beleza, física ou moral e, por assim dizer, cada respiração dos que me são caros, cada alegria deles.

30 setembro

Dia belíssimo. Ontem veio [o] médico despedir-se. Disse-me que eu havia melhorado muito. Que quando cheguei, ele esteve ansioso porque meu coração, rins e estômago funcionavam mal. Acha que a albumina diminuiu muito por ter melhorado o coração, conta [com] que desaparecerá de todo, continuando eu com o exercício e a massagem. [...] Todos estes dias tenho tido uma fraqueza súbita por volta das 5 horas, que passa com uma xícara de leite. Fico com as mãos trêmulas. Preciso comer de três em três horas, ou de quatro em quatro. Escrevo ao Magalhães de Azeredo.[431] [...]

1º outubro

[...] Passeio a pé contra o vento, bastante frio. Depois, longo passeio de automóvel. Uma hora é para mim um longo passeio, sobretudo contra o vento e a grande velocidade. Está resolvida nossa partida para Nova York a 4, e para Washington, a 6. Tenho sentido muito o isolamento aqui. Há dias estou relendo seguidamente a *Imitação*[432]. Que admirável livro, verdadeiramente divino. Mas a perfeição interior e a vida social têm que andar unidas para o homem não ser uma excrescência na sociedade em que nasceu. Além da *Imitação* para os conventos, é preciso outra para o mundo. Aqui tenho verificado que eu só sei passar o tempo trabalhando. Meu pensamento está sempre com o Joaquim.

---

2 outubro

Antes do *luncheon*, passeio de automóvel. Diversos curtos passeios a pé durante o dia. Preparando a partida para Washington na segunda-feira. Não vou muito contente deste lugar delicioso, exceto como "isolatório", palavra que Evelina cunhou há dias. Antigamente, no meu espírito, não havia plantas que eu desejasse arrancar; aqui apareceram urzes e espinhos. Não vejo mais por toda parte as flores do campo. Isto passará, estou certo, voltando eu à vida e ao trabalho costumado.

Tenho lido a *Imitação*, mas a regra da *Imitação* é desejar o sofrimento, e o meu modo de entender a vida não é esse. A *Imitação* é escrita para os ascetas, e o ascetismo não é o meu ideal de vida espiritual, de comunhão da criatura com o Criador. O meu cristianismo é o platonismo acrescentado com a morte de Deus pelo homem. Eu não poderia renegar o culto do Belo, a arte, a estética, a ciência,

---

431. Cartas a Amigos, ii, pp. 337-8: "Há meses não estou bem. Cheguei fatigado e exausto ao cimo da vida. Eu não fui feito para velho e estou envelhecendo, não por minha conta, mas por conta dos que me querem o mais tempo possível neste mundo, por mais diferente que eu vá ficando de mim mesmo".
432. Imitação de Cristo.

o progresso, as conquistas da inteligência, pela contemplação da caveira e pensamento das penas do inferno. No entanto, exceto isso, adoro a *Imitação*.

3 outubro

Nosso último domingo nesta praia. Deus seja louvado de todos os seus favores. Exceto a minha, que não é mais do que a invasão brusca da velhice, não houve doença em casa. Não vi ninguém, pela minha fraqueza nervosa, em qualquer companhia, mas suponho-me muito melhorado desta e, como o ano passado, bom para outra estação de Washington. Se poderei aceitar jantares, é o que resta ver. Seja feita a vontade de Deus, mas a minha seria retirar-me para o meio de meus livros e papéis, num lugar que tivesse em roda recordações de arte ou de história. Acharia lá amigos? Aprenderia a não querer outros, além da família e dos livros? Receio que o clima do Brasil fosse quente demais para a minha invalidez principiante. Mas quem sabe se tudo não mudará e se, agora que não me fatigo mais sobre os papéis e nos estudos, não regenerarei o meu físico? Em todo caso, vou cheio de esperança, para não dizer confiança, em um ano mais de utilidade diplomática e de "sociedade". E isso basta aos 60. [...]

4 outubro

Partimos para Nova York. Vamos de Manchester a Boston em automóvel, uma hora e três quartos. Chego muito cansado a Nova York. Vem o Garcia à estação.

5 outubro

Vem o Vasco de Abreu, que tem longa conversa, das 10 ao meio-dia. Pequeno passeio a pé com o Maurício. Almoço no restaurante do hotel com Evelina. Vem o irmão do Barros Moreira às 3h com a família, às 4 o cônsul, que fica até às 5, quando chega o Garcia. Vamos ao Metropolitan Museum, onde vejo os frescos pompeianos de Bosco Reale e um carro de triunfo etrusco (600 anos a.C.). Pequeno passeio a pé na Avenida com o Garcia. Este fica até ao jantar. Janto com Evelina embaixo. Depois, longa conversa com o Shannon até 9h30. Leio até quase às 11h o catálogo das reproduções de escultura antiga no Metropolitan Museum. Maurício e Carolina foram ao teatro e voltam satisfeitos. Ela tinha passado o dia de cama.

Volta para Washington. Deus seja louvado. Estudar a idéia de Alcibíades com a expedição da Sicília, conquista de Cartago, sujeição da Itália e da Grécia a Atenas. Um Alexandre ateniense? Ter-se-ia Alexandre inspirado em Alcibíades, marchando por outro lado?	*6 outubro*
Mudança dos trastes para o nº 20 ao lado. Todo o dia no quarto, com forte resfriamento e um abscesso no dente. Não pude dormir a noite passada. [...]	*13 outubro*
Dormi ontem mal, mas espero descansar esta noite, apesar de ter o rosto muito inchado. [...] Escrevo ao José Luís sobre a história anedótica da Academia de São Paulo, que está escrevendo.	*14 outubro*
Rosto muito inchado. [...] Quesada nomeado árbitro americano no litígio com Venezuela. Dá-me a notícia pelo telefone. [...]	*15 outubro*
Acabei de reler a *Imitação*. Antes de deitar-me. Comecei os *Pensamentos* de Marco Aurélio.	*26 outubro*
O Portela vem ver-me e diz haver telegrafado ao seu governo que eu tomei a iniciativa de apressar a votação do programa da Conferência, reunindo em minha casa alguns membros da comissão de redação, que chegaram a um acordo sobre ela. [...]	*28 outubro*
Longa carta a Mr. Knox sobre o programa da 4ª Conferência.	*30 outubro*
Hoje, ao jantar, tive um desses fenômenos a que sou sujeito, ultimamente, de longe em longe, e que não posso exatamente descrever, consistindo em me virem à mente como que reminiscências de sonhos, mais ou menos seguidas, três ou quatro, com ansiedade no coração e depois fatiga mental. Não sei bem descrever, mas é singular e característico. Tomo por cansaço cerebral e necessidade de sono. Eu havia dormido antes do jantar.	*5 novembro*

9 novembro	Pequena perturbação antes do jantar, muito rápida. [...]
14 novembro	[...] Escrevo longa carta a Mr. Carleton Young, de Minneapolis, sobre o que tenho publicado. Ele tem uma biblioteca única de obras de autores explicadas por eles mesmos.
16 novembro	Comecei a ler os *Diálogos* de Platão. Tradução de Jowett.
17 novembro	Relendo o *Banquete* (*Symposium*). [...].
18 novembro	[...] Acabei o *Banquete*.
20 novembro	Maurício segue no *Kaiserin Augusta* para Hamburgo. Ontem e hoje *Phaedrus*. [...] Que sol resplandecente Platão me está parecendo! Como o meu Chateaubriand parece-me pálido e pequeno ao lado dele! Vênus ou Marte comparado com Urano ou Netuno em torno do sol do belo infinito. Bela carta do Graça. Adorável retrato de minha Mãe mandado por Lucília a Acaé.
23 novembro *distensão	Longa entrevista com secretário de Estado, em sua casa, sobre a questão do Chile.[433] Volto muito animado de que o pior esteja passado. Hoje Chile respondeu ao *ultimatum*, rejeitando ambas as propostas. Quando eu fui a Mr. Knox, saí da casa dos Cruzes, que ficaram ansiosos à espera. Eles estavam preparando partida, debaixo de que impressão! Não havia um raio de esperança. A carta de Mr. Knox de domingo lembrava que as horas estavam passando. Tive conferência três quartos de hora e voltei com a notícia de que todo perigo me parecia passado. Que mutação de cena em casa! Não esquecerei nunca. Eu já encontrei Mr. Knox disposto a não romper senão em última extremidade, encontrei a *détente**, mas o que lhe disse sobre os efeitos do golpe para a política pan-americana, que

---

433. *A questão decorria da recusa pelo governo chileno de reconhecer direitos de cidadãos americanos, adquiridos ao tempo em que o norte do Chile pertencia à Bolívia. Graças à intercessão de Nabuco junto a Know e também a Root, a crise foi superada.*

ele professa seguir como Mr. Root, calou muito no espírito dele, e quando lhe mostrei a diferença entre a proposta da Haia e a de um *componedor amigable**, que ele não havia bem compreendido, ele viu logo que essa era a saída. Assim, encontrei já a *détente*, mas deixei a solução. Root deve ter trabalhado para aquela, eu tive a fortuna de pôr esta em foco; ele não se havia fixado na segunda proposição chilena como sendo outra coisa que a primeira.

* mediador amigável

Primeiro *Pan-American Thanksgiving Day**, inspiração do Pe Russell, de St. Patrick, com brilhante assistência. Depois, missa a que assistem presidente Taft, Secretário Knox, todo corpo diplomático pan-americano, *luncheon* em casa do Pe Russell, em que falam ele, como *host**, o Cardeal Gibbons, o secretário de Estado e eu. Ver *Washington Post* e *Washington Herald*, o que escrevi para o *Post*. Portela diz-me que amanhã pedirá conferência a Mr. Knox para manifestar interesse argentino solução pacífica. Já estará tudo acabado. Com efeito, à tarde, Cruz recebe nota propondo como solução o rei Eduardo para amigável *componedor* (sic). *Te Deum laudamus*. [...]

25 novembro

* Dia de Graças Pan-americano

* anfitrião

Vem Barrett explicar-me preferência rei Eduardo ao governo brasileiro para *amigable componedor*. Digo-lhe que, visto eu ter falado a Mr. Knox na proposta chilena do Brasil pela necessidade de mostrar prontidão Chile satisfazer reclamação, e não para recomendar nossa escolha, pois lhe disse que nos constrangeria ter que decidir entre nossos dois melhores amigos; disse isto para que nome Brasil não fizesse naufragar solução amigável pela idéia de que somos com Chile *irmãos siameses*, mas de modo a deixar-lhe liberdade apelar também para nós, se entendesse melhor. Foi, com efeito, essa minha explicação da alternativa chilena, a qual não fora bem entendida no Departamento de Estado, que trouxe logo a *solução*, onde já encontrara eu a *détente*. Seria uma cortesia dos Estados Unidos darem-me essa explicação que ele me trazia, supunha eu autorizado, de que a Inglaterra fora preferida pelo governo americano para não ficar Brasil colocado posição em que desagradaria um dos dois países seus amigos. À tarde, Barrett voltou dizendo-me que Secretário

26 novembro

*secretário de Estado Assistente	Estado me procuraria e telegrafaria Embaixador Rio nesse sentido. Às 10h30 da noite veio *Assistant Secretary**, dizendo-me Knox se achava indisposto, manifestar-me apreço governo passo que déramos junto dele e dando-me a mesma explicação que Barrett da escolha do rei Eduardo. [...] Escrevo a Mr. Knox dando-lhe a tradução do artigo do *Jornal do Commercio* de ontem e mostrando o nosso prazer pela feliz solução.
2 dezembro	[...] Conversa com O'Laughlin, em que lhe exponho minha idéia de uma conferência em Washington para se fixar os predicados das nações que possam fazer parte da União Internacional das Repúblicas Americanas. Liberdade de imprensa, primeiro de todos. Tive uma tonteira forte, passeando com o Chermont.
9 dezembro *meio patriota e meio bandido	Vem o *Assistant Secretary* Wilson dizer-me por que não podem telegrafar à Embaixada nada que o governo do Brasil não saiba já por meu intermédio. Falei-lhe da minha idéia (já falada ao Laughlin há dias) de uma Conferência em Washington para estabelecer os títulos que qualificam para a União das Repúblicas Americanas, devendo o primeiro desses ser a liberdade de imprensa. Ficou seduzido pela idéia, que daria a maior glória à administração atual e seria o começo do apoio moral de todo o continente aos governos dignos desse nome e repúdio dos governos de caráter definido uma vez, pelo *Spectator, half patriot and half brigand**. Ao menos na Ásia há tradições e pensamento religioso que tornam os déspotas responsáveis perante a consciência da nação. [...]
11 dezembro	[...] Acabei a *República*, o *Górgias*. Passei ao *Protágoras* e ao *Timeu* também, alternadamente.
13 dezembro	Se mesmo dos que foram perfeitos nascem filhos sem honra e sem virtude, de um pai que teve muitas fraquezas na vida não é de esperar que nasçam filhos perfeitos, ainda que, por uma contradição como aquela, isso possa também acontecer. Os pais, em geral, usam da experiência própria para afastar os filhos dos mesmos defeitos em

que eles caíram, mas a disposição deles pode ser para outros. O essencial é fortificar o sentimento de responsabilidade para consigo mesmo, para com a família e a sociedade, e para com Deus, porque, assim, quando eles pratiquem o mal serão esclarecidos sobre as conseqüências dele em todas aquelas ordens de obrigações morais.

14 dezembro

Na pequena semente não pode estar o tronco e a folhagem do carvalho, nem as cores douradas do faisão. Se ela se desenvolve tomando à natureza, em sua marcha, os elementos que devem adaptar-se ao tipo que ela tem que reproduzir, e não a outros, não é que haja nela uma consciência para os escolher e ajustar; evidentemente, na semente não há tal consciência, mas é porque uma força de seleção e transformação fora dela vai copiando o desenho primitivo da árvore ou o da ave, por processos biológicos, com a mesma segurança com que o escultor e o pintor os copiariam da natureza. Aí estão os padrões divinos de Platão.

17 dezembro

Ao Gouveia. [...] "Estou agora embebido em Platão. Não sei se é tarde aos 60 anos para entrar para a *Academia*[434], mas é o mais conveniente preparo para a Eternidade. Parece-me que isso me foi muito bem distribuído na vida". Deixo de ler por uns dias Platão. Dos *Diálogos* incontestáveis só me falta ler *As Leis*, porque o *Fédon*, a *Apologia* e o *Críton* tenho bem presentes das outras leituras. [...]. Assim mesmo não o perderei de vista. Hoje estive lendo as citações dele nas *Vidas* de Plutarco, que o cita sempre e o chama de *divino*.

19 dezembro

A fornalha da casa, de velha, teve que entrar em conserto e assim reina aqui um frio glacial. [...]

23 dezembro

Os grandes filósofos antigos não consideravam a realeza um mau governo. Longe disso, a história da realeza romana, na República de Cícero, exceto o último reinado, é uma série honrosa de governos

---

434. Academia de Platão.

patrióticos. Como Cícero, Platão. O ideal deste era um rei filósofo. Dessa realeza à tirania vai a distância incomensurável que separa o justo do injusto. Quem faz questão de forma não faz muita questão de fundo, que, neste caso, é a liberdade individual. Onde esta é maior, esse é o governo mais livre, seja a monarquia inglesa, seja a democracia americana. O que não se compreende é, por ter este último ideal, alguém prefira o governo dos tiranos sul-americanos ao dos reis constitucionais do norte da Europa.

25 dezembro   Natal. Chega-me a notícia de que a minha encomenda de Platão vem pelo *Lusitânia*. [...]

26 dezembro   [...] Se lord Cochrane não fosse tratado como foi, mas, ao contrário, vinculado à nossa Marinha pela generosidade e gratidão do nosso governo, não teríamos tido contra nós no Prata as façanhas do almirante Brown, nem Ituzaingó[435]. A ação da nossa esquadra teria sido decisiva. Fazer uma *plaquette*. O Lafaiete sul-americano (e a Grécia?) de quatro nações?[436]

31 dezembro   Último dia do ano. *Te Deum laudamus*. Principal acontecimento: minha volta a Platão, agora, para sempre. Em 1871, publiquei na *Reforma* quatro conferências filosóficas sobre o platonismo; agora volto à *Academia*. Descrição desta como era no seu tempo por Cícero. Transcrever essa página. Devo receber por estes dias a encomenda que fiz para Londres da tradução de Jowett, cinco volumes. É o meu presente de Ano-Bom que me faz o meu divino protetor. Desde que recomecei a ler Platão, em novembro, não tenho quase lido outra coisa, ou nos próprios *Diálogos*, ou em comentadores e discípulos como Cícero, Plutarco e outros. E assim será, espero, até ao fim da vida.

---

435. Batalha da guerra entre o Brasil e a Argentina em *1828*.
436. Referência à participação do almirante Cochrane nas guerras de independência da América do Sul.

Trechos de cartas a Evelina

A viagem até aqui foi perfeita, sem um aborrecimento, a não ser o mau serviço do vapor. O Maurício enjoou, mas o mar estava magnífico. Estamos todos na Legação americana fora da cidade, mas vou procurar cômodos na Havana. Aqui é muito distante [...] Esta quinta é um paraíso. Um palácio, toda ela de altas portas, pátios de vegetação tropical, pavimentos de mármores, como uma basílica da antiga Roma, e as mais belas coisas trazidas por M. Morgan, da Coréia e do Oriente. Custa-nos deixar esta hospedagem principesca, mas é inteiramente fora da Havana.

Havana 26.i.1909

Ontem, por exemplo, depois do primeiro almoço, fomos de uniforme em automóvel a palácio para a inauguração. Lá, em um grande aperto, estive de pé um tempo enorme e depois fui ao cais a pé pelas ruas, de uniforme, no sol, despedir-me do governador Magoon com todo o corpo diplomático. Voltamos a palácio e tive que esperar na rua uma boa meia hora pelo automóvel. [...] À noite, o Morgan deu um pequeno jantar na quinta.

Havana 27.i.1909

Aqui estou de novo nos Estados Unidos depois de uma semana na Havana. Cheguei lá na segunda-feira, 25 de fevereiro, tendo partido de Washington a 23, debaixo da agradável impressão da assinatura do tratado com Mr. Root na manhã daquele dia. Eu felicitei o Rio Branco, mas ele não felicitou o negociador nem agradeceu-me. A viagem de dois dias foi em tudo agradável, a curta parada em Saint Augustine deu-me tempo para ver a cidade, que me agradou muito, mas não como Pasadena ou as outras da Califórnia. [...] Em Saint Augustine, reuni-me com a caravana diplomática, a cuja frente estavam os Cruzes. A travessia de Knight's Key para a Havana foi muito agradável, exceto o serviço de bordo; não pude obter senão dois ovos quentes e para isso tive que recorrer ao comandante. O mar, porém,

Miami 3.ii.1909

estava lindo, e desde a véspera eu me sentia como no Brasil; a mesma paisagem do Norte, a mesma brisa, o mesmo ar quente, o mesmo céu. Na Havana, cada dia foi uma delícia. Aqui vai o diário e horário.

25, chegada. Vêm a bordo buscar-me Mr. Morgan e receber-me o chefe do protocolo. No cais estava o secretário de Estado e o irmão, dizem que futuro ministro aí. Seguimos nós da Embaixada com Mr. Morgan para Marianau, de automóvel. Tomamos chá e hora e meia depois jantávamos com ele. Conversa depois até as 10h30. Ele trata-se como um Lúculo e tem sempre hóspedes.

26 (terça). Visito de manhã Mr. Magoon em palácio. Depois viemos almoçar com os MacVeaghs no Miramar. Estavam também Mr. Taft, irmão do presidente, e a mulher e filha, e Mr. Morgan. Depois ao secretário de Estado. À noite, jantamos com Mr. Morgan em casa.

27 (quarta) Mr. Morgan me oferece um almoço em duas mesas em Miramar. Diversos oficiais americanos e homens públicos cubanos [...] À noite, viemos todos [...] jantar em palácio com o Governador. Depois do palácio a um baile em honra dele, magnífica demonstração e belo espetáculo. Voltei à meia-noite para a quinta Hidalgo.

28 (quinta). Venho de manhã de uniforme para a inauguração. Já te contei incidentes deste dia. À noite, Mr. Morgan tem duas americanas para jantar, o Cruz e o Portela.

29 (sexta). Mudo-me para o Hotel Sevilha. À noite, convido para jantar os Quesadas e o nosso cônsul, dr. Aróstegui, e depois vamos a um baile no hotel mesmo, dado por uma senhora cubana.

30 (sábado). Ofereço um almoço a Mr. Morgan, a que vêm os Mac Veaghs e os Tafts; faço muitas visitas. À noite, jantar no Departamento de Estado, todos os delegados. O Maurício e o Amaral vão a um baile alemão, mas eu venho deitar-me às 11 horas.

31 (domingo). Ao palácio, despedir-me do presidente. Isto faz-me perder a missa das 10 e ao Maurício também, que ficou para a das 11h, que não há. Vou em vão à igreja, nem podemos ir à de meio-dia, porque fomos convidados para um almoço na casa do nosso cônsul. Festa de família a que assistiam os Quesadas e o dr. Montoro, ministro em Londres, meu companheiro na 3ª

Conferência. A cozinha, pelo que vi e pelo aroma, é como a melhor do Brasil, porém mais bonita de ver. A maior cordialidade. Uma família toda muito agradável. Tiramos os retratos juntos depois. Visitamos diversos pontos interessantes. À noite, o meu banquete de 40 talheres. Grande festa, a única que houve por parte dos Delegados Especiais, em nome dos quais falei.

1º fevereiro (segunda). Devíamos voltar nesse dia mas por causa de Mme. Cruz, ficamos com receio do mar. Foi pior. Almoçamos eu e o Maurício com os MacVeaghs; convidei o dr. Arostegui para jantar. Andei bastante a pé pela cidade, vendo as lojas. Deitei-me cedo, muito cansado de tudo.

2 (terça). Partida da Havana. Mesma gente a despedir-nos que a receber-nos, exceto Mr. Morgan, que fora mais cedo com os MacVeaghs ver um engenho de açúcar. [...]

3 (quarta). Hoje no Royal Palm em Miami. [...]

Miami
5.ii.1909

Está ventando muito, o que torna este hotel desagradável de janelas abertas, pois está perto do mar. Se o dia fosse bonito, já me teria passado um defluxo com que ando. [...] Ao lado do meu salão há um terraço, dando para o mar, uma praia como as belas praias do norte do Brasil e se não houvesse tanto vento, a hora que passei nele teria sido perfeita. Andamos duas horas na cadeira de rodas daqui, empurrada por um preto sentado atrás, que faz girar as rodas como num velocípede com os pés. É um modo de transporte delicioso. Vimos uma *farm* de crocodilos e *alligators*. Há uns trinta juntos, e, à parte um jacaré fêmea, de uns 400 anos, diz-me o criador, cuja fecundidade é sempre a mesma e cujos dentes se renovam cada ano, como acontece com eles. "Estas não engulo eu", dir-me-ia o nosso bom avô, se as ouvisse. Eu, porém, as engulo. [...] Estou satisfeito com o resultado da minha atitude[437] e agora só desejo retirar-me em paz com o meu "amigo". Suponho que depois destes dez anos de trabalhos tão variados e de tanta convivên-

---

437. *Referência à divergência com Rio Branco em torno da assinatura do tratado de arbitragem com os Estados Unidos.*

cia, uma brusca mudança para a vida privada, sobretudo tendo que lutar com dificuldades, não me seria favorável à saúde física e moral, mas eu teria novos interesses e ocupações intelectuais absorventes e talvez não sentisse tanto. O que me mataria seria a ociosidade de espírito. [...] Fiz uma visita muito interessante a um Mr. Flagler, um antigo sócio de Rockefeller, um milionário que tem criado estes lugares todos da Flórida e está construindo sobre o mar por viadutos imensos um caminho de ferro até Key West. Mora num palácio, cuja sala de entrada me parece a da vila Adriano pelos mármores e colunas. Tem uns 80 anos. Deixará o nome escrito no mapa do mundo com este prolongamento da costa até Key West. Diz que só receia para a sua obra um terremoto ou o bombardeio de uma esquadra inimiga. Porá a Havana a pequena distância dos Estados Unidos e ir-se-á até lá por grandes vapores em cinco horas. É um homem que sabe empregar os seus milhões.

Todos estes últimos sete ou oito dias com dor de cabeça toda a noite, do estômago ou do frio, que me tem a cabeça quente como nos anos anteriores. Meus olhos vão ficar outra vez vermelhos. Mas assim como antes passou, espero que passe agora. [...]	*2 janeiro*
Dor de cabeça menos viva à noite e hoje de manhã. Achei o meu testamento que tinha desaparecido dos meus papéis por ter entrado numa *chemise** de contas. Eu pensei, não o achando, havê-lo destruído, e assim escrevi que o fizera, pensando renová-lo. Mas hoje encontrei-o *e é bom*. Ocupo-me do saldo de £100 da Missão, reservado para despesas que possam ocorrer, e que está reduzido a cerca de £50. [...] Quando chegará a minha tradução de Jowett de Platão? Mando nova procuração ao Union Bank. Trabalho até 1 hora. Depois tenho um desses estados que tenho já descrito, porém menos acusadas as impressões, em que me voltam restos de sonhos e forma-se como que uma névoa intelectual. Durante ele, lavo-me, faço a barba, visto-me, recebo o Embaixador japonês e almoço. Depois do almoço, durmo um quarto de hora. Suponho tudo passado e que leve tempo a voltar outra vez. [...] Passe[e]i de carro e fiz visitas.	*3 janeiro* **pasta*
Dr. Harding. Não desço para o jantar, pela contínua dor de cabeça e sonolência. [...]	*9 janeiro*
Dr. Harding. Tenho, às 2h da noite, uma vertigem. Sinto a cama abalar e eu ser envolvido no movimento, caminhando para perder os sentidos, e então digo: "estou morrendo", e, quando a cama vira sobre mim e eu suponho que estou perdendo conhecimento de todo, digo: "morri". Nisto, porém, sinto Evelina que me dá uns sais a cheirar e volto completamente a mim. Todo o dia grande dor de cabeça e sonolência.	*10 janeiro*
Um pouco melhor. Não tive vertigem à noite. Retomo com prudência minha vida usual. Tenho sempre a dor de cabeça e sonolência.[438]	*11 janeiro*

438. *Esta é a última entrada no diário de Nabuco. A 17 de janeiro, Nabuco falecia, vítima de congestão cerebral. Seus restos mortais seguiram para o Rio e para o Recife, onde foram sepultados no cemitério de Santo Amaro, por desejo seu e do governo de Pernambuco.*

Cronologia

Nascimento de Joaquim Aurélio Barreto Nabuco de Araujo, quinto filho de José Thomaz Nabuco de Araújo e de Ana Benigna de Sá Barreto, no aterro da Boa Vista, n. 39, atual rua da Imperatriz, no Recife. É batizado na capela do engenho Massangana, no Cabo, de propriedade dos seus padrinhos, Joaquim Aurélio de Carvalho e Ana Rosa Falcão de Carvalho. Seu pai, eleito deputado por Pernambuco, segue para o Rio, na companhia da mulher e dos outros filhos, deixando Nabuco com os padrinhos. Exceto um breve intervalo com os pais e irmãos no Recife em 1852, Nabuco vive em Massangana com a madrinha, que enviuvara, enquanto sua família regressa à Corte, onde Nabuco de Araujo volta a tomar assento na Câmara.

1849
19 de agosto

Morre Ana Rosa e Nabuco segue para o Rio a fim de reunir-se à família.

1857

Nabuco continua em escola próxima à casa paterna na praia do Flamengo, esquina da atual rua Correia Dutra, os estudos iniciados em Massangana.

1858

Começa os estudos no colégio Pedro II.

1859

1865   Bacharela-se pelo Pedro II.

1866   Inicia seus estudos de direito em São Paulo.

1869   Volta ao Recife para completar o curso de direito.

1870   Escreve *A Escravidão*. Defende o escravo Tomás, acusado de assassinato.

1870
28 novembro   Recebe o grau de bacharel em ciências jurídicas. Regressa ao Rio.

1871   Trabalha no escritório de advocacia do pai. Escreve no jornal do Partido Liberal, *A Reforma*.

1872   Publica *Camões e Os Lusíadas* e *Le Droit au Meurtre*, réplica a *L'Homme-Femme*, de Alexandre Dumas filho. Vai a Pernambuco entrar na posse dos bens que lhe deixara a madrinha, o engenho Serraria, no Cabo, e um sobrado na rua Estreita do Rosário, no Recife.

1873   Primeira viagem à Europa. Desembarca em Bordéus, partindo para Paris. Visita a Ernest Renan.

1874   Visita a George Sand e a Thiers; excursão pelo vale do Loire. Parte para a Itália por Marselha, Nice e Gênova. De Roma, segue imediatamente para Nápoles, Pompéia, Salerno. De volta a Roma, visita depois Florença, Turim, Veneza, Milão e novamente Turim. Em Genebra e Ouchy. De regresso a Paris, segue para Londres, retornando à capital francesa, de onde segue para Bordéus, de volta ao Brasil. No Rio, pronuncia conferências sobre Rafael, Miguel Ângelo e sobre os pintores venezianos.

1875   Colabora semanalmente no *Globo*, do Rio. Polêmica com José de Alencar.

Nomeado adido de Legação em Washington. Reside em New York. 1876
Escreve *L'Option*, drama em versos.

Visita a cachoeira de Niagara. Removido para a Legação em 1877
Londres, chefiada pelo barão de Penedo.

Ascensão dos liberais ao poder com a formação do ministério 1878
Sinimbu. Falecimento de Nabuco de Araújo. Nabuco regressa ao
Brasil e é eleito deputado por Pernambuco.

Estréia na Câmara, defendendo a elegibilidade dos acatólicos. Faz 1879
oposição ao ministério Sinimbu em nome da emancipação dos escravos e da liberdade religiosa.

Queda do ministério Sinimbu, substituído pelo primeiro gabinete 1880
Saraiva, encarregado de fazer a reforma da eleição direta. Nabuco
apóia Saraiva, mas reafirma seu compromisso abolicionista face à
posição do ministério para o qual a emancipação não constituía objetivo de governo. Nabuco apresenta à Câmara o projeto de abolição. Inicia a propaganda abolicionista com a criação da Sociedade
Brasileira contra a Escravidão. Embarca para a Europa durante as
férias parlamentares. Estabelece contatos com entidades abolicionistas em Lisboa, Madri, Paris e Londres.

Gabinete Martinho Campos. Dissolução da Câmara. Não conse- 1881
guindo um lugar na chapa do Partido Liberal em Pernambuco,
Nabuco candidata-se pelo 1º distrito da Corte, sendo derrotado.

Parte para Londres, de onde escreve para o *Jornal do Commercio*, do 1882
Rio,e para *La Razón*, de Montevidéu. Consultor jurídico de companhias inglesas com interesses no Brasil. Estudando no Museu
Britânico, começa a redação de *O Abolicionismo*.

Publica *O Abolicionismo*. Comparece ao Congresso de Direito 1883
Internacional, em Milão.

1884 Regressa ao Brasil após a ascensão do gabinete abolicionista do Conselheiro Dantas, elegendo-se deputado pela cidade do Recife.

1885 Devido à sua depuração pela Câmara de Deputados, não pode tomar assento inicialmente, mas sua exclusão provocou tal indignação entre os abolicionistas pernambucanos que dois candidatos renunciaram em seu favor, possibilitando sua eleição por um distrito rural da província. Com a dissolução da Câmara, o Partido Conservador volta ao poder e Nabuco não consegue reeleger-se.

1886 De regresso ao Rio, Nabuco escreve em *O Paiz* e publica quatro opúsculos de propaganda liberal e abolicionista, entre eles *O Erro do Imperador* e *O Eclipse do Abolicionismo*.

1887 Viaja à Europa como correspondente de *O Paiz*, retornando para candidatar-se a deputado por Pernambuco. No Recife, vence o candidato da situação conservadora, Manuel Portela, ministro do Império, o que foi considerado uma grande derrota para o ministério Cotegipe.

1888 Aproveita as férias parlamentares para viajar à Europa, onde é recebido pelo Papa Leão XIII, que promete manifestar-se em favor do movimento abolicionista no Brasil, a despeito das resistências do governo brasileiro. No Rio, sobe ao poder o ministério conservador de João Alfredo Correia de Oliveira, que a 13 de maio faz passar no Parlamento a lei da Abolição. Em vista do abalo criado entre a grande lavoura, Nabuco dedica-se doravante à defesa do regime monárquico e da reforma federal da monarquia.

1889 Casamento com Evelina Torres Ribeiro, filha de José Antônio Soares Ribeiro, barão de Inoã e fazendeiro em Maricá. Viagem ao Prata em lua-de-mel. Queda do ministério João Alfredo e volta dos liberais ao poder com o gabinete Ouro Preto. Na sua ausência, Nabuco é reeleito por Pernambuco, mas logo depois verifica-se a proclamação da República.

1890 Nabuco nega-se a atender o apelo dos seus eleitores pernambucanos para que se candidate à Constituinte republicana. A crise da bolsa de Buenos Aires provoca sérias perdas para o casal Joaquim Nabuco, de vez que ele havia aplicado em ações naquele país o dote de Evelina. Em fins de 1890, Nabuco parte para Londres no propósito de estabelecer-se como advogado.

1891 Em Londres, publica o *Agradecimento aos Pernambucanos*. Regressa ao Rio para trabalhar na redação do *Jornal do Brasil*, recém-fundado por Rodolfo Dantas, mas o periódico é obrigado a fechar e Nabuco retorna à Inglaterra.

1892 De regresso ao Rio, inicia seus anos de ostracismo político, que serão ocupados principalmente com seus trabalhos literários e com o exercício da advocacia.

1893 Revolta da Armada contra o governo de Floriano Peixoto. Nabuco começa a organizar o arquivo do pai, o senador Nabuco de Araújo, a fim de lhe escrever a biografia.

1894 Redação de *Um Estadista do Império*.

1895 Nabuco publica no *Jornal do Commercio* a série de artigos sobre o processo político que levara no Chile à renúncia e suicídio do presidente Balmaceda; e sobre a intervenção estrangeira na revolta da Armada. Participa da redação da *Revista Brasileira*.

1896 Conclui o primeiro volume de *Um Estadista do Império*.

1897 Publicação pela Casa Garnier do primeiro volume da biografia. É com Machado de Assis um dos fundadores da Academia Brasileira de Letras, de que pronuncia o discurso inaugural.

1898   Nabuco continua a redação do segundo e terceiro tomos de *Um Estadista do Império*. Posse de Campos Sales na Presidência da República.

1899   Nabuco aceita o convite de Campos Sales para ser o advogado do Brasil na questão com a Inglaterra em torno dos limites da Guiana. Parte para a Europa.

1900   Nabuco começa seus estudos em torno do litígio da Guiana, à espera de um acordo final dos governos brasileiro e britânico acerca do árbitro a quem seria atribuída a solução da disputa. Publica *Minha Formação* em livro.

1901   Devido ao falecimento do ministro Sousa Correia, Nabuco passa a acumular a missão especial com a chefia da Legação em Londres. É publicada no Brasil a coletânea intitulada *Escritos e Discursos Literários*, reunindo sua colaboração na imprensa ao longo dos anos noventa.

1902   Dedica-se à redação das memórias relativas aos direitos do Brasil na Guiana a ser apresentada ao rei da Itália, Vítor Emanuel III, escolhido árbitro pelas partes da contenda.

1903   Publicação das memórias, a que se anexa farta documentação histórica. Nabuco viaja a Roma para entregá-las ao rei da Itália.

1904   Vítor Emanuel anuncia a decisão arbitral pela qual divide a Guiana entre o Brasil e a Inglaterra. Nabuco aceita o convite de Rio Branco para chefiar a representação diplomática em Washington, transformada para este fim de Legação em Embaixada.

1905   Nabuco instala-se em Washington e apresenta credenciais ao presidente Theodore Roosevelt.

Nabuco realiza longa viagem de trem, de Washington à Califórnia, 1906
regressando pelo Canadá. Viaja ao Brasil para participar do 3º
Congresso Pan-Americano, de que será presidente, sendo recebido com grande entusiasmo no Recife, Salvador e Rio. Publica em Paris *Pensées Detachées et Souvenirs*. Sondado para assumir o Ministério das Relações Exteriores na nova administração do presidente Afonso Pena, Nabuco declina por motivos de saúde.

Nabuco, como o presidente Roosevelt e o secretário de Estado 1907
Elihu Root, discursa no lançamento da pedra angular do edifício da União Pan-Americana em Washington.

Nabuco profere conferências e discursos em universidades americanas. 1908
Recebe os títulos de doutor em direito por Columbia e em literatura por Yale. Revê o drama *L'Option*, que escrevera trinta anos antes durante sua primeira estada nos Estados Unidos. Nabuco recusa convite do presidente Afonso Pena para participar da Delegação do Brasil à Conferência da Paz em Haia. Veraneia com a família na Europa.

Nabuco representa o Governo brasileiro nas cerimônias da restauração 1909
do governo nacional de Cuba. Visita a Flórida. Nabuco media a controvérsia diplomática entre os governos do Chile e dos Estados devido à questão Alsop. Veraneia com a família numa praia do Massachussets.

Falecimento de Nabuco a 17 de janeiro. Exéquias em Washington. A 1910
bordo do cruzador *North Carolina*, da Marinha americana, os restos de Nabuco seguem para o Rio, onde lhe são prestadas homenagens nacionais. A bordo do *Carlos Gomes*, da Marinha brasileira, o caixão segue para o Recife, onde é enterrado no cemitério de Santo Amaro, segundo seu desejo.

Anexos

ANEXO A

Conferências do [Teatro] São Luís 1880-1881

Boletim n. 1 da Associação Central Emancipadora, 28 de setembro de 1880. Contém discurso-manifesto do dr. Nicolau Moreira, vice-presidente da Associação Central Emancipadora, secretário honorário da Sociedade Brasileira Contra a Escravidão. O manifesto é de 19 de setembro.

1880
25 julho
Primeira conferência promovida pela Escola Normal. Orador Vicente de Sousa. Produziu 160$ aplicados à libertação do crioulo José pela comissão da Escola.

1880
8 agosto
Conferência n. 2. Promovida pela União Acadêmica a pedido do maestro Carlos Gomes em favor de Margarida. Rendeu 70$840. Orador Vicente de Sousa e Teixeira da Rocha, estudante de medicina.

1880
[?] agosto
Conferência n. 3. Promovida, como as seguintes, pela junta executiva da Associação Central Emancipadora. Oraram Lopes Trovão, Vicente de Sousa e José do Patrocínio. Produto 84$660.

1880
15 agosto
Conferência n. 4. Vicente de Sousa e José do Patrocínio. Renda 133$340.

1880
22 agosto
Conferência n. 5. Teixeira da Rocha e Patrocínio.

1880
29 agosto
Conferência n. 6. Ubaldino. Vicente de Sousa. 61.000.

1880
5 setembro
Conferência n. 7. Patrocínio mostra estarem os senhores a dever 1.328:600$ em presença das leis de 1831, 50 e 55. Comparou o rei Lear ao povo brasileiro; suas duas ingratas filhas, aos partidos libe-

ral e conservador; a meiga Cordélia é o partido republicano, o mártir de todas as injustiças desde 1789 (?), desde Tiradentes até hoje, que espera de braços abertos o povo brasileiro para conduzi-lo ao apogeu da glória e da prosperidade.

Boletim n. 2. Lopes Trovão estigmatiza silêncio dos grandes órgãos sobre as conferências. Lopes Trovão em 1880 estava muito comprometido lembrança fatos 1º de janeiro.

Conferência n. 8. Vicente de Sousa disseca discurso Cotegipe de 1º de outubro. Diz que como chefe de polícia da Bahia um escravo do dr. Tito foi enviado a Wanderley: torturaram-no com um torniquete em torno do cérebro até que o mísero perdeu a razão (Nota Rebouças: sensação e gritos de horror). Receita 150$: libertada uma escrava. Patrocínio impugna casas de comissões de escravos (emenda minha: as suprimir). Censura rejeição minhas emendas ao orçamento, entre elas a das Caixas José Bonifácio. Rendeu 120 $ empregados na libertação de uma velha.

1880
12 setembro

Conferência n. 9. Presentes Beaurepaire Rohan, Joaquim Nabuco, Ubaldino, Ladislau Neto, Soeiro, Guarani. Discurso Nicolau Moreira.

1880
19 setembro

Conferência n. 10. Vicente de Sousa. Presentes Joaquim Francisco Alves Branco Muniz Barreto, pe. hom. da S. Biaza. Vicente de Sousa. 154 $ duas libertações.

1880
26 setembro

Conferência 11. José do Patrocínio, Vicente de Sousa. Acontecimentos da última semana: reação no Senado. Cotegipe e Silveira Martins. Presentes Muniz Barreto, Marcolino Moura. Patrocínio ataca Silveira Martins que disse "Amo mais [minha] pátria que o negro".

1880
3 outubro

Conferência n. 12. Ora dr. Vicente de Sousa. Elogia atitude Cândido Mendes. Ataca Cotegipe e Silveira Martins: "Esse veio das coxilhas do Rio Grande do Sul, onde é muito comum esfaquear escravos e deixá-los morrer ao relento".

1880
12 outubro

1880 24 outubro	Conferência n. 14. Ubaldino na peroração conta o caso de um senhor que, alucinado pelas artes de uma curandeira, matou um a um todos os seus escravos, acabando por enlouquecer ao queimar em fogueira a última de suas escravas e pôr fogo à própria casa de morada.
1880 31 outubro	Conferência n. 15. Orador Nicolau Moreira. Na véspera saíra *O Abolicionista* e no dia mesmo a correspondência com Hilliard. Presentes Muniz, Beaurepaire, Marcolino, Costa Azevedo.
1880 7 novembro	Conferência n. 16. Orador Vicente de Sousa. Cotegipe pedia que se encerrassem as conferências por ali se pregar o assunto. "Em Curuzá, foi um negro, o glorioso Marcolino José Dias, o primeiro a plantar entre o ribombo das balas e o [?] dos fuzis [?] alto ponto das trincheiras a bandeira nacional". No dia 4 de novembro 1880, Clapp oferece um jantar aos abolicionistas pela distribuição das cartas de liberdade em Niterói e bebe à majestade dos cativos.
1880 14 novembro	Conferência n. 17. Patrocínio: alude discurso Martinho de 9 de novembro, censurando Gavião por permitir que se fale de abolição nos 3/4. Alude à atitude Marcolino contra Gavião.
1880 21 novembro	Conferência n. 18. Orador, José Agostinho dos Reis.
1880 28 novembro	Conferência n. 19. O mesmo orador.
1880 5 dezembro	Conferência n. 20. Vicente de Sousa.
1880 12 dezembro	Conferência n. 21. José do Patrocínio.
1880 19 dezembro	Conferência n. 22. Vicente de Sousa. Lei de inamovibilidade no Rio, vivas ao deputado Fróis, presidente Gonzaga.

Conferência n. 23. Patrocínio. Nesse momento, três ações: a minha parlamento, Europa, Hilliard, etc. A dos republicanos conferenciadores. A do escravismo medroso: inamovibilidade da escravatura. Vide minha carta a Adolfo.

1880
26 dezembro

Conferência n. 24. Brasil Silvado.

1881
9 janeiro

Conferência n. 25.
Telegrama Luís Gama sobre projeto inamovibilidade em São Paulo.

1881
20 janeiro

Conferência n. 26. Nicolau Moreira.

1881
23 janeiro

Conferência n. 27. José do Patrocínio ataca o Papa do Jacareí, dr. Barreto, pelo artigo publicado nas páginas do negro *Cruzeiro*, que começa dizendo que são da raça africana grande parte dos abolicionistas.

1881
30 janeiro

Conferência n. 28. I Festival. Pela impressão causada pela minha recepção em Lisboa. Presentes Muniz Barreto, Nicolau Moreira, Clapp, Ubaldino. Discurso Vicente de Sousa exalta-me. Responde artigo Sílvio Romero na *Revista Brasileira*. O que Rebouças chamava a minha missão Thiers.

1881
6 fevereiro

Conferência n. 29. Brasil Silvado [?] No relatório de Vicente de Sousa, ele conta a gênese das conferências de São Luís. A 25 de julho, ele fez uma conferência a pedido de alunos da Escola Normal que desejavam festejar a chegada de Gomes, ao descer da tribuna tomou o compromisso de continuar a agitação; depois viu-se auxiliado por Gomes, Rebouças, Patrocínio, Nicolau Moreira, Antônio de Castilho, Júlio da Silveira Lobo, e foi então iniciada a Associação que mais tarde viu ao seu lado Muniz Barreto, Beaurepaire Rohan, Fernandes de Oliveira, Ferreira de Menezes, Nabuco, José Américo e Clapp. Na tribuna, Nicolau Moreira, Patrocínio, Ubaldino do Amaral, Antônio Teixeira da Rocha, Brasil Silvado.

1881
13 fevereiro

ANEXO B

Anos da minha vida

Vida política — Quanto aos anos antecedentes à entrada no Parlamento, 1871-1878, vide pags. [em branco]. Quanto às primeiras manifestações na Academia, vide pags. [em branco].

1879 — Deputado. Oposição. Ministério Sinimbu-Afonso Celso. Resultados para os quais eu acredito haver concorrido: nascimento da propaganda abolicionista, queda do ministério (principal causa no meu entender o motim de 1º de janeiro, do 'Vintém' dos bondes. O 'vintém' não teria porém talvez derribado o ministério sem a campanha parlamentar), eleição direta sem reforma da Constituição. Quem tornou possível a alternativa, muito mais curta e de perigo limitado (as luções? que a Constituinte reclamaria é o nome (o perigo) mesmo de Constituinte) foi a [?] do barão de Cotegipe no Senado e a rejeição da lei. O que obtive diretamente: obstrução da concessão do Xingu, liberdade dos escravos do Morro Velho.

1880 — Ministério Saraiva. Carta à Anti-Slavery. Reforma eleitoral. Lei de 7 de novembro e os editais. Formação do partido abolicionista. Intervenção do ministro norte-americano, Mr. Hilliard. Fundação da Sociedade Brasileira contra a Escravidão. Morte de Manuel Pedro.

1881 — Lisboa. Madri. Londres. Eleição do Rio (1º distrito da Corte). Partida para Londres como correspondente do *Jornal do Commercio*. Recepção nas Cortes portuguesas. Discurso na Sociedade Abolicionista Espanhola. Banquete da Anti-Slavery Society. Entrevista com Mr. Sloecher. Dificuldades opostas à minha entrada para o *Jornal do Commercio*. Parto para Londres na incerteza. Desenvolvimento do abolicionismo. Rio Grande do Sul, Ceará. Morte de Ferreira de Menezes.

Londres. Representação com Costa Azevedo ao Parlamento a favor da abolição. Brighton: livraria Cobden. No British Museum, escrevendo *O Abolicionismo*. Impressão do *Abolicionismo*. Carta ao visconde de Paranaguá sobre o tráfico de ingênuos. *Jornal do Commercio* toma a questão. Vem Rebouças doente. Grave doença, quase o perdemos.   1882

Londres. Congresso de Milão. *O Abolicionismo* publicado. Libertação do Acarape. Gravemente doente, eu mesmo, de novembro.   1883

Volta ao Brasil. Conferência Politeama. Teatro São José em São Paulo. Campanha abolicionista no Recife. Libertação do Ceará. Formação do ministério Dantas, o Gladstone do movimento abolicionista. Desde esse dia a propaganda tinha achado um partido organizado. Pseudônimo Garrison no *Jornal do Commercio*.   1884

Ministério Dantas na Câmara. Minha eleição anulada. Eleito dias depois pelo 5º distrito. Recepção no Recife. A lei Saraiva. Ministério Cotegipe. Dissolução. Grave doença Dantas.   1885

Derrotado. Volto ao Rio. Tento fundar *O Século*. A propaganda liberal. 4 opúsculos. Entro para *O Paiz*. 'Sessão parlamentar'. O que obtive por intervenção pessoal na imprensa: 'lei dos açoites'. Morte de José Bonifácio.   1886

Venho à Europa. Correspondente de *O Paiz*. Volta pouco depois para a eleição de 14 de setembro. Eleição de 14 de setembro. Eleito. Golpe de morte no ministério Cotegipe. Vou ao Rio somente para conseguir dos militares não capturarem escravos. Grave doença do Imperador. Movimento de São Paulo. Serra do Cubatão.   1887

1888   Volto à Europa. Minha ida a Roma. Audiência de Sua Santidade. Ministério João Alfredo. 'O armistício'. Minha intervenção pessoal. Palavras da Princesa no Paço: 'Estamos reconciliados?' Depois do 13 de maio. Campanha anti-republicana. O estado da opinião. *O campo neutro* no *O Paiz*. Minha retirada do *O Paiz*. Morte de Joaquim Serra.

1889   Meu casamento; Paquetá. Defesa do ministério João Alfredo. Visita que este me fez no Hotel Carson. Ministério Ouro Preto. Ida ao Rio da Prata. Eleição quase sem contendor pelo Recife. Visita aos meus eleitores. Conferência no Teatro Santa Isabel. Revolução de 15 de novembro. Volta a Buenos Aires.

1890   Mensagens de Nazaré e do Recife. Minha resposta. Visita Silva Jardim. Impressão causada por meu manifesto. Primeira voz monarquista ouvida depois de 15 de novembro. Carta ao dr. Fernando Mendes. Partida para a Europa. Morte do barão de Tautphoeus.

1891   *Agradecimento aos pernambucanos* publicado em Londres. Carta do Imperador agradecendo-me. A 13 de maio, mensagem à Princesa Imperial.

1893   Revolta [da Armada]. Começo a trabalhar no arquivo de meu pai para escrever a Vida.

1895   Escrevo *A Intervenção Estrangeira durante a Revolta*.

1896-8 A Vida de meu pai.

1899   Convidado para a missão do arbitramento da Guiana Inglesa, aceito e parto para a Europa em 3 de maio. Minha fraqueza física era então e de trás, extrema. Com a viagem, ganho forças consideravelmente.

ANEXO C
Quadros que são recordações de minha vida (Não estão em ordem cronológica).

Lançamento da pedra do novo edifício das Repúblicas Americanas em Washington
FOTOGRAFIA,
15 X 17,8 CM.
11 DE MAIO DE
1908. FJN

1. A capela de São Mateus em Massangana.
2. A vista (gravura) que tenho do Recife do tempo em que eu era criança.
3. Os quadros de Inês de Castro. Havia uma série deles em Massangana. Por isso comprei-os.
4. Retratos de meu pai e de minha mãe.
5. Um retrato ou medalhão de Camões, [para] recordar meus estudos sobre ele e meu amor aos *Lusíadas*.
6. Diversos da Campanha Abolicionista.
7. Retratos do Imperador e da Princesa.
8. Fotografia da sessão de maio (10 ou 11) [?], quando eu falava.
9. Mensagem (Adress) da *Anti-Slavery Society*.
10. Alsace, para recordar o meu drama.

11. A nossa casa de Paquetá.
12. Retrato do barão de Tautphoeus.
13. Retrato de Sizenando.
14. Retrato do Gouveia.
15. Grupo dos meus filhos.
16. O retrato (Lafayette) de Carolina.
17. Os retratos de Evelina.
18. O retrato de Julião Jorge Gonçalves.
19. A vista de Pirara [Piranezzi?] para recordar a missão a Roma.
20. A fotografia da cerimônia em Westminster.
21. O retrato do Graça Aranha.
22. A redação de *O Paiz* em 1888.
23. A minha recepção no Rio em 1906.
24. Grupo de delegados e secretários da Conferência Pan-americana na escadaria do Palácio Monroe.
25. Quadros dos delegados e secretários.
26. Lançamento da pedra do novo edifício das Repúblicas Americanas em Washington.
27. Grupo da missão a Roma.
28. Grupo da Legação de Londres em 1901.
29. Duas vistas de Massangana.
30. A capela de Nossa Senhora das Dores no Oratório de Londres (ver *Minha Formação*).
31. Grupo do Imperador, Princesa e Príncipe do Grão-Pará.
32. Meu retrato a óleo de Massangana.
33. Meu retrato com as roupas de doutor de Columbia.
34. Gravura colorida de Adão e Eva que meu pai tinha no quarto de vestir.
35. As fotografias de lord Landsdowne, marquês de Rudini, Cardeal Rampolla e Mr. Root.
36. As fotografias que me foram dadas em lugar de condecorações que não pude aceitar, do rei da Itália e do rei de Portugal.
37. As fotografias do rei Eduardo e da rainha da Itália (Helena).
38. A fotografia de Leão XIII em recordação da audiência privada de 1888 (ver *Minha Formação*).

Índice temático

p. 155, 163, 176, 244 — e cruzamento das raças no Brasil p. 578. Contribuição da — para a queda da monarquia p. 312. Desejo de J. N. de que a República purifique a monarquia tanto quanto a — a engrandeceu (*ver* Monarquia). Encíclica do Papa sobre — p. 264. Entusiasmo democrático da — (*ver* Democracia). Festas e saudações pela — p. 263. Interrupção da vida de J. N. com a — p. 377. Lei da — p. 262, 265. Pedido de Victor Hugo ao Imperador para abolir a escravidão no Brasil p. 151. Proclamação da República como desforra dos fazendeiros pela — p. 286. Propaganda da — por Quintino Bocaiúva visando à República pelo despeito dos fazendeiros p. 331. Reformas nacionais subordinadas à — p. 230. Separação entre liberais e conservadores quanto à — no Brasil (*ver* Partidos políticos). Tempo ocupado com a — p. 583. 13 de maio p. 302 (*ver* Abolicionismo; Escravidão; Raça negra)

Abolição

Anti-Slavery Society p. 223, 253. Banquete de senadores e deputados liberais de Cuba e dos abolicionistas p. 222. Campanha abolicionista p. 155. Cartas de alforria p. 252. Centro Abolicionista da Escola Politécnica p. 245, 246. Confederação abolicionista p. 261, 264. Defesa do — contra Andrade Figueira p. 255. Discurso em Palmares p. 251. Festival abolicionista no Teatro São Pedro em honra a J. N. p. 223. Fundação do Grupo Parlamentar Abolicionista p. 245. Jantares com abolicionistas p. 223, 235. José do Patrocínio acusa J. N. de diplomata (*ver* Diplomacia). Lei de 28 de setembro de 1871, do "ventre livre" (Lei Rio Branco) p. 155. Lei Teixeira Júnior p. 155. Sociedade Abolicionista Espanhola p. 222. Visita a Japaranduba com abolicionistas p. 251 (*ver* Abolição; Escravidão; Raça negra)

Abolicionismo

p. 36. — e casamento p. 87, 99, 199, 200. — e o lado vulnerável do homem p. 82. — e paixão p. 103. Ciúme p. 87. Diferença do — para homens e mulheres p. 168

Amor

462, 710. Arquitetura p. 38, 39, 43 a 45, 50, 53, 56, 57, 60 a 62, 108, 111, 304, 425, 426, 514, 546, 547, 549, 568. — e comércio em Veneza p. 113. Colunas dóricas p. 41, 63. Colunas jônicas p. 38, 39, 41, 53. Compreensão da — e da natureza p. 85. Criações da natureza e dos artistas (*ver* Cristianismo). Culto do belo p. 708. Escultura p. 27, 34, 44, 47 a 49, 52, 53, 56 a 60, 63, 426, 453, 514, 517, 519, 542, 543, 545, 546, 551, 553, 556, 702, 710. Estilo gótico p. 27 a 30, 62, 305, 453. Falta de gosto da — ou da indústria americana (*ver* Sociedade americana). Literatura p. 26, 149 a 151, 180, 280, 281, 321, 338, 442, 443, 452, 453, 458, 462, 477, 491, 527, 528, 542, 546, 550, 556, 583, 617, 648, 656, 657, 670, 675, 676, 702. Música p. 36, 39,

Arte

81. Pintura p. 35 a 40, 44, 45 a 61, 81, 110, 111, 512, 513, 518, 543 a 544, 547, 548, 568, 612, 710. Plenitude da emoção artística p. 80, 81. Renascença p. 30, 31, 62. Teatro p. 24, 26, 27, 34 a 36, 38, 51, 60, 80, 89, 94, 153, 154, 159, 305, 306, 426, 554, 609, 611, 642, 655 a 658, 663, 667, 668, 673, 700, 710 (ver Poesia)

Balmaceda   p. 361, 467

Café   Admiração pelo crescimento do interior de São Paulo p. 307. — e escravidão (ver Escravidão). Imposto sobre o — p. 580, 690, 691, 694, 696, 697. Plano da lavoura cafeeira de substituir o trabalho escravo pela imigração de chineses (ver Imigração). Terras roxas, solo mais rico do mundo p. 307

Carnaval   — em Nova York p. 138. — em Recife p. 249

Casamento   Amor e — (ver Amor). — como último ato da educação p. 162. — com viúvas p. 82. — da irmã de J. N. p. 507. — de americanas com estrangeiros p. 195, 695. — de Haggard p. 249. — de J. N. p. 282. — de Miss Root p. 656. — de Tovar p. 247. — dos ingleses logo depois de viúvos p. 702. — e dever de reprodução p. 144. — e liberdade p. 636. Convite de Eduardo Prado a J. N. para ser testemunha de seu — p. 305, 307. Corte a mulheres casadas (ver Mulheres). Monogamia p. 518. Noivado de J. N. p. 282. Sonho das mulheres americanas de casar-se na aristocracia inglesa (ver Mulheres)

Catolicismo   Alma da antiga Roma no — p. 512, 513. Ansiedade dos mártires de passar da terra ao reino de Deus p. 450. Dezesseis milhões de católicos nos Estados Unidos p. 667. Encíclica do Papa sobre abolição (ver Abolição). Inquisição p. 450. O bem que a visita do Arcebispo Ireland faria ao — no Brasil p. 667. Pensamento católico p. 45. Primeira confissão de Maria Carolina e Maurício Nabuco p. 428. Reforma do — p. 62. Relações do Brasil com a Santa Sé na República e na Monarquia (ver Monarquia). Solenidades na Igreja Católica p. 446, 447 (ver Cristianismo e Protestantismo)

Ciência   p. 709, 710. Alteração das condições políticas e da força relativa das raças por uma descoberta científica p. 448. — dos sonhos p. 540, 541. — e religião p. 538, 539. Confiança nos primeiros vultos da — p. 79. Descoberta científica, por enquanto inimaginável, que tornasse as pequenas nações a *match* para as maiores p. 460. Esperança no progresso da — p. 521. Espírito de universalidade ou de — nos homens p. 85. Idéia de um exame médico perfeito em um estabelecimento cosmopolita p. 333, 334. Imaginação científica, primeiro dom do estadista p. 473. Liberdade e progresso resultantes do desenvolvimento da — p. 536. Moda da — p. 348. Plano de exploração geográfico-científica do nosso território p. 602

Comunismo   Associação dos trabalhadores como organização da anarquia p. 175, 176. Comuna francesa p. 201, 203, 204. — e liberdade americana p. 174 a 176. Destruição da democracia pelo — e a anarquia (ver Democracia). Destruição da propriedade pelos comunistas p. 174 a 176. Incêndio do Louvre pelos comunistas p. 174 a 176.

Instrução das classes inferiores contra a propriedade p. 174 a 176. Relação de desconfiança entre empregados e proprietários p. 174 a 176.

Eleição direta sem reforma da — (*ver* Eleições). Emenda constitucional alterando o prazo do mandato do presidente nos Estados Unidos p. 111, 112. Emenda constitucional n. 15, garantindo direitos civis a ex-escravos nos Estados Unidos (*ver* Escravidão). Fraude na organização política do Brasil e na — americana p. 103, 104. Monarquia Constitucional (*ver* Monarquia). Novo compromisso constitucional americano p. 92, 93. Preferência da democracia americana pelos governos tiranos sul-americanos aos reis constitucionais do Norte da Europa (*ver* Monarquia). Preservação da liberdade constitucional p. 264. Superioridade da monarquia constitucional à brasileira em relação ao sistema republicano de outros países sul-americanos (*ver* Monarquia). Viva à — no Manifesto de Custódio de Melo p. 315 *Constituição*

p. 518. — argentário sobrepujou todas as nobrezas p. 421 a 423. — dos jornais p. 411, 412. Fusão de todas as raças no cadinho do — p. 421 a 423. Idéia de um exame médico perfeito em um estabelecimento cosmopolita (*ver* Ciência). Tendência da aristocracia do dinheiro para o — p. 694 *Cosmopolitismo*

A comunhão e o reacender da fé p. 310, 311. A geologia vencendo a fé p. 188, 189. A guerra ao prazer faz a perversidade da Igreja p. 464. Altruísmo p. 288. A morte sem Deus (*ver* Morte). Analogias entre rezas e dificuldades ou circunstâncias p. 430. Ciência e religião (*ver* Ciência). Combates homéricos de São Jerônimo com a "carne" p. 176, 177. Correspondência entre as religiões e as fases da vida mental do homem p. 290. Criação do mundo e do homem por Deus p. 450, 451, 470, 525. Criações da natureza e dos artistas p. 80, 81, 448. — de J. N.: platonismo acrescentado com a morte de Deus pelo homem p. 709, 710. Curiosidade e não verdadeira devoção nas procissões p. 425. Devoção aos santos dos primeiros tempos do — p. 457. Devoção da sexta-feira santa p. 542. Doutrina dos governos nos dez mandamentos p. 322, 323. Dualidade entre o pensamento religioso e o mundano p. 461. Duas faces de Deus p. 694. Existência de Deus p. 79 a 81, 467, 476, 477. Fé de J. N. em Deus de não morrer longe de seu país p. 427. Felicidade, dom gratuito de Deus p. 456. Grandeza e limitações da religião p. 538, 539. Gratidão ao Criador p. 692, 708. Gula e luxúria p. 464. Idéia de escrever um diário de Deus p. 614. Ilusão da Igreja de que a Terra é fixa p. 79. Leitura das vidas dos santos p. 442, 443, 446, 447, 450, 451, 457, 466. Materialização da religião p. 421 a 423. Museu teológico p. 125. Natureza profundamente religiosa de J. N. p. 79 a 81. Nossas contas com Deus p. 316. Onipotência divina p. 84. O pôr-do-sol e a hora de Deus p. 150, 151. Oração "Padre Nosso" p. 101. Orações p. 300, 301, 536, 537. Orações dos escravos por J. N. (*ver* Escravidão). O sentimento do belo e a existência de Deus p. 115, 116. Os homens sem religião sonham com o suicídio p. 456. Os lados religioso e social da "questão israelita" p. 155, 156. Otimismo quanto à criação p. 650. Pensadores e criadores espirituais e mundanos p. 462, 463. Peregrinação belga p. 427 a 429. Pessimismo do ateu p. 650. Pinturas cristãs p. 40. Podridão social causada pelo *Cristianismo* ateísmo p. 645, 646. Ponto de vista cristão sobre a morte repentina p. 419. Pouco caso de Deus ao dinheiro e ao talento p. 423, 424. Proporção entre as religiões e a civilização p. 522. Purificação pelo ato da confissão p. 302, 310. Recompensa de Deus às esmolas p. 288. Reconstrução íntima religiosa p. 507, 508. Redução da religião à mulher p. 645, 646. Religião, principal instrumento do progresso e da moralização humana p. 522. São Paulo sobre a caridade, a mais bela página que o — produziu p. 495. Seita dos mórmons p. 115. Sentimento do infinito, sinal de relações misteriosas de nosso ser com uma esfera superior p. 433. Subir para Deus p. 314. Suprema felicidade e glória na eterna visão de Deus p. 446. Vitória do — sobre os bárbaros p. 56 (ver Catolicismo; Protestantismo)

Democracia Caráter de oligarquia dos partidos políticos nos regimes parlamentar e democrático (ver Partidos políticos). Compatibilidade entre — e oligarquia p. 462 a 464. Crise do capital e do trabalho como conseqüência inevitável da — e do progresso p. 173. — americana p. 152, 693, 694. — ateniense p. 136, 137. — e voto da mulher p. 147, 148. Democracias mercantis p. 113. Destruição da — pelo comunismo e a anarquia p. 173, 174. Entusiasmo democrático da abolição p. 312. Guerra de 1914-1918: conflito entre o militarismo europeu e a — desarmada dos Estados Unidos (ver Guerra). Liberdade individual na monarquia inglesa e na — americana (ver Liberdade). Países que saíram do absolutismo e praticam a liberdade (ver Liberdade). Preferência da — americana pelos governos tiranos sul-americanos aos reis constitucionais do Norte da Europa (ver Monarquia)

Diplomacia Acusação a J. N. de gastos com festas em Washington p. 581. Almoço oferecido a Oswaldo Cruz p. 656. Arbitramento com a França p. 443. Arbitramento da Guiana Inglesa p. 404, 409. Carreira diplomática de Correia Dutra p. 419 a 421. Compra de casa para a Embaixada em Washington p. 579 a 582. Conferência de Haia p. 638, 641 a 644, 650 a 653, 657, 666, 667, 680, 681. Confusão de idéias sobre a literatura e a — no Brasil p. 180. Congresso da Paz da Carolina do Norte p. 683. Congresso da Paz em Nova York p. 643. Congresso latino p. 577. Congresso Pan-americano p. 598, 599, 609, 619, 620. Criação de uma embaixada brasileira em Washington p. 568, 588. Declaração de embaixadores de que a França e a Inglaterra não protegiam Custódio de Melo p. 340. Desejo de J. N. de cooperar na fundação da nossa política americana p. 577; 588, 589. Desejo de J. N. de deixar o cargo p. 673, 674. Desejo de J. N. de despensa da Legação de Londres p. 473. Diminuição das relações da Inglaterra com o Brasil p. 480, 481. Discurso de J. N. no 1° centenário de Abraham Lincoln p. 694. Discurso diplomático imaginado, em favor das pequenas nações p. 460, 461. Embaixadas russa e alemã em Roma p. 514. Embaixadas turca e espanhola em Roma p. 513. Exigências da alfândega para os turistas no Brasil p. 643. Festas organizadas por J. N. em Roma p. 544, 550, 558. *Flirt* político e social do diplomata p. 503. Idéia de J. N. de um Anuário Diplomático p. 577, 578. Importância política e financeira da Legação de Washington e das da Europa p. 443, 444, 495. Imposto sobre o cacau p. 697. Imposto sobre o café (ver Café). Intervenção estrangeira em favor do Rio de Janeiro durante a Revolta da Armada p. 318 a 321, 357. Intrigas com Rui

Barbosa e Rio Branco contra J. N. p. 648. Jantar na casa de Miss Sioam em homenagem a J. N. p. 589. Jantar na Legação cubana p. 673. Jantar oferecido ao Embaixador do México nos Estados Unidos p. 664. Jantar oferecido por J. N. a Mr. Root p. 599, 602. J. N., delegado do Brasil no Congresso de Ciências Históricas p. 519. José do Patrocínio acusa J. N. de diplomata p. 261. Negociatas de estradas de ferro em Londres p. 491, 492. Nomeação de adidos navais p. 491. Nomeação de J. N. como representante oficial do presidente da República no funeral da rainha da Inglaterra p. 446, 447. Nomeação de J. N. como representante para a coroação da rainha da Inglaterra p. 494 a 496, 516. Nomeação de J. N. para Ministro em Londres p. 441, 453, 454. Nomeação de J. N. para ordinário em Roma p. 495, 501. Nomeação do dr. Olinto como Ministro do Exterior p. 495. Notas confidenciais de J. N. a Rui Barbosa sobre alguns delegados p. 647. Ordem do governo ao corpo diplomático para atacar as fortalezas e navios rebeldes (*ver* Revolta da Armada). Padrão dos nossos estadistas p. 115. Pedido de licença de J. N. ao presidente dos Estados Unidos p. 577, 642, 643. Pedidos de lugares na Inglaterra p. 492. Popularidade do diplomata russo Witte nos Estados Unidos p. 576 a 578. Posse de J. N. na Legação de Londres p. 452. Primeiro jantar oferecido à Corte Suprema no mundo diplomático p. 668. Princípio de não intervenção diplomática na anarquia sul-americana p. 321. Princípio de soberania para o ocupante p. 573. Proibição ao ministro brasileiro em Caracas de proteger os interesses franceses p. 685. Questão do Chile p. 712 a 714. Questão *Waring* p. 226, 233. Questões de fronteiras p. 303, 304, 376, 401, 402, 443, 444, 473, 514 a 516, 550, 552, 554, 690 a 692, 706, 716. Receio de J. N. de que outra nação americana tenha maior amizade com os Estados Unidos que o Brasil p. 667. Receio do ressentimento dos Estados Unidos p. 650 a 652. Recepção de despedida de J. N. na Casa Branca p. 695. Relações da Venezuela com Inglaterra, Alemanha, Itália e Estados Unidos p. 576, 577. Reunião do Bureau das Repúblicas Americanas p. 587, 588. Rio Branco, considerado o primeiro estadista e diplomata latino-americano vivo p. 583. Riscos de um bloqueio alemão do Rio e Santos p. 588, 589. Sacrifício das carreiras diplomática e política p. 224. Tempo ocupado com a — p. 583. Tomada da Ilha da Trindade p. 363. Transferência de Assis Brasil para Londres p. 495, 496. Transferência de J. N. para Washington p. 552, 556, 557. Tratado com Lord Landsdowne p. 485. Tratados de arbitramento com o Chile e a Argentina p. 580. Tratamento dos adidos militares nas embaixadas p. 577 a 580. Uso indevido do nome de J. N. para pedido de empréstimo para o Amazonas p. 457, 458. Visita de J. N. à Califórnia p. 601, 604, 615 (*ver* Política externa americana)

p. 403	Discursos & escritos
p. 340, 705. Atitude antimonroísta dos argentinos p. 579, 580. Conversa de J. N. com Roosevelt sobre a — p. 585. — como afirmação da independência e inteligência nacional p. 588, 589. Escolha entre a — e a recolonização européia p. 588, 589. Monroísmo de J. N. p. 473. Nações que podem sustentar a — p. 576, 577. O México e a — p. 577, 578. Preocupação alemã com a — p. 514 (*ver* Política externa americana)	*Doutrina de Monroe*

Eleições	Adiamento das — gerais (*ver* Revolta da Armada). Debate sobre o voto da Carolina do Sul p. 108. Democracia e voto da mulher (*ver* Democracia). Eleição de Afonso Pena (*ver* República brasileira). Eleição de Mesquita p. 262. Eleição entre o estado de sítio e o bombardeio p. 325, 326, 328. — americanas p. 81 a 83, 108 a 112. — de J. N. p. 209, 224, 236, 238, 241, 243, 244, 254. Fraude nas — americanas p. 109, 136, 137, 152, 162, 163, 191. Lei eleitoral e política dos círculos p. 359. Rejeição pela Assembléia Nacional do projeto de lei proibindo a cumulatividade do cargo de prefeito municipal com outros cargos eletivos p. 31, 32. Veto de Floriano Peixoto à incompatibilidade eleitoral do vice-presidente p. 319. Voto para o Marquês do Paraná p. 303
Escravidão	p. 32, 227, 520, 523. Antigo pegador de negros, hoje bicheiro p. 380, 381. Antigos escravos do sogro de J. N. p. 613. Artigo de J. N. no *Jornal do Recife* respondendo à calúnia sobre venda de escravos p. 236. Ausência de imigração no Brasil por causa da — (*ver* Imigração). Café e — p. 225. Cartas de escravos a J. N. p. 225. Cartas de liberdade para escravos p. 252. Complexidade das relações entre escravo e senhor p. 155, 156, 251. — e mistura de raças no Brasil p. 163. — no luxo ostentoso da liberdade (*ver* Liberdade). — no sul dos Estados Unidos p. 155, 156. —, política e interesses da sociedade no Brasil p. 152. Escravo com sinais de ferro ao pescoço e todo o corpo ferido p. 248. Escravo seviciado p. 252. Escravos forros p. 251. Escrita de *statement* sobre a — p. 257. Fim da — no Norte da América p. 206. Leis relativas ao tráfico costeiro de escravos e patriotismo p. 155. Leitura de livro sobre a vida das plantações na Virgínia no tempo dos escravos p. 679. Maior dignidade na relação escravo / senhor do que no trabalho livre 174 a 176. Necessidade do trabalho livre no Brasil p. 163. Obra da Inglaterra contra o tráfico de escravos p. 693, 694. Orações dos escravos por J. N. p. 310. Plano da lavoura cafeeira de substituir o trabalho escravo pela imigração de chineses (*ver* Imigração). Servidão na Rússia p. 59. Silveira da Motta, primeiro amigo dos escravos p. 263. Sistema econômico brasileiro fundado no trabalho escravo p. 176, 177. Visita de escravo fugido a J. N. p. 225. (*ver* Abolição; Abolicionismo; Raça negra)
Federalismo	p. 318 a 320
Guerra	Aceitação dos fatos consumados pelos homens nas guerras civis p. 324, 325. Administração da — nos Estados Unidos p. 138, 139. Coalisão contra a Alemanha p. 576, 577. Decreto mudando o ancoradouro dos navios de — e mercantes (*ver* Revolta da Armada). Desejo de paz no mundo p. 580. — da América Central p. 642. — civil nos Estados Unidos p. 78, 81, 82. — de Canudos p. 373. — de Secessão p. 673. — do Paraguai p. 328 a 330. — entre Alemanha e França p. 25. Guerras civis na América do Sul p. 322, 323, 325, 326, 342, 361. Indiferença do Imperador à — na Europa p. 125, 128. Interesse comercial dos americanos numa — geral na Europa p. 125, 126. Monumento de Boston aos soldados da — p. 205, 206. Permanência da — civil na República brasileira (*ver* República brasileira). Projeto de escrever livro sobre a — de Secessão p. 673 (*ver* Revolta da Armada)

Ausência de — no Brasil por causa da escravidão p. 230. Contratos de — e nacionalidade p. 341. — e cruzamento das raças no Brasil p. 578, 579. —, independência e criação de novas pátrias p. 292, 293, 695. — subvencionada para povoamento europeu do Brasil maior que o da Argentina p. 602, 603. Pátria de nascimento e — p. 536. Plano da lavoura cafeeira de substituir o trabalho escravo pela — de chineses p. 307. Sucesso da — no século XIX em formar os novos Estados da América p. 421 a 423

Imigração

A Cidade do Rio p. 324. Adulação da — a Floriano Peixoto p. 326 a 328. A — silenciosa durante o estado de sítio p. 318. Alta reportagem política e a história contemporânea p. 455. *A Notícia* p. 581. Artigo de J. N. no *Jornal do Recife* respondendo à calúnia sobre venda de escravos (*ver* Escravidão). Artigo republicano de Quintino Bocaiúva (*ver* República brasileira). Ausência de notícias nos jornais sobre as prisões (*ver* Revolta da Armada). Ausência de solidariedade do autor com os negócios do editor na — do Rio de Janeiro p. 291. Ausência na — de uma voz que pregue a conciliação (*ver* Revolta da Armada). *Boston Globe* p. 577. *Boston Herald* p. 576. Censura ao telégrafo, correio e jornal (*ver* Revolta da Armada). *Chicago Tribune* p. 572, 575, 576. Choque elétrico diário produzido pelos jornais p. 411, 412. *Colliers.* p. 673. *Comércio de São Paulo* p. 367, 372. *Correio da manhã* p. 581. Cosmopolitismo dos jornais (*ver* Cosmopolitismo). *Daily Mail* p. 447. *Daily News* p. 228, 239. Decretos sobre liberdade de — e expulsão de estrangeiros (*ver* Revolta da Armada). Desvios da — americana (*New York Herald*) p. 201. *Diário de notícias* p. 330, 332, 345, 348. *Diário de Pernambuco* p. 572. *Diário Oficial* p. 324, 334, 335. *Edimburgh Review* p. 445. Editorial florianesco contra os ingleses e a dinastia portuguesa p. 339, 340. Envenenamento da opinião em suas fontes com a transformação dos jornais em grandes companhias p. 342. Estímulo do jornal *O País* para que Custódio de Melo proclame a restauração (*ver* Revolta da Armada). *Evening Mail* p. 575. Festas na — pela abolição p. 263. "Formação monárquica" p. 370. Fundação de um jornal monarquista p. 366 a 368. *Gazeta da manhã* p. 245. *Gazeta da tarde* p. 245. *Gazeta de notícias* p. 223, 317, 330, 340, 341, 581. Idéia de fundar uma revista em Paris p. 322, 323. — e opinião na sociedade americana p. 577. — e publicidade na sociedade americana p. 179, 180. — política durante o Primeiro e o Segundo Reinados p. 455. Jornais florianistas p. 339, 343, 345, 351. *Jornal de Londres* p. 341. *Jornal do Commercio* p. 239, 317, 361, 458, 514, 714. *Jornal do Brasil* p. 295, 297, 315. *Jornal do Recife* p. 236, 250. Jornalismo acadêmico p. 349. *Liberdade* p. 369. Liberdade de — como título que qualifica para a União das Repúblicas Americanas p. 714. Liberdade de — e de associação no Brasil p. 163. *Morning Post* p. 568. Morte de Ernest Renan nos jornais (*ver* Morte). Necessidade de um jornal político e social escrito por filósofos p. 461, 462. *New York Herald* p. 576, 580, 678. *New York Times* p. 574. Notícia da morte de Correia Dutra nos jornais p. 419. Notícias da recepção da Esquadra Americana nos jornais brasileiros p. 666. Notícias nos jornais da visita de J. N. ao Rio de Janeiro p. 609, 629. *O Globo* p. 243. *O País*: p. 261 a 265, 280, 317, 318, 320, 325, 329, 330, 332, 335, 339 a 341, 345, 354, 355, 357, 369. *O Tempo* p. 243, 318, 325, 328, 330, 332, 339 a 341, 343, 345, 347. *Pall Mall Gazette* p. 240. Perigo das alfinetadas da — contra os Estados Unidos p. 651. *Polity* p. 578.

Imprensa

Possibilidade de J. N. trabalhar num jornal para provar que não estava conspirando p. 301. Publicação nos jornais da nomeação de J. N. como árbitro na questão de limites com a Guiana Inglesa p. 402. Publicação nos jornais de declaração dos Ministros do Peru, Chile, Uruguai e Argentina sobre atos do corpo diplomático no Rio de Janeiro p. 321. Publicação nos jornais de discurso de J. N. no IHGB p. 400. Publicação nos jornais do veto de Floriano Peixoto à lei da organização do Tribunal de Contas p. 319. Recortes de jornais por J. N. e por seu pai p. 342. Reflexos do servilismo político na — brasileira p. 326-328. *Revista brasileira* p. 374. *Rio news* p. 340. *Sun* p. 643. Suspensão das notícias sobre a Revolta da Armada na *Gazeta de Notícias* (*ver* Revolta da Armada). Tentativa da — de aprofundar a cisão entre a marinha e o exército p. 325. *Times* p. 411, 424, 457, 458, 473, 699. *Washington Herald* p. 713. *Washington Post* p. 713. *Washington Times* p. 583

Inglaterra   Afinidades com a vida inglesa p. 307. Auxílio da — à independência sul-americana p. 460, 461. Empréstimos brasileiros em Londres p. 291. Esperança de obter uma posição para servir aos interesses de seu país e aos da — p. 306, 307. Funeral da rainha da Inglaterra p. 449 a 452. Imperialismo inglês p. 447, 448. Individualismo mata o convencionalismo na sociedade inglesa p. 446, 447. Influência da — e do sistema republicano no monarquismo de J. N. (*ver* Monarquia). Londres e as inclinações cosmopolitas de J. N. (*ver* Cosmopolitismo). Monarquia inglesa (*ver* Monarquia). Parlamentarismo na — (*ver* Parlamentarismo)

Liberdade   A monarquia e a — espiritual do século XVIII (*ver* Monarquia). Anulação da — de cem escravos por José Clemente (*ver* Escravidão). Cartas de — para escravos (*ver* Escravidão). Casamento e — (*ver* Casamento). Comunismo e — americana (*ver* Comunismo). Decretos sobre — de imprensa e expulsão de estrangeiros (*ver* Revolta da Armada). Desenvolvimento humano preso ao círculo — ou despotismo p. 173, 174. Escravidão no luxo ostentoso da — p. 144. Exigência dos povos livres de que tudo se lhes diga p. 320, 321. Inglaterra, França e Estados Unidos, mais libertadores que a Alemanha p. 693, 694.— de imprensa como título que qualifica para a União das Repúblicas Americanas (*ver* Imprensa). — de imprensa e de associação no Brasil (*ver* Imprensa). — dos escravos do Morro Velho (*ver* Escravidão). — e progresso resultantes do desenvolvimento da ciência (*ver* Ciência). — humana p. 84. — individual na monarquia inglesa e na democracia americana p. 715, 716. — na Monarquia e na República (*ver* República). Países que saíram do absolutismo e praticam a — p. 146. Poesia e — (*ver* Poesia). Preservação da — constitucional (*ver* Constituição)

Minha formação   p. 374 a 378, 403, 404, 433, 441, 494, 496, 508, 509, 522 a 525, 537, 538

Monarquia   Ameaça dos jacobinos tiradentes e outros proscritos ferozes dos sebastianistas (*ver* República brasileira). A — e a liberdade espiritual do século XVIII p. 536. Aniversário de morte da Imperatriz brasileira p. 311. Antigos amigos políticos monarquistas p. 431. Apoio de Eduardo Prado a J. N. no campo monarquista p. 435.

Artigo de desabafo contra a Europa monárquica p. 336. Ataques contra João Alfredo no tempo da — p. 308. Caixões do Imperador e da Imperatriz p. 298, 299. Campanha anti-republicana (ver República brasileira). Começos da — e da República brasileira p. 324, 325. Compatibilidade entre — parlamentar ou absolutismo e oligarquia p. 462 a 464. Compra de consciências monarquistas pela República brasileira (ver República brasileira). Considerações dos grandes filósofos antigos sobre a realeza p. 715, 716. Contribuição da abolição para a queda da — (ver Abolição). Defesa da — por J. N. p. 280. Desejo da Princesa Isabel e do Conde d'Eu que d. Pedro II abdicasse p. 383, 384. Desejo de J. N. de que a República purifique a — tanto quanto a abolição a engrandeceu p. 286. Dever dos monarquistas p. 366. Dissolução dos partidos monárquicos p. 479, 480. Enriquecimento dos homens da — na orgia financeira do Governo Provisório p. 326 a 328. Fim da — e da civilização no Brasil p. 326 a 328, 342. Fuga de monarquistas suspeitos (ver Revolta da Armada). Funeral da rainha da Inglaterra (ver Inglaterra). Hipótese de pagamento de indenização a d. Pedro I p. 308, 309. História da realeza romana como série honrosa de governos patrióticos na República de Cícero (ver Patriotismo). Ideal de Platão de um rei filósofo p. 715, 716. Imprensa política durante o Primeiro e o Segundo Reinados (ver Imprensa). Intenção do Imperador de recusar a anuidade votada pelas Câmaras p. 299. Liberdade individual na — inglesa e na democracia americana (ver Liberdade). Liberdade na — e na República (ver República). Manifesto de Saldanha da Gama, raio de luz para os monarquistas p. 341, 342. Ministério Dantas p. 242, 243. Ministério João Alfredo p. 383, 384. — Constitucional p. 105, 106. — e República na França (ver República). — no Brasil p. 88, 128. Nomeação de J. N. como representante oficial do presidente da República no funeral da rainha da Inglaterra (ver Diplomacia). Nomeação de J. N. como representante para a coroação da rainha da Inglaterra (ver Diplomacia). Nova geração pura do vírus monarquista p. 318. Partida do Imperador após proclamação da República p. 286. Pensamento americano sobre a servidão à — p. 113. Personificação nacional no rei da Itália p. 511. Preferência da democracia americana pelos governos tiranos sul-americanos aos reis constitucionais do Norte da Europa 715, 716. Prisão de monarquistas (ver Revolta da Armada). Propaganda monarquista p. 369, 370. Recusa de J. N. de ser visconde p. 309. Regência. p. 349. Relações do Brasil com a Santa Sé na República e na — p. 473, 474. República americana e monarquias eletivas (ver República). República pela Argentina com os Estados Unidos e Império com o Chile, os Estados Unidos e a Argentina (ver República brasileira). Volta do Imperador e fim da — p. 291

Morte

A — sem Deus p. 636, 637. Aniversário da — da Imperatriz brasileira (ver Monarquia). Aniversário da — de José Tomás Nabuco de Araújo, pai de J. N. p. 355. Caixões do Imperador e da Imperatriz (ver Monarquia). Cristianismo de J. N.: platonismo acrescentado com a — de Deus pelo homem (ver Cristianismo). Funeral da rainha da Inglaterra (ver Inglaterra). Insensibilidade diante da — p. 341. Morte das pessoas próximas p. 377, 378, 472, 475, 478 a 480, 482. — de Adolfo de Barros p. 578, 579. — de Afonso Pena p. 700. — de Ana Benigna de Sá Barreto, mãe de J. N.

p. 501, 507, 508. — de Ana Rosa Falcão de Carvalho, madrinha de J. N. p. 613. — de André Rebouças p. 377, 378. — de Correia Dutra p. 419 a 421. — de Eça de Queirós p. 437. — de Eduardo Prado p. 475, 476, 479. — de Ernest Renan nos jornais p. 306. — de Ferreira Menezes p. 223. — de Floriano Peixoto p. 363. — de Henrique Limpo de Abreu p. 224. — de Henry Wadsworth Longfellow p. 682. — de José Bonifácio p. 248. — de José Caetano de Andrade Pinto p. 241, 242. — de Julião Jorge Gonçalves p. 229, 230. — de Lady Sassoon p. 702. — de Léon Gambetta p. 226. — de Louis Adolphe Thiers 200 a 202. — de Machado de Assis p. 683. — de Moreira César p. 373 — de Rodolfo Dantas p. 477 a 479. — de Saldanha da Gama p. 363. — de Sizenando p. 300. — de Grover Cleveland p. 677. — do padre Gordon p. 435. — do sogro de J. N. p. 613, 633, 634. Pêsames pela — de José do Patrocínio p. 569. Ponto de vista cristão sobre a — repentina (*ver* Cristianismo). Preparação de J. N. para a — p. 465, 468 a 470, 507, 508, 511, 512, 529, 607, 612, 619, 636, 650, 658, 679, 703, 715. Sincronismos na — p. 478

Mulheres Ambição de ser mãe p. 89. Beleza das — p. 88, 94. Casamento de americanas com estrangeiros (*ver* Casamento). Comparação entre a mulher da cidade e a do campo p. 189. Comparação entre homens e — americanos p. 125, 126. Comparação entre — francesas e americanas p. 99. Corte a — casadas p. 199, 200. Democracia e voto da mulher (*ver* Democracia). Diferença do amor para homens e — (*ver* Amor). Igualdade entre homens e — p. 170, 171. Moças de Nova York p. 89, 98. Moças e mães gordas p. 92. — e casamento da alta burguesia de Nova York (*ver* Casamento). Redução da religião à mulher (*ver* Cristianismo). Relações entre homens e — na sociedade americana p. 87, 103, 143, 147, 148, 516. Solidão das — numa comunidade de estrangeiros p. 590. Sonho das — americanas de casar-se na aristocracia inglesa p. 97. Vaidade e dissipação das — p. 381

Parlamentarismo Caráter de oligarquia dos partidos políticos nos regimes parlamentar e democrático (*ver* Partidos políticos). Compatibilidade entre monarquia parlamentar ou absolutismo e oligarquia (*ver* Monarquia). — na Inglaterra p. 694. — no Brasil p. 135

Parlamento Abertura do — e discurso p. 261. Abertura do — inglês p. 453 a 455. Dissolução do Congresso p. 296. Incivilidade nos Parlamentos p. 180. Intenção do Imperador de recusar a anuidade votada pelas Câmaras (*ver* Monarquia). Representação de J. N. com Costa Azevedo ao — inglês a favor da abolição (*ver* Abolição). Votação pelo juramento facultativo na Câmara p. 264

Partidos políticos Apoio do Partido Liberal a Lord Hartington p. 239, 240. Caráter de oligarquia dos — nos regimes parlamentar e democrático p. 207, 208. Destruição da pátria pelos — p. 104. Organização da opinião em — como uma das causas da precariedade da sociedade moderna p. 146. Partido Democrata nos Estados Unidos p. 109 a 112. Partido Republicano nos Estados Unidos p. 109, 110, 162, 163. Política de governo e política de oposição p. 199. Queda dos liberais p. 246. Separação entre liberais e conservadores quanto à abolição no Brasil p. 155

Conferência sobre o espírito de nacionalidade no Brasil p. 672. Destruição da pátria pelos partidos políticos (ver Partidos políticos). Estada fora do país e desenraizamento p. 355. Falta de honra nacional, tradições internacionais e sentimento de pátria na República brasileira (ver República brasileira). Fé de J. N. em Deus de não morrer longe de seu país (ver Cristianismo). História da realeza romana como série honrosa de governos patrióticos na República de Cícero p. 715, 716. Idéia de uma instituição para zelar pelos nomes ilustres do país p. 682. Imigração, independência e criação de novas pátrias (ver Imigração). Julgamento de seu país na posição de um estrangeiro p. 104. Leis relativas ao tráfico costeiro de escravos e — (ver Escravidão). Necessidade de desprendimento patriótico para pôr a casa em ordem na República brasileira p. 444. Novo molde de pátria americano p. 695. Os brasileiros não se sentem donos do seu país p. 492. Pátria de nascimento e imigração (ver Imigração). — da nova geração p. 318. — de Eduardo Prado e André Rebouças p. 291, 292, 475. — de Louis Adolphe Thiers p. 200, 201, 203, 204. — doente p. 351. — do monumento de Boston p. 206. — jacobino (ver Revolta da Armada). Pessimismo nacional dos brasileiros p. 464, 465. Serviços patrióticos no Ministério p. 455, 457

Patriotismo

p. 676, 698, 699. Tradução inglesa p. 691

Pensées détachées et souvenirs

p. 32, 33, 39 a 44, 65, 104, 181, 656, 663, 665, 671, 674, 688, 697, 712. Comparação entre prosa e — p. 181. Grandes poemas como obras da adversidade p. 654. Importância dos mitos para a — p. 452, 453. Poema de cores p. 151. — e liberdade p. 584, 585. Poeta decadente p. 299. Poetas e filósofos alemães p. 694. Tradução das obras de Victor Hugo no Brasil p. 151 (ver Arte)

Poesia

Aproximação entre Brasil e Estados Unidos p. 575, 576, 587 a 589, 601, 607, 650, 651, 667, 673, 674, 680, 681. Aproximação entre Chile e Estados Unidos p. 603, 604, 647. Congresso de Genebra p. 168, 169. Conivência da esquadra americana com Floriano Peixoto (ver Revolta da Armada). Construção de um edifício pan-americano p. 669, 671, 674, 675. Doutrina Roosevelt p. 568. Estados Unidos, única proteção da América p. 588, 589. Grupo formado por México, Chile, Costa Rica e Estados Unidos p. 603, 604. Imposto sobre o café (ver Café). Independência de Cuba p. 168, 169, 635, 642. Interesse dos Estados Unidos na livre navegação no Orenoco e no Amazonas p. 573, 580. Interesses dos Estados Unidos na América do Sul p. 568, 580, 581. Interesses dos Estados Unidos na Venezuela p. 674. Nomeação de comissões por Roosevelt para auxiliar a conservação dos recursos naturais do Brasil p. 674. Ocupação do México p. 169. Política pan-americana p. 674, 675, 712, 713. 1° *Pan-American Thanksgiving Day* p. 713. Restauração em Cuba p. 691 a 693. Retirada de Mr. Root p. 691, 692. Revolução Cubana p. 672, 673. Tratado que cedeu a soberania do Canal do Panamá aos Estados Unidos p. 573. Tratados americanos com a China e o Japão p. 111. Visita da Esquadra Americana à Argentina p. 598, 600, 601. Visita da Esquadra Americana ao Brasil p. 585 a 589, 600, 601, 603,

Política externa americana

604, 642, 666, 667. Visita da Esquadra Americana ao Peru p. 667 (*ver* Diplomacia; Doutrina de Monroe; Sociedade americana)

Progresso p. 411, 412, 709, 710. A Revolução Francesa e o — humano p. 536. Clima argentino como elemento permanente de — p. 292. Corrupção, fenômeno necessário da degeneração dos antigos elementos sociais p. 421 a 423. Crescimento da população e multiplicação da abundância p. 421 a 423. Crise do capital e do trabalho como conseqüência inevitável da democracia e do — (*ver* Democracia). Descoberta do Pólo Norte p. 704, 705. Esperança no — da ciência (*ver* Ciência). Falta de distinção nas cidades modernas p. 482, 483. Liberdade e — resultantes do desenvolvimento da ciência (*ver* Ciência). Necessidade de tradição e transformação p. 578, 579. O direito do mais forte afirmando-se por toda parte p. 421 a 423. Olhar de inveja à geração do século XX p. 441. — na destruição p. 645, 646. Religião, principal instrumento do — e da moralização humana (*ver* Cristianismo). Retrocesso moral da humanidade pela cobiça p. 421 a 423

Protestantismo Alemanha, líder das nações protestantes p. 693, 694. Reforma Protestante p. 450 (*ver* Catolicismo e Cristianismo)

Raça negra Dependência das eleições americanas do voto negro p. 81. Desigualdade da — p. 32. Espírito americano da inferioridade da — p. 473, 474. Estados do Sul dos Estados Unidos sujeitos ao despotismo militar e à corrupção dos *carpet baggers* e dos negros associados p. 78, 82. Irlandês partidário do linchamento dos negros p. 574. Necessidade de organizar associações de negros no Rio de Janeiro p. 155. Negros na sociedade americana p. 110, 111, 473, 474. Negros no Brasil p. 60. Negros que escrevem contra sua gente p. 456. Preferência do fazendeiro pelo negro no Brasil p. 163. Sentimento de expelir o negro como cidadão americano p. 702 (*ver* Abolição; Abolicionismo; Escravidão)

República Conflito entre monarquistas e republicanos na França (*ver* Monarquia). Exigência continental da — p. 444. História da realeza romana como série honrosa de governos patrióticos na República de Cícero (*ver* Patriotismo). Influência da Inglaterra e do sistema republicano no monarquismo de J. N. (*ver* Monarquia). Liberdade na Monarquia e na — p. 105. Monarquia e — na França p. 203, 204. Necessidade de uma série de boas administrações republicanas para se colher a sua safra p. 473. Preferência da democracia americana pelos governos tiranos sul-americanos aos reis constitucionais do Norte da Europa (*ver* Monarquia). Redemoinho republicano da América p. 292, 293. — americana e monarquias eletivas p. 111, 112. Republicanismo imbecil do Paraguai p. 325, 326. Sentimento republicano p. 78. Superioridade da monarquia constitucional à brasileira em relação ao sistema republicano de outros países sul-americanos (*ver* Monarquia)

República brasileira p. 341, 342, 455. Agiotagem e especulação financeira na — p. 294, 318 a 320, 326 a 330, 342, 377, 378. Ameaça dos jacobinos tiradentes e outros proscritos ferozes dos sebastianistas p. 322. Anarquia na — p. 292, 293, 443, 444. A — esconde seus cadáveres p. 298. Artigo republicano de Quintino Bocaiúva p. 280. Briga entre republicanos p. 318 a 320. Caciquismo republicano p. 292. Candidatura de Mal. Hermes à presidência p. 685. Começos da monarquia e da — (ver Monarquia). Compra de consciências monarquistas pela — p. 318. Convite a J. N. para aderir à — p. 286. Demissão do Mal. Deodoro da Fonseca p. 297. Desejo de J. N. de que a — purifique a monarquia tanto quanto a abolição a engrandeceu (ver Monarquia). Eleição de Afonso Pena p. 602, 603. Envenenamento da opinião em suas fontes com a transformação dos jornais em grandes companhias (ver Imprensa). Enriquecimento dos homens da monarquia na orgia financeira do Governo Provisório (ver Monarquia). Falta de honra nacional, tradições internacionais e sentimento de pátria na — p. 321, 328 a 330. Fanatismo por Floriano Peixoto p. 325, 326. Fim da monarquia e da civilização no Brasil (ver Monarquia). Florianistas bebem champagne pela morte de Saldanha da Gama p. 363. Instituições federais são obstáculos à reorganização financeira da — p. 479, 480. Ladroeira republicana p. 294. 1889, o ano da — p. 280. Ministérios de Deodoro da Fonseca p. 293, 294. Morte de Floriano Peixoto (ver Morte). Movimento do Riachuelo. p. 297. Nação mais bárbara e sanguinária do mundo p. 360. Necessidade de desprendimento patriótico para pôr a casa em ordem na — (ver Patriotismo). Necessidade de um homem que seja, ao mesmo tempo, homem de governo, de ação e de espada para a sorte da — p. 479, 480. Nomeação de Barata para Ministro do Supremo Tribunal p. 334 a 337, 339, 340. Oferecimento, por Rui Barbosa, do lugar de fiscal do Banco da — para João Alfredo p. 308, 309. Permanência da guerra civil na — p. 328 a 330, 357. Política financeira de Campos Sales p. 502. Primeiro golpe de Estado na — p. 300. Problemas financeiros da — p. 467, 468, 480, 481. Proclamação da — p. 285, 286. Propaganda da abolição por Quintino Bocaiúva visando à — pelo despeito dos fazendeiros (ver Abolição). Publicação nos jornais do veto de Floriano Peixoto à lei da organização do Tribunal de Contas (ver Imprensa). Regime do segredo, do silêncio, da delação e das proscrições p. 340 a 342. Relações do Brasil com a Santa Sé na — e na Monarquia (ver Monarquia). — pela Argentina com os Estados Unidos e Império com o Chile, os Estados Unidos e a Argentina p. 356. Tirania de Floriano Peixoto p. 322, 323, 326 a 328, 335, 336, 357. Triste sorte dos homens de 15 de novembro p. 320, 321, 338, 343. Vantagens da adesão de J. N. para a — p. 361. Veto de Floriano Peixoto à incompatibilidade eleitoral do vice-presidente (ver Eleições). Vitórias republicanas: desastres nacionais p. 343. Volta do Imperador e fim da — (ver Monarquia) (ver Revolta da Armada)

Revolta da Armada

p. 315 a 347, 350 a 357. Adiamento das eleições gerais p. 332. Alegria dos florianistas pela demissão do almirante americano p. 336, 337. Ausência de notícias nos jornais sobre as prisões p. 336, 337. Ausência na imprensa de uma voz que pregue a conciliação p. 328 a 330. Censura ao telégrafo, correio e jornal p. 320, 321, 328, 342. Conivência da esquadra americana com Floriano Peixoto p. 339, 351, 356. Declaração de embaixadores de que a França e a Inglaterra não protegiam Custódio de Melo (ver Diplomacia). Decreto mudando o ancoradouro dos navios de guerra e mercantes p. 335, 336. Decretos sobre liberdade de imprensa e expulsão de estrangeiros

p. 324, 347, 348. Destruição da legalidade em quase todos os estados p. 357. Eleição entre o estado de sítio e o bombardeio (*ver* Eleições). Espionagem p. 315, 316, 319, 320, 328 a 330, 337, 338.. Estado de sítio p. 316 a 318, 324 a 328, 332, 334, 335, 342. Estímulo do jornal *O País* para que Custódio de Melo proclame a restauração p. 330, 331. Explosão da Ilha do Governador p. 339, 340. Fuga de monarquistas suspeitos p. 352. Intervenção estrangeira em favor do Rio de Janeiro durante a Revolta da Armada (*ver* Diplomacia). Jornais florianistas (*ver* Imprensa). Manifestos de Custódio de Melo p. 315, 324. Nativismo *yankee* p. 340, 341. Neutralidade estrangeira p. 340. Nova fase do esfacelamento militar p. 357. Opinião simpática à marinha p. 315, 316. Ordem do governo ao corpo diplomático para atacar as fortalezas e navios rebeldes p. 353. Patriotismo jacobino p. 328, 339 a 341. Perda do prestígio nacional p. 357. Perigo de dissolução da nação p. 326 a 328. Prisão de advogados p. 350. Prisão de Eduardo Ramos: p. 317. Prisão de Hilário de Gouvêa p. 316 a 324, 326 a 330, 332. Prisão de monarquistas p. 347. Prisão de Reginaldo Cunha no lugar de J. N. p. 343. Prisão de Siqueira p. 344. Prisão do dr. Raimundo Bandeira p. 317. Risco de J. N. ser preso p. 332, 333. Sacrifício da mocidade de uma nação por um desacordo político p. 328 a 330. Suspensão das notícias sobre a — na *Gazeta de Notícias* p. 330 a 332. Três governos: Itamaraty, Aquidabã e Ilha das Cobras p. 315, 316. Triunfo dos florianistas p. 353 a 357

Sociedade americana

Administração da guerra nos Estados Unidos (*ver* Guerra). Adulação aos governantes na — p. 113. Aniversário da independência americana p. 162. Calma e otimismo na — p. 174 a 176. Casamento de americanas com estrangeiros (*ver* Casamento). Comodidade dos hotéis de Nova York p. 181. Comparação entre americanos e russos p. 113. Comparação entre homens e mulheres americanos (*ver* Mulheres). Comparação entre mulheres francesas e americanas (*ver* Mulheres). Comparação entre o Norte e o Sul dos Estados Unidos p. 169. Comparação entre Washington e Nova York p. 105, 106. Comunismo e liberdade americana (*ver* Comunismo). Democracia americana (*ver* Democracia). Desvios da imprensa americana (*New York Herald*) (*ver* Imprensa). Dezesseis milhões de católicos nos Estados Unidos (*ver* Catolicismo). Diferenças do homem americano em relação aos outros homens p. 103. *Dollar-heaping* e *dollar squartaring* p. 702. Eleições americanas (*ver* Eleições). Emenda constitucional n. 15, garantindo direitos civis a ex-escravos nos Estados Unidos (*ver* Escravidão). Escravidão no sul dos Estados Unidos (*ver* Escravidão). Especulação e formação de fortunas na — p. 168, 169, 179, 180. Espírito americano da inferioridade da raça negra (*ver* Raça negra). Espírito prático e materialismo da — p. 87, 125, 126, 168, 169, 185, 186, 201, 202. Estados do Sul dos Estados Unidos sujeitos ao despotismo militar e à corrupção dos *carpet baggers* e dos negros associados (*ver* Raça negra). Estados Unidos, país de dez a doze cabeças, sem comunicação p. 575 a 577. Falta de gosto da arte ou da indústria americana p. 110, 111. Família na — p. 87, 147, 148. Fim da escravidão no Norte da América (*ver* Escravidão). Greve das estradas-de-ferro p. 173, 174. Guerra civil nos Estados Unidos (*ver* Guerra). Guerra de independência dos Estados Unidos (*ver* Guerra). Guerra de 1914-1918: conflito entre o militarismo europeu e a democracia desarmada dos Estados Unidos (ver Guerra). Ideal de que todos os filhos do continente tivessem os mesmos direitos e garantias do cidadão americano p. 585, 586. Imprensa e opinião na — (ver Imprensa). Imprensa e publicidade na — (ver Imprensa). Impressões de Washington p. 572 a 574. Indiferença dos americanos em relação à comida p. 193. Interesse comercial dos americanos numa guerra geral na Europa (ver Guerra). Maior corrupção nos Estados Unidos que na América do Sul p. 580, 581. Manifestações políticas ridículas na — p. 110, 111. Moças de Nova York (ver Mulheres). Mulheres e casamento da alta burguesia de Nova York (ver Casamento). Negros na — (ver Raça negra). Novo molde de pátria americano (ver Patriotismo). O americano como tipo geral do futuro p. 185, 186. Ódio cordial do americano ao estrangeiro p. 159. Partido Democrata nos Estados Unidos (ver Partidos políticos). Partido Republicano nos Estados Unidos (ver Partidos políticos). Pensamento americano sobre a servidão à monarquia (ver Monarquia). População de homens fortes e robustos p. 124. Popularidade de Roosevelt p. 580. Progresso tecnológico nos Estados Unidos (ver Progresso). Relações entre homens e mulheres na — (ver Mulheres). Respeito ao poder judicial p. 81, 82. Seita dos mórmons (ver Cristianismo). Sentimento de expelir o negro como cidadão americano (ver Raça negra). Sentimento de superioridade da aristocracia na — p. 88. Singularidade da — p. 125, 126. Sonho das mulheres americanas de casar-se na aristocracia inglesa (ver Mulheres). Superioridade da vida política inglesa em relação à americana (ver Inglaterra). Suposição da — de ser mais civilizada p. 114. Verbos telegráficos do povo americano p. 92. Visitantes da Exposição de Chicago p. 342 (ver Política externa americana; Doutrina de Monroe)

p. 348, 349, 372, 374 a 378, 431, 583, 680

Um estadista do Império

52, Cornwall Gardens, residência de Joaquim Nabuco em Londres entre 1900 e 1905

Nabuco foi homenageado pelo governo inglês, em 1973, com esta placa colocada na fachada da casa em que residiu em Londres.

Índice onomástico

Abaldia, 627
Aberdeen, conde de, (George Hamilton Gordon), estadista britânico, 303, 304
Abreu, Henrique Limpo de, 224
Abreu, João Capistrano de, 372
Abreu, Pedro Nabuco de, 316, 317, 335
Abreu, Vasco de, 710
Acácio, Santo, 466
Acaé (cf. Nabuco, Maria Ana)
Acióli, Daniel, 208
Acton, Lord, 677
Adams, 317
Adams Jr., Charles Francis, diplomata americano, 89
Adão, personagem bíblico, 126, 364, 470, 740
Adriano, imperador romano, 70
Afonso Celso (cf. Ouro Preto, visconde de)
Agassiz, Alexandre, cientista americano, filho do naturalista suíço Jean Louis Rodolphe Agassiz, 682
Agassiz, Rodolfo Luis, neto de Jean Louis Rodolphe, 682
Ágata, Santa, 452
Agliardi, Antônio, cardeal italiano, 550
Agostini, Angelo, desenhista italiano ativo no Brasil, 214
Aguiar, general, 615, 619
Aguiar, Acácio de, 350
Aguiar, Costa, bispo do Amazonas, 353, 356
Aguilar (da Costa Rica), 608, 610
Albani, Francesco, pintor italiano, 48
Albina, criada de Nabuco, 403, 406, 456, 523, 585
Albuquerque, 608
Albuquerque, Afonso Melo de, 250
Albuquerque, Diogo Velho Cavalcanti de, político paraibano, ministro dos Negócios Estrangeiros, 115
Albuquerque, Francisco das Chagas Cavalcanti de, abolicionista brasileiro, 251
Albuquerque, Lourenço de, político liberal alagoano, 243, 635
Alcântara, D. Pedro de, (cf. Pedro II, D.)
Alcibíades, general, homem de Estado e orador grego, 517, 560, 561, 711
Alcoforado, 226, 228
Aldrich, Nelson W., político norte-americano, 691
Alencar, José de, escritor e político brasileiro, 478, 724
Alexandre, o grande, rei da Macedônia, 39, 165, 170, 172, 711
Alexis, grão-duque, 107
Alfaro, 627
Alfieri, Niccolò Vittorio, poeta e dramaturgo italiano, 57
Alfonso XII, rei da Espanha, 27
Alfredo, criado de Joaquim Nabuco, 489, 544, 559
Alglave, Galitzin, príncipe, 63, 64
Alhandra, Barão de (José Bernardo de Figueiredo), diplomata brasileiro, 45, 56
Alice, D., mulher de Rodolfo Dantas, 289, 297, 298, 300, 301, 304
Aljézur, Conde de (Francisco Lemos Farias Coutinho), camarista de D. Pedro II, 299
Allain, Abade, 25
Allen, Charles H., presidente da Anti-Slavery Society, 215, 246, 247, 254, 257
Allinghan, 239
Almeida, Antônio Augusto Ribeiro de, advogado, 356
Almeida, Isaelo Mateus de, abolicionista brasileiro, 251
Almira, filha de Graça Aranha, 403

Alte, Visconde d' (José Francisco da Horta Machado da Franca), ministro português em Washington, 666, 667
Amadeu, rei da Espanha, 27
Amaral, José Avelino Gurgel do, político cearense, 300
Amaral, Mme, 703
Amaral, Silvino Gurgel do, primeiro secretário do Brasil em Washington, 467, 496, 499, 500, 580, 581, 582, 590, 599, 619, 620, 635, 645, 651, 657, 663, 667, 675, 685, 686, 692, 703, 718
Amaral, Ubaldino do, 317, 732, 733, 734, 735
Amélia, D., filha do barão do Rio Branco, 364, 484
Amelot, Mme., 435
Américo, Pedro, pintor brasileiro, 568, 591
Amiel, Henry Fréderic, escritor suíço, 14
Amintas, 250
Amorim, Antônio Marques de (Santinho), amigo de Nabuco e financiador da campanha abolicionista, 249, 250, 298
Ana, criada de Joaquim Nabuco em Washington, 642
Anastácia, Santa, 452
Anchieta, José de, 374
Anderson, Mrs Larz, 698
Andrada e Silva, José Bonifácio, (o Moço), orador e político brasileiro, 248, 737
Andrade, Luís de, 261, 286
Andrade, Manuel de Carvalho Pais, presidente da Confederação do Equador, 501
André, santo, 43
Ané, 335
Angélico, Fra, pintor italiano, 58, 568
Angelita, D., 344
Aníbal, chefe militar cartaginês, 56, 200
Anísio, 282
Antônio, Santo, 565, 613
Antrobus, pe., 472
Anunciata, D. Maria, mulher de Fabrício Cardoso, 260
Apeles, pintor grego, 172
Appleton, Thomas G., editor e escritor Americano, 105

Aquino, capitão-tenente, 686
Aquino, Santo Tomás de, teólogo e filósofo italiano, 414, 458, 496, 540, 655
Aranha, Brito, 222
Aranha, Carvalho, 616
Araújo, Ferreira de, jornalista brasileiro, 263, 325, 340, 341
Araújo, M. A. de, (cf. Itajubá, barão de)
Arcoverde, Arcebispo, (Joaquim Cavalcanti de Albuquerque), 353, 405
Argemira, D., 351
Argolo, 554
Argyll, Duque de, 463, 499
Ariani, Mme, 209
Arinos, 615
Aristófanes, 159, 160
Aristóteles, filósofo grego, 172, 291, 655
Arosamena, Carlos Constantino, 698
Aróstegui, Gonzalo de, cônsul do Brasil em Havana, 693, 718, 719
Arquimedes, cientista e matemático da Antiguidade, 113, 561
Arroio, 608
Asquith, Herbert Henry, primeiro-ministro inglês, 486, 679
Assis, Machado de, (cf. Machado de Assis, Joaquim Maria)
Assunção, Lino d', 259
Astor, Miss Augusta, 89
Augusto, Caio Julio César Otaviano, primeiro imperador romano, 38
Auld, Capitão Thomas, antigo senhor de Frederick Douglass, 156
Azeredo, Carlos Magalhães de, poeta e diplomata brasileiro, 449, 515, 551, 553, 569, 617, 708
Azeredo, senador, 610
Azevedo, Costa, 734
Azevedo, Pedro Vicente de, 252
Bacelar, Antônio, 337
Bacon, Francis, filósofo inglês do séc. XVII, 180
Bacon, Mr., 644
Baden, grão-duque de, 551
Baena, Visconde Sanches de, genealogista português, 380
Baker, coronel, 182
Balfour, conde de (Arthur James), estadista britânico, 446, 447

Balmaceda, José Manuel, político chileno, 274, 361, 363, 467, 727
Baltar, Afonso, 251
Baltar, Antônio, 249
Bancroft, 682
Bandeira, Anísio Torres, 260
Bandeira, João, 608
Bandeira, Raimundo, 317, 365
Banks, Nathaniel, político e militar americano, 110
Barata, 334, 335, 336, 340
Barbosa, Rui, jurista brasileiro, 13, 241, 243, 290, 292, 295, 308, 318, 320, 324, 342, 395, 476, 480, 490, 573, 589, 638, 639, 641, 642, 646, 647, 648, 650, 651, 652, 654, 655, 657, 658, 665, 669, 670, 680, 687, 699, 703
Barlow, Miss, 92
Barlow, Mrs., 92, 98
Barnum, 240
Barr, comandante, 241
Barreto, Barros, 336, 339, 350, 351, 402
Barreto, Edmundo Moniz, pretor, 350
Barreto, Emídio Dantas, marechal-de-exército, escritor e jornalista brasileiro, 695
Barreto, Fernando de Castro Pais, 617
Barreto, Francisco Antônio de Sá, avô materno de Nabuco, 495, 501
Barreto, Francisco Pais, Morgado do Cabo, 501
Barreto, Joaquim Francisco Alves Branco Muniz, 733, 735
Barreto, Luiz, 321
Barreto, Maria José Felicidade, D., avó materna de Nabuco, 501
Barreto, Sinhazinha Barros, 372
Barreto, Tobias, jurista sergipano, 251
Barrett, John, diretor-geral do Bureau Internacional das Repúblicas Americanas, 580, 616, 617, 673, 674, 713
Barros Sobrinho, Antônio Joaquim de, abolicionista pernambucano, 249, 250, 251, 252, 260, 292, 298, 401
Barros, Adolfo de, (Adolfo de Barros Cavalcanti de Albuquerque Lacerda), político liberal, 208, 340, 578
Barros, Antônio Augusto Monteiro de, 306
Barros, Paulo de Morais, sobrinho de Prudente de Morais, 685
Barros, Pedro de, 284
Barros, Senhora Adolfo de, 578
Bartholdt, Mr., 580
Bartolomeu, frei, pintor italiano, 57, 58
Bartolozzi, 542
Basílio, Taciano, 508
Basson, 369
Bastianelli, secretário de Shannon, 604
Bayard, Mr., secretário de Estado, 667
Bayeux, médico, 415, 416
Bazaine, Jean Réné, general francês, 25
Beatriz, irmã de Evelina Nabuco, 297, 313, 317, 335, 336, 356, 360, 362, 515
Bebê, apelido de Carolina Nabuco (cf. Nabuco, Maria Carolina)
Beckford, William, escritor inglês, 442
Beecher, H. Ward, Reverendo, 182
Belfort, 493, 663
Belisário, ex-escravo, 351
Belisário, Mme. Francisco, 229, 242
Bell, Comandante, 235
Belmonte, príncipe de, 543
Beltrão, Maria de Araújo, irmã de Oliveira Lima, 481
Benham, almirante, 336
Benjamin, criado de Joaquim Nabuco, 403, 405, 406, 426, 439
Benjamin Constant, militar e republicano brasileiro, 338, 343
Bénoit, Charles, 474
Bentham, Jeremy, filósofo e jurista francês, 543
Bento, Antônio, abolicionista paulista, 264
Béranger, Pierre Jean de, poeta francês, 148
Bernardino, cônego, 298
Bernardo, São, santo e doutor da Igreja, 539
Bernhardt, Sarah, atriz francesa, 253, 259
Bernini, Gian Lorenzo, arquiteto, pintor e escultor italiano, 49, 55, 515, 543
Berquó, Senhora, 615
Berry, duque de, filho do rei Carlos X, da França, 167
Berryer, Pierre-Antoine, advogado e homem político francês do séc. XIX, 204

Bertie, Mr., 434
Bertoni, 305
Bey, Aristarchi, ministro da Turquia em Washington, 116, 129, 148
Bezzi, 305, 343, 361, 385, 402
Bianca, D., 553
Bismarck, Otto von, estadista alemão, 32, 166, 361, 693
Bizé, 637
Blaine, James G., político e secretário de Estado americano, 111
Blampré, Mme. de, 690
Blanc, barão, ministro da Itália em Washington, 97, 110, 116, 657
Blandford, Lady, 608
Blight, Miss, 516
Blood, Mrs., 121
Blunt, G.W., 113
Boas, Antônio Getúlio Vilas, 260
Boaventura, São, teólogo italiano, 447
Bocaiúva, Quintino de Sousa Ferreira, jornalista e político brasileiro, 264, 280, 331, 613
Boissier, Gaston, 645
Bolívar, Simon, libertador da América espanhola, 495
Bolonha, João de, 59
Bonaparte, príncipe Roland de, 436
Bonfim, barão de, 364
Bonpland, Aimé, naturalista francês, 490
Bonsal, Mr. Stephen, 679
Borges, Frederico, 242
Bos, pe., 310, 351, 383
Bosco Reale, 710
Botticelli, Sandro, pintor italiano, 568, 591
Bouloumié, médico francês, 647
Bourget, Paul, escritor francês, 256, 477
Boy, apelido de Maurício Nabuco (cf. Nabuco, Maurício)
Boyton, capitão, 318
Bradley, juiz norte-americano da Corte Suprema, 109, 163, 202
Braga, Jerônimo, 351
Braga, Teófilo Fernandes, poeta, jornalista, historiador e político português, 222, 256
Braine, médico, 239

Brandão Filho, Francisco de Carvalho Soares, filho do anterior, 375
Brandão Sobrinho, João, 481
Brandão, Francisco de Carvalho Soares, senador liberal por Pernambuco, 242, 271, 272, 308, 315, 335, 337, 338, 344, 350, 351, 374, 375, 406, 481
Brandão, João Soares, 350, 449, 481
Branner, John C., geólogo e geógrafo norte-americano, 684
Brantôme, Pierre de, cronista francês do séc. XVI, 106
Brasil, Joaquim Francisco de Assis, político e diplomata gaúcho, 496, 519, 611, 613
Brasil, Tomás Pompeu de Sousa, 241
Bressant, Jean Baptiste Prosper, ator francês, 26
Brevoort, Mr., 149
Briand, M., 637
Brock, Isaac, comandante do exército inglês, 196
Broglie, duque de (Albert), político francês do séc. XIX, 144, 160, 191
Brooke, Washington T., médico, ex-escravo, 523
Brown, Guillermo, Almirante de origem irlandesa radicado na Argentina, fundador da Marinha desse país, 716
Brown, Miss, 45, 46
Brummel, Belo, dândi, 471
Brunetière, Ferdinand, crítico literário francês, 474
Brusatti, general, 550, 553
Bryan, 665
Buchanan, William I, 611, 657, 675
Buckle, Henry, sociólogo inglês, 557, 648
Bueno, Firmino, 383
Bueno, José Antônio Pimenta, jurista e político brasileiro, 478
Bulkeley, senador, 670
Bunyan, John, escritor e teatrólogo inglês, 542
Burr, Lincoln, professor norte-americano, 698
Burton, Richard, 668
Bush, Florence, Miss, 189, 190, 191, 195, 196, 198, 637
Bush, Misses, 189, 196

Bush, Mr., 194
Busk, Stephen, Mr., 233, 234
Bustamante, político cubano, 693
Butler, presidente, 616
Butler, Alban, prelado e hagiologista britânico, 447, 450, 466
Buzzatti, professor de direito internacional, 552
Bylandt, conde, 228
Bylandt, condessa, 228
Byron, George Gordon Noel, lord, poeta romântico inglês do séc. XIX, 61, 118, 149, 160
Cabo Frio, Visconde de, 543, 573
Cabral, Pedro Álvares, descobridor do Brasil, 380
Cagnacci, Guido, pintor italiano, 50, 52
Calamatta, Lina, filha de Luigi, esposa de Maurice Sand, 26
Calamatta, Luigi, gravador italiano, 26
Calcosa, 291
Caldas, 468
Caldas, Horácio, 492
Calderón de la Barca, dramaturgo espanhol do séc. XVII, 620
Calderón, Ignácio, estadista boliviano, 618
Calígula, imperador romano, 334, 340, 466
Calvet, médico, 362
Calvo, Joaquim Bernardo, ministro plenipotenciário da Costa Rica, 588, 604, 618, 619, 620
Câmara, Faelante da, lente da Faculdade de Direito do Recife, 51
Cameron, Mrs., 668
Caminha, Amália, D., 383
Camões, Luís Vaz de, poeta português, 110, 158, 399, 654, 665, 667, 668, 671, 686, 688, 697, 739
Campbell, Paulino Llambi, 284, 286
Campoamor, Ramon de, poeta espanhol do séc. XIX, 280, 281
Campos, 309
Campos, pe., 36
Campos, Martinho, político liberal mineiro, 602, 725
Campos Sales, Manuel Ferraz de, presidente do Brasil, 278, 279, 303, 361, 384, 392, 400, 401, 402, 444, 455, 467, 473, 480, 490, 501, 502, 638, 728

Candinho, 633
Canning, George, político conservador inglês e ministro dos Negócios Estrangeiros ao tempo da Independência do Brasil, 64, 451, 460
Canova, Antônio, escultor italiano, 53
Caravaggio, Michelangelo, pintor italiano, 54
Cardoso, Fabrício, compadre de Nabuco, 252, 260
Cardoso, Joaquim, 260
Cardoso, Justino, 321
Cardoso, Licínio, 298
Carlos, D., rei de Portugal, 666
Carlos, mestre, carreiro, cozinheiro da fazenda do Pilar, 379
Carlos VIII, rei da França, 30
Carlos X, rei da França, 167, 170
Carlos Magno, 502
Carlotinha, filha do barão de Penedo, casada com José Caetano de Andrade Pinto, 24, 245, 253, 372, 436
Carlotti, Marquesa, 516
Carlyle, Thomas, historiador e escritor britânico, 162, 527
Carnegie, Andrew, industrial norte-americano, 256, 618, 620, 669, 671
Carneiro, Belarmino, 236, 250
Carneiro, Cristina, 236
Carnot, Sadi, político francês, presidente da França, 359
Carolina (cf. Nabuco, Maria Carolina)
Carow, Miss, 606
Carracci, os pintores italianos Ludovico, Agostinho e Aníbal, 54, 513
Carrapicho, morador da Fazenda do Pilar, 378, 634
Carrol, Mr., 89
Carvalho, 48, 49
Carvalho, Alberto de, 323
Carvalho, Alfredo de, historiador pernambucano, 620
Carvalho, Aloísio de, 683
Carvalho, Artur Moreira de, filho do barão de Penedo, 45, 46, 50, 290, 312, 335, 344
Carvalho, Ana Rosa Falcão de, madrinha de Joaquim Nabuco, 229, 236, 412, 723

Carvalho Borges, barão de (Antônio Pedro de Carvalho Borges), ministro do Brasil, 71, 108, 110, 122, 128, 186, 259

Carvalho, Carlos de, ministro das Relações Exteriores de Floriano Peixoto, 327, 334, 364, 400, 509

Carvalho, João Barbosa de, 251

Carvalho, Joaquim Aurélio de, padrinho de Joaquim Nabuco, 229, 412, 723

Carvalho, Matias de, ministro português, 516, 543, 552, 626

Carvalho, Trajano de, 240

Carvalho, Vítor Pereira de, 251

Casa-la-Iglesia, marquês de, 228

Casasus, 608, 696

Cassiano, escravo, 248

Cassini, Conde, 576

Castelar Y Ripoll, Emilio, escritor, orador e político espanhol, 27

Castilho, Antônio de, 735

Castilho, Júlio de, chefe republicano do Rio Grande do Sul, 320

Castro Alves, Antônio de, poeta brasileiro, 263

Castro, Azevedo, Delegado do Tesouro brasileiro em Londres, 413, 458, 478, 490, 491, 492, 497, 572, 608

Castro, Eugênio de, poeta português, 299

Castro, Gentil de, 373

Castro, Inês de, 617, 739

Castro, Luís de, 235, 410

Castro, Miguel, 250

Castro, Plácido de, general, conquistador do Acre, 514, 603

Cataldi, (Monsignore), 53

Catarina, Imperatriz da Rússia, 536

Catete, barão do (Joaquim Antônio de Araújo Silva), político brasileiro, 313, 319, 363, 366, 402, 481

Catilina, Lucius Sergius, político romano, 321

Cavalcanti, Amaro, 236

Cavalcanti, Antônio de Siqueira, político liberal pernambucano, 242

Cavalcanti, Joaquim Francisco de Melo, 243

Cavour, Conde de, Camillo Benso, estadista italiano, 57, 693

Caxias, duque de (Luis Alves de Lima e Silva), 115

Cazenave, 162

Cecília, Santa, 452

Cernowski, 56, 58

Cerqueira, Pedro Osório de, 252, 285

César, Antônio Moreira, militar brasileiro, 373

César, Caio Júlio, estadista romano, 49, 80, 321, 517, 677

Chagas, Pinheiro, escritor português, 259

Chambord, conde de (Henri de Bourbon), filho do duque de Berry e chefe do partido legitimista francês e pretendente à Coroa da França, 31, 167, 168, 170

Chandler, Zacharias, político norte-americano, 83, 109

Chatard, 674

Chateaubriand, visconde de (François René), escritor francês, 188, 279, 369, 413, 433, 442, 445, 452, 453, 454, 487, 644, 712

Chatham, Conde de (William Pitt) estadista inglês, 64, 80

Chaves, Bruno, 513, 669, 670, 671

Chaves, Elias, 305

Chaves, Henrique, 353

Cherbuliez, Victor, escritor francês, 127

Chermont, Epaminondas Leite, estadista brasileiro, 473, 494, 556, 569, 571, 572, 575, 580, 582, 585, 593, 608, 611, 613, 614, 617, 626, 630, 671, 681, 707, 714

Chermont, Mme, 572

Chiquinha, D. (cf. Leite, Francisca Teixeira)

Choate, Joseph, representante dos EUA na Conferência de Paz da Haia, 396, 659, 662, 664, 666

Choiseul, Duque de (Étienne François), ministro das Relações Exteriores de Luís XV, 30, 148, 165

Chopin, Frédéric, compositor e pianista polonês, 166

Church, coronel, 608

Cícero, Marco Túlio, político e orador romano, 49, 321, 445, 487, 498, 556, 557, 655, 715, 716

Cimabue, Giovanni, pintor italiano, 58, 59

Clapp, João Fernandes, abolicionista brasileiro, 236, 261, 262, 263, 341, 734, 735
Clarindo, General, 250
Claussen, Miss., 41, 42
Clay, Henry, estadista norte-americano, 600
Clemenceau, Georges, político francês, 258
Clermont, conde de, 38
Cleveland, Stephen G., político norte-americano, presidente dos Estados Unidos, 336, 677
Cochrane, Thomas, lord, almirante e mercenário inglês, 451, 461, 484, 493, 716
Coelho Júnior, José Maria Vaz Pinto, 335
Coelho, Eduardo, 222
Coelho, Furtado, 259
Coelho, Tomás, poeta português, 384
Colleoni, condessa, 518
Collona, D., 543
Comte, Auguste, filósofo francês, 524
Conde d'Eu (Louis Philippe d'Orléans) marechal do Exército e conselheiro de Estado, 282, 304, 309, 324, 383, 384
Condessa d'Eu, (cf. Isabel, princesa)
Constantino, Carlos, ministro do Panamá, 698
Constantino, grão-duque da Rússia, 107
Cook, Thomas, homem de negócios britânico, fundador de agências de viagem, 704, 705, 707
Cooper, Miss., 89, 116
Cooper, Mrs., 122
Cooper, Peter, 89
Copérnico, astrônomo polonês do séc. XVI, 79
Cordeiro, Luciano, geógrafo português, 364
Coromilas, L.A. ministro grego, 667
Correggio, Antonio Allegri, pintor italiano, 30, 50, 548
Correia, Artur de Sousa, amigo de Joaquim Nabuco e ministro em Londres, 17, 208, 277, 280, 288, 290, 294, 313, 318, 335, 344, 351, 360, 362, 363, 364, 366, 372, 385, 397, 404, 409, 413, 414, 416, 419, 420, 424, 427, 434, 464, 466, 551, 627, 728

Correia, Lindolfo, desembargador, 235, 236
Correia, Madame Seixas, 373
Correia, Sezerdelo, 620
Cortona, Pietro de, pintor e arquiteto italiano, 513
Corumbá, 286
Costa, 253, 511, 514, 516, 517, 518, 519, 540, 551, 608
Costa, Antônio Cândido Ribeiro da, político português do séc. XIX, 222, 249, 254, 259
Costa, coronel, 248
Costa, João Frank da, 587, 590, 603
Costa, Leonel da, 251
Costa, Silva, 347, 351
Costa, visconde Vale da, cônsul português, 684
Cotegipe, barão de (João Maurício Wanderley) chefe conservador do Segundo Reinado, 71, 155, 241, 246, 247, 262, 303, 629, 733, 734, 735, 736
Courcel, barão de, 643, 645
Coutinho, Aureliano, político liberal do Segundo Reinado, 565
Coutinho, Ermírio, abolicionista pernambucano, 243
Cowie, Mrs., 236
Cristóvão, São, 432
Cromer, Lord, diplomata britânico, responsável pela administração inglesa no Egito, 480
Cruger, Mme., 148, 154, 156
Cruls, Luís, cientista belga radicado no Brasil, 252, 678
Cruls, Mme., 678
Cruz, Gonçalves, 613
Cruz, Mme., 696, 703, 719
Cruz, Osvaldo, cientista brasileiro, 656
Cunha, Brasílio Itiberê da, compositor e diplomata, 36, 45, 46, 48, 50, 51, 56
Cunha Júnior, general, 344
Cunha, Carneiro da, 251
Cunha, Euclides da, escritor brasileiro, 527, 704
Cunha, Francisco João Carneiro da, 337
Cunha, Gastão da, diplomata brasileiro, 613

Cunha, José Mariano Carneiro da, abolicionista pernambucano e membro do Partido Liberal, 219, 220, 221, 236, 237, 241, 243, 244, 247, 249, 250, 251, 252, 254
Cunha, Reginaldo, 308, 343
Cunyngham, 424
Cursino, 251
D. João V, rei de Portugal, 608
D'Arc, Joana, heroína e santa francesa, 27
D'Arpin, Cavalieri, pintor italiano, 37
D'Aumale, duque, 64
D'Estournelles de Constant, barão (Paul Henri Benjamin), presidente do grupo parlamentar de arbitramento internacional, 616, 618, 637, 640, 642, 643, 648, 657, 658, 668, 669, 675
Daim, Olivier, 29
Dana, Charles A., editor do *Sun*, 98, 104
Dana, Ruth, Miss, 98, 132
Dantas, 513, 514, 516, 517, 541
Dantas, D. Alice Clemente Pinto, mulher de Rodolfo Dantas, 289, 297, 298, 300, 301
Dantas, D. Amália, mãe de Rodolfo Dantas, 480
Dantas, Luis de Sousa, diplomata, 550
Dantas, Manuel Pinto de Sousa, conselheiro e chefe liberal do Império, 226, 289, 726
Dantas, Rodolfo Epifânio de Sousa, advogado e político brasileiro, fundador do *Jornal do Brasil*, 17, 217, 218, 236, 242, 243, 258, 259, 261, 262, 263, 264, 270, 271, 286, 289, 290, 291, 292, 293, 294, 295, 296, 297, 300, 301, 304, 308, 314, 318, 352, 369, 397, 402, 407, 408, 418, 427, 459, 467, 468, 474, 477, 478, 479, 727
Dante Alighieri, escritor italiano, 57, 149, 150, 174, 184, 654, 660, 662
Dantès, Edmond, escritor francês, 33
Darnley, lady, 499
Darnley, lord, 499
Darwin, Charles, biólogo americano, fundador do evolucionismo, 122, 131
De Courcel, 643
De la Balue, cardeal, ministro e conselheiro de Luís XI, 29

De la Barra, Francisco L., diplomata Mexicano, 608, 610
De La Peine, marquesa, 543
De Quincey, Thomas, escritor britânico, 445, 446
Decamps, 64
Del Arca, 415, 416
Del Campo, 498
Del Cano, Sebastián, navegador espanhol do séc. XVI, 426
Delacroix, Eugène, pintor francês, 64
Delaroche, 64
Delfina, escrava, 251
Derby, Edward S., lord, político britânico, 84
Derby, Orville, cientista norte-americano, 557
Dering, ministro inglês no Rio de Janeiro, 452, 470, 508
Deschanel, Paul, 643, 645
Devonshire, duque, 435, 438
Devonshire, duquesa de, 435
Diana, José Francisco, liberal gaúcho, 236
Dias, Marcolino José, 734
Díaz, Porfírio, presidente do México de e de 1884 a 1911, 473, 480
Dilthey, Wilhelm, filósofo alemão, 15
Diocleciano, imperador romano, 551
Disraeli, Benjamin, líder conservador britânico do séc. XIX, 150, 155, 451
Dolci, Carlo, pintor italiano, 50, 57, 98, 118
Domenicchino, pintor italiano, 48, 50, 54, 55, 56, 518
Dominguez, ministro argentino, 682
Donalda, sogra de Pereira da Silva, 303
Donatello, escultor italiano, 59
Dorna, Videla, 110, 116, 141, 148
Douglass, Frederick, abolicionista norte-americano, 155, 696
Doumer, M. Paul, presidente francês, 646
Dowsley, Mrs., 254
Drago, jurisconsulto argentino, 610, 642, 646, 650, 651, 657
Draper, Mrs., 584
Draper, Mrs., 584
Dreyfus, Alfred, militar francês alvo de célebre processo no séc. XIX, 406, 513

Drummond, Mlle., 162
Duarte, Hipólito, 285
Dudley, Embaixador, 686
Duff, Louisa, 64
Dumas filho, Alexandre, romancista francês do sec. XIX, 724
Dupuy, 639, 700
Dutra, Correia, 316
Eckermann, Johann Peter, escritor alemão, 412
Edmond, Charles, crítico literário francês, 26
Edson, Miss, 42
Eduardo, príncipe de Gales, futuro Eduardo VII, 162, 166, 434, 448, 461, 494, 499, 532, 567, 713, 714, 740
Eiras, Carlos, médico, 352, 361, 362, 364, 380, 613
Eliot, presidente, 698, 701
Elkins, senador, 602, 644, 668, 694
Ellis, Mrs. Franck, 670
Elvira, D., 250
Ema, D., esposa de Barros Moreira, 542
Emerson, Ralph Waldo, poeta, ensaísta e filósofo norte-americano, 668
Emília, D., esposa de Eça de Queirós, 418, 437
Emily, 246
Empédocles, filósofo grego, 122
Epicteto, filósofo grego, 398, 445, 446, 452, 469,
Epicuro, filósofo grego, 468
Epinay, Prosper d', escultor francês, 542
Esopo, fabulista grego, 509
Espártaco, criado de Joaquim Nabuco, 564
Esteves, 354
Estrela, barão da (Juca Monteiro), amigo de Nabuco, 162, 235, 238, 279, 384, 497
Estrela, baronesa de, 235, 238, 246
Eugênia, Imperatriz, mãe do príncipe Luís Napoleão, 208
Eugênia, irmã, 366, 611
Eugênia, Maria, esposa de Napoleão III, 417
Eugênio, filho de Plínio de Oliveira, 323, 340, 343, 344, 351, 353, 354, 356, 405, 619

Evaristo, pagem, 633
Evelina, (cf. Nabuco, Evelina)
Ezequiel, 338
Faber, 382
Fabre, Ferdinand, escritor francês, 380
Falcão, Aníbal, positivista pernambucano, 261
Falcão, Manoel, 251
Faria, Abade Joseph de, sacerdote português, 33
Faria, Alberto de, escritor carioca, 647
Faria, Carolina, 515
Faria, coronel, 317
Farlar, Mrs., 233
Faro, 263
Fausto, Elias, empresário brasileiro, 305
Fenelon, 337
Fernandes, Raul, jurista e político fluminense, 24
Fernando, filho de Neném, 613
Fernando, morador da fazenda do Pilar, 379
Ferraz, Luís Pedreira do Couto (visconde do Bom Retiro), ministro do Império no gabinete da Conciliação, 303
Ferreira, Alfredo Gomes, diplomata brasileiro, 257, 574, 580, 593
Ferreira, Antônio Carlos, 282, 285, 292, 298, 406, 432, 456
Ferreira, Bernardino, 319
Ferreira, D. Amélia, irmã do barão do Rio Branco, 251
Ferreira, Diógenes Afonso, 251
Ferreira, Fernando Afonso, 251
Ferreira, José Dias, 299
Ferreira, Maria da Conceição Pires, filha de João Alfredo, 400
Ferreira, Pedro Afonso, abolicionista e genro do visconde do Rio Branco, 243, 249, 251, 252
Ferreira, Pedro Camargo, 304
Ferreira, Peregrino Afonso, 251
Fialho, Alberto, ministro plenipotenciário do Brasil em Portugal, 627
Fialho, Anfilófio, 314, 402
Fialho, d'Almeida, escritor português, 608, 609, 614
Fídias, escultor grego, 133

Figueira, Domingos de Andrade, político conservador fluminense, 255, 262, 367, 368, 369, 402, 427
Figueiredo, conde de, 615
Figueiredo Jr., Afonso Celso de Assis, professor, escritor e abolicionista brasileiro, 316
Figueiredo, Carlos Afonso de Assis, 367
Figueiredo, conde de, banqueiro carioca, 293, 294, 615
Filipe, Luís, príncipe herdeiro de Portugal, 666
Fish, Hamilton, Mr., político e estadista norte-americano, 84, 104
Fish, Miss, 98
Fish, Nicholas, Mrs., 619, 687
Fisk, Miss, 258
Flager, Mr., 693, 720
Flamínio, general e estadista romano, 56
Flaubert, Gustave, escritor francês, 256, 257
Fleiuss, Henrique, pintor e caricaturista alemão, ativo no Brasil, 214, 216
Fonseca, capitão Viriato da, 609
Fonseca, Hermes da, marechal e político brasileiro, 685, 703
Fonseca, Luís Anselmo da, escritor baiano, 260
Fonseca, Manuel Deodoro da, marechal e presidente da República, 271, 290, 292, 293, 296, 297, 315
Fonseca, Manuel José da, 631
Fontoura, 582, 611
Ford, 223
Ford, Mme., 223
Fosse, Desport de la, 667
Fox, 617, 618, 620
Foyatier, Denis, escultor francês, 27
Francesca, Piero della, 233
Francisca, filha de Antônio Getúlio Vilas Boas, 260
Francisco de Paula, São, religioso italiano, 29
Francisco I, rei da França, 27, 30, 31
Francisco II, rei da França, 46
Francisco José, imperador da Áustria, 535, 686
Frederico II, rei da Prússia, 536
Freitas, desembargador, 250, 252

Freitas, Leopoldo de, 611
French, Miss, 100
Freud, Sigmund, 541
Fróis, deputado, 734
Frota, Lélia Coelho, escritora, 229
Fulgêncio, São, prelado e teólogo africano, 442
Furtado, 375
Fusinato, 553
Gabrielli, Mme. de, 42
Gales, príncipe de, 162, 166, 420, 434, 461, 497
Galileu Galilei, astrônomo, físico e matemático italiano, 134
Galvani, Luigi, cientista italiano, 186
Galvão, Dario, 683
Galway, padre que converteu Joaquim Nabuco, 288
Gama, Domício da, escritor e diplomata brasileiro, 403, 437, 438, 465, 477, 485, 492, 573, 574, 611, 683
Gama, Nogueira da, 250
Gambetta, Leon, líder republicano francês, 32, 199, 226
Gana, ministro chileno, 467, 493, 567, 569, 659
Garção, Pedro Antônio Correia, poeta português, 413
Garcia, 671, 676, 677, 703, 710
Garfield, James, presidente dos Estados Unidos, 110
Garibaldi, Giuseppe, patriota italiano, 305, 693
Garnier, M., Pierre, 409, 410, 586, 587
Garrido, Eduardo, escritor português, 222
Garrison, William R., abolicionista norte-americano, 257, 575, 576, 607, 636, 668
Gaudens, Saint, escultor americano, 686, 687, 688
Gedaglia, barão de, 46
George V, 497
George, Henry, 230
George, valete, 669
Germânico, Júlio César, general romano, 51
Ghiberti, Lorenzo, escultor e arquiteto italiano, 59

Ghirlandaio, Domenico, pintor italiano, 58
Gibbons, cardeal, 473, 667, 671, 713
Gilles, capitão, 245
Giordano, Luca, pintor italiano, 37
Giotto, pintor italiano, 57, 58, 59
Gladstone, Mrs., 253, 254, 257
Gladstone, William Ewart, chefe liberal britânico, 150, 153, 154, 190, 253, 254, 257, 361, 377, 440, 447, 451, 658, 737
Godoy, José, ministro de Carlos IV da Espanha, 599
Goethe, Johann Wolfgang von, escritor alemão, 42, 85, 95, 122, 150, 165, 170, 180, 183, 184, 282, 412, 553, 654
Goiás, Bispo de, 265
Gomes, 735
Gomes, Antônio Carlos, compositor brasileiro, 53, 372, 732, 735
Gomez, José Miguel, militar e político cubano, presidente de Cuba, 693
Gómez, Juan Vicente, 675
Gonçalves, Jerônimo, 355
Gonçalves, José, 684
Gonçalves, Julião Jorge, secretário de José Thomaz Nabuco de Araújo, 31, 229, 339, 664, 740
Gonçalves, Lopes, advogado de negócios, 457
Gonçalves, Segismundo, governador de Pernambuco, 555
Gordon, pe., 302, 310, 435
Gordon, John, 608
Gori, professor, 50, 55
Gorostiaga, Manuel, 284
Gough, Wyndham, Mrs., 265, 282, 353
Gould, Jay, especulador norte-americano, 179
Gouveia, Aires de, ministro da Justiça [Portugal], 299
Gouveia, Hilário Soares de, médico brasileiro, cunhado de Joaquim Nabuco, 58, 208, 224, 236, 248, 280, 285, 289, 290, 291, 292, 295, 312, 316, 317, 318, 319, 320, 321, 322, 323, 324, 326, 330, 332, 333, 335, 337, 342, 366, 373, 404, 405, 408, 410, 412, 415, 436, 438, 456, 467, 474, 477, 478, 494, 497, 500, 501, 504, 505, 526, 538, 552, 554, 590, 613, 639, 647, 648, 652, 653, 658, 667, 704, 705, 715, 740
Gouveia, Inacinha, sobrinha de Joaquim Nabuco, filha de Hilário de Gouveia, 497, 500, 515, 526, 590
Graça Aranha, José Pereira da, escritor e diplomata brasileiro, 375, 390, 396, 403, 404, 407, 408, 409, 410, 413, 415, 434, 435, 437, 438, 441, 447, 457, 464, 477, 478, 479, 484, 491, 493, 494, 496, 499, 505, 513, 515, 516, 518, 527, 536, 539, 541, 542, 543, 551, 552, 553, 554, 555, 556, 574, 589, 600, 603, 611, 613, 617, 627, 630, 634, 637, 638, 640, 641, 647, 649, 659, 667, 675, 676, 680, 683, 687, 690, 695, 702, 703, 707, 712, 740
Grant, médico, 500
Grant, Mrs., 663
Grant, Ulysses S., presidente dos Estados Unidos (1869-1877), 74, 75, 84, 107, 109, 160, 162, 166, 191, 246
Grão-Pará, Príncipe do (D. Pedro de Orléans e Bragança), primogênito da Princesa Isabel e do Conde d'Eu, 279, 324, 740
Grauk, 524
Greaves, pe., 684
Green, Miss Grace, 64
Greppi, conde, 516, 519
Gresham, John, economista inglês, 230
Griffith, Mrs., 249
Grimbling, M., 28
Grimshaw, Beatrice, escritora, 662
Griscom, Lloyd Carpenter, embaixador dos Estados Unidos do Brasil, 598, 610
Grócio, Hugo, jurisconsulto e diplomata holandês, 635
Guanabara, baronesa de, 337
Gubernatis, Ângelo de, escritor e filósofo italiano, 514, 517, 551
Gudin, Conde Théodore, pintor francês de marinhas, 258
Guercino, pintor italiano, 39, 49, 54, 57, 61
Guglielmo, Ferrero, 552
Guido, pintor italiano, 37, 49, 50, 52, 54, 55, 57
Guilherme, imperador da Alemanha, 448
Guillinau, Mlle., 259

Guimarães, Aprígio, político liberal pernambucano, 112, 208
Guimarães, fotógrafo, 495
Guimarães Júnior, Luís, poeta e diplomata brasileiro, 259
Guimarães Júnior, Luís, poeta, filho de, 259, 402, 459, 492
Guimarães, Guilhermina Rodrigues Torres (Zizinha), tia materna de Evelina, 296, 299, 312, 313, 355, 366, 403, 405, 410, 434, 436, 504, 515, 608, 615
Guimarães, Mme., 282
Guinle, Otávio, 704
Guise, duque de, 31
Gusdorf, George, escritor francês, 14
Gusmão, Buarque de, juiz municipal de Teresópolis, 309
Guye, professor, 500
Hachette, editor francês, 608, 617, 640
Hading, Jane, atriz francesa, 264
Hadley, Arthur T., presidente da Universidade de Yale, 677
Haggard, 249
Hale, Everett, 694
Hall, professor, 192
Halleck, Mrs., 65
Hamilton, Alexandre, estadista norte-americano, 88
Hamilton, John, filho de Alexandre Hamilton, 88
Hamilton, Mrs. e Miss, 65, 88
Harding, médico, 670, 675, 699, 721
Haritoff, 286
Haritoff, Mme., 246, 286
Hartington, lord, 239
Hartranft, 160
Hartt, Charles, professor, 697
Hayashi, visconde, 557
Hayes, Mrs., 111, 113
Hayes, Rutherford B., presidente dos Estados Unidos, 78, 109, 110, 111, 136, 162, 163, 191, 202
Hegel, G.W.F., filósofo alemão, 76
Hehn, pe., 313
Heine, Henri, poeta romântico alemão, 166
Helmholtz, H. L. F. von, matemático e cientista alemão, 128
Henderson, Mrs., 586

Hendricks, político americano, 152
Henley, 222
Henriques, Freitas, 324
Henriqueta, moradora da fazenda do Pilar, 382
Hermano, 484, 515, 544, 569, 608, 615
Herz, Cornelius, 258
Hewitt, Mrs., 89
Hicks, capitão, 244
Higino, José (Duarte Pereira), 250, 348
Hilliard, H. W. ministro norte-americano, 734, 735, 736
Hipólito, 407, 608, 615
Hitchcock, Mrs., 98
Hohenlohe, príncipe de, 421
Holconius, 41
Holdenis, Meta, 41
Hollinshead, Mrs., 296
Holmes, Oliver Wendell, jurista e escritor norte-americano, 645, 657, 663, 668, 678, 679, 681
Holstein, Pedro de Souza D., (duque de Palmela) 517
Holt, Miss, 235
Homem de Mello, barão de (Francisco Inácio Marcondes), político, 208, 240, 261
Homero, poeta grego, 150, 159, 184, 694
Honório, morador da fazenda do Pilar, 378
Horácio, poeta romano, 96, 409
Horta, Rodrigues, 323, 338, 353, 354, 356, 357, 362, 374, 402, 417, 520, 631
Howard, Mr., 294
Howe, lord, 497
Hübner, barão de, diplomata austríaco, 166
Hugo, Victor, escritor francês, 41, 42, 91, 151, 167, 176, 435
Humberto, príncipe de Sabóia, depois rei da Itália, 46, 51, 511
Humboldt, Alexandre von, cientista alemão, 490
Hutinel, 416
Iaiá (cf. Nabuco, Rita de Cássia)
Ibirá-Mirim, barão de (José Luís Cardoso de Sales Filho), 297, 298, 363, 509, 708
Ibirá-Mirim, baronesa de, 297

Imperador, (cf. D. Pedro I e D. Pedro II)
Ina, D., 552
Inácio de Loyola, santo, fundador da Companhia de Jesus, 450, 457
Inês, Santa, 452
Ingres, Dominique, pintor francês, 64
Inoã, Barão de (José Antônio Soares Ribeiro), sogro de Joaquim Nabuco, 265, 360, 373, 726
Ireland, monsenhor, 667
Isabel, filha de Antonico Mendes, moradora da fazenda do Pilar, 381
Isabel, Princesa, 69, 255, 261, 262, 263, 265, 278, 296, 302, 304, 324, 383, 384, 405, 408, 430, 435, 522, 738, 739, 740
Isidora, Francisca, D., 250, 252
Itacuruçá, barão de, 364
Itajubá, barão de (Marcos Antônio de Araújo), diplomata brasileiro, 32, 402
Itambé, barão de, 24
Itiberê, Brasílio da Cunha, compositor, pianista e diplomata brasileiro, 36, 45, 46, 48, 50, 51, 56
Jaceguai, barão de (Artur Silveira da Mota), 223, 224, 225, 243, 262, 263, 272, 280, 306, 312, 317, 361, 366, 369, 402, 490, 502, 567, 603, 671
Jacinta, D., 520
Jacinto, pe., 120
Jackson, médico, 680
Jackson, Mr., 164
Jacobina, 250
Jadson, Harry Pratt, 681
James, Henry, escritor americano, 73
Janicot, médico, 432
Jardim, Antônio da Silva, jornalista e político brasileiro, 738
Javari, barão de (João Alves Loureiro), diplomata brasileiro, 48, 56
Jennings, Mrs., 696
Jerônimo, São, 177
Jersey, lord, 499
Jesus Cristo, 310, 314, 378, 424, 425, 429, 432, 466, 482, 503, 531, 563
João Alfredo (Correia de Oliveira), político conservador, 219, 220, 261, 262, 271, 272, 285, 308, 309, 310, 313, 364, 366, 367, 373, 374, 383, 384, 400, 402, 492, 578, 630, 726

João Evangelista, São, 425, 542
João VI, D., 400
José, São, 355
Josué, 81
Jowett, Benjamin, tradutor inglês de Platão, 712, 716, 721
Juárez, Benito, presidente do México, 169
Juca, sobrinho de Joaquim Nabuco, 373, 474, 579
Júlio César, 677
Junqueiro, A.M. Guerra, poeta português, 254
Jusserand, J. A. embaixador francês nos Estados Unidos, 640, 657, 663, 690, 692, 698
Kanschine, Mme., 63
Keats, John, poeta inglês, 449
Keegan, Arthur, 574
Keller, conde, 543
Kelsch, 685, 696, 703
Kendall, Mrs., 253
Keyes, dentista, 487, 558
King, Miss Oak, enfermeira, 496
King, Mr., 104
Kitchener, lord, 498
Knox, Mrs., 696
Knox, Philander C., secretário de Estado norte-americano, 396, 397, 696, 697, 711, 712, 714
Koch, Robert, diplomata americano, 148
Kossuth, Lajos, revolucionário húngaro, 668
Krauss, 36
La Fontaine, Jean de, poeta e fabulista francês, 509, 539
La Peine, marquesa de, 543
Lacerda, Sr., 410
Lacour, Challemel, 110
Ladário, barão de, 285, 286
Ladislau Neto, cientista brasileiro, 733
Laet, Carlos de, escritor e jornalista brasileiro, 366, 369, 630
Lafayette, marquês de, militar e político liberal francês, 105, 402, 451, 461, 600, 611
Lafayette, Mme., 285
Lage, Antonico, 669
Lage, Renaud, 669, 671

Lagoa, Rozo, jornalista, 370, 372
Lahure, 538, 568, 590, 598, 599, 604, 608, 615, 617, 620, 645, 646, 658
Lalá, 337, 500
Lamar, Q.I., juiz e estadista norte-americano, 110
Lamartine, Alphonse de, poeta francês, 103, 134
Lambert, Mr., 231, 235
Lamennais, Félicité de, escritor francês, 453
Lamoureux, 367
Lanciani, Rodolfo, arqueólogo e escritor italiano, 514
Landsdowne, lady, 498
Landsdowne, lord, ministro do exterior britânico, 446, 447, 452, 461, 470, 472, 485, 497, 498, 508, 555, 567, 569, 570, 608, 615, 740
Lanfranco, 37
Lang, Henry R., professor de Yale, 665, 671, 672, 677
Lanier, Miss, 97
Lanussa, 693
Lanusse, Juan José, 284
Lapalle, P., médico, 509
Lassalle, Stéphanie Marie Etienne, 372, 374
Laura, sobrinha de Joaquim Nabuco, 320, 405, 436, 504
Lawrence, Mrs., 647
Lázaro, figura do Novo Testamento, 699
Lazarus, Emma, Miss, poeta norte-americana, 104, 147
Le Play, Frederic, sociólogo francês, 464
Leão XIII, Papa de 1878 a 1903, 257, 258, 350, 353, 512, 513, 532, 726, 740
Leão, F. P. Garcia de, cônsul do Brasil em New York, 672
Leão, Luís Filipe de Sousa, líder liberal no fim do Segundo Reinado, 243, 285, 314, 348
Leavitt, Miss, 99
Leblanc, Leonide, atriz francesa, 25
Lecky, Mr., 507
Ledochowska, condessa, 435
Lee, John D., chefe mórmon, 115
Lee, monsenhor, 699
Lee, Robert E., general norte-americano, 399, 585, 673
Legnay, Mme., 46
Leite, Eufrásia Teixeira, sobrinha do barão de Vassouras, 24, 26, 52, 56, 58, 61, 62, 63, 242, 246, 247, 253, 408
Leite, Francisca Teixeira, mãe de Eufrásia Teixeira Leite (D. Chiquinha) 408, 409
Leite, Mário d'Artagão Correia, 608
Lemos, Miguel, escritor brasileiro, 341
Lennox, Mrs., 42
Lêntulo, cônsul romano, 557
Leoni, 615
Lessing, G. E., dramaturgo alemão do séc. XVIII, 86, 87
Leuzinger, Georges, editor de Nabuco, 232
Liais, Emmanuel, astrônomo francês, 678
Lilly, 257
Lima, Alencar, 442
Lima, comendador Araújo, 351
Lima e Silva, Francisco de, brigadeiro, 501
Lima, A. J. Barbosa, político pernambucano, 647
Lima, José Custódio Alves de, cônsul, 671, 672, 697, 699, 703, 706
Lincoln, Abraham, estadista norte-americano, 571, 601, 693, 694
Lins, Albuquerque, 703
Lins, Laurentino de Barros, 251
Lisipo, escultor grego, 514
Littré, Émile, dicionarista francês, 148
Livingstone, Miss, 89
Livramento, filho do barão do, 250
Lobo, Aristides da Silveira, jornalista e político brasileiro, 250, 320, 338
Lobo, copista de José Thomaz Nabuco de Araújo, 347
Lobo, Gusmão, abolicionista, 238, 243, 270, 289, 292, 441
Loewenberg, professor, 500
Longfellow, Henry W., poeta norte-americano, 130, 575, 668, 682
Longono, 233
Longworth, Edith Roosevelt, filha do presidente Theodore Roosevelt, 599
Loomis, Francis B., 580
Lopes Neto, Filipe, político e diplomata pernambucano, 139

Lopes, Irene, 701
Lopes, João, 374, 588, 608
López, Francisco Solano, ditador paraguaio, 290, 325, 329, 357, 520
Lorena, Frederico, 360
Loreto, baronesa, 616
Loring, marquês de, 233
Loti, Pierre, escritor francês, 660
Loubet, Émile, presidente da França, 544
Loureiro, Trigo de, jurista, 324
Lowther, Mrs., 257
Loyson, Hyacinthe, pe., 62, 63
Lubbock, John, entomologista inglês, 449, 451
Lúcia, Santa, 452, 561
Lúcia, sobrinha de Joaquim Nabuco, 289, 296
Lucília, sobrinha de Joaquim Nabuco, 328, 330, 341, 342, 703, 704, 705, 712
Luini, Bernardino, pintor italiano, 93, 233
Luís Filipe, rei da França, 32, 105, 170, 203, 368
Luís XIV, o Grande, rei da França, 31, 157
Luís XVI, rei da França, 312
Luís, 344, 349
Luzia, Amélia, D., 260
Mac Swiney, marquesa, 550, 553
Macaulay, Thomas B., político e historiador britânico, 166, 184, 447
Macedo, Nuno, 317
Macedo, Sérgio Teixeira de, político do Império, 302, 708
Machado de Assis, Joaquim Maria, escritor brasileiro e amigo de Joaquim Nabuco, 262, 397, 409, 441, 493, 515, 541, 575, 611, 613, 656, 673, 679, 683, 685, 727
Machado, Júlio César, 222
Machado, Mata, 265
Machado, Matilde, D., 346
Machado, Nunes, 279
Maciel, 338, 464, 465
Mac-Mahon, M. E. P., marechal francês, segundo presidente da República francesa [1873-79], 25, 144, 156, 167, 170, 177, 191
Magalhães, Fernão de, navegador português, 426
Magalhães, Luís de, conselheiro, 615

Magalhães, Olinto de, ministro do Exterior do presidente Campos Sales, 401, 407, 414, 416, 417, 430, 434, 436, 438, 461, 467, 473, 477, 478, 485, 487, 490, 491, 495, 496, 551
Magalhães, Valentim da Costa, escritor brasileiro, 263
Magoon, Mr., 672, 692, 717, 718
Maia, Mota, 281, 383
Maistre, Joseph de, filósofo francês, 272
Mallet, general, 493
Malvano, senador, 543, 553
Manchester, duquesa de, 97
Mandeville, lady, 97
Manning, Henry E., cardeal, 257
Mansilla, General, 485, 523, 569
Maquet, poeta, 431
Maquiavel, filósofo italiano, 57, 543
Marat, Jean-Paul, revolucionário francês, 335
Marble, Manton, Mr., 105
Marco Aurélio, imperador romano, 148, 399, 711
Marfan, médico, 416
Margarida, princesa, 46, 51
Maria Antonieta, rainha da França, 348
Maria José, sobrinha de Joaquim Nabuco, 337, 408
Maria Madalena, Santa, 37, 44, 425, 469
Mariquinhas D., 335
Marocas, Maria Ana Soares Brandão, D., prima de Nabuco e mulher de Soares Brandão, 400, 401, 515, 613
Marque, lady, 435
Marquez, Luís, 580
Marshall, Mrs., 105
Martel, M., 29
Martínez, Elisa Walker, 703
Martínez, Joaquim Walker, 373, 572, 573, 580, 582, 588, 604, 627
Martino, Madame de, 261
Martins, Carlos Pirajá, 672
Martins, Carlos, 51, 317, 333
Martins, cônsul do Brasil em Gênova, 48, 49, 520, 554, 703
Martins, Gaspar da Silveira, político liberal, 225, 241, 298, 333, 368, 478, 733
Martins, J. P. de Oliveira, historiador e político português, 222, 254, 259

Martone, médico, 39
Masaccio, [Tommaso], pintor italiano, 58
Mascarenhas, 243
Massey, George, comandante, 24
Mateus, São, 126
Mathieu, cardeal, 550
Matos Filho, Gomes de, 351
Matos, Comendador Gomes de, 243, 249, 250, 260
Matosinhos, São Salvador de, visconde, 264, 280
Mauá, Visconde de, 363
Maurilo, médico, 356, 357
Maximiliano I, 169
Máximo, cocheiro, 425
Mayer, Mercedès R., 669, 671
Mayrinck, banqueiro, 293
Mayrink, Rafael, 492
Mazzini, Giuseppe, politico italiano, 47
Mazzoleni, Maria, D., 543
McCleary, Mr., 580
McClellan, George B., general americano da guerra de secessão, 74, 102, 149
McKinley, presidente dos Estados Unidos, 477
McNamara, pe., 310, 358, 370
McVeagh, Miss, 663
McVeagh, Wayne, 663
Médicis, Catarina de, rainha da França, 30, 31
Medicis, Maria de, rainha consorte de Henrique IV da França, 31
Megaw, 424
Meireles, 464
Meissonier, Jean-Louis-Ernest, pintor francês, 64
Melo, Custódio de, almirante brasileiro, 315, 318, 324, 331, 335, 336, 338, 339, 340, 344, 356, 357, 360
Mendes, Antonico, o Racha-pé, morador da fazenda do Pilar, 380
Mendes, Cândido, 316, 733
Mendes, Elísio, 341
Mendes, Fernando, 738
Mendonça, Salvador de, diplomata brasileiro, 257, 339
Menezes, Ferreira de, diretor do *Diário de Notícias*, 223, 735, 736

Menezes, Maria de, D., 443
Mengoli, criado, 553, 597, 623, 652, 676
Mengs, Rafael, pintor flamengo, 56
Merou, Martin Garcia, escritor argentino, 375
Mesquita, 262, 554, 608
Meulenaere, Georges de, 34
Meyer, Lucas, General, 498
Mignet, François Auguste Alexis, escritor, 263
Miguel Ângelo, artista do Renascimento, 44, 47, 53, 54, 55, 57, 58, 59, 150, 425, 568, 591, 724
Miller, Louisa, 64
Milton, John, poeta inglês, 127, 654, 655, 656
Minier, René, comandante, 252
Mirabeau, conde de, (H.G. de R. Mirabeau), político francês, 33
Mitre, Bartolomeu, político, militar e escritor argentino, 281, 284, 409
Mlle. Assis, 265
Mniszcek, conde de, 56
Mocenni, monsenhor, 258
Moisés, figura bíblica, 517
Moleque, Carvalho, empreiteiro, 327, 355
Moltke, Helmuth von, 543
Mommsen, Theodor, historiador alemão, 445
Monbel, 24
Monjardim, coronel, 208
Monroe, James, presidente dos Estados Unidos, 336, 340, 571, 572, 576, 577, 585, 629, 705
Montagliori, Mme. de, 706
Montaigne, Michel de, escritor francês, 399, 652, 653, 660, 662
Monte Alverne, frei Francisco de, orador sacro brasileiro, 442
Monte, monsenhor, 350, 353
Monteiro, Carvalho, 222, 299, 608, 648, 665, 667, 686
Monteiro, Deodato, capitão, 251
Monteiro, Maia, 351, 355
Monteiro, Tobias, historiador, 374, 392, 394, 400, 431, 455, 467, 473, 490, 495, 496, 498, 499, 523, 578, 613

Montenegro, 250
Montenegro, Helena de, rainha da Itália, 515
Montijo, Eugênia de, imperatriz, mulher de Napoleão III, 106
Montoro, político cubano, 693, 718
Montt, Jorge, presidente do Chile, 365, 498
Montt, Mme., 498
Moore, 579, 580
Moore, Bassett, consultor jurídico da Embaixada do Brasil em Washington, 619
Moore, John Barrett, diretor geral do Bureau Internacional das Repúblicas Americanas, 580, 616, 617, 673, 674, 713
Morais, Mendes de, general, 685
Moreau, capitão, 249
Moreira, Alfredo de Barros, diplomata mineiro, 510, 511, 512, 513, 514, 516, 517, 518, 519, 526, 540, 541, 542, 543, 544, 550, 551, 552, 554, 611, 620, 631, 658, 685, 710
Moreira, Alfredo, 228
Moreira, Artur de Carvalho, filho do barão de Penedo, amigo de Joaquim Nabuco, 24, 26, 64, 222, 228, 231, 232, 236, 245, 246, 253, 258, 260, 290, 335, 351, 360, 372, 402, 471, 650
Moreira, Nicolau, 732, 733
Morel, 46
Morelli, engenheiro, 306
Moreno, 280, 281
Morgan, Edwin, ministro dos Estados Unidos no Brasil, 692, 693, 703, 717, 718, 719
Morgan, John Pierpont, financista norte-americano, 677, 690
Morley, John, Mr., liberal inglês, 254, 449, 451, 507, 619
Morris, Douglas, Mr. e Mrs., 228
Morton, Oliver P., político norte-americano, 111
Moser, 300
Moszczenska, Marie, 47
Moszczenska, Wanda, condessa, 42, 44, 45, 46, 47, 48, 49, 50, 52, 53, 59
Mota, Artur Silveira da (cf. Jaceguai, barão de)

Mota, José Inácio Silveira da, senador por Goiás e pai de Artur Silveira da Mota, 243, 326
Moura, Marcolino, 733, 734
Mozart, Wolfgang Amadeus, compositor austríaco, 527
Murillo, Bartolomé Esteban, 47, 50
Muritiba, marquês de, político conservador, 265, 416, 435
Murtinho, Joaquim, ministro da Fazenda da presidência Campos Sales, 447, 473
Musset, Alfred de, poeta romântico francês, 120, 134
Musset, Paul, irmão de Alfred de Musset, 134
Mussolini, Benito, 511
Nabuco de Araújo, Ana Benigna de Sá Barreto, mãe de Joaquim Nabuco, 122, 229, 240, 260, 282, 291, 295, 480, 492, 495, 501, 507, 723, 739
Nabuco, Evelina, esposa de Joaquim Nabuco, 17, 265, 269, 270, 271, 282, 286, 288, 289, 294, 296, 299, 301, 305, 310, 312, 314, 322, 332, 335, 339, 342, 343, 345, 348, 350, 351, 352, 355, 361, 366, 376, 380, 381, 391, 392, 395, 396, 398, 404, 407, 408, 410, 416, 428, 430, 434, 436, 440, 441, 456, 469, 472, 474, 475, 482, 489, 491, 493, 495, 499, 500, 501, 508, 509, 510, 511, 513, 515, 516, 518, 519, 522, 524, 526, 528, 529, 530, 533, 536, 540, 542, 544, 545, 546, 547, 548, 549, 550, 551, 552, 553, 554, 555, 556, 557, 568, 569, 570, 571, 572, 573, 575, 577, 579, 581, 582, 585, 591, 604, 605, 606, 607, 608, 609, 610, 611, 612, 613, 618, 619, 621, 635, 638, 641, 643, 647, 649, 652, 653, 654, 655, 659, 666, 675, 677, 685, 692, 693, 694, 696, 698, 699, 700, 701, 706, 707, 709, 710, 717, 721, 726, 740
Nabuco de Araújo, Joaquim Aurélio Barreto, abolicionista, escritor, diplomata, autor dos *Diários*, 13, 14, 15, 16, 17, 21, 22, 23, 24, 26, 31, 32, 36, 45, 47, 58, 61, 62, 63, 64, 65, 69, 71, 72, 73, 74, 76, 77, 78, 84, 88, 89, 93, 97, 105, 112, 115, 119, 136, 148, 164, 170, 181, 186, 189, 208, 209, 213, 214, 215, 216, 217, 218, 219, 220,

221, 222, 224, 225, 226, 227, 229, 231, 233, 234, 236, 237, 241, 242, 243, 244, 245, 246, 247, 248, 249, 250, 252, 254, 255, 258, 262, 263, 264, 265, 269, 270, 271, 272, 273, 276, 277, 278, 279, 280, 281, 282, 285, 286, 288, 289, 290, 291, 294, 296, 297, 300, 301, 302, 303, 305, 306, 308, 309, 312, 313, 315, 316, 321, 322, 336, 337, 343, 351, 352, 360, 361, 364, 366, 367, 369, 370, 373, 389, 390, 391, 392, 393, 394, 395, 396, 397, 398, 399, 400, 402, 403, 404, 405, 406, 407, 409, 410, 418, 419, 424, 431, 435, 437, 449, 458, 461, 462, 467, 468, 472, 475, 481, 485, 489, 490, 492, 493, 494, 495, 496, 497, 500, 501, 507, 508, 509, 513, 514, 515, 519, 524, 527, 537, 541, 545, 551, 552, 557, 568, 570, 571, 575, 585, 588, 590, 598, 601, 603, 604, 610, 612, 613, 618, 635, 638, 644, 646, 649, 653, 656, 662, 663, 665, 669, 671, 675, 676, 681, 687, 690, 691, 692, 694, 700, 701, 705, 712, 721, 723, 725, 726, 727, 728, 729, 733, 735
Nabuco de Araújo Filho, Joaquim Aurélio, filho de Joaquim Nabuco (Joaquinzinho), 350, 352, 362, 364, 380, 404, 406, 410, 413, 428, 525, 579, 585, 599, 641, 675, 676, 677, 697, 709
Nabuco de Araújo, José Thomaz, senador e conselheiro, pai de Joaquim Nabuco, 31, 64, 115, 130, 188, 207, 208, 214, 229, 276, 278, 324, 337, 338, 339, 342, 346, 348, 355, 501, 723, 725, 727
Nabuco, José Thomaz, filho de Joaquim Nabuco, 17, 246, 247, 495, 496, 528, 585, 649, 675
Nabuco, Maria Ana (Acaé), filha de Joaquim Nabuco, 362, 379, 401, 406, 408, 413, 414, 415, 416, 417, 528, 579, 607, 639, 641, 675, 700, 706, 707, 712
Nabuco, Maria Carolina (Bebê), filha de Joaquim Nabuco, 13, 45, 270, 288, 289, 290, 291, 297, 298, 312, 314, 324, 341, 344, 350, 362, 364, 366, 368, 371, 374, 375, 380, 382, 394, 404, 406, 412, 413, 419, 428, 434, 495, 509, 522, 537, 554, 582, 585, 596, 610, 641, 647, 656, 666, 670, 671, 675, 686, 688, 690, 700, 703, 710, 740
Nabuco, Maria, irmã de Joaquim Nabuco (Sinhazinha), 65, 296, 312, 335, 337, 343, 346, 348, 350, 352, 362, 375, 376, 380, 383, 402, 495, 499, 515, 603, 610, 658
Nabuco, Maurício Hilário (Boy), filho de Joaquim Nabuco e diplomata, 296, 297, 301, 313, 317, 318, 344, 352, 353, 371, 374, 377, 380, 394, 404, 406, 409, 426, 428, 430, 554, 585, 599, 641, 647, 652, 655, 660, 671, 672, 675, 677, 684, 688, 692, 693, 698, 700, 701, 710, 712, 717, 718, 719
Nabuco, Rita de Cássia (Iaiá), irmã mais velha de Joaquim Nabuco, 58, 208, 286, 316, 317, 318, 319, 324, 341, 342, 398, 408, 410, 415, 416, 436, 467, 474, 504, 529, 538, 553, 569, 630
Nabuco de Araújo, Sizenando, irmão de Joaquim Nabuco, 225, 261, 263, 280, 300, 740
Nabuco, Vítor, irmão de Joaquim Nabuco, 373
Nabuco, Vivi, 10, 65
Napoleão III, Luís, imperador francês, 32, 84, 106, 167, 208, 417
Napoleão Bonaparte, 80, 207, 513
Napoleão, Artur, músico, 261, 610
Nassau, João Maurício de, governador do Brasil holandês, 296
Navenne, diplomata francês, 513, 516
Nazaré, barão de, 243, 260
Nazaré, D., 541, 553
Nazaré, Pedro de, Frei, 452
Neate, 235
Neném, sobrinha de Joaquim Nabuco, 295, 296, 317, 343, 352, 376, 613
Néri, São Filipe, 380, 381, 382, 401, 472
Nero, imperador romano, 59, 466, 517
Nery, Sant'Ana, 258
Neves, Gomes, engenheiro, 305
Newmann, cardeal e teólogo inglês, 382
Newton, Isaac, físico inglês, 134
Nicéforo, São, 452
Nico Gomes, morador da fazenda do Pilar, 378
Nicolò, afilhado de Nabuco, 343
Niemeyer, Conrado, 401
Nioac, barão de, 383
Noé, personagem bíblico, 596

Nogueira, José Luis Almeida, 262, 327, 711
Norton, 424
O'Gorman, bispo, 667
O'Laughlin, John C., secretário de Estado norte-americano, 575, 589, 714
Obligado, Rafael, 284
Olegarinha, D., esposa de José Mariano, 254
Olferieff, Mme., 63
Oliveira, Aníbal de, 684
Oliveira Lima, Flora Cavalcanti de Albuquerque, esposa de Oliveira Lima, 398, 519, 632
Oliveira Lima, Manuel, de diplomata, escritor e historiador brasileiro, 259, 398, 419, 424, 432, 434, 438, 441, 446, 461, 462, 481, 519, 523, 527, 582, 590, 595, 600, 603, 604, 631, 632, 697, 703
Oliveira, Eugênio Torres de, 408
Oliveira, João Alfredo Correia de, político conservador, 219, 261, 262, 264, 271, 272, 285, 309, 310, 313, 361, 364, 366, 367, 371, 373, 374, 383, 384, 400, 402, 492, 578, 630, 726, 738
Oliveira, José Manuel Cardoso de, diplomata brasileiro, 496, 507, 568
Oliveira, Plínio de, diplomata brasileiro, 317, 338, 344, 345, 346, 347, 349, 350, 351, 354, 372, 402, 408
Oliveira, Raul Régis de, diplomata brasileiro, 557, 567, 570, 608, 615
Olivier, Émile, primeiro-ministro de Napoleão III, 102
Oppenheimer, 41
Oppozenski, 58
Orcagna, Andrea di, pintor, 57
Ortigão, J. D. Ramalho, escritor e crítico português, 222, 259, 434
Osler, 648
Otávio, Rodrigo, 611, 642
Ouro Preto, visconde de (Afonso Celso de Assis Figueiredo), líder liberal e presidente do último Conselho de Ministros da Monarquia, 180, 262, 309, 316, 366, 367, 369, 384, 402, 502, 726, 736, 738
Ovídio, poeta latino, 546, 561
Pacha, Midhat, 166

Pacheco, 541, 551, 553
Pacheco, Marçal, 254
Pacheco, Oduvaldo, 492, 517
Paço, Bento do, 458
Page, Bryant, 608
Page, Nelson, escritor norte-americano, 679, 683
Pagello, 574
Palgrave, Mr., 235
Pallavicini, princesa, 518, 534, 543, 544, 558
Palmira, afilhada de Joaquim Nabuco, 249
Pandolphini, Condessa Lydia, 60, 63
Pará, bispo do, 252, 551
Paraná, marquês do (Honório Hermeto Carneiro Leão), 303
Paranaguá, marquês de, (João Lustosa da Cunha) político liberal, 383, 458, 493
Paranapiacaba, barão de (João Cardoso de Meneses e Silva), escritor e político brasileiro, 666
Paranhos (cf. Rio Branco, barão do)
Parati, conde de, 353
Pardo, Filipe, ministro do Peru em Washington, 618
Pardo, Mme, 667
Parrington, visconde, 64, 698
Partridge, 233
Pascal, Blaise, filósofo francês, 586
Pascual, 36, 37
Patrocínio, José do, jornalista e abolicionista brasileiro, 223, 236, 262, 569, 732, 733, 734, 735
Patrocínio, viúva, 569
Patti, Adelina, cantora lírica, 166, 670
Pattison, 682
Paula, Sóror, 608
Paulo, São, 495
Pauncefote, lord, 557
Payne, Thomas, 263
Peçanha, Nilo, 703
Pecci, Giacchino Vincenzo, (cf. Leão XIII)
Pederneiras, adido militar, 571, 581, 582, 585, 588, 599, 604, 671
Pederneiras, Amílcar, 599
Pédone, 578
Pedro de Alcântara, São, 442
Pedro I, D., Imperador do Brasil, 299, 308, 501, 542

Pedro II, D., Imperador do Brasil, 74, 75, 105, 125, 128, 148, 151, 162, 166, 214, 218, 224, 232, 242, 246, 250, 255, 261, 265, 277, 278, 280, 285, 286, 291, 298, 299, 302, 308, 309, 314, 326, 345, 359, 383, 384, 399, 409, 602, 682, 737, 738, 739, 740
Peel, Robert, estadista inglês do séc. XIX, 64, 153
Peixoto, Floriano, presidente do Brasil, 84, 271, 274, 297, 315, 318, 319, 320, 323, 324, 326, 327, 330, 331, 332, 333, 336, 338, 339, 340, 343, 345, 347, 351, 353, 354, 356, 357, 363, 727
Pell, Mr., 105
Pelouse, 30
Pena, Afonso (Augusto Moreira), presidente do Brasil, 242, 243, 357, 394, 575, 587, 589, 590, 602, 612, 616, 617, 627, 631, 632, 641, 644, 665, 674, 685, 700, 701, 703, 729
Penalva, barão, 24
Pendleton, Frank, 92, 116
Pendleton, Mrs., 24
Penedo, barão de, ministro do Brasil em Londres, 24, 26, 32, 64, 115, 208, 215, 219, 223, 226, 231, 233, 235, 242, 245, 255, 257, 258, 259, 271, 279, 302, 303, 304, 366, 405, 409, 419, 436, 438, 449, 455, 471, 480, 516, 550, 725
Penedo, baronesa, 25, 231, 259
Penido, 243
Pepys, Samuel, escritor inglês, 14
Perdigão, advogado, 350
Pereira, Albina, empregada de Joaquim Nabuco, 403, 406, 456, 523, 585, 616
Pereira, João, 251
Pereira, José Higino Duarte, jurista federal e membro do Supremo Tribunal, 250, 348
Pereira, José Maria Dantas, 526
Pereira, Lafayette Rodrigues, político liberal do Império, 312, 367, 402, 611
Péricles, estadista grego, 80
Perpétua e Felicidade, santas, 452
Perraud, cardeal, 435, 436, 483
Perrin, professor de Yale, 677
Perugino, pintor italiano, 57, 59, 61
Philips, Wendell, 232

Phipps, Constantine, Ministro da Inglaterra no Rio, 363, 373, 375, 402, 470
Picot, Georges, 232, 235, 435
Pimentel, Sancho de Barros, colega de Nabuco na Faculdade de Direito de Recife, 216, 217, 226, 270, 289, 615
Pinhal, conde do, 374
Pinhal, condessa de, 305
Pinhal, filhas do conde de, 305, 375, 449
Pinheiro, Cônego, 442
Pinheiro, Fernandes, 331, 351
Pinheiro, Maciel, 250, 252
Pinheiro, Rafael Bordalo, artista português, 222, 259
Pinho, Sebastião do, 314
Pinto, Antônio, 242
Pinto, Artur Andrade, 252
Pinto, Firmiano, 305
Pinto, Firmiano, Mme., 305
Pinto, José Caetano de Andrade, 24, 241, 242, 245
Pinto Neto, 332
Pinto, Souza, 250, 260
Pinturicchio, pintor italiano, 56, 568
Pio IX, Papa de 1846 a 1878, 53, 47, 168, 242, 591
Pio V, Papa de 1566 a 1572, 53
Pio X, Papa de 1903 a 1914, 569, 590, 591, 738
Pisa, Nicolau de, escultor italiano, 57
Pitti, Jacopo, 58
Piza, ministro do Brasil em Paris, 404, 457, 458, 493, 615
Place, Mr., 158
Place, Mrs., 97, 158
Placídia, D., esposa de Pedro Camargo Ferreira, 304
Planches, Mayor de, 663
Planchet, Edmond, 26
Platão, filósofo grego, 107, 127, 136, 399, 585, 655, 712, 715, 716, 721
Plédel, Marie, cozinheira de Joaquim Nabuco, 669
Plínio (cf. Oliveira, Plínio de)
Plotino, filósofo da Antiguidade clássica, 313
Plowes, Miss., 234
Plutarco, historiador grego, 561, 715, 716
Policarpo, São, 447

Politis, 578
Pompadour, Mme. de, 518
Pompílio, Numa, 249, 250
Pôncio Pilatos, 49
Pontes, 608, 614
Portela, Epifânio, ministro argentino, 644, 718
Portela, Manuel, político conservador do Império, 219, 238, 242, 244, 254, 627, 644, 688, 705, 711, 713, 718, 726
Porto Alegre, Manuel de Araújo, escritor, pintor, diplomata brasileiro, 442, 443
Porto-Alegre, Paulo, 259
Possolo, 540
Potter, Paulo, 50
Prado, Antônio da Silva, empresário e político conservador, 219, 305, 306, 307, 375, 611, 632, 646, 707
Prado, Baby, viúva de Caio Prado, 306
Prado, Caio, 306
Prado, Eduardo Paulo da Silva, escritor brasileiro, 17, 253, 259, 277, 290, 291, 292, 296, 305, 306, 307, 346, 366, 367, 369, 385, 395, 397, 402, 408, 410, 413, 414, 415, 423, 424, 434, 438, 475, 476, 478, 479
Prado, Eduardo, Senhora, 306
Prado, Martinho, 253
Prado, Paulo, 476, 490, 492, 497
Prado, Sofia, 306
Prado, Veridiana, mãe de Antônio, Eduardo e Martinico Prado, 305, 306, 375
Praxíteles, escultor grego, 47, 49, 133, 487
Preller, 50, 56, 58
Prestage, Edgar, historiador britânico, 483, 486
Proclus, filósofo grego, 314
Prozor, conde, diplomata russo, 291, 299, 405, 407, 453, 455, 627, 640, 648, 650
Prozor, Mlle., 610
Prudente de Morais (Prudente José de Morais Barros), presidente do Brasil, 272, 292, 366, 369, 384, 394, 400, 685
Quaritch, 668
Quay, Mrs., 579
Queirós, J. M. Eça de, romancista português, 410, 414, 418, 437, 478

Quental, Antero de, poeta português, 483
Quesada, 604, 610, 617, 627, 672, 694, 711, 718
Rabelais, François, escritor francês, 660
Rafael Sanzio, pintor do Renascimento italiano, 39, 47, 49, 50, 52, 54, 57, 58, 59, 61, 157, 487, 724
Raikes, Mrs., 254
Rais, Jules, 668
Ramos, Eduardo, 317, 554
Ramos, Hermano, 517, 518
Ramos, João, abolicionista, 249, 250, 255, 260
Ramos, Paula, 350
Rampolla, cardeal, 258, 473, 740
Randall, 109
Rebouças, André, engenheiro e abolicionista brasileiro, 225, 226, 230, 232, 234, 243, 245, 261, 263, 264, 271, 286, 291, 295, 296, 313, 314, 331, 369, 370, 377, 379, 391, 564, 661, 733, 735, 737
Reed, Edwin, Sir, 568
Rego, Barros, abolicionista, 249
Rego, Morais, (irmãos), 538, 537
Reis, Jaime Batalha, escritor e cônsul de Portugal em Londres, 462, 483, 552
Reis, José Agostinho dos, 734
Réjane, atriz francesa, 438
Renan, Ernest, escritor francês, 25, 26, 65, 79, 93, 96, 110, 145, 157, 271, 273, 306, 360, 371, 413, 433, 453, 724
Restituta, Santa, 472
Révy, Mr., 491, 492
Reyes Prieto, Rafael, presidente da Colômbia, 580
Ribeiro, Costa, abolicionista pernambucano, 249, 250
Ribeiro, Domingos Alves, 250, 375, 402, 430, 524, 630
Ribeiro, Evelina Torres Soares (cf. Nabuco, Evelina)
Ribeiro, Honório, 384
Ribeiro, João, escritor, 383, 474, 523, 676, 678, 702
Ribeiro, José Antônio Soares (cf. Inoã, barão de)
Ribeiro, José de Araújo, ministro em Paris, 303, 304

Índice Onomástico

Ribeiro, José Joaquim Soares, avô paterno de Evelina Nabuco, 313
Ribeiro, Tomás, 362
Ribera, pintor espanhol, 30, 34, 37
Ribot, 637
Rio Apa, barão do, ministro da Guerra de Floriano Peixoto, 317, 319
Rio Branco, barão do (José Maria da Silva Paranhos Júnior), diplomata brasileiro, 13, 70, 235, 238, 272, 290, 291, 292, 293, 294, 295, 309, 396, 402, 403, 407, 409, 412, 413, 414, 434, 437, 438, 441, 478, 483, 484, 490, 491, 493, 494, 499, 501, 505, 506, 508, 516, 519, 523, 533, 540, 551, 552, 554, 556, 557, 565, 566, 567, 571, 572, 576, 577, 579, 580, 581, 582, 583, 588, 589, 590, 594, 595, 596, 598, 600, 601, 603, 604, 611, 612, 613, 616, 617, 618, 626, 627, 629, 631, 632, 638, 641, 642, 643, 644, 646, 648, 653, 654, 655, 657, 662, 665, 666, 673, 675, 680, 683, 685, 686, 691, 694, 696, 697, 699, 700, 706, 719, 728
Rio Branco, visconde do (José Maria da Silva Paranhos), estadista brasileiro, 65, 251, 272, 441, 493
Rio Branco, Raul, diplomata brasileiro, 259, 390, 407, 498, 500, 514, 516, 538, 545, 550, 553, 554, 568, 578, 703
Rio Branco, Viscondessa do, 259
Ripalda, duque de, 56
Ristori, Mme., 553
Rives, Mrs., 128
Roberts, lord, 498
Robin, Albert, médico francês, 647, 648
Robinson, Mr., político norte-americano, 105, 152
Rocha, Antônio Carneiro da, político liberal, 403, 555
Rocha, Corina, 372
Rocha, Francisca Isidora Gonçalves da, 250, 252
Rocha, João Figueiredo, Major, 317, 337
Rocha, Antônio Teixeira da, 732, 735
Rodrigues Alves, Francisco de Paula, presidente do Brasil, 468, 493, 501, 571, 573, 587, 589, 595, 603, 611, 616, 627, 661

Rodrigues, José Carlos, jornalista, 226, 239, 277, 291, 342, 361, 374, 384, 385, 394, 401, 402, 434, 438, 439, 443, 458, 479, 480, 490, 493, 501, 502, 523, 554, 567, 576, 588, 589, 590, 603, 611, 615, 653, 673, 697, 698, 701, 703, 705
Rohde, Jorge, coronel, 284
Romano, Giulio, 39, 49
Romero, Sílvio, crítico e historiador brasileiro, 619, 676, 735
Roosevelt, Miss, 599, 602
Roosevelt, Mrs, 585, 686
Roosevelt, Theodore, presidente dos Estados Unidos, 396, 477, 568, 571, 576, 580, 643, 665, 669, 671, 674, 677, 683, 686, 687, 688, 695, 728, 729
Root, Elihu, secretário de Estado norte-americano, 395, 396, 579, 582, 585, 587, 588, 589, 590, 598, 600, 601, 602, 604, 607, 609, 616, 617, 618, 619, 620, 626, 629, 630, 631, 635, 636, 640, 642, 643, 644, 645, 651, 654, 656, 663, 664, 665, 669, 671, 673, 674, 675, 685, 687, 688, 690, 691, 692, 695, 706, 712, 713, 717, 728, 729, 740
Root, Miss, 656
Rosa e Silva, Francisco de Assis da, político conservador, 361
Rosa, Augusto, 222
Rosa, Salvator, pintor italiano, 39, 50, 55
Rose, Ellen, 222
Rosen, barão, 577
Rotschild, Alfred de, banqueiro inglês, 309, 313, 366, 404, 413, 424, 434, 435, 438, 439, 452, 464, 474, 497, 498, 499, 501, 516, 569, 575, 608, 615
Rousseau, Jean-Jacques, filósofo e escritor francês, 30
Rousseau, Théodore, pintor francês do séc. XIX, 166
Rowe, Mr., professor, 611, 619, 665
Rudini, marquês de, 501, 515, 516, 517, 543, 740
Rudini, marquesa de, 501, 518, 534, 543, 616, 620
Ruffier, Jules, secretário de Joaquim Nabuco, 536, 537, 583, 601
Rufus, Servius Suplicius, 321
Ruskin, John, 360

Russel, pe., 713
Russell, lord, 413
Rutherfurd, Mrs., 97, 98
Sá, cônego, 352, 356
Sá, João de, 208
Sá, Lourenço de, político liberal, 260
Sá, Lucinda de, 415, 449
Sá, Marques de, 354
Sá, Olímpio, 251
Saião, Manso, 361
Saint Simon, Louis de Rouvroy, duque de, memorialista francês, 660, 662
Saldanha da Gama, Luís Filipe, almirante brasileiro e chefe da Revolta da Armada, 84, 269, 315, 346, 347, 348, 353, 354, 355, 356, 362, 363
Saldanha da Gama, Maria Antonieta, cunhada de Luís Filipe Saldanha da Gama, 348
Saldanha, José, 336
Salisbury, lord R. C., primeiro-ministro britânico, 416, 432, 434, 436, 440, 446, 498, 551, 554, 694
Salt, Mr., 490
Salústio, historiador romano, 38
Sampaio, adido naval, 615
Sanches de Baena, visconde de, 380
Sand, George, escritora francesa, 21, 25, 26, 65, 724
Sand, Maurice, escritor francês, 26
Sanderson, Thomas, Sir, 434
Sands, Kate, 253
Santana, Joaquim Francisco de, 251
Santos Dumont, 616
Santos, Gomes dos, cônsul em Nova Iorque, 671
Saraiva Júnior, José Antônio, 492
Saraiva, José Antônio, político liberal, 224, 242, 245, 246, 276, 298, 492, 602, 737
Sarto, Andrea del, pintor italiano, 49, 50, 57, 59
Sarto, cardeal, Pio X, 524
Sartoris, Mrs., 84
Sassoon, Edward, 702
Sassoon, lady, 702
Savonarola, Girolamo, religioso e político italiano, 58
Scaléa, príncipe, 516

Schérer, Edmond, escritor francês, 65, 95
Schiller, Friedrich von, poeta romântico alemão, 85, 122
Schlesinger, Miss, 228
Schlesinger, Mr., 228, 253, 257
Schlesinger, Mrs., 228, 288, 455, 471, 496, 658
Schnoor, Mrs., 283
Schomberg, Marcos, 303
Schomburgk, Robert, 413, 414, 437
Schurman, presidente, 698
Schurz, Carlos, 78
Scott, Mr., 435, 664
Seabra, Libório, médico, 309
Seligman, banqueiro novaiorquino, 155
Serra, Joaquim, abolicionista, 226, 280, 339, 377, 738
Serro Azul, barão de, 360
Severo, Augusto, 498
Seward, secretário de Estado dos Estados Unidos, 197
Sforza, cardeal Riario, 135
Shakespeare, William, poeta e dramaturgo inglês, 160, 180, 184
Shannon, Richard C., 573, 587, 604, 615, 635, 636, 637, 671, 672, 697, 698, 710
Shelley, Percy B., poeta britânico, 160, 542
Silva, Antônio Carlos Ferreira da, 220
Silva, Costa, 347, 351
Silva, J. M. Pereira da, ministro e político, 259, 303, 344
Silva, Nísia Pacheco da, 304
Silva, Vieira da, 259
Silvado, Brasil, 735
Simon, Jules, político francês, 32
Sims, Manley, 296, 496
Sinhazinha (cf. Nabuco, Maria)
Sinhô, 250
Sinimbu Júnior, 243
Sinimbu, visconde de, 215, 635, 725, 736
Siqueira, Antônio de, 280, 374, 612, 615, 633
Sisto V, Papa de 1585 a 1590, 53
Sloecher, Mr., abolicionista francês, 736
Smith, Joseph, 198
Smith, Mrs., 113
Soares Filho, Francisco de Castro, 350
Soares, Oscar de Macedo, 318, 351

Sócrates, filósofo grego, 107, 137
Sodoma, Giovanni Bazzi, pintor italiano, 568
Sodré, Jerônimo, 286
Sodré, Mme., 209
Sofia, D., esposa de Francisco Soares Brandão, 375
Sófocles, dramaturgo grego, 93
Sommier, 42
Sorondo, Alejandro, 284
Soudeikin, coronel, 228
Sousa Leão, Domingos (barão de Vila Bela), 65, 112, 208, 214, 215, 243
Sousa Melo, 315, 316
Sousa, banda do, 593
Sousa, Francisco Belisário Soares de, político conservador, 308
Sousa, morador da fazenda do Pilar, 379
Sousa, Paulino José Soares de, político conservador, 262
Sousa, Vicente de, 732, 733, 734, 735
Sousândrade (Joaquim de Sousa Andrade) poeta brasileiro, 372
Soveral, marquês de, ministro de Portugal em Londres, 294, 420, 572
Spencer, Herbert, filósofo e sociólogo inglês, 96, 543, 702, 708
Spooner, comandante, 304
Staël, Mme. de, escritora francesa, 517
Stanley, Mrs., 46, 64
Stanzioni, Massimo, 37
Stead, William, jornalista inglês, 346, 490, 491, 659
Steinoffer, 588
Stendhal, Henri Beyle, escritor francês, 256, 379, 454
Stevens, Miss, 88, 99, 107, 114, 116, 164
Stevenson, Robert Louis, romancista escocês, 660
Stewart, Mrs., 256
Stokes, Anson, reverendo, 671, 672, 677
Stokes, Mrs., 671, 672, 677
Storck, Wilhelm, 668
Stout, Frank, Mr., 105
Stowe, Harriet Beecher, romancista norte-americana, 156
Stuart, Maria, rainha da Escócia, 97, 499
Sullivan, pe., 296
Swiney, marquesa Mac, 550

Syrk, M, 46
Szlambeck, 56
Tack, Francis de, príncipe, 468
Taft, Miss, 590
Taft, Mrs., 590
Taft, William Howard, presidente dos Estados Unidos de 1909 a 1913, 396, 573, 590, 677, 695, 696, 697, 700, 713, 718
Taine, Hippolyte, historiador francês, 39
Talleyrand, Charles Maurice de, estadista francês do séc. XIX, 204, 413
Tamandaré, Mlle., 299
Taques, Beatriz, D., 352
Tasso, Torquato, poeta italiano, 43, 56, 695
Taunay, Alfredo Maria Adriano d'Escragnolle, visconde de, político e escritor, 294, 309, 313, 314, 357, 373, 374, 400, 492, 578
Taunay, Gofredo, 402
Taunay, viscondessa de, 612
Tautphoeus, barão de, professor de Joaquim Nabuco, 433, 521, 738, 740
Taverna, condessa, 543
Teixeira Júnior, político conservador fluminense, 155
Teixeira, família, 351
Teixeira, Hilarião, caricaturista brasileiro, 217
Teixeira, João, 250, 653
Teles, 347
Tell, Miss, 88
Temístocles, estadista ateniense, 177, 354
Teodósio, imperador romano, 61
Teresa Cristina Maria, Imperatriz, mulher de D. Pedro II, 298, 311, 383, 384
Terrail, Ponson du, novelista francês, 338
Thackeray, William, romancista inglês do séc. XIX, 166
Thiers, Louis Adolphe, político, jornalista e historiador francês do séc. XIX, 1877, 22, 32, 200, 201, 203, 204, 369, 724, 735
Thomason, capitão, 197
Thompson, Artur, 491
Thompson, ministro norte-americano no Rio de Janeiro, 356, 491, 567

Thurman, Allen Granbery, jurista e político norte-americano, 111
Tibério, imperador romano, 41
Ticiano Vecellio, pintor italiano, 39, 49, 52, 54, 57, 58, 568, 617
Tilden, Samuel J, político norte-americano, 78, 109, 111, 131, 136, 137, 152, 202
Tintoretto, Jacopo Robusti, pintor italiano, 48, 60
Tiradentes, Joaquim José da Silva Xavier, O, 733
Tito, Imperador romano, 325
Tito Lívio, historiador romano, 561
Tocqueville, Alexis de, historiador francês, 71
Tomás, escravo defendido por Nabuco, 724
Torres, Alfredo, 284, 608
Torres, Cândido Rodrigues, 372
Torres, Carolina Rodrigues, mãe de Evelina, 265
Tovar, 247, 259, 484, 682
Tovar, Mme., 296
Townsend, Mrs, 666
Três Rios, marquês de, 304
Tristan, Louis, (o Eremita), 29
Trombetti, filólogo, 551
Tronchu, general francês, 451
Tropé, Henri, cartógrafo francês, 437, 438, 474, 487, 494
Trovão, José Lopes da Silva, jornalista, orador e político brasileiro, 253, 348, 732, 733
Tucídides, historiador grego, 561
Tupper, Puelma, 284
Tyler, Mr, 581
Unwin, Mr. Fisher, editor, 568
Urbantschitsch, V., professor e médico austríaco, 524, 527
Uribe, general, 611
Urso, Castro, 338
Valadares, Benedito, político do Segundo Reinado, 243
Vale da Costa, visconde, cônsul português, 684
Van Buckland, Miss, 195
Van Buckland, reverendo, 195
Van Dyck, Antoon, pintor flamengo, 50

Van Hise, presidente, 701
Vanderbilt, William Henry, financista e empresário norte-americano, 166, 181
Varela, Luís, 284
Varella, Busch, 258
Varona, Enrique, filósofo e sociólogo cubano, 693
Vasconcelos, filhas de, 551
Vaz, Mme., 259
Velásquez, Diego, pintor espanhol, 57, 59, 61
Veloso, Aníbal, Secretário da Embaixada em Washington, 514, 516, 526, 535, 538, 541, 542, 544, 550, 553, 554, 571, 572, 574, 575, 579, 580, 582, 597, 599, 617, 645, 646, 652, 671
Verdi, Giuseppe, compositor italiano, 36
Verhaege, Mme., ministra belga, 550
Veríssimo, José, escritor, historiador e crítico brasileiro, 272, 377, 400, 459, 468, 480, 675, 676, 702
Veronese, Paolo, pintor italiano, 49, 52, 60, 61
Verrocchio, ourives, escultor e pintor italiano, 59
Veuillot, Louis, 379
Viana, Caldas, 402, 404, 405, 417, 431, 459, 480, 487, 490, 528
Viana, Luís, governador da Bahia, 403
Viana Filho, Luís, político e escritor, 13, 14, 22, 24, 272
Viana, Ulisses, político do Segundo Reinado, 236, 270, 289
Vidal, Mme Blas, 401, 507, 678
Vieira, Alves, 492
Vieira, Lellis, 620
Viesseux, Giovanni Pietro, antiquário italiano, 58
Vila Nova, Aníbal de Oliveira de, 684
Villeneuve, 223
Villiers, Francis H, 437, 438, 445, 458, 459, 462, 470, 483, 508, 554, 567, 609
Vinci, Leonardo da, artista italiano, 30, 54, 56, 57, 58, 59, 61, 62
Vinhais, 261
Virgílio, poeta latino, 44
Vítor Emanuel III, rei da Itália, 42, 242, 501, 511, 552, 569, 728
Vitor, Jaime, 259

Vitória, rainha da Grã-Bretanha, 75, 113, 160, 361, 374, 439, 446, 449
Vittorio Emmanuele, (cf.Vítor Emanuel III)
Voltaire, (François Marie Arouet), 63, 120
Walker-Martínez, Elisa, 703
Walker-Martínez, Joaquim, estadista chileno, 373, 572, 580, 582, 588, 604
Wallon, M., 435
Wandenkolk, Eduardo, almirante, 337, 343
Washington, George, primeiro presidente dos Estados Unidos, 105, 571
Weber, 235, 239
Weingartner, Pedro, pintor, gravador e desenhista brasileiro, 553
Wells, Mme., 162
Wentworth, general, 579
Werther, Gustavo de, barão, 484
White, presidente da Universidade de Cornell, 497, 645, 697, 698
Whitman, Walt, poeta norte-americano, 668
Whittier, John Greenleaf, poeta e abolicionista norte-americano, 668
Wilberforce, William, líder abolicionista inglês, 441
Williams, F. Wells, professor, 671
Wilson, Miss, 89
Wilson, Mrs. R., 98
Wilson, secretário de Estado Assistente, 714
Winterton, lady, 608
Witte, Carlos Alberto, comandante, 672
Witte, político e diplomata russo, 576, 577, 580
Wolfe, Miss, 90
Wombwell, Mrs., 435
Wordsworth, William, poeta inglês, 182
Work, Fanny, 73, 93, 94, 98, 99, 106, 117, 118, 119, 129, 138, 139, 140, 156, 157, 158, 179
Work, Mrs., 106, 107
Workman, Mrs., 253
Wright, Mrs. Robinson, 616
Wyndham, 282, 353
Xavier, Antônio da Fontoura, delegado do Brasil na Terceira Conferência Pan-americana, 593, 603, 611, 630

Xerxes, 354
Yakountchikoff, Mme., 63
Yonine, 248
Youle, Frederick, Mr., 235, 290, 294, 306, 424, 438, 452, 455, 555, 615, 620, 678
Young, Brigham, missionário mórmon, 115, 197, 198
Young, Carleton, Mr., 712
Zacarias, morador da fazenda do Pilar, 379, 478
Zagury, 583, 627
Zama, César, deputado pela Bahia no Segundo Reinado, 245, 286, 403, 613
Zayas, Alfredo, político e escritor cubano, presidente de Cuba, 693
Zeballos, Estanislau S., político e diplomata argentino, 284, 665, 687, 705
Zerolo, 403
Zizinha (cf. Guimarães, Guilhermina Rodrigues Torres)
Zola, Émile, escritor francês, 406

Esta segunda edição dos *Diários*
de Joaquim Nabuco foi composta
em caracteres Filosofia.
Impressa no verão de 2006 pela
gráfica Rona para a Bem-Te-Vi
Produções Literárias Ltda.

CIP-BRASIL. CATALOGAÇÃO NA FONTE
SINDICATO NACIONAL DOS EDITORES DE LIVROS, RJ

N115d

Nabuco, Joaquim, 1849-1936
    Diários / Joaquim Nabuco ; edição de texto, prefácios e notas ; Evaldo Cabral de Mello. - Rio de Janeiro : Bem-Te-Vi, 2006
    784p. il.

    Anexos
    ISBN 85-88747-19-7

    1. Nabuco, Joaquim, 1849-1910 - Diários. 2. Escravidão - Brasil - História. 3. Estadistas - Brasil - Biografia. I. Mello, Evaldo Cabral de, 1936-. II. Título.

05-4082.   CDD 923.281
                    CDU 929:32(81)

26.12.05   28.12.05   012740